Kaiser und König

1526–1918

ISBN 963006085-X

1526–1918

EHRENSCHUTZ

Dr. Thomas Klestil, Bundespräsident der Republik Österreich   Dr. Ferenc Mádl, Präsident der Republik Ungarn

Kaiser und König

EINE HISTORISCHE REISE: ÖSTEFREICH UND UNGARN
1526–1913
AUSSTELLUNG IM PRUNKSAAL DER ÖSTERREICHISCHEN NATIONALBIBLIOTHEK,
08. MÄRZ – 01. MAI 2001.

KATALOG
Redaktion und Objektbeschreibungen: István Fazekas • Gábor Ujváry ©
Collegium Hungaricum ©
2001

VERANSTALTER
Collegium Hungaricum, Wien • Österreichische Nationalbibliothek, Wien

MITVERANSTALTER
Budapesti Történeti Múzeum, Budapest • Hadtörténeti Intézet és Múzeum, Budapest • Magyar Nemzeti Múzeum, Budapest
Österreichisches Staatsarchiv, Wien

WISSENSCHAFTLICHER AUSSTELLUNGSLEITER
Dr. István Fazekas, Ungarischer Archivdelegierter beim Haus-, Hof- und Staatsarchiv, sowie beim Finanz- und Hofkammerarchiv
Dr. Gábor Ujváry, Direktor des Instituts der Ungarischen Geschichtsforschung, Wien

AUSSTELLUNGSGESTALTUNG
Mag. András Nagy (Hadtörténeti Intézet és Múzeum) und seine Mitarbeiter: Gabriella Hangay, Natália Markó, János Kuli

WISSENSCHAFTLICHE ASSISTENZ UND KOORDINATION
Mag. Anton Knoll (Österreichische Nationalbibliothek) • Mag. Andrea Kreutzer (Hadtörténeti Intézet és Múzeum
Mag. Emese Szoleczky (Hadtörténeti Intézet és Múzeum)

WISSENSCHAFTLICHE BEIRAT
Dr. Beatrix Basics (Magyar Nemzeti Múzeum) • Dr. Katalin Földi-Dózsa (Budapesti Történeti Múzeum)
Univ.-Prof . Dr. Géza Galavics (Magyar Tudományos Akadémia Művészettörténeti Kutatóintézete)
Mag. István Németh (Österreichische Nationalbibliothek) • Dr. Ágnes Makai (Hadtörténeti Intézet és Múzeum)

WISSENSCHAFTLICHE MITARBEITER
Mag. Tünde Császtvay • Dr. Tamás Csikány • Mag. Katalin Fazekas • Mag. Gábor Hanák
Dr. Katalin Jalsovszky • Mag. Dóra Kerekes • Mag. József Mihály Kiss • Mag. Györgyi Cs. Kottra • Dr. Ilse Krumpöck • HR Dr. Gerda Mraz
Dr. Franz C. Müller • Mag. Emese Pásztor • Vizeleutnant Walter A. Schwarz • Dr. Emőke Tomsics

ÜBERSETZUNG UND BEARBEITUNG
Mag. Friedrich Albrecht • Mag. Gerhard Baumgartner • Mag. Anikó Harmath • Mag. Katalin Kékesi • Mag. Dóra Kerekes
Mag. Heike Kőszegi • Mag. Péter Litván • Mag. Márton Méhes • Dr. Béla Rásky • Mag. Éva Zádor

LEIHGEBER
Budapest:
Eötvös Loránd Tudományegyetem Könyvtára és Levéltára • Iparművészeti Múzeum • Magyar Nemzeti Galéria • Magyar Országos Levéltár
Wien:
Heeresgeschichtliches Museum • Historisches Museum der Stadt Wien • Hofmobiliendepot • Kunsthistorisches Museum
(Gemäldegalerie, Hof-, Jagd- und Rüstkammer, Kunstkammer, Münzkabinett) • Österreichisches Museum für angewandte Kunst

WERBUNG
Mag. Anton Knoll (Österreichische Nationalbibliothek) • Mag. Éva Wosobe

HUNGAROFEST

GESCHÄFTSFÜHRENDER DIREKTOR: Rita Rubovszky
PROJEKTLEITER: Judit Kapus

•

MAGNUM

DESIGN, DRUCKVORBEREITUNG
Som & Farkas®

DRUCK
Novamark

•

SPONSOREN

NEMZETI KULTURÁLIS ÖRÖKSÉG MINISZTÉRIUMA • AXA NORDSTERN COLONIA • Raiffeisen. Meine Bank in Wien

HADIMÚZEUM ALAPÍTVÁNY, BUDAPEST • SLOWAKISCHES KULTURINSTITUT, WIEN

FOTONACHWEIS:
Budapesti Történeti Múzeum (Tihanyi–Bakos Fotóstúdió; Szalatnyai Judit) • Galavics Géza • Hadtörténeti Múzeum
Heeresgeschichtliches Museum • Iparművészeti Múzeum (Kolozs Ágnes) • Kunsthistorisches Museum
Magyar Nemzeti Galéria (Bokor Zsuzsa) • Magyar Nemzeti Múzeum (Képessy Bence) • Magyar Országos Levéltár
Österreichische Museum für angewandte Kunst • Néprajzi Múzeum • Országos Széchényi Könyvtár
Österreichische Nationalbibliothek (Bildarchiv, ÖNB, Wien) • Österreichisches Staatsarchiv

Inhaltsverzeichnis:

GÉZA GALAVICS:
Die Künstlerische Repräsentation der Habsburger-Könige in Ungarn bis 1848 — 9. Seite

KATALIN SINKÓ:
Franz Joseph: Rivalität und Dualität dynastischer und nationaler Repräsentation — 19. Seite

KATALIN FÖLDI-DÓZSA:
Die ungarische Nationaltracht als Hofkleidung — 23. Seite

ANDRÁS GERGELY:
Staatsrechtliche Beziehung – staatsrechtliche Betrachtungsweisen.
Über das Zusammenleben von Österreich und Ungarn — 29. Seite

ISTVÁN FAZEKAS:
Die Habsburger und Ungarn im 16. Jahrhundert — 33. Seite

GÉZA PÁLFFY:
Die Entstehung und Entwicklung der Türkenabwehr in Ungarn 1526–1699 — 37. Seite

ISTVÁN HILLER:
Die Habsburgerdiplomatie und das königliche Ungarn
Gesandte und Gesandtschaften im 16.–17. Jahrhundert — 47. Seite

ISTVÁN GYÖRGY TÓTH:
Von Bocskai bis Zenta. Ungarn im Habsburgerreich im 17. Jahrhundert (1606–1697) — 51. Seite

ÁGNES R. VÁRKONYI:
Der König und der Fürst. Franz II. Rákóczi, Joseph I. und
das Gleichgewicht der europäischen Mächte von 1676 bis 1711 — 55. Seite

ÉVA H. BALÁZS:
Eine neue Dynastie – Ungarn auf dem Weg der Erneuerung — 67. Seite

RÓBERT HERMANN:
Wien und Budapest – die Revolution zweier Hauptstädte 1848–1849 — 73. Seite

ÁGNES DEÁK:
Staatspolizei und Konfidentenwesen im Kaisertum Österreich in
der Periode des Neoabsolutismus (1849–1859) — 77. Seite

ISTVÁN DIÓSZEGI:
Graf Gyula Andrássy (1823–1890) — 81. Seite

ÉVA SOMOGYI:
Die gemeinsamen Ministerien und das österreichisch–ungarische Verhältnis 1867–1914 — 85. Seite

IMRE RESS:
Ungarn im gemeisamen Finanzministerium — 89. Seite

TIBOR BALLA–FERENC POLLMANN:
Franz Josephs ungarische Soldaten — 97. Seite

LÁSZLÓ SZÖGI:
Der Universitätsbesuch der Ungarn von den Anfängen bis 1918 — 101. Seite

GÁBOR UJVÁRY:
Das „gelehrte" Ungarn in Wien — 105. Seite

KATALOG–ZEITTAFEL–FACHLITERATUR — 111. Seite

Vorwort

Es ist tatsächlich ein großes und umfassendes Thema, das vom Collegium Hungaricum, dem Institut für ungarische Geschichtsforschung in Wien und der Österreichischen Nationalbibliothek aus Anlass des 1000-Jahr-Jubiläums der Staatswerdung Ungarns zum Gegenstand einer Ausstellung gemacht wurde. Dementsprechend viele österreichische und ungarische Institutionen haben mit ihren Leihgaben mitgeholfen, die wichtigsten historischen Knotenpunkte und Weichenstellungen aufzuzeigen und multimedial darzustellen. Keine fertige und abgeschlossene Geschichte will die Ausstellung vorlegen, sondern sie will Hinweise geben, zum Nachdenken anregen, über ein hochbedeutendes Stück Geschichte einer europäischen Großmacht in der Mitte Europas.

Der Prunksaal der ehemaligen Kaiserlichen Hofbibliothek und heutigen Österreichischen Nationalbibliothek ist dafür ein geradezu idealer Ort. In der Mitte steht sein Erbauer, Kaiser Karl VI., der mit der Pragmatischen Sanktion (1712–23) den Vielvölkerstaat geschaffen hat, und zwar zu einer Zeit, in der im Westen und Osten Europas die großen Nationalstaaten entstanden sind. Seine Tochter Maria Theresia führte 1774 den muttersprachlichen Elementarunterricht ein, während sich zur selben Zeit in Westeuropa der „die Volksprachen tötende Staatssprachen-Missionarismus" (Claus Gatterer) durchsetzte. Die Ausstellung liefert ferner wertvolle Zeugnisse darüber, dass es sich bei den „Qualverwandtschaften" der verschiedenen Völker gleichzeitig auch um eine außerordentlich fruchtbare Konkurrenzsituation von Kultur- und Volksgemeinschaften handelte, die die Staatswerdung der verschiedenen Völker begünstigte. Es ist wichtig und sinnvoll, gerade heute an diese Zusammenhänge zu erinnern.

Im Deckenfresko des Prunksaales von Daniel Gran befindet sich neben den Portraits von Karl VI. und Maximilian I. ein Epitaph mit dem Bild des ungarischen Königs Matthias I. Corvinus. Obwohl er 1477 Friedrich III. aus Wien, Niederösterreich, Steiermark vertrieben hatte, wurde er in den Barockhimmel des Saales aufgenommen, war doch seine berühmte Biblioteca Corviniana die erste humanistische Fürstenbibliothek nördlich der Alpen. Auch die ehemalige Hofbibliothek konnte im Laufe der Zeit mehrere Exemplare jener griechischen und lateinischen Prachthandschriften der Bibliothek erwerben, die nach der Schlacht von Mohács in alle Winde zerstreut wurden – auch die Österreichische Nationalbibliothek in Wien besitzt eine wertvolle Corvinen-Sammlung. Eine von ihnen, der Cod. 930, Hieronymus: Bibelkommentar (in Lateinischer Sprache), 1488 in Florenz für Matthias Corvinus illuminiert, wird in der Ausstellung präsentiert - neben vielen anderen Objekten der Österreichischen Nationalbibliothek mit Bezug zu Ungarn.

Ich danke allen ungarischen und österreichischen Institutionen, die zum Teil erstmals in der Öffentlichkeit gezeigte und andere kostbare Schriftzeugnisse und Objekte für diese spannende und lehrreiche Reise durch vier Jahrhunderte europäischer Geschichte zur Verfügung gestellt haben. Von besonderem Interesse ist dabei auch jene Serie von Urkunden aus den Sammlungen des Österreichischen Staatsarchivs, die die verfassungsrechtlichen Verhältnisse beider Länder in dieser Zeit zum Gegenstand haben. Ich danke vor allem Botschaftsrat Univ.-Prof. Dr. Károly Csúri, dem Direktor des Collegium Hungaricum, Botschaftsrat Dr. Gábor Ujváry, dem Direktor des Ungarischen Historischen Instituts in Wien, Dr. István Fazekas, dem ungarischen Archivdelegierten des Haus-, Hof- und Staatsarchivs, des Finanz- und Hofkammerarchivs und Mag. Anton Knoll von der Österreichischen Nationalbibliothek sowie allen, die am Zustandekommen dieser beeindruckenden Schau mitgewirkt haben. Ich wünsche mir, dass die Ausstellung nicht nur viele Besucher aus Österreich, sondern auch aus unserem Nachbarland Ungarn anlocken wird.

Dr. Hans Marte, Generaldirektor
der Österreichischen Nationalbibliothek

Vorwort

Die tausendjährige Geschichte der ungarischen Staatlichkeit ist von Anfang an eng mit Österreich verflochten. Dynastische, wirtschaftliche, kulturelle und Handelsbeziehungen, Allianz oder Streit und Feindseligkeiten bestimmten die Vergangenheit der beiden Völker. Vier Jahrhunderte, der Zeitraum von 1526 bis 1918 bildeten unsere gemeinsame Vergangenheit innerhalb ein und derselben europäischen Großmacht. Unsere Herrscher waren auch dieselben: deutsch-römische, später österreichische Kaiser und zugleich Könige von Ungarn - fast immer in einer Person. Ob es uns paßte oder nicht: Ungarns Weg nach Europa führte und führt über Österreich. Ob es den Österreichern paßte oder nicht: um seinen Großmachtstatus zu bewahren, brauchte Österreich immer Ungarn, und als kleines europäisches Land braucht es Ungarn auch heute.

Das Collegium Hungaricum will das ungarische Millennium in Wien dergestalt begehen, daß unsere beiden Länder eher verbindende und einander näher bringende, als trennende Ereignisse der gemeinsamen Vergangenheit in Erinnerung rufen. In verschiedenen Programmen sollen die gemeinsamen Wurzeln unserer Kultur aufgezeigt werden. Die erste und gleichzeitig größte Veranstaltung unserer Ausstellungsserie unter dem Motto „Kaiser und König" wird im Prunksaal der Österreichischen National-bibliothek eröffnet. Wir hoffen, daß unsere verflochtene Vergangenheit und Gegenwart von den Besuchern genau erlebt und durch die Studien und Objektbeschreibungen im Katalog mit aller Dentlichkeit gezeigt werden. Für viele wird es vielleicht als Neuigkeit wirken und gerade durch die Ausstellung zu erkennen sein, daß die österreichischen öffentlichen Sammlungen voller Erinnerungsstücke mit ungarischem Bezug sind. Ähnlicherweise reich an Erinnerungsstücken mit österreichischem Bezug sind auch die ungarischen öffentlichen Sammlungen.

Neben den ungarischen Mitveranstaltern und den Institutionen, die uns Leihgaben zur Verfügung stellen, möchte ich den österreichischen Kollegen und Freunden auf diesem Wege meinen Dank für die ständige, kontinuierliche und herzliche Unterstützung aussprechen: Mein Dank gilt in erster Linie Herrn Dr. Hans Marte, Generaldirektor der Österreichischen Nationalbibliothek und seinem für die Ausstellungen verantwortlichen Mitarbeiter Herrn Mag. Anton Knoll, Herrn Univ.-Prof. Dr. Lorenz Mikoletzky, Generaldirektor des Österreichischen Staatsarchivs, Herrn Hr. Dr. Wilfried Seipel, Generaldirektor des Kunsthistorischen Museums, Herrn HR Dr. Manfried Rauchensteiner, Direktor des Heeresgeschichtlichen Museums, Herrn Dr. Peter Noever, geschäftsführender und künstlerischer Direktor des Museums für Angewandte Kunst sowie Herrn HR Dr. Günter Dürigl, Direktor des Historischen Museums der Stadt Wien.

Die gemeinsame Gegenwart unserer gemeinsamen historischen Vergangenheit und Kultur bestärkt uns im Glauben an eine gemeinsame Zukunft. Vierhundert der ersten tausend Jahre unseres Bestehens erlebten wir gemeinsam, und nun, an der Schwelle des neuen Jahrtausend sind wir zuversichtlich, daß wir die kommenden tausend Jahre ohne Konflikte, zum eigenen und gegenseitigen Vorteil gemeinsam erleben werden – in einem auf christlichen Traditionen basierenden, modernen, gemeinsamen Europa mit menschlichem Antlitz, in dem die Wahrung der Identität, der nationalen Werte und Eigenheiten ein natürliches und wünschenswertes Ziel, eine zur gegenseitigen Bereicherung beitragende Möglichkeit bleibt.

Univ.-Prof. Dr. Károly Csúri,
Direktor des Collegium Hungaricum

GÉZA GALAVICS

Die Künstlerische Repräsentation der Habsburger-Könige in Ungarn bis 1848[1]

Die ununterbrochene Herrschaft der Habsburger als Könige von Ungarn umfaßt beinahe vier Jahrhunderte, aber ihre künstlerische Repräsentation im Zusammenhang mit dem Königreich Ungarn reicht fast ein Jahrhundert weiter, in die Zeit Albrechts V. (†1439) zurück. Er war nämlich der erste Herrscher aus dem Hause Habsburg, der – wenn auch nur für zwei Jahre (1438–1439) – all das erreichte, wonach sich sämtliche Herrscherhäuser in den Ländern entlang der Donau sehnten: Wien, Prag und Buda gehörten gleicherweise unter seine Herrschaft. Es sollte zwar noch beinahe hundert Jahre dauern, bis wieder ein Habsburger – im Jahr 1528 Ferdinand I. – den ungarischen Thron bestieg, aber die Habsburger verkündeten seit dem Tode Albrechts V. (1439) immer häufiger auch mit den Mitteln der bildenden Künste, daß sie Erben der ungarischen Könige aus dem Arpadenhause waren, und daß der ungarische Thron ihnen zustand. Dieses Verfahren der dynastischen Legitimation wurde von allen Herrscherhäusern im christlichen Europa, ob sie ihren Thron bestiegen oder erst darauf Anspruch erhoben, gleicherweise angewendet. Das Verbindungsglied und das unmittelbare Vorbild zur ungarischen und europäischen Tradition der höfischen Repräsentation bedeuteten für Albrecht und seine Nachfolger der große Luxemburger, Kaiser Sigismund, zugleich König von Ungarn und Böhmen. Es ist erst kaum ein Jahrzehnt seit Albrechts V. Tod vergangen, als 1447 in der Kunstförderung von Friedrich, Erzherzog von Österreich und deutscher König, (dem späteren Kaiser Friedrich III.), die Darstellungen der heiligen ungarischen Könige Stephan, Emmerich und Ladislaus erschienen sind, und zwar mit dem eindeutigen Anspruch auf den ungarischen Thron. Friedrich war der Vormund von Albrechts V. nachgeborenem Kind, das im Säuglingsalter unter dem Namen Ladislaus V. zum König von Ungarn – und später zum König von Böhmen – gekrönt wurde. Friedrich ließ die ungarische Krone entwenden und hielt sie ein Vierteljahrhundert lang bei sich, um damit gegebenenfalls sich selbst krönen zu lassen. Die ungarischen Heiligen traten am prächtigen Flügelaltar in Erscheinung, den Friedrich für die Kirche seiner Residenz, Wiener Neustadt, bestimmte (heute im Wiener Stephansdom).[2] Die Feiertagsseite zeigt Statuen und Reliefs zum Marienleben, die Außenseiten der Außenflügel tragen Heiligendarstellungen. Unter diesen wird der heilige König Stephan als junger Herzog im Brokatgewand mit Reichsapfel in der Hand dargestellt, die Heiligen Emmerich und Ladislaus hingegen beide mit Kriegsbeil und Schild mit Doppelkreuz, bärtig und im Harnisch. Friedrich oder sein Maler waren in der ungarischen ikonographischen Tradition, wonach unter den Dreien immer Emmerich der jüngste war, der bartlos und mit Fürstenhut dargestellt, und nur Ladislaus mit dem Kriegsbeil gekennzeichnet wurde, nicht ganz bewandert.

Der ungarische Thronanspruch Kaiser Friedrichs, dem er auch mit den Bildern der heiligen ungarischen Könige Ausdruck verleihen wollte, schien damals kein unerreichbares Ziel zu sein. Zehn Jahre nach der Ausführung des Altars konnte er sogar erreichen, daß ihn nach dem Tod Ladislaus V. (1457) ein Teil der ungarischen Magnaten in Pozsony zum König von Ungarn wählte. Obwohl die Krone bei ihm war, gelang es ihm dennoch nicht, sich krönen zu lassen, denn die Mehrheit der Magnaten erhob Matthias Corvinus auf den Thron. Er hielt aber bis zuletzt an seinem Thronanspruch fest, wie dies am anderen Hauptwerk seiner Machtrepräsentation, am Wiener Neustädter Wappenwand[3] – unter anderen mit dem ungarischen Wappen – abzulesen ist: Das mit märchenhaften Elementen bereicherte Wappenensemble bringt die Fiktion der mächtigen Dynastie zum Ausdruck. In der künstlerischen Repräsentation der Zeit spielte die Wappensymbolik eine herausragende Rolle. Der Gegenspieler Friedrichs, Matthias Corvinus, König von Ungarn, ließ an der Fassade seines Palastes in Visegrád einen Erker mit mehreren Wappen errichten, und auch von den Wappen an seinem Zierbrunnen lassen sich dynastische Aspirationen ablesen. Als es Matthias Corvinus im siebten Jahr seiner Regierung gelang, die ungarische Krone von Friedrich III. zurückzuerlangen und sich mit der Krone des heiligen Stephan krönen zu lassen, setzte er, nach dem Vorbild des großen Siegels von Friedrich III., sämtliche Wappen der von ihm beherrschten Länder auf sein großes Siegel. Und als Wahlkönig aus der Familie Hunyadi ließ er im Siegelbild zur Legitimation seiner Herrschaft über seinem Thron die Bildnisse der heiligen ungarischen Könige anbringen. Den Habsburgern gelang es trotz des sofortigen Eingreifens von Maximilian I. auch nach dem Tod von Matthias Corvinus (1490) nicht, ihrem Thronanspruch Geltung zu verschaffen, obwohl ihm Matthias Corvinus bei der Rückgabe der ungarischen Krone in einem Abkommen das Nachfolgerecht zuerkannt hatte. Die ungarischen Stände wählten nämlich nicht Friedrich oder dessen Sohn, Maximilian, zum König, sondern Wladislaw von Jagiello. Nach dem Landtag von Rákos im Jahr 1505 formulierten sie sogar in ihrem Manifest die Überzeugung, daß Ungarn von Herrschern einheimischer Abstammung zur Blüte verholfen wurde. Dadurch gewann für Maximilian der Nachweis seiner Abstammung von den Arpadenkönigen vorrangige politische Bedeutung. Erst in diesem Zusammenhang läßt sich Maximilians Kult der ungarischen Könige und die Reihe von Kunstwerken ungarischer Thematik richtig interpretieren. In seinem Fall kann die Kunstgeschichte von Schritt zu Schritt den Weg verfolgen, wie der Kaiser mit Hilfe seiner Priester und Humanisten jene Genealogie aufbaute, die seine Verwandtschaft mit den Arpadenkönigen nachweisen sollte. Seit Mitte des zweiten Jahrzehnts des 16. Jh. entstanden Legenden und Chroniken der ungarischen Könige in verschiedenen Varianten sowie gezeichnete, gemalte und in Holz geschnittene Darstellungen, darunter das Bild der Schlacht des heiligen

Sankt Emmerich, Sankt Stephan und Sankt Ladislaus am Wiener Neustädter Altar (Wien, Stephansdom. Foto: Bundesdenkmalamt)

Darstellungen der Heiligen Stephan, Emmerich und Ladislaus für die Fürstliche Chronik genannt Kaiser Maximilians Geburtsspiegel, Holzschnitte von Leonard Beck, 1516 (Szépművészeti Múzeum) (Museum der schönen Künste)

Stephans, sein Stammbaum, und daneben unterschiedliche Darstellungen der Heiligen Stephan, Emmerich und Ladislaus. Durch ihren Vergleich läßt sich auch verfolgen, wie durch den Gebrauch der Quellen – vor allem der Thuróczy-Chronik – an die Stelle der früheren Bilder des heiligen Emmerich als alter König mit langem Bart (an Friedrichs Wiener Neustädter Altar, in einer Zeichnung für Maximilian aus der Zeit um 1515, ÖNB, ser n. 2627, fol 90r), in der Holzschnittfolge von 1516 – in Überinstimmung mit der ungarischen Tradition – das Bild des jungen, bartlosen heiligen Emmerich getreten ist. Diese Holzschnitte, darunter die Darstellungen der heiligen Könige Stephan und Ladislaus, schuf Leonhard Beck zur Illustrierung des Bandes *Fürstliche Chronik genannt Kaiser Maximilians Geburtsspiegel* (Verfasser: Jacob Mennel). Das aus 120 Holzschnitten bestehende Ensemble stellt die weite Verwandtschaft ("Sipp-, Mag- und Schwägerschaft") Kaiser Maximilians von Heiligen dar. Unter den graphischen Darstellungen der ungarischen Heiligen gehören diese Holzschnitte zu den ersten, in denen die heiligen ungarischen Könige nicht gemeinsam, in Kompositionen vom Typ der Sacra Conversazione, sondern einzeln auftreten. Die Einfügung der ungarischen heiligen Könige in die Reihe der Vorfahren Maximilians ist ein Beispiel vom Weiterleben des mittelalterlichen Heiligenkultes. In der Kunstförderung Maximilians ist aber auch die Wirkung des Humanismus deutlich zugegen, und dadurch entstanden Kunstwerke neuen Typs, im Geist der Renaissance, jedoch untermischt von traditionellen Elementen. Das eine ist das Innsbrucker Grabmal des Kaisers, dessen Konzept dem Humanisten Konrad Feldinger zugeschrieben wird, und das die antike Auffassung aktualisierte, wonach der Ruhm der Ahnen auch auf die späten Nachkommen ausstrahlt. Maximilians Innsbrucker Grabmal wird heute von 31 überlebensgroßen Bronzefiguren (nach den Plänen waren ursprünglich 40 vorgesehen) und 23 kleineren Heiligenstatuen (ursprünglich waren 100 vorgesehen) begleitet und umgeben, darunter findet sich auch die Bronzefigur des heiligen Königs Stephan im Brokatkleid, ohne Bart, in orientalischer Tracht, ein Werk des Bildhauers Leonhard Magdt und des Bronzegießers Stephan Godl von 1515.[4] Dieses Grabmal wird noch, als ein Beispiel des Kultes der Antike in der Renaissance, von 100 römischen Büsten geschmückt. Ebenfalls aus der antiken Tradition, aus der der Triumphzüge, nährt sich die monumentale Holzschnittfolge des Triumphzugs von Kaiser Maximilian, für den die bedeutendsten deutschen Künstler der Zeit an einer langen Reihe von Werken die bedeutendsten Ereignisse aus dem Leben des Kaisers und die bezeichnendsten Züge seiner Persönlichkeit darstellten. Auch hierbei erhielten die Figuren seiner Ahnen eine bedeutende Rolle. Die Bilder der Grabmalfiguren – darunter auch die des heiligen Königs Stephan – werden im Triumphzug mitgeführt, und im Zug erscheinen auch die ungarischen Magnaten. Sie tragen Kleider nach orientalischem Geschmack (ein Gewand, das bis zur Wade herabreicht, umgürtet von einem Tuch, und nicht selten mit langer Mente), auf diese Weise bildete sich in der europäischen Kunst der Darstellungskanon "der Ungarn" heraus, ganz gleich, ob es sich um Zeitgenossen, um heidnische Ungarn oder um Hunnen handelte. Kaiser Maximilian suchte derart bewußt zur Vergegenwärtigung seines Anspruchs auf den ungarischen Thron und des universellen, multinationalen Charakters seines Reichs nach Möglichkeiten der Einschaltung der ungarischen Traditionen in die künstlerische Repräsentation, wie kein anderer Herrscher nach ihm, bis Maria Theresia.

Sein Ziel, die Erlangung des ungarischen Throns, konnte aber erst von seinem Enkel, Ferdinand I., verwirklicht werden. Die Vorbereitung, die politische Entscheidung war aber das Verdienst Maximilians, der mit dem ungarischen König Wladislaw II. ein Abkommen zustandebrachte, im Sinne dessen seine beiden Enkelkinder Ferdinand und Maria (Geschwister von Karl V.) mit den Kindern Wladislaws, Anna und Ludwig, die Ehe eingingen, wobei das gegenseitige Nachfolgerecht gesichert wurde. Aus diesem Anlaß führte der Hofmaler Maximilians, Bernard Strigel, für den Wiener und den Budaer Hof je ein amtliches Porträt von der Familie Maximilians und Wladislaws aus (*Heilige Sippe*, Wien, Kunsthistorisches Museum, *Wladislaw II. vor dem heiligen König Ladislaus*, Budapest, Museum der Bildenden Künste).[5] Ferdinand I. kam an den ungarischen Thron, nachdem sein Schwager, Ludwig II., im Jahr 1526 in der verhängnisvollen Schlacht bei Mohács gegen die Türken gefallen war, wodurch Ungarn für annähernd vierhundert Jahre zum Bestandteil des Habsburgerreichs wurde. Ferdinand I. wurde noch in der traditionellen Krönungsstadt der ungarischen Könige, in Székesfehérvár, gekrönt, aber während seiner Regierungszeit fiel diese Stadt mit einem Drittel des Landes an die Türken. Die Habsburger verloren dabei auch ein weiteres Drittel Ungarns, das verselbständigte, aber zum Vasallen der Hohen Pforte gewordene Fürstentum Siebenbürgen, so daß das Königreich Ungarn auf ein Drittel seines Territoriums zusammenschrumpfte. Die neue Hauptstadt wurde Pozsony, zugleich die Krönungsstadt der ungarischen Könige, und die dortige Burg wurde zu ihrer Residenz in Ungarn. Der Hof und die Residenz waren die maßgeblichen Schauplätze der herrschaftlichen Repräsentation. Der Habsburger Herrscher hatte aber seinen Sitz und seinen ständigen Hof in Wien, obwohl die Erhaltung des ungarischen Königshofs eine verfassungsmäßig mit der Stephanskrone verbundene Verpflichtung war. Die Herrscher kamen aber dieser Verpflichtung nur bei der Krönung zum König Ungarns (und bei der Tagung des Landtags) nach. Bei diesen Anlässen zog der Hof aus Wien nach Pozsony, wo der Herrscher nach dem bis dahin gefestigten ungarischen Ritus gekrönt wurde und – sofern möglich – seine Untertanen im Königspalast empfing und ein Krönungsfestmahl gab. Die ungarische Residenz hatte also eher eine symbolische Rolle, deren Kontinuität durch die Bewahrung der ungarischen Königskrone in einem der Türme des Schlosses gewährleistet wurde. Die Krönungsfeste erhielten dadurch eine außerordentliche Note, daß dabei ein Gleichgewicht zwischen der seit dem Mittelalter ungebrochen bestehenden ungarischen Tradition und den Spätrenaissance- und Barockformen der spanischen Etikette des Habsburger Hofes erreicht werden mußte.

Von dem Zeitpunkt an, als die Habsburger den ungarischen Thron erlangten, standen in der auf Ungarn bezüglichen künstlerischen Repräsentation nicht die Darstellungen der heiligen ungarischen Könige, sondern die Krönungen an erster Stelle. Die Mehrzahl der Habsburger-Herrscher verwendete in diesem Zusammenhang viel Sorgfalt auf die würdige Ausstattung der Preßburger (später der Budaer) Residenz, oder sie waren – in späteren Zeiten – nicht gegen die diesbezüglichen Initiativen des ungarischen Adels. Die Kunstförderung der ungarischen Könige aus dem Hause Habsburg trug über die repräsentative Funktion hinaus fast immer auch einen politischen Charakter und widerspiegelte das Verhältnis des Herrschers und der ungarischen Stände, signalisierte mittelbar, in der Sprache der bildenden Künste, die Absichten der Regierung. In diesen kommen die politischen Bestrebungen ebenso zum Ausdruck wie die bezeichnenden Charakterzüge des jeweiligen Herrschers und auch die Stellung Ungarns innerhalb des Reichs in der jeweiligen Epoche.

Ferdinand I. legte große Sorgfalt auf die würdige Gestaltung der königlichen Residenz in Pozsony.[6] Er beauftragte seinen Hofmaler und Hofarchitekten, Pietro Ferrabosco (der die Groteskenmalereien des Schweizertors der Wiener Burg schuf) mit der Aufsicht des Umbaus des Preßburger Schlosses (1552) und ab 1561 mit der Leitung der dortigen Bautätigkeit, einen anderen seiner Hofkünstler, den venezianisch geschulten Giulio Licino hingegen mit der Ausführung der gemalten und der Stuckdekoration der Preßburger Schloßkapelle. Licino leistete in der

Preßburg, Maximilian-Brunnen, 1572
(Foto: Géza Galavics)

Matthias II. im Krönungsgewand, Kupferstich, 1611
(Országos Széchenyi Könyvtár)

Schloßkapelle großzügige Arbeit und berichtete davon selbst in einem Brief an den Herrscher (26. 10. 1563). Die Stirnwand der Kapelle erhielt eine reich vergoldete Stuckdekoration, der Innenraum wurde durch Marmorpfeiler gegliedert, und an die Seitenwände kamen Szenen aus dem Leben Christi. Weitere zehn Kompositionen waren für den Marienaltar, und mehr als dreitausend Figuren für die Komposition des Jüngsten Gerichts im königlichen Oratorium vorgesehen. Der Kaiser ließ ihm ausrichten, er solle sich keine Sorgen um die Kosten machen, nur die Arbeit solle schön sein. Obwohl die Preßburger Werke Licinos nicht erhalten sind, zeugen die um dieselbe Zeit entstandenen maneristischen Wandmalereien und Stuckarbeiten, die anderswo im Schloß zum Vorschein gekommen sind, ebenso vom anspruchsvollen Charakter der Arbeiten wie die Anstellung von Pietro Ferrabosco. Er, vierzig Jahre hindurch leitender Hofarchitekt in Wien, der eine maßgebliche Rolle beim Ausbau der Grenzfestungen Ungarns gegen die Türken spielte, entwarf im August 1563, zur Krönung Maximilians zum ungarischen König, für die beiden Enden der Schiffsbrücke über die Donau je einen Triumphbogen. Das

Hans von Aachen,
Allegorie der Schlacht bei Mezőkeresztes, 1603-1604
(Szépművészeti Múzeum)

war die erste Königskrönung in Pozsony, die dementsprechend von hohen Erwartungen begleitet wurde. Es war fast vier Jahrzehnte her, daß zum letzten Mal ein ungarischer König gekrönt wurde, und auch diese Krönung fand im entfernten Székesfehérvár, inmitten politischer Wirren statt. Zu diesem Anlaß sind also viele Besucher aus den österreichischen und böhmischen Ländern sowie aus dem Reich und aus dem nahen Wien eingetroffen. Das ist die früheste ungarische Krönung, von der auch eine bildliche Darstellung überliefert ist: der großformatige Holzschnitt des Wiener Donat Hübschmann, zugleich die früheste Ansicht von Pozsony und seiner Umgebung. Gut erkennbar sind daran die langen Züge der auf dem Land und in Schiffen an der Donau Eintreffenden, ihre Unterbringung in der Umgebung der Stadt und die beiden Triumphbogen mit Quadersteinen, die wir mit dem Namen Ferrabosco verbinden wollen. Aus mehreren zeitgenössischen Beschreibungen ist bekannt, daß die Bögen wie Marmor wirkten, daß sie "con somma magnificenza quasi di marmo fabbricate" ausgeführt und oben mit den Wappen des Kaisers, Maximilian, und der Königin geschmückt waren. Das Haus Habsburg stellte sich mit dieser Krönung vor der größten Öffentlichkeit als Erben des ungarischen Königreichs vor, und wie Reiseberichte aus halb Europa bezeugen, war dieses Debüt des "ungarischen Königshofes" der Habsburger spektakulär und erfolgreich.

Maximilian übernahm die Regierung des Reichs ein Jahr nach dieser Krönung, 1564, nach dem Tod seines Vaters. Er führte den Umbau und die Ausstattung des Schlosses Pozsony weiter und ordnete im Jahr 1569 für die Ausmalung der Kapelle die Auszahlung von Honoraren an Giulio Licino und an dessen Nachfolger, Ulysses Maccolini, noch 1570 an. Das Hauptwerk seiner Kunstförderung in seiner Eigenschaft als ungarischer König war der 1572 gestiftete Preßburger Stadtbrunnen, der Maximiliansbrunnen. Neuere kunstgeschichtliche Forschungen betonen mit Recht, daß zur Regierungszeit Kaiser Maximilians II. die zweischaligen Zierbrunnen zu den repräsentativsten

10.
außerhalb der Vitrine

Werken der höfischen Kunst gehörten. Zu diesem Typus gehörten die beiden Brunnen des Hofkünstlers Alexander Colin im Hof des Wiener Neugebäudes und im Innsbrucker Tiergarten (beide vernichtet) sowie die monumentale Goldschmiedearbeit, der berühmte Kaiserbrunnen des Nürnberger Goldschmiedes Wenzel Jamnitzer, den der Künstler um 1563 vermutlich nach dem komplizierten ikonographischen Programm von Jacopo da Strada ausführte (nur in Bruchstücken erhalten). Heute hingegen steht der mehrere Meter hohe Zierbrunnen am Hauptplatz von Pozsony vor dem Rathaus, obwohl er mehrmals umgestaltet und neu gemeißelt wurde. Die Brunnensäule ist von einem geharnischten Ritter bekrönt, der auf einem Sockel mit Wappen und Widmungstafeln steht. Dieser Sockel erhebt sich über einer Säule, die von reichem Rankenwerk, Fratzenköpfen und Figuren vom Typ des "Manneken pis" umgeben wird, aus dem das Wasser in Strahlen in die obere Schale mit Fratzenköpfen und dann in die untere Schale fließt. Die Qualität und die Detailformen der Steinmetzarbeit sind grobschlächtig. Es ist denkbar, daß der Brunnen – wie die Tradition besagt – tatsächlich vom Deutschaltenburger Steinmetz Andreas Lutringer ausgeführt wurde. Die königliche Stiftung, der komplizierte Aufbau des Brunnens, der raffinierte Abwechslungsreichtum der Detailformen und die späthumanistischen Texte der Widmungstafeln mit der Verherrlichung Maximilians II. erheben den Preßburger Maximilansbrunnen zu einem würdigen Repräsentanten der Hofkunst. Maximilians Preßburger Zierbrunnen ist das bedeutendste erhaltene Stück der Mäzenatur der ungarischen Könige aus dem Hause Habsburg im 16. Jh. im einstigen Königreich Ungarn.

Wie Ferdinand I. seinen Sohn Maximilian, so ließ auch Maximilian zu seinen Lebzeiten seinen Sohn *Rudolf* 1572 zum König von Ungarn krönen. Von dieser Krönung sind aber nur Beschreibungen, keine bildlichen Darstellungen überliefert. Im Jahr 1563 war die Krönung selbst entsprechend den althergebrachten ungarischen Gewohnheiten verlaufen, aber die Feierlichkeiten, die den Glanz des Festes erheben sollten, so das Reiterturnier der spanischen Höflinge Maximilians, das von einem Wiener Italiener entworfene Feuerwerk oder das Reiterspiel Erzherzogs Ferdinands mit kostümierten und maskierten Teilnehmern waren durch den Wiener Hof organisiert worden, wie auch die Mitwirkenden und die Entwerfer der Schauspiele von dort gekommen waren. Von Rudolfs Preßburger Krönung weiß die Kunstgeschichte zu berichten, daß an den Vorbereitungen auch einer der bekanntesten Künstler der Zeit, der in den Diensten Kaiser Maximilians stehende Giuseppe Arcimboldo teilnahm.[8] Im Schaffen des Künstlers haben sich eine ganze Reihe Zeichnungen mit phantastischen Kostümen zu Hoffesten erhalten, aber es ist nur von einem Teil von diesen bekannt, für welche Anlässe sie entstanden sind. Unter den Entwürfen unbekannter Bestimmung gibt es eine männliche Kostümzeichnung, das Bild einer Figur in der Haltung eines Reiters, bekleidet mit der verschnürten ungarischen Tracht, die vermutlich für Kaiser Rudolf geschaffen wurde, der in diesem Kostüm die Teilnehmer des Turniers zum Kampf angeführt haben soll. Die Mitwirkung Arcimboldos an den Vorbereitungen zu den Krönungsfeierlichkeiten in Pozsony gab gewiß eine ganz besondere Note. Obwohl Rudolf II. als Erzherzog, als König von Ungarn und als Kaiser bei den Eröffnungen der ungarischen Landtage mehrmals in Pozsony erschien, bedeutete die Stadt für ihn nicht dasselbe wie für Ferdinand und Maximilian. Er richtete seine Residenz nicht in Wien, sondern in Prag ein und ließ die ungarische Krone und die Krönungsinsignien nach Prag transportieren und in der Prager Schatzkammer unterbringen. Er ließ den Ausbau und die Ausstattung des Schlosses Pozsony als Residenz der ungarischen Könige nicht fortsetzen, trotzdem sind in seiner Kunstförderung seine ungarische Herrschaft und deren zeitgenössische

Geschichte in beispiellosem Reichtum zugegen. Die drei Jahrzehnte seiner Regierungszeit waren eine der wechselvollsten Epochen in der Geschichte des Landes. Es war die Zeit von endlosen Kriegen mit den Türken (das war die Epoche des Fünfzehnjährigen Krieges), mal mit Siegen, mal mit schweren Niederlagen, sich lang hinziehenden Friedensverhandlungen, mit schwerlich einhaltbaren Bedingungen. Hinzu kamen noch als Geschenke bezeichnete Tributzahlungen an die Türken, hoffnungslose Versuche zur Wiedererlangung der Oberhoheit über Siebenbürgen, meistens mit unbeständigen oder mordgierigen Akteuren, mit erfolgreich angreifenden siebenbürgischen Fürsten, die die Unterstützung von Ungarn genossen. All diese Ereignisse und Umstände hätten auch einen zur Herrschaft geborenen Kaiser mehrfach auf die Probe gestellt. Rudolf war aber nicht von dieser Art, und er flüchtete sich vor der immer schwierigeren Problemen seines Reichs in die Welt der Künste. Er berief die ausgezeichneten italienischen, deutschen, niederländischen Vertreter der europäischen manieristischen Kunst nach Prag und schuf dort eines der europäischen Zentren der manieristischen Kultur. Es war dies eine bezeichnende Hofkunst im Dienst der Persönlichkeit des Herrschers und seiner Macht und verkündete den Ruhm und Glanz seines Hofes.[9]

Anhänger Paul Juvenels, Ferdinand II. zwischen Mars und Hoffnung (Magyar Nemzeti Múzeum)

In diesem Rahmen traten die ungarischen Ereignisse der Epoche in der Kunst in Erscheinung, aber nicht als einfache Darstellungen von Ereignissen, sondern – wie von den Regeln der manieristischen Ästhetik erfordert – meistens in einer allegorischen und emblematischen Ausdrucksweise. Durch diese wurden die Ereignisse gedeutet und die darin, dahinter vermuteten höheren Zusammenhänge aufgezeigt. Die Gemälde von Bartolommeus Spranger und Hans von Aachen, die Statue von Adrien de Vries, die Kupferstiche Egidius Sadelers feiern Kaiser Rudolf II: mit den Mitteln des Instrumentariums der antiken Triumphzüge als siegreichen Feldherrn der Türkenkriege in Ungarn. Kaiser Rudolf II stand *als König von Ungarn* im Kampf mit den Türken, und diese Tatsache kam auch in den diplomatischen Beziehungen – auch fortan – zum Ausdruck: Die Gesandten des Kaisers mußten an der Hohen Pforte in ungarischer Tracht auftreten. Die Siege Kaiser Rudolfs über die Türken waren Siege des ungarischen Königs. Die Kriegsereignisse, die seine Künstler zum Thema wählten – so die Kriegserfolge des Jahres 1593 in den Miniaturbildern von Joris Hoefnagel im Schriftmusterbuch des György Bocskay, des ungarischen Kalligraphen von Kaiser Maximilian (die Einnahme von Fülek, Nógrád, der Sieg bei Sziszek, Triumph über den Pascha von Buda), oder die Schlachten bei Sziszek (1593), Mezőkeresztes (1596, Abb. 8), sodann bei Schellenberg (1599), Goroszló (1601) und Kronstadt (1603) in Siebenbürgen, und schließlich die Rückeroberung von Esztergom (1595), Győr (1598) und Székesfehérvár (1601) in den Kompositionen Hans von Aachens – verkündeten ebenso den Ruhm des Herrschers wie die Varianten dieser Darstellungen auf Medaillen (Paulus van Vianen) und Reliefs (Adrien de Vries). An einem Teil dieser Kunstwerke tritt der Kaiser auch "persönlich" in Erscheinung, und es ist bekannt, daß er persönlich zu manchen von diesen kurze frappante erklärende Texte, *imprese*, verfaßte und sich aus diesem Grunde als Mitschöpfer dieser Kunstwerke feiern ließ. Diese Werke spielten im Leben des Kaisers eine maßgebliche Rolle, "auf diese Weise bemächtige er sich der Wirklichkeit, die ihm bei seiner Tätigkeit als Herrscher so oft entglitt" (J. Neumann). Als Hauptwerk seiner Kunstförderung konstruierte er selbst das Programm jener außerordentlichen Krone (der späteren Österreichischen Kaiserkrone), die seine Hofgoldschmiede 1602 ausführten. Die Form der Krone wurde aufgrund von Darstellungen Karls des Großen gestaltet, die Seiten wurden durch vier Reliefs geschmückt. Der Kaiser ließ diese Krone für sich selbst anfertigen, er tritt in allen vier Reliefs auf. Drei Reliefs vergegenwärtigen seine Herrscherwürden: "die Frankfurter Kaiserkrönung" zeigt ihn als Kaiser des Heiligen Römischen Reichs, das "Schwingen des Schwertes auf dem Krönungshügel in Pozsony" als König von Ungarn – dies ist die älteste Darstellung dieses Moments des ungarischen Krönungsrituals – und "der Krönungszug von Prag" als König von Böhmen. Am vierten Relief, dessen Thema dem Kaiser freistand, wollte er sich als Besieger der Türken gefeiert sehen. Dieser Triumph bestand aber in Wirklichkeit nicht. Bis 1606 hat sich eindeutig herausgestellt, daß weder die Türken noch der Habsburger Herrscher einen eindeutigen Sieg über den anderen erringen konnten, und daß beide Parteien, völlig erschöpft, am Friedensschluß interessiert waren. Kaiser Rudolf hat sich aber bereits so sehr mit seiner Rolle des "siegreichen Herrschers", die in einer ganzen Reihe von Kunstwerken Gestalt annahm, identifiziert, daß er nicht willens war, den nach langen und schwierigen Verhandlungen erreichten Frieden von Zsitvatorok zu ratifizieren, wie er auch den Wiener Frieden mit den ungarischen Ständen nicht akzeptierte. Die von ihm selbst und von seinen Künstlern gewobene Traumwelt hinderte ihn an der Erkenntnis der Wirklichkeit.

Die Entscheidung, daß die Macht nicht in den Händen des Kaisers gelassen werden durfte, fiel innerhalb der Familie Habsburg. Da aber der Kaiser nicht freiwillig abzudanken bereit war, zog sein jüngerer Bruder, Erzherzog Matthias, im Frühjahr 1608 mit einem Heer nach Prag gegen ihn. Dieses Heer bestand zum Großteil aus Ungarn, die im Bruderzwist Matthias unterstützten, weil sie sich von ihm den Frieden für ihr Land nach den Blutsverlusten des Fünfzehnjährigen Krieges, die Erhaltung der Privilegien des ungarischen Adels und für den größtenteils noch protestantischen Adel die Religionsfreiheit erhofften. Rudolf trat die Macht über Ungarn an seinen Bruder ab und übergab ihm deren Symbol, die ungarische Königskrone, die aus Prag nach Pozsony überführt wurde. Für den September 1608 wurde der Landtag nach Pozsony einberufen, auf dem der ungarische Adel – unter Ausnutzung der Möglichkeiten, die sich aus seiner aufgewerteten Rolle ergaben – Matthias zunächst seine Forderungen aufzwang und ihn dann am 9. November unter dem Namen Matthias II. zum König von Ungarn krönte. Dies sollte der höchste Rang des Herrschers bleiben, denn Rudolf behielt bis 1611 seinen Titel des böhmischen Königs und bis 1613, bis zu seinem Tod, den Titel des römischen Kaisers. Diese Umstände erhöhten für Matthias die symbolische Bedeutung der ungarischen Krone und der Krönung selbst, und in diesem Zusammenhang lassen sich die neuen Elemente in der herrschaftlichen Repräsentation interpretieren, die bei der Krönung von Matthias in Erscheinung traten: Hier wurden zum erstenmal die Nationalfarben Rot–Weiß–Grün eingesetzt (an den Teppichen entlang des Krönungszuges), der König wurde auf der Krönungsmedaille mit der ungarischen Krone dargestellt, und auf einer anderen Medaille und in einem Kupferstich in der bezeichnenden ungarischen Tracht verewigt. Er war

Anton Erhard Martinelli–Salomon Kleiner, Das Pester Invaliden-Haus, 1739 (Magyar Nemzeti Múzeum)

der erste Habsburger-Herrscher, der im vollen ungarischen Krönungsornat – im Krönungsmantel König Stephans des Heiligen, mit der Stephanskrone auf dem Haupt und das ungarische Zepter in der Hand – porträtiert wurde (diese Darstellung ist nur durch einen Kupferstich überliefert). Matthias wurde auch im böhmischen Krönungsornat gemalt (1611), und wir kennen von ihm als eine individuelle Variante auch eine Darstellung in ungarischer Tracht mit den böhmischen Insignien, wodurch in einem einzigen Bild seine beiden Königstitel vereint erscheinen (beide Gemälde sind Werke Hans von Aachens).

Im Kreis der Habsburger-Könige ist das Herrscherporträt in ungarischer Tracht durch das Bildnis von Matthias allgemein üblich geworden, nach diesem Beispiel entstanden sämtliche Darstellungen von Habsburger-Herrschern in ungarischer Tracht, ganz gleich, ob es sich um Gemälde, Kupferstiche oder Medaillen handelte. Eine Bildnismedaille in ungarischer Tracht wurde auch von Matthias' Nachfolger, Ferdinand II. geprägt, aber diese hatte wohl eine ganz andere Bedeutung als bei seinen Vorgängern. Ferdinand II. wurde 1618 unter gewandelten politischen Umständen zum König Ungarns gekrönt, er genoß eine ganz andere Erziehung, hatte als Herrscher eine ganz andere Haltung und auch eine andere Praxis. Er wurde in den Schulen der Jesuiten zum unerbittlichen Anhänger der Gegenreformation erzogen, und seine Politik richtete sich auf den Ausbau der starken, absolutistischen Staatsorganisation. Zu Beginn seiner Regierungszeit versuchten die böhmischen Stände (mit der Unterstützung der österreichischen und der ungarischen Stände) seine Macht einzuschränken, er wurde sogar von seinem böhmischen Thron abgesetzt. Ferdinand besiegte daraufhin in der Schlacht am Weißen Berg (1620) seine Gegner und vergalt den Aufstand mit Konfiszierungen und Hinrichtungen. Von diesem Zeitpunkt an spielten weder die böhmischen, noch die österreichischen Stände eine bedeutende politische Rolle. Daß die ungarischen Stände nicht dieses Schicksal teilen mußten, das war vor allem der Unterstützung des von den Habsburgern unabhängigen Fürstentums Siebenbürgen zu verdanken. Das Jahrzehnt nach der Thronbesteigung Ferdinands II. brachte auch so sich ständig erneuernde Kämpfe zwischen der Habsburger Macht und den ungarischen Ständen – mit der kontinuierlichen Abnahme des Einflusses der ungarischen Stände.

Die gewandelten politischen Verhältnisse lassen sich auch an den Kunstwerken dieser Zeit ablesen. In der künstlerischen Repräsentation der ungarischen Könige war das bedeutendste Ensemble des Jahrhunderts die monumentale Panneaufolge des Schlosses Pozsony vom Beginn der 1740er Jahre.[10] Ihre Ausführung bildete einen Bestandteil der Wiederherstellung des Königsschlosses, die vom ungarischen Landtag angeregt und von den ungarischen Ständen finanziert wurden. Nach den Entwürfen des Hofarchitekten Giovanni Battista Carlone wurde das Schloß mit vier Eckbasteien ausgebaut und aufgestockt, die Innenräume erhielten eine reiche Dekoration. Im zweiten Obergeschoß wurden die Appartements des Königs und der Königin ausgebaut, und darin zwölf Säle mit Deckengemälden auf Leinwand ausgestattet. Für sein eigenes Appartement bestimmte der Herrscher das Programm der Dekoration, die Bilder hatten den Vater des Auftraggebers, Ferdinand II. zu verherrlichen. Dem malerischen Programm wurde die Lebensbeschreibung Ferdinands II. von Guillaume de Lamormaini, dem kaiserlichen Beichtvater und einflußreichsten Jesuiten der Habsburger Landen, zugrundegelegt, und die Erscheinungsform wurde einer der bezeichnendsten Gattungen der Barockkunst, der weltlichen Apotheose anvertraut, die durch die Medicigalerie von Rubens zu Recht berühmt geworden war. Diese Gattung zeigt die Herrscher in wirklichen Situationen, jedoch mit reichem allegorischen Beiwerk, und diese Lösung hebt die Dargestellten über die Wirklichkeit des Alltags hinaus und erhöht sie beinahe zu übernatürlichen Heroen. Der aus Nürnberg gekommene Maler Paul Juvenel führte die Folge, die aus achtzehn großformatigen figürlichen Darstellungen und acht kleineren emblematischen Gemälden bestand, zwischen 1638 und 1643 aus. Sämtliche großformatige Kompositionen zeigten den Herrscher in jeweils anderen Situationen, in Gesellschaft von Zeitgenossen und allegorischen Figuren. Der Maler zeigte auf diese Weise, wie unendlich weise, einsichtig, gnädig, gerecht, nachsichtig und dabei gottesfürchtig, wissenschaftsfördernd, fleißig und demütig Ferdinand II. als Herrscher war und wie er auch für seine Familie sorgte. Diese großzügige, in der Sprache der bildenden Künste formulierte Propaganda für den Absolutismus war aber nicht für den Kaisersitz, die Wiener Hofburg, bestimmt, sondern ungewohnterweise für das Schloß Pozsony, für den ungarischen Adel. Das Beispiel der entrechteten Böhmen war in mehreren Bildern als Mahnung an den ungarischen Adel gemeint. Diese Folge war dazu angetan, die ungarischen Stände von den Vorzügen der Habsburgerherrschaft zu überzeugen, so auch das Bild, in dem sich dem Habsburger-Herrscher Ferdinand II. die Hoffnung mit geblähtem Segel zugesellt, während der Kriegsgott Mars die Länder seines Reichs verwüstet und deren Wappen mit Füßen tritt. Unter den Gegnern des Reichs wurden – nach der Interpretation eines anderen Gemäldes – Gábor Bethlen, Gustav Adolf von Schweden, die Türken und deren Verbündete, darunter die oppositionellen Ungarn verstanden.

Aus dem Gesichtspunkt des Herrschers und seiner Ratgeber schien die Preßburger Gemäldefolge ein wohldurchdachtes und folgerichtiges Programm verwirklicht zu haben, aber wir haben keine Kenntnis davon, daß sie in Ungarn künstlerisch oder politisch irgendeine Wirkung ausgeübt hätte. Auf den zu einem erheblichen Teil noch protestantischen Adel übte die nachdrückliche Rolle der Jesuiten in den Bildern gewiß keine Anziehungskraft aus, und noch weniger der Umstand, daß das Bildprogramm nicht einmal eine Anspielung auf das erstrangige und wichtigste Problem des Landes, auf die drohende Türkengefahr enthielt. Dafür war die ungarische Aristokratie außerordentlich empfänglich, denn eine ganze Reihe von Kunstwerken, die in den anderthalb Jahrzehnten nach Vollendung der Preßburger Deckengemälde in ihrem Auftrag geschaffen wurden, verkündete die Notwendigkeit des Kampfes gegen die Türken und verherrlichte die Helden dieser Kämpfe. Sie lasen aus der Panneaufolge wohl dasselbe heraus, was sie auch der politischen Praxis des Hofes entnahmen, daß die Absicht, die den Frieden mit dem Türken um jeden Preis aufrechterhalten wollte und die Verteidigung gegen die ständig angreifenden Türken sogar verbot, das Land in äußerste Gefahr stürzen würde. Diese Erkenntnis führte einen Teil der Anführer der ungarischen Stände in die antihabsburgische Verschwörung unter Wesselényi. Im Laufe des 17. Jh. ließen die ungarischen Könige aus dem Hause Habsburg kein thematisches Kunstwerk von den Ausmaßen der Preßburger Deckengemäldefolge mehr ausführen, ihre künstlerische Repräsentation blieb größtenteils innerhalb der Rahmen der Königskrönungen. Die Krönungsfeierlichkeiten wurden in Kupferstichen und Beschreibungen verewigt, ihre bezeichnendste überlieferte Form ist das Königsbildnis in ungarischer Tracht. Diese Bilder verewigen die Könige, die anläßlich der Krönung – mit einer freundlichen Geste für den ungarischen Adel – in ungarischer Tracht auftraten, ihre Volkstümlichkeit wird durch zahlreiche Kopien und Nachstiche bezeugt. Das vielleicht schönste Königsbildnis in ungarischer Tracht aus dem 17. Jahrhundert ist das ganzfigurige Porträt Ferdinands III. von Justus Sustermans (Budapest, Ungarische Nationalgalerie), die noch zur Regierungszeit Ferdinands II., im Jahr 1625, anläßlich der Krönung seines achtzehnjährigen Sohnes zum König von Ungarn gemalt wurde.[11] Diese Krönung hatte große Bedeutung, denn der spanische Zweig der Habsburger wollte der zur Besiegelung der Verbindung zwischen den beiden Zweigen geplanten Eheschließung (der junge Ferdinand sollte die Tochter Philipps III., die Infantin Maria Anna heiraten) nur unter der Voraussetzung die Zusage erteilen, daß Ferdinand zuerst zum König von Ungarn gekrönt wurde. Ferdinand erschien an der Krönung in einem prächtigen ungarischen Kleid, und sein ganzfiguriges Bildnis, das später viel kopiert werden sollte, wurde von einem vornehmen Mitglied der spanischen Gesandtschaft in Auftrag gegeben. Von beiden, zu Königen Ungarns gekrönten Söhnen Ferdinands III. wurden halbfigurige Bildnisse in ungarischer Tracht gemalt, vom früh verstorbenen Ferdinand IV., (heute

Franz Anton Maulbertsch, Maria Theresia bei der Stiftung des Sankt-Stephans-Ordens, 1768 (Ungarische Botschaft, Wien)

in Gripsholm) und von Leopold I. (Budapest, Ungarisches Nationalmuseum), beide vom Hofmaler des Kaisers, Frans Luyckx, der aus Antwerpen nach Wien kam. Der ungarische Adel kannte gewiß diese Bildnisse in ungarischer Tracht (die im vorliegenden Band in einem gesonderten Aufsatz behadelt werden) und hielt sie wohl ihr eigen, wie dies nicht nur durch bis heute erhaltengebliebene verschiedene Kopien, sondern auch durch einen Nachstich bezeugt wird, in dem Georg Szelepcsényi, Bischof von Nyitra und guter Amateur-Kupferstecher, die Bedeutung des Königsbildnisses erweiterte, indem er es durch die Wappen Ungarns und der Nebenländer umgab.[12]

In ungarischer Tracht traf in Pozsony im Dezember 1687 Kaiser Leopolds Sohn, der im Kindesalter zum König Ungarns gekrönte Joseph I. ein, der in zahlreichen graphischen Blättern in dieser Tracht verewigt wurde. Dies war die erste Krönung, nachdem der ungarische Adel als Dankbarkeit für die 1686 erfolgte Rückeroberung der einstigen Hauptstadt des Landes, Buda, und die Vertreibung der Türken aus dem Großteil des Landes durch die kaiserlichen Truppen und ihre europäischen Verbündeten auf die freie Königswahl verzichtet und die Sukzession des Hauses Habsburg im Mannesstamm akzeptiert hatte. Die Vertreibung der Türken und die Befreiungskriege auf dem Gebiet Ungarns wurden in ganz Europa durch unglaublich viele Kunstwerke begleitet, zum überwiegenden Teil durch druckgraphische Blätter. In den meisten Ereignisbildern und allegorischen Kompositionen wurde der Triumph Kaiser Leopolds und seiner Feldherren gefeiert. Darunter gibt es auffallend wenig Werke, die unmittelbar auf die Initiative des Wiener Hofes und im Dienst der herrschaftlichen Repräsentation entstanden sind, und auch unter diesen kennen wir kein einziges, das Leopold als König von Ungarn für seine Untertanen in Ungarn hätte anfertigen lassen. Die Regierung betrachtete das Land als eine mit Waffen eroberte Provinz und begann das neue politische, wirtschaftliche und Verwaltungssystem in diesem Geist auszubauen. Dies erregte in Ungarn einen derartigen Widerwillen, daß im Jahr 1703 ein Aufstand gegen die Habsburger ausbrach, dem sich ein ungarischer Aristokrat, ein Enkel siebenbürgischer Fürsten, Ferenc II. Rákóczi, an die Spitze stellte. Er wurde einige Jahre später zum Fürsten Ungarns und Siebenbürgens gewählt, und eine Zeitlang gehörte der Großteil des Landes unter seine Oberhoheit. In der Konfrontation der ungarischen Stände und des Habsburger Absolutismus war dies die Zeit der schärfsten Konflikte. Betrachtet man diese Epoche – im Einklang mit der Zielsetzung dieses Aufsatzes – unter dem Aspekt der künstlerischen Repräsentation der institutionalisierten Macht, muß hervorgehoben werden, daß Fürst Rákóczi – eben als Symbol seiner absoluten Macht – genauso bewußt die Mittel der künstlerischen Repräsentation einsetzte wie der Habsburger Herrscher, gegen den er kämpfte. Er brachte seinen Widerstand gegen die kaiserliche Macht in der Gattung der "histoire metallique" mit Gedenkmünzen (Werke Daniel Warous), und seine fürstliche Würde in der Gattung des höfischen Porträts (Werke seines Hofmalers Ádám Mányoki) zum Ausdruck.[13]

Dieser Periode der Gegensätze wurde mit dem Frieden von Szatmár ein Ende gesetzt. Auf den mit Waffen errungenen Sieg der Monarchie folgte aber kein zweiter Weißer Berg, sondern ein Kompromißfrieden mit den ungarischen Ständen, wobei die ständische Struktur unangetastet blieb. Mit der Thronbesteigung Karls VI. (als ungarischer König war er Karl III.) setzte eine neue Epoche im Verhältnis der ungarischen Stände und der Habsburgerherrschaft ein, was auch damit zusammenfiel, daß in der Geschichte Ungarns endlich friedlichere Jahrzehnte folgten. Der Herrscher, der eine nüchternere und mehr pragmatische Politik verfolgte, trachtete nach Abschluß des Spanischen Erbfolgekrieges vor allem nach dem Aufbau und nach der Modernisierung seines Reichs. Es ist ein bezeichnender Zug seiner Persönlichkeit und seiner Regierung, daß er die Kunstförderung, die eingeleiteten großzügigen Bauvorhaben als Bestandteile seines Programms als Herrscher betrachtete und die Kunst in den Dienst der Staatsidee zu stellen wünschte.[14] Dies zeigt sich gleicherweise in der Wiener Karlskirche, in der Hofbibliothek, in der Winter-Reitschule und im Reichskanzleitrakt der Hofburg. Im letzten Jahrzehnt seiner Regierungszeit hat ein gelehrter Jesuit (Anton Höller, 1733) einen Band zur Verherrlichung der Kunstpolitik des Kaisers zusammengestellt, in dem die von ihm errichteten Gebäude nach ihren Funktionen geordnet aufgezählt sind. Darin kommen Ungarn, Siebenbürgen und die Grenzschutzgebiete in fast allen Gruppen mit Beispielen vor. Unter den Sakralbauten (Aedificia sacra) sind die katholischen Siedlungen und die neu errichteten Kirchen im Banat und der nach Plänen des jüngeren Fischer von Erlach erbaute Dom von Temesvár hervorgehoben. Er hätte auch das Denkmal der Bundeslade von Győr, ein Werk des Hofbildhauers Antonio Corradini nach Entwürfen des jüngeren Fischer von Erlach (1729–1731) erwähnen können, das sich in den habsburgischen Kult der Eucharistie einfügen läßt. Unter den Wirtschaftsbauten (Aedificia oeconomica) führt er die Beispiele von Siedlungen im Banat, die unterschiedliche Gewerbe trieben, sowie Kanalisationsvorhaben und Straßenbauten in Siebenbürgen an, unter den Zivilbauten (Aedificia civilia) hob er hingegen die Wiederansiedlung und den Ausbau von Temesvár und die Neubauten in Buda und Gyulafehérvár (auf Deutsch nach dem Kaiser Karlsburg genannt) hervor. In der Gruppe der Militärbauten (Aedificia bellica) liefert Ungarn die meisten Beispiele, nicht nur mit den Festungen, Kasernen und Arsenalen, sondern auch mit dem großzügigen, repräsentativen Bau in Pest, dem Invalidenhaus für die Invaliden des gesamten Habsburgerreichs (ab 1715, nach Plänen von Anton Erhard Martinelli). Dieses gewaltige Gebäude, reich geschmückt durch Statuen und Reliefs, bildet auch heute noch ein Wahrzeichen der alten Pester Innenstadt, obwohl nur ein Viertel der ursprünglichen Pläne ausgeführt wurde. Das Vorbild dieses Baus war ebenso der Pariser Bau aus der Zeit Ludwigs XIV., wie das des monumentalen Triumphbogens (Claude Perraults Arc de Triomphe) im siebenbürgischen Karlsburg, der vom triumphalen Reiterstandbild des Kaisers bekrönt und von Reliefs mit den heldenhaften Taten seines antiken Vorbilds, Herkules, überzogen ist. Alle drei Triumphbögen der Stadt wurden über den Ruinen einer Stadt des antiken Dazien, *Apulum*, errichtet (von wo römische Steine nach Wien transportiert und in die Mauer der Hofburg eingefügt wurden), womit eindeutig darauf hingewiesen wurde, daß Karl VI., Kaiser des Römischen Reichs deutscher Nation, nicht nur durch seinen Titel, sondern auch tatsächlich ein Erbe des antiken Römischen Reichs war. Nachdem Karl VI. im Jahr 1740 unverhofft ohne einen männlichen Erben verstorben war, hat sich bald herausgestellt, daß er die weibliche Sukzession seines Hauses umsonst durch die europäischen Mächte bestätigen ließ, denn Friedrich II. griff Schlesien an und eroberte es, der Kurfürst von Bayern eroberte einen Teil der österreichischen Länder sowie Böhmen, wo er von den böhmischen Ständen auch gekrönt wurde. Die Spanier hatten Anspruch auf italienische Gebiete, die Franzosen auf die Niederlanden. Um Hilfe konnte sich Maria Theresia nur an den ungarischen Adel wenden. Dieser soll der Königin auf dem Landtag von 1741 – laut Tradition – sein "Leben und Blut" *(vitam et sanguinem)* angeboten haben, hat ihr Militär zur Verfügung

Kreis um Martin Meytens,
Die Krönung Maria Theresias,
1767–1769
(Ungarische Botschaft Wien)

29/5

gestellt und einen adeligen Aufstand verkündet, und viele der Abgeordneten zogen persönlich ins Feld. Wie die ältere ungarische Geschichtsschreibung gerne betonte, haben sie das Habsburgerreich gerettet.

All das hat das Selbstbewußtsein des ungarischen Adels erheblich gestärkt, und im Jahr 1749 wurde der Beschluß gefaßt, an der Stelle der mittelalterlichen Burg von Buda einen neuen Königspalast zu errichten. Im Krönungsdiplom war schon immer der Wunsch der ungarischen Stände zum Ausdruck gebracht, daß der König von Ungarn – nach Möglichkeit – eine Zeitlang in Ungarn residieren sollte. In Kenntnis der früheren Praxis schien dies auch 1749 wenig wahrscheinlich, aber Anton Grassalkovics, Präsident der Königlichen Hofkammer, und die Anführer des Adels setzten ihren Plan dennoch durch. Zweifelsohne war der Königspalast in ihren Augen das Symbol des selbständigen ungarischen Staates, aus diesem Grunde wollten sie ihn errichten. Maria Theresia gab dazu ihre Zusage unter der Voraussetzung, daß die Baukosten nicht die Staatskasse belasten sollten. Die Entwerfer des Königspalastes gingen aus den leitenden Wiener Hofkünstlern hervor. Jean-Nicolas Jadot, der Hofarchitekt aus Lothringen, verband zwei rechteckige Bauten mit einem langen Flügel, der an der Donauseite einen breiten Mittelrisalit erhielt, an der anderen Seite umgab das U-förmige Gebäude einen Ehrenhof. In den Gebäudeflügeln wurden rechts und links, mit annähernd gleicher Anordnung die Appartements des Königs und der Königin untergebracht, in der Mitte standen das Schlafgemach des Königspaars und der Thronsaal, jeweils mit einer bezeichnenden Dachkuppel hervorgehoben, die die barocke Schloßarchitektur Ungarns maßgeblich beeinflußte. Jadots Pläne wurden im Lauf der Bauarbeiten mehrfach abgeändert. Ab 1753 wurde unter der Hand seines Nachfolgers, des Oberarchitekten Nicolaus Pacassi, und ab 1765 unter Franz Anton Hillebrandt jene Barockform erreicht, die dann durch die Umgestaltung nach 1880, durch die Verwüstungen des Zweiten Weltkriegs und schließlich durch die Wiederherstellung nach dem Krieg vernichtet wurde.[15]

29/2

Für Maria Theresia und ihre politischen Mitarbeiter bedeutete in der Verwaltung Ungarns die größte Schwierigkeit die Haltung des ungarischen Adels, der unter Berufung auf die ständische Verfassung jegliche Beteiligung an den Staatslasten auf das entschiedenste verweigerte. Die Steuerzahlung war die Pflicht der Leibeigenen. Maria Theresia hatte zwar im Landtag von 1751 versucht, diese in ihrem Reich einzigartige Auffassung zu ändern, erzielte aber keinen Erfolg. Dann meinte sie, durch die Erhebung und durch die engere Bindung der einflußreichsten Schichten des ungarischen Adels an ihren Hof, diese Kreise für die aufgeklärten Reformen empfänglicher zu machen und sie vielleicht auch zur Übernahme größerer öffentlicher Lasten bewegen zu können. Auch solche Überlegungen spielten bei der Aufstellung der Ungarischen Adeligen Leibgarde eine Rolle, wodurch zahlreiche junge Aristokraten in den Glanz des Hofes einbezogen wurden (mehrere unter ihnen sollten dann die moderne ungarische Literatur ins Leben rufen), und im Jahr 1764 stiftete sie den Sankt-Stephans-Orden zur Anerkennung hervorragender Verdienste im Königreich Ungarn. Beide Maßnahmen brachten die selbständige ungarische Staatlichkeit zum Ausdruck, nicht nur für ihre ungarischen Untertanen, sondern auch für die übrigen Völker und Nationen des Habsburgerreichs. Die Träger des Sankt-Stephans-Ordens waren in erster Linie weltliche und geistliche Würdenträger, die Maria Theresia unterstützten oder deren Unterstützung sie dadurch gewinnen wollte. Im Landtag von 1764 versuchte sie erneut, den ungarischen Adel zur Steuerzahlung anzuhalten, aber auch diesmal ohne jeglichen Erfolg. Die Herrscherin zog daraus die Konsequenzen, und von da an erstarkten in ihrem Regierungssystem merklich jene Tendenzen, die eine Politik neuen Typs anzeigen, nämlich den aufgeklärten Absolutismus. Das war ein markanter Versuch der Randgebiete Europas, die Gesellschaft auf Anregung des Herrschers mit Reformen von oben zu modernisieren, um die mehr fortgeschrittenen Länder des Zentrums einzuholen. Zu dieser Zeit, im Jahr 1765 nahm Maria Theresia ihren Sohn Joseph II. als Mitregenten neben sich und ließ anstelle des im selben Jahr verstorbenen Palatins keinen anderen wählen, sondern ernannte ihren Schwiegersohn, Erzherzog Albrecht, zum Statthalter von Ungarn.

All das beeinflußte auch ihre Kunstpolitik gegenüber Ungarn.[16] Sie bestimmte nicht den im Bau befindlichen Budaer Palast zur Residenz ihres Schwiegersohnes und ihrer Tochter Marie Christine, sondern das nähergelegene Schloß Pozsony, das seit 1761 unter der Aufsicht von leitenden Wiener Architekten – Jadot, Pacassi, Hillebrandt – modernisiert wurde. Im Schloß wurde ein neues Treppenhaus errichtet, die Kapelle wurde umgebaut und die Säle wurden wohnlicher und repräsentativer ausgestattet, nach Durchbruch der Burgmauer wurde eine Sala terrena zu einem reichen französischen Garten angelegt, und an der anderen Seite, an die Burgmauer geschmiegt, ein moderner Palast errichtet. Die Einrichtung wurde aus Wien herangebracht, die Gemälde kamen aus den Beständen der Kaiserlichen Gemäldegalerie, und die Innenräume wurden von Wiener akademischen Künstlern (Franz Anton Maulbertsch, Vinzenz Fischer, Josef Hauzinger) ausgemalt. Aufgrund der Beschreibungen hat es den Anschein, daß manche der Innenräume den prächtigen Sälen des Schlosses Schönbrunn ähnlich waren. Im Königsschloß von Pozsony herrschte ein reges Hofleben, auch Maria Theresia selbst hielt sich öfter dort auf. Herzog Albrecht legte hier den Grund für seine berühmte graphische Sammlung, die Albertina, er und seine Gemahlin nahmen an den Festen und Jagden der ungarischen Aristokratie in Pozsony und Umgebung teil. Maria Theresia überließ ihnen das Schloß Halbturn zum Jagdschloß, dessen Prunksaal aus diesem Anlaß von Maulbertsch freskiert wurde (*Triumph der Aurora*, 1768). In der für Ungarn bestimmten Kunstförderung des Wiener Hofes war ein anderes bedeutendes Ensemble die Umgestaltung und die Dekoration des Gebäudes der Königlichen Hofkanzlei in Wien (heute Botschaft der Republik Ungarn).[17] Es war ein nachdrücklicher Vorschlag von Kanzler Kaunitz, daß in der Ungarnpolitik Maria Theresias der Königlichen Hofkanzlei und jenen Institutionen, die sich mit den auf Ungarn bezüglichen Angelegenheiten beschäftigten, eine bedeutendere Rolle zugemessen werden sollte, um die Aristokraten, die darin und in den weiteren königlichen Institutionen tätig waren, für die Unterstützung der Königin zu gewinnen.

Der Erhöhung der Bedeutung der Königlichen Hofkanzlei diente die Umgestaltung und die anspruchsvolle künstlerische Ausstattung des Gebäudes. Maria Theresia beauftragte 1766 ihren Hofarchitekten, Nicolaus Pacassi, mit der Anfertigung der Pläne für den Umbau. Nachdem sie 1767 auf Ansuchen des Hofkanzler Franz Esterházy, dem "die Sachverständigen empfohlen, daß auf dem Plafond des Roten Saales die Allegorie des St.-Stephans-Ordens gemalt werden sollte", auch diese Arbeit genehmigt hatte, führte Maulbertsch 1768 auch dieses Deckengemälde aus. Es ist eine allegorisch gedeutete historische Szene: Maria Theresia verleiht auf ihrem Thron sitzend den Sankt-Stephans-Orden, sie wird von ungarischen Aristokraten, Palatin Ludwig Batthyány, Hofkanzler Franz Eszterházy, Kammerpräsident Anton Grassalkovich umgeben, etwas weiter abseits steht auch Graf Hatzfeld, ihr Staatsminister von merkantilistischer Auffassung. Vermutlich ebenfalls Sachverständige des Hofes empfahlen Hofkanzler Esterházy, daß die Königliche Hofkanzlei – ähnlich dem Schloß Schönbrunn und der Innsbrucker Hofburg – mit Historienbildern von Hofszenen in Öl dekoriert werden sollte. An allen drei Orten arbeiteten dieselben Meister, Martin Meytens und seine Mitarbeiter, die für die Königliche Hofkanzlei in den Jahren 1767–1769 eine sechsteilige Folge mit Szenen der Krönung Maria Theresias in Pozsony – nach Zeichnungen von Salomon Kleiner – ausführten. Maulbertsch schuf einige Jahre später auch für die Innsbrucker Hofburg ein Deckengemälde, eine Allegorie des Hauses Habsburg, so daß aus dem Gesichtspunkt der künstlerischen Repräsentation, der Bildsprache, der Wahl der Gattung, der Thematik und der Künstler die Innsbrucker Hofburg – der Kaiserpalast des Landes Tirol – und das Gebäude der Königlichen Hofkanzlei der Ungarn als "öffentliches Gebäude der ungarischen Provinz" sich gegenseitig entsprachen. Eine wichtige Schicht der Kunstförderung Maria Theresias bilden ihre Maßnahmen, die den Kult des ersten ungarischen Königs, Stephans des Heiligen, betrafen. Im Mittelpunkt stand die Armreliquie des Heiligen, die bereits Ende des 17. Jh. bei den Dominikanern in Ragusa entdeckt worden war. Bereits damals war auch ihre Zurückholung zur Sprache gebracht, aber es kam erst gegen Ende der Regierungszeit Maria Theresias, im Jahr 1770 dazu. Maria Theresia nannte sich als Königin von Ungarn seit 1758 als "apostolische Königin", womit sie betonte, daß sie sich als Erbin des als apostolischen König verehrten heiligen Stephans betrachtete. Die Annahme dieses Titels hatte politische Gründe, es handelte sich dabei vorrangig um das sich ändernde Verhältnis des Papsttums und der weltlichen Macht. Es ging darum, in welchem Ausmaß und auf welcher rechtlicher Grundlage der Herrscher über die Besitzungen, Institutionen und Organisation der katholischen Kirche, die gewaltige Güter und einen außerodetlich großen Einfluß besaß, verfügen durfte. Dies war eines der Grundprobleme der Staatstheorie des aufgeklärten Absolutismus, und obwohl es erst später, unter Josef II., zu einer Aufsehen erregenden Konfrontation zwischen dem Papst und einem Habsburger kam, fällte die tief religiöse Maria Theresia in der zweiten Hälfte ihrer Regierungszeit in kirchlichen Angelegenheiten derart souveräne Entscheidungen, daß sie immer die Billigung Roms hervorrief. Die Zeitgenossen haben aufgezeichnet, daß der Papst bei ihrem Tod – entgegen der Gewohnheit – kein Requiem für sie hielt. Maria Theresia hat die heilige Armreliquie des apostolischen Königs Stephan nicht nur zurückerlangt, sondern ließ für sie auch ein prächtiges Gehäuse anfertigen und ließ das Reliquiar im Juli 1771 unter großem Pomp nach Buda überführen, wo es in einer eigens dafür errichteten Kapelle im Königspalast untergebracht wurde. In Székesfehérvár, wo einst das Grab des heiligen Königs stand, übernahm sie sämtliche Kosten für die Ausstattung des Chors der Pfarrkirche Sankt Stephan und schenkte der Abtei Szentjobb, wo die Armreliquie im Mittelalter bewahrt worden war, ein auf Seide gemaltes Bild der heiligen Armreliquie. Sie machte die Verehrung der heiligen Armreliquie zum Bestandteil der staatlichen Repräsentation, zu einer Ausdrucksform der Bewahrung der nationalen Traditionen Ungarns. Ihre wirkungsvolle Initiative führte zu einer bis heute bestehenden Praxis, wie auch ihre Verfügung, mit der sie den 20. August, den Tag des heiligen Königs Stephan, zu einem arbeitsfreien Feiertag erhob.

Die Anwesenheit der heiligen Armreliquie in Buda diente auch zur Legitimation des Königspalastes. Durch ihre Verlegung nach Buda ging eine der Bestrebungen der Erbauer des Palastes in Erfüllung: der Sitz der mittelalterlichen Könige hat seine Bedeutung wiedererlangt. Das gewaltige Gebäude stand nämlich seit seiner Vollendung leer und funktionslos, und auch durch die Entscheidung der Königin, wonach 1770 ein Flügel der Mädchenerziehungsanstalt der Englischen Fräulein zugewiesen wurde, erhielt der Palast nicht gerade eine repräsentative königliche Funktion. Die Herrscherin wies aber dem Gebäude im Jahr 1777 eine wichtige Aufgabe zu: Hier wurden die drei Fakultäten der Universität untergebracht, die von Tyrnau nach Buda verlegt wurde. (Die Englischen Fräulein übersiedelten nach Vác.) Noch im selben Jahr wurden der Unterricht und auch die Umgestaltung des Palastes in Angriff genommen. Eine der Dachkuppeln wurde abgetragen, um dem Turm der Sternwarte Platz zu geben (die hier abgedruckte Kupferstichillustration hielt diesen Zustand fest), im Thronsaal wurde die Aula der Universität eingerichtet. Vinzenz Fischer, Professor der Wiener Akademie, dekorierte die Decke des Saals mit einer illusionistischen Architekturmalerei, und die Wände mit den Allegorien der vier Fakultäten sowie mit den Instrumenten der Wissenschaften und Künste. Die Urkunden der

Jacob Schmutzer, Eröffnung der nach Buda verlegten Universität am 25. Juni 1780 (Das Original wurde zerstört)

Universität und die Schlüssel des Palastes wurden den Leitern der Universität am 25. Juli 1780 im Rahmen landesweiter Feierlichkeiten überreicht. Dabei ließ sich die Königin durch Vizekanzler Karl Pálffy vertreten, und zu diesem feierlichen Anlaß wurden im Wiener Münzamt Gedenkmedaillen in Gold und Silber geprägt, und zur Verewigung des Ereignisses wurde der Direktor der Kupferstecherakademie, Jacob Schmutzer, nach Buda geschickt. Seine Zeichnung, die gewiß zur Vervielfältigung durch den Kupferstich vorgesehen war (schließlich kam es nicht dazu), überlieferte für uns das einstige Bild der Aula: Im Mittelpunkt – umgeben von der Paradewache – stand unter einem Baldachin, durch einige Treppen erhöht, das Staatsporträt der Herrscherin. Dieses Bildnis zeigte sie in Ganzfigur, lebensgroß, im Krönungsornat, die Krone auf einem kleinen Tischchen neben sich. Durch ihr Bildnis vergegenwärtigt – "in effigie" – war die Königin an der Eröffnungsfeier der Universität auch selbst zugegen.

In der Repräsentation Maria Theresias spielten ihre Staatsporträts, die überall im Reich an den Wänden von Verwaltungsinstitutionen, größeren Klöstern, in Provinzzentren, Komitats- und Rathäusern hingen. Da ihr höchster Rang die des ungarischen Königs war, findet man nicht selten auch außerhalb Ungarns Staatsportraits von Maria Theresia, die sie in ungarischer Tracht, entweder nur mit der ungarischen Krone – oder in derselben Kleidung, aber auch mit den übrigen Kronen ihres Reichs – zeigen.

Ihr Nachfolger, Josef II., brach mit der vorangegangenen Regierungspraxis radikal. Er leitete seine Herrscherrechte nicht von der Stephanskrone, sondern vom Naturrecht her, und er ließ sich auch nicht mit der ungarischen Krone krönen (daher hieß er in Ungarn im Volksmund "König mit dem Hut"). Er ließ die Krone und die Krönungsinsignien in die Wiener Schatzkammer der Habsburger überführen, und er war, wie die übrigen Herrscher, die sich von den Prinzipien des aufgeklärten Absolutismus leiten ließen, fest davon überzeugt, daß seine Maßnahmen dem Wohl seiner Völker dienten. Das Jahrzehnt seiner Regierungszeit brachte für die Modernisierung, für die wirtschaftliche, Verwaltungs-, Religions- und Unterrichtsstruktur seiner Länder und auch Ungarns große Änderungen.

F.A. Hillebrandt, Sitzungssaal des alten Unterhauses, Budapest, (1783.1784 /OMH fényképtár)

Peter Krafft, Palatin Joseph, 1820
(Magyar Nemzeti Múzeum)

Ein Teil seiner Maßnahmen, so die Aufhebung der religiösen Orden, verursachte die Vernichtung der seit Jahrhunderten funktionierenden Strukturen der kirchlichen Mäzenatur und die Zerstreuung vieler künstlerischer Werte. Andererseits bot die Wiederverwendung der Ordenshäuser vielerlei Möglichkeiten, und so manche gehören in den Bereich der Kunstförderung. In diese Kategorie fallen die Verfügungen des Kaisers hinsichtlich der Städte Pest und Buda.[8] Ein lang gehegter Wunsch der Ungarn, daß Buda wieder zum kulturellen und Verwaltungszentrum werden sollte, hat sich größtenteils infolge dieser Verordnungen verwirklicht. Nach zweieinhalb Jahrhunderten wurden die Regierungsämter wieder von Pozsony nach Buda verlegt. Die Statthalterei, die Königliche Kurie und das Staatsarchiv wurden im Burgviertel von Buda, unter Verwendung der Gebäude des einstigen Klarissen- und Franziskanerklosters untergebracht, daneben wurde nach Plänen Franz Anton Hillebrandts das neue Landtagsgebäude errichtet (1782). Der zurückhaltende repräsentative Innenraum dieses letzteren, der einstige Sitzungssaal des Unterhauses, ist das herausragendste Beispiel der Bautätigkeit unter Josef II.[19] Er ließ auch die einstige Karmeliterkirche im Budaer Burgviertel zum Theater umgestalten (Pläne: Wolfgang Kempelen, 1786), und es kam auch im Königspalast zu Umgestaltungen, weil die Universität nach Pest (in zwei aufgehobene Klöster) verlegt und das Oberste Armeekommando im Palast untergebracht wurde. Josef soll gesagt haben, er wolle dafür sorgen, daß nicht König Matthias Corvinus in aller Munde geführt werde. Er meinte damit, daß infolge seiner Maßnahmen Buda wieder eine so hohe Bedeutung erlangen würde wie es seinerzeit unter König Matthias hatte. Die Stadt hat den Herrscher auch tatsächlich gefeiert und plante die Aufstellung seiner Reiterstatue auf einem Platz von Buda (Entwurfszeichnung: Matthias Kögler, 1784).

Die Methoden des Kaisers, seine Verordnungen, die sich auf alle Gebiete des Lebens erstreckten und die Traditionen völlig außer acht ließen, haben aber den erheblichen Teil seiner Untertanen abgestreckt. Er verletzte nicht nur den Adel, dessen Privilegien er so oft verletzte, sondern bei der Einführung von Deutsch als Staatssprache auch die breitesten Gesellschaftsschichten, die darin die Absicht der Aufhebung der ungarischen Sprache vermuteten. Gegen Ende seiner Regierungszeit hat sich in Ungarn eine beispiellos einheitliche, national gefärbte Einheitsfront herausgebildet. Als er 1790, vor seinem Tode, sämtliche seiner Edikte (mit Ausnahme des Toleranzpatents und des Leibeigenenpatents) zurückzog und die ungarische Krone aus der kaiserlichen Schatzkammer nach dem Königspalast von Buda schickte, hat ganz Ungarn Triumph gefeiert. In jenen Monaten war in Ungarn die Habsburgfeindlichkeit so stark, daß die Leiter des ungarischen Adels in Berlin geheime Erkundungen über die Entthronung der Habsburger durchführten.

Der Nachfolger Josefs, Leopold II., hat den Widerstand des ungarischen Adels sehr geschickt entkräftet. Er ließ sich im Herbst 1790 in Pozsony zum König von Ungarn krönen und ließ seinen Sohn Alexander zum Palatin Ungarns wählen. Die Absicht war offensichtlich: Wenn das höchste ständische Amt im Lande von einem Erzherzog von Habsburg bekleidet wird, kann der Einfluß des Herrschers auch auf zuvor unerreichbare Gebiete ausgestreckt werden, wodurch die ungarischen Stände und ihre Bewegungen unter Kontrolle gehalten werden können. Das Amt des Palatins war eine Aufgabe fürs Leben, und der Sitz des neuen Palatins wurde Buda. Diese Entscheidung Leopolds hat das Verhältnis des Hauses Habsburg und Ungarns für ein halbes Jahrhundert maßgeblich beeinflußt. In diesem Prozeß sollten aber nicht Leopold II. und Palatin Alexander Leopold die Hauptrolle spielen, denn sie starben beide bald, sondern Leopolds Söhne, Franz I., der im Juni 1792 in Buda zum König von Ungarn gekrönt wurde, und sein jüngerer Bruder, Erzherzog Josef, der von 1795 an mehr als ein halbes Jahrhundert lang Palatin von Ungarn war.

Zu Beginn dieses halben Jahrhunderts fanden der Wiener Hof und der ungarische Adel unter dem Schock der französischen Revolution zueinander, und die Ungarn hielten – trotz Napoleons Aufruf zur Unabhängigkeit – der Habsburger Macht die Treue. Aus der Wirtschaftskonjunktur der Napoleonischen Kriege kamen sie sogar erstarkt heraus. Mitte der zwanziger Jahre trat aber im Verhältnis von Wien und Ungarn eine merkliche Wandlung ein. Die Initiative zur Modernisierung des Landes übernahmen nun vom Hof der ungarische Reformadel und die Reformintelligenz, die unter Ausnutzung der Rahmen des Ständewesens gesellschaftliche, institutionelle, verwaltungsmäßige und politische Reformen anregten. Ihre Bestrebungen führten in mehreren Punkten zu scharfen Konfrontationen mit Wien, wo man meinte, die Modernisation ließe sich über die Durchsetzung der monarchischen Interessen und mit den Mitteln der Verwaltung verwirklichen. Das mit dem Namen Metternich bezeichnete politische System brach in der Revolution von 1848 zusammen, und Ungarn wurde zu einer konstitutionellen Monarchie mit einer Regierung, die dem Parlament verantwortlich war. Erzherzog Palatin Josef hätte in dieser Situation zugleich die Interessen der Habsburger und Ungarns vertreten müssen, und eine ausgleichende Vermittlerrolle zwischen den beiden Parteien und deren verschiedenen Gruppen übernehmen sollen.[20] Wegen der grundsätzlichen Gegensätze der Interessen schien dies eine schier unlösbare Aufgabe zu sein. Palatin Josef stellte sich schließlich an die Seite der Modernisation und förderte

István Ferenczy, Bauernmädchen, 1820-1822
(Magyar Nemzeti Galéria)

die Zielsetzungen des ungarischen Reformadels. Er unterstützte auch über seine Amtspflichten hinaus die Gründung der neuen nationalen Institutionen Ungarns, so des Nationalmuseums, der Ungarischen Akademie der Wissenschaften, der Militärakademie (Ludoviceum). Die Tätigkeit der von ihm ins Leben gerufenen Verschönerungskommission im Interesse des sich dynamisch entwickelnden Pest war so erfolgreich, daß ihre Nachwirkungen auch gegenwärtig spürbar sind: Die damals angelegten Straßen und Plätze, der erste moderne öffentliche Park, das Stadtwäldchen, und zahlreiche Gebäude geben manchen Stadtteilen bis heute ihr Gepräge. Palatin Josef benutzte den Budaer Königspalast als seine Residenz, die mit Gemälden aus den kaiserlichen Sammlungen und mit in seinem Auftrag ausgeführten Kunstwerken dekoriert war, er unterstützte Studienreisen ungarischer Künstler im Ausland. Der Anfang der modernen ungarischen Bidhauerei zählt man seit der Marmorfigur des Schäfermädchens von István Ferenczy, die der Künstler, der im Atelier Thorvaldsens in Rom arbeitete, zum Dank für sein dreijähriges Stipendium 1822 an den Palatin nach Buda schickte. Palatin Josef spielte auch in der Verbreitung der modernen Richtung der Gartenkunst, des Landschaftsgartens in Ungarn eine bedeutende Rolle, sowohl auf seinem Gut in Alcsút, wo er ein Beispiel für die Umgestaltung der Pußta zu einem Landschaftsgarten lieferte, als auch auf der Margareteninsel, wo er seinen Privatgarten für das Publikum der Zwillingsstädte Pest und Buda eröffnete. Er wurde für den "Habsburger mit dem reinsten ungarischen Herzen" gehalten, und er war auch der Begründer der ungarischen Linie des Hauses Habsburg. Seine Statue wurde bereits einige Jahre nach seinem Tod aufgestellt und steht auch seitdem auf einem Platz des alten Pest, der seinen Namen trägt. Die ungebrochene Volkstümlichkeit des Palatins Josef könnte nicht besser als durch die Tatsache bezeugt werden, daß während nach dem Ersten Weltkrieg, unter der Kommüne von 1919, alle fünf Habsburg-Herrscher vom Millenniumsdenkmal auf dem Budapester Heldenplatz gestürzt wurden – zur selben Zeit wurde in Bratislava auch das Denkmal Maria Theresias von tschechischen Legionären gesprengt —, das Standbild Erzherzog Palatin Josefs auf seinem Postament blieb.

1 Die Kunstförderung der Habsburger auf dem ungarischen Thron ist nicht zusammenfassend bearbeitet worden. Zu den Krönungen: Bartoniek, Emma: *A magyar királykoronázások története*, Bp, 1939, (Reprint 1987); Holčik, Stefan: *Krönungsfeierlichkeiten in Preßburg/Bratislava, 1563-1830*, Bratislava, 1992, Die Mäzenatur mehrerer Herrscher wird behandelt bei Galavics, Géza, The Hungarian Royal Court and Late Renaissance Art. In *Hungarian Studies* 10 (1995) 307-332, und derselbe: *Kössünk kardot az pogány ellen. Török háborúk és képzőművészet*, Bp, 1986; Manche Aspekte des Fragenekomplexes werden angesprochen und in den Kontext des Gesamten Reichs eingebettet bei Vocelka, Karl - Heller, Lynne, *Die Lebenswelt der Habsburger. Kultur- und Mentalitätsgeschichte einer Familie*, Graz/Wien/Köln, 1997; Polleroß, Friedrich: Kaiser, König, Landesfürst: Habsburgische „Dreifaltigkeit" im Porträt, In *Bildnis, Fürst und Territorium*, Rudolfstätter Forschungen zur Residenzkultur 2, München/Berlin 2001 (im Druck).

2 Zur Kunstförderung von Friedrich III. und zum Wiener Neustädter Altar vgl. *Der Wiener Neustädter Altar und der "Friedrichs- Meister"*. Katalog der Sonderausstellung der Österreichischen Galerie und des Österreichischen Bundesdenkmalamtes, Hg. A. Saliger, Wien, 1999-2000, Abb. 23.

3 Zur Wappensymbolik der Habsburger: Vocelka-Heller, 1997, (op. cit.) 153-160.

4 Zu den Kunstwerken Maximilians mit ungarischem Bezug vgl. Endrödi, Gábor, *Szent István I. Miksa császár síremlékén* In *Történelem - Kép. Szemelvények múlt és művészet kapcsolatából Magyarországon*. Ausstellungskatalog der ungarischen Nationalgalerie, 2000. Hg. Mikó, Árpád, Sinkó, Katalin. 196-220.

5 Zu Bernhard Strigels Bildnis von König Wladislaw: Urbach, Zsuzsa, Adalékok Miksa császár portréikonográfiájához. In *Művészettörténeti Értesítő* XLIII (1994) 19-25.

6 Zur Kunstförderung von Ferdinand I. und Maximilian II.: Galavics, 1995 (op. cit).

7 Fidler, Petr, *Zur Deutung des Preßburger Maximiliansbrunnens*. In *Ars* 1999, 64-77.

8 Zu Arcimboldos Kostümentwürfen: Beyer, Andreas (Hg.), *Giuseppe Arcimboldo, Figurinen Kostüme und Entwürfe für höfische Feste*. Frankfurt am Main, 1983; der Kostümentwurf, der mit der Person Kaiser Rudolfs verbunden wird, Abb. 8.

9 Zur Kunstauffassung Kaiser Rudolfs und zu den Kunstwerken der Türkenkriege mit Bezug auf Ungarn: Vocelka, Karl, *Die politische Propaganda Kaiser Rudolfs II. 1576-1612*. Wien 1981; DaCosta Kaufmann, Thomas, *L'école de Prague. La peinture q la cour de Rodolphe II.*, Paris, 1985; J. Horejöi et al., *Die Kunst der Renaissance und des Manierismus in Böhmen*, Prag, 1979.

10 Zur Deckengemäldefolge des Schlosses Pozsony: Rózsa, György, *Magyar történetábrázolás a 17. században*, Bp, 1973, 81-106.; Galavics, Géza, Reichspolitik und Kunstpolitik. Zum Ausbildungsprozess des Wiener Barock. In Wien und der europäische Barock. Akten des XXV. Internationalen Kongresses für Kunstgeschichte CIHA. Wien, 1983, Band 7. 7-12.; Rózsa, György, Paul Juvenel elveszett magyar mennyezetképei, In *Kat. Történelem - Kép*, (op. cit.) 403-410.

11 Zur Kunstförderung Ferdinands III.: Buzási, Enikő, *III. Ferdinánd mint magyar király. Justus Sustermans ismeretlen műve az egykori Leganés gyűjteményből*, In *Annales de la Galerie Nationale Hongroise / A Magyar Nemzeti Galéria Évkönyve*, Bp, 1991, 149-157, XLVI-XLVIII; daselbst auch über die Königsbildnisse in ungarischer Tracht. Zu den Königsdarstellungen in ungarischer Tracht auf Medaillen vgl. Huszár, Lajos, *A régi magyar emlékérmek katalógusa a legrégibb időktől 1850-ig*, Bp, 1973-1979, Heft 2, II-V.

12 Zu den Bildnissen Ferdinands IV. und Leopolds I. in ungarischer Tracht: Rózsa, György, *Frans Luyckx und György Szelepcsényi*. In *Acta Historiae Artium* VI (1959) 233-238.

13 Zur Kunstförderung von Fürst Franz II. Rákóczi: Galavics, Géza, *A Rákóczi szabadságharc és az egykarú képzőművészet*, In *Rákóczi tanulmányok*. (Hg. Köpeczi, Béla, Hopp, Lajos, R. Várkonyi, Ágnes). Bp, 1980, 465-510; Buzási, Enikő, *II. Rákóczi Ferenc mint mecénás*. In *Művészettörténeti Értesítő* XXX/II (1988) 162-185.

14 Zur Kunstförderung von Karl VI.: Matsche, Franz, *Die Kunst im Dienst der Staatsidee Kaiser Karls VI. Ikonographie, Ikonologie und Programmatik des "Kaiserstils"*. Berlin/New York, 1981.

15 *Die Jahrhunderte des Königlichen Palastes in der Burg von Buda*. Ausstellungsführer des Museums der Stadt Budapest. Hg. Földi-Dózsa, Katalin, Bp, 2000.

16 Zur Kunstförderung von Maria Theresia: *Maria Theresia als Königin von Ungarn*. Ausstellungskatalog, Schloss Halbturn, 1980, Red. Gerda Mraz, Gerald Schlag; Galavics, Géza, Barockkunst, höfische Repräsentation und Ungarn, In *Maria Theresia als Königin von Ungarn. Jahrbuch für Österreichische Kulturgeschichte* X (1984) Hg. Gerda Mraz, 57-70.

17 Perger, Richard-Mraz, Gottfried-Gecsényi, Lajos, *Das Ungarische Palais in Wien. Die Botschaft der Republik Ungarn*, o. O. 1994

18 Zur Kunstförderung von Josef II.: Galavics, Géza, Kunst, Bürgertum und aufgeklärter Absolutismus in Ungarn, In *Akten des Internat. Kunsthistorikerkongresses in Budapest*, 1969, Bd. II, 221-225; zu seiner Bautätigkeit in Buda: Horler, Miklós et al., *Budapest műemlékei*, I, Bp, 1955, 414-423, 566-569.

19 Kelényi, György, *Franz Anton Hillebrandt 1719-1797*, Bp, 1976, 72-86.

20 Zu Erzherzog Johann, Palatin von Ungarn, zuletzt zusammenfassend: *József nádor (1776-1847) Pest-Budán / Palatin Josef (1776-1847) in Ofen*. Ausstellungskatalog. Historisches Museum der Stadt Bp., 1997, Hg. Szvoboda-Dománszky Gabriella.

KATALIN SINKÓ

Franz Joseph: Rivalität und Dualität dynastischer und nationaler Repräsentation

Sowohl die ungarische Öffentlichkeit als auch der ungarische Reichstag, für den Ferdinand V. der rechtmäßige ungarische König war und blieb, betrachteten die Thronbesteigung Franz Josephs Anfang Dezember 1848 als eine staatsrechtliche, gegen alle historischen Traditionen des Landes verstoßende Unmöglichkeit. Erst die Kapitulation der ungarischen Streitkräfte im Krieg des Jahres 1849 hatte es ja ermöglicht, die Olmützer Verfassung zu oktroyieren und damit Ungarn in den Status einer Provinz, eines einfachen Kronlandes zu degradieren. Weder der im April 1849 gefaßte Beschluß des zu dieser Zeit in Debrecen tagenden revolutionären ungarischen Reichstages über die Absetzung der Habsburger noch die Tatsache, daß die geflüchteten Anführer der Revolution die ungarische Königskrone versteckt hielten, konnten daran Wesentliches ändern. Die kaiserlichen Kommissäre, Baron Karl von Geringer und Feldzeugmeister Julius von Haynau, pazifizierten in weiterer Folge das Land mit allen ihnen zur Verfügung stehenden Mitteln der militärischen Repression. Franz Joseph regierte das nunmehrige Kronland des Reiches mit Hilfe des Ausnahmezustandes und Weisungen aus Wien. Im April 1851 wurde die "Kaiserliche Statthalterei" in den wiederhergestellten Flügeln des ausgebrannten königlichen Palastes in Buda eingerichtet, und genau ein Jahr später, ab April 1852 war Erzherzog Albrecht, Onkel des Monarchen, Statthalter von Ungarn. Von 1856 an diente der umgebaute Südflügel des Palastes in Buda ihm auch als Residenz. Der junge Herrscher war nicht bereit, den historischen Aspekten des ungarischen Staatsrechtes Beachtung zu schenken: Und so zielten einzelne Maßnahmen und Vorkehrungen der "Statthalterei" auch darauf ab, jede noch so kleine Bewegung, die an die historischen Wurzeln der Staatlichkeit Ungarns erinnern könnten, sofort im Keim zu ersticken. Der Ausnahmezustand wurde so auch auf den Festtag Stephans I. (des Heiligen), des Gründers des ungarischen Königreichs ausgedehnt, womit auch alle früheren mit dieser Feier einhergehenden gesellschaftlich-repräsentativen Formen ausgelöscht werden sollten. Die Repräsentationsformen der historischen Erinnerung wurden nun durch die dynastischen Festtage abgelöst – durch Dankgottesdienste und Militärparaden zum Geburts- und Namenstag des Herrschers sowie durch Feierlichkeiten anläßlich der Jahrestage und Jubiläen seiner Herrschaft. Den Staatsbesuchen und persönlichen Auftritten Franz Josephs gingen in der Regel entweder verschiedene Aktivitäten zur Schaffung einer symbolischen und virtuellen Präsenz, also Denkmalsenthüllungen oder Ausstellung von Statuen und Skulpturen, voraus oder sie wurden so abgeschlossen. Nach dem Freiheitskampf drückte sich die dynastische Repräsentation zunächst in monumentalen Denkmälern für jene kaiserlichen Soldaten aus, die in den Kämpfen gegen die Ungarn gefallen waren. Über ihre Bedeutung für das historische Gedächtnis hinaus, mahnten aber diese Denkmäler auch die Durchsetzung der Herrschaft in den kaiserlichen Territorien mit allen gegebenen Mitteln ein. Anläßlich Franz Josephs erster Ungarnreise im Juni 1852 wurde auf dem "Sankt-Georgs-Platz" in der Burg zu Buda das erste dynastische Monument des Landes nach dem Freiheitskampf – das Hentzi-Denkmal – enthüllt und der Platz gleichzeitig auch in "Hentzi-Platz" umgetauft. Heinrich Hentzi war im Kampf gegen die Truppen Artúr Görgeys bei der Belagerung von Buda am 21. März 1849 gefallen. Seine Statue ist als allegorischer Ausdruck der dynastischen Idee zu interpretieren: In der Zentralachse des hohen, turmartigen gotischen Bauwerkes stand die Figur eines im Sterben liegenden Soldaten, über dessen Haupt ein Engel einen Lorbeerkranz hielt; allegorische Figuren an den Ecken des Bauwerkes hatten die dynastischen und militärischen Tugenden, wie "Glaube", "Wachsamkeit", "Fahnentreue", "Wahrheit", "Ritterlichkeit" und "Opferbereitschaft" zu symbolisieren; die Namen der im Kampf gegen die Ungarn, bei der Verteidigung der Burg gefallenen Soldaten, darunter General Hentzi und Oberst Allnoch und die Namen weiterer 418 Soldaten, waren in den Sockel des Denkmals eingemeißelt. Die zentrale Gruppe stammte vom Wiener Bildhauer Franz Bauer, die Allegorien des Denkmals wurden von Hans Gasser geschaffen.

Hentzi-Denkmal in der Burg von Buda
(Budapesti Történeti Múzeum)

Der architektonische Teil des Denkmals wiederum entstand nach den Plänen des Oberarchitekten der "Ungarischen Central-Eisenbahn", Wilhelm Paul Eduard Sprenger. Aber nicht nur das Hentzi-Denkmal in Buda ist als symbolische Besetzung von Raum und Territorium durch den franko-josephinischen Neoabsolutismus zu werten: Auch in Temesvár wurde eine Säule zum Gedenken an jenen heldenhaften Widerstand aufgestellt, den die kaiserliche Burgwache unter dem Kommando des Feldzeugmeisters Julius von Haynau gegenüber der sie belagernden ungarischen Honvéd-Armee zeitigte. Auch diese Gedenksäule hatte die Form eines gotischen Turms, und wurde gemäß den Plänen des Prager Architekten Josef Andreas Kranner erbaut. Seinem Pendant in Buda ähnlich symbolisierten allegorische Figuren die dynastischen und militärischen Tugenden von "Ehre", "Gehorsamkeit", "Wachsamkeit" und "Opfermut". Ein weiteres dynastisches Heldendenkmal wurde in der Nähe von Brassó errichtet. Es verkündete den Sieg der vereinten österreichischen und russischen Armeen über die Truppen General Bems: Das gußeiserne Denkmal zeigte einen auf der Hydra und dem Drachen der Revolution thronenden Löwen. Am Sockel standen die Worte des Historikers Kálmán Thály "Austria cum Russia unita, – Rebellio devicta", "Österreich mit Rußland vereint – die Rebellion zerschlagen". Alle diese dynastischen Denkmalssetzungen sind natürlich als symbolische Raumbesetzungen zu werten: Zugleich aber verletzten sie die Gefühle der Bevölkerung offensichtlich so sehr, daß sie jahrzehntelang entweder regelmäßig geschändet wurden oder laufend umgebaut werden mußten.

Skizze von Ferenc Eisenhut zu seinem Rundgemälde „Millennium-Huldigungsumzug", 1897 (Privatbesitz)

Auch die nach einer Order Franz Josephs an jener Stelle errichtete Gedenkkirche, an der im September 1853 die von den Mitgliedern der revolutionären Regierung bei ihrer Flucht 1849 versteckte ungarische Königskrone, die "Stefanskrone", aufgefunden wurde, ist in diese Reihe neoabsolutistischer Denkmäler einzureihen. Die Kapelle bei Orsova ist ein Zentralbau im byzantinischen Stil, mit einem Raum in der Mitte, der von einem Ziergeländer umfaßt wird und der zur Aufbewahrung einer Nachbildung der Krone und der Krönungsinsignien diente. In der Zentralachse des Innenraumes der kleinen Kirche stand eine Madonnen-Statue. Die feierliche Überführung der aufgefundenen Krone nach Wien und später Buda bzw. deren öffentliche Schaustellung war schon für sich allein ein bedeutendes Ereignis der dynastischen Repräsentation: Nachdem er die Krone in Wien in Augenschein genommen hatte, ordnete Franz Joseph an, diese in die Burg von Buda zu überstellen und sie dort endgültig aufzubewahren.

Die Allegorien der bereits aufgezählten dynastischen Denkmäler waren dazu berufen, die Loyalität der Untertanen dem Herrscher gegenüber zu repräsentieren und zu würdigen. Die Vielzahl der Porträts wiederum diente der symbolischen Präsenz des Monarchen. Repräsentative Bildnisse Franz Josephs zierten den Mittelpunkt der Dekoration, wenn der Monarch verschiedene Institutionen und Einrichtungen besuchte. Im Juni 1852 z.B. sah sich der Monarch anläßlich der Eröffnung der Ausstellung des "Pester Kunstvereins" seinem eigenen riesengroßen, dekorierten Porträt gegenüber.

Schon einige Tage zuvor hatte er gemeinsam mit Erzherzog Albrecht das Nationalmuseum aufgesucht: Bei dieser Gelegenheit hatte er der mit finanziellen Schwierigkeiten ringenden Einrichtung als Andenken an seinen Besuch und als Zeichen seiner "väterlichen Fürsorge" eine staatliche Hilfe in Höhe von achtzigtausend Gulden zukommen lassen. Bald darauf kam auch "von allerhöchster Stelle" die Initiative für eine öffentliche Spendenaktion, um den Auftrag zur Anfertigung von Porträts der beiden Habsburger zu ermöglichen und zu finanzieren. Die auf diese Weise angefertigten Porträts waren aufgrund einer Verfügung des Statthalterrates in einem neu einzurichtenden "Habsburg-Saal" zu präsentieren – zusammen mit anderen, schon früher im Bestand befindlichen Habsburg-Porträts. Die Zwangsmaßnahme zur Errichtung dieses "Sondersaales" empfand das Publikum natürlich als eine schwere Beleidigung seiner nationalen Gefühle, ebenso wie die ab 1849 vorgeschriebene deutsche Amtssprache in der Museumsverwaltung. Hier war in erster Linie die Einführung neuer Bezeichnungen für die Sammlung, nämlich "Pester National-Museum" statt "Ungarisches National-Museum", der Stein des Anstoßes.

*Der Saal des St. Stephan im Burgpalast
(Illustration aus
einem Buch von Alajos Hauszmann)*

Eng verbunden mit den von den österreichischen Kaisern verwirklichten, neoabsolutistischen Repräsentationsformen des 19. Jahrhunderts waren auch jene festlichen Anlässe, bei denen die bloße Präsenz des Monarchen schon die emotionale Einheit zwischen Volk und Herrscher zum Ausdruck bringen sollte: Wichtige Ereignisse der Repräsentation dieser Einheit waren die Ungarnreisen Franz Josephs, von denen die erste 1852 stattfand. Selbstredend wurde er bei diesen Visiten dauernd an die historischen Traditionen des Landes erinnert, die aber der Monarch konsequent und standhaft "mißverstand" bzw. in seinen Antworten uminterpretierte: So wurde der Monarch bei der feierlichen Einweihung der Basilika von Esztergom in den Ansprachen und auch durch die festliche Dekoration der Stadt an Stephan I. den Heiligen, seinen "königlichen Ahnherrn", erinnert, dennoch nahm er die Huldigungen seiner Untertanen in seiner ungarisch gehaltenen Rede mit "kaiserlicher Gnade" an. Ein spezifisches Gemisch kaiserlicher und ungarischer nationaler Repräsentation bildete bei dieser Gelegenheit die festliche Verschönerung der Stadt, jene Aufschriften in Latein und Ungarisch, die Ungarn als "Pannonien", Franz Joseph hingegen als "Kaiser" oder als "Herrscher", nicht aber als "König", sondern nur als "Erbe" des Throns von Stephan dem Heiligen lobpriesen. Auch auf den festlichen Dekorationen aus Anlaß der Ungarnrundreise des Monarchen 1857 erhob sich – gewissermaßen als Symbol der neuen Staatsauffassung – auf dem Triumphbogen über dem Pester Stadtwappen eine sieben Fuß hohe Figur der "Austria", wogegen auf der Gedenksäule, die von der Lloyd-Gesellschaft gestiftet wurde, die Figur "Pannónia" die von früher her gewohnte "Hungária" abgelöst hatte. Abgerundet wurden diese Festlichkeiten im allgemeinen damit, daß Franz Joseph sich unter die auf den weitläufigen Plätzen feiernden Massen mischte, um das gemeine Volk zu mustern, das sich aber völlig vertieft dem Ochsenbraten und Wein hingab.

*Der Hunyadi Saal im Burgpalast von Buda
(Vasárnapi Újság, 1907, Nr.26)*

Bis zum Ungarnbesuch des Kaiserpaares 1857 waren sowohl die Rekonstruktion als auch die Einrichtung des Burgpalastes von Buda abgeschlossen. Die Gestaltung der Innenräume spiegelten den Geschmack der Wiener Hofburg wider und war aufgrund der Pläne von Josef Weiss, Carl Neuwirth bzw. József Holczer erfolgt: Bunte in vergoldete, weiße Verkleidungen im Rokokostil eingesetzte Tapeten bedeckten die Wände. Über die künstlerische Ausstattung des Palastes bis zum Ausgleich ist wenig bekannt, doch es ist anzunehmen, daß die Ikonographie den Traditionen des Reichspatriotismus gefolgt haben dürfte. Aus der zweiten Hälfte der fünfziger Jahre blieb z.B. die Skizze eines in die Verkleidung eines der Räume einsetzbaren Panneaus erhalten: Auf dem Bild von Johann Nepomuk Geiger ist Maria Theresia auf dem Reichstag in Pozsony und die Szene "Vitam et sanguinem" zu sehen. Daß die bildnerische Dekoration des Palastes nicht nur von der Statthalterei geplant, sondern auch vom Monarchen selbst in die Hand genommen wurde, bestätigt ein Brief, in dem er den Ankauf des 1860 gemalten monumentalen Ölbildes "Prinz Eugen nach der Schlacht bei Zenta" von Eduard Engerth verfügte. Von seiner Hochachtung vor dem Sieger von Zenta zeugt einige Jahrzehnte später auch ein anderer Auftrag: József Róna fertigte für ihn, auf seinen Wunsch und aus der Schatulle Franz Josephs bezahlt, eine Ritterstatue des Prinzen Eugen an, die vor der Hauptfassade des Palastes von Buda und in Richtung Donau aufgestellt wurde.

Bis in die neunziger Jahre kamen Historienbilder nur ausnahmsweise in den Palast, dafür umso mehr Genre- und Landschaftsmalereien. Den Anfang der Ankäufe des Herrschers bildeten jene sechs Gemälde, die Franz Joseph und Elisabeth während ihres Ungarnbesuchs 1857 für die Wiener kaiserliche Sammlung erworben hatten. Von diesen hatte nur eines – József Molnárs "Die Rückeroberung der Burg Buda von den Türken 1686"[1] – ein historisches Thema, bei dessen Auswahl unweigerlich auch die Allusion, die historische Anspielung auf den Einzug der Österreicher 1849 in die Burg von Buda zu spüren ist. Ab 1882 wurden die Räumlichkeiten des königlichen Palastes in der Burg von Buda schließlich auch um jene Werke bereichert, die zwar als Ankäufe des Monarchen registriert, jedoch von seinen Beratern auf Ausstellungen der Budapester "Gesellschaft für Bildende Kunst" ausgewählt worden waren. Eine direkte persönliche Einflußnahme von Franz Joseph ist eher bei den Ankäufen einiger Bilder zeremonieller, festlicher Akte nachweisbar, die für den Palast bestimmt waren. Eduard Engerth malte sein großformatiges, 1872 fertiggestelltes Gemälde "Die Königskrönung in Ofen"[2] mit vorheriger Billigung des Herrschers für den Palast in Buda. Übrigens gab es – im Gegensatz zur Wiener künstlerischen Praxis – in der ungarischen Malerei des 19. Jahrhunderts kaum eine Tradition für Bilder dieser Art. Zeremoniengemälde mit vielen Akteuren und Darstellern waren in dieser Schule nicht sehr geschätzt: Im Vordergrund der ungarischen Historienmalerei stand eher die Darstellung dramatischer Einzelhelden und Ereignisse.

Mit der Krönung Franz Josephs zum ungarischen König 1867 wurden auch die Repräsentationsmöglichkeiten und -formen des Herrschers vielfältiger und reicher. In der Euphorie nach dem Ausgleich initiierten die Stadtväter von Budapest sogar die Aufstellung einer Reiterstatue des Monarchen auf dem abgetragenen Krönungshügel: Allein die Statue wurde nie fertiggestellt, und nach einer gewissen Zeit blieb das Ereignis nur noch durch den nach ihm benannten Platz in Erinnerung. Ab den siebziger Jahren drückte der Regierungsstil, ja sogar der persönliche Geschmack Franz Josephs immer mehr seinen Stempel auf die Budapester Bauten und damit auf das Stadtbild auf. Aus der königlichen Schatulle wurde der Bau zahlreicher öffentlicher Gebäude, wie z.B. der "Kunsthalle der Gesellschaft für bildende Kunst" (1875) und der

Budapester Oper (ab 1873), gefördert. Letztere wurde in bedeutendem Maße aus den Posten für die Hofhaltung finanziert. In den letzten Jahrzehnten des Jahrhunderts findet man den Namen des Herrschers immer wieder unter den Förderern zur Aufstellung von Denkmälern auf öffentlichen Plätzen. Unmittelbar mit seiner Person verbunden sind aber jene zehn Denkmäler, deren Aufstellung er auf eigene Kosten 1897, nach dem Budapestbesuch Kaiser Wilhelms, angeordnet hatte, und die alle historische Persönlichkeiten darstellen: beginnend mit dem Historiographen Anonymus über Sankt Gellert zu Gábor Bethlen und Miklós Zrínyi. Um die Verdienste der Künstler der Monarchie zu würdigen, belebte Franz Joseph 1887 – auch um sich als Freund der Künste zu präsentieren – den 1835 eingeführten Preis "Pro litteris et artibus" wieder.

Kurz nach dem Ausgleich stellte sich heraus, daß der Palast in Buda und seine Räumlichkeiten für die Repräsentationszwecke des Herrschers, der immer wieder einige Monate im Land verbrachte, nicht ausreichten. Mitte der siebziger Jahre ordnete Franz Joseph den Abriß der Häuserreihe unterhalb des königlichen Palastes an und beauftragte den Architekten Miklós Ybl, den "Burgbasar" im Stil der Neorenaissance auszubauen: Damit veränderte sich auch das Panorama des Donauufers auf der Budaer Seite. 1885 wurde Ybl auch noch mit dem Palastumbau beauftragt, ausgeführt wurde dieser aber erst nach 1896 – nach den Plänen von Alajos Hauszmann. Die Dekoration und bildnerische Ausstattung der Repräsentationsräume in den neuen Palastflügeln paßte sich der historisierenden Geschichtsauffassung der Jahrhundertwende an, wodurch eine spezifische, franko-josephinische Variante nationaler und dynastischer Repräsentation kreiert wurde. Hauszmann benannte die einzelnen Repräsentationssäle nach Stephan dem Heiligen, den Hunyadis bzw. den Habsburgern – und beschwor damit die drei wichtigsten und glanzvollsten Epochen in der Geschichte dieses Palastes herauf. Habsburg-Saal nannte sich der Festsaal in der Mittelachse des Palastes im Obergeschoß mit Blick auf die Donau und mit der an der Decke befindlichen Apotheose der Habsburger von Károly Lotz. Der "Matthias-" oder "Hunyadi-Prunksaal" erinnerte mit Panneaus von Gyula Benczúr an den Wänden, die die militärischen und diplomatischen Erfolge von Matthias Corvinus darstellten, an die glorreichste Zeit des Palastes. Zur Dekoration dieses Saales gehörte auch noch eine verkleinerte Kopie des Matthias-Denkmals von János Fadrusz in Kolozsvár aus dem Jahr 1902. Angeblich soll die Initiative zur Aufstellung dieses Denkmals auf dem Hauptplatz dieser siebenbürgischen Stadt vom Herrscher selbst ausgegangen sein, der zudem die Errichtung dieses Monuments auch mit zehntausend Gulden unterstützt haben soll. Der von Franz Joseph akzeptierte oder geförderte Kult um Matthias Corvinus gab dem ungarischen Historismus übrigens eine ganz eigene Wendung: Im Reformzeitalter, dem ungarischen Vormärz, hatte der Kult um den Renaissancekönig eine klare gegen Wien gerichtete Spitze und wurde als historisches Lehrstück der politischen Bewegung für eine freie Königswahl verstanden. Die damaligen Darstellungen von Matthias Corvinus, unter dessen Regentschaft ja Wien von den Ungarn erobert wurde, trugen darüber hinaus eine eindeutige antiösterreichische Stoßrichtung. In den Herrschaftsbauten der Jahrhundertwende erschien Matthias Corvinus nun aber einfach nur noch als ehemaliger der Wissenschaft und Kunst zugetaner Palastherr. An ihn erinnerte auch der von Alajos Strobl entworfene Brunnen, der den Herrscher in Begleitung seiner liebsten Diener und Hunde nach der Heimkehr von der Jagd

József Róna, Reiterstandbild des Jenő Savoyai, um 1906 (Magyar Nemzeti Galéria)

Alajos Strobl, Matthias-Brunnen, um 1906 (Magyar Nemzeti Galéria)

darstellt: Auch dieser Brunnen entstand mit der Zustimmung von Franz Joseph und schmückte einen Hof der Palastanlage. Galeotti, einer der Historiographen von Matthias, notiert als eine Nebengestalt des Brunnens bekannte Sprüche des Renaissance-Herrschers.

Eine Bilderreihe im dritten Festsaal des Palastes, dem Stephanssaal, zeigte die Vorgänger Franz Josephs auf dem ungarischen Thron aus dem Haus der Árpáden: Den Vorschlag zur Gestaltung dieses Saales unterbreitete Ministerpräsident Dezső Bánffy noch im Jahre 1897 dem König. Auf den nach Entwürfen von Alajos Hauszmann und Géza Györgyi in den Werkstätten der Firma Zsolnay hergestellten Majolika-Einlagen war Stephan I. der Heilige als Verbreiter des Christentums und als apostolischer König dargestellt. Die Königsgalerie stellte die Vorfahren des Hauses Habsburg aus dem Haus der Árpáden dar. Fast zeitgleich mit den Plänen des Stephanssaals wurde auch jene Kapelle fertiggestellt, die Franz Joseph auf eigene Kosten für die sterblichen Überreste Bélas III., des ungarischen Königs aus dem Hause der Árpáden, und dessen Gemahlin Anna von Antiochia in der Jungfrau-Maria-Kirche in der Burg zu Buda, der heutigen Matthiaskirche, errichten ließ. Auf einer Marmortafel neben den Särgen wurden hier Franz Josephs königliche Vorgänger aus dem Haus der Árpáden – beginnend mit dem Gründer der Dynastie Árpád – aufgezählt. Die ungarischen Millenniumsfeierlichkeiten im Jahre 1896 aus Anlaß Landnahme durch Árpád boten zahlreiche Möglichkeiten, um Franz Joseph als neuen Árpád darzustellen und zu bejubeln. Die sog. Ruhestube des Habsburgers wurde – nicht ohne Zufall – in dem in romanischem Stil gestalteten "Árpáden-Trakt" der anläßlich der Millenniums-Ausstellung errichteten Bauten eingerichtet.

Dennoch kann man nicht einfach behaupten, Franz Joseph hätte sich in jeder Hinsicht der ungarischen Gedankenwelt der historisierenden Geschichtsauffassung unterworfen, die ja gerade in der Epoche des Millenniums so dominant war. Als glanzvollen Höhepunkt der Feierlichkeiten zur tausendjährigen Landnahme legte er – nach dem er alle Vorschläge begutachtet hatte – schließlich doch den "Festtag der Krone" auf den 8. Juni, den Tag seiner Krönung zum König vor Ungarn, fest. Dies war damit der Tag, an dem das Millenniumsgesetz feierlich verabschiedet wurde, und gleichzeitig auch jener Tag, an dem die Millenniumshuldigungen ihren Höhepunkt fanden: Beide Häuser des Parlaments zogen an diesem Tag in die Burg, um dort den König zu preisen. Das Denkmal "Huldigung vor Franz Joseph und der Königin Elisabeth" aus Carrara-Marmor stand einige Jahre später bereits unter der Kuppel des neu errichteten ungarischen Parlaments. Das Werk von Antal Szécsi und Ede Mayer konnte allerdings lediglich einige Jahre die repräsentative Halle schmücken: Der Erste Weltkrieg und die Abdankung von Karl IV. lieferten ausreichend Argumente, um das Denkmal schließlich zu entfernen.

Die aller groß beschworener Unabhängigkeitstradition zum Trotz akzeptierten Persönlichkeiten aus dem Hause Habsburg standen am Ende schließlich doch in Reih und Glied auf der Kolonnade des Millenniumsdenkmals am Budapester Heldenplatz. Auf dem Sockel der Königsfiguren aus Bronze stellten Reliefs jene Ereignisse dar, deren Epochen für das öffentliche ungarische historische Bewußtsein als entscheidend galten. Die Ära von Ferdinand I. wurde durch die Darstellung der heldenhaften Verteidigung der Frauen von Eger gegen die Osmanen, die Figur Karls III. durch ein Relief von der Schlacht bei Zenta ergänzt. Bei Maria Theresia wurde die Szene "Vitam et sanguinem" zitiert, während die Zeit

Leopolds II. die Heimholung der ungarischen Krone erinnerungswüdig machte. Nach Ansicht der Erbauer des Millenniumdenkmals war Franz Joseph wiederum wegen seiner Krönung und des damit eng zusammenhängenden Ausgleichs der Erinnerung würdig.

Zur Halbzeit des Ersten Weltkrieges, 1917, erlebte das Land noch eine weitere Krönung, jene von Karl IV. Wenn auch Ort und Ritual der Krönung der Franz Josephs entsprachen, war sie doch nicht mehr von so zahlreichen Memorabilia der künstlerischen Repräsentation begleitet, wie es noch 1867 bei Franz Joseph der Fall gewesen war. Jener akribische Historismus, der die Zeit Franz Josephs kennzeichnete und der in so hohem Maße durch den anachronistischen, jedoch durchaus ernst gemeinten Glauben Franz Josephs an Mission und Gottesgnadentum des Königtums und der Dynastie durchdrungen war, mutierte zu einer reinen Posse, dessen Regisseure keine großen historischen Forscher mehr waren, sondern eher Inszeneure und Bühnenmeister. Fast schon symbolisch war die Krönung Karls IV. von keiner wirklichen künstlerischen Repräsentation mehr begleitet: Das Ritual orchestrierte der Aristokrat Miklós Bánffy, ein Theaterfachmann und damaliger Direktor der Budapester Oper.

WEITERFÜHRENDE LITERATUR

Zur frank-josephinischen Epoche:
Hanák Péter, *Magyarország a Monarchiában*, Bp, 1975.
Wandruszka, Adam, *Das Haus Habsburg. Die Geschichte einer europäischen Dynastie*, Wien/Freyburg/Basel, 1978.
Das Zeitalter Kaiser Franz Josephs. 1. Theil. Von der Revolution zur Gründerzeit, Bd. 1-2, Ausstellungskatalog, Niederösterreichische Landesausstellung, Schloss Grafenegg, Wien, 1984.
Das Zeitalter Kaiser Franz Josephs. 2. Theil. 1880-1916. Glanz und Elend, Bd. 1-2, Ausstellungskatalog, Niederösterreichische Landesausstellung, Grafenegg, Wien, 1987.
Vajda György Mihály, *Keletre nyílik Bécs kapuja*, Közép-Európa kulturális képeskönyve 1740-1918, Bp, 1994.

Zu den Traditionen des Reichspatriotismus:
Szentesi, Edit, *Reichspatriotismus: Geschichtsauffassung, Geschichtsschreibung, Historische Publizistik. Darstellung historischer Themen im Kaiserreich Österreich bis 1828*, In Történelem - kép. Szemelvények művészet és múlt kapcsolatából Magyarországon, Kiállítási katalógus, Magyar Nemzeti Galéria, Budapest, Hrsg. Von Árpád Mikó und Katalin Sinkó. Bp, 2000. 73-91.

Zur Historienmalerei in der Österreich-Ungarischen Monarchie:
Vancsa, Eckart, *Überlegungen zur politischen Rolle der Historienmalerei des 19. Jahrhunderts in Wien*, Wien, 1975.
Sinkó Katalin, *A profán történeti festészet Bécsben és Pest-Budán 1830 - 1870 között. (Die profane Historienmalerei in Wien und in Pest-Buda zwischen 1830-1870)*, In Művészettörténeti Értesítő 1986. 95-132.
Der Traum vom Glück. Die Kunst des Historismus in Europa, Hrsg. von Hermann Fillitz, Bd. 1-2. Ausstellungskatalog, Künterhaus, Wien, 1997.
Mythen der Nation. Ein europäisches Panorama, Hrsg. von Monika Flacke, Ausstellungskatalog. Deutsches Historisches Museum, Berlin, 1998.
Történelem - kép. Szemelvények művészet és múlt kapcsolatából Magyarországon. Geschichte - Geschichtsbild. Die Beziehung von Vergangenheit und Kunst in Ungarn, Ausstellungskatalog. Ungarische Nationalgalerie Budapest, Hrsg. Von Árpád Mikó und Katalin Sinkó, Bp, 2000.

Zu den Veränderungen im historischen Gedächtnis:
Hanák Péter, *1898 a nemzeti és állampatrióta értékrend frontális ütközése a Monarchiában*, In Medvetánc, 1984. 2 - 3. sz. 55-96.
Sinkó, Katalin, *Árpád versus Saint István. Competing Heroes and Competing Interests in the Figurative Representation of Hungarian History*. In Ethnologia Europea XIX, 1989, 67-83.
Brix, Emil - Steckl, Hannes (Hrsg), *Der Kampf um das Gedächtnis. Öffentliche Gedenktage in Mitteleuropa*, Wien/Köln/Weimar, 1997.

Zur Burg von Buda:
Hauszmann Alajos, *A magyar királyi vár*, Bp, 1912.
A budavári királyi palota évszázadai, Kiállítási katalógus, Budapesti Történeti Múzeum, Szerk. F. Dózsa Katalin, Bp, 2000.

Zum Nationalmuseum:
Mátray Gábor, *A Magyar Nemzeti Múzeum korszakai, különös tekintettel a legközelebb lefolyt huszonöt évre*, Pest, 1868.
Fejős Imre, *A Nemzeti Képcsarnokot Alapító Egyesület története*, In Művészettörténeti Értesítő, 1957, 1, 32-47.
Berlász Jenő, *Az Országos Széchényi Könyvtár története 1802-1867*, Bp, 1981.

Zu Franz Joseph als Kunstförderer:
Sinkó Katalin, *A művészi siker anatómiája 1840-1900. (Die Anatomie des künstlerischen Erfolges 1840-1900)* In Aranyérmek, ezüstkoszorúk. Művészkultusz és műpártolás Magyarországon a 19. században. (Goldemdaillen, Silberkränze. Künstlerkult und Mäzenatur im 19. Jahrhundert in Ungarn.), Katalógus. Szerk. Nagy Ildikó - Sinkó Katalin, Magyar Nemzeti Galéria, 1995. június - november. (Ausstellungskatalog, Ungarische Nationalgalerie, Juni-November 1995.), 15-55.
Eduard von Engerth. 229. Sonderausstellung des Historischen Museums der Stadt Wien, 1995.

Zu den dynastischen Denkmälern:
Julius von Schlosser, *Vom modernen Denkmalkultus. Vorträge Bibliothek Warburg 1926 - 1927*, Leipzig, 1930. 1-21.
Liber Endre, *Budapest szobrai és emléktáblái*, Bp, é. n. (1935.)
Thomas Nipperdey, *Nationalidee und Nationaldenkmal in Deutschland im 19. Jahrhundert*, In Historische Zeitschrift, 1968. Heft 3, 529-533.
Kovalovszky Márta, *"Bronzba öntött halhatatlan". A historizmus emlékszobrászata*, In A historizmus művészete Magyarországon, Szerk. Zádor Anna, Bp, 1993. 79-98.

Zum Millennium:
Thaly Kálmán, *Az ezredévi országos hét emlékoszlop története*, Pozsony, 1898.
Sinkó Katalin, *"A História a mi erős várunk". A millenniumi kiállítás mint Gesamtkunstwerk*, In A historizmus művészete Magyarországon, Szerk. Zádor Anna, Bp, 1993. 132-147.
Sinkó Katalin, *Ezredévi ünnepeink és a történeti ikonográfia. (Our millenary celebrations and the historical iconography.)*, In Művészettörténeti Értesítő, 2000, XLIX, 1-2, 1-21.
Vadas Ferenc, *Programtervezetek a millennium megünneplésére (1893.)*, In Ars Hungarica, XXIV, 1996, 3-36.

1 Österreichische Galerie, Wien, Inv. Nr.: 7164
2 Budapest, Museum der Schönen Künste.

KATALIN FÖLDI-DÓZSA

Die ungarische Nationaltracht als Hofkleidung

Die historische ungarische Tracht entstand im 16. Jh. auf Grundlage der traditionellen Kleidung der Husaren[1] und erlebte im 17. Jh. ihre Glanzzeit. Das Festgewand[2] des wohlhabenden Adels bestand aus gemusterter Seide oder Samt italienischer, spanischer bzw. türkischer, persischer Provenienz, weiters aus einem, bis zum Boden, später bis zu den Fersen reichenden, mit Stickereien verzierten Mantel (ungarisch: "Mente"), der entweder mit tropfenförmigen Metall- oder Edelsteinknöpfen, manchmal mittels Verschnürung zugeknöpft wurde, sowie einem kaftanartig geschnittenen Leibrock, dem sog. "Dolman", mit einem drapierten Schalgürtel aus dünner Seide. Anfänglich zeigte die Männerkleidung starke Ähnlichkeit mit jener der Türken, ja war sogar manchmal tatsächlich auch das Geschenk eines osmanischen Großherrn. Dennoch unterschieden sich die ungarischen Männer auf den ersten Blick kaum von den westeuropäischen, war doch im 16. Jh. in Westeuropa eine ähnliche Kleidungsform, nämlich die lange, bauschige Schaube, eine Art Mantelrock (ungarisch: "humanista köpeny", italienisch: "zimarra") mit großem Kragen, häufig mit Zierkordelknöpfung und Posamentverzierung, gewissermaßen ein Verwandter des orientalischen Kaftans sehr weit verbreitet. Der vielleicht entscheidende Unterschied zwischen den beiden Aufmachungen war, daß während die Westeuropäer unter diesem Mantel noch einen kurzen Wams (ungarisch: "zubbony", französisch: "pourpoint", englisch: "doublet") und eine bis zu den Knien reichende weite Hose (französisch: "culotte", englisch: "breeches") trugen, die Ungarn unter ihrer "Mente" hingegen, einen Dolman, ein T-förmig geschnittenes Hemd und die sog. "ungarische Hose" anhatten: Ein aus zwei Teilen geschneidertes, eng am Körper anliegendes, bis zu den Fersen reichendes Kleidungsstück, das sich hervorragend zum Reiten eignete.

Bis zur Mitte des 17. Jh. war die bis zum Boden reichende Schaube aus der westeuropäischen Kleidung zur Gänze verschwunden. Die Männer trugen nun einen kurzen Wams, eine Pluderhose (ungarisch: "plundranadrág") und einen kurzen, keck über die Schulter gelegten, halbkreisförmigen Radmantel, ab dem letzten Drittel des Jahrhunderts schließlich einen am Körper anliegenden, eleganten Leibrock, den "Justaucorps", eine Weste und eine enge Kniehose. Die "Schleifenmode" und später die vom französischen König Ludwig XIV. diktierte elegante Kleidung, unterschied sich nun erheblich von dem im ungarischen Oberland, in der heutigen Slowakei allgemein verbreiteten und in Siebenbürgen ausschließlich getragenen ungarischen Nationalkostüm, welches noch immer der kaftanartige, nun etwas kürzere und nur bis zur Mitte des Oberschenkels reichende Dolman, die "Mente" und die bis zur Ferse reichende "ungarische Hose" charakterisierte.

Dieses lokale Kostüm war aber keinesfalls irgendeine Kuriosität, keine einzigartige Erscheinungsform irgendeines ureigenen ungarischen Geschmacks, sondern organischer Bestandteil der Garderobe orientalischer, östlichen Typs, wenn auch wiederum in seiner westlichsten Ausformung. Unter der Herrschaft Stephan Báthoris (1533–1587, Fürst von Siebenbürgen, König von Polen) übernahmen schließlich auch die Polen diese Bekleidungsform: Ähnliche, bis zum Boden reichende Überröcke und -mäntel trugen auch die Russen und die Völker des Balkans. Als charakteristisches Gewand der ungarischen Husaren war diese Bekleidung aber auch bei Umzügen, Feierlichkeiten oder Ritterturnieren, ja manchmal sogar als modisches Kostüm für Kinder in Westeuropa ebenfalls weit verbreitet. In Ungarn erhielt es eine eigene Bedeutung, wurde Ausdrucksform nationaler Identität, zum Synonym für den Begriff und die Idee des "hungarus"[3], zu einem Symbol des Zusammenhalts und der Solidarität: Der ungarische Adel sah im 17. Jh. allein diese Kleidung als die authentisch ungarische an und wies den in Westeuropa herrschenden, über Wien vermittelten, französischen Stil als fremdartig zurück. Die Bekleidung der Frauen wurde erst ab der zweiten Hälfte des 16. Jahrhundert "hungarisiert", was aber nicht die Übernahme der Bekleidungsformen der Frauen im Osmanischen Reich bedeutete, sondern vielmehr die Ausformung einer sehr lokalen Mode, die sich aus einer Mischung unterschiedlichster Formen der deutsch-italienischen und spanischen Renaissancekleidung zusammensetzte – geschnürte Taillen, Hemden mit weiten Ärmeln, Schürzen und weite Röcke. Ab der zweiten Hälfte des 16. Jh. wurden die Männer in den zeitgenössischen Darstellungen ausschließlich in ungarischer Tracht dargestellt, ab dem Ende des Jahrhunderts immer häufiger auch die Frauen. Nur in den weiblichen Porträtdarstellungen sind aber parallel dazu immer auch die gerade modischen, spanischen Renaissance-, später die Barockformen zu beobachten: Was wiederum nur zeigt, daß die Betonung des Nationalen in erster Linie doch eine Angelegenheit des Geschmackes der Männer geblieben war. Am Wiener Hof trat der ungarische Adel selbstverständlich in der als ureigen empfundenen Landestracht auf, was aber letztlich nur dazu führen konnte, daß auch der ungarische Herrscher, obzwar ein Erzherzog aus dem Hause Habsburg, früher oder später seinen königlichen Rang ebenfalls mittels seiner Kleidung markieren mußte. Die Husarentracht des 15. und 16. Jh. war am Hof des Erzherzogs wohl bekannt und ist auch in der legendären Sammlung Ferdinands von Tirol (1529–1595) zu finden.[4] Als Maximilian II. (1527–1576) am 8. September 1563 in Pozsony im Krönungsmantel Stephan I. (des Heiligen) zum ungarischen König gekrönt wurde,[5] trugen die vom Banus von Kroatien, Miklós Zrínyi[6] (1508–1566) angeführten ungarischen Magnaten – wie zeitgenössische Chroniken anmerken[7] – am Reitturnier vom 13. September prächtige Husarengewänder. Wir wissen natürlich nicht genau, ob sie nur aus diesem Anlaß diese Aufmachung anhatten,

*Justus Sustermann,
Ferdinand III. als König von Ungarn, 1625
(Magyar Nemzeti Galéria)*

und ob sie vielleicht bei anderen Gelegenheiten "westlich" gekleidet waren – können aber letzteres doch eher ausschließen. Wahrscheinlich unterschied sich die zur "husarischen Rüstung" getragene Ausstattung nur in geringfügigen Details von der sonst getragenen "ungarischen Kleidung" – vielleicht im Stoff, in den Farben oder eben in einer prächtigeren Ausführung.

Auf der Darstellung eines Festes am Hof Kaiser Rudolf II. (1552–1612) im Jahr 1590 trägt ein Hofbeamter die ungarische Tracht.[8] Dies ist umso interessanter, weil Rudolf II. später in einem orientalischen, bis zum Boden reichenden, vorne und an den Ärmeln mit Possamentrie reich verzierten Samtrock[9] begraben wurde, worunter er eine weite Pluderhose nach spanischer Mode und einen kurzen Wams mit kleinen Knöpfen trug. Der in Prag lebende Kaiser wurde in der Regel immer in der – ab der zweiten Hälfte des 16. Jh. beliebten – sog. "spanischen Mode", manchmal im Harnisch dargestellt.[10] Das Totenkleid ist eine sonderbare Mischung aus orientalischem und europäischem Stil, Kittel und Hose entsprechen der Fasson des frühen 17. Jh., der Mantel ist kaftanartig geschnitten. Der Stil dieses Totenkleides ist aber nicht klar, zumindest nicht eindeutig "ungarisch", könnte vielleicht auch "türkisch" sein: trägt doch Sinan Pascha, der osmanisch-türkische Großwesir auf einem Stich fast einen gleichen Mantel.¹¹ Eine ähnliche, mit Borten verzierte Form war auch in Frankreich und Italien weit verbreitet: Anfang des 17. Jh., ca. bis 1620, tauchten überall, von England bis Italien, lokale Abwandlungen dieser Mode bzw. Varianten dieser Kleidungsform, nicht nur des Mantels auf, und es ist so leicht vorstellbar, daß die im orientalischen Pomp gekleideten osmanischen Botschafter und die ungarischen Magnaten auf die Bekleidung des Prager Hofes einen gewissen Einfluß hatten. Daß dieser Mantel in Prag keine einzigartige Besonderheit war, zeigt auch, daß Rudolfs Hofkomponist, Filippe Monte (1521–1603) in einer ähnlichen mit Borten besetzten Überrock dargestellt wurde.¹²

Bekanntlich empfing die Hohe Pforte den Botschafter der Habsburger – selbst wenn er aus den österreichischen Kronländern stammte – nur als Vertreter des ungarischen Königs, in ungarischer Landestracht: Dies wird auch von mehreren zeitgenössischen Darstellungen belegt.¹³ In einem das zeitgenössische Hof- und Volksleben im Osmanischen Reich beschreibenden Kodex¹⁴ tragen die Botschafter des Kaisers, die um 1590 beim Sultan zu einer Audienz erschienen, bis zum Boden reichende Überröcke, "Mente" mit wuchtigen Pelzkrägen, einer Schaube ähnlich. Es ist nicht gerade leicht, die zweierlei Gewänder klar und eindeutig voneinander zu unterscheiden: Der Übermantel der Botschafter ist vielleicht etwas enger im Schnitt als die Schaube, erinnert also eher an den ungarischen Überrock, die "Mente". Erst in späteren Darstellungen gibt es keinen Zweifel mehr ob des "ungarischen Stils". Charakteristisch dafür ist zum Beispiel das Bildnis Baron Johann Rudolf Schmids¹⁵ bzw. der davon angefertigte Kupferstich. Schmid war zwischen 1629 und 1643 Gesandter des Wiener Hofes in Konstantinopel, und wurde 1650/51 als Botschafter des Kaisers an die Hohe Pforte entsandt, um das von Ferdinand III. (1608–1657) unterzeichnete Friedensabkommen zu überreichen. Wieder nach Wien zurückgekehrt, ließ er sich 1651 porträtieren. Zu Hause in Wien trug er sicher keinen Dolman, keine Mente, aber diesen so glorreichen Abschnitt seiner diplomatischen Tätigkeit ließ er doch in der seinerzeit in Konstantinopel getragenen Aufmachung dokumentieren: In einem hohen Hut mit Federbusch sitzt er mit Schnurr- und Backenbart, in einem langen, bis zur Taille zugeknöpften Seidendolman und spitzen ungarischen Stiefeln und mit einem um die Schultern gelegten, mit Borten besetzten und Seidenbrokat gefütterten Samtrock im Vordergrund der Bildkomposition.

1612 porträtierte der Künstler Hans von Aachen Matthias II. (1557–1619, ab 1608 König von Ungarn, ab 1612 römisch-deutscher Kaiser)¹⁶ in einem Federhut, einem weiten, pelzgefütterten und mit Posamentbändern besetzten Leibrock, einem tschakaortig geschnittenen ("csákóra Schnitt") Dolman aus Seidenbrokat mit Pfauenaugenmuster und Knöpfchen, in "ungarischer Hose" und Halbstiefeln. Seine Aufmachung entspricht vollkommen den zeitgenössischen Darstellungen eines ungarischen Magnaten.¹⁷ Das repräsentative Porträt stellt ihn – mit Krone und Zepter Böhmens – einerseits als König von Böhmen dar, andererseits symbolisiert die ungarische Tracht aller Wahrscheinlichkeit nach die Tatsache, daß er ja gleichzeitig auch der König von Ungarn ist. Zum ersten Mal tritt uns hier ein Erzherzog aus dem Hause Habsburg auch in dieser Funktion entgegen: sicher kein Zufall oder unabhängig von der politischen Situation. Wichtig in diesem Zusammenhang ist, daß sich in der Sammlung des Kunsthistorischen Museums ein weiteres Bildnis von Hans von Aachen¹⁸ befindet, das Matthias II. als König von Böhmen, mit der Krone auf dem Haupt darstellt. Auf diesem Bild trägt er einen bis zum Boden reichenden kaftanartigen Dolman aus Silberbrokat sowie einen traditionellen, halbkreisförmig geschnittenen Krönungsornat. Auch diese Aufmachung ist genaugenommen eine Mischung aus östlichen und westlichen Elementen, ja erinnert in ihrer gesamten Wirkung sogar an die Kleidung von Matthias Corvinus – allein nach Ansicht der tschechischen Forscher entspricht sie aber dem böhmischen Krönungsornat. Aus politischen Gründen erschien es angebracht, Ferdinand III. (1608–1657), den Sohn Ferdinand des II. (1578–1637) im Dezember 1625 in Sopron zum König von Ungarn zu krönen: Aus diesem Anlaß wurde die Ödenburger Franziskanerkirche mit rot–weiß–grünem Behang verziert.¹⁹ Der achtzehn Jahre alte Erzherzog trug aus diesem Anlaß ein silbernes Gewand im ungarischen Stil, einen zobelgefütterten, roten Überrock ("Mente") aus Seide, und einen mit Diamanten verzierten Hut mit Reiherfeder: Diese Aufmachung ist uns dank der Beschreibung des päpstlichen Nuntius Carlo Caraffa überliefert und wurde von Justus Sustermans (1597–1681) auch bildlich dargestellt.²⁰ Ferdinand III. trägt auf diesem Bild einen bis nach oben reichenden, bis zur Taille mit Goldknöpfen zugemachten, unter der Taille tschakaortig geschnittenen ("csákóra Schnitt") silbernen Dolman mit hohem Stehkragen, der von einem Schalgürtel zusammengehalten wird. Die unter dem Leibrock erkennbaren roten Ärmel lassen aber Zweifel aufkommen, ob es sich hier tatsächlich um einen Dolman handelt: Vielmehr könnte es sich um ein dem Gewand Miklós Zrínyis²¹ vergleichbares Kleidungsstück handeln, das sich im Nachlaßinventar Ferdinands von Tirol unter der Bezeichnung "Schupicza" findet und ebenfalls einen hohen Stehkragen und keine Ärmel hat. Die "ungarische Hose" ist rot, das hausschuhartige Schuhwerk im ungarischen Stil gelb. Der bis zu den Fersen reichende, rote Überrock ist mit braunen Fellen gefüttert, mit einem großen Umschlagkragen versehen und mit doppelreihigen, mit Perlen bestickten Posamentknöpfen verziert. Das hier porträtierte Erscheinungsbild ist aber idealtypisch für die Darstellung eines ungarischen Adeligen der Epoche.

Ferdinand III. ließ ebenfalls noch zu Lebzeiten seinen eigenen Sohn, Leopold (1640–1705) am 27. Juli 1655 zum ungarischen König krönen. Auch bei diesem Anlaß trug der junge fünfzehnjährige König eine ungarische Tracht,

Krönungsgewand von Leopold I., 1655
(Iparművészeti Múzeum)

Maria Theresia, die Gemahlin Franz I.
(Budapesti Történeti Múzeum)

die heute noch im Budapester Kunstgewerbemuseum[22] aufbewahrt wird. Der aus broschierter und mit Goldmetallgarn lancierter Seide angefertigte Dolman und die "Mente", der ungarische Mantel, sind äußerst lang, reichen bis zum Boden und sind nahe Verwandte der sehr ähnlichen türkisch-osmanischen Festkleidung. Beide wurden bis zur Taille mit Metallknöpfen zugemacht und beide waren ab der Taille tschakoartig geschnitten. Auch ist uns ein Bildnis Leopolds[23] und ein auf dessen Basis angefertigter Stich bekannt, auf denen er in einer anderen Aufmachung im ungarischen Stil dargestellt wird – in einem Samtdolman mit tropfenartigen Knöpfen und einer breiten "Mente" mit Schnurverzierung.

Leopold wiederum ließ seinen eigenen Sohn, Josef I. (1678–1711) sogar noch früher, im Alter von neun Jahren zum ungarischen König krönen: Dieser trug dieses ungarische Kostüm nun schon wie selbstverständlich.[24] Vom Sohn Josef I., Karl III. (VI.) (1682–1740) wiederum ist bekannt, daß er 1712 (nach der Niederschlagung des Rákóczi-Aufstandes!) im ungarischen Reichstag ungarische Tracht trug, und damit allgemeines Gefallen im Kreis der ungarischen Stände auslöste.[25] Mehrere Darstellungen verewigten Karl III. (VI.) in ungarischem Gewand: Ein Stich[26] zeigt ihn in einem hohem Federhut, in Schulterkragen, einem mit Hermelin gefütterten Überrock ("Mente") und einem Umhang mit Stehkragen. Für Preßburg wiederum wurde ein eigenes, komplettes Gemälde angefertigt, auf dem er eine "Mente" aus goldbestickter, roter Seide mit Schulterkragen, einen Dolman in "csákóra-Schnitt" mit Stehkragen, eine Hose und ebenfalls bestickte Halbstiefel trägt.[27] Dies ist auch deshalb wichtig, weil es gerade er war, der ab 1711[28] die sog. "Spanische Manteltracht" zur alleinigen Hofkleidung machte. Diese aus dem spanischen Hofzeremoniell übernommene, mit Bändern besetzte Goldbrokatkleidung bestand aus einem Radmantel und einem bis zur Mitte des Oberschenkels reichenden Wams, einer ausgebeulten Kniehose und einem Federhut. Die Hofbeamten durften bei offiziellen Anlässen nur in dieser Aufmachung erscheinen und nur bei Aufenthalten des Hofes am Land war modische Kleidung erlaubt. Gleichzeitig durften die ungarischen Magnaten aber weiter ihre gewohnten, pompösen Kostüme auch bei höfischen Anlässen tragen. So war – vorerst zwar nur als inoffizielles höfische Kleidung – die ungarische Landestracht am Wiener Hof zugelassen. Offiziell wurde sie erst aber unter der Herrschaft Maria Theresias (1717–1780). Die weise Königin war sich der Bedeutung der ungarischen Tracht, deren gefühlsmäßigen Wirkung im klaren: Sie versuchte daher bei jeder sich bietenden Gelegenheit diese dafür zu nutzen, die Ungarn für sich zu gewinnen: Indem sie selbst immer wieder diese Garderobe demonstrativ trug, ihre Kinder in dieser Aufmachung kleiden ließ, sie die ungarische Tracht am Wiener Hof populär machte, und sie die ausgewählte ungarische adelige Leibwache mit einer opulenten ungarischen Montur ausstattete, ging sie weit über die bloße Duldung der spezifisch ungarischen Kleidung hinaus. Die vielleicht schönsten Darstellungen von Maria Theresia[29] entstanden aus Anlaß ihrer Krönung zur ungarischen Königin, und diese zeigen eine ausgefallene ungarische Festkleidung: Der Grundstoff aus blauer Seide ist wegen der reichen Goldbroschierung kaum zu sehen, bei näherer Untersuchung der Taille können wir erkennen, daß die vielen Rubine, Smaragde und Perlen ein Mieder nur imitieren. Eine doppelte Perlenreihe und Spitzen umfassen den ovalen Ausschnitt der am Körper eng anliegenden Taille, die in einem Bogen in den sehr weiten Rock reicht und von mehrreihigen Perlenketten noch weiter unterstrichen wird. Die aus weißen Spitzen angefertigten Ärmel reichen bis zu den Ellbogen, zwei rote Seidenbänder, die mit dunklen Perlen verziert sind, halten diese in zwei Bäuschen zusammen. Ein ähnliches Band verziert den Rand der mit Spitzen besetzten, breiten, gerafften Schürze. Über die Schulter hat sie – dem Rock gleich – einen mit roter Seide gefütterten Brokatmantel gelegt, der sowohl als Überrock als auch als Krönungsmantel gesehen werden kann. Das mit Gold versetzte Brokatkleid, die prunkvollen Spitzen, der reiche Edelstein und der Perlenbesatz sind auch heute noch beeindruckend.

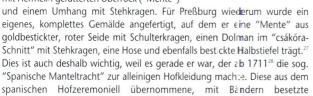

*Mark Quirin,
Franz I. wird zum König von Ungarn gekrönt, 1792
(Budapesti Történeti Múzeum)*

Noch als Kind wurde Josef II. sehr häufig in ungarischer Aufmachung porträtiert, wohl um zu unterstreichen, daß er der nächste König des Landes sein werde.[30] Zahlreiche ihm zugeschriebene Kleidungsstücke finden sich heute noch in vielen öffentlichen Sammlungen.[31] Mit unserer Fragestellung ist ein ebenfalls nach der Vorlage Meytens angefertigtes Bild ohne Zweifel vom größten Interesse: Auf der Darstellung der Kinder Maria Theresias trägt außer Josef auch sein kleiner Bruder[32] die ungarische Tracht, ja sogar seine kleine Schwester. Natürlich ist dies kein Zufall, wie ja auch der Umstand, daß die Kinder mit dem Orden des Goldenen Vlies spielen, nicht kindlicher Ausgelassenheit zuzuschreiben ist. Als Erwachsener hat Josef II. (1741–1790) übrigens nie mehr die ungarische Galatracht angezogen, wobei es aber zu erwähnen gilt, daß er auch die Vorschriften der Spanischen Manteltracht abschaffen ließ. Er zeigte sich fast immer in Militäruniform (und ließ sich in der Regel auch so porträtieren), manchmal in der Uniform eines ungarischen Husaren.[33] Ähnliches gilt für seinen Cousin, Kaiser Franz I. und dem "ungarischesten" aller Habsburger, dem Palatin von Ungarn, Joseph.[34]

*Mihály Kovács, Königin Elisabeth, 1869
(Budapesti Történeti Múzeum)*

Ab der Mitte des 18. Jahrhunderts zeigte sich in der Art, wie sich die ungarischen Männer kleideten, vermehrt der Einfluß der europäischen Mode, besonders an der Erscheinungsform des offiziösen ungarischen, am Hof gebräuchlichen Festgewands. Für die Mitte des Jahrhunderts ist die Kleidung von Graf Dénes Bánffy (1723–1780) auf dem Gemälde Martin van Meytens geradezu idealtypisch.[35] Der gräfliche Hofkämmerer und Oberstallmeister trägt hier einen mit reichen Goldstickereien und Borten besetzten, mit Schnüren verzierten, kurzen Dolman mit auffallendem Tschakoschnitt und hohem Stehkragen, eine an den Oberschenkeln bestickte, an den Unterschenkeln eng sitzende "ungarische Hose" sowie Halbstiefel, weiters eine locker über die Schulter geworfene, reich mit Goldgarn verzierte, pelzgefütterte "Mente", die eher an einen Schulterkragen erinnert. (Lediglich in Klammern sei angemerkt, daß Graf Bánffy gleichzeitig aber einem in der zweiten Hälfte des 18. Jh. weit verbreitetem Zeitstil folgt: Zur ungarischen Tracht weiß gepudertes Haar nach französischer Mode sowie einen schneidigen, ungarischen Schnurrbart). Die schulterkragenartige Mantelform des Leibrockes könnte zwar ihren Ursprung in der ungarischen Aufmachung haben, wahrscheinlicher dürfte aber sein, daß hier in Wirklichkeit nur die "Spanische Manteltracht" kopiert wird. Ähnliche Lösungen finden wir auch anderswo – z. B. trägt Graf József Csáky auf seinem 1749 angefertigten Porträt einen mit einem grauen Nerz gefütterten Mantel.[36] Weder "Mente" noch Dolman der Habsburg-Kinder sind kaftanartig, die Ärmel nicht mehr T-förmig[37], sondern beziehen sich mit den angenähten

Ede Heinrich, Franz Joseph I., 1868
(Magyar Nemzeti Múzeum)

Ärmeln und der Körpergerechtheit vielmehr auf den "Justaucorps" bzw. den französischen Frack. Auf der Darstellung von Antal Grassalkovich scheint sogar die ungarische Tracht[38] nach französischem Schnitt geschnedert worden zu sein: Ähnliche Lösungen finden wir auf zahlreichen anderen zeitgenössischen Gemälden.

In den 1770er Jahren übernimmt der Mantel ("Mente") der Festkleidung vollständig den Schnitt des "Justaucorps" oder des französischen Frack, nur der Schnurbesatz, die Saumnaht und der Pelzkragen bleiben erhalten. Auch die "Mente"-Mäntel[39] der im Ungarischen Nationalmuseum aufbewahrten Festgewänder des Hofkanzlers von Siebenbürgen, Sámuel Teleki folgen dem Schnitt des "Justaucorps", allein der große nach außen gewandte Kragen und der Pelzsaum erinnern an die ungarische Eigenart dieser Bekleidung. Ebenso erinnern die Dolmanen, auch wenn sie Ärmel haben, bereits eher an eine Weste: Nur mehr die kleinen "csákóra-Schnitte" vorne erinnern an die ungarischen Kleidertradition. Auf den Darstellungen der Krönung Franz I. (1768-1836)[40], bzw. später seiner Gemahlin (1722-1807), sind zahlreiche an Sámuel Telekis Aufmachung erinnernde Stücke zu finden.

Die Ausformung der ungarischen Festkleidung wurde natürlich auch von der militärischen und der Husarenkleidung beeinflußt, wurde doch gerade im 18. Jahrhundert diese gerade für die Kavallerie so geeignete, in der Zwischenzeit oft geänderte Uniform weltweit populär. Von herausrangender Bedeutung ist hier die den Banderien folgende Husarenaufmachung, die bei 1790 bei der Überführung der Stefanskrone nach Ungarn und später bei den Krönungen selbst getragen wurde: kurzer, vorne abgerundeter, mit Pelzen und Fellen verzierter, spencerartiger Mantel ("Mente") mit reichem Schnurbesatz, kurzer Dolman, bestickte "ungarische Hose" und bis zu den Knien reichende Stiefel. Ab der Wende vom 18. zum 19. Jahrhundert wurde das Hofkleid aus dunklem (blauem, grünem, schwarzem) Tuchstoff hergestellt und – dem französischen Frack vergleichbar – mit natürlichen Blumenstickereien verziert. Eine solche Komposition ist in der Sammlung des Budapester Kunstgewerbemuseums zu finden.[41] Der französische Einfluß ist am stärksten in einem, im Ungarischen Nationalmuseum aufbewahrten braunen, gestickten Frack zu erkennen: Nur dessen feine Schnurknöpfung sowie der tschakoartige, "csákóra"-Schnitt der dazugehörenden ärmellosen Weste weisen darauf hin, daß es sich hier um eine ungarische, am Hof gebräuchliche Festkleidung handeln muß – wahrscheinlich vom Anfang des 19. Jh.[42]

Der Schnitt der Frauenkleidung folgte weiter der herrschenden französischen Mode. In den 1790er Jahren reicht die Taille tief in den Rock hinein, der hinten stark gefaltet ist. Die Kleidung Maria Theresias[43] (der Gemahlin Franz I.) ist auf ihrer Abbildung als ungarische Königin in diesem Stil geschnedert. Schürze und Schleier erscheinen zu dieser Zeit bereits als unumgängliches Accessoire der ungarischen Festkleidung.

Anfang des 19. Jh. rutscht die Taille langsam unter Brusthöhe und nur mehr eine kleine Schnürung signalisiert das spezifisch ungarische. Sammelstücke solcher und ähnlicher Festkleidung befinden sich in der Textilabteilung des Kunstgewerbemuseums in Budapest.[44] Es gibt keine eigene Schleppe, das Kleid gleitet in einer Länge von ca. ein bis eineinhalb Meter den Boden entlang. Der Stoff ist meistens aus weißer Seide, Musselin oder Tüll die Stickereien aus Goldgarn und die Muster entsprechen jenen des französischen Empire.

Besondere Aufmerksamkeit erregte diese ungarische Festkleidung 1813 in Dresden, als Maria Ludovika (1787-1816), die dritte Gemahlin Kaiser Franz I., bei einem zu Ehren Napoleons veranstalteten Empfang in dieser erschien: "Dieses galt nicht nur als prächtigste Hofkleid, das man am Wiener Hof trug, es verhinderte auch, wie man sagte, daß die Monarchin bei Vergleichen mit anderen Majestäten ins Hintertreffen geraten würde."[45] So ist es sicher kein Zufall, daß in den einschlägigen Modejournalen die auf die gerade letzte Mode getrimmten ungarischen, höfischen Modelle immer wieder auftauchen (1816, 1820, 1825, 1830 und 1832)[46]: Oft kann sogar eindeutig rekonstruiert werden, im Gefolge welchen politischen oder höfischen Ereignisses dies geschah. Interessant an der Frauenkleidung ist vielleicht noch, daß die Schnürtaille in der Regel nur vorgetäuscht war, die Taille wurde in der Regel hinten mit einer kleinen Schnalle zugemacht. Die Schnürung vorne war reine Zierde – sogar das klassische Hemd fehlte, Puffärmel aus Tüll waren an die Taille genäht und ähnliche Einlagen wurden unter die Schnürung gelegt.

In den 1830er Jahren kehrte die schneiderische Taille – dem Diktat der Mode folgend – wieder in die Höhe der anatomischen Taille zurück. In der Regel wurde sie aus weißem, grünem, rotem oder lila Samt oder entsprechender Seide angefertigt, und mit Goldstickereien versehen, deren Motive jene der französischen Hoftracht kopierten. Schürze und Schleier waren aus Seidenmusselin oder Tüll (wie auch die kleinen, ein Hemd imitierenden Puffärmel) und waren in ähnlicher Weise mit Gold- oder Silberstickereien verziert. Das Kleid besaß keine eigene Schleppe[47], nur der Rock eine mehrere Meter lange, häufig ergänzte eine "Mente" die ganze Komposition. Zusammenfassend gehörten also Jungfernkranz oder Haube, Schleier, Taillenstück, Rock und Schürze zum ungarischen höfischen Festkleid, dessen weniger opulente, einfachere Variante – u.a. ohne Schleier – schließlich zum klassischen ungarischen Festkostüm wurde, das auch heute noch "díszmagyar" heißt – ein Wort, das ins Deutsche zwar in der Regel mit "Magnatentracht" übersetzt wird, tatsächlich aber als eine fast unübersetzbare Bezeichnung, in der "Pomp" und "Ungar" eine semantische Einheit bilden, nur sehr schwer korrekt in einer anderen Sprache wiedergegeben werden kann. Die großen Hofkleider mit Schleppe und Goldstickereien wurden innerhalb der Familien weitervererbt und wurden nur mehr zu ganz besonders festlichen Anlässen, bei Krönungen, Hofbällen oder ganz besonderen politischen Ereignissen – Milleniumsfeier, Überführung der sterblichen Überreste von Ferenc Rákóczi usw. – angezogen.

Die Gemahlinnen der Herrscher trugen die ungarische Festkleidung regelmäßig: so die vierte Ehefrau Franz I., Karolina Augusta (1792-1873) und die Gemahlin Ferdinand V., Maria Anna (1803-1884).[48] Kaiserin und Königin Elisabeth (1837-1898) erhielt sofort nach ihrer Verehelichung mit Franz Joseph (1830-1916) ein ungarisches Festkleid: Es ist anzunehmen, daß zu dieser Zeit die ungarische Nationaltracht bei gewissen Anlässen für Angehörige des Hauses Habsburg – besonders bei Besuchen in Ungarn – bereits ein Muß gewesen ist. Das schönste Kleid trug Elisabeth bei ihrer Krönung 1867. Es war aus weißer, silberbestickter Seide und einer Taille aus schwarzem, perlenbesetztem Samt. Dieses wunderbare ungarische Festkleid hatte vielleicht nur einen Schönheitsfehler: Es wurde nicht von einem ungarischen, sondern vom damals bekanntesten Pariser Couturier, Charles

Frederic Worth angefertigt. Zahllose Fotografien und Gemälde haben Elisabeth in diesem Kleid verewigt, interessanterweise die meisten ungenau.[49] Das Kleid selbst wurde nach der Krönung dem Bistum Veszprém übergeben, das daraus zwei Meßgewänder und einen Vespermantel anfertigen ließ. Ein Meßgewand und der Mantel befinden sich heute in der Sammlung der Matthiaskirche in Budapest.[50] Die andere legendäre Garderobe trug Elisabeth anläßlich der Milleniumsfeier 1896. Das Festkleid war aus schwarzer Seide, wie auch alles andere daran schwarz war: Hemd, Schleier und Schürze – obwohl die Farbe letzteres nach der Tradition selbst in der Trauerkleidung der Witwe weiß hätte sein müssen. Nach 1889, nach dem Tod ihres Sohnes, trug Elisabeth immer schwarz, konnte sich nicht in weißen Ärmeln, weißer Schürze oder weißem Schleier sehen – und erschien nur mehr in schwarz, gegen alle Traditionen verstoßend als "Trauerengel". Dieses Kleid kam nach dem Tod der Königin in das "Königin-Elisabeth-Gedächtnismuseum", wurde aber im Zuge der Kriegshandlungen des II. Weltkrieges vernichtet. Auch die letzte ungarische Königin, Zita, wurde 1916 in ungarischer Festtracht gekrönt: Sie ließ ihr Kleid aus weißer Seide mit Goldstickereien im bekanntesten Budapester Modesalon, bei Géza Girardi, anfertigen, die Taille ließ sie im "Verein Izabella", den Rock beim "Verband der ungarischen Hausindustrie" besticken.

Die Männerkleidung kopierte in den 1820er Jahren zuerst die neue am Hof gebräuchliche Uniform, den Hofstaat – sie bestand aus schwarzem oder dunkelblauem Tuchstoff, war reichlichst mit Gold- und Silberstickereien oder Schnurverzierung versehen, dazu kamen ein kurzer Dolman in der Art des "Spencer" und eine nur etwas längere "Mente". Sehr ähnlich war die Husarenuniform mit Schnurbesatz: Die beiden Gewänder sind so recht schwer auseinanderzuhalten.

Das Festkleid veränderte sich in der Folge auf Grund der Modezeichnungen, Designentwürfe und -ideen der ungarischen Couturiers, die das neue Nationalgefühl auch in der Kleidung zum Ausdruck kommen lassen wollten, in den 1830er Jahren beträchtlich: Doch dies gehört nicht mehr zur Geschichte des höfischen Festkleides, sondern zur Geschichte der festlichen Nationalkleidung der Ungarn. Erst zu dieser Zeit nämlich entstand jene eigentümliche Aufmachung – bestehend aus Samthut, Husarenrock aus Damastseide ("Atilla"), "Mente" aus Samt und Hose aus Seidenjersey —, die wir heute "Magnatentracht" ("díszmagyar") nennen. Gleichzeitig entsprach diese Kleidung – vor allem wenn sie in voller Montur, also mit Edelsteinen, getragen wurde – der höfischen Etikette und wurde am Hof auch getragen, viel häufiger als das entsprechende Pendant der Frauen.

Die Habsburg-Könige trugen aber ab (dem erwachsenen) Josef II. nie mehr die ungarische Festkleidung: Als ungarische Herrscher ließen sie sich so immer nur im Ornat des "Ordens des Heiligen Stefan" porträtieren – so Franz I. oder auch Franz Josef.[51] Und anläßlich der jeweiligen Krönung zum König der Krönungsmantel über die Uniform des Husarengenerals. Franz Josef trug diese Uniform sehr häufig, mehrere seiner Atillas, seiner ungarischen Adjustierungen[52] sind uns auch erhalten geblieben. Sowohl in seinen Jugendjahren[53] als auch im Alter wurde er einige Male in diesem Aufzug dargestellt, und Mihály Munkácsy[54] porträtierte den greisen Herrscher auch in dieser Aufmachung. Allein den "díszmagyar" hat er nie getragen, wahrscheinlich weil er sich dachte, die glänzende Kleidung aus Samt und Seide würde nicht zum Image des "ersten Beamten des Staates" passen, oder aber weil er sich mit dieser den ungarischen Patriotismus so betonenden Garderobe nicht wirklich identifizieren konnte.

Karl IV., Kaiser Karl I. von Österreich, trug anläßlich seiner Krönung zum ungarischen König am 30. Dezember 1916 über seiner Husaren-Generalsuniform den Krönungsmantel Stefan I. (des Heiligen), allein die bei der Zeremonie anwesenden ungarischen Aristokraten und Aristokratinnen trugen die repräsentativsten Stücke ihrer ungarischen Festgarderobe. Die Zeitungen berichteten ausführlich über das großartige Ereignis – nicht über den Glanz der schmucken, neu entworfenen, aber der historischen, musealen Objekte: Die Magnaten waren nämlich bemüht, in so alt als möglicher Aufmachung zu erscheinen. Unter ihnen war Fürst Miklós Esterházy mit seiner "Mente" aus dem 16. Jh., der Matthias Corvinus[55] zugeschrieben wurde, vielleicht der auffallendste. Die Dolmane aus dem 17. Jahrhundert, die Röcke, Stickereien, Knöpfe und Schnallen aus dem 18. und frühen 19. Jahrhundert zeugten vom alten Adel und Stand der Familien, von ihrem Wohlstand und ihrem Reichtum. Im dritten Jahr des Ersten Weltkrieges wirkte dieser grandiose Pomp und Prunk aber sicherlich bereits mehr als befremdlich: Es war dann auch der letzte große Anlaß, wo die einstige höfische Festkleidung einem oder einer noch wirklich dienlich war.

LITERATUR:

BAROKK Művészet Közép-Európában. Utak és találkozások./Baroque Art in Central-Europe, Crossroads. Kiállítási katalógus, Szerk. Galavics Géza, Budapesti Történeti Múzeum, Bp, 1993
BUZÁS Enikő, III. Ferdinánd, mint magyar király. Justus Sustermans ismeretlen műve az egykori Leganés gyűjteményből. / Ferdinand III. als ungarischer König (Ein unbekanntes Werk von Justus Sustermans aus der einstigen Sammlung Leganés), In Annales de la Galerie Nationale Hongroise, A Magyar Nemzeti Galéria Évkönyve, 1991, Bp, 149-159.
FŐÚRI ősgalériák, családi arcképek, Szerk. Buzási Enikő, Kiállítási katalógus, Magyar Nemzeti Galéria, Bp, 1988.
HOLČÍK, Štefan, Pozsonyi Koronázási Ünnepségek, 1563-1830. Korunovačné slávnosti, Bratislava-Budapest, 1986.
II. JÓZSEF - Österreich zur Zeit Kaiser Joseph II. Mitregent Kaiserin Maria Theresias Kaiser und Landesfürst, Kiállítási katalógus, Stift Melk, 1980.
Katalog der Leibrüstkammer, II. Teil, Kunsthistorisches Museum, 1990.
KUGLER 2000. - Kugler, Georg-Kurzel-Runtscheiner, Monica, Des Kaisers teure Kleider, Ausstellungskatalog, Kunsthistorisches Museum, Wien, 2000.
KUGLER - HAUPT 1989. - Kugler, Georg-Haupt, Herbert, Des Kaisers Rock, Ausstellungskatalog, Schloss Halbturn, 1989.
MARCZALI 1987. - Marczali Henrik, Mária Terézia, Bp, 1891 (Reprint), Bp, 1987.
Maria Theresia als Königin von Ungarn, Ausstellungskatalog, Schloss Halbturn, Eisenstadt, 1980.
Maria Theresia und ihre Zeit, Ausstellungskatalog, Schloss Schönbrunn, Wien, 1980.
RUDOLFS II. - Prag um 1600. Kunst und Kultur am Hofe Kaiser Rudolfs II., Ausstellungskatalog, Kunsthistorisches Museum, Wien, 1988.
Radvánszky Béla, Magyar családélet és háztartás a XVI-XVII. században, Bp, 1986.
Buzási Enikő, Régi Magyar Arcképek /Alte Ungarische Bildnisse, Tata-Szombathely 1988.
SÁGVÁRI 1999. - Ságvári György-Somogyi Győző, Nagy Huszárkönyv, Bp, 1999.
SPRINGSCHITZ 1949. - Springschitz Leopoldine, Wiener Mode im Wandel der Zeit, Wien, 1949.

IN DEN ANMERKUNGEN VERWENDETE ABKÜRZUNGEN

KHM	Kunsthistorisches Museum
MNM	Magyar Nemzeti Múzeum / Ungarisches Nationalmuseum
MNMTKcs	Magyar Nemzeti Múzeum Történeti Képcsarnoka / Ungarisches Nationalmuseum Historische Bildergalerie
MNG	Magyar Nemzeti Galeria / Ungarische Nationalgalerie
IM	Iparművészeti Múzeum/ Kunstgewerbemuseum
ÖNB	Österreichische Nationalbibliothek
BTM	Budapesti Történeti Múzeum / Historisches Museum der Stadt Budapest

1 Zu Geschichte und Kleidung sowie zur verwickelten Beziehung zwischen Husarentum und Ungarn: vgl. SÁGVÁRI 1999

2 Ich beschäftige mich im weiteren nur mit der Festkleidung, nicht aber mit der Alltags- oder der Kleidung der Unterschichten.

3 Ich möchte hier keinen besonderen Unterschied zwischen den Magyaren, also den "ethnischen Ungarn" und den nichtmagyarischen Minderheiten setzen, da diese in ihrer kleidungsbezogenen Erscheinung kaum voneinander abwichen: Bekanntlich unterscheiden sich ja die Nationsbegriffe des 18. und des 20. Jahrhunderts erheblich voneinander. Die verschiedenen im Königreich Ungarn lebenden Volksgruppen betrachteten sich alle als "hungarus", als "ungarisch" oder "ungarländisch", der kroatische, slowakische, sächsische, rumänische usw. Adel kleidete sich genauso wie der magyarische.

4 Silberne magyarische, husarische Rüstung aus dem Besitz Erzherzog Ferdinand II. (1525-1595), 1556-1557, süddeutsch, Silber, Leder, Seidenbrokat, KHM Hofjagd- und Rüstkammer, Wien, Inv. Nr.: A878, B195.

5 HOLČÍK 1986, 18.

6 Miklós Zrínyi betrachtete sich sowohl als ungarländischen als auch kroatischer Magnaten, die kroatische Tracht war mit der ungarischen identisch.

7 HOLČÍK 1986, 24.

8 Vgl. dazu László Emőke, A magyar nemzeti viselet a családi arcképek tükrében [= Die ungarische Nationaltracht im Spiegel der Familienporträts]. In: FŐÚRI 1988, 36.

9 Schaube, Samtbrokat mit Blumenmuster, Seidenposamenten, Posamentierknöpfen, Länge: 143 cm, Wams aus Atlasseide, Länge: 48 cm, Pluderhose aus Seidenbrokat, Länge: 76 cm, Strümpfe aus gewirktem Seidengewebe, Länge: 82 cm, Hausschuhe: Seide, Samt, Leder, Kork, Länge: 23 cm, Obrazarna Pražského Hradu, Prag, Inv. Nr.: PHA27/1-6 RUDOLFS II. Objekt 455, S. 570-571, mit Bild.

10 Z. E. stellte Martino Rota (um 1520-1583) den jungen Rudolf mit Halskrause und Harnisch dar - 1577-1580, Brustbild, Öl auf Leinen 51 x 42 cm, KHM Gemäldegalerie, Wien, Inv. Nr. 2587.
Hans von Aachen (1551/52-1615) 1602 als römisch-deutschen Kaiser mit Halskrause, im Harnisch, in Pluderhosen, Strümpfen und Halbstiefeln, Standbild, Öl auf Leinen, 200 x 121 cm, London, Wellington Museum, Apsley House, Inv. Nr.: WM1509-1948.
während wieder Hans von Aachen den alten Rudolf, um 1606-1608, im Federhut, mit Halskrause und Rüschen, im dunklen Wams, mit der Kette des Ordens vom Goldenen Vlies und Pelzüberrock porträtierte, Brustbild, Öl auf Leinen, 60 x 48 cm, KHM Gemäldegalerie, Wien, Inv. Nr.: 6438.
In: RUDOLFS II., Objekt 569, S. 95, mit Bild, RUDOLF I., Objekt 98, 216, mit Bild, sowie Objekt 105, 221, mit Bild.

11 Anonymer Kupferstecher (17. Jh.), Bildnis des türkischen Großwesirs und Anführers des türkischen Heeres Sinan Pascha, Kupferstich, Narodni Galéria, Prag, Inv. Nr.: Clementinum 6.693.
12 ÖNB Wien, vgl.: RUDOLFS II., 77.
13 Hans von Aachen (Köln 1551/52-Prag 1615): Allegorie auf die Türkenkriege - Die Kriegserklärung vor Konstantinopel, 1603/04, Öl auf Pergament, 34 x 24 cm, KHM Gemäldegalerie, Wien, Inv. Nr.: 5841, RUDOLFS II., Objekt 548, 88: Es handelt sich um das erste Bild einer Serie, die aus Anlasses des Feldzuges gegen die Osmanen 1593-1606 angefertigt wurde. Der auf der linken Seite abgebildete österreichische Botschafter trägt die für Anfang des 17. Jh. charakteristische ungarische Tracht.
14 Szenen aus dem osmanischen Hof- und Volksleben, nach 1590. In: ÖNB Handschriften-, Autographen- und Nachlaßsammlung, Wien, Cod. 8626 Bl. 122r.
15 Joachims Jeronimus (1629-1660): Johann Rudolf Schmid, Kupferplatte, Ölgemälde, 67,8 x 82,2 cm, Vaduz, Sammlungen des regierenden Fürsten von Liechtenstein, Inv. Nr.: 1007, zit. nach: Géza Galavics, Németalföldi barokk festők és grafikusok a XVII. századi Közép-Európában [= Niederländische barocke Maler und Grafiker im Mitteleuropa des 17. Jahrhunderts], In: BAROKK, 1993 26. Von diesem Bild fertigte Elias Widemann (1619-1652) einen Kupferstich an, Papier, 39,8 x 50,6 cm, MN MTKCs, Budapest, Inv. Nr.: 9733
16 Hans von Aachen (1551/52-1615), Kaiser Matthias II. als König von Böhmen, 1612, Standbild, Öl auf Leinen, 184,5 x 116,5 cm, Obrazova Pražského Hradu, Prag, Inv. Nr.: 0304.
17 Z. B.: Unbekannter ungarischer Meister (17. Jahrhundert), Standbild von Kristóf Thurzó, 1611, Öl auf Leinen, 202 x 95,5 cm, MNM TKCs, Budapest, Inv. Nr.: Csáky letét 1 sz.
18 Hans von Aachen (1551/52-1615), Matthias II. als König von Böhmen, Öl auf Leinen, 1201 x 107 cm, KHM Gemäldegalerie, Wien, Inv. Nr.: 3204.
19 Enikő Buzási gibt in ihrer ausgezeichneten Studie dieser Thematik eine genaue Übersicht der Quellen und beschäftigt sich zudem auch mit der Rolle der ungarischen Tracht am Hof der Habsburger, BUZÁSI 149.
20 Öl auf Leinen, 201 x 126 cm, MNG, Budapest, Inv. Nr.: 3204.
21 Miklós Zrínyis Kleidung ist im Kunsthistorischen Museum nur in Fragmenten erhalten geblieben, doch verfügen wir über eine genaue Beschreibung und Darstellung aus dem Jahr 1579, KHM Gemäldegalerie, Wien, A 421, Lit.: Thomas Schrenck (Hg.), 113, János Szendrei, Ungarische kriegsgeschichtliche Denkmäler, Bp, 1896, 260.
22 Mit Goldgarn lancierter und broschierter, bis zum Boden reichendem Seidendolman und "Mente", IPM, Budapest, Inv. Nr.: 52.2769, 52. 2770.
23 Unbekannter Meister: Bildnis des jungen Leopold I. in ungarischem Gewand, 17. Jahrhundert, 91 x 74 cm, MNM TKCs, Budapest, Inv. Nr.: 871.
24 Holčík schreibt, daß Josef der allererste gewesen sei, der in ungarischer Tracht zum König gekrönt wurde: Angesichts des oben beschriebenen trifft dies nicht zu, HOLfÍK 1986, 32.
25 MARCZALI 1987, 58.
26 Unbekannter Meister (Anfang des 18. Jahrhunderts): Karl III. (VI.) in ungarischer Festkleidung, 95 x 155 mm, Papier, Kupferstich (?), ÖNB Porträtsammlung, Bildarchiv und Fideikommißbibliothek, Wien, Ph177162/10(92).
27 Materny Jan Jakub z Cilana (1687-1777): Karl VI., 1728, Öl auf Leinen, 162 x 233 cm, Galéria mesta Bratislavy, Bratislava, Inv. Nr.: A 134, vgl.: Danuta Učníková, Portréty Márie Terézie a jej rodiny [Porträts von Maria Theresia und ihrer Familie]. Pozsony, 1991.18, 53, Objekt 7, Dank an Enikő Buzási für ihre Hilfe.
28 Die sog. "Spanische Manteltracht" tauchte um Wiener Hof im 17. Jh. auf. Sie wurde vom Kaiser, von den Hofangehörigen und einzelnen am Hof eingeladenen Persönlichkeiten bei festlichen Anlässen - Aufzügen, Botschafterempfängen, Vereidigungen usw. - getragen, vgl.: KUGLER 2000, 83.
29 Daniel Schmiddelli (1705-1779): Maria Theresia im ungarischen Krönungsornat, 1742, Öl auf Leinen, 239 x 157,7 cm, Galéria hlavného mesta SR, Bratislava/, Inv. Nr.: A133.
30 Martin von Meytens der Jüngere (1695-1770): Josef II., in ungarischer Kleidung, um 1745, Öl auf Leinen, 140 x 110 cm, KHM Gemäldegalerie, Wien, Inv. Nr.: 7059.
Martin Meytens: Der sechsjährige Josef, 1747, Öl auf Leinen, 150 x 112 cm, Národni Galeria, Prag, Inv. Nr.: 0787.
Martin Johann Schmidt: Maria Theresia und Josef II., 1745, Öl auf Leinen, 229 x 157 cm, Stift Seitenstetten.
Martin Meytens: Der vierjährige Josef, 1745, Öl auf Leinen, 111 x 90 cm, Wien, Privatbesitz.
Von allen diesen Porträts und Gemälden befinden sich zahlreiche Lithografien und grafische Kopien im Umlauf.
31 Hellblaue gerippte Damastseide, mit Blumenmuster Silberspitzen und Borde, 1745, Hose: 46 cm, Dolman: 43 cm, Leibrock: 63,5 cm, Huthöhe: 32 cm, 1745, MNM, Budapest, Inv. Nr. 1954.667-1-4, Dolman aus grüner Damastseide, Goldborte und Spitzen, ca. 1750, Österreich, Länge: 48 cm, IPM, Budapest, Inv. Nr. 12861.
32 In der Mitte Josef II. als Kind, links Erzherzogin Maria Anna wahrscheinlich in österreichischer Hofkleidung, in der Hand der "Orden vom Goldenen Vlies" an einer Goldkette, weiters Erzherzog Karl Josef und Maria Elisabeth Josefa in ungarischer Festkleidung und Erzherzogin Maria Amalia.
Kreis um Martin Meytens (1695-1770): Die Kinder Maria Theresias, 1740er Jahre, Öl auf Leinen, 150 x 110 cm, MNM TKCs, Budapest, 1907.
33 Pompeo Girolamo Batoni (1708-1787): Josef II. als Oberst-Inhaber in der Uniform des I. k.k. Husarenregimentes, ca. 1770. Öl auf Leinen, 107x79 cm, Niederösterreichisches Landesmuseum, Wien, Inv. Nr.: A 37/79.
34 Johann Peter Krafft (1780-1856): Kaiser Franz in der Uniform eines Husarengenerals, Öl auf Leinen, 239 x 151cm, MNM TKCs, Budapest, 2204, Johann Peter Krafft, Palatinus Josef (József Nádor) in der Uniform eines Husarengenerals, Öl auf Leinen, 221 x 143cm, MNM TKCs, Budapest, 2230.
35 Martin von Meytens (1695-1770): Graf Dénes Bánffy, Ende der 1750er Jahre, 1760er Jahre, Öl auf Leinen, 207 x 116 cm, MNMTKCs, Budapest, 2230.
36 Unbekannter ungarischer Meister (18. Jh.): Bildnis aus der Kindheit von Graf József Csáky, 1749, Öl auf Leinen, 111 x 84 cm, MNMTKCs, Budapest, Nachlaß Csáky 14.
ähnlich: Unbekannter Meister: Bildnis von Graf János Haller, 1740er Jahre, Öl auf Leinen, 195,5 x 139,6 cm MNM TKCs, Budapest, Inv. Nr. 1224 bzw.
Unbekannter Maler (Mitte des 18. Jh.): Porträt Graf József Esterházys, 1741, Öl auf Leinen, 136 x 95 cm, Kuny Domokos Múzeum, Tata, Inv. Nr. 55.18.
37 Der ungarische Dolman besaß entweder T-förmige oder rechtwinklige Ärmel, etwa wie der türkisch-osmanische oder der innerasiatische, chinesische Kaftan, bzw. wurde dem japanischen Kimono vergleichbar die Front- und die Rückenpartie aus einem Stoff gewoben, woran die ziegelförmigen Ärmelteile angenäht wurden. Diese Form blieb auch in der Volkstracht erhalten: vgl. GÁBORJÁN Alice, Szűrujjasok, Bp, 1993.
38 Unbekannter ungarischer Meister (18. Jahrhundert): Porträt Antal Grassalkovich, um 1750/55, Öl auf Leinen, 93x73,5 cm, MNG, Budapest, Inv. Nr.: 75,2M.
39 Rippseide, grün, mit Farbstickereien aus Seidengarn, Posamentbesatz, um 1760-1770, MNM, Budapest, Inv. Nr.: 1934.337.1-2.
Rippseide, violett, Goldbouillon und Posamentbesatz, um 1760-1770, MNM, Budapest, Inv. Nr.: 1928.1.3.
40 Sebastian Mansfeld (1751-1816) nach Christian Georg Schütz (1758-1823): Kapuzinerkirche in Buda beim Krönungseid Franz I. 1792, Papier, Kupferstich, 33,8 x 43,7 cm, BTM Fővárosi Képtár, Budapest, Inv. Nr.: 28.774
Johann Ernst Mansfeld (1739-1796) nach Christian Georg Schütz (1758-1823): Maria Theresia, Krönung der Gemahlin Franz I. zur Königin von Ungarn in der Garnisonskirche zu Buda am 10. Juni 1792, Papier, Kupferstich, 31,6 x 42,1, BTM Fővárosi Képtár, Budapest, Inv. Nr. 8.773.
41 Wollstoff, dunkelblau, mit Farbstickereien, Leibrock (Länge: 51 cm), Dolman (Länge: 58 cm), Hose (Länge: 110 cm), IM, Budapest, Inv. Nr.: 14882, 14857.
42 Stofftuch, braun, Farbstickerei mit Seide, Hoffrack, Weste, MNM, Budapest, Inv. Nr. 53.121., 53.122.
43 Unbekannter Meister (Ende 18. Jh.): Maria Theresia, Gemahlin Franz I. als ungarische Königin, Papier, kolorierter Kupferstich, 26,2 x 19,5 cm, BTM Fővárosi Képtár, Budapest, Inv. Nr. 21230.
44 Mit Silbergarn broschierte Seide, mit kurzer Spitztaille mit Schnurbesatz, Länge vorne: 120 cm, IPM, Budapest, Inv. Nr. 55.646.1.
45 SPRINGSCHITZ 1949, 59.
46 JOURNAL 1816/41, WIENER JOURNAL 1816, Journal des Dames et des Modes, Frankfurt am Main 1816, 1820/84, Taf. Modenbild XXVIII., 1830/52, Modenbild XXXIII.
47 Das klassische Modell des Hofkleids wurde im 19. Jh. für die Krönung Napoleons entworfen, mit eigenem, an der Schulter angehängten Schlepp.
48 Unbekannter Meister (erste Hälfte des 19. Jh.) nach Peter Krafft (1780-1856): Kaiserin Maria Ludovika, Öl auf Leinen, 66 x 53 cm, MNMTKCs, Budapest, 1912.
49 Emil Rabending fertigte eine ganze Fotoserie an, von der zahllose Kopien im Umlauf sind - auch in Form von Ansichtskarten. Die Gemälde wurden in der Regel auf der Basis dieser Fotos angefertigt - da aber auf den Ablichtungen nur das Oberteil gut sichtbar ist, die Stickereien auf Rock und Schürze aber nicht genau zu erkennen sind, werden diese auch in den Ölbildern ungenau dargestellt. Einige der bekanntesten:
Georg Raab (1851-1885): Königin Elisabeth im Krönungsornat, 1867, Öl auf Leinen, KHM Gemäldegalerie, Wien, Inv. Nr.: 8642 - oval, nur Taille und Schürze, Oberteil des Rocks sichtbar.
Sándor Wagner (1838-1919): Königin Elisabeth, Öl auf Leinen, 274 x 187 cm, MNM TKCs, Budapest, Inv. Nr.: 487 - großes, repräsentatives Bildnis, Oberteil genau, Rock hingegen läßt andere Musterung und Stoff vermuten.
Bertalan Székely (1835-1910) hervorragendes Gemälde hingegen ist akkurat, es ist daher anzunehmen, daß er den damaligen Gepflogenheiten entsprechend, das Kleid auch selbst gesehen hat, es kann aber auch sein, daß er - da er von der Krönungszeremonie vor Ort einige Skizzen angefertigt hat - das Kleid sehr genau beobachtet hat: Königin Elisabeth, 1869, angefertigt für das Amtshaus des Komitates Csanád in Makó, Öl auf Leinen, 269 x 175 cm, József Attila Múzeum, Makó, Inv. Nr.: 982.24.1.
50 Meßgewand aus weißer Rippseide, mit Silberstickereien, 106 x 74 cm, Vesperhemd: beide in der Sammlung der Krönungskirche der Burg zu Buda (Matthiaskirche), ein Meßgewand in der Bistümlichen Sammlung von Veszprém, Inv. Nr.: 89.297.
51 Franz P. Zallinger (1742-1806), Kaiser Franz II., 1804, Öl auf Leinen, 350 x 180 cm, Collegium Pazmanianum, Wien sowie
Ede Heinrich (1819-1885): Franz Josef I., 1868, Öl auf Leinen, 244 x 145 cm, MNM TKCs, Budapest, 64,3.
52 Waffenrock der Campagne-Uniform eines k. u. k. Feldmarschalls in ungarischer Adjustierung aus dem Besitz Kaiser Franz Joseph I., Wien, Anton Uzel et Sohn, 1914, Tuchstoff, Schnurbesatz, Posament, KHM Monturdepot, Wien, N-CLXXX.
53 Miklós Barabás (1810-1898): Franz Joseph I., 1853, Öl auf Leinen, KHM Gemäldegalerie, Wien, Inv. Nr.: 44.9121.
54 Mihály Munkácsy, Franz Joseph in der Uniform eines Feldmarschalls in ungarischer Adjustierung, Öl auf Leinen, KHM Gemäldegalerie, Wien, Inv. Nr.: 9449121.
55 z. Zt. in der Textilabteilung des Kunstgewerbemuseums Budapest zu finden: farbiges Seidenbrokat, Stoff aus dem 16. Jh. - konnte daher nicht im Besitz von Matthias Corvinus gewesen sein, IPM, Budapest, Inv. Nr.: 52.2682.1.

ANDRÁS GERGELY

Staatsrechtliche Beziehung – staatsrechtliche Betrachtungsweisen
Über das Zusammenleben von Österreich und Ungarn

Am Anfang des Zusammenlebens, nach 1526, hat die Verbindung zwischen den "ungarischen" und den "österreichischen" Landesteilen nichts anderes sein können, als eine Art Personalunion, die allein für die Person eines bestimmten Herrschers gültig war – anders hätte es auch nicht sein können, da Böhmen bis 1627, Ungarn bis 1687 sein Recht zur Wahl des Königs aufrechterhielt, und Siebenbürgen bis 1690 außerhalb des Habsburgerreiches blieb. Als ein Beweis für eine Art von *ad hoc* Personalunion kann erwähnt werden, daß es am Anfang des 17. Jh. einige Jahre gab, als es jeweils ein anderer war, der die sog. Erbprovinzen beherrschte und der die ungarische Königskrone trug. Andererseits soll hier betont werden, daß "die freie Wahl eines ungarischen Königs" zwischen 1526–1687 eher nur eine Fiktion darstellte, da die ungarischen Stände, sich vor den Türken wehrend, praktisch keine andere Alternative hatten, als die Hilfe der Habsburger bzw. des deutschen Reiches in Anspruch zu nehmen – also es mußte immer jener gewählt werden, der den ungarischen Thron geerbt hatte. Es spricht auch gegen die Interpretation einer Personalunion, daß man schon damals mit dem Ausbau "gemeinsamer" Regierungsinstanzen angefangen hat.

Die erste große Periode der staatsrechtlichen Auseinandersetzungen ist bekanntlich im 17. Jh. eingetreten. Im Mittelpunkt der Zusammenstöße der Stände und des Hofes standen zwar die Fragen der Religion bzw. die der Religionsfreiheit. Die Ideologie der Kämpfe wurde dementsprechend durch die Reformation bzw. Gegenreformation bestimmt. Aber die staatsrechtliche Auseinandersetzung ist um so wichtiger für uns, als die gegensätzlichen Meinungen von damals gar nicht als "ungarische" oder als "österreichische" Standpunkte zu bezeichnen sind. Ganz im Gegenteil, im ersten Viertel des 17. Jh. kam ein Bündnis der ungarischen, böhmischen und österreichischen Stände unter dem Banner: "wir sind der Staat" zustande. Und der als "spanisch" bezeichnete Hof, oft in Prag, hat einen territorial nicht gebundenen absolutistischen Standpunkt vertreten: "die Länder sind Eigentum des Herrschers".

Das Streben nach einer Sonderstellung im Habsburgischen Staatenbereich seitens der ungarischen Stände gründete sich auf dem Gedanken: "wir sind selbst Staatsbildende". Eine ähnliche Einschätzung, wie die Holländer den Freiheitskampf der Niederlande im 16–17. Jh. beurteilt haben. Die holländische Nationalhymne, entstanden im letzten Drittel des 16. Jh., läßt durch Wilhelm von Oranien die Gerechtigkeit des von ihm geführten Kampfes so begründen:
Wilhelmus van Nassawe bin ich von teutschem blut,
Dem vaterland getrawe bleib ich in den todt,
Ein printze van Uranien bin ich frey unerfehrt
Den könig von Hispanien habe ich allzeit geehrt.
Gerade darum sei es sein Mandat:
Die tyranney zu vertreiben
Die mir mein hertz durchwund.

Der Souveränität des Herrschers steht hier eine andere Art von Souveränität gegenüber. Der gemeinsame Vertreter aller Stände – auf der Basis der vornehmsten Abstammung, oder des Mandats der Stände – tritt hier hervor, dem König gegenüber, als ein Schützer der Freiheitsrechte. Nicht um die Macht und Kompetenz des Herrschers zu usurpieren – dies wäre ein Aufruhr –, sondern um die "Ordnung" wiederherzustellen, eine *Re-volution* zu machen. Die jeweiligen Leiter des ungarischen ständischen Widerstandes fanden in ihrer Argumentation eine Stütze entweder im Titel des Fürsten von Siebenbürgen, oder sie hätten ein Mandat zur Führung von den Ständen erhalten, oder – wie z. B. Franz Rákóczi II. – sie haben sich unter Berufung auf ihren höchsten Rang im Lande zum Auftritt gezwungen gefühlt. Es ist eine interessante Tatsache, daß der Fürstenrang von Rákóczi am Anfang seines Aufstandes erst ein deutsch-römischer reichsfürstlicher Titel war, geschenkt vom Kaiser für die Familie noch in früheren Zeiten – und dies war die erste legitime Basis seines Auftrittes.

Die niederländischen und ungarischen staatsrechtlichen Parallelen kommen noch einmal vor, weniger später als ein Jahrhundert, als Belgien am Lebensende von Joseph II. sein Ausscheiden aus dem Habsburgerreich deklariert hat, und ähnliche Pläne auch in Ungarn geschmiedet wurden.

37/4

Die Mitte des 18. Jh., die Zeit zwischen 1711–1780, war aber durch die Suche nach staatsrechtlichen Kompromissen gekennzeichnet. In dieser Zeit, 1713, ist die vielerwähnte *Sanctio Pragmatica* zustande gekommen. Dieses Familiengesetz aber, man darf es nicht vergessen, mußte in allen Landtagen einzeln angenommen werden, damit es Rechtskraft bekam. (Und dies war der letzte Anlaß für ernstzunehmende Tagungen der Provinzialstände der westlichen Reichshälfte.) Der ungarische ständische Reichstag hat es als letztes 1723 gesetzlich angenommen. Was bedeutet der dort erwähnte, berühmte, viel zitierte "gemeinsame und untrennbare Besitz aller Länder"? Wäre damit eine rechtlich fundierte, legitime Realunion 1713 oder 1723 zustandegekommen?

Der "österreichische" Standpunkt läßt nicht viel Zweifel übrig: Ungarn habe das Gesetz angenommen, inklusive die Ausdrücke "gemeinsam und untrennbar", und eine logische Folge davon war, daß das Reich gemeinsam, also zentralistisch, einheitlich regiert werden mußte. Zwar ist dies nicht direkt im Text zu lesen, aber es ist ‚logisch' davon abzuleiten.

Der "ungarische" Standpunkt vertritt die Meinung, daß das Gesetz nichts anderes formuliert, als daß der König von Ungarn *und* der König von Böhmen, der Erzherzog von Österreich etc. etc. aus der Familie Habsburg kommen und ein und dieselbe Person sein muß – das ist einerseits in der Ordnung der Thronfolge definiert, andererseits beschreibt man es als eine gemeinsame und untrennbare Besitzung. Diese letztere Formulierung bedeutet also nichts anderes, als die Feststellung einer Personalunion – diesmal nicht von Seite der Familie, sondern hinsichtlich der Länder und Provinzen definiert.

Es gab noch einen weiteren Freiraum im ungarischen Staatsrecht. Die freie Wahl des Königs wurde, zwar wie schon erwähnt, 1687 abgeschafft, aber es musste – einzig und allein in den Erbmonarchien Europas – anläßlich eines Thronwechsels jeder neue König einen neuen Geleitsbrief, d. h. eine Art Schwurtext "ausgeben", der von den Ständen mitformuliert wurde. Der Text konnte also nach und nach geändert werden, es war daher theoretisch möglich, anläßlich eines Thronwechsels ein neues System des Regierens zu etablieren. (Ohne Geleitsbrief gibt es kein Krönungsdiplom, keine Krönung, ohne Krönung können nicht alle Rechte des Königs ausgeübt werden.) Dieses ungarnländische

Spezifikum hat einiges aus dem Wahlkönigtum in die Erbmonarchie hinübergerettet. (Es war eine wichtige Waffe auch während der Ausgleichsverhandlungen von 1867.)

Der ungarische Gesetzartikel X. aus dem Jahre 1790 z. B. deklariert eindeutig, daß Ungarn "nach eigenen Gesetzen und nicht auf die Art anderer Länder und Provinzen regiert werden soll" – damit ist die Interpretation der *Sanctio Pragmatica* vom ungarischen staatsrechtlichem Gesichtspunkt aus eindeutig personalunionistisch.

Es muß jedoch bemerkt werden, daß all jene modernen staatsrechtlichen Kategorien, mit denen wir die jahrhundertealten Rechtsregeln zu interpretieren suchen, nicht ohne weiteres auf die Vergangenheit anzuwenden sind. Selbst der Ausdruck *Personalunion* kommt kein einziges Mal in den alten Gesetzen, oder in den damaligen Regelungen vor. Zwar könnte man diesen Begriff ohne weiteres für einen Staatsrechtler aus dem 18. Jh. verständlich machen, aber dieser würde gewiß entgegensetzen: er sehe keinen echten Unterschied zwischen Real- und Personalunion, da die Rechte des Herrschers zwar begrenzt sein mögen, aber nicht so weitgehend, daß aus einer Personalunion eine kleine Realunion ausgebaut werden könnte. In der Tat: man findet vor dem 20. Jh. eigentlich nirgendwo eine echte, "reine", geklärte Personalunion. Zumindest ist die Außenpolitik gemeinsam geblieben, wie es zum Beispiel bei der norwegisch–schwedischen oder holländisch–luxemburgischen Personalunion im 19. Jh. der Fall gewesen ist.

Auch die ungarischen Politiker des 19. Jh. haben es nicht anders gesehen. Die Adresse des ungarischen Parlaments aus dem Jahre 1861, die einstimmig angenommen und durch Ferenc Deák formuliert wurde, stellte fest: "auch die Personalunion ist eine Verbindung, von welcher sich gemeinsame Verhältnisse ergeben, und wir wollen diese Verhältnisse nicht außer Acht lassen".

In den ungarischen staatsrechtlichen Abhandlungen finden wir bis in die 1840er Jahre nicht einmal den Begriff *Staat*. Man formulierte in Begriffen wie (Habsburger) Reich oder Monarchie und (ungarisches) Königtum oder Land – *Imperium* und *Regnum*. Letzteres kann man nicht ohne weiteres als Staat übersetzen. (In den ungarischen Gesetztexten kommt erst 1849 der Ausdruck "ungarischer Staat" vor.)

Hat aber ein Herrscher das Recht, seine Besitztümer unter einer Krone zu vereinen?

Die Frage muß hinsichtlich der Gründung des Österreichischen Kaiserstaates aus dem Jahre 1804 beantwortet werden. Wiens Antwort auf diese Frage lautete "ja", also das frischgebackene Kaisertum beinhaltete alle Länder und Provinzen des Herrschers – und zwar ohne Zustimmung der einzelnen Länder. Hatten also diese am Anfang des 18. Jh. mehr Rechte (man siehe die Annahme der *Sanctio Pragmatica*), als zu Beginn des 19. Jh.? Dieser Staatsakt von 1804 sei nicht rechtswidrig – argumentierte man aus Wien – da auch in der Gründungsurkunde zu lesen ist, daß alle Rechte aller Provinzen unberührt und unangetastet blieben. Die ungarischen Staatsrechtler meinten aber, daß die ungarische Krone ohne Zustimmung des Reichstages nicht einer anderen Krone untergeordnet werden dürfte. Dieser Meinung nach wurde die staatsrechtliche Dualität des Habsburgerreiches nach 1804 nicht vermindert, sondern vertieft: die westliche Reichshälfte habe zum erstenmal seit ihrem Bestehen eine zusammenfassende, offizielle Benennung, und dieses "Kaisertum" sei dem "Königtum" Ungarn gegenüberzustellen, das selbst auch verschiedene, teils autonome Teile hatte (das Königtum Ungarn im engeren Sinne, Großfürstentum Siebenbürgen, Kroatien–Dalmatien–Slawonien, Militärgrenze).

Tatsache bleibt, daß es nach der Gründung des Kaiserstaates, im ersten Drittel des 19. Jahrhunderts zu keiner staatsrechtlichen Diskussion kam. Staatswappen und Farben des Kaiserstaates wurden ohne weiteres auch in Ungarn benutzt.

Die staatsrechtliche Diskussion verschärfte sich bekanntlich später, in den 1840er Jahren. Es besteht kein Zweifel, daß im Hintergrund die ungarischen nationalstaatlichen Bestrebungen zu suchen sind. Man historisierte die Konflikte, um einen Anhaltspunkt zum Ausbau des Nationalstaates zu finden. Durch die Verrechtlichung der Konflikte konnte man auf einmal die Gegensätze entschärfen. Historisch argumentierte bekanntlich auch die böhmische oder die kroatische nationale Bewegung, wo gewisse staatsrechtliche Begebenheiten und dadurch ebenfalls gewisse Anhaltspunkte vorhanden waren.

Die ungarischen staatsrechtlichen Bestrebungen, mögen sie gerecht oder ungerecht gewesen sein, waren jahrhundertlang kontinuierlich vorhanden. Dass diese Bestrebungen sehr "alt" waren, hat die Geschichtsschreibung bemerkt. Um ein Erklärungsmuster zu geben, hat man entweder den modernen Nationalismus in die Vergangenheit zurückprojiziert (wie auch die Niederländer in der Person von Wilhelm von Oranien "den Vater des Landes" verehrten), oder der neue, moderne Nationalismus wurde als Fortsetzung der "Kurutzentradition" interpretiert. Die Kontinuität dieser Bestrebungen hatte unseres Erachtens eine objektive Grundlage: gemeint ist die Lage Ungarns innerhalb des Habsburgischen Imperiums.

Ungarn hatte nämlich nach den Befreiungskriegen am Ende des 17. Jh. und mit der Einverleibung Siebenbürgens ins Habsburgische ein immer größeres Territorium, im 18. Jh. eine ständig wachsende Bevölkerung und im 19. Jh. ein stets beträchtlicheres Wirtschaftspotential. Die territorialen Verluste der westlichen Teile haben den Anteil des östlichen Teiles erhöht.

Der schmale Streifen von Kroatien bis Kassa, also das Ungarn des 17. Jh., hat wahrscheinlich nicht mehr, als zehn Prozent des damaligen Habsburgischen Reiches ausgemacht. Im 18. Jh. verstärkte sich das von den Türken vollständig zurückeroberte Ungarn. In der Zeit von Joseph II., am Ende des 18. Jh. stellte es (jetzt und auch später ohne die italienischen Provinzen) etwa zwanzig Prozent aller wirtschaftlichen und gesellschaftlichen Ressourcen des Reiches dar. Um die Mitte des 19. Jh. haben wir bereits diesbezügliche Berechnungen: die Länder der Stephanskrone hatten schon etwa ein Drittel, das engere Königtum Ungarn, der größte einzelne Bestandteil der Monarchie, etwa ein Viertel vom Gesamtpotential des Habsburgerreiches ausgemacht. Diese Kräfteverschiebung war es, die eigentlich das sogenannte "staatsrechtliche Problem" hervorgerufen hatte. Die zentralen Machtfaktoren der Monarchie konnten dieses Problem nicht bewältigen: Ungarn ließ sich weder integrieren noch wurde es autonomer. Ungarischerseits haben die jeweiligen Eliten versucht, des Problems Herr zu werden. Hier brauchen wir nicht zu skizzieren, welche modernen progressiven nationalen politischen Bewegungen im Vormärz in Ungarn das Staatsrecht in Anspruch genommen haben, um ihre eigenen Ziele zu verwirklichen. Ähnlich spielte es sich selbstverständlich in Kroatien und in Böhmen, dort waren aber weder die staatsrechtlichen, noch die gesellschaftlich-wirtschaftlichen Voraussetzungen so günstig für eine Reformbewegung wie in Ungarn. Aber auch Ungarns wachsende Kraft und stärkeres Gewicht reichten nicht aus, um die gegebene Struktur zu verändern. Dafür war ein äußerer, europäischer Anstoß nötig – in der Tat war das die europäische Revolution von 1848, die Ungarn dazu verholfen hat.

Im Jahre 1848 bestimmten die königlich sanktionierten Aprilgesetze Ungarns staatsrechtliche Stellung zur Habsburgermonarchie. Die Formulierungen der staatsrechtlichen Gesetztexte lassen viel übrig, Kompromisse wurden eingegangen – aber durch die genau vorgeschriebene Kompetenz der neuen ungarischen verantwortlichen Regierung war Ungarn – auch Kroatien und ab Juni auch Siebenbürgen – zweifellos nur durch die Personalunion an die übrigen Länder der Habsburger gebunden. Nur die Außenpolitik ist eine *de facto* gemeinsame Sache geblieben. Aber die Gemeinsamkeit des Herrschers wurde weitgehend geschwächt: Wenn der König nicht in Ungarn residierte – das war praktisch immer der Fall – dann war Ungarns gewählter Palatin, zu dieser Zeit Erzherzog Stephan, sein bevollmächtigter *alter ego*.

Ungarns ausgehandelte und gesetzlich verankerte staatsrechtliche Lösung von 1848 zeigt viele Parallelen zu der norwegischen Verfassung aus dem Jahre 1814, die das Verhältnis von Norwegen zu Schweden regulierte, aber auf die verfassungsgeschichtlichen Probleme kann hier nicht eingegangen werden. Die Gesetzgeber wählten wahrscheinlich bewußt die schwedisch-norwegische Personalunion als Modell – und damit möchten wir betonen, daß man die 1848er Lösung nicht als wirkungsunfähig betrachten darf. Den Aprilgesetzen nach wird das ungarische Reich von Buda aus regiert, mit einem Vizekönig-Palatin, mit einer verantwortlichen Regierung, mit einem Zentralparlament in Pest (wo auch Siebenbürgen und Kroatien vertreten war).

Bekanntlich hat Ungarn seine Selbstständigkeit in einem Verteidigungskrieg bewahrt, und wurde erst mit Hilfe der russischer Intervention im Spätsommer 1849 besiegt.

1850 schien es, daß der allmählich dreihundert Jahre alte staatsrechtliche Streit ein Ende fand. Als Staat und als Land, hörte Ungarn auf zu existierten. Es wurde in Provinzen aufgeteilt und ins absolutistisch regierte Reich eingegliedert.

39/1

Die Unterwerfung schien militärisch verwirklicht und die Einverleibung war verwaltungstechnisch vollständig. Die neue Ära, die man in Transleithanien Neoabsolutismus, in Zissleithanien Absolutismus nannte und nennt. In den 1850er Jahren wurde die alte, aus dem 17. Jh. stammende Rechtsverwirkungstheorie wieder ins Leben gerufen. Der Theorie nach hat das Land, das sich gegen den legitimen Herrscher auflehnte, all seine bestehenden bzw. bestandenen Rechte und Privilegien verloren. Es war ein erobertes Gebiet, eine Kolonie, die der Eroberer willkürlich, nach Belieben einverleiben und einrichten konnte.

Diese Theorie hatte einen speziellen inneren Widerspruch. Nämlich: wenn ein Land erobert wird, haben die Urbewohner das Recht zur Selbstverteidigung, zum Widerstand – dafür können sie nicht bestraft werden. So habe die blutige Rache überhaupt keine Rechtsbasis – dies hat schon damals Graf Széchenyi in seinem einsamen Asyl in Döbling hervorgehoben. Alle übrigen rechtlichen Absurditäten der Rechtsverwirkungstheorie wurden dann mehrmals einer vernichtenden Kritik von Ferenc Deák unterworfen. Nach diesen scharfen staatsrechtlichen Auseinandersetzungen ist es verständlich, daß der Ausgleich von 1867 nicht den Ausgleich der staatsrechtlichen Ideen und Auffassungen mit sich brachte. Die meisten österreichischen Zeitgenossen dachten, daß die Ungarn 1867 sehr viele "Zugeständnisse" erhalten haben, da sie einige Monate früher noch überhaupt nicht im praktischen Besitz einer staatsrechtlichen Sonderstellung gewesen waren. Die Mehrheit der Ungarn dachte aber anders: sie selbst machten die Zugeständnisse, da der Ausgleich *de facto* damit begann, daß der Herrscher – zwar nur für einen Augenblick, im sicheren Bewußtsein einer sofortigen Revision – die Verfassung von 1848 wiederhergestellt hat, wovon dann Zugeständnisse für Zisleithanien zugesagt wurden, indem man eine Reihe von gemeinsamen Angelegenheiten anerkannte. – Über jene Ungarn ganz zu schweigen, die die *Unabhängigkeitserklärung* aus dem Jahre 1849 als Rechtsbasis betrachteten. Der Ausgleich, der das System provisorisch stabilisierte, diese letzte Form des Bestehens der Donaumonarchie brachte keine einzige, "gemeinsame" staatsrechtliche Interpretation des Bestehenden mit sich. Die Pluralität der staatsrechtlichen Betrachtungsweisen geht über die vierhundertjährige Geschichte des Zusammenlebens hinaus. Es kam nie ein gesamtmonarchistisches Bewußtsein zustande, es gab keine gemeinsame politische Loyalität, keine "Eintracht auf gefühlsverwandschaftlicher Basis der Verfassungswirklichkeit" – wie Kossuth diesen Traum noch 1848 formuliert hat.

Die staatsrechtliche Einrichtung des Habsburgerreiches machte 1867 eine Halbwende.

So war es aus einer prämodernen in eine liberal-bürgerliche Periode hinüberzuretten, und dieses liberale System blieb – zwar nicht ohne Krisen – eine Weile noch funktionsfähig. Eine vollständige Wende zu unternehmen war nicht mehr möglich: die staatsrechtliche Liberalisation des Reiches war nicht in Richtung einer Demokratisierung fortzusetzen. Die Demokratisierung der Gesellschaft, des öffentlichen Lebens hat zwar begonnen: die Presse, die öffentliche Meinung, das wachsende Interesse für die Politik, und der moderne Nationalismus haben langsam, spätestens für das 20. Jh. den Anspruch auf die Demokratisierung des Staatslebens, letztendlich auf die des "Reichslebens" herausgebildet. Hätte dies in der Geschichte der Donaumonarchie geschehen können? Die Wünsche und die Ideen hinsichtlich einer solchen Modernisierung sind bereits zur Zeit ihres Bestehens zustande gekommen. Theroetisch läßt sich zwar über die Fragestellung diskutieren aber ich selbst bin skeptisch bezüglich einer positiven Antwort. Demokratische Reiche sind nämlich bis heute, bis zum Ende des 20. Jh. unbekannt in der europäischen Geschichte.

ISTVÁN FAZEKAS

Die Habsburger und Ungarn im 16. Jahrhundert

Die Beziehung der Habsburger zu Ungarn konnte 1526, als sich das Schicksal der Herrscherfamilie und des Landes für lange Zeit miteinander verband, schon auf eine mehrere Jahrhunderte währende Vergangenheit zurückblicken. Bereits in der schicksalsentscheidenden Schlacht von Dürnkrut gegen Ottokar (1278) hatten die Truppen von Ladislaus dem Kumanen (ungarischer König 1272–1290) auf der Seite Rudolfs I. mitgekämpft. Im 14. Jahrhundert wollten die ungarischen Anjou-Könige dynastische Beziehungen zwischen beiden Familien zustande bringen, was schließlich doch mißlang: Zur geplanten Heirat Herzog Leopolds mit Herzogin Hedwig, der späteren Frau des polnischen Königs Wladislaw' I. kam es nicht (Verlobung 1375). Was damals nicht gelang, verwirklichte sich im folgenden Jahrhundert: Sigismund von Luxemburg (1387–1437) wählte 1402 zuerst den mit ihm gut befreundeten österreichischen Herzog Albrecht IV. (1377–1404) zu seinem Nachfolger und verheiratete nach dessen frühem Tod dessen Sohn Albrecht V. mit Elisabeth, seiner Tochter von Borbala Cillei (1421). Nach König Sigismunds Tod nahmen auch die ungarischen Stände den österreichischen Herzog Albrecht V. (1397–1439) als König an, der somit der erste Habsburger auf dem Thron Stephans des Heiligen war. Lange regierte er nicht, da er schon 1439 bei einer Ruhrepidemie starb. Als Nachfolger hatte er seinen noch ungeborenen Sohn bestimmt, Ladislaus Postumus (1440–1458), und als dessen Vormunde seine Frau Elisabeth und den ältesten Herrscher der Habsburgerfamilie eingesetzt. Die ungarischen Stände entschieden sich nicht für das Kind, sondern für den polnischen König Wladislaw Jagello (1440–1444 ungarischer König), und erkannten erst nach dessen Tod in der Schlacht bei Varna (1444) Ladislaus als König an. Nachdem Ladislaus in jungen Jahren in Prag an der Pest gestorben war († 23. Nov. 1557), mußten die Habsburger noch achtzig Jahre warten, bis sie die Herren Ungarns wurden. Zwar trugen Friedrich III. (Regierungszeit 1440–1493) und sein Sohn Maximilian I. (Regierungszeit 1493–1519) den ungarischen Königstitel, aber beide konnten nicht die dafür erforderliche Unterstützung im Lande gewinnen. Friedrich III. bekam schwere Probleme mit dem zum Nachfolger von Ladislaus gewählten Matthias Hunyadi (Regierungszeit 1458–1490). Nachdem der junge Hunyadi die Herrschaft im Land stabilisiert hatte, einigte er sich 1462–1463 nach langen Verhandlungen mit Friedrich III. darüber, daß im Falle seines nachkommenlosen Ablebens Friedrich und seine Nachfolger den ungarischen Thron erben sollten. Als Gegenleistung für Matthias' Einwilligung übergab Friedrich III. ihm die in seinem Besitz befindliche Heilige Krone. Dieser Vertrag wurde dann zur Basis der späteren Rechtsansprüche der Habsburger. Auf ihn pochend, erhob – vorerst ergebnislos – Maximilian I. 1490 Anspruch auf den ungarischen Thron. Er konnte Wladislaw II. nur einen erneuten Vertrag (Pozsony 1491) entlocken, dem 1506 eine weitere Vereinbarung folgte. Schließlich waren die ausdauernden Anstrengungen aber von Erfolg gekrönt. Die Doppelhochzeit im Juli 1515 zwischen beiden Kindern Wladislaws' und zwei Enkeln Maximilians flocht die familiären Bande zwischen Habsburgern und Jagellonen fester als je zuvor. Maximilian I. konnte trotz all seiner Weitsicht nicht ahnen, daß nach kaum einem Jahrzehnt die beiden Jagellonen-Länder Böhmen und Ungarn unter das Habsburg-Zepter kommen würden.

Nach der Schlacht bei Mohács (29. August 1526) herrschte noch Unsicherheit über das Schicksal König Ludwigs II., erst Mitte September wurde zur Gewißheit, daß er gefallen war. Nachdem er die bayerische Konkurrenz ausgestochen hatte, gelang es Ferdinand ohne besondere Schwierigkeiten, den verwaisten böhmischen Thron zu erwerben. Anders verhielt es sich mit dem Königreich Ungarn, wo Ferdinand seine Ansprüche mit den oben genannten Familienverträgen begründete, was die Mehrheit der ungarischen Stände mit Berufung auf den Beschluß in Rákos im Jahre 1505 zurückwies. Das Ideal eines Nationalkönigs verkörperte die Person des siebenbürgischen Woiwoden Johann Szapolyai, der am 11. November 1526 in Székesfehérvár fast vom gesamten ungarischen Adel als König anerkannt wurde. Ferdinand, der erheblich weniger Unterstützung genoß – zu ihm standen eigentlich nur seine Schwester, Königin Maria, und ihre Anhänger –, ließ sich am 6. Dezember 1526 in Pozsony ebenfalls zum König ausrufen. Von den sich anbietenden Möglichkeiten war es mit der Wahl zweier Könige zur denkbar schlechtesten Lösung gekommen. Ungarn hatte schon seit fast 150 Jahren mit einer der stärksten Mächte der damaligen Welt gekämpft, mit dem osmanischen Reich, das auf dem Gipfelpunkt seiner Macht stand. Dieser lange Zeit mit wechselnden Erfolgen geführte Kampf wurde in den Jahren 1521 bis 1526 durch den begabten Sultan Suleiman (1520–1566) zugunsten der Türken entschieden. Das geschwächte Ungarn, das seinen Herrscher, seine Armee und seine politische Elite verloren hatte, teilte nun seine Kräfte noch, statt sie zu konzentrieren. Die folgenden anderthalb Jahrzehnte (1526–1541) vergingen im Ringen der beiden Könige um die Macht bei gleichzeitiger Stärkung des türkischen Einflusses. Die beiden Rivalen konnten einander nicht endgültig bezwingen. Zwar erkannte die ungarische politische Elite bereits 1531–1532 die Gefährlichkeit der Lage, und es kam zu mehreren Landtagen "ohne König", aber vorerst blieb eine endgültige Lösung aus. Angesichts der Ausgelegenheit eiferten ihrer Ruhe bemühten sich die meisten Magnaten, Nutzer aus der Lage zu ziehen, indem sie ihre Unterstützung – viele mehrfach die Partei wechselnd – zum Höchstpreis verkauften. Es waren anderthalb Jahrzehnte erforderlich, damit Ferdinand und Johann die Unlösbarkeit der Lage erkannten und sich einigten. Im Sinne des am 24. Februar 1538 in Nagyvárad unterzeichneten Vertrages sollte König Johanns Landesteil nach seinem Tod bei entsprechender Entschädigung der Szapolyai-Erben an Ferdinand zurückgegeben werden. Diesmal brach König Johann die Vereinbarung, nachdem ihm kurz vor seinem Tode ein Sohn geboren wurde, der sein Nachfolger werden sollte. Nach dem Tod seines Vasallen Johann entschloß sich auch Sultan Suleiman zum Handeln, und in der Besorgnis, daß Ferdinands Truppen die Hauptstadt des Landes, Buda, erobern könnten, nahm er es selbst ein.

8/2

Als symbolisch kann gelten, daß Buda am 15. Jahrestag der Schlacht bei Mohács, am 29. August 1541, in türkische Hände fiel und in den folgenden Jahren, 1543–1544, um dieses ein Netz starker Burgen errichtet wurde. Suleiman teilte Szapolyais einstigen Landesteil, Ostungarn, in drei Teile. Siebenbürgen gab er Isabella und ihrem Sohn, dem gewählten ungarischen König Johann II., mit anderem Namen Johann Sigismund, dem König Stephan der türkischen Quellen. Das Temeschgebiet erhielt Péter Petrovith, ein Herr südslawischer Abstammung, und ein großer Teil des Gebietes jenseits der Theiß wurde zum Besitz von György Fráter (Bruder Georg). Als Symbol der Lehnshoheit mußten die Beschenkten je zehntausend Gulden Steuer zahlen. Durch diese Entscheidung des Sultans zerfiel das Land für lange Zeit in drei Teile. Im Westen und Norden, dem später als das königliche bezeichneten Ungarn, richtete sich die Habsburgerherrschaft ein. Das mittlere Drittel des Landes stand unter türkischer Hoheit, hier bildete sich eine türkische Verwaltung mit Buda als Zentrum heraus. Im Osten entstand aus den drei Sultansschenkungen, gestützt auf die frühere Woiwodschaft Siebenbürgen, ein neues Staatsgebilde, das Fürstentum Siebenbürgen, das seine Existenz nicht zuletzt dem Organisationstalent György Fráters († 1551) verdankte.

Von den drei Teilen führte das von den Habsburgern regierte königliche Ungarn, das zum Bestandteil eines größeren Staatsgebildes, des sich damals herauskristallisierenden Habsburgerreiches, wurde, trotz der gewandelten Umstände die Tradition des mittelalterlichen ungarischen Königtums weiter. Ferdinand schuf für sein erheblich gewachsenes Herrschaftsgebiet Anfang 1527 neue zentrale Behörden. Er richtete für die Finanzadministration die Hofkammer ein, für die Verwaltung des Rechtswesens den Hofrat und stellte ein zentrales Beratergremium auf, den Geheimen Rat. Diese Organisation wurde später durch den 1556 geschaffenen Hofkriegsrat vervollständigt, der die Kriegsangelegenheiten, vor allem die Türkenverteidigung, leitete. Zwar achteten die ungarischen Stände stets darauf, ihre Landesangelegenheiten unabhängig von den zentralen Regierungsorganen zu erledigen, doch übten diese über den gemeinsamen Herrscher unvermeidlich ihren Einfluß auch auf Ungarn aus. Verstärkt wurde dieser Einfluß auch noch dadurch, daß der König nur kurze Zeit in Ungarn weilte (1527–1528) und auch der ungarische Königshof in Ermangelung eines Königs zu existieren aufhörte. Da das Personal von Staatsverwaltung und Hofhaltung noch nicht vollständig getrennt war, hatte das Ende des Hofes schwere Folgen. Die Eingliederung der ungarischen Herren in eine Hofhaltung fremder Sprache und Kultur gelang nicht wirklich. Zwar finden sich in den Hofstaaten, die die Mitglieder der Hofhaltung registrierten, regelmäßig auch Ungarn, die aber im allgemeinen nur wenige Jahre in Wien weilten. Nach kürzerem oder längerem Aufenthalt am Hof kehrten fast alle nach Hause auf ihre Güter zurück, wo die leitende Hand des Herrn unerläßlich war. Im Hofstaat der Jahre 1540–1550 verrichtete stets eine größere Zahl von Spößlingen ungarischer Magnaten Dienst, jeweils mehr als 10, aber das war nur eine vorübergehende Erscheinung. Die Verdrängung vom Hof war zugleich eine Verdrängung aus der zentralen Verwaltung, die langfristig mit der Verringerung des Einflusses auf die Angelegenheiten des eigenen Landes verbunden war.

Ferdinand unternahm mehrfach Versuche, die Grundlagen seiner Herrschaft in Ungarn auszubauen. Verglichen mit der Staatsorganisation der Jagellonen-Zeit führte er mehrere Veränderungen ein. Da er sich wenig im Lande aufhielt, stand an der Spitze der Verwaltung ein Statthalter (wenn es ihn gab, dann ein Palatin). Von diesen war besonders der Esztergomer Erzbischof Pál Várday (Statthalter 1542–1549) darum bemüht, ein funktionstüchtiges Regierungsorgan in Pozsony aufzubauen. Unter ihm war eine ständige Statthalterei tätig. Das oberste Amt der Ständeorganisation, die Würde des Palatins, blieb zumeist unbesetzt. Das Palatinat von Tamás Nádasdy (1554–1562), der sich als fähig erwies, den Standesinteressen mehr Gewicht zu sichern, bestätigte den Herrscher nur in seiner Ansicht von der Gefährlichkeit der Palatinswürde. Viel von ihrem Gewicht verlor die Kanzlei, die in den vorangegangenen Jahrzehnten eine Schlüsselrolle in der Außen- und Innenpoltik innegehabt hatte; sie konnte ihren Einfluß nur über einen Teil der inneren Angelegenheiten bewahren. Auch wenn sie nicht nur ein bloßes Ausführungsbüro war, konnte wegen der Kleinheit ihres Personals (Kanzler, ein Sekretär, zwei bis drei Schreiber) von wirklicher Sachwaltung keine Rede sein, höchstens von der Durchsetzung des persönlichen Einflusses von Kanzler und königlichem Sekretär. Ihre Aufgaben und Organisation wurden in den 1540er Jahren fixiert, als aus den Niederlanden heimkehrende Miklós Oláh die Leitung übernahm. Außer der Kanzlei gab es noch den sog. Ungarischen Rat, das Nachfolgeorgan des königlichen Rates der Jagellonen-Zeit, dessen Meinung der Herrscher in zahlreichen Angelegenheiten einholte. Er hatte vor allem Einfluß auf die Wiederbesetzung vakanter Positionen und Bischofssitze. Der Rat hatte nur Ad-hoc-Charakter. Zwar versuchten Ferdinand und Maximilian mehrfach, ständige ungarische Räte zu ernennen, um sich die notwendigen Informationen zur Sachwaltung der ungarischen Angelegenheiten zu verschaffen, doch erwiesen sich diese Versuche als erfolglos. Die regelmäßige Behördenarbeit und das Hofleben übten keinen Reiz auf die ungarischen Magnaten aus.

Als eine der wichtigsten Neuerungen Ferdinands erwies sich die Einrichtung der Ungarischen Kammer, deren erste Instruktion er noch während seines Ofener Aufenthaltes im Januar 1528 erließ. Aufgabe des neuen Organs war die Verwaltung der königlichen Einkünfte und Güter. Um dieses ständige, großen Sachverstand erfordernde Organ gestaltete sich im Laufe des folgenden Jahrhunderts der ungarische Amtsadel heraus. Besser als die aller anderen Organe war die Beziehung der Ungarischen Kammer zu ihrer Oberbehörde, der Hofkammer. Ihre Befugnis wurde in den 1540er Jahren weiter eingeschränkt, als die niederösterreichische Kammer die Verwaltung der dem König verbliebenen Domänen und eines Teils der Dreißigstzollämter übernahm. Für die Finanzverwaltung des entfernt liegenden Ostungarn wurde 1567 ein spezielles Territorialorgan geschaffen, die Zipser Kammer.

Der erste Habsburgerherrscher, Ferdinand, legte im Laufe seiner Regierungszeit einen sehr weiten Weg zurück. Als er 1526 ungarischer König wurde, hatte er von seinem künftigen Land kaum eine Vorstellung, damals bereitete ihm selbst der Gebrauch des Deutschen Probleme. Ferdinand hatte eine spanisch–niederländische Erziehung genossen und kam mit den ungarischen Magnaten, die einen viel freieren Ton gegenüber ihren Königen gewohnt waren, nur schwer zurecht. Aber im Laufe der Jahrzehnte lernte der Habsburger, als er sich nach und nach an die spezifischen mitteleuropäischen Verhältnisse gewöhnt hatte, wie er mit den Ständen der einzelnen Länder und Provinzen, unter anderem mit den ungarischen Herren, umzugehen hatte. Statt der Machtpolitik wandte er die Taktik geschickter Teilung, Verhandlung und des Spiels mit der Zeit an. Dafür seien zwei Beispiele genannt: Als 1532 die Frage der Besetzung der ungarischen Statthalterei anstand, verhandelten Ferdinand und der Amtsanwärter Elek Thurzó die Angelegenheit nicht persönlich, sondern der Herrscher kontaktierte diesen über einen Vermittler. Dreißig Jahre später, 1563, überkam den betagten Ferdinand bei der Krönungszeremonie des ungarischen Königs Maximilian II. ein Unwohlsein und er überwand seinen Schwächeanfall viel leichter, als sich der mit ihm gleichaltrige greise Ferenc Batthyány († 1566) neben ihm niederließ, mit dem er für den Rest der Zeremonie einen regen Gedankenaustausch führte.

Das wichtigste Forum der ständischen Interessenvertretung war auch weiterhin der Landtag, den der König gezwungenermaßen mehr oder weniger regelmäßig einberufen mußte, um die Steuerfestsetzung oder die Wahl des Nachfolgers vornehmen zu lassen. Anlaß für die meisten Landtagsdebatten gab das Kriegswesen. In den Jahrzehnten nach Mohács wurde klar, daß sich Ungarn nicht allein vor den Türken schützen konnte. Die Unternehmung des Reiches von 1542 bzw. die Niederlage des Jahres 1566 bewiesen, daß man sich mit der Anwesenheit der Türken abfinden mußte. Um den Bewegungsraum des Gegners einzuschränken und die verbliebenen Gebiete zu schützen, wurde ein Burgensystem geschaffen, das die in den 1520er Jahren zusammengebrochene Verteidigungslinie ersetzen sollte. Dieses Burgensystem konnte das Land aus eigener Kraft nicht erhalten. Die Unterhaltskosten von etwa einer Million Gulden konnte das Land, das jährlich etwa 750 000 Gulden Einnahmen verzeichnete, unmöglich allein übernehmen. Aus wohlverstandenem Eigeninteresse leisteten die österreichisch–böhmischen Länder sowie das deutsche Reich von Jahr zu Jahr einen hohen Beitrag für diesen Zweck, aus gleichem Grunde kämpften österreichische, deutsche und böhmische Soldaten in großer Zahl in Ungarn. Es bestand die Praxis, daß die Nachbarländer die Kosten für das Militär der vor ihnen liegenden Grenzgebiete trugen. So ist es kein Zufall, daß die böhmischen Stände mit einer beachtlichen Summe zum Bau der Burg Érsekújvár (1580) beitrugen, die den Vorraum der

Westkarpaten zu schützen hatte, und daß deren erster Burgkapitan der Böhme Karl Zerotin wurde. Die fremde Militärführung und die von dieser verübten Übergriffe gehörten zu den ständig verlautbarten Gravamina der ungarischen Stände.

Bis zum Ende seiner langen Herrschaft hatte Ferdinand I. die Grundlagen gelegt, auf denen im Jahrhundert darauf die ungarische Herrschaft der Habsburger basierte. Es war eine Militär-Beamtenschicht entstanden, der die ungarischen Verhältnisse wohlbekannt waren, doch bewies die Herrschaft Maximilians II. und Rudolfs auch, daß ein ausgeglichenes Regiment des Landes ohne Unterstützung der ungarischen Adligen unmöglich war. Das Jahr 1566 brachte Maximilian II. einen schweren Prestigeverlust. Als damals der greise Sultan Suleiman noch einmal einen Angriff auf Ungarn unternahm, versammelte sich, ca man den Ernst des Angriffs erkannte, ein großes Reichsheer, das allerdings nur bis Győr kam. Für die öffentliche Meinung in Ungarn zeichnete sich die Untätigkeit des christlichen Heeres durch den Verlust von Szigetvár und den Heldentod Miklós Zrínyis noch schärfer ab. Wenn logistisch die Entsetzung der Burg bei den damaligen Straßen- und Nachschubverhältnissen auch unmöglich war, kam es nicht einmal zu ablenkenden Kampfoperationen. Eine große Unterstützung für die Ungarn bedeutete in Ostungarn und Siebenbürgen das aus den einstigen Szapolyai-Gebieten entstandene Fürstentum Siebenbürgen. Wer sich im königlichen Ungarn als renitent erwies, wurde dort immer mit Freuden aufgenommen (z. B. der Historiograph und Bischof von Várad Ferenc Forgách oder der Burgkapitän László Gyulaffy). Als Zeichen einer Vertrauenskrise zwischen Habsburgerhof und Ungarn ist die Dobó-Balassa-Verschwörung von 1569 zu betrachten, deren Hauptangeklagte frühere Vertrauensleute Ferdinands waren: István Dobó, der erfolgreiche Burgkapitän von Eger, und János Balassa, Vater des Dichters Bálint Balassa, 1541–1551 Mitglied der Wiener Hofhaltung. Die Anklage lautete: Verschwörung gegen den Herrscher mit dem Fürsten von Siebenbürgen, Johann Sigismund. Selbst wenn die Anklage einen Wahrheitskern besessen haben sollte, worüber die Meinung der Historiker geteilt ist, war die Retorsion sehr hart (Gefängnishaft), nachdem Balassa geflohen war. Die Anklagen konnten zudem nicht restlos bewiesen werden, so daß der Regierung nichts anderes übrigblieb, als unter Prestigeverlust nachzugeben. Aber das war kein Einzelfall. Das Mißtrauen zwischen dem ungarischen Adel und dem Hof war permanent. Die Habsburger fürchteten sich außerordentlich vor dem zuerst als Nachfolger von Johann Sigismund zum Woiwoder vor Siebenbürgen (1571) gewordenen und dann gerade gegen Maximilian II. zum polnischen König gewählten Stephan Báthori (1576–1587). Und das nicht ohne Grund, denn seine Familie hatte großen Einfluß: Stephans Bruder Christoph war Woiwode Siebenbürgens, und ein großer Teil Ostungarns war auch weiterhin in der Hand der Familie Báthori. So ist es auch kein Zufall, daß der Oberkommandeur Oberungarns, Hans Rueber, 1580 eine weitgefächerte Verschwörung aufgedeckt zu haben glaubte, wiederum nur mit einem gewissen Wahrheitskern. Und nach dem Landtag von 1583 (der letzte, an dem Rudolf persönlich erschien) wurde ein Plan erarbeitet, die Führer der dortigen Opposition Boldizsár Batthyány und Ferenc Nádasdy zu verhaften. Angeblich hatten sie mit Stephan Báthori kooperiert, worin ein gewisser Wahrheitsgehalt lag, nur konnte Báthori aufgrund der Russenkriege die ungarischen Möglichkeiten nicht nutzen. Der Plan zu ihrer Verhaftung konnte nicht durchgeführt werden, weil die mißtrauisch gewordenen Magnaten lange Zeit gar nicht daran dachten, sich aus ihren von Privatheeren verteidigten Burgen zu entfernen.

Der in der internationalen Fachliteratur als "langer" und in der ungarischen als "fünfzehnjähriger" bezeichnete Türkenkrieg (1591, 1593–1606) stellte die Ungarnherrschaft der Habsburger auf eine erneute Probe. Kriegsführung hatte immer als teure Angelegenheit gegolten, die Unterhaltung der Grenzburgen verschlang auch in Friedenszeiten horrende Summen, selbst wenn das Militär seinen Sold im allgemeinen verspätet und mit Abstrichen sowie einen Teil davon in Naturalien erhielt. Ohne ausländische Geldhilfen und Truppenunterstützungen wäre die Kriegsführung diesmal ganz unmöglich gewesen. Trotz europäischer Unterstützung konnten die Osmanen nicht aus dem Land gedrängt werden, wie bisher mußte man sich mit der Anwesenheit der Türken abfinden. Erschwert wurde die Lage dadurch, daß der lange Krieg, der immer kränker werdende Herrscher, der zerfallende zentrale Apparat und die Verschuldung des Reiches auch die Herrschaft der Habsburger über Ungarn gefährdeten. Die neue Schatzkammerpolitik, die darauf abzielte, die an sie gefallenen Güter zu behalten oder meistbietend zu verkaufen, traf die Besitzerfamilien Ungarns schwer, für die die Erhaltung bzw. Vermehrung ihrer Besitzungen eine Existenzfrage war. Als zu den Prozessen gegen die beunruhigten Herren durch das Ärar noch die Religionsfrage hinzukam, flammte Unzufriedenheit auf und 1605 kam es erstmals zu einem bewaffneten Aufstand gegen die Habsburger. In dessen Verlauf erwies sich allerdings, daß es keine Alternative zur Habsburgerdynastie gab, solange der Türke im Lande saß. Zugleich wurde offensichtlich, daß man die ungarischen Stände nicht von der Regierung des Landes ausschließen konnte. Die Geschichte des folgenden halben Jahrhunderts nach 1606 sollte auf dieser Erkenntnis basieren, deren Wahrheit sich im Laufe der späteren Jahrhunderte noch mehrfach bestätigte.

Die Veränderung des politischen Rahmens brachte auch eine gesellschaftliche Umgestaltung mit sich. Die andauernde Kriegssituation und der Soldatenbedarf der Grenzgebiete führte zur Herausbildung einer starken Soldatenschicht. Wer Kriegsdienst leistete, diente teils in den Grenzburgen, teils suchte man sein Glück als freier Heiducke. Da der ungarische Adel unter der Türkenherrschaft seine Vorrechte verlor, war er gezwungen, sich in die nördlichen Gebiete zurückzuziehen, und ohne Vermögen blieb ihm nichts anderes als der Militärdienst. Die ständige Kriegssituation verlangte die Konzentration der verbliebenen Kräfte, so daß sich die Lage der Großgrundbesitze und ihrer Eigentümer stabilisierte. Das Gewicht der Verteidigung gegen die Türken lag zwar bei den königlichen Grenzburgen, aber die grenznahen Großgrundbesitze können mit Recht als zweite Säule der Verteidigung genannt werden. Die Aristokraten waren gezwungen, große Privatarmeen zu unterhalten, deren Offizierskorps die Klein- und Mitteladligen der Umgebung, die sog. Familiaren, bildeten. Und mit dem Ende des Königshofes übernahmen dessen kulturelle Rolle gleichfalls die Aristokratenhöfe.

Auch das Wirtschaftsleben paßte sich den neuen Umständen an. Die Konjunktur in der Landwirtschaft begünstigte die ungarische Tierhaltung. Ein Teil des Fleischbedarfs Europas wurde von Ungarn gedeckt, und zwar vor allem von den Einödgebieten unter türkischer Besetzung, was zugleich bedeutete, daß das Zerbrechen des politischen Rahmens nicht zugleich automatisch den Abbruch der Wirtschaftsbeziehungen bedeutete. Die im Türkengebiet gemästeten Rinder kauften Viehhändler aus dem königlichen Ungarn auf und brachten sie nach Deutschland oder Italien. Zwischen dem königlichen Ungarn und dem Türkengebiet bestanden auch anderweitige Beziehungen. Der ungarische Adlige war zwar von seinen Gütern geflüchtet, hatte aber seine früheren Rechte nicht aufgegeben und war bemüht, seine Besitzungen nach Möglichkeit zu besteuern, was ihm mit Hilfe der ungarischen Grenzburgen zum Teil auch gelang. Auch diese spezifische "Doppelbesteuerung" trug dazu bei, daß sich die Idee vom einheitlichen Ungarn im 16. Jahrhundert nicht verlor.

Die ständige Kriegssituation war für die demographische Entwicklung des Landes nicht günstig und veränderte auch das ethnische Bild des Landes stark. Im Spätmittelalter hatte die Umgestaltung des Siedlungsnetzes begonnen, die Ansiedlung in Einödhöfen, die sich durch die Türkeneroberung noch stärker fortsetzte. In der Großen Ungarischen Tiefebene entstanden große Marktflecken, in deren riesiger Gemarkung Zehntausende von zum Export bestimmten Rindern gehalten wurden. Der modernen demographischen Literatur nach gibt es keine großen Probleme, solange die reproduktionsfähige Bevölkerung, also die jungen Männer und Frauen, die Katastrophen überleben. Im 16. Jahrhundert gab es in Ungarn auch in Friedenszeiten schwere Prüfungen für die Menschen, aber die Verwüstungen der langen Kriege verringerten auch die oben genannte Bevölkerungsgruppe deutlich. In dem entleerten Siedlungsgebiet ließ sich von Süden her eine vor den Türken fliehende bedeutende südslawische Bevölkerung nieder; ein Teil war noch vor den Türken geflohen (Serben und Kroaten), ein anderer Teil kam erst nach den Türken nach Ungarn (Serben und Bosnier). Die Umgestaltung des ethnischen Bildes des Landes sollte sich in den folgenden Jahrhunderten noch weiter fortsetzen.

Trotz der zahlreichen negativen Einflüsse und hindernden Faktoren blieb Ungarn ein Teil Europas. Das zeigt sich daran, daß die großen europäischen Kulturströmungen auch in Ungarn heimisch wurden. Besonders hohe Wellen schlug die Reformation, deren erste Vertreter schon vor 1526 in den königlichen Freistädten Oberungarns auftauchten, während der eigentliche Durchbruch in den 1540/1550er Jahren

Der Wiener Frieden, 1606
(Österreichisches Staatsarchiv) siehe auch 19/3

LITERATUR:
Acsády Ignácz, Magyarország három részre oszlásának története. 1526-1608. Bp., 1897.
Hóman Bálint -Szekfű Gyula, Magyar történet. III. köt. Bp., 1935. (2. kiad.)
Magyarország történetének III. kötete.
Szakály Ferenc, Virágkor és hanyatlás. 1440-1711. Bp., 1990.
Pálffy Géza, A tizenhatodik század. Bp., 2000.
Barta Gábor, Az erdélyi fejedelemség születése. Bp., 1984.
Ember Győző, Az újkori magyar közigazgatás története Mohácstól a török kiűzéséig. Bp., 1946.
Erdélyi Gabriella, Vita a helytartóságról. Néhány szempont I. Ferdinánd és a magyar elit politikai kapcsolatának vizsgálatához. In Századok 134. 2000. 341-371.
Fodor Pál, Magyarország és a török hódítás. Bp., 1991.
Magyarország birtokviszonyai a 16. század közepén. Szerk. és a bev. tanulmányt írta Maksay Ferenc. 1-2. köt. Bp., 1990.
Pálffy Géza, Der Wiener Hof und die ungarischen Stände im 16. Jh. In MIÖG 109. 2001. 2. Hefte
Salamon Ferenc, Ungarn im Zeitalter der Türkenherrschaft. Leipzig, 1887.
Szakály Ferenc, Magyar adóztatás a török hódoltságban. Bp., 1981.
Szakály Ferenc, Magyar intézmények a török hódoltságban. Bp., 1997.
Zoványi Jenő, A reformáció Magyaroszágon 1565-ig. Bp., 1922.
Zoványi Jenő, A magyarországi protestantizmus 1565-től 1600-ig. Bp., 1977.

erfolgte. Schnell nacheinander durchzogen die lutherische, die kalvinistische und auch die antitrinitarische Ideologie das ganze Land. Die meisten Städte deutscher Zunge wurden evangelisch, die ungarischen Marktflecken wurden zur Bastion des Kalvinismus, und im Osten des Landes, in Siebenbürgen, entstanden starke antitrinitarische Gemeinschaften. Zwar verlor der Katholizismus großteils seine Anhänger, aber seine Hierarchie blieb fast unversehrt erhalten, und als am Anfang des folgenden Jahrhunderts die nächste große Geistesströmung, die katholische Erneuerung, auch Ungarn erreichte, begann sie, gestützt auf die Hierarchie und die nach Ungarn eingewanderten Kroaten, einen erfolgreichen Angriff zur Wiedereroberung der Seelen. Die europäischen Beziehungen wurden des weiteren dadurch gestärkt, daß die einzelnen Konfessionen mangels eigener Universitäten gezwungen waren, ihre Geistlichen im Ausland ausbilden zu lassen. So studierten die evangelischen Ungarn in Wittenberg, die reformierten in Heidelberg, den Niederlanden und in der Schweiz, und die katholischen in Wien und Rom. Dank der weitgefächerten "Peregrinatio" ging die Übernahme der wichtigen kulturellen und künstlerischen Erscheinungen und Richtungen mit kaum merkbaren Verspätungen vor sich.

Wollte man das 16. Jahrhundert kurz charakterisieren, dann müßte man einerseits die schlimmen Traumata hervorheben: den Untergang des mittelalterlichen Königreichs Ungarn, den Zerfall des Landes und die Dauerhaftigkeit der Kriegssituation; auf der anderen Seite trotz der Mißerfolge die Tatsache, daß die Ungarn entgegen aller Schwierigkeiten fähig waren, sich den veränderten Umständen anzupassen und das Bewußtsein ihrer Zusammengehörigkeit, des einheitlichen Landes, zu bewahren.

GÉZA PÁLFFY

Die Entstehung und Entwicklung der Türkenabwehr in Ungarn 1526–1699

Türkengefahr in Mitteleuropa

Durch die Eroberung der Hauptstadt des Byzantinischen Reiches, Konstantinopel, im Jahre 1453 war in der Ostregion Europas eine neue Großmacht entstanden: das Osmanische Reich, das seinen Namen nach dem ersten Sultan, Osman (ca. 1280–1324/26), erhielt. Aus der lokalen Großmacht, die Kleinasien und bedeutende Gebiete des Balkans unter Kontrolle hielt, wurde binnen eines Jahrhunderts eine Weltmacht. Dank der militärischen Reformen von Mehmed I. dem Eroberer (1451–1481)

Die mitteleuropäischen Länder standen deshalb ab Ende des 14. Jahrhunderts mehr als vierhundert Jahre lang mit dem osmanischen Staat in ständiger Konfrontation. Die grundsätzliche Voraussetzung einer erfolgreichen Verteidigung war der Ausbau und die Aufrechterhaltung eines gut organisierten und versorgten Grenzverteidigungssystems.
Die erste große Periode der etwa fünfhundert Jahre langen Geschichte dieses Verteidigungssystems gegen die Türken in Mitteleuropa dauerte von der partiellen oder vollkommenen Okkupation der südosteuro-

Trachten aus dem 16. Jahrhundert
(Magyar Nemzeti Múzeum)

und später der von Selim I. (1512–1520) durchgeführten Eroberungen im Osten war der Staat der Osmanen um 1520 in der Tat eine der stärksten Mächte der Welt. Der zusammenhängende Bereich des Reiches hat zu dieser Zeit eine Größe von 1,5 Millionen km², die Einwohnerzahl 12–13 Millionen erreicht, wobei das Jahreseinkommen des Staates durchschnittlich bei 4–5 Millionen Forint lag. Zudem mußte die Großmacht auch keinerlei Naturquellen oder Minerallagerstätten entbehren. Ihre eigentliche Macht lag jedoch in ihrer Armee, die all diese günstigen Umstände maximal zu nutzen wußte. Diese Streitmacht war zu Anfang des 16. Jahrhunderts sowohl hinsichtlich ihres Charakters als auch hinsichtlich der Versorgung den Armeen der anderen führenden Staaten Europas weit voraus. Die Sultane verfügten über ein gut ausgebildetes, ständig besoldetes – und was deutlich betont werden muß – mit Nachschubtruppen unterstütztes, stehendes Heer.
Das Osmanische Reich hatte ab der Mitte des 15. Jahrhundert in Europa zwei große Kriegsschauplätze. Der eine lag auf dem Land, zuerst auf dem Balkan, später in Ungarn, entlang der Donau, der andere in den ersten Zeiten im Ostbecken, später im Westbecken des Mittelmeers, sowohl zu Wasser als auch entlang der nordafrikanischen Küste. Die Wichtigkeit der beiden Kriegsschauplätze änderte sich im Laufe der Zeit häufig, unbestritten bleibt jedoch, daß die Hauptlinie des osmanischen Vorstoßes auf Land bis zuletzt das Donautal blieb. Es mußte allein schon deswegen so kommen, weil die Versorgung des riesigen Heeres ohne einen Nachschub zu Wasser – im Lichte der damaligen Transportmöglichkeiten und Straßenverhältnisse – kaum denkbar gewesen wäre.

päischen Länder (Bulgarien, Walachei, Moldau, Albanien, Serbien und Bosnien) durch die Osmanen bis zur Schlacht bei Mohács im Jahre 1526. Das von verschiedenen Dynastien – den Luxemburgern, Habsburgern, Jagellonen und Hunyadis – regierte, selbständige Königreich Ungarn bemühte sich noch zu dieser Zeit, zumeist aus eigener Kraft den Eroberern Einhalt zu gebieten. Zu diesem Zweck versuchte es, aus den oben erwähnten südslawischen und rumänischen Fürstentümern Pufferstaaten zu machen. Mit Hilfe dieser konnte es sich aber nur bis zum Jahre 1460 einen gewissen Schutz verschaffen, als es endgültig zurück an seine Grenzen verwiesen wurde. Gleichzeitig begann man seit der ersten Hälfte des 15. Jh. die untere Donau und die Save entlang mit dem Aufbau eines Verteidigungssystems, das eindeutig auf einer Kette von Grenzfestungen basierte. Dieses System erwies sich bis zum Jahre 1521 gegen den Vorstoß der Türken als äußerst wirksam. Die aus Buda, der ungarischen Hauptstadt, gesteuerte Grenzverteidigung konnte es aber nach dem Fall von Belgrad (1521) nur noch für einige kurze Jahre mit den osmanischen Heeren aufnehmen.
Die Niederlage bei Mohács im Jahre 1526 war sowohl für das Königreich Ungarn, als auch für das benachbarte, unter der Herrschaft von Maximilian I. (1493–1519) gewachsene Habsburgerreich ein Wendepunkt von entscheidender Bedeutung. Der ungarische Staat hatte nämlich der osmanischen Weltmacht gegenüber, die in einem fünffach größeren Territorium viermal so viele Einwohner besaß, und sowohl ihr Einkommen, als auch ihr militärisches Potential betreffend, ihm mehrfach überlegen war, keine Möglichkeit mehr, Widerstand zu leisten.

Und nachdem Ferdinand als österreichischer Erzherzog 1526 zum ungarischen König gekrönt worden war, wurde für die osmanische Kriegsleitung nicht mehr – bzw. nicht nur – Buda und Ungarn, sondern auch die Residenzstadt des Erzherzogs, Wien, zum nächsten wichtigen Ziel. Dies haben die gegen Wien gerichteten Feldzüge von Sultan Suleiman dem Prächtigen (1520-1566) glänzend bestätigt, die zuerst unter den Mauern von Wien im Jahre 1529, später unter denen von Kőszeg 1532 scheiterten. Die zwei großen Expeditionen hatten aber deutlich gemacht, daß aus dem ungarisch-türkischen Konflikt nun eine habsburgisch-osmanische Rivalität, und aus der Türkengefahr gleichzeitig eine gemeinsame österreichisch-ungarische – man könnte auch sagen – eine gemeinsame mitteleuropäische Angelegenheit geworden war. Die fast vollkommen zerstörte Grenzverteidigung im Süden mußte, – zur Verteidigung der ständig schwindenden ungarischen Gebiete, der österreichischen Erbländer, Moldau, Tschechien, und sogar des Heiligen Römischen Reiches –, mit gemeinsamen Kräften schnellstens ersetzt werden.

Verteidigungsstrategie und Organisation
Die Organisierung des neuen Grenzverteidigungssystems war in den Jahrzehnten nach der Schlacht bei Mohács eine wesentlich schwierigere Aufgabe als ein Jahrhundert davor an den südlichen Grenzen des mittelalterlichen Königreichs Ungarn. Der osmanische Staat hatte genau zu dieser Zeit den Höhepunkt seiner Entwicklung erreicht, und seine militärische und politische Führung bestand nach 1526 krampfhaft auf der Eroberung Wiens. In Ungarn entwickelte sich gleichzeitig nach der Katastrophe bei Mohács eine innenpolitische Krise, da die ungarischen Stände – noch bevor Ferdinand I. gekrönt wurde – am 11. November 1526 auch János Szapolyai zu ihrem legitimen König gewählt hatten. Danach entstand zwischen den Anhängerschaften der zwei Könige ein richtiger Krieg, der den Aufbau eines neuen Verteidigungssystems deutlich behinderte. Tatsache war aber, daß die Kriegsleitung von Ferdinand I. den Osmanen gegenüber nach 1526 zwei Jahrzehnte lang keine konkrete Verteidigungskonzeption parat hatte. In diesen Jahren war die Niederringung von János Szapolyai das oberste Anliegen. Die Oberkommandierenden der vom König Ferdinand nach Ungarn geschickten österreichisch-ungarischen Truppen (z.B. Niklas Graf zu Salm d. Ä., Hans Katzianer, Leonhard Freiherr von Vels, Wilhelm Freiherr von Roggendorf, Hans Ungnad von Sonneg) hatten in erster Linie die Aufgabe, ein so groß wie mögliches Gebiet für die Oberhoheit ihres Königs zu sichern. Darin lag aber zugleich auch die einzige Möglichkeit, den Osmanen – der Strategie der ungarischen Könige des 15. Jahrhundert folgend – in Ungarn, noch vor den Grenzen der österreichischen Gebiete Einhalt zu gebieten. Bedeutende (deutsche, ungarische und teilweise spanische) Besatzungstruppen wurden in den 1530er Jahren nur in die wichtigsten Burgen entlang der Donau – Esztergom, Komárom, Győr – und in einige heftig bedrohte kroatische Grenzfestungen wie Bihács, Zengg usw. geschickt.

Der Fall von Buda im Jahre 1541 löste in der Verteidigungskonzeption der Kriegsleitung in Wien eine grundsätzliche Änderung aus. Im Jahre 1542 versuchte eine deutsche, österreichische und ungarische Armee von insgesamt 55.000 Mann unter der Führung des Markgrafen Joachim von Brandenburg die ehemalige Hauptstadt zurückzuerobern. Es gelang ihnen aber nicht einmal, das von einer viel geringerer Besatzung verteidigte Pest einzunehmen. Nach der Niederlage setzten sogleich Beratungen ein, wobei man im Falle eines erneuten Feldzuges des Sultans für die ungarischen Burgen und Städte Visegrad, Esztergom, Pécs, Komárom, Eger, Pozsony, Nagyszombat, Sopron sowie in Bruck an der Leitha, Wiener Neustadt und Wien – samt einer Flotte von 10.000 Mann – insgesamt eine Armee von 49.000 Mann für nötig hielt. Diese Idee wurde jedoch nie verwirklicht. Sultan Suleiman konnte Wien im Jahre 1543 zwar nicht erreichen, aber durch die Eroberung von Esztergom, Székesfehérvár und Pécs die Stadt Buda mit einem starken Ring umlagern und damit die von ihm besetzten Gebiete deutlich verstärken.

Nach der Absicherung der ehemaligen ungarischen Hauptstadt mit einem Schutzring war endgültig entschieden, daß die neue Grenzverteidigung im Inneren des Landes und gar nicht mehr weit von der österreichischen Grenze aufgebaut werden mußte. Glück im Unglück war, daß anders als in den südlich von Buda gelegenen ebenen Landschaften, die die Osmanen ohne Behinderung blitzschnell hatten erobern können, in Transdanubien und nördlich der Donau viele Naturformationen (Flüsse, Sümpfe, Gebirge, bzw. der Plattensee) existierten, in die sich die Schlüsselsteine des neuen Systems, die alten und die neu zu bauenden Burgen, einfügen konnten. Dazu kam noch, daß in der zweiten Hälfte der 1540er Jahre die Hohe Pforte – ähnlich wie bereits in den 1530er Jahren – im Osten mehrmals zur Kriegsführung gezwungen war, was der Kriegsleitung in Wien eine Atempause verschaffte. Durch seine Aktionen an der nordafrikanischen Küste und im Mittelmeer trug auch Kaiser Karl V. wesentlich zur Dekonzentration der osmanischen Kräfte bei. Sultan Suleiman war deshalb gezwungen, nach zwei Jahren Waffenstillstand 1547 in Adrianopel mit den Habsburgen Frieden zu schließen, wobei auch die Aufteilung Ungarns zwischen den zwei Großmächten anerkannt wurde. Sultan Suleiman hatte aber die Eroberung Wiens und zu diesem Zweck die allmähliche Besetzung Ungarns noch längst nicht aufgegeben.

Zur Verzögerung gab es also keine Möglichkeit. Die ungarischen Stände und Großgrundbesitzer drängten deshalb König Ferdinand mehrmals, die Lage ernst zu nehmen: "Wenn Eure Königliche Majestät aus Euren anderen Ländern dieses Land nicht besorgt, dann kommt es sicher dazu, daß wegen dem Verlust dieses Landes auch Eure anderen Länder verloren gehen." 1547 wurde der Herrscher sogar in einem eigenen Gesetzartikel auf die Dringlichkeit des Themas aufmerksam gemacht: "Man benötigt die materielle und militärische Hilfe der Kaiserlichen und Königlichen Majestäten und der Reichsfürsten, denn für diese Ausgaben reicht die ungarische Kriegssteuer allein nicht aus." Ungarn, das inzwischen zum Kriegsschauplatz geworden war, hatte die finanzielle und militärische Unterstützung der benachbarten österreichischen Gebiete und des deutsch-römischen Reiches zur Erstellung des neuen Verteidigungssystems unbedingt nötig. Die Sicherheit dieser Regionen konnte aber nur mit einer viel intensiveren, ja eigentlich ständigen Beteiligung an der ungarischen Grenzverteidigung gewährleistet werden.

Als Resultat dieser gegenseitigen Abhängigkeit Ungarns und des mitteleuropäischen Habsburgerreiches entstand eine Verteidigungsstrategie gegen die Türken, die in der zweiten Hälfte der 1550er Jahre schon als einheitlich bezeichnet werden kann. Die Einzelheiten dieser Konzeption wurden von den militärischen Experten des Wiener Hofes zusammen mit den führenden Persönlichkeiten der ungarischen und kroatischen Stände und unter Berücksichtigung der Erfahrungen zahlreicher Grenzfestungsvisitationen ausgearbeitet. Ab Ende der 1540er Jahre, und erst richtig nach dem osmanischen Feldzug von 1552, der neuere Verluste brachte – den Fall von Szolnok, Temesvár und der Burgen im Komitat Nógrád – kam es sowohl in Wien, als auch in der neuen ungarischen Hauptstadt Pozsony zu zahlreichen Beratungen. Bei diesen Konferenzen debattierte man hauptsächlich darüber, welche Burgen zur Abwehr der Osmanen verstärkt, mit Besatzung aufgerüstet und welche abgerissen werden mußten, wo der Bau neuer Burgen nötig war, bzw. aus welchen Quellen die Besatzung der einzelnen Festungen finanziert werden konnte und wie sie mit Rüstungsmaterial und Proviant zu versorgen waren. Die wesentliche Idee der sich allmählich herausbildenden Konzeption bestand darin, bei Ausnutzung der wichtigsten geopolitischen Gegebenheiten aus den Grenzfestungen in den einzelnen Gebieten des Landes selbständige Verteidigungszonen zu entwickeln. Diese sollten einer größeren Burg, der Hauptfestung, untergeordnet werden um von dort aus das ganze Grenzgebiet einheitlich kontrollieren zu können. In der Entstehung dieser sog. Grenzoberhauptmannschaften spielte neben den militärischen und strategischen Aspekten die Frage der Finanzierung eine bedeutende Rolle. Da die ungarischen Einnahmen – auf die später noch einzugehen sein wird – für die Bezahlung der Besatzung der Festungen überhaupt nicht ausreichten, sahen die Stände der benachbarten österreichischen Gebiete Krain, Kärnten, Steiermark und Niederösterreich, sowie die Stände von Mähren, Schlesien und sogar des deutsch-römischen Reiches die Klagen der ungarischen Großgrundbesitzer ein, daß sie zur Abwehr des osmanischen Vorstoßes mit jährlich bewilligten, regelmäßigen Unterstützungen ihren Beitrag zur Grenzverteidigung in Ungarn leisten mußten. Die habsburgischen Länder und ihre einzelnen Gebiete in Mitteleuropa waren ab Ende der 1550er Jahre gezwungen, für dieses Ziel die schwere finanzielle Belastung anderthalb Jahrhunderte lang auf sich zu nehmen.

Eine bedeutende Hilfe bei der Entwicklung und noch mehr bei der Umsetzung der einheitlichen Verteidigungskonzeption war die Aufstellung des Wiener Hofkriegsrates im November 1556. In den ersten zwei Jahrzehnten nach der Schlacht bei Mohács gab es nämlich noch ein großes Hindernis im Wege der baldmöglichsten Organisierung der Grenzverteidigung: für die Wiener Kriegsleitung galt das frisch erworbene Königreich Ungarn als *terra incognita*. (Eine Ausnahme bildeten die kroatischen Gebiete, wo zwischen 1521–26, auf den Notruf des ungarischen Jagellonen König Ludwig II., mehrmals von Ständen aus Krain, Kärnten und Steiermark besoldete österreichische Truppen eintrafen, wenngleich diese damals in den Grenzfestungen auch nur in seltenen Fällen Dienst versahen.) All das bedeutete, daß in den ersten Jahren der Hof über fast keine höheren Offizieren und Beamten verfügte, die in der Kriegsführung gegen die Osmanen, in der osteuropäischen

viele Jahre lang vom Wiener Hof aus und hauptsächlich von österreichisch–deutschen Ratsherren dirigiert wurde.
Obwohl die Osmanen bis zum nächsten Friedensschluß in Adrianopel im Jahre 1568 wiederum beträchtliche Gebiete in Ungarn erobern konnten (1554: Fülek, 1566: Szigetvár und Gyula) und damit bereits 40% des mittelalterlichen Königreiches Ungarn kontrollierten, brachte die Umsetzung der neuen Verteidigungskonzeption dennoch wichtige Ergebnisse. Zum Erfolg trug wesentlich bei, daß zwischen 1565 und 1568 einer der größten Feldherren des damaligen Europa, Lazarus Freiherr von Schwendi, auf den ungarischen Kriegsschauplätzen tätig

Buda
(Országos Széchényi Könyvtár)

Diplomatie sowie mit den geographischen und strategischen Gegebenheiten Ungarns ausreichende Erfahrungen hatten.
Diese Situation hatte sich bis in die 1550er Jahren allmählich verbessert. Eine neue Generation war herangewachsen, und es entstand eine hauptsächlich aus österreichischen Adeligen bestehende Schicht, die sich mit ihren wachsenden Erfahrungen auf ungarischen Schlachtfeldern für die detaillierte Ausarbeitung der Verteidigungskonzeption sowie in der *zentralen* Lenkung der Hintergrundverteidigung und in der osteuropäischen Diplomatie als zunehmend kompetent erwies. Sehr bezeichnend für die enge Beziehung zwischen dem neu aufgestellten militärischen Regierungsorgan und der ungarischen Frontlinie war, daß zu seinem ersten Vorsitzenden derjenige Ehrenreich von Königsberg ernannt wurde, der sich als Oberst der leichten Kavallerie zu Győr 1551 und später als Stellvertreter des obersten königlichen Kriegskommandanten unvergängliche Verdienste beim Ausbau der mit der Verteidigung Wiens beauftragten Burghauptmannschaft von Győr erworben hatte. Der Mangel an Ortskenntnissen wurde durch die Vorschläge der – mit den Verhältnissen der Frontlinie und der Kriegsführung der Osmanen bestens vertrauten – Großgrundbesitzer ausgeglichen (Tamás Nádasdy, Miklós Zrínyi, Ferenc Tahy, Péter Erdődy usw.). Sie brachten mehrmals ihre Meinungen über die Möglichkeiten der Verstärkung und Versorgung einzelner Festungen zum Ausdruck und unterstützten die Arbeit mit anschaulichen Kartenskizzen über wichtige Charakteristika des Gebietes. Darüber hinaus opferten sie für die Verteidigung ihrer Anwesen und des Landes beträchtliche Summen aus ihrem eigenen Vermögen und leisteten durch die Bereitstellung der Fronarbeiten (*gratuitus labor*) ihrer Leibeigenen bei der Fortifikation und Instandhaltung der Festungen einen bedeutenden Beitrag. Die Gründung des Hofkriegsrates führte aber trotz allem endgültig dazu, daß das bereits gemeinsame Kriegswesen des Königreichs Ungarn und der österreichischen Erbländer

war, der mit seinen – 1566 und 1568–1569 in Einreichungsvorschlägen beschriebenen und später auch in die Praxis umgesetzten – Erneuerungen das sich herausbildende Verteidigungssystem zu vervollkommnen suchte. Von besonderer Bedeutung wurde seine Tätigkeit in Oberungarn, wo er sich durch die Zurückeroberung einiger besonders wichtiger Grenzfestungen von Johann Sigismund (Tokaj, Szatmár) sowie später durch den Aufbau und die Organisierung der Versorgung der dortigen Verteidigungszone große Verdienste erwarb. Ab Anfang der 1560er Jahre kam diesem Gebiet nämlich eine doppelte Funktion zu: Neben seiner Funktion als Verteidigungslinie gegen die Osmanen diente es auch als vorgeschobene Bastion gegen den Vasallen der Hohen Pforte, das 1566 von Sultan Suleiman ins Leben gerufene Fürstentum Siebenbürgen. Außerdem spielte Schwendi eine entscheidende Rolle bei der Gründung der in Kassa residierenden Zipser Kammer (1567) – deren Aufgabe hauptsächlich in der Versorgung der Grenzfestungen der Region bestand – sowie bei der Organisation der Munitionsversorgung der ungarischen Festungen und der Ausarbeitung einer eigenständigen Kriegsordnung für die Besatzungen der ungarischen Grenzburgen.
Als Resultat der Kooperation des Hofkriegsrates und der ungarischen Großgrundbesitzer entstand Ende der 1560er Jahre auf dem Gebiet des Königreichs Ungarn ein neues Grenzverteidigungssystem. Der wichtigste Teil dieses Systems war eine sich von der Adria bis zur Grenze Siebenbürgens halbkreisförmig erstreckende Kette von Grenzfestungen. Die aus 100–120 Festungen bestehende Kette war organisatorisch in sechs Grenzgebiete, d.h. Grenzoberhauptmannschaften gegliedert, die jeweils vor einem in der Zentrale der Festungszone residierenden Grenzoberst kontrolliert wurden:

1) die erste (bereits Ende der 1530er Jahre gebildete) Zone, die "Kroatische und Meergrenze", mit der Zentrale in Bihács, später (ab 1579) mit der Zentrale Károlyváros,

2) die slawonische Grenze oder windische Grenze, mit der Zentrale Varasd,
3) die Kanischaer Grenze,
4) die Raaber Grenze,
5) die zuerst um Léva, später nach der Ernennung von Pálffy Miklós im Jahre 1589 um Érsekújvár organisierte bergstädtische Grenze, und
6) die oberungarische Grenze mit der Zentrale Kassa.

Neben den sechs Grenzoberhauptmannschaften kam auch der Festung Komárom eine herausragende Bedeutung im Verteidigungssystem zu. Diese kontrollierte als Zentrale der Flußflotte den Aufmarschweg entlang der Donau und stand unmittelbar unter der Befehlsgewalt des Hofkriegsrates. Innerhalb der oberungarischen Grenzoberhauptmannschaft spielte die zu einer modernen Festung umgebaute Grenzburg von Szatmár eine besondere Rolle. Ihr kam nämlich als Zentrale der Grenzoberhauptmannschaft des Theißgebietes ausdrücklich die Aufgabe zu, die aus Richtung Siebenbürgen kommenden Angriffe aufzuhalten. Dieser kleine Distrikt war also ein spezieller Teil des ungarischen Verteidigungssystems, der die unter der Oberhoheit der ungarischen Könige stehenden Gebiete nicht gegen das Reich der Osmanen, sondern gegen das mit diesem in einem Vasallen-Verhältnis stehende, christliche Staatsgebilde beschützen mußte.

Das Festungssystem war auch vertikal gegliedert. Obwohl sich die Hauptmannschaften hinsichtlich ihrer natürlichen und strategischen Gegebenheiten stark voneinander unterschieden, hatte der Lage und der Wichtigkeit entsprechend jede Festung ihre eigene Aufgabe und Rolle. Die zu riesigen Burgen ausgebauten Hauptfestungen der Grenzzonen bildeten mit 1000–1500 Mann die Grundpfeiler der Verteidigung und die Zentren der lokalen militärischen Verwaltung. Diesen folgten die größeren Festungen der Verteidigungszone (mit 400–600 Mann) und die dritte Linie bildeten die kleineren Stein- und Holzburgen (mit 100–300 Mann). Letztendlich spielten auch die bloß mit einem Dutzend Soldaten besetzten Wachhäuser eine wichtige Rolle, wie z.B. in der Umgebung von Győr oder Kanizsa. Ihre hauptsächliche Aufgabe bestand darin, die Streifzüge und Kuriere im Auge zu behalten, die größere Festungen mit Kreidschüssen und Kreidfeuern zu alarmieren, bzw. die Einwohner in der Gegend zu warnen.

Ein Ergänzungselement der Grenzverteidigung bildeten neben den Grenzoberhauptmannschaften die auf demselben Gebiet und gleichzeitig eingerichteten Kreisoberhauptmannschaften:
1) *die kroatisch-slawonische unter der Führung des Banus,*
2) *die Transdanubianer,*
3) *die Cisdanubianer vom Komitat Pozsony bis zum Komitat Gömör,*
4) *und die oberungarische Kreisoberhauptmannschaft.*

Ihre Führer, die Kreisobersten, kümmerten sich um militärische Fragen des in ihre Kompetenz fallenden Landesteils, disponierten über das zu dieser Zeit bereits überholte adelige Aufgebot sowie über die Kontingente ihrer Burghauptmannschaften. Die Ursache für die Ausbildung von Kreisoberhauptmannschaften lag darin, daß die ungarischen Stände mit Hilfe dieser ihre früheren, allmählich schwindenden Positionen im Kriegswesen zu verteidigen versuchten. Durch Installierung des Hofkriegsrates waren sie nämlich für lange Zeit aus der zentralen Lenkung des Kriegswesens verdrängt, selbst mit dem Kommando mehrerer Burghauptmannschaften der Grenzfestungen – in Győr, Komárom sowie der kroatischen und der slawonischen Hauptmannschaft – wurden nicht sie, sondern überwiegend österreichische Hauptoffiziere beauftragt. Dies war die Voraussetzung für die beträchtliche finanzielle Unterstützung aus den benachbarten Gebieten, für die führende Schicht des ungarischen Militärs jedoch die schwerwiegendste Konsequenz. Mit der Führung der Kreisoberhauptmannschaften durften jedoch nur Offiziere ungarischer "Staatsbürgerschaft" (*indigenatus*) betraut werden, da diese ausschließlich aus der von den ungarischen Ständen bewilligten Kriegssteuer (dica) finanziert wurden. In Wirklichkeit bildeten also diese Hauptmannschaften – wenn auch in bescheidenem Ausmaß – quasi Depositorien der Militärbefugnisse der ungarischen Stände.

Die Grenzverteidigung bestand also – dem ständischen Dualismus entsprechend – aus zwei verschiedenen, sich teilweise überlappenden Hauptmannschaften: aus den vom Hofkriegsrat abhängigen Grenzoberhauptmannschaften und aus den Kreisoberhauptmannschaften mit ständischem Charakter. Die Trennung der Hauptmannschaften wurde dadurch bedeutend kompliziert, daß die zwei Ämter häufig – in einigen Gebieten, wie z. B. in Oberungarn, ständig – von ein und derselben Person ausgefüllt wurden. All das war hauptsächlich dadurch determiniert, ob die Kriegsleitung in Wien, bzw. die finanzierenden österreichischen Stände das gegebene Schutzgebiet unter ihre eigene Kontrolle zu ziehen wünschten, oder sich damit begnügten, in den für sie weniger gefährlichen Gebieten beide Ämter mit ungarischen Offizieren zu besetzen.

Dieser doppelte Charakter des Verteidigungssystems blieb bis zur Vertreibung der Osmanen aus Ungarn grundsätzlich unverändert. Es bedurfte nie einer radikalen Umgestaltung, denn einerseits hielten die Osmanen an ihrer ungarischen Strategie anderthalb Jahrhunderte lang unverändert fest, andererseits funktionierte das System trotz dieser Schwierigkeiten mehr oder minder erfolgreich. Die Verteidigungskonzeption wurde jedoch mit der Zeit kleineren und auch größeren Reformen und Weiterentwicklungen unterzogen. Die Fundamente waren aber so gut gesetzt worden, daß es später der jeweiligen Ausgestaltung der Konzeption entsprechend nur noch einiger Modernisierungen bedurfte. Zu so einem wesentlichen Modernisierungsvorschlag kam es im Jahre 1577. Auf Grund der im Verlauf von zwei Jahrzehnten gesammelten Erfahrungen wollte man die Mängel des sich fast vollkommen herauskristallisierten Verteidigungssystems beheben, bzw. die Frage debattieren, ob eine Änderung in der Verteidigungskonzeption in Zukunft nötig wäre. Aus diesem Grunde wurde Mitte August 1577 nach langwierigen Vorbereitungen in Wien eine Hauptgrenzberatung einberufen.

Die anderthalb Monate dauernde Wiener Hauptgrenzberatung war im Hinblick auf die österreichisch-ungarische Kriegsgeschichte der Frühneuzeit von einzigartiger Bedeutung, da hier die Grundlagen der Verteidigungspolitik und die wichtigsten Fragen der Grenzverteidigung zur Sprache kamen. Dies war in erster Linie deshalb notwendig, weil die Osmanen in der Friedensperiode ab 1568 alles über Größe und Zustand der königlichen Festungen und ihrer Besatzung in Kenntnis gebracht und die schwachen Stellen des Verteidigungssystems genau wahrgenommen hatten und nun, so oft sie auch konnten, jede Möglichkeiten für Streifzüge wahrnahmen. Demnach war die wichtigste Frage, wie man die Grenzverteidigung gegen feindliche Einbrüche noch widerstandsfähiger machen konnte, bzw. mit welchen Methoden man gegen den weiterhin attackierenden Feind auftreten sollte.

Bezüglich dieser Fragen existierten zwei entgegengesetzte Ansichten. Während der ehemalige Grenzoberst in Oberungarn, Lazarus Freiherr von Schwendi für die aktive Verteidigung plädierte, drängte sein Amtsnachfolger, der aus Niederösterreich stammende Hans Rueber von Püchsendorf zu einer großen Offensive gegen die Türken mit europäischer Kooperation. Obwohl die Erkenntnis von Rueber über die sich allmählich herauskristallisierte taktische Überlegenheit und den besseren Entwicklungsgrad der christlichen Feuerwaffen richtig war, entsprach in der gegebenen Situation Schwendis Konzeption eher der Realität. Letzterer war sich über die europäischen Verhältnisse in der Politik und der Diplomatie, über die grundsätzlichen Mängel des Nachschubsystems der kaiserlichen Armee sowie über die finanziellen Möglichkeiten des Wiener Hofes vollkommen im klaren. All dies erlaubte zu diesem Zeitpunkt noch lange nicht die Vertreibung der Osmanen. Die Richtigkeit seiner Auffassung wurden durch die Ereignisse des "Langen Türkenkriegs" gegen Ende des Jahrhunderts (1591–1606) vollkommen bestätigt.

Das Akzeptieren der Konzeption der aktiven Verteidigung (mit anderen Worten des Defensivkrieges) bedeutete, daß man die Grenzoberhauptmannschaften derart reorganisieren wollte, daß sie bei noch intensiverer Ausnutzung der günstigen Naturhindernisse zu möglichst hermetisch abgeschlossenen und streng kontrollierbaren Verteidigungszonen wurden. Nur mit einem derart modernisierten System konnten die Einbrüche und Besteuerungsfeldzüge der türkischen Spahis erfolgreich werden. Zwar diskutierte man während der Beratung auch die Möglichkeiten einer Ansiedlung des Deutschen Ritterordens in Ungarn bis hin in alle Einzelheiten, doch war dies nicht sehr realistisch und wurde daher in der Folge auch nicht verwirklicht. Nichtsdestotrotz sollte dieser Plan im Laufe des Jahrhunderts noch öfters auftauchen.

Die Maßnahmen zur Modernisierung der Verteidigungskonzeption zeigten sich in den nächsten Jahren. Die Grenzoberhauptmannschaften wurden bis Anfang der 1580er Jahre in diesem Geiste erneuert, d.h. zu Zonen organisiert, die gegen die türkischen Einbrüche mit größerer Effizienz auftreten konnten. Besonders bemerkenswert war beispielsweise die "Terrain-

Ordnung" in der Umgebung von Kanizsa, die auf der Basis der Vorschläge der vorherigen Grenzfestungsvisitation entstand. Das Tal des Kanischa-Baches neben der Hauptfestung wurde mit Mühlenwehren aufgestaut, die Durchgänge blockiert, bzw. daneben kleinere Wächterhäuser gebaut. Festungswerke, die nicht mehr in das neue System paßten, wurden gesprengt. Unter dem Befehl von Andreas Kielman von Kielmansegg (1577–1580) wurden die neuen Wächterhäuser in Sichtweite voneinander errichtet. Dadurch war es möglich, die Durchgänge mit größerer Effizienz zu bewachen. Die Gestaltung des fast lückenlosen Wasserschutzsystems hinderte die Plünderer daran, sich neue Durchgänge zu bahnen.

Burgarchitekten – errichtet. 1579 fing man an, am Zusammenfluß der Flüsse Kulpa und Korana die sechseckige Festung von Károlyváros zu bauen, die die Aufgabe hatte, die zu dieser Zeit bereits weit vorgelagerte, bedrohte Festung von Bihács zu ersetzen. Im Oktober 1580 wurde an der rechten Seite des Flusses Nyitra die von dem italienischen Architekten Ottavion Baldigara errichtete – auch nach europäischen Maßstäben moderne – Festung von Èrsekújvár als Ersatz für die vollkommen veraltete Holzfestung Oláhújvár übergeben.

Die Hauptgrenzberatung von 1577 reformierte auch die bis dahin einheitliche zentrale Leitung des Grenzverteidigungssystems grundsätzlich,

Èrsekújvár/Visegrád
(Országos Széchényi Könyvtár)

Zur Reorganisation des Grenzgebietes gehörten auch die 1578 anlaufenden Bauarbeiten der Holzfestung von Bajcsavár südlich von Kanizsa auf einer strategisch außerordentlich wichtigen Anhöhe. Die immensen Kosten der Bauarbeiten und die Besoldung der Besatzung wurden von den steirischen Ständen bezahlt, die an der Verteidigung des Gebietes interessiert waren. Infolge dessen standen Bajcsavár und seine zwei kleineren südlichen Nachbarn Fityeháza und Murakeresztúr nicht mehr unter der Befehlsgewalt der Oberhauptmannschaft in Kanizsa, sondern unterstanden – bis zu ihrem Fall im Jahre 1600 – dem Kommando der jeweiligen Generale der slawonischen Grenze. Ähnlich wie bei Kanizsa wurden auch in anderen Gebieten des Landes die Wächterhausketten ausgebaut, zum Beispiel unmittelbar neben Győr, südlich von Kassa zur Verteidigung der Straße entlang des Bódva-Baches oder bei den bergstädtischen Grenzfestungen im Bezirk von Korpona und Zólyom. In diesem Gebiet wurde der Szalatna-Bach zu einem See aufgestaut und mit diesem künstlichen Hindernis konnte den türkischen Einfällen Einhalt geboten werden. Diese Erneuerung war so gut gelungen, daß sie sogar auf der Grenzfestungslinienkarte von Giovanni Jacobo Gasparini aus dem Jahre 1594 eingezeichnet wurde.

Die aktive Verteidigungspolitik bestand natürlich nicht nur darin, alle strategisch wichtigen kleineren Stellen zu verstärken. Auch die Hauptmannschaftszentren, die die Pfeiler des Grenzverteidigungssystems bildeten, mußten modernisiert werden, d.h. man bemühte sich, diese zu modernen Festungen umzubauen. In diesem Sinne wurde der Ausbau von Győr zu einer Festungsstadt weiter vorangetrieben, ebenso die weitere Befestigung von Kanizsa im Südwesten und von Szatmár im Osten. An der kroatischen und bergstädtischen Grenze wurden zwei neue Festungen – entsprechend den modernsten militärischen Bauprinzipien nach Entwürfen und unter der Bauleitung italienischer

was hauptsächlich mit politischen und nicht mit militärischen Interessen im Zusammenhang stand. Die Wiener Kriegsleitung hat den innerösterreichischen Ständen (der Steiermark, Krains und Kärnters), die seit 1564 immer größere Selbständigkeit genossen, nach der Hauptgrenzberatung die Führung der kroatisch-slawonischen Grenzgebiete überlassen. Dies wurde dadurch ermöglicht, daß diese Gebiete nicht in die Hauptstoßrichtung der türkischen Eroberung fielen und so von der zentralen Kriegsleitung als Nebenfront angesehen wurden. Die Führung der südlichen Grenzgebiete übernahm daher ab Januar 1578 der in Graz neu eingerichtete Innerösterreichische Hofkriegsrat. In weiterer Folge spalteten sich die Leitung und Administration des Verteidigungssystems gegen die Türken bis zum Jahre 1705 in zwei Teile. Die südlichen, der Verwaltung des Innerösterreichischen Hofkriegsrates in Graz unterstellten Grenzoberhauptmannschaften, unterstanden dem Kommando von Erzherzog Karl und seiner Nachfolger, bzw. kroatisch-slovenischen Hauptmännern, während die vier ungarischen Grenzgebiete von der Drau bis Siebenbürgen (die Kanischaer, Raaber, bergstädtische und oberungarische Grenze) der Führung des Wiener Hofkriegsrates unterstanden. Trotz alledem blieb die enge Zusammenarbeit zwischen den beiden Teilen des Verteidigungssystems bis zuletzt erhalten, was z.B. die Einrichtung des bereits erwähnten Grenzbezirkes vor Bajcsavár gut dokumentierte.

Die im September 1577 abgeschlossene Hauptgrenzkonferenz analysierte darüber hinaus auch die wichtigsten Fragen der militärischen Verwaltung und Versorgung gründlich. Die Fortifikation der Häuser, die Probleme der Munitions- und Proviantversorgung, die verschiedenen Wege der Besoldung der Besatzung, die Schwierigkeiten bei der Sicherung der Truppendisziplin sowie die Möglichkeiten zur Ausbildung des österreichischen Adels an den Grenzen wurden von Festung zu

Festung in allen Details besprochen. Obwohl die in diesem Bereich verabschiedeten Anordnungen – hauptsächlich wegen der fortschreitenden Verschuldung des Wiener Hofes – nie vollkommen realisiert wurden, führten die Führung der Grenzverteidigung wie auch die Versorgung der Grenzfestungen betreffenden Reformen zur Entwicklung jener Methoden, die auch noch im 17. Jahrhundert die Grundlage für die Aufrechterhaltung des Verteidigungssystem bildeten. Das war das wichtigste Ergebnis der Reformen des Jahres 1577.

Nichtsdestotrotz wurden im 17. Jahrhundert mehrere partielle Reorganisationen der Grenzverteidigung und die Neugestaltung der Verteidigungskonzeption erforderlich. Neuere Eroberungen der Osmanen machten diese Reorganisation der Grenzverteidigung unbedingt notwendig. Nach dem Fall von Kanizsa im Jahre 1600 wurde entsprechend der Praxis des 16. Jahrhunderts eine Reihe von Beratungen in Graz, Wien und Schottwien abgehalten, um gegenüber dem bereits in feindliche Hände gefallenen Festungsbezirk eine neue Verteidigungszone einzurichten. Die aus den Festungen entlang der Flüsse Zala und Raab gebildete Hauptmannschaft gegen Kanizsa – rund um die Zentrale in Egerszeg – entstand innerhalb von zwei Jahrzehnten und war das Resultat einer Zusammenarbeit des Kriegsrates, der dort ansässigen ungarischen Grundbesitzer sowie der steirischen und niederösterreichischen Stände – größtenteils in der Form, wie sie von einem der besten Kenner der Landschaft, Ferenc Batthyány, bereits gegen Ende des Jahres 1600 auf einer Karte skizziert und vorgeschlagen worden war.

Auch die Érsekújvár gegenüberliegende Hauptmannschaft wurde nach dem Fall der Festung im Jahre 1663 in ähnlicher Weise und unter Anwendung der im 16. Jahrhundert entwickelten Methoden organisiert – hauptsächlich auf der Basis von Konferenzen in Pozsony und Wien. Bei der Organisation und Versorgung der sich auf das Tal der Waag stützenden Hauptmannschaft übernahmen auch die mährischen Stände – im Interesse ihrer eigenen Sicherheit – eine wichtige Rolle. Ein weiterer Unterschied gegenüber früheren Vorgangsweisen bestand darin, daß in Hinblick auf die anwachsende Gefahr, die neue Verteidigungszone der unmittelbaren Kontrolle des Kriegsrates unterstellt und eine vollkommen neue, als Zentrum dienende Festung erbaut wurde. Die nach Leopold I. benannte Festung Lipótvár wurde unter immensen Kosten, aber relativ schnell zur größten und modernsten Festung der ungarischen Grenzverteidigung ausgebaut.

Die wichtigsten Änderungen in der Verteidigungskonzeption standen in erster Linie mit den Änderungen in den europäischen Machverhältnissen und mit der Entwicklung des Kriegswesens im Zusammenhang. Das 17. Jahrhundert war nicht mehr das Jahrhundert der osmanischen Eroberungen, sondern das Jahrhundert des französisch-habsburgischen Ringens um die Vorherrschaft in Europa. Die Hohe Pforte war zudem ab 1603 wiederum für mehrere Jahrzehnte zu einem Krieg mit Persien gezwungen, während gleichzeitig eine Reihe von Aufständen in Anatolien die immer tiefer werdende innere Krise des Reiches deutlich werden ließ. Die Kriegsleitung des Sultans bemühte sich deshalb nach dem Frieden von Zsitvatorok im Jahre 1606 fast ein halbes Jahrhundert lang um ein friedliches Nebeneinander auf dem ungarischen Kriegsschauplatz. Dies entsprach auch den Absichten des Hofkriegsrates, denn zuerst kam es zwischen Kaiser Rudolf II. und seinem Sohn, Erzherzog Matthias, zu einem in bewaffnete Zusammenstöße ausartenden Renkontre (1608), dann zu einem Krieg gegen Venedig (1616–1617) und schließlich zum Dreißigjährigen Krieg (1618–1648), der immense Geldsummen verschlang. Die Anzahl der in ungarischen Grenzfestungen stationierten Soldaten wurde ab 1606 mehrmals reduziert. Außerdem kam es während der erwähnten Kriege dazu, daß selbst aus den Grenzfestungen häufig – als leichte Kavallerie gut einsetzbare – ungarische Einheiten abkommandiert wurden. Gleichzeitig standen aufgrund der großen Belastung der Staatskasse immer weniger Geldmittel für die Finanzierung der Grenzfestungen zur Verfügung. Der Sold der Grenzsoldaten wurde erst mehrere Jahre verspätet – und auch dann nur zum Teil – ausbezahlt. Ebenso blieben die Fortifikationsarbeiten an der Burgen weit unter dem wünschenswerten Niveau.

In der Folge machten sich im Gebiet der Grenzverteidigung zahlreiche neue Phänomene bemerkbar – bzw. traten verstärkt in den Vordergrund. Die Großgrundbesitzer entlang der Grenze (die Batthyánys, Zrínyis, Nádasdys usw.) begannen beim Schutz ihrer eigenen Gebiete mit ihren eigenen Privatarmeen und mit ihren häufig umgesiedelten Untertanen, – sogenannten Soldatenbauern, die im Gegenzug für verschiedene kleine Befreiungen als Soldaten dienten –, in der Verteidigung gegen die türkischen Streifzügen eine immer wichtigere Rolle zu spielen. An den kroatischen und slawonischen Grenzen übernahmen diese Rolle die Walachen, denen von ihren Herrschern für ihre Soldatendienste verschiedene Privilegien gewährt wurden. Daneben gewannen auch die immer häufiger werdenden königlichen und grundherrschaftlichen Haiduckensiedlungen an Bedeutung, sowohl in Transdanubien als auch in den nordöstlichen Regionen des Landes. Eigentlich ging es darum, daß die Gebiete hinter dem System der Grenzfestungen dazu gezwungen waren, immer aktiver an der Grenzverteidigung teilzunehmen. Das früher vom Herrscher erhaltene System der Wächterhäuser wurde durch ein von Soldatenbauern und Haiducken unter der Leitung der Grundherren verteidigtes System aus befestigten Wächtersiedlungen und Wächterhäusern ersetzt. Diese zweite Schutzlinie des Hinterlandes ergänzte und entlastete das königlich finanzierte Grenzfestungssystem, denn dies waren auch die Gebiete, in denen die Ämter der Grenzhauptmannschaften und der Kreishauptmannschaften meist in der Hand verschiedener Mitglieder der Familie Batthyány) konzentriert waren, was eine effiziente Zusammenarbeit der königlichen Soldaten und der grundherrschaftlichen Privattruppen ermöglichte.

Der Dreißigjährige Krieg hatte darüber hinaus noch eine wichtige Konsequenz für die ungarische Grenzverteidigung. Die Folgen der allmählichen Herausbildung eines kaiserlichen stehenden Heeres machten auch vor den ungarischen Grenzgebiete nicht halt, denn das Königreich Ungarn war bis zuletzt ein bedeutender Teil des Habsburgerreiches. Kurz gesagt, ab den 1650er Jahren kam es immer häufiger vor, daß aus den Regimentern, die nach dem Krieg nicht aufgelöst wurden, das eine oder andere Bataillon in einer ungarischen Grenzfestungen oder Grenzstadt Dienst versah. Während und nach dem nächsten Türkenkrieg 1660–1664 wurden mehrere tausend Mann starke deutsche Infanterie und Kavallerie in Ungarn stationiert. Die Söldner dieser Bataillone gehörten aber nicht mehr zu den Besatzungen der Grenzfestungen, sondern zum sich formierenden stehenden Heer. All das führte bald zu großen Problemen, da die Entlohnung und Versorgung der Soldaten in den Grenzfestungen nicht immer reibungslos verlief. Die Wiener Kriegführung versuchte deshalb, die günstige politische Situation nach der Aufdeckung der sogenannten Wesselényi-Verschwörung im Jahre 1671 dazu zu nutzen, die Soldaten der Grenzfestungen im Rahmen absolutistischer Maßnahmen in Kompanien einzuordnen und unter Senkung ihres Bestandes in das kaiserliche stehende Heer zu integrieren. Alle darauf abzielenden Pläne scheiterten jedoch immer wieder am Widerstand der ungarischen Stände und der Besatzungen der Grenzfestungen. Später stellte sich sogar heraus, daß die Reformen zwar unbedingt notwendig, ihre Umsetzung aber unter den gegebenen politischen Umständen nicht von Vorteil waren. In Wirklichkeit war – wie wir später noch sehen werden – die Integration der ein halb militärisches, halb bürgerliches Leben führenden Grenzfestungsbesatzungen in das stehende Heer nicht möglich. Eine endgültige Lösung brachten erst die Ergebnisse des 1683 beginnenden Befreiungskrieges gegen die Türken in Ungarn.

Verwaltung, Versorgung, Finanzierung
Neben der Organisation des sich von der Adria bis zur Grenze Siebenbürgens erstreckenden Verteidigungssystems stellte vor allem auch seine Verwaltung, Steuerung und Versorgung eine riesige Aufgabe dar. Die Lage der Wiener Kriegsleitung war auch in diesem Bereich eine vergleichsweise schwierigere als die der Herrscher des Königreichs Ungarn ein Jahrhundert früher in den Grenzgebieten entlang der Niederdonau und Save. Anfang des 16. Jahrhunderts setzte im europäischen Kriegswesen eine gewaltige, mehrere Jahrhunderte dauernde Entwicklung ein, die von der internationalen Kriegsgeschichtsschreibung geradezu als Militärische Revolution bezeichnet wird. Die Ursache der Veränderungen lag in der Verbreitung der Feuerwaffen, die zuerst in Italien und in den Niederlanden zu einer Reorganisation des Festungsbauwesen, bzw. der Rüstungsindustrie – und eines großen Teils der damit zusammenhängenden ökonomischen Wirtschaftszweige – führte und zugleich der Entwicklung der Militärwissenschaften einen großen Auftrieb verlieh. Parallel dazu stieg auch die Zahl der Soldaten stetig an und die Versorgung der Armeen sowie die Leitung des gesamten Kriegswesens erforderten einen Apparat, der mit seinen mittelalterlichen Vorläufern

nicht mehr zu vergleichen war. Dies führte zu gewaltigen Veränderungen in der Organisation des Kriegswesens und der Staatsverwaltung, was wiederum immer neuere, sich gegenseitig weitertreibende Veränderungen in den erwähnten Bereichen induzierte. Die Erneuerungen gipfelten in der zweiten Hälfte des 17. Jahrhunderts in die Entstehung eines stehenden Heeres und trugen in den Kriegen des darauffolgenden Jahrhunderts ihre Früchte.

Die Aufstellung des Hofkriegsrates im Jahre 1556 war auch in Hinblick auf die Betreibung und Versorgung der Grenzverteidigung von grundlegender Bedeutung. Gemäß seiner Weisung gehörte neben der zentralen Führung des Kriegswesens die Sicherung der Besoldung der Soldaten in den Grenzfestungen (in Zusammenarbeit mit der Hofkammer) ebenso zu seinen Aufgaben wie die Versorgung der Festungen mit Munition und Proviant, die Organisation ihrer Fortifikation, die Kontrolle der Donau-Flotte, der Nachrichtendienst und – wegen seiner engen Beziehung zur Grenzverteidigung – sogar die Lenkung der osteuropäischen Diplomatie. Das aus einigen Ratsherren bestehende Regierungsorgan konnte dieser überaus vielfältigen und komplexen Aufgabe nicht gewachsen sein. All das bedurfte eines selbständigen Expertenapparates. Zur Schaffung dieses Apparates kam es gleichzeitig mit der Organisierung des Grenzverteidigungssystems in den Jahren 1550–1570.

Die Schaffung dieser, den ungarischen Kriegsschauplatz lenkenden und versorgenden Organisation stellte neben der Entwicklung des österreichisch-ungarischen Kriegswesens eine – auch nach europäischen Maßstäben – beträchtliche Erneuerung dar. Damals wurden die Grundlagen der neuzeitlichen modernen Kriegsführung im Habsburgerreich geschaffen. Neben dem Kriegsrat entstanden Schritt für Schritt auch jene Ämter, die imstande waren, die Bedürfnisse eines stehenden Heeres abzudecken und die sich im 18. Jahrhundert zu selbständigen Abteilungen der Armeeverwaltung entwickelten. Für die Versorgung der Festungen mit Rüstungsmaterial, für die Kontrolle der Zeughäuser in Wien, Graz, Laibach, Triest, Prag, Kassa und Szatmár, wo Waffen hergestellt und repariert wurden, sorgte der noch 1503 von Maximilian I. in Innsbruck eingeführte jedoch zu dieser Zeit bereits in Wien tätige Oberstzeugmeister, später Oberst-Land- und Hauszeugmeister. Seine Aufgabe war es auch, mit den bedeutenden deutschen, österreichischen und tschechischen Waffen- und Rüstungsmaterial herstellenden Städten Nürnberg, Augsburg, Ulm, Regensburg, Innsbruck, und Prag Kontakt zu halten, da sich die reibungslose Versorgung des ungarischen Kriegsschauplatzes mit Geschützen und Gewehren nur durch diese bewerkstelligen ließ.

Für die Organisierung der gleichfalls mit bedeutenden Problemen kämpfenden Proviantversorgung wurde 1557 das Amt des Oberstproviantmeisters eingeführt, dessen Tätigkeitskreis sich aber nur auf die Festungen erstreckte, die für die Sicherheit von Wien von hoher Bedeutung waren, wie Győr, Komárom, Tata-Tóváros und später auch Kanizsa. Die Erklärung dafür lag hauptsächlich darin, daß die entfernten

Nagyvárad
(Országos Széchényi Könyvtár)

ungarischen Gebiete wegen der damaligen Straßen- und Transportverhältnisse aus den benachbarten österreichischen Gebieten nicht versorgt werden konnten. Hier ist es aber gelungen, bei Ausnutzung der günstigen Naturgegenheiten in Ungarn aus der Ernte der Frontregion und des Hinterlandes – unter der Führung der Proviantmeister in den Festungen – die Alimentation zu organisieren. Die Arbeit der Proviantmeister wurde sowohl in den kroatisch-slawonischen Grenzgebieten als auch in Oberungarn jeweils von einem Hauptproviantmeister mit Kompetenz für das ganze Gebiet der Oberthauptmannschaft koordiniert.

Auch das Amt des Oberstschiffmeisters (später Oberstschiffbrückmeisters), der als erster die selbständige Aufgabe hatte, die Montage der Schiffbrücken zur Überquerung der Donau zu kontrollieren, wurde ein Jahr nach der Aufstellung des Kriegsrates eingeführt. Für die Organisierung der Fortifikationsarbeiten an den Festungen waren in Wien und auch in fast allen Grenzoberhauptmannschaften Bausuperintendanten verantwortlich, die die Arbeit der vom Hofkriegsrat in beträchtlicher Zahl engagierten italienischen Festungsbaumeister kontrollierten und unterstützten. Letztere (z. B. Ottavio Baldigara, Pietro Ferrabosco, Giulio Turco, Domenico de Lalio usw.) modernisierten die mittelalterlichen Burgen mit Hilfe der modernen, sogenannten italienischen Methode des Festungsbaus – generell unter Einbeziehung der Erfahrungen einer gründlichen Grenzfestungsvisitation. Auch die vollkommen neu zu bauenden Festungen wurden diesen Prinzipien entsprechend entworfen, wie zum Beispiel die bereits erwähnten in Károlyváros, Érsekújvár, Lipótváros oder die teilweise umgebauten Festungen von Gyor, Szatmár und Komárom. Zwar konnte man die ursprünglichen Pläne aus finanziellen Gründen fast nie gänzlich verwirklichen, doch die ungarischen Festungen gegen die Osmanen waren – obwohl im Vergleich mit den italienischen und niederländischen Festungen technisch zurückgeblieben – für den Zweck, für den man sie entworfen hatte, völlig geeignet. Die erwähnten neuen, großen Festungen waren auch im europäischen Vergleich hervorragende Bauwerke. Zudem haben ab dem Ende des 16. Jahrhunderts neben den italienischen Meistern immer mehr niederländische und deutsche Baumeister, später auch Kriegsingenieure (wie Francesco de Couriers, Francesco de Wymes, Martin Stier usw.) auf dem ungarischen Kriegsschauplatz gearbeitet, Ingenieure, die früher in den Niederlanden oder in anderen Regionen des Reiches gedient hatten und ihre dort gesammelten Erfahrungen gegen die Türken ausgezeichnet einsetzen konnten.

Das größte Problem im Bereich der Versorgung der Grenzfestungen war jedoch nicht ihre Fortifikation, ihre Versorgung mit Rüstungsmaterial und Proviant, auch nicht die Organisierung des vielfältigen Systems des ebenfalls wichtigen Nachrichtendienstes, sondern die Sicherung der Besoldung der darin dienenden Besatzungen. In den 100-120 Grenzfestungen dienten nämlich im 16. Jh. generell ca. 20 000-22 000 Mann, später rund 4-5 000 Mann weniger. Die nötige Entlohnung dieser beträchtlichen, ständig bewaffneten Armee betrug jährlich 1,3-1,5 Millionen Rheinische Gulden, wohingegen die Einkünfte des Königreichs Ungarn in diesen friedlicheren Jahren 750 000 Rheinischen Gulden betrugen. Gleichzeitig wurden höchstens 50-60% dieser Einkünfte für militärische Ausgaben verwendet. Das bedeutete, daß die zur Verfügung stehenden Militärausgaben ungefähr bloß 30% der nötigen Besoldung abdeckten. Die restlichen 70%, jährlich rund 1 Million Rheinischer Gulden, mußten aus den benachbarten österreichischen und tschechisch-mährischen Gebieten sowie aus dem deutsch-römischen Reich zur Verfügung gestellt werden. Daraus entwickelte sich die Praxis, daß für die Besoldung der Besatzung der Grenzoberhauptmannschaften zum größten Teil die mit ihnen benachbarten ausländischen Gebiete aufkamen – wie es der Kriegsrat einmal frappant ausdrückte: Jedes benachbarte Gebiet hatte die Aufgabe "sein eigenes Gebiet in Ungarn zu erhalten". Gemäß diesem Grundsatz wurden die kroatischen Grenzfestungen aus den Einkünften und der Türkenhilfe der Stände von Kärnten und Krain erhalten, die slawonischen aus denen der steiermärkischen Stände, die Kanischaer Festungen und später die Kanischa gegenüberliegenden Grenzfestungen ebenfalls von denen der steiermärkischen Stände sowie aus den Einkommen und der Türkenhilfe der ungarischen Stände und der Stände des Reiches, die Raaber aus denen der Stände von Niederösterreich und des Reiches, die bergstädtische aus denen der mährischen Stände und aus denen des Erzbischofs in Esztergom, während die Grenzfestungen in Oberungarn zumeist aus den Einkommen und der Türkenhilfe der ungarischen und schlesischen und Reichsstände erhalten wurden.

Dieses komplizierte Soldfinanzierungssystem wurde jedoch nicht vom Kriegsrat, sondern vom höchsten Organ des Finanzwesens, von der im Jahre 1527 in Wien aufgestellten Hofkammer und von den ihr untergeordneten weiteren Kammern (der Niederösterreichischen, der Ungarischen, der Zipserischen und der Innerösterreichischen) überwacht. Der sich seit den 1530er Jahren allmählich herausbildende Apparat, der sich um die Bezahlung der Soldaten kümmerte, war der Hofkammer untergeordnet, gleichzeitig aber auch vom Kriegsrat stark beeinflußt. Der Bezahlung in den Grenzfestungen ging immer eine Musterung voran, wobei Ausrüstung und Waffen kontrolliert wurden. Die Musterung wurde vom Mustermeister mit Hilfe eines Musterschreibers durchgeführt, der die Namen der bereits gemusterten Soldaten in einem Musterregister verzeichnete. Erst danach durften die Soldaten ihren Sold in Bargeld und/oder in Kleidung bekommen. Diese Aufgabe wurde aber bereits von den Kriegszahlmeistern und ihrem Personal verrichtet. Der Vorgesetzte der Mustermeister war der Oberstmustermeister in Ungarn, der in Wien ein Hauptmusterregister führte, das die Namen aller Soldaten enthielt, die im Grenzverteidigungssystem dienten. (Von diesen Registern wurde bis heute leider kein einziges gefunden.) Selbstverständlich gab es mehrere Arten von Kriegszahlungsmeistern, weil es ja dem komplizierten Finanzierungssystem entsprechend extra einen ungarischen Kriegszahlungsmeister (später Hofkriegszahlungsmeister), einen niederösterreichischen, einen oberungarischen usw. Kriegszahlungsmeister geben mußte. Die wichtigste Aufgabe hatte jedoch der Hofkriegsmeister, der die ungarischen, österreichischen, mährischen und sonstigen Einkommen verwaltete.

Obwohl der für die Besoldung verantwortliche Apparat, der möglichst alle freien Groschen einzufangen versuchte, eine der bestfunktionierenden Einheiten des Finanz- und Kriegswesens war, konnte der Löhnungsbedarf der ungarischen Grenzverteidigung für anderthalb Jahrhunderte nicht einmal von ganz Mitteleuropa zufriedenstellend gesichert werden. Wegen der Kredite, die für die Besoldung und sonstige bedeutende militärische Ausgaben (Fortifikationskosten, Rüstungsmaterialeinkauf, Donau-Flotte, Kriegspost, Nachrichtendienst, Diplomatie usw.) aufgenommen worden waren, geriet der Fiskus bereits in der zweiten Hälfte des 16. Jahrhunderts in eine katastrophale Lage. Dazu kam noch, daß ein beträchtlicher Teil der früher für die ungarische Grenzverteidigung vorgesehenen Spesen während des Dreißigjährigen Krieges für die Entlohnung der kaiserlichen Heere verwendet wurde. Die Bezahlung der Löhnung der Grenzsoldaten – die zuerst für 12, dann im 17. Jahrhundert nur noch für 10 Monate ziemte – ist deshalb bereits im 16., aber immer häufiger im 17. Jahrhundert ins Stocken geraten. Für diese Situation gab es leider keine beruhigende Lösung, was langfristig schwere Konsequenzen nach sich zog.

Die Grenzsoldaten wurden in der zweiten Hälfte des 16. Jahrhunderts zu einer besonderen Gruppe der ungarischen Gesellschaft. Aufgrund ihres ständigen Kriegslebens wurden dieser Schicht – wenn auch in Schriftform nicht festgehalten – solche Privilegien gewährt – wie etwa Steuerfreiheit, selbständige militärische Gerichtsbarkeit, oder daß sie nicht unter das Bannrecht eines Grundherren fielen, im 17. Jahrhundert die Religionsfreiheit —, über die früher nur der privilegierte Adel verfügt hatte. So nahmen die Besatzungen der Grenzfestungen in der ungarischen Gesellschaft einen Platz zwischen dem Adel und Leibeigenen ein, wobei sie dem Adel näher standen. Das bedeutete aber noch lange nicht, daß die Grenzfestungsarmee eine einheitliche Schicht gewesen wäre. Aufgrund ihrer gesellschaftlichen Abstammung teilte sie sich in drei Hauptgruppen. Die Mehrheit der Männer war bäuerlicher, die Offiziere bäuerlicher und kleinadeliger, und die Schicht der Oberkommandanten aristokratischer Abstammung. Was die Nationalität der Festungssoldaten betrifft, so dienten in den südlichen Grenzfestungen zumeist Kroaten und nördlich der Drau eher Ungarn. In den Oberhauptmannschaftszentren und in den Burgen von besonderer Wichtigkeit waren auch deutsche Bataillone von mehreren hundert Mann stationiert, deren nach Ungarn umgesiedelte Mitglieder eine eigentümliche, hauptsächlich evangelische Gruppe der Grenzfestungsgesellschaft bildeten. Letztlich waren die Grenzsoldaten hinsichtlich ihrer Waffengattung in vier Gruppen gegliedert: in Infanterie (Haiducken), Kavallerie (Husaren), hauptsächlich deutsche Artillerie und die Besatzung der ungarisch-serbischen Donau-Flotte, die Nasadisten. Der Militärdienst bot aber jedem von ihnen die Möglichkeit, durch Erlangung eines Adelsbriefes aus der Schicht der Untertanen in die Schicht der Privilegierten emporzusteigen.

Das Leben der Grenzsoldaten begann sich in der langen Friedensperiode in der zweiten Hälfte des 16. Jahrhunderts in eine spezielle Richtung zu entwickeln. Neben ihrem Waffendienst übten nämlich viele Soldaten – auch wegen der stockenden Soldauszahlungen – an jenen Tagen, an denen man weniger mit feindlichen Streifzügen rechnen mußte, zur Verdienstergänzung verschiedene bürgerliche Berufe aus. Sie begannen die Äcker und Weingärten um die Festungen herum zu bearbeiten, sie trieben Rinderzucht und beteiligten sich eventuell auch durch Mißbrauch ihrer Privilegien am Handel, am Gewerbe oder sogar am Waffenschmuggel. Die in den 1570-80er Jahre wiederbelebte ungarische Wirtschaft hat ihre bürgerlichen Betätigungen ausdrücklich gefördert, bot sie doch die Möglichkeit zu finanzieller Besserstellung – was ihre zahlreich erhalten gebliebenen Testamente anschaulich bestätigen. Manche vom Glück bevorzugten erwarben manchmal auch dadurch ein größeres Vermögen, daß sie einige vornehme türkische Offiziere gefangen nahmen und zu Sklaven machen konnten, gleichzeitig drohte aber auch ihnen Tag für Tag die Möglichkeit der Gefangenschaft, oder sogar als Galeerensträfling verurteilt zu werden. Während der noch längeren Friedensperiode in der ersten Hälfte des 17. Jahrhunderts sank ihr Kampfwert aufgrund der sich verschlechternden Soldauszahlung rapid, da der bürgerliche Charakter ihrer Lebensführung immer stärker wurde. All das führte dazu, daß die Entwicklung der

Grenzfestungsarmee unwiderruflich einen Weg einschlug, der sich von der Lebensweise des sich formierenden kaiserlichen stehenden Heers grundsätzlich unterschied. Die Grenzsoldaten, die schon ein halbwegs bürgerliches Leben führten, konnten in den 1670er Jahren praktisch mit keinen Reformen mehr in ständige Kompanien oder Regimenter zusammengetrieben werden. Eine Möglichkeit dazu eröffnete sich erst, als sie durch die im Jahre 1683 anlaufende und sich nach der Zurückeroberung von Ofen (1686) beschleunigende Befreiung Ungarns ihre seit anderthalb Jahrhunderten bestehende Unentbehrlichkeit und gleichzeitig ihren Broterwerb plötzlich verloren. Eine Minderheit unter ihnen schloß sich danach freiwillig einer, im Auftrag des Kriegsrates von einigen Hochadeligen organisierten, neuen ungarischen Husaren- oder Infanterieregiment an. Zur Zeit der Geburt der ersten ungarischen Regimenter des kaiserlichen stehenden Heeres verlor gleichzeitig die Mehrheit der Grenzsoldaten ihre früheren Privilegien und sank allmählich in die Reihen der Bauern zurück. Die weitere Entwicklung haben eindeutig nicht mehr sie, sondern die ausschließlich vom Waffengebrauch lebenden Söldner des stehenden Heeres getragen. Daran konnte auch die Tatsache nichts ändern, daß sie für anderthalb Jahrhunderte als Grenzsoldaten in der Verteidigung des Königreichs Ungarn und dadurch ganz Mitteleuropas eine unvergängliche Rolle gespielt hatten.

rischen Ständen 1688 formulierte, sogenannte Ungarische Einrichtungswerk, der andere das vom Hofkriegsrat in den 1690er Jahren entwickelte Konzept. Die ungarischen Stände wollten selbstverständlich das mittelalterliche Verteidigungssystem in moderner Form, aber hauptsächlich mit der wieder unter der Kompetenz ihres höchsten militärischen Vertreters, des Palatins, reorganisieren. Die Verteidigung der Grenzfestungen beabsichtigten sie unter der gemeinsamen Führung der deutschen, ungarischen und südslawischen Hauptmänner mit einem aus 12.000 deutschen, und 12.000 ungarisch-südslawischen Soldaten bestehenden, regelmäßig bezahlten stehenden Heer zu sichern. Ihr Plan war, Truppen zum größten Teil aus den Reihen der früheren Grenzsoldaten zu rekrutieren und den Anforderungen der Zeit entsprechend – ähnlich den deutschen Söldnern – in Regimentern zu organisieren. Für die Sicherung der Besoldung der 24.000 Soldaten hielt man die Kriegssteuer der großen Gebiete – beinahe 300.000 km^2 – des zurückeroberten Landes im großen und ganzen für ausreichend.

Die Idee des Kriegsrates unterschied sich wesentlich vom Vorschlag der ungarischen Stände. Die Wiener Kriegführung wollte ein dem System des 16-17. Jahrhunderts in gewissen Maßen ähnliches, jedoch der Qualität nach vollkommen neues Grenzverteidigungssystem aufstellen.

Komárom
(Országos Széchényi Könyvtár)

Neuorganisierung der Grenzverteidigung nach 1699

Als Ergebnis des großen Türkenkrieges, der mit dem Frieden von Karlowitz endete, zog sich die Grenzregion zwischen dem Habsburger- und dem Osmanischen Reich an die Linie entlang der Flüsse Save, Donau, Theiß und Maros zurück. Abgesehen vom Banat und der Stadt Belgrad entsprachen also bis zur Wende des 18. Jahrhunderts die Grenzverhältnisse wieder denen vor der Schlacht bei Mohács. Die Erhaltung des vom Kriegsrat und den ungarischen Großgrundbesitzern in der zweiten Hälfte des 16. Jahrhunderts ausgebauten Verteidigungssystems war nicht mehr nötig. Gegen die immer noch über eine beträchtliche Streitmacht verfügenden Osmanen wurde nun aber erforderlich, das bereits dritte Verteidigungssystem gegen die Türken an den südlichen Grenzen Ungarns zu organisieren. Die Frage war nur, unter welchen organisatorischen und Versorgungsbedingungen die neuen Verteidigungszonen aufgebaut, und in welchem Ausmaß die Stände des befreiten Landes in die Lenkung des neuen Verteidigungssystems einbezogen werden sollten.

Für den Aufbau der neuen Grenzverteidigung gab es zwei grundverschiedene Vorschläge. Der eine war das vom Palatin Pál und den unga-

Sie beabsichtigte diese vom System der wieder auflebenden bürgerlichen Verwaltung, den Komitaten, scharf abzugrenzen, d.h. sie wollte eine klassische Militärgrenze ausbauen. Den ungarischen Ständen wollte man – wie bei der Neuorganisation des stehenden Heers – in der Lenkung der neuen Grenzverteidigung keine Rolle zukommen lassen. Die einheitliche, zentrale Lenkung sollte nicht wie im Mittelalter von Buda aus erfolgen, sondern ausschließlich von Wien aus. Dadurch konnte man den früheren doppelten Charakter des Verteidigungssystems einfach beseitigen und einheitliche Befugnisse ausarbeiten. Und schließlich sollten die Besatzung der Grenzverteidigung nicht aus den früheren Soldaten der ungarischen Garnisonen rekrutiert werden. Diese wollten einerseits selbst nur ungern ihre ehemaligen Wohnorte verlassen, andererseits war es unbedingt notwendig für die zur Zeit des Befreiungskrieges nach Ungarn geflüchteten Serben, Kroaten und Walachen auch eine Beschäftigung zu finden. Neben den in den Grenzfestungen dienenden deutschen Bataillonen wurde daher die neue Besatzung der Militärgrenze aus angesiedelten südslawischen Einwohnern gebildet, die als Gegenleistung für ihrer militärischen Dienste zu privilegiertem Grundbesitz kamen. Die Konzeption der ungarischen Stände und die des Kriegsrates hatten lediglich ein einziges gemeinsames Element: das zurückeroberte Land mußte sich an der Versorgung des an seiner südlichen Grenze zu bauenden Verteidigungssystems finanziell beteiligen.

Die Umsetzung des neuen Verteidigungssystems folgte in den ersten Jahrzehnten des 18. Jahrhunderts vollkommen dem Konzept des Kriegsrates. Die ungarischen Stände wurden bei der Lenkung des in der südlichen Grenzregion Ungarns ausgebauten neuen Systems völlig übergangen, den Ständen der Länder Krain, Kärnten und Steiermark erging es nach der Auflösung des Innerösterreichischen Hofkriegsrates im Jahre 1705 genauso. Die Wiener Kriegführung löste mit der Schaffung der Militärgrenze ein dreifaches Problem. Sie konnte damit den im 16. und 17. Jahrhundert mit den ungarischen Ständen geführten Kampf um die Führung des Kriegswesens endgültig für sich entscheiden; durch Ansiedlung der aus den türkischen Gebieten geflüchteten südslawischen Population und ihrer Integration in die Grenzverteidigung gelang es einen gesellschaftlichen Spannungsherd aus der Welt zu schaffen und ein neues Verteidigungssystem aufzubauen, das bis zur Entstehung der Nationalstaaten im 19. Jahrhundert die Verteidigung Ungarns und des Habsburgerreiches gegen die allmählich erlahmende und am Ende zu "krankem Mann Europas" gewordene Osmanische Großmacht wirkungsvoll sicherte.

LITERATUR

Amstadt, Jakob, *Die k. k. Militärgrenze 1522-1881 (mit einer Gesamtbibliographie)*, Würzburg, 1969. (= Inaug.-Diss.)

Kaser, Karl, *Freier Bauer und Soldat: Die Militarisierung der agrarischen Gesellschaft an der kroatisch-slawonischen Militärgrenze (1535-1881)*, Wien-Köln-Weimar, 1997. (= Zur Kunde Südosteuropas II/22.)

Kruhek, Milan, *Krajiške utvrde i obrana hrvatskog kraljevstva tijekom 16. stoljeća*. Zagreb, 1995. (= Biblioteka Hrvatska povjesnica, Monografije i studije 1.)

Loserth, Johann, *Innerösterreich und die militärischen Maßnahmen gegen die Türken im 16. Jahrhundert: Studien zur Geschichte der Landesdefension und der Reichshilfe*, Graz, 1934. (= Forschungen zur Verfassungs- und Verwaltungsgeschichte der Steiermark Bd. XI, Heft 1.)

Die k. k. Militärgrenze. Beiträge zu ihrer Geschichte, Wien, 1973. (= Schriften des Heeresgeschichtlichen Museums in Wien 6.)

Die österreichische Militärgrenze: Geschichte und Auswirkungen, Hrsg. Gerhard Ernst, Regensburg, 1982. (= Schriftenreihe des Regensburger Osteuropainstituts 8.)

Nouzille, Jean, *Histoire de frontieres: L' Autriche et l' Empire Ottoman*, Préfacé par Jean Bérenger, Paris, 1991.

Pálffy Géza, *A császárváros védelmében: A győri főkapitányság története 1526-1598*, Győr, 1999.

Pálffy Géza, *Európa védelmében: Haditérképészet a Habsburg Birodalom magyarországi határvidékén a 16-17. században*, Pápa, 2000.

Pálffy Géza, *The Origins and Development of the Border Defence System Against the Ottoman Empire in Hungary (Up to the Early Eighteenth Century)*. In Ottomans, Hungarians, and Habsburgs in Central Europe: The Military Confines in the Era of the Ottoman Conquest, Ed. Géza Dávid, Pál Fodor, Leiden/Boston/Köln, 2000. 3-69. (= The Ottoman Empire and its Heritage, Politics, Society and Economy, Ed. Suraiya Faroqhi-Halil Inalcik, Vol. 20.)

Pertl, Franz, *Die Grenzabwehr gegen die Türken im westlichen Ungarn und die niederösterreichischen Stände 1564-1601*, Wien, 1939. (= Ungedr. phil. Diss.)

Rothenberg, Gunther E[rich], *Die österreichische Militärgrenze in Kroatien 1522 bis 1881*, Wien/München, 1970.

Schulze, Winfried, *Landesdefension und Staatsbildung: Studien zum Kriegswesen des innerösterreichischen Territorialstaates (1564-1619)*, Wien/Köln/Graz, 1973. (= Veröffentlichungen der Kommission für neuere Geschichte Österreichs 60.)

Schulze, Winfried, *Reich und Türkengefahr im späten 16. Jahrhundert: Studien zu den politischen und gesellschaftlichen Auswirkungen einer äußeren Bedrohung*, München, 1978.

Die Steiermark: Brücke und Bollwerk, Katalog der Landesausstellung, Schloß Herberstein bei Stubenberg, 3. Mai bis 26. Oktober 1986, Hrsg. Gerhard Pferschy-Peter Krenn, Graz, 1986. (= Veröffentlichungen des Steiermärkischen Landesarchives 16.)

Szántó Imre, *A végvári rendszer kiépítése és fénykora Magyarországon 1541-1593*, Bp, 1980.

Szegő Pál, *Végváraink szervezete a török betelepedésétől a tizenötéves háború kezdetéig, (1541-1593)*, Bp, 1911.

Die Türkenkriege in der historischen Forschung, Wien, 1983. (= Forschungen und Beiträge zur Wiener Stadtgeschichte 13.)

Vaniček, Fr[antišek], *Specialgeschichte der Militärgrenze*, 4 Bde, Wien, 1875.

Vojna Krajina: Povijesni pregled - historiografija - rasprave, Ured. Dragutin Pavličević. Zagreb, 1984.

Wessely, Kurt, *Die österreichische Militärgrenze: Der deutsche Beitrag zur Verteidigung des Abendlandes gegen die Türken*, Kitzigen-Main, 1954. (= Der Göttinger Arbeitskreis: Schriftenreihe 43.)

Wessely, Kurt, *The Development of the Hungarian Military Frontier until the Middle of the Eighteenth Century*, In Austrian History Yearbook, 9-10, 1973-1974, 55-110.

Die wirtschaftlichen Auswirkungen der Türkenkriege, Hrsg. Othmar Pickl, Graz, 1971. (= Grazer Forschungen zur Wirtschafts- und Sozialgeschichte 1.)

ISTVÁN HILLER

Die Habsburgerdiplomatie und das königliche Ungarn
Gesandte und Gesandtschaften im 16.–17. Jahrhundert

"Dies ist die denkwürdige und zugleich unglückliche Schlacht bei Mohács, durch die wir den alten Ruhm unserer Nation verloren. Die Blüte von Adel und Militär und alles, was wir hatten, wurde in dieser einen traurigen Schlacht vernichtet." – So faßte István Brodarics, der bekannte Historiograph und Diplomat, Teilnehmer und Augenzeuge der Schlacht bei Mohács, seine Erfahrungen der Ereignisse am 29. August 1526 zusammen. Mit dem Tode Ludwig Jagellos war der ungarische Thron leer geworden, und zwei Männer waren der Meinung, daß ihnen Gebiet des einstigen Königreichs Ungarn die erste türkische Verwaltungseinheit, das Budaer Wilājet. Das Land zerbrach in drei Teile: In den Türkengebieten wurde das Leben vom Sultan, im Osten, in Siebenbürgen, von der sich allmählich herausbildenden Fürstenmacht und im Westen, im königlichen Ungarn, vom Habsburgerkönig gelenkt. Die Diplomatie verfügte im Königreich Ungarn über eine jahrhundertelange Vergangenheit und besaß dementsprechendes Ansehen. Die Diplomaten aus der Zeit von Matthias Corvinus und den Jagellonen

18/3

die Krone Stephans des Heiligen gesetzlich und rechtens zustehe. Johann Szapolyai begründete seine Forderung mit dem Beschluß des ungarischen Landtages von 1505, demgemäß die Stände keinen Herrscher anderer Nation mehr wählen würden. Ferdinand von Habsburg war im Sinne des Vertrages von 1515 zwischen zwei Dynastien, den Herrscherhäusern Habsburg und Jagello, der Ansicht, er und nur er könne der Nachfolger von König Ludwig sein. Die Absprache besagte nämlich, daß, wenn aus der Ehe des jungen Jagellonen und seiner Frau Maria von Habsburg kein Kind hervorgehe, der ungarische Thron an das Domus Austriaca falle. Für beide Argumentationen und beide Kandidaten gab es ernsthafte Unterstützung im Land, und so standen sich anderthalb Jahre nach Mohács zwei gewählte und gekrönte Könige gegenüber. Nichts charakterisiert die Situation besser als die Tatsache, daß derselbe kirchliche Würdenträger – der Bischof von Nyitra István Podmaniczky – beide Könige krönte, zuerst das Recht Szapolyais vertretend und dann die Herrschaft Ferdinands anerkennend.

Der Kampf zwischen beiden Königen wurde mit Schwert und Feder zugleich geführt. Sie kämpften gegeneinander mit Heeren und den Mitteln der Diplomatie. Das ganze Land konnte keiner von ihnen unter Kontrolle bekommen, Ferdinand war im Westen und Szapolyai im Osten nicht zu erschüttern. Und zwischen ihnen stand der Türke Suleiman, der als bedeutendster Stratege seiner Zeit beobachtete, drohte und Pläne schmiedete. Auf den Tag genau 15 Jahre nach dem Sieg in der Ebene von Mohács besetzte er mit List und Tücke am 29. August 1541 den uralten Sitz der ungarischen Könige, Buda, und gründete auf dem

waren talentierte, vorzüglich ausgebildete und routinierte Politiker, die im allgemeinen an italienischen Universitäten, in Padua und Bologna studiert hatten. Sie hatten an fast allen Herrschersitzen des Kontinents ihre Missionen erfüllt und gelegentlich Gesandtendienste geleistet. An der großen Umgestaltung, die im Bereich der internationalen Beziehungen im Europa des 16. Jahrhunderts vor sich ging, konnte das Ungarn nach Mohács nicht mehr teilnehmen. Die Renaissance gestaltete den Mechanismus der diplomatischen Kontakte völlig um. Das seit Jahrhunderten gewohnte System von Gesandtenreisen wurde nach und nach durch die Institution ständiger Gesandtschaften abgelöst. Die Länder und Dynastien sandten nun nicht mehr jeweils bei gesonderten Anlässen ihre Beauftragten in einen anderen Staat, an ein Herrschaftszentrum, sondern ließen sich zuerst in Italien und dann langsam auch auf dem ganzen Kontinent ständig vertreten. Das Auftreten und die Tätigkeit ständiger Gesandter brachte gewaltige Veränderungen mit sich. Bei den Apparaten der Lenker der Diplomatie, bei den Entscheidungsträgern trafen laufend schriftliche Informationen ein, die Berichte der ständigen Gesandten informierten die sie entsendenden Mächte über Länder und politische Vorstellungen, über Bündnisse und innere Zwiste, über Feste und den Alltag. Ungarn konnte das neue System noch in passiver Form kennenlernen, da vor Mohács am Königshof ständige Gesandte tätig waren: Diplomaten des Papstes, des deutschen Kaisers und Venedigs, aber Buda/Ofen entsandte keine ständigen Gesandten mehr an andere ausländische Höfe, sondern nur zeitweise Beauftragte, und konnte die sich verbreitende Praxis nicht mehr aktiv anwenden. Diesen Rückstand konnte es auch als selbständiger Staat in der frühen Neuzeit nicht mehr aufholen.

Die einstigen Diplomaten des Königreichs Ungarn setzten ihre Tätigkeit in der Umgebung der beiden Herrscher fort. István Brodarics diente zuerst Ferdinand und dann Szapolyai. Antal Verancsics, der wie Brodarics in Padua studiert hatte, stand umgekehrt zuerst in Treue zu König Johann und später zu Ferdinand. Beide machten mehrfach Gesandtenreisen an europäische Höfe wie auch nach Konstantinopel. Miklós Oláh, der schon vor Mohács der Sekretär Königin Marias gewesen war, diente ihr auch in ihrer Witwenschaft weiter. In den Niederlanden hatte er zur Zeit der Statthalterschaft Marias ein hohes und einflußreiches Amt, er stand mit Erasmus und seinem Humanistenkreis in Verbindung und schrieb dort in der freiwilligen Verbannung seine Werke Hungaria und Athila, die die ersten Kapitel einer großen ungarischen Geschichte werden sollten. Ständiger Gesandter wurde aber kein einziger ungarischer Diplomat. Größerer Raum und mehr Möglichkeit stand im übrigen auch nur denen offen, die in den Habsburgerdienst traten, verfügte doch das österreichische Haus über ein unvergleichlich breiteres internationales Beziehungssystem als Johann Szapolyai, dessen diplomatische Tätigkeit sich in der Anerkennung seiner selbst und der Erhaltung seiner Macht erschöpfen mußte, so daß keine Kraft mehr für den Aufbau einer Zukunft in internationalem Maßstab blieb.

Mit den Eroberungen Suleimans und der Dreiteilung Ungarns wurde auch das Habsburgerreich vor eine neue Situation gestellt. Durch das königliche Ungarn war es zum Nachbarn des Landes der Sultane geworden, was neue Herausforderungen mit sich brachte, auf die Wien nicht vorbereitet war. Das Osmanische Reich, der hostis naturalis, wurde gewollt oder nicht zu einem wichtigen diplomatischen Zielland, mit dem verhandelt werden mußte. Diese Zwangssituation spiegelte sich darin wider, daß 1547 nach mehreren Waffenstillstandsabkommen das Haus Habsburg – Karl und Ferdinand zugleich – und Suleiman einen Frieden für fünf Jahre unterzeichneten und das Habsburgerreich von Beginn der Verhandlungen an einen ständigen Gesandten an die Hohe Pforte schickte. In der Reihe der Habsburgergesandten in Konstantinopel findet sich in anderthalb Jahrhunderten kein einziger Ungar, ein schreiender Widerspruch zu der Tatsache, daß im Beziehungssystem zwischen dem Osmanischen Reich und dem Habsburgerreich der militärisch-politische Aspekt primär war. Die Verhandlungen im Jahrhundert nach Mohács betrafen zum großen Teil gerade Ungarn und wurden im Zusammenhang mit den Eroberungen in Ungarn nötig, was man auf osmanischer Seite auch gar nicht verheimlichte. Konstantinopel ließ im 16. Jahrhundert sein diplomatisches Verhältnis zum Deutschen Reich ungeregelt und gab auf protokollarischer Ebene auch deutlich zu erkennen, daß die Frage Ungarns es auch weitaus mehr beschäftigte. Häufig kam es vor, daß die Gesandten des Habsburgerherrschers in ungarischer Tracht an der Hohen Pforte erscheinen mußten – selbst wenn sie kein Wort Ungarisch konnten –, weil die türkische Seite schon vorher angedeutet hatte, daß sie nur in dieser Form zur Führung von Verhandlungen bereit sei. Auch die diplomatischen Kontakte gingen, wenn auch nicht ausschließlich, so doch großenteils in ungarischer Sprache vor sich, vor allem mit der Lokalmacht, den Budaer Paschas. Es entstand eine interessante und widersprüchliche Lage. Einerseits ist zu erkennen, daß die Habsburgerdiplomatie gerade wegen des königlichen Ungarn zu aktiveren Beziehungen mit dem Osmanischen Reich gezwungen war, aber in diesen Beziehungen auf der Ebene der ständigen Gesandten keine Ungarn einsetzte, andererseits das Osmanische Reich im Verhältnis zu Wien das Gewicht des ungarischen Problems betonte. Dies hat auch der Geschichtsschreibung schweres Kopfzerbrechen bereitet und nicht bloß einmal zu falschen Folgerungen geführt. Die Tatsache, daß Ungarn nach Mohács über keine selbständige Diplomatie verfügte und daß des weiteren in der neuen Situation kein einziger Gesandter in Konstantinopel Ungar war, führte zu der Feststellung, daß Ungarn, genauer dem königlichen Ungarn, keinerlei diplomatische Rolle zugeteilt worden sei und es im politischen Sinne, von der Außenwelt abgeschnitten, eine isolierte Existenz geführt habe. Ich halte diese Feststellung für falsch.

Die frühneuzeitliche Diplomatie wurde gegenüber der früheren unvergleichlich farbiger und vielschichtiger. Neben den ständigen Vertretungen gab es auch weiter das System gelegentlicher bzw. außerordentlicher Gesandter, die Institution der protokollarischen und Großgesandtschaft, gar nicht zu reden vom Empfang ausländischer Gesandter und den Kontakten zu ihnen. Im 16. Jahrhundert versahen mit anderen zusammen die Internuntien Zsigmond Pozsgay, György Hosszútóthy, János Drávay oder Pál Palinay diplomatische Aufgaben von Ungarn aus, wie es auch der bekannteste gelegentliche Gesandte Antal Verancsics tat. Dieser humanistisch gebildete Aristokrat reiste mehrfach mit Gesandtschaften an die Hohe Pforte, wo er die ihm übertragenen Aufgaben erfolgreich erledigte. Er war es, der in Ankara zur Zeit seiner Gesandtschaft auf das die Taten des Augustus verewigende Steindenkmal stieß, das Monumentum Ankyranum, das die Wissenschaft für die bedeutendste archäologische Entdeckung des 16. Jahrhunderts hält. Später machte der sich der Gesandtschaft anschließende namhafte Gelehrte und Diplomat Ghislan de Busbecq die Welt mit dem Fund bekannt, so daß die Entdeckung dieses Denkmals bis heute mit seinem Namen verbunden blieb.

Ein neuer Abschnitt im Beziehungssystem des Habsburgerreiches zum Osmanischen Reich begann mit der Schaffung des Wiener Hofkriegsrates. Die 1556 gegründete Institution war für den gesamten Grenzschutz gegen die Türken, die Planung und Unterhaltung des Verteidigungssystems und nicht zuletzt für die Kontakte zur Hohen Pforte verantwortlich. Die Lenkung der Arbeit der ständigen Habsburgergesandtschaft und der Gesandten in Konstantinopel – Verfertigung der Gesandtenanweisungen und Aufarbeitung der Gesandtenberichte – und weiter die Betreuung der gelegentlichen Gesandtschaften gehörten sämtlich zum Aufgabenkreis des Hofkriegsrates. Obwohl das oberste Gremium der Entscheidungsfindung im Habsburgerreich der Geheime Rat war, ergab sich mit der Schaffung und dem Beginn der Tätigkeit des Hofkriegsrates für Ungarn eine neue Situation. Der Hofkriegsrat hatte die Disposition über Fragen, die die wichtigsten Interessen Ungarns betrafen, denn schließlich waren das türkische Eroberungsgebiet, das diplomatische Verhältnis zu Konstantinopel und die "Türkenangelegenheit" für die ungarische Politik und das ganze Land keine außenpolitische Frage, sondern die tagtägliche Wirklichkeit, der Glaube an die eigene Zukunft. Das Verständnis der Tätigkeit des Hofkriegsrates als Institution, die Zusammenarbeit mit ihm bzw. die Beeinflussung seiner Tätigkeit galt deshalb in Ungarn als sehr wichtiges Ziel und zugleich auch als Mittel.

Am Ende des 16. und zu Beginn des 17. Jahrhunderts ließ der Mißerfolg im langen Türkenkrieg eindeutig werden, daß das Habsburgerreich bzw. Europa noch nicht soweit waren, den "hostis naturalis", den natürlichen Gegner, aus dem Herzen des Kontinents zu vertreiben. Der Frieden an der Zsitva-Mündung (Zsitvatorok) 1606 schuf einen jahrzehntelangen Status quo, beendete den Kriegszustand, erkannte die Gleichrangigkeit beider Reiche an und normalisierte die diplomatischen Beziehungen. Die unter Leitung des späteren Präsidenten des Hofkriegsrats Hans von Molart ausgehandelte Vereinbarung hatte den einzigen Vorteil, daß sie der Habsburgerpolitik für zwei Generationen Ruhe an der Front im Osten gewährte und ihr zugleich ermöglichte, ihre Kraft und Energie auf den bereits sichtbaren großen Konflikt im Westen, den späteren Dreißigjährigen Krieg, zu konzentrieren. Für Ungarn bedeutete der erwartete und dennoch als Zwang empfundene Vertrag, daß die großen Ziele in absehbarer Zeit nicht erreichbar und die primären Probleme des Landes – Vertreibung der Türken und Wiedervereinigung des Landes – nicht zu lösen waren. Für diese Periode formulierte Miklós Esterházy, der Palatin des königlichen Ungarn, seinen bekannt gewordenen Gedanken: "Es wäre verrückt, nichts zu tun, wenn wir auch nicht alles tun können!" Seine Palatinatszeit (1625–45) betrachtete er als Zeit der Vorbereitung. Mit Nachdruck vertrat er die Landesinteressen, doch war er der Überzeugung, daß die wirkliche Hoffnung nicht in der Konfrontation, sondern in der Harmonisierung der Interessen Ungarns mit denen des Habsburgerreiches zu suchen sei. Für ihn war eindeutig, daß man zur Zeit des Dreißigjährigen Krieges, des westlichen Konfliktes, in Ungarn unmöglich gegen die Türken auftreten könne, und zugleich hielt er es für grundsätzlich wichtig, daß nach Abschluß des Konfliktes die Diplomatie des Habsburgerreiches die Türkenfrage und die Verdrängung der Osmanenmacht vom Gebiet des einstigen Königreichs Ungarn zum gesamteuropäischen Interesse mache. Aktiv und bestimmt nahm er die Kontakte mit den türkischen Beamten entlang der Grenze und mit dem aus diplomatischer Sicht über wichtigen Einfluß verfügenden Pascha von Buda auf, baute regelmäßige Kontakte zu den in Wien akkreditierten ausländischen ständigen Gesandtschaften auf und gab dem Verhältnis zwischen der ungarischen Politik und dem Hofkriegsrat mehr Durchschlagskraft als je zuvor. Nach einem jahrzehntelangen Hiatus erhielten ungarische Politiker wieder diplomatische Aufgaben und Missionen. András Izdenczy war 1641 im Rang eines Internuntius in Vertretung des ganzen Habsburgerreiches als Gesandter an der Hohen Pforte, wo er mehrere Audienzen beim Sultan und Großwesir absolvierte. György Szelepcsényi vertrat kaum drei Jahre später beim Amtsantritt des neuen ständigen Habsburgergesandten Alexander Greiffenklau sein Land und das Reich. Viele junge talentierte ungarische Politiker erwarben sich ihre Praxis an der Hohen Pforte und bei Verhandlungen mit deren Beauftragten und bei der Abfassung der den Frieden an der Zsitvamündung erneuernden Verträge (1625 Szőgyén, 1627 Szőny, 1642 Szőny). Ferenc Wesselényi, Ferenc Nádasdy, Ádám Batthyány, Ádám Forgách, István und László Csáky wurden in der Mitte des 17. Jahrhunderts zu bestimmenden Persönlichkeiten der ungarischen Politik – sie hatten ihre Laufbahn alle in einem Kreis und aus demselben politischen Antrieb begonnen, in der Umgebung Miklós Esterházys. Die Politik der Interessenharmonisierung hatte also auch im Bereich der Diplomatie an Wichtigkeit gewonnen, die Stände und der Landtag des königlichen Ungarn beanspruchten die entsprechende Menge an politischen Informationen und an Entscheidungskompetenz im Rahmen der Habsburgerdiplomatie. Sie verfügten über gut ausgebildete und orientierte Persönlichkeiten und hielten sich für geeignet, mit Erfolg und Ergebnis den Erwartungen zu entsprechen und den übernommenen bzw. erhaltenen Aufgabenbereich zu erfüllen. Nach dem Westfälischen Frieden (1648) wurde aber klar, daß Wien die Zeit für eine offene Konfrontation mit der Hohen Pforte nicht gekommen sah. Man fürchtete die finanziellen Sorgen, aber mehr noch, daß im Falle des Krieges im Osten Frankreich wieder im Rücken angreifen könnte, weshalb man lieber einen erneuten Frieden mit Konstantinopel schloß (1649). Von diesem Zeitpunkt datiert der ungarische Widerstand gegen die Praxis der Habsburger und die Periode der zuerst mit politischen Mitteln und später, in den 1660er Jahren, in vieler Hinsicht unvorbereitet und undurchdacht mit Waffen geführten Opposition.

Ungarn verfügte in der frühen Neuzeit nicht über eine selbständige Diplomatie. Neben den vielfältigen anderen Nachteilen mag dies zweitrangig erscheinen, dennoch ist es symbolhaft, daß die von der modernen Diplomatie geschaffene neue politische Sprache aus den erwähnten Gründen damals in der ungarischen Sprache keine Wurzeln schlug, ein Mangel, der im übrigen bis heute spürbar ist. Die neuartige Arbeitsteilung, die das moderne diplomatische Institutionensystem und die Ausweitung der diplomatischen Hierarchie geschaffen hatten, führte zu einer neuen fachlicher Phraseologie und brachte damit zum Ausdruck, daß es Steigerungen innerhalb der Ebene ständiger Gesandter gab, daß sich eine unterschiedliche Aufgabenverteilung zwischen ständigen und gelegentlichen Gesandten herausbildete. Dementsprechend zeigen die Ausdrücke "ambasciatore", "residente", "agente", "corrispondente", "inviato" bzw. "oratore", "internuncio" und ihre Entsprechungen in der damaligen diplomatischen Amtssprache, dem Italienischen, einen neuartigen Wortschatz, der sich dann faktisch in der Sprache aller europäischen Länder mit selbständiger Diplomatie einbürgerte. Wo es keine selbständige Diplomatie gab, kam es zu diesem Prozeß nicht, so auch nicht in der ungarischen Sprache. Die damaligen diplomatischen Ausdrücke "ambasciatore" und "residente", "internuncio" oder "agente" sind alle mit einem einzigen Wort zu übersetzen, das ungarisch "Gesandter" bedeutet, weil es keine Möglichkeit oder Notwendigkeit gab, die Ziselierung sprachlich zum Ausdruck zu bringen.

Neben all dem und mit ihm zugleich geben die ungarischen Politiker in ihren Briefen und überlieferten Gedanken Zeugnis von europäischer Weitsicht. Ihre Informationen umfassen den Kontinent von Polen bis Spanien und von Frankreich bis zum Osmanischen Reich. Sie wußten über die in der Welt vor sich gehenden politischen und gesellschaftlichen Veränderungen Bescheid, ihr eigenes und ihres Landes Schicksal vermochten sie aber – selbst im Rahmen der Interessenharmonisierung – nicht so selbständig zu lenken, wie sie es gewünscht hätten und wozu sie sich moralisch verpflichtet fühlten. Zwischen Konflikten und Kompromissen gingen sie einen übermenschlich schweren Weg, und doch haben sie trotz der häufigen Mißerfolge der Nachwelt ein derartig ideelles, politisches, literarisches und künstlerisches Erbe hinterlassen, das nicht nur für Ungarn, sondern für ganz Mitteleuropa bis heute außerordentlich wertvoll ist; ein Erbe, das Zeugnis ablegt von einer mit gutem Empfinden zu vertretenden spezifischen Gemeinschaft.

LITERATUR:

Rill, Gerhard, *Fürst und Hof in Österreich von den habsburgischen Teilungsverträgen bis zur Schlacht von Mohács (1521/22-bis 1526)*, Wien, o. J.

Nehring Karl, *Adam Freiherrn zu Herbersteins Gesandtschaftsreise nach Konstantinopel. Ein Beitrag zum Frieden von Zsitvatorok (1606)*, München, 1983.

Kosáry Domokos, *Magyar külpolitika Mohács előtt*, Bp, 1975.

R. Várkonyi Ágnes, (*Török világ és magyar külpolitika*). In *Magyarország keresztútjain. Tanulmányok a 17. századról*, Bp, 1978.

Hiller István, *Palatin Nikolaus Esterházy. Die ungarische Rolle in der Habsburgsdiplomatie 1625 bis 1645*, Wien, 1992.

Vocelka, Karl, *Die politische Propaganda Kaiser Rudolfs II. (1576-1612)*, Wien, 1981.

Kohler, Alfred, *Karl V. 1500-1558, eine Biographie*, München, 1999.

Duckhardt, Heinz, (*Handbuch der Geschichte der internationalen Beziehungen*) *Der Westfälische Friede. Diplomatie-politische Zäsur - kulturelles Umfeld - Rezeptionsgeschichte*, München, 1995.

Károlyi Árpád - Wellmann Imre, *Buda és Pest visszavívása 1686-ban*, Bp, 1936.

Szakály Ferenc, *Hungaria eliberata. Budavár visszavétele és Magyarország felszabadítása a török uralom alól 1683-1718*, Bp, 1986.

Jan Paul Niederkorn, *Die europäischen Mächte und der "Lange Türkenkrieg" Kaiser Rudolfs (1593-1606)*, Wien, 1993.

Garrett Mattingly, *Renaissance Diplomacy*, London, 1955.

ISTVÁN GYÖRGY TÓTH

Von Bocskai bis Zenta
Ungarn im Habsburgerreich im 17. Jahrhundert (1606–1697)

Nach der verlorenen Schlacht bei Mohács (1526) und der Einnahme von Buda (1541) durch die Türken zerfiel das mittelalterliche Königreich Ungarn in drei Teile: sein mittlerer Teil wurde zur Provinz des Osmanischen Reiches, während im Osten ein neuer, bis dahin nie dagewesener Staat, das Fürstentum Siebenbürgen, entstand. Letzterer war ein christlicher Vasall des Sultans – vergleichbar mit der Walachei und der Moldau sowie der Ragusischen Republik –, erfreute sich jedoch ziemlich großer Selbständigkeit. Der westliche und mittlere Teil des mittelalterlichen Ungarn – der nach den auch als Könige von Ungarn herrschenden habsburgischen Kaisern königliches Ungarn genannt wurde – gehörte dem Habsburgerreich an und verfügte bis 1687 über das Recht der Königswahl. Die Zeitgenossen blickten aber anders auf das Ungarn des 17. Jahrhunderts als wir, wenn wir über den Geschichtsatlas gebeugt die drei Landesteile durch verschiedene Farben gekennzeichnet sehen. Das Ungartum des 17. Jahrhunderts konnte sich nie damit abfinden, daß Ungarn in drei Teile zerfallen war: Die Einwohner des königlichen Ungarn betrachteten die Bezirke der türkischen Paschas nur als vorübergehend besetzte, doch organisch zum Königreich Ungarn gehörende Komitate – und dies war ein Gedanke, der durchaus nicht als Schöngeisterei gemeint war, versuchte doch der Staatsapparat des unter habsburgischer Herrschaft befindlichen Ungarn die Besteuerung und die Jurisdiktion der türkischen Gebiete wenigstens halbwegs unter seine Kontrolle zu bekommen. Dementsprechend betrachteten sie auch das Fürstentum Siebenbürgen als ein vom einheitlichen Ungarn vorübergehend abgefallenes Gebiet, wobei das Gefühl der Zusammengehörigkeit durch den Umstand verstärkt wurde, daß die meisten siebenbürgischen Fürsten zugleich auch Großgrundbesitzer in Ungarn waren, die auch im ungarischen Landtag durch eigene Abgesandte vertreten wurden. Außerdem gehörte die breite, um Kassa verlaufende – wirtschaftlich ziemlich entwickelte – Zone zwischen dem königlichen Ungarn und dem Fürstentum Siebenbürgen mehrere Male dem einen wie dem anderen, also dem Fürstentum Siebenbürgen und dem Staat der Habsburger zugleich an, was zur Folge hatte, daß die Adligen ihre Steuern in Siebenbürgen bezahlten, während sie sich bei Gerichtsfällen in die entgegengesetzte Richtung begaben. Die Habsburger eroberten im Laufe des Befreiungskrieges zwischen 1683 und 1699 von den Türken sowohl das von diesen unterworfene Gebiet als auch das Gebiet des Fürstentums Siebenbürgen zurück – und wenn zu Anfang des 18. Jahrhunderts so schnell "verschmolz, was zusammengehörte", so war das dem Umstand zu verdanken, daß die ungarische Öffentlichkeit die Zerstückelung des Landes nie als endgültigen Zustand angesehen hatte.

Der fünfzehnjährige Krieg (1593–1606) brachte weder für den Kaiser noch für den Sultan einen Sieg. Die Grenzlinie zwischen den beiden Weltreichen verlief nach wie vor quer durch Ungarn, und das Land diente weiterhin als Kriegsschauplatz. Die Zeitgenossen konnten freilich nicht ahnen, daß diese militärische Pattstellung zwischen den beiden erschöpften Weltreichen in Ungarn bis 1658 bestehen würde. Darüber waren sich aber alle im klaren, daß ein eventueller Aufstand des ungarischen und siebenbürgischen Adels gegen seinen Herrscher zu diesem Zeitpunkt die Vertreibung der Türken nicht gefährden würde. Im Landtag des Jahres 1604 machte Kaiser Rudolf den zwischen der Dynastie und den ungarischen Ständen bestehenden Kompromiß, auf dem die Regierung des Landes seit Mitte des 16. Jahrhunderts beruhte, zunichte. Die ungarischen Stände reagierten darauf mit einem bewaffneten Aufstand. Dieser wurde von einem habsburgisch gesinnten Politiker aus Siebenbürgen, von Stephan Bocskai, dem früheren Kapitän von Nagyvárad geführt.

23/6

Die Zeitgenossen hätten unter sämtlichen ungarischen Magnaten gerade von Bocskai am allerwenigsten angenommen, daß er sich mit den Türken verbünden würde, um gegen die Habsburger ins Feld zu ziehen. Ein Jahrzehnt zuvor hatte nämlich der siebenbürgische Fürst Sigismund Báthory gerade auf Bocskais Anraten jene siebenbürgischen Ratsherren umbringen lassen, die dem mit Rudolf eingegangenen Bündnis des Fürsten nicht zustimmten und im Verein mit den Türken gegen die Habsburger kämpfen wollten. Jetzt aber nötigte die Aussichtslosigkeit des türkischen Krieges auch Bocskai zu gerade diesem Schritt, nachdem er in seiner Zurückgezogenheit gründlich über die politische Sackgasse, in der sich das Land befand, nachgedacht hatte. "Also begann er über sich und sein Volk nachzudenken", wie dies der siebenbürgische Geschichtsschreiber István Szamosközy von ihm vermerkte. Bocskai war zu der Einsicht gekommen, daß das habsburgisch gesinnte Politisieren versagt hatte, und er hatte den Mut, seiner bis dahin verfolgten Politik ein Ende zu setzen. Er zögerte nicht, die sich bietende Gelegenheit zu nutzen, "liebt doch der Mensch, so er es vermag, das Fürstentum". Bocskais Aufstand brachte baldige Erfolge, die Stände wählten ihn zum Fürsten von Ungarn, und der Großwesir überbrachte ihm die dem Vasallen des Sultans zustehende juwelengeschmückte Krone, die heute eines der Prachtstücke der Schatzkammer in der Wiener Burg ist. Bocskai wollte aber nicht als türkischer Vasall König von Ungarn werden, sondern gab sich mit dem Titel des Fürsten von Siebenbürgen zufrieden und schloß einen kompromißartigen Frieden mit den Habsburgern.

Der am 23. Juni 1606 geschlossene Wiener Friede zwischen den Habsburgern und Bocskai bestimmte den Bewegungsraum der königlichen Macht und der Stände in Ungarn für die nächsten sechs Jahrzehnte. Das Land hatte seit einem halben Jahrhundert, seit dem Tode von Tamás Nádasdy im Jahre 1562, keinen Palatin mehr, und gemäß der jetzigen Übereinkunft mußte auch dieses wichtige Amt erneut besetzt werden. Bezeichnenderweise für das Kräfteverhältnis zwischen dem König und den Ständen wählte im Jahre 1608 der den Wiener Frieden ratifizierende Landtag die beiden wichtigsten Anhänger von Bocskai zu den zwei obersten Würdenträgern des Königreichs: Landesrichter wurde Bálint Homonai Drugeth, der Bocskais Feldherr war, während zum Palatin Bocskais wichtigster Berater, István Illésházy gewählt wurde, dessen Majestätsbeleidigungsprozeß ein Auslöser des Aufstandes war (beide sollten ihr Amt nur für wenige Monate bekleiden, da beide bereits im Jahr 1609 verstarben). Im Wiener Frieden hatte der Herrscher auch versprochen, daß er an die Spitze der ungarischen Ämter und der ungarischen Grenzburgen zukünftig nur Ungarn ernennen würde. Mit dem Frieden erkannte der Kaiser das von Bocskai beherrschte Fürstentum Siebenbürgen an, dessen Gebiet bis zum Tode des Fürsten um drei weitere Komitate erweitert wurde. Nach langwierigen Verhandlungen verzichtete der Wiener Hof auf seine – seit dem Frieden von Nagyvárad (1538) immer wieder verlautete – Forderung, daß Siebenbürgen nach dem Tode des Fürsten in das Königreich Ungarn eingegliedert werden soll, und nahm zur Kenntnis, daß das selbständige Fürstentum Siebenbürgen auf die Dauer bestehen bleibt. 35 Jahre waren verstrichen, seit der "Vajda" (Woiwode) István Báthory zum Nachfolger von Johann Sigismund, dem gewählten König von Ungarn, geworden war, und nun wurde dieses kleine Land zu einem von den Habsburgern anerkannten, souveränen Staat.

Der Wiener Friede bedeutete einen guten Kompromiß, was schon daraus ersichtlich wurde, daß die Unterschrift der kaiserlichen Gesandten und der Aufständischen kaum getrocknet war, als die Radikalen beider Parteien die Vereinbarung ablehnten, indem sie sie als unakzeptabel bezeichneten: weder Bocskais Anhänger, noch Rudolf wollten sie billigen.

Letztendlich griff Erzherzog Matthias zu einer List: Er suchte einen Brief von Rudolf hervor, in welchem dieser seine Einwilligung zu einer früheren Übereinkunft gegeben hatte, ließ das Datum auskratzen und machte damit den Wiener Frieden perfekt.

Am 11. November 1606 schloß Kaiser Rudolf auch mit dem Sultan Frieden. Die Verhandlungen fanden zwischen Esztergom und Komárom an der Grenze statt, und zwar dort, wo die Zsitva in die Donau fließt, aus diesem Grunde wird der hier abgeschlossene Friede auch nach der Zsitva-Mündung benannt. In diesem Friedensschluß wurden die Grenzen aufgrund der tatsächlichen Lage festgelegt, und demzufolge blieben die im fünfzehnjährigen Krieg besetzten Festungen Kanizsa und Eger in türkischer Hand. Der Sultan verzichtete gegen ein einmaliges Geschenk im Wert von zweihunderttausend *Forint* auf die jährliche Steuer, die ihm die Habsburger bis dahin seit 1547 zur Wahrung des Friedens entrichten mußten. Der Sultan zeigte sich auch damit einverstanden, Rudolf als ebenbürtigen Verhandlungspartner anzuerkennen, den er hinfort nicht mehr herabschätzend "Wiener König" nannte, sondern ihm den Titel des Kaisers, das heißt, eines Herrschers von seinem eigenen Rang zugestand.

Im Winter 1618–19 brach der später dreißigjährig genannte Krieg aus, und eine Zeit lang hatte es den Anschein, als würde der Staat der österreichischen Habsburger zusammenbrechen und in seine Bestandteile zerfallen. Die tschechischen Stände hatten sich der Form nach gegen ihren Herrscher, den deutsch-römischen Kaiser und böhmischen König Matthias II. erhoben, in den letzten Lebensmonaten des alten Kaisers (gestorben am 20. März 1619) befand sich aber die Macht immer mehr in den Händen seines auserkorenen und bereits zum König von Böhmen gewählten Nachfolgers, des neuen "starken Mannes", nämlich in denen des Erzherzogs Ferdinand.

Der 1618 in Prag ausgebrochene Aufstand weitete sich sehr bald aus und wurde zu einem Krieg von europäischem Ausmaß. Dieser sollte über eine Generation, volle dreißig Jahre lang, anhalten, und richtete eine mit den Türkenzügen vergleichbare Verwüstung auf deutschem Boden an. Es war der erste gesamteuropäische Krieg. Weder die Spanier noch die Schweden, noch die Franzosen hielten den tschechischen Aufstand für ihre Herzenssache, der nur der Vorwand für einen schon lange heranreifenden Konflikt war. Der Kampf der tschechischen Stände scheiterte bereits 1620, der Krieg aber dauerte bis 1648, während die Spanier und Franzosen sogar bis 1659 weiterkämpften. Was auf dem Spiel stand, war die Hegemonie der habsburgischen Dynastie in Deutschland und in Europa, diese zu erkämpfen bzw. zu vereiteln war Sinn und Zweck des Krieges.

Gábor Bethlen, Fürst von Siebenbürgen, wurde von den ungarischen Ständen – ähnlich wie Bocskai – zunächst zum Fürsten von Ungarn gewählt, Ende August 1620 sprach jedoch der nach Besztercebánya einberufene Landtag in Gegenwart der Abgesandten der antihabsburgischen Mächte, also des Sultans sowie der Könige von Frankreich und Polen, die Dethronisierung von Ferdinand II. aus. Bethlen wurde zum König von Ungarn gewählt. Vivat rex Gabriel! Es lebe König Gábor, riefen die versammelten Adligen mit schallender Stimme, und dennoch sollte Ungarn keinen König namens Gábor bekommen.

Bethlen ließ sich nicht krönen, obwohl er bei der Einnahme von Preßburg die Heilige Krone tatsächlich in Besitz nehmen konnte. Gábor Bethlen "hat sich die Krone nicht in den Kopf gesetzt", weil er sehr wohl einzusehen vermochte, daß seine Herrschaft nicht stabil war, zugleich aber wußte, daß es für ihn als gekrönten König schwerer sein würde, einen auf Kompromiß beruhenden Frieden mit Ferdinand zu schließen, und hielt sich deshalb den Rückweg frei.

Mit der Wahl Bethlens zum König von Ungarn hatte es für einen historischen Augenblick den Anschein, als wäre Ungarn in der Lage, den bereits 1541 entstandenen Zustand der Zerstückelung zu überwinden, und als hätten wenigstens zwei Teile jenes Ungarn, wie es vor der Niederlage von Mohács (1526) bestand, wieder zusammengefügt werden können. Diese Hoffnung erwies sich aber jetzt, wie überhaupt im Laufe des 17. Jahrhunderts bis zur Vertreibung der Türken als illusorisch. Keines der beiden das Gebiet von Ungarn untereinander aufteilenden Weltreiche hätte es geduldet, daß aus Siebenbürgen und dem königlichen Ungarn ein einheitliches Königreich entsteht.

Allerdings sahen sich am Anfang des 17. Jahrhunderts beide Weltreiche geschwächt: Die Habsburger mußten sich, nachdem der Streit zwischen den kaiserlichen Brüdern vorbei gewesen war, drei Jahrzehnte lang dem Krieg im Westen zuwenden. Das Osmanenreich wurde hingegen von dynastischen und wirtschaftlichen Krisen geschüttelt und war auf dem östlichen Kriegsschauplatz beschäftigt. Das konnte den trügerischen Anschein erwecken, als hätten weder der Kaiser noch der Sultan die Kraft gehabt, ihren Willen in Ungarn durchzusetzen. Herrschten auch chaotische Verhältnisse im Serail des Sultans, so gab die Hohe Pforte dennoch eindeutig zu verstehen, daß Bethlen, falls er ungarischer König werden sollte – was freilich der an der Schwächung des Habsburgerreiches interessierten osmanischen Diplomatie durchaus gefallen hätte –, auf das Fürstentum Siebenbürgen zu verzichten hätte. Das Osmanenreich duldete die Einigung des Königreichs Ungarn mit Siebenbürgen nicht nur von Westen nach Osten, das heißt, unter habsburgischer Oberhoheit, nicht – was im vorangegangenen Jahrhundert mehrfach, z.B. 1538, 1551 und 1598, versucht worden war –, sondern auch eine Vereinigung in umgekehrter Richtung hätte seine grundlegenden Interessen verletzt. "Gábor Bethlen soll, wenn es Gott gefällt, gekrönter König von Ungarn werden, ... aber Siebenbürgen werden wir niemals zu Ungarn gehören lassen, weil Siebenbürgen die Erfindung des Sultans Suleiman ist und dem gewaltigen Kaiser sein eigen", d.h. dem Sultan, wie es in der unmißverständlichen Formulierung im Brief der Hohen Pforte zu lesen ist. Für diejenigen, die aus den gewählten Formulierungen der Diplomatie die Lehre nicht gezogen hatten, bedeutete die Einnahme von Vác eine klare Sprache: Der Pascha von Buda besetzte diese wichtige Grenzburg, indem er gerade den Kampf von Bethlen ausnutzte, und diese Festung blieb von da an ebenso in türkischer Hand, wie das unter dem Vorwand des Bocskai-Aufstandes eingenommene Esztergom. Daraus konnten nicht nur Bethlens Diplomaten, sondern selbst die türhütenden Trabanten ersehen, wie es um die wahre Absicht des türkischen Reiches mit Ungarn seit "Sultan Suleiman" stand.

Während Bethlen, der gewählte König von Ungarn, glorreiche Siege errang, veränderte sich die internationale Lage zusehends zu seinen Ungunsten: Am 8. November 1620 erlitten die tschechischen Stände unter den Mauern von Prag, am Weißen Berg, eine katastrophale Niederlage gegen die habsburgischen Streitkräfte. Je mehr die Nachricht von der Schlacht in Ungarn bekannt wurde, desto mehr schrumpfte Bethlens Lager zusammen. Der Fürst stritt nurmehr darum, einen Frieden unter den möglichst günstigsten Bedingungen schließen zu können, was ihm auch gelang: Am letzten Tag des Jahres 1621 unterzeichneten im mährischen Nikolsburg die Gesandten Bethlens und des Kaisers den Frieden. Bethlen verzichtete auf den ungarischen Königstitel, gab die heilige Krone zurück, und als Gegenleistung erhielt er sieben an Siebenbürgen angrenzende Komitate in Oberungarn bis zu seinem Lebensende, obwohl diese rechtlich und zum Teil auch verwaltungsmäßig dem königlichen Ungarn angehörten. (In dem die Rechte des Herrschers und des Grundherrn vermischenden Europa der frühen Neuzeit war das keine Seltenheit.) Ferdinand II. bekräftigte auch die im Wiener Frieden anerkannten Rechte der ungarischen Stände. Der Landtag wurde einberufen, und in der Person Szaniszló Thurzós, des Cousins des früheren Palatins, György Thurzós, wurde ein Palatin gewählt. Szaniszló Thurzó hatte in den Friedensverhandlungen noch den Fürst Bethlen gegen den Kaiser vertreten, während er jetzt der Palatin des Gegenübers, Ferdinands II., das heißt, der Stellvertreter des Königs wurde. Diese Tatsache zeigt besser als alles andere, wie sehr die Stände im Königreich Ungarn erstarkt waren.

1630 schaltete sich auch Schweden in den Dreißigjährigen Krieg ein. Die Überlegenheit der kaiserlichen, das heißt, der katholischen Partei, hatte damit ein Ende, und das Gewicht verschob sich zugunsten der Protestanten. György I. Rákóczi war aber (im Gegensatz zum unternehmungslustigen Fürsten Gábor Bethlen) außerordentlich vorsichtig und ging deshalb ein Bündnis mit den Schweden erst ein, als Ende 1643 die herannahende Niederlage der Habsburger bereits offensichtlich war. Die Hohe Pforte erlaubte allerdings auch György Rákóczi nicht, was sie Bethlen verboten hatte. Aus Istanbul kam strenger Befehl: Rákóczi darf sein Fürstentum um die sieben Komitate erweitern, die bereits unter Bethlen zu Siebenbürgen gehört hatten, aber mehr darf er seinem Fürstentum nicht anschließen. Somit vereinigten sich unter Brünn (damals auf ungarisch Berény genannt) die Heere von Schweden und Siebenbürgen umsonst. Die Aufgabe von Rákóczis Feldherrn, des späteren tragischen Fürsten von Siebenbürgen, János Kemény, war nicht die Besprechung der gemeinsamen Kriegsstrategie, sondern lediglich die Bekanntgabe des Verbots der Hohen Pforte. Aber selbst die unentschlossene Kriegsführung des siebenbürgischen Fürsten György Rákóczi reichte hin, um einen Frieden unter sehr günstigen Bedingungen schließen zu können. Zu diesem Zeitpunkt hatten nämlich die Habsburger den Dreißigjährigen Krieg praktisch schon verloren. Die Niederlage war nicht vollständig, das Habsburgerreich blieb weiterhin bestehen, die Kaiser wurden nach wie vor von der Dynastie gestellt, dennoch konnte niemand daran zweifeln, daß das Kriegsglück den Kaiser verlassen hatte und daß auch sein wichtigster Verbündeter und Verwandter, der spanische König, am Ende seiner Kräfte war.

Der im Dezember 1645 in Linz geschlossene habsburgisch-siebenbürgische Frieden überließ György Rákóczi jene sieben Komitate, die früher Bethlen erhalten hatte, und die Bestimmungen des Wiener Friedens wurden erneut bestätigt. Die Streitkraft des Fürstentums Siebenbürgen blieb auch unter dem vorsichtigen György I. Rákóczi eine wirksame Stütze der ungarischen Stände. Der Feldzug György Rákóczis machte aber auch deutlich, daß das Osmanenreich auch jetzt nicht zuließ, daß sein siebenbürgischer Vasall zu stark würde. Die Vertreibung der Türken war unmöglich ohne die Habsburger, die aber vom Dreißigjährigen Krieg ganz in Anspruch genommen waren. Solange im Westen das Streiten nicht aufhörte, gab es überhaupt keine Chance, daß der große Feldzug zur Vertreibung der Türken seinen Anfang nahm. Aus diesem Grunde erwartete der ungarische Adel von Hoffnungen und Illusionen erfüllt das Ende des großen Krieges im Westen. Die nächsten Jahre brachten aber bittere Enttäuschung für Ungarn. Aus dem großen Krieg war nämlich das Haus der Habsburger geschwächt hervorgegangen. Das militärisch geschlagene, in dem über drei Jahrzehnte währenden Kampf total erschöpfte Habsburgerreich nahm keinen neuen großen Krieg auf sich, hätte ihn sich auch nicht leisten können. 1650 wurde in Istanbul der im Jahre 1606 geschlossene und seither mehrfach erneuerte habsburgisch-türkische Friedensvertrag von der Zsitva-Mündung unter im großen und ganzen unveränderten Bedingungen auf weitere 22 Jahre verlängert.

Die Vertreibung der Türken schien sich wiederum in ferne Zukunft zu verschieben. Vielleicht wäre es auch dabei geblieben, hätte nicht im Jahre 1657 György Rákóczi II. Polen unbesonnenerweise angegriffen. Im Laufe der türkisch-siebenbürgisch-habsburgischen Kriege der folgenden sieben Jahre brach das Fürstentum Siebenbürgen in sich zusammen, und 1663 nahm der Großwesir Ahmed Köprülü auch das so nah zu Wien gelegene Érsekújvár ein. Danach schlug er sein Lager in Belgrád auf, woraus offensichtlich wurde, daß der Großwesir die Absicht hatte, im folgenden Jahr wieder in Ungarn ins Feld zu ziehen, und versuchen würde, Wien einzunehmen.

Der kaiserliche Generalstab und die christlichen Mächte Europas nahmen die Drohung ernst. Die im Rheinbund versammelten, mit Frankreich befreundeten deutschen Fürstentümer entsandten unter dem Befehl von Graf Hohenlohe bedeutende Streitkräfte nach Ungarn, und auch Soldaten des französischen Königs, Ludwigs XIV., trafen ein. Im 16.–17. Jahrhundert waren die französischen Könige im allgemeinen Gegner der Habsburger und Verbündete der Türken, und in den folgenden Jahrzehnten unterstützte Ludwig XIV. tatsächlich immer die Gegner des Kaisers – jetzt aber schlossen sich unter dem Befehl des Grafen Coligny-Savigny etwa sechstausend hervorragend ausgebildete Soldaten dem christlichen Heer an, das außer den ungarischen Adligen und Grenzburgsoldaten und den kaiserlichen Regimentern auch von den Truppen des deutsch-römischen Reiches verstärkt wurde.

Der Großwesir wollte die Raab überqueren, um die Kaiserstadt von Süden her zu überfallen. Am 1. August 1664 fügte jedoch das von Montecuccoli angeführte kaiserliche Heer der bei Szentgotthárd die Raab überquerenden, über einhunderttausend Mann zählenden türkischen Armee eine verheerende Niederlage zu. Der Großwesir floh von Szentgotthárd bis Vasvár. Mit ihm flüchtete auch der Gesandte des Kaisers in Istanbul, Simon Reninger, der mit seinem Friedensangebot sich die ganze Zeit im osmanischen Kriegslager aufgehalten hatte. Somit wurde keine zehn Tage nach der verheerenden Niederlage der Türken der nach Vasvár benannte Frieden abgeschlossen, der die Grenzen aufgrund der augenblicklichen Kriegslage festlegte und selbst die Festungen von Érsekújvár und Várad, die beiden größten christlichen Verluste des Krieges, bei den Türken beließ. Die Vertreibung der Türken aus Ungarn verschob sich somit um eine weitere Generation.

Der Friede von Vasvár wurde in ganz Ungarn, ja, überall im damaligen Europa fassungslos aufgenommen. Der türkische Krieg wurde von Montecuccoli mit einem glänzenden Sieg abgeschlossen, und der in der Schlacht von Szentgotthárd in die Flucht geschlagene Großwesir durfte dennoch einen Frieden unterschreiben, der für ihn auch dann nicht hätte besser ausfallen können, wenn das Heer der Janitscharen den Sieg davongetragen hätte. Der ungarische Adel war guter Hoffnung gewesen, daß mit dem Sieg am Ufer der Raab der Krieg nicht aufhören würde,

19/2

sondern im Gegenteil, der antitürkische Feldzug, der zur Befreiung von ganz Ungarn führen könnte, seinen Anfang nehmen würde. Viele hofften sogar, daß es gelingen könnte, die Türken aus ganz Europa zu verjagen. Statt dessen führte der Friede keineswegs zur Verminderung des von den Türken beherrschten Gebietes, sondern erkannte vielmehr die osmanischen Eroberungen der Jahre 1660 bzw. 1663 an, womit zwei außerordentlich wichtige, riesige Burgen – Érsekújvár und Nagyvárad – sowie eine Vielzahl der zu diesen gehörenden Dörfer in türkischer Hand verblieben. Dadurch wurden neue, bis dahin verschonte ungarische Gebiete dem Reich des Sultans einverleibt, und der Kaiser versprach, die Burg von Székelyhíd, die jetzt statt Nagyvárad als neuer nördlicher Wachposten von Siebenbürgen diente, abzureißen und das in den siebenbürgischen Festungen verbliebene kaiserliche Militär abzuziehen.

Dieser im ersten Augenblick in jeder Hinsicht vernunftwidrig erscheinende Friedensschluß hatte zur Erklärung, daß der Wiener Hof (wie alle europäischen Minister) mit dem baldigen Aussterben der spanischen Habsburg-Dynastie und dem dann um das Erbe ausbrechenden großen Krieg rechnete und seine Armee für diesen Fall in Reserve hielt. Der letzte spanische Habsburger, der debile König Karl II., herrschte letzten Endes noch 35 Jahre lang, ewig krank, und der große europäische Krieg um die spanische Erbfolge brach erst zu Anfang des 18. Jahrhunderts aus – was 1664 aber noch niemand wissen konnte.

Die Befreiung von Ungarn wäre wahrscheinlich dem 18. Jahrhundert überlassen geblieben, hätte nicht der aus der Köprülü-Dynastie stammende Großwesir Kara Mustafa Wien überfallen.

1681 beendete das Osmanenreich seinen Krieg gegen Rußland, und die – mit dem Wort der Zeitgenossen – "viehische Kraft" der Türken konnte sich damit entfesseln. Die vom Erfolg der bisherigen Kriege berauschte und das Kräfteverhältnis zwischen der christlichen Welt und dem Osmanenreich durchaus falsch einschätzende Hohe Pforte wollte wieder einmal den Plan des Großen Suleiman verwirklichen.

Im Jahre 1683 zog Kara Mustafa, der Verwandte und Nachfolger von Ahmed Köprülü, mit einem Heer von etwa 130 000 Mann aus, um Wien zu erobern. Leopold I. und sein Hof flüchteten nach Linz, und viele Einwohner von Wien folgten ihrem Beispiel. Der Fall der Stadt schien keineswegs ein Ding der Unmöglichkeit zu sein. Auch die ungarischen

Magnaten waren dieser Meinung, die – unter ihnen auch die bisherigen Anhänger des Kaisers – sich den Türken und Thököly unterwarfen, und – das um ein Jahrzehnt früher kläglich gescheiterte Programm von Péter Zrínyi quasi neu aufwärmend – die Ländereien der Habsburger, Mähren, die Steiermark, Transdanubien, als türkische Vasallenfürsten vom Großwesir für sich erbaten.

Die Verteidiger der Kaiserstadt unter der Führung von Rüdiger Starhemberg schlugen jedoch die Attacken der Janitscharen der Reihe nach zurück und warteten auf das Entsatzheer. Das unter dem polnischen König Jan Sobieski und dem an der Spitze der kaiserlichen Armee stehenden Fürsten Karl von Lothringen im Wienerwald vereinigte polnisch-habsburgische Heer stürzte sich am 12. September auf die Türken. "Wie die Lava aus dem Vulkan" ergoß sich von den Höhen des Kahlenbergs die christliche Reiterei und zerschlug in einer achtstündigen, mörderischen Schlacht die Streitkraft der Belagerer.

Der Befreiungskrieg nahm damit seinen Anfang, die Vertreibung der Türken vom Gebiet Ungarns, von der zu diesem Zeitpunkt nur wenige gedacht hätten, daß sie sich bis zum Ende des Jahrhunderts hinschleppen würde. Zu Ungarns Glück saß auf dem päpstlichen Thron in der Person Innozenz XI. ein Papst, dem der Kampf gegen die heidnischen Türken am Herzen lag, und der über die Energie und das diplomatische Gefühl verfügte, die miteinander rivalisierenden christlichen Mächte im Interesse des gemeinsamen Ziels zu versöhnen. So konnte im März 1684 die Heilige Liga, die habsburgisch-venezianisch-polnische Allianz gegen die Türken, ins Leben gerufen werden: Das Osmanenreich wurde gleichzeitig an drei Fronten angegriffen, und später trat auch Rußland unter dem Zaren Peter dem Großen dem Bunde bei. Zu gleicher Zeit schloß der Kaiser Frieden mit seinem großen westlichen Rivalen, dem französischen König, was Leopold ermöglichte, seine Kräfte auf Ungarn zu konzentrieren.

Das christliche Heer begann noch im Sommer 1684 mit der Belagerung von Buda. Das Heer von Karl von Lothringen verlor zwanzigtausend Mann, mußte aber nach viermonatiger Belagerung Anfang November abziehen, ohne zu einem Generalangriff fähig gewesen zu sein, und auf den Burgmauern wehte nach wie vor die Fahne mit dem Pferdeschweif. Dem türkischen Heer war auch nach dem Sieg auf dem Kahlenberg nicht leicht beizukommen. Nach zwei Jahren, im Jahre 1686, gelang es dann dem kaiserlichen Heer, Buda zurückzuerobern. Die Einnahme der einstigen Landeshauptstadt war ein äußerst wichtiger moralischer Erfolg, und überall in Europa wurde das große Ereignis mit Dankmessen, Feuerwerk und karnevalhaften Volksfesten gefeiert. Auch strategisch war die Eroberung Budas äußerst wichtig: Das war die stärkste Grenzburg Ungarns, die den Wasserweg auf der Donau, den Schlüssel zu allen nach Süden gerichteten Manövern, bedeutete.

1687 war Ungarn die Revanche für die Tragödie von 1526 beschieden: Am 12. August errangen die christlichen Heere einen großen Sieg bei Nagyharsány, und da das in schmerzvollem Gedächtnis behaltene Schlachtfeld von Mohács nur 25 Kilometer entfernt lag, wurde das Aufeinandertreffen mit Vorliebe als die zweite Schlacht von Mohács bezeichnet. Die Schlacht von Nagyharsány machte es den Türken unmöglich, die unlängst erfochtene und wegen ihrer zerschossenen Mauern noch nicht zu verteidigende Burg von Buda zurückzuerobern. Nach dieser Schlacht waren viele der Meinung, daß die nächsten anderthalb Jahre den vollständigen Sieg über die Türken bringen würden. Den glanzvollen Siegeszug der christlichen Heere verfolgte aber gerade derjenige mit wachsendem Widerwillen, der seinem Titel nach der christlichste der Könige war: Ludwig XIV., der Herrscher von Frankreich. Ihm war klar, daß im Ergebnis der ungarischen Erfolge das Ansehen und die Macht Kaiser Leopolds außerordentlich angewachsen war, und er fiel deshalb 1688, keine vier Jahre nach dem Abschluß des auf zwanzig Jahre festgelegten Waffenstillstandes, dem Kaiser in den Rücken. Dem Habsburgischen Reich wurde also wider Erwarten ein Zweifrontenkrieg aufgezwungen: Die Helden der ungarischen Schlachten, Karl von Lothringen, Emanuel Maximilian, wie auch die besten Regimenter des kaiserlichen Heeres kämpften von nun an am Rhein gegen die Franzosen. Der Vertragsbruch Ludwigs XIV. kam Ungarn teuer zu stehen: Der Befreiungskrieg dauerte noch ein weiteres Jahrzehnt, ein weiteres Jahrzehnt mußte das zum Kriegsschauplatz gewordene Land der Verwüstung anheimfallen.

1690 kam es zu einem großen Gegenangriff der Türken: Mustafa Köprülü, der neue Großwesir, durfte damit rechnen, daß der Krieg im Westen das Gros des kaiserlichen Heeres binden würde. Unter dem Befehl des Großwesirs nahm das türkische Hauptheer Belgrád wieder ein, das 1688 von den Christen zurückerobert worden war. Ein anderes Heer, von Thököly geführt, sollte Siebenbürgen erobern. Thököly setzte über das Hochgebirge und besiegte das siebenbürgische Heer, doch kaum zum Fürsten gewählt, mußte er das Land auf ewig verlassen und den heranrückenden kaiserlichen Truppen kampflos das Feld überlassen. Als verbannter Herrscher von nunmehr zwei Vasallenfürstentümern lebte er bis zu seinem Tode im Jahre 1705 auf türkischem Gebiet. Das nächste Jahr brachte jedoch wieder einen großen Sieg für die Christenheit. In der Schlacht von Szalánkemén im Jahre 1691 fielen mehr als zehntausend Türken, aber noch schlimmere Folgen für das Osmanenreich hatte es, daß auch der ausgezeichnete Großwesir Mustafa Köprülü sein Leben lassen mußte.

1697 führte der dem Großen Suleiman nacheifernde neue Sultan, Mustafa II., seine Streitmacht höchstpersönlich zum Feldzug nach Ungarn – von dieser großen Gegenoffensive erwartete er eine entscheidende Wende des Krieges. Die Wende stellte sich tatsächlich ein, nur eben nicht, wie von Mustafa II. erhofft. Zwischen dem Kaiser und Ludwig XIV. wurde der Friede an der Front im Westen wiederhergestellt, und somit konnte Leopold größere Kräfte nach Ungarn entsenden. Die christlichen Heere wurden vom Fürsten Eugen von Savoyen angeführt. Seinem Genie ist der am Ufer der Theiß, bei Zenta errungene Sieg zu verdanken. Wie schon 1664 bei Szentgotthárd griff die kaiserliche Streitkraft das türkische Heer auch diesmal beim Überqueren des Flusses an. In der kurzen Schlacht richteten die Christen ein schreckliches Gemetzel unter den Janitscharen an. Mehr als zwanzigtausend Türken starben auf dem Schlachtfeld, unter ihnen auch der Großwesir: Binnen sechs Jahren war er der zweite Großwesir, der in Ungarn gefallen war. Der Sultan kam jetzt, während er vom gegenüberliegenden Ufer der Theiß der Vernichtung seines Heeres machtlos zuschauen mußte, zu der Einsicht, daß die Zeit des Großen Suleiman endgültig vorbei war, und die Wilājets in Ungarn für die Hohe Pforte jetzt ein für allemal verloren waren. Die Friedensverhandlungen konnten ihren Anfang nehmen, die zu dem im Januar 1699 abgeschlossenen Frieden von Karlóca führten: Das Gebiet Ungarns war damit – abgesehen von der kleinen Region um Temesvár – endgültig von den Türken befreit. Alle drei Teile des gespaltenen Ungarn gliederten sich in das Habsburgerreich ein, was auch bedeutete, daß sich seine weitere Entwicklung nunmehr nach Europa richtete.

LITERATUR:
Szakály Ferenc, Virágkor és hanyatlás, 1440-1711. Bp, 1990.
R. Várkonyi Ágnes, A királyi Magyarország, Bp, 1999.
Ágoston Gábor-Oborni Teréz, A tizenhetedik század története, Bp. 2000.
Tóth István György, Három ország egy haza, Bp, 1991.

ÁGNES R. VÁRKONYI

Der König und der Fürst • Franz II. Rákóczi, Joseph I. und das Gleichgewicht der europäischen Mächte von 1676 bis 1711

Im Frühjahr 1681 und in den ersten Tagen des Weihnachtsmonats im Jahre 1687 richteten die europäischen Mächte von gutem Gespür geleitet ihre Aufmerksamkeit auf zwei Knaben.

Franz II. Rákóczi (1675–1735) nahm in Kassa, in der zentralen Stadt der nordöstlichen Region des königlichen Ungarn, in der barocken Jesuitenkirche, an einer Bestattungszeremonie teil, in schwarzem, samtenem Gewand und gemäß den Sitten des mittelalterlichen Königreichs Ungarn, die immerfort gewahrt worden waren: Auch wenn König Ludwig II. (1506–1526) im August 1526 die Schlacht bei Mohács verloren hatte, Buda vom Sultan Suleiman (etwa 1494–1566) eingenommen worden war und der Rest des Landes unter der Herrschaft der habsburgischen Dynastie und der siebenbürgischen Fürsten stand, zeigten hier dennoch zwölf der Armen in aschgrauer Kutte und mit brennender Fackel den Weg zur Seligkeit. Als der Fürstin Sophie Báthory (1629–1680), dem letzten Abkömmling der siebenbürgischen Fürsten- und polnischen Königsfamilie, der Witwe des siebenbürgischen Fürsten Georg II. Rákóczi, die letzte Ehre erwiesen wurde, galt die Trauerrede, – die mit den Worten des Heiligen Augustin, Jean Bodins und Justus Lipsius' an die Verantwortung des Herrschens gemahnte –, in erster Linie dem fünfjährigen Enkel.

Joseph I. (1678–1711) war, als er während des Landtages von Pozsony in goldverschnürter Husarentracht vor dem Altar der Sankt-Martin-Kathedrale stand, der erste in der Linie seiner Vorfahren, – den sieben ungarischen Königen der habsburgischen Dynastie –, dem die Krone Stephan des Heiligen nicht nach einer Wahl, sondern aufgrund des Erbrechts aufgesetzt wurde. Als Geschenk bekam er von den ungarischen Ständen ein Labyrinthspiel: Auf dem Spielbrett wiesen dem neunjährigen König die Beispiele berühmter Herrscher, wie Alexanders des Großen, Julius Caesars, des Königs Matthias Corvinus und des Kaisers Karl V., den Weg zu einer rechten Regierung.

In der bibliothekfüllenden Fachliteratur erscheinen die Lebenswege des Königs und des Fürsten im Spiegel der oberflächlichen politischen Herangehensweisen als zwei getrennte Welten, als die Wege zweier gegensätzlicher Mächte, als zwei einander leugnende Alternativen. Die Geschichtsschreiber haben sich einem Vertrautmachen mit der anderen Partei gleichgültig verschlossen, oder urteilen in gegenseitiger Voreingenommenheit nach alten Stereotypen. Einige kurze Anspielungen weisen zwar auf vorhandene Beziehungen hin, auf die Absicht des Sich-Verstehens, an einer gründlicheren Bearbeitung fehlt es jedoch.

Im folgenden wird ein kurzer Überblick über wichtige Punkte, an denen sich ihre Lebenswege kreuzten, gegeben. Unser besonderes Augenmerk gilt ihrer Persönlichkeit und Mentalität, da wir uns im engen Rahmen unserer Studie den möglichen Ablauf ihrer vergessenen oder verleugneten Dialoge in einem Europa auf Identitätssuche nur auf diese Weise vergegenwärtigen können.

Parallelen

Beide lebten im Zeitalter des großen Umbruchs in Europa, als die Grenze des Türkischen Reiches von den Truppen der Liga Sacra an die Schwelle des Balkan zurückgedrängt (1683–1699) und das Kräfteverhältnis zwischen den europäischen Mächten durch einen internationalen Krieg, den spanischen Erbfolgekrieg, und den Krieg im Norden (1701–1714) neugestaltet wurde. Die Reiche und Nationalstaaten der Neuzeit bildeten sich heraus, und unter den Alternativen ergaben sich verschiedene Varianten zur Stabilisierung der Region und zur Herstellung des Kräftegleichgewichtes[1].

Franz II. Rákóczi kämpfte für die Identität des ungarischen Staates, für dessen institutionelle Modernisierung sowie dafür, daß das Königreich Ungarn und das Fürstentum Siebenbürgen auf der Grundlage internationaler Garantien den ihnen gebührenden Platz im europäischen Friedenssystem einnehmen konnten[2].

26/1

Joseph I. sah sich als deutsch-römischer Kaiser und als König von Böhmen und von Ungarn vor die Aufgabe gestellt, sein väterliches Erbe, das Habsburgerreich, aus der Krise hinauszuführen und demselben durch neue Regierungsmethoden und zeitgemäße Reformen den Großmachtstatus zu sichern[3].

Sie wuchsen an gemeinsamen zeitgeschichtlichen Erlebnissen heran. 1683 erlebten sie von jeweils entgegengesetzter Seite, aber mit gleicher Intensität die Furchtbarkeit der Wien belagernden osmanischen Streitkraft. Der kleine Erzherzog flüchtete mit dem Hof nach Linz. Der Fürstenknabe mußte im rückendeckenden Heer hinter den Belagerern miterleben, wie sein Stiefvater der Fürst Graf Emmerich Thököly (1657–1705), zu retten suchte, was im preisgegebenen, ungeschützten und von der hunderttausend Mann zählenden Streitkraft des Großwesirs Kara Mustafa überfluteten Land noch zu retten war. Er mußte dabeisein, als die unter Wien in die Flucht geschlagenen Janitscharen durch das Lager stürmten. Der 2. September 1686, die Zurückeroberung von Buda aus der türkischen Herrschaft, wurde überall in Europa, auch vom Wiener Hof mit einem Feuerwerk gefeiert. In der Burg von Munkács mußte zum selben Zeitpunkt der zehnjährige Sohn der Fürstin Ilona Zrínyi (1645–1703) die Belagerung der kaiserlichen Armee und die nächtliche Bombardierung durch ihre Artillerie ertragen.

Beide wurden auf das Herrschen (um einen moderneren Ausdruck zu verwenden: auf ähnliche Rollen) vorbereitet. Dem Herzogsknaben wurde diese Rolle zu früh zugeteilt, und er war noch keine zehn Jahre alt, als er für volljährig erklärt wurde, um den Thron von Ungarn erben zu können. Der kleine Fürst mußte durch eine politische Wende bedingt die für ihn von der Erziehung her vorgesehenen Geleise verlassen. Der Prinz wurde von seinen Erziehern im Sinne der traditionellen Machtideale des Reiches unterrichtet, und seine für die Habsburgerfamilie ungewöhnlichen Neigungen zeigten sich schon früh. Er war anders als sein jüngerer Bruder

Karl empfindlich und ungeduldig, zeigte wenig Interesse für die Religionsgebote, umso mehr aber für neue Regierungsalternativen und für die Wirtschaft. Die Erziehung des Erben der sich über ganze Landesteile erstreckenden Rákóczi-Besitzungen erfolgte nach den Sitten der Fürsten von Siebenbürgen. Dann folgte eine einschneidende Wende. Ab seinem zwölften Lebensjahr wurde er im Jesuitenkolleg des nordböhmischen Neuhaus und später an der Prager Universität zu militärischen und staatsämtlichen Aufgaben ausgebildet, wie es sich für Söhne aristokratischer Familien geziemte. Beide erwarben moderne Kenntnisse. Im wesentlichen auf ähnliche Art lernten sie Sprachen, militärische Architektur, Philologie und Regierungskunst. Der König eignete sich die ungarische Sprache nicht an. Von seinem Land und dessen Gesellschaft ließ er sich durch die am Hof weilenden ungarischen Magnaten Eindrücke vermitteln. Die Soldaten und Bauern lernte er aus dem extra für ihn angefertigten Geometriebuch des Kriegsingenieurs Birkenstein kennen, wo unter den geometrischen Abbildungen ungarische Burgen, türkische und ungarische Streiter und Szenen aus dem Kriegslager zu sehen waren. Der Fürst zeichnete sich durch sein außerordentliches Sprachtalent aus und kannte seine Heimat gut, wie auch er im ganzen Lande bekannt war. Beide beschäftigten sich mit der Geschichte des Altertums und der vergangenen Jahrhunderte, aber einen besonders starken Eindruck hinterließen die Lebenswege ihrer Familien, die von gegeneinander geführten Kämpfen und vom Aufeinander-Angewiesensein geprägte Geschichte des Habsburgerreiches und Ungarns. König Joseph wurde inmitten der Großmachtsiege des Habsburgerreiches sehr stark zu deutschem Bewußtsein erzogen, er war energisch und tatkräftig. Rákóczi, der ein starkes Gefühl von Verantwortung für die ungarische Nation entwickelte, wuchs unter dem Eindruck der Verluste Ungarns und Siebenbürgens heran und lernte das andere Europa kennen. Die beiden in den neunziger Jahren ins Mannesalter tretenden hervorragenden Reiter und leidenschaftlichen Jäger waren den Künsten und zugleich der Politik mit Leib und Seele verpflichtet. Sie stellen zwei Persönlichkeiten von hoher Berufung und europäischem Weitblick dar. Der Fürst hat seine verborgensten Gedanken zu Papier gebracht; er hinterließ ein riesiges, kaum zu überblickendes Schriftmaterial, das mir recht gut bekannt ist. Die Monographen des Königs klagen darüber, daß er nur Weniges persönlicher Art hinterlassen hat und daß die Dokumente seiner Herrschaft nicht gesammelt worden sind. An seinen Äußerungen über Ungarn waren die Geschichtsschreiber wenig interessiert. Unsere Kenntnisse über ihn sind demzufolge sehr mangelhaft und fragmentarisch. Der König und der Fürst kannten sich gut. Der junge Rákóczi erhielt den Titel eines Herzogs des Heiligen Reiches deutsch-römischer Nation und lebte zwischen 1692 und 1700 längere Zeit in Wien. Aus einem seiner Briefe geht hervor, daß er bei Hof oft mit dem um zwei Jahre jüngeren König zusammen war.[4]

Joseph erhielt die römische Königswürde und hatte in Reichsangelegenheiten keine Mitsprache. Die Regierungspraxis seines Vaters kritisierte er heftig und konnte dessen ältere Vertrauenspersonen nicht leiden, weder den Hofkanzler Graf Julius Buccelini noch den Kardinal Graf Lipót Kollonics (1631–1707). Ein gesonderter Kreis von Politikern bildete sich um ihn. Er führte sich gern die Wirtschaftsanalysen seines Kämmerers, des Grafen Karl Waldenstein (1661–1713), wie auch die Erfahrungen von Karl Theodor Salm (1648–1710), des einflußreichsten Mannes bei Hofe, zu Gemüte. Das größte Vertrauen hatte er aber zu Graf Wenzeslaw Wratislaw (1670–1712), dem die europäische Außenpolitik bestimmenden tschechischen Kanzler. Mit den bei Hof verkehrenden Ungarn freundete sich Joseph besser an als üblich an. General Graf Simon Forgách (1669–1730), der Obergespan des Komitats Borsod und ein ausgezeichneter Soldat, war ihm von Kindheit an ein Freund und Vertrauter.

Türkischer Friede – europäischer Krieg

Das letzte Jahr des Jahrhunderts brachte sowohl im Leben des Königs als auch in dem des Fürsten bedeutende Veränderungen. König Joseph heiratete Luisa Amalia, die Herzogin von Braunschweig-Lüneburg. An seiner Hochzeit am 24. Februar 1699 nahm auch Pál Ráday (1677–1733), der treue Anhänger, spätere Kanzler und Diplomat Rákóczis teil. Es ist bemerkenswert, mit welchem Nachdruck Ráday den 25. Februar in seiner lakonischen Autobiographie aus dem Jahre 1713 verewigt hat: "Ich war an der hochzeitlichen Solennität seiner Majestät, des römischen Kaisers, unseres Königs Joseph, zugegen, da ich Wachtmeister einer herrlichen ungarischen Reiterei anlässlich der Introduktion war."[5]

Am 16. Februar, einige Tage vor der prunkvollen Hochzeit, bestätigte Kaiser Leopold den am 26. Januar in Karlóca unterzeichneten Frieden, den drei Mitglieder der Heiligen Liga, das Habsburgerreich, die Venezianische Republik und das Königreich Polen, mit dem Osmanenreich geschlossen hatten. An dem den Krieg zwischen den Ländern der Heiligen Liga – dieses internationalen Bundes – und dem Osmanenreich abschließenden Friedenschluß durften die Ungarn nicht teilnehmen, obwohl Kaiser Leopold mehrmals – zuletzt in der Vereinbarung von 1687 – das Teilnahmerecht der Hauptwürdenträger des Königreichs an den Friedensverhandlungen akzeptierte. Das zurückeroberte Ungarn wurde von der Regierung Leopolds als ein mit Waffengewalt erobertes Gebiet angesehen und sollte dem Reich einverleibt werden. Der Kriegsrat beschloß gleich nach der Friedensvereinbarung am 5. Februar mehrere Verordnungen: Die jahrzehntelange Debatte wurde abgeschlossen – es sollte keine eigenständige ungarische Armee geben. Einige Regimenter wurden aufgelöst, die Soldaten der Grenzburgen wurden entlassen, die Sprengung einiger Grenzburgen beschlossen und der Ausbau der den Serben anvertrauten Grenzbewachungszone entlang der Flüsse Theiß und Maros wurde in Angriff genommen.

Europa erlangte mit dem Frieden von Karlowitz "kontinentale Dimensionen". Die seit über zwei Jahrhunderten von türkischer Expansion bedrohten und die unter osmanischer Herrschaft gewesenen Gebiete konnten sich nun wieder in die Gemeinschaft der christlichen Länder Europas eingliedern. Die Frage des Wies war aber noch offen. Für das Habsburgerreich bewirkte das Jahrhundertende ein "Wunder", andererseits bedeutete der schnelle Abschluß des türkischen Krieges eine Niederlage für die Diplomatie Frankreichs und für Venedig das Ende seines Mitmischens in der großen Politik. Zugleich gingen die in den seit 1690 geführten, von Zeit zu Zeit unterbrochenen Friedensverhandlungen noch günstig stehenden Chancen für die Selbständigkeit des Fürstentums Siebenbürgen und des Königlichen Ungarn verloren. In der Stellungnahme des englischen Friedensvermittlers William Paget, mit der dieser die Selbständigkeit des Staates Siebenbürgen in den Friedenschluß aufnehmen lassen wollte, kam jedoch zum Ausdruck, daß Europa zweipolig geworden war, und daß die beiden Seemächte, England und Holland, bei der Gestaltung der Region die Beibehaltung der Autonomie des als protestantisches Land geltenden Fürstentums befürworteten. Außerdem erschien eine neue Macht, und zwar Rußland, auf der Bühne der internationalen Politik.

Den Frieden von Karlowitz und das Hochzeitsfest des jungen Königs überschattete allerdings die Tatsache, daß Leopolds Enkel, Joseph Ferdinand, Herzog von Bayern, der rechtmäßige Erbe des spanischen Thrones, am 6. Februar verstarb. Dem schwerkranken spanischen König Karl II. blieb gerade noch Zeit, – als neuen Sprengstoff im Machtkampf der bourbonischen und habsburgischen Dynastien – den Thron durch ein neues Vermächtnis dem Enkel des französischen Königs Ludwig XIV. zu vererben. Der zwischen den bourbonischen und habsburgischen Dynastien um das spanische Erbe seit Jahren bestehende diplomatische Kampf artete nun zu einer offenen bewaffneten Auseinandersetzung aus und warf den Schatten eines ganz Europa mit sich reißenden Krieges voraus.

Rákóczi brachte seine Besitztümer in Ordnung, und bald bildete sich ein aus oberungarischen Magnaten und Komitatsadeligen bestehender Kreis von Politikern um ihn. Sie versuchten durch Verhandlungen und durch Übereinkommen mit zentralen Regierungsorganen die Verhältnisse des Landes zu ordnen. 1699 wurde offensichtlich, daß die Selbständigkeit des Staates verloren ging: Im Frieden von Karlowitz "sine nobis, de nobis", "ohne uns über uns" entschieden. Der Ausbruch des französisch-habsburgischen Krieges bot der ungarischen Politik eine Gelegenheit, sich in den internationalen Konflikt einzuschalten. Der von Rákóczi an Ludwig XIV. geschriebene Brief wurde abgefangen, Rákóczi selbst mit siebenundsiebzig seiner Leute festgenommen. Der des Hochverrats Angeklagte wurde von einem außerordentlichen Gericht, dem judicium delegatum, zum Verlust von Kopf und Gütern verurteilt. Es stellt sich die Frage, ob sich König Joseph I. mit Fürst Rákóczis von ganz Europa gespannt verfolgter Affäre beschäftigte? Unseres Wissens haben sich die Forscher diese Frage nicht einmal gestellt.

Den verstreuten Angaben zufolge war das Verhältnis Rákóczis zum jungen König die ganze Zeit über gut. Rákóczi hatte ohne Wissen und Genehmigung des kaiserlichen Hofes die mit der habsburgischen und bourbonischen Familie gleichermaßen verwandte Herzogin von Hessen-

Rheinfels geheiratet, und die Eheschließung war von dem die Selbständigkeit der Fürstentümer unterstützenden Mainzer Kurfürsten Lothar Franz von Schönborn befördert worden.⁶ Dies hatte König Joseph seinerzeit nicht daran gehindert, die Taufpatenschaft von Rákóczis am 7. August 1700 in Wien geborenem Kind, Joseph Rákóczi (1700–1738), zu übernehmen. Der Fürst war seinerseits tief betroffen vom Tode des dem König eben erst geborenen Sohnes. Hauptmann Gottfried Lehmann (?–1702) wurde auf Josephs Hinwirken fast gleichzeitig mit Rákóczis Festnahme zum Kommandanten des Gefängnisses von Wiener Neustadt ernannt. Bekannterweise konnte Rákóczi mit Hilfe des Hauptmanns vor dem Todesurteil nach Polen fliehen, und einer seiner in der Zelle gelassenen, seine Unschuld beteuernden Briefe war an König Joseph gerichtet. Es ginge zuweit, aus diesen wenigen Angaben weitreichende Schlußfolgerungen zu ziehen. Es ist aber gewiß, daß König Joseph für den engen Vertrauten Kaiser Leopolds und Präsidenten des judicium delegatum, den Hofkanzler Julius Friedrich Buccellini, der auch schon Mitglied des den kroatischen Ban Peter Zrínyi (1622–1671), Rákóczis Großvater, zum Tode verurteilenden Gerichtes war, nicht viel übrig hatte. Über die Umständen der Flucht wurde auch schon die Meinung vertreten, daß sie "ohne das Mitwissen und das Einverständnis des Herrschers nicht hätte gelingen können."⁷

König Joseph betrachtete die Krise der Jahre 1700–1703 als Folge der verfehlten Politik von Kaiser Leopolds Regierung. Er erkannte, daß der mit Frankreich ausbrechende Krieg ein Kampf von entscheidender Bedeutung war, und organisierte den Kampf mit aller Energie: Er stellte Prinz Eugen von Savoyen an die Spitze des Kriegsrates, Graf Starhemberg ernannte er zum Präsidenten der Hofkammer. Er selbst führte den Befehl bei der Belagerung von Landau, und in seiner Armee sollen etwa sechstausend Ungarn gedient haben, unter ihnen auch Graf Simon Forgách, der Vizegeneral der Burg von Győr.

Der Fürst

Er erklärte mehrfach, daß der Krieg in Ungarn ein organischer Teil des Kampfes um die Herausbildung des Gleichgewichts der Mächte in Europa war. "Wir sind bestrebt, mit der Wiedererringung der Freiheit unseres Landes nicht nur der Nation, sondern dem gesamten Europa und auch der Sache des Christentums zu dienen."⁸

In Ungarn und in Siebenbürgen herrschten schon Jahre vor dem Ausbruch des spanischen Erbfolgekrieges bürgerkriegsähnliche Verhältnisse. Die im Namen von Leopold I. getroffenen zentralen Entscheidungen wurden gemäß den Interessenskämpfen der Kammern und der militärischen Kreise realisiert. Bei den Ernennungen zu höheren katholischen Priesterämtern und der Regelung der kirchlichen Zuständigkeiten gaben die Interessen des Reiches den Ausschlag. Protestanten durften ihren Glauben öffentlich nur in Artikularkirchen ausüben, in den zurückeroberten Gebieten erhielten sie kein Recht zur Niederlassung in den Städten, durften in die Zünfte nicht eintreten und ihre Kirchen und Schulen wurden mit militärischer Gewalt besetzt gehalten. Die Handelsmonopole, die Konfiszierung der Besitztümer, die Neoacquistica Commissio, gemäß welcher die einstigen Eigentümer der von den Türken zurückeroberten Gebiete ihre Güter nur gegen Lösegeld zurückerhalten konnten, die von Jahr zu Jahr verdoppelten Steuern und die Willkür des unversorgten Militärs zwang eine Vielzahl von Komitaten, Städten, Kirchen und Dorfgemeinschaften zur Selbstverteidigung. Zur Einrichtung der zurückeroberten Gebiete wurden verschiedene Pläne entworfen, aber weder der unter der Leitung des Palatins Herzog Pál Esterházy (1635–1713) erarbeitete Vorschlag noch der von Leopold Kollonich herrührende großangelegte Entwurf wurde verwirklicht. Die Regierung erhöhte die Steuern ohne Unterlaß, monopolisierte den Handel von mehreren Produkten und anstatt die inneren gesellschaftlichen Spannungen abzubauen, ließ sie sie noch größer werden. Die Schatzkammer eignete sich den Handel von Salz, Wein und Kupfer an und vergab ihn dann in Konzession. Die wirtschaftlichen Schlüsselpositionen wurden von der neuen höfischen Aristokratie besetzt, und die Ungarn wurden aus den über ihr eigenes Land entscheidenden Gremien verdrängt. Die zentrale Regierung ließ ein kulturelles und wirtschaftliches Aufbegehren (Eperjes 1687) der evangelischen Bürger und unternehmerischen Adligen und den Aufstand der um den freien Handel kämpfenden, weinanbauenden Marktflecken im Hegyalja-Gebiet (Sárospatak, Tokaj 1697) mit militärischer Gewalt ersticken. Lokale Versuche siebenbürgischer Städte und Salzbergwerke wurden gleichfalls niedergeschlagen. Eine Vielzahl von Vermögen wurde in Ärarverwaltung genommen und ganze gesellschaftliche Schichten verloren en bloc ihre Existenzgrundlage.

In Ungarns nordöstlicher Region, in der Theißebene, wurde im Frühjahr 1703 von Kleinadligen, entlassenen Grenzburgsoldaten, Leibeigenen, Marktfleckenbewohnern und handeltreibenden Bauern ein Aufstand organisiert. Wäre Rákóczi ihrem Ruf nicht gefolgt und nicht aus Polen zurückgekommen, so wäre das Land zum anarchischer Gebiet eines in Blut erstickten Bürgerkrieges geworden. Da zugleich für die im spanischen Erbfolgekrieg einzusetzenden Regimenter in großer Menge Soldaten geworben wurden, wäre die männliche Bevölkerung auf den italienischen und rheinischen Kriegsschauplätzen verblutet. Indem er sich an die Spitze der Aufständischen stellte, nahm er die Pflicht der Organisierung des Landes und die ungeheure Verantwortung auf sich, die er auf den Blättern der *Confessio Peccatoris*, in seinem schon in der Verbannung geschriebenen Bekenntnis, wie folgt bezeichnete "Du hast mich zum Hirten einer großen Herde gemacht, mein Herr!"

Rákóczi stieg im Frühsommer des Jahres 1703 mit den ungezügelten Truppen von Leibeigenen, geflohenen Soldaten und Kleinadligen über die Gebirgszüge der Karpaten in die Tiefebene der Theiß hinab. Auf seiner Fahnen drückte die Losung "Cum deo pro patria et libertate" – Mit Gott für Vaterland und Freiheit – die in ganz Europa aus der Zeit des niederländischen Freiheitskampfes bekannten Forderungen nach Identität des Landes und freier Religionsausübung aus. Der Aufstand entfaltete sich bis Ende 1703 zu einem das ganze Land ergreifenden Freiheitskampf. Führung und Organisation wurden von den überwiegend reformierten Adligen der Komitate versehen. Abgesehen von den relativ geringen Hilfsgeldern des französischen Königs wurden die Kosten aus den Rákóczi-Besitztümern und den Krediten größtenteils evangelischer Bürger, unternehmerischer Adligen, reformierter Bürger der Marktflecken sowie aus den Produkten und Bodenschätzen des Landes bestritten. Die Generale und Oberoffiziere der Armee waren überwiegend katholische Magnaten und mehrere hatten im türkischen Krieg ihre militärischen Erfahrungen erworben. Der Oberste General Graf Miklós Bercsényi (1665–1725), Obergespan des Komitats Ungvár, war zuvor Oberkriegskommissar von Oberungarn gewesen.⁹ Aus dem Priesterstand schworen – per puritatem conscientiae – drei Bischöfe, mehrere Kanoniker, viele Pfarrer und Mönche Rákóczi Treue. Zu Anfang des Jahres 1704 hatte Rákóczi in zwei Dritteln der beiden Länder, des Königreichs Ungarn und des Fürstentums Siebenbürgen, seine Macht gefestigt. Die ständischen Würdenträger des Königreichs, die aristokratischer Grundherren der westlichen Randgebiete zogen sich nach Wien zurück und blieben dem König treu.

Über die Gründe des Freiheitskampfes wurde Europa durch das an *Universis orbis Christiani principibus et respublicis* – An alle Fürsten und Republiken der Christenheit – gerichtete und von Pál Ráday formulierte Manifest in Kenntnis gesetzt. Es erschien zu Anfang des Jahres 1704 auf Lateinisch, fand großen Widerhall und wurde in mehrere Sprachen übersetzt. Am 4. Januar 1704 wurde es vom englischen Gesandten in Wien, Charles Whitworths, in außerordentlich detaillierten Auszügen an Königin Anna nach London übermittelt¹⁰.

England und Holland entschieden sich nach Erwägung der Chancen des europäischen Machtgleichgewichts mit geringer Stimmenmehrheit dafür, sich im Krieg um die spanische Erbfolge mit dem Habsburgerreich zu verbünden. Nachdem das Bankhaus des Hofkreditors Samuel Oppenheimer (?–1703) im Jahre 1703 Bankrott gegangen war, war die habsburgische Regierung auf die Darlehen englischer und holländischer Bankhäuser angewiesen. Die Genialität des Fürsten Eugen von Savoyen (1663–1736) konnte allein auf sich gestellt gegen die Streitkraft Ludwig XIV. nicht bestehen. Im Sommer 1704 errang die Koalition bei Höchstadt-Blenheim mit Hilfe der von Herzog Marlborough (1650–1722) geführten englischen Truppen ihren ersten Sieg gegen die französische Übermacht, noch dazu einen von entscheidender Bedeutung,.

Rákóczis Angriffen wurde anfangs vom Kriegsrat keine größere Bedeutung zugemessen. Nach einigen Wochen stellte sich aber heraus, daß die im Land stationierten kaiserlichen Garnisonen gegen den sich landesweit mit elementarer Kraft entfaltenden Freiheitskampf nichts ausrichten konnten. Vom westlichen Kriegsschauplatz mußten Truppen verlegt und neue Regimenter aufgestellt werden. Hinsichtlich ihrer Ausbildung und Ausrüstung blieb Rákóczis Armee immer weit hinter den kaiserlichen Streitkräften zurück. Der am 8. Juli 1704 im Landtag von

Gyulafehérvár zum Fürsten von Siebenbürgen gewählte Rákóczi war sich darüber im klaren, daß sein Unternehmen Teil eines um die Neuordnung des europäischen Kräftegleichgewichtes geführten Krieges war. "Gleich, ob in diesem Krieg die Franzosen oder die Habsburger siegen, das europäische Kräftegleichgewicht wird zerstört werden"[11], erklärte er schon am 27. Januar 1704 in Anweisung seiner zum preußischen und schwedischen König beorderten Gesandten. Er mußte eine landesweite Interessengemeinschaft ins Leben rufen. Er kannte die Teilung des Landes, seine Armut und den heruntergekommenen Zustand der Bevölkerung. Durch ein weitangelegtes und gut organisiertes Informationsnetz informierte er sich über die internationalen Verhältnisse. Er war sich bewußt, daß er der Zukunft nur mit einem funktionierenden Staat ins Auge sehen konnte.

Indem er die Interessen aufeinander abzustimmen suchte und bestrebt war, die "Einigkeit der Seelen" herzustellen, nahm er mit seinen Reformen die Neuorganisierung des Landes in Angriff. Es war ihm gegeben, "nach dem Beispiel mehrerer unter der Herrschaft christlicher Könige stehenden Länder ... nach dem Vorbild benachbarter christlicher, wohlregulierter Länder" seine Macht zu organisieren, die Ordnung als göttliches Gebot, als Naturgesetz und "den Import nützlicher Progresse" als notwendig zu erfassen[12].

Die Staatengemeinschaft wurde ab Anfang des Jahres 1704 "Konföderation" genannt, eine europaweit bekannte Form der Interessengemeinschaft, mit österreichischen, tschechischen, polnischen und ungarischen Traditionen. Rákóczi berief sich auf das Beispiel der Belgier, Schweizer und Portugiesen. Die Praxis der Regierung wurde von den Anforderungen des zentralisierten Staates bestimmt. Seine Mitarbeiter waren überwiegend hochgebildete, einst an deutschen, holländischen, französischen Universitäten unterrichtete Adlige und Bürger, weltliche und geistliche Intellektuelle. Seine Regierungskörperschaft war das Consilium Aulicum, das die Angelegenheiten in Fachgebiete unterteilend seine Meinung bildete und Ratschläge gab, während die Entscheidung dem Fürsten zustand. Sie folgten der im Kreise ungarischer Intellektueller und Adliger besonders beliebten und seit 1641 auch in ungarischer Übersetzung von Hand zu Hand gereichten Staatstheorie des Justus Lipsius (1547–1606): "Zum Frieden ist es unerläßlich, daß alle Macht sich in der Hand eines einzigen befinde."[13]

In den Jahrhunderten der frühen Neuzeit wurde zu einem der größten Probleme der Staaten, was Jean Bodin (1530–1596) unmißverständlich formuliert hatte: Die Regierung mußte sich um die Armen kümmern. Die Diagnose Rákóczis war die harte Wirklichkeit: "Es reicht das Elend der Völker zu sehen, das so gut wie ganz Europa gemein hat." Mehrfach, in verschiedenen Varianten wird der schwerwiegende Satz seines Manifests laut: "Der Jammer der Armen macht den Himmel beben". Große Bevölkerungsgruppen Ungarns lebten als Leibeigene auf Großgrundbesitzen, ein Teil von ihnen kaufte sich durch eine Ablösesumme los und durfte frei umherziehen, während aber die Masse der ihrem Grundherrn auf ewig verpflichteten coloni eine bedeutende Schicht darstellte.[14] Außerdem sanken Gruppen von unterschiedlichem gesellschaftlichem Freiheitsgrad, wie die Ackerbürger der Marktflecken, Taxanten, Armalisten, Kleinadlige und die für ihren militärischen Dienst einst mit der Freiheit belohnten Soldatenbauern in die Existenz als Leibeigene zurück oder verloren infolge der Monopole, der bedrückenden Steuern und der Besitzkonfiszierungen ihr Hab und Gut. Für Rákóczi war es eine öffentliche Angelegenheit, die Lage der Armen und der in ihrer Entwicklung zurückgebliebenen Schichten zu verbessern. Selbst den kleinsten konfiszierten Weinberg gab er seinem ursprünglichen Eigentümer zurück, machte den Salzhandel frei, zügelte im Rahmen der Möglichkeiten die Übergriffe der Grundherren und rief ein Beschwerdeamt ins Leben. "Die armen ermüdeten Bauersleute", die Witwen, Waisen, Kriegsinvaliden und Leibeigenen konnten sich auch mit Beschwerden gegen die Übergriffe der Grundherren und den Mißbrauch ihrer Macht direkt an das Staatsoberhaupt wenden. Jedes Gesuch wurde examiniert, und die Antworten wurden von Rákóczi persönlich signiert. Die zur Waffe greifenden, in die Armee aufgenommenen Leibeigenen enthob er samt ihren engeren Familien dem Dienst des Grundherrn und befreite sie von der Steuerpflicht. Den Familien von mehr als zehntausend über Privilegien nicht verfügenden Soldaten wurde durch fürstliche Verordnungen und später durch Gesetz die gesellschaftliche Freiheit und die freie Landnutzung gewährt. Dem das gemeinsame Tragen der "öffentlichen Lasten", der "Kommunallasten", also die Steuerpflicht des Adels nach heftigen Diskussionen aussprechenden Landtagsgesetz (1708) ging eine Reihe von Verordnungen voraus. Diese weisen auf eine mehrjährige, kontinuierliche, wohlüberlegte und weitsichtige Regierungstätigkeit hin. Ohne verschiedene Interessen zu verletzen, versuchte man die gesellschaftliche Freiheit der Dorfgemeinschaften und Marktflecken herzustellen, indem nach Absicht der Staatsmacht die Grundherren entschädigt werden sollten. Mangels finanzieller Grundlagen und aufgrund fehlender Zeit konnte man jedoch über die ersten Schritte kaum hinauskommen. Rákóczi war gewillt, "die Lasten der Armen zu lindern."[15] Und dies ohne Rücksicht auf konfessionelle Unterschiede. Allein schon mit seiner Leibeigenenpolitik war Rákóczi der Regierungsmethode Kaiser Leopolds weit voraus.

Die Freiheit des Landes, seine im Sinne der damaligen Zeit staatliche Selbstbestimmung, glaubte Rákóczi nicht hinter den eigenen Grenzen eingekapselt, sondern den Verhältnissen der mitteleuropäischen Region Rechnung tragend verwirklichen zu können. Und zwar auf verschiedenen Wegen. Er schloß die Möglichkeit nicht aus, daß die Selbstbestimmung des Landes im Rahmen des Habsburgerreiches gesichert werden könne. Er beschäftigte sich intensiv mit dem Plan einer Konföderation der Länder Mitteleuropas. Diese Idee hatte in der Politik der Báthorys, Zrínyis und Rákóczis eine lange und bedeutende Tradition. Die im Umfeld von Miklós Zrínyi (1620–1664) nach dem Frieden von Vasvár (10. August 1664) entworfenen – und Pläne einer mit den benachbarten Ländern zu schließenden Konföderation enthaltenden – Betrachtungen (Elmélkedés) waren ihm wohl bekannt. Demnach ließe sich das Einvernehmen zwischen dem Königreich, dem Fürstentum Siebenbürgen, Kroatien, Schlesien, Mähren und Polen mit einem Handelsvertrag und einem gemeinsamen Parlament herstellen, was "später nicht mehr zu verwirklichen sein mag". Nach Rákóczis Vorstellung wären sowohl das Fürstentum Siebenbürgen als auch Kroatien als selbständige Staaten im Rahmen einer Konföderation dem Königreich anzuschließen gewesen. Er entwarf unter anderem auch mit Polen und Preußen den Plan einer föderativen Zusammenarbeit. Seine Vorstellung, daß "der Friede nur dann genützt werden kann, wenn damit auch das Nachbarland einverstanden ist", beinhaltete eine alternative Möglichkeit für die Wiederherstellung der Stabilität in Mitteleuropa.

Rákóczi und sein Regierungskreis rechneten realistisch mit dem Kräfteverhältnis der europäischen Mächte und mit den knappen finanziellen Mitteln Ungarns und des Fürstentums Siebenbürgen. Sie schalteten sich auf der Seite Frankreichs in den spanischen Erbfolgekrieg ein. Die Mängel an militärischer Stärke versuchte man durch vielseitige Diplomatie auszugleichen. Rákóczis Gesandte suchten nahezu jedes Land auf. Mit Preußen und Schweden versuchte man die alten Beziehungen des Fürstentums Siebenbürgen auszubauen. Mit dem französisch gesinnten Flügel des in sich gespaltenen Polens hielt man die Beziehungen von Anfang an aufrecht, die ihm angebotene polnische Krone wies aber Rákóczi mit gutem Gespür für die realpolitische Lage zurück. Die beiden auf ihre kommerziellen Interessen bedachten Seemächte England und Holland, die Mitglieder der antifranzösischen Koalition wollten das katholische Österreich nicht übermäßig unterstützen, und Rákóczis Einschätzung war richtig, daß sie an der durch Verhandlungen erfolgenden Regelung des Verhältnisses von Land und Dynastie mitwirken würden. Mit der habsburgischen Regierung waren seit Beginn des Krieges Verhandlungen auf verschiedensten Ebenen im Gange.

Die Pläne des jüngeren Königs

Die Regierung Kaiser Leopolds wurde sich immer mehr darüber im klaren, daß der Krieg in Ungarn so schnell wie möglich beendet werden mußte. Die Sicherheit der östlichen Grenzen der Erbländer, dieser wichtigen Gebiete des Nachschubs und der Versorgung, war verloren, die kaiserliche Politik war wegen der Unterdrückung der Ungarn und der Protestanten heftigen Angriffen der internationalen Propaganda ausgesetzt, und in den europäischen Dimensionen des Krieges drohte die ungarische Affäre unvorsehbare diplomatische Gefahren heraufzubeschwören. Die traditionellen Rezepte führten aber zu keinem Ergebnis. Die kaiserlichen Versprechungen einer Legalisierung seiner Regierung war Rákóczi nur bereit zusammen mit den Garantien ausländischer Mächte zu akzeptieren. Die neuartigen Initiativen von Herbst 1703 bis Frühjahr 1705 hingen mit der Person Josephs zusammen und stammten aus den Kreisen rund um den jungen König.

Mit dem Andauern des Krieges kritisierte Joseph die Politik seines Vaters immer heftiger und empfand Mitleid für Ungarn. Er war nachgiebiger als sein Vater, verurteilte die Fronarbeit und beschwichtigte die Aufständischen in Mähren mit Steuervergünstigungen[16]. Es ist typisch für seine auf Entspannung bedachte Politik, daß er auf die Forderung des schwedischen Königs Karl XII. hin und im Ergebnis der von Herzog Marlborough vermittelten Verhandlungen die Religionsfreiheit der schlesischen Protestanten gewährleistete. Seine Reformen in bezug auf den Beamtenapparat und die Staatsökonomie sowie seine Vorstellungen vom tüchtig funktionierenden Staat zielten in dieselbe Richtung wie Rákóczis Überlegungen. Nur mit dem gewaltigen Unterschied, daß Joseph auf Reichsebene, Rákóczi auf Landesebene dachte.

In Leopolds Regierung tauchte der Plan auf, den jungen König nach Ungarn zu schicken, um in seiner Person die ungarische Nation zu sichern und ihm die Regierung Ungarns anzuvertrauen[17]. In dieser Überlegung läßt sich das Bestreben zu einer Art von Befriedigung des auf Garantien bestehenden konföderierten Ungarn und des auf das Herrschen aspirierenden Josephs entdecken. Es scheint aber, daß Joseph I. und der Kreis um ihn einen derartigen Plan der dynastischen Aufteilung des Reiches in Wirklichkeit weder für eine begründbare, noch realisierbare, risikofreie Lösung hielten. Der junge König bereitete sich auf die Regierung des einheitlichen Reiches vor. Er hätte sich gewünscht, daß ihm sein Vater noch zu seinen Lebzeiten die gesamte Herrschaft überließ. Auch die Mission des Generals Graf Simon Forgách war dazu bestimmt.

In der Fachliteratur wird schon seit langem festgehalten, daß General Simon Forgách nur vortäuschte, dem Fürsten wegen eines ihm am Wiener Hof widerfahrenen Unrechts im Frühjahr 1704 (21. März–1. April) sein Schwert anzubieten. Nach dem Abschluß des Freiheitskampfes erzählte er Rákóczi in der Türkei, daß Forgách im Auftrag König Josephs in seine Dienste getreten sei. Seine Aufgabe sei es gewesen, "die Nation von der Wahl eines neuen Königs abzuhalten und zu erreichen, dass diese seinen Vater, Leopold, darum bitte, die ungarische Krone noch zu seinen Lebzeiten dem Sohn zu überlassen."

Aus dem neuentdeckten Memoiren von Forgách geht Ähnliches hervor. Im den Memoiren wird betont, daß sich zwischen dem König und dem General ein vertrauliches Verhältnis entwickelt hatte: "Forgách genoss die Gnade König Josephs in ganz besonderem Maße". An der Organisation der kaiserlichen Streitkraft in Ungarn nahm er als Vertrauensmann des Königs teil. "Einmal", wahrscheinlich zu Anfang des Frühjahrs 1704, mußte er vom Kriegsschauplatz in Ungarn nach Wien fahren, und König Joseph sprach persönlich mit ihm und da "entdeckte er ihm seine Absicht": Demnach ging Forgách mit dem Auftrag ins Rákóczi-Lager, die eventuelle Dethronisierung zu verhindern. Unsere kargen Quellen lassen es kaum zu, die Behauptung der Forgách-Memoiren durch andere Quellen zu stützen. Er formuliert jedoch eine allgemein bekannte Tatsache, wenn er seine Meinung über die Ungarnpolitik Kaiser Leopolds äußert: "Der König selbst machte es den Ungarn nicht zum Vorwurf, dass sie für ihre Freiheit kämpften", schrieb Forgách, "mußte er doch selber einsehen, dass Ungarn die größte Ungerechtigkeit vom Wiener Hof zu erleiden hatte, da aber die Regierung nicht in seiner Hand war, konnte er dem Land auch nicht helfen." In seinen die Geschichte des Freiheitskampfes zusammenfassenden Memoiren bemerkte Rákóczi, als ihm Forgách den Plan von der Ablösung Leopolds mitteilte, daß ihm dieser Gedanke nicht fern stand: "Hätte er mir damals seine Absicht entdeckt, so hätte er sowohl in mir als auch in der Nation eine große Neigung zur Unterstützung dieses Planes vorgefunden."[18]

Warum sprach Forgách nicht von der Absicht des jüngeren Königs im Frühjahr 1704, als er an Rákóczis Hof erschien? Vielleicht wegen des Parteienzwists in der zentralen Regierung: Er schreibt, daß man ihn nach seiner Verhandlung mit König Joseph verhaften wollte und er fliehen mußte. Oder hatte er tatsächlich keinen anderen Auftrag, als das Interregnum zu vereiteln? Sah er vielleicht eine Chance für Rákóczis Sieg, und war das der Grund für sein Schweigen? Der riesige Nachlaß von Simon Forgách ist noch nicht aufgearbeitet worden und so wissen wir nicht, ob er später den Kontakt zu König Joseph aufrecht hielt. All dies kann erst durch die Erschließung bisher unberührter Quellen und durch objektive Forschung entschieden werden.

Rákóczi verlor am 26. Dezember 1704 bei Nagyszombat seine erste große Schlacht, aber seine Wahl zum Fürsten von Siebenbürgen hatte großes internationales Echo hervorgerufen: Der Beauftragte des französischen Königs traf Anfang März 1705 mit der ihm mitgegebenen Anweisung am Hof des Fürsten ein. Die habsburgische Regierung gelangte jedoch trotz der militärischen Siege in eine kritische Situation. Die Staatsschulden waren enorm angewachsen, und die alliierten Seemächte England und Holland äußerten den Wunsch, daß der Kaiser keine zwanzig bis vierzigtausend Soldaten vom westlichen Kriegsschauplatz abziehen sollte. Von der Whig-Regierung forderten die Herren der City, die Händler und Schiffseigentümer, beim Kaiser durchzusetzen, daß er seine aus ihren Geldern finanzierten Truppen nicht gegen ihre Glaubensbrüder, die ungarischen Protestanten, einsetzen dürfe[19]. In Selmecbánya begannen Anfang Herbst 1704 Friedensverhandlungen, die aber abgebrochen werden mußten. Die die Verhandlungen vermittelnden englischen und holländischen Gesandten erkannten die Rechtmäßigkeit von Rákóczis Forderungen an. Es wurde offensichtlich, daß die Interessen der Seemächte mit denen des Reiches nicht identisch waren. England wollte einen schwachen König auf dem spanischen Thron, war dabei von der Absicht der Umgestaltung des europäischen Kräftegleichgewichts geleitet und wollte zusammen mit Holland seine wirtschaftlichen Interessensgebiete vergrößern. Die habsburgische Kriegsführung konnte wegen des Krieges in Ungarn keine entsprechenden Kräfte an der rheinischen Front und auf dem italienischen Kriegsschauplatz einsetzen. Graf Wratislaw charakterisierte in seinem am 18. April 1705 vom spanischen Kriegsschauplatz an Erzherzog Karl geschriebenen Brief die Situation folgendermaßen: "Aus eigenem Verschulden sind wir in ein schreckliches Labyrinth geraten."[20] Zwei Wochen später starb Kaiser Leopold.

Joseph I. auf dem Thron

Amore et timore – "mit Liebe und Furcht", so lautete der Wahlspruch Josephs I. bei seiner Thronbesteigung. Damit wollte er zugleich den Leitgedanken seiner Herrschaft zum Ausdruck bringen. In den Tagen der Trauer besuchte der junge Kaiser die verwitwete Kaiserin täglich, nahm die Regierung mit großem Eifer in Angriff und teilte seine Sorgen mit einem engen Kreis von Ratgebern, den Mitgliedern der Geheimkonferenz[21].

Sobald er den Thron bestiegen hatte, bildete er sofort die Regierung um. Den Großteil der 160 Mitglieder des Geheimrates löste er ab und ernannte 32 Mitglieder. Es stellte sich bald heraus, daß auch dies nur nominell war, und von den Alten verloren selbst diejenigen ihren Einfluß, die im Geheimrat verblieben waren. Erzherzog Kolonich hatte von nun an nichts mehr zu sagen. An die Spitze der ungarischen Kanzlei ernannte der König eine weltliche Person. Oberhofkanzler Bucelini wurde pensioniert. Freilich konnte Joseph die von seinem Vater geerbten schweren Lasten nicht auf einmal aus der Welt schaffen. Die Anhänger des alten militärischen Absolutismus hatten immer noch eine starke Basis.

Die Thronbesteigung Josephs I. wurde von fieberhafter Diplomatie und heftiger Propaganda begleitet. Über den langersehnten Herrscherwechsel formulierten die einander gegenüberstehenden Mächte unterschiedliche Prognosen. Die französische Diplomatie erkannte sofort den wundesten Punkt der Herrschaft Josephs. Was der Landtag von 1687 zum Gesetz erhoben hatte, konnte vom neuen Landtag getilgt werden. Der an Rákóczis Hof in Eger eingetroffene französische Beauftragte, Marquis Alleurs, vertrat den Standpunkt, daß Ludwig XIV. keinen Frieden mit Rákóczi abschließen könne, solange die Ungarn Joseph I. als ihren König anerkannten.

Die Situation für Rákóczis Staat hatte sich verändert. Er mußte sein Verhältnis zu König Joseph I. und seiner neuen Politik klären. Seine Argumentationen und Staatstheorien mußte er in Anbetracht des Herrschaftssystems von Joseph I. den zeitgemäßen und einheimischen Verhältnissen entsprechend neu überdenken. Als erste Antwort auf die Nachricht von König Leopolds Tode wurde verlautet, daß damit in Ungarn ein Interregnum eingetreten sei. "Interregnum et esse, et publicari necessum…Meines Erachtens sollte die Declaration dieses Interregnums ohne Zeitverzug durch Patente publiziert werden…ut Phoenix rediviva libertas", schrieb Bercsényi in seinen Briefen vom 12. und 16. Mai 1705 aus Nyitra an Rákóczi[22]. In den politischen Kreisen Europas und Ungarns wurde seine Meinung von manchen geteilt.

Im Frühjahr 1705 verkündete der Fürst, daß den früheren Plänen entsprechend der Landtag einberufen werde. Das Interregnum wurde ursprünglich ins Programm aufgenommen, der Landtag sollte erklären, daß er Joseph I. als ungarischen König nicht anerkannte. Außerdem wird durch zahlreiche Dokumente aus dem Frühjahr und Sommer 1705 belegt, daß Max Emmanuel von Wittelsbach (1662–1726), Kurfürst von Bayern, als Thronfolger ernsthaft in Erwägung gezogen wurde. Der in den ungarischen Kämpfen des türkischen Krieges bekannt gewordene "blaue Herzog", Kaiser Leopolds Schwiegersohn, hatte sich nämlich an der Seite Frankreichs in den spanischen Erbfolgekrieg eingeschaltet. Zugleich rechneten viele damit, daß Rákóczi zum König von Ungarn gewählt würde. Das von Palatin Pál Esterhazy herausgegebene Rundschreiben hatte seinen Zweck durchaus nicht erfüllt, obwohl seine Wirkung unleugbar war. Seine Behauptung, daß der neue König den Landtag in Kürze einberufen und das den Ständen widerfahrene Unrecht tilgen würde, beinhaltete nicht mehr als vielfach wiederholte Gemeinplätze. Nach den im Manifest niedergelegten Prinzipien wurde die von Joseph I. durch Erbschaft erlangte Königsmacht von der Mehrheit nicht anerkannt, vor allem, weil er die – die Widerstandsklausel der Goldenen Bulle ersetzenden – königlichen Glaubensbrief schuldig geblieben war. Man erwartete von ihm, daß er einerseits sämtliche, die Integrität des Landes verletzenden Passagen des Friedens von Karlowitz korrigierte und andererseits eine Erklärung über die Rechtslage des Fürstentums Siebenbürgen abgäbe, sowie darüber, daß er das ausländische Militär aus dem Land abziehen würde. All das sollte durch international vermittelte Verhandlungen und mit internationaler Garantie durchgeführt werden.

Nach seiner Thronbesteigung faßte Joseph I. die Prinzipien seiner Ungarnpolitik zusammen. Er wollte mit der Willkür seines Vaters brechen. Von den Sünden und ungesetzmäßigen Maßnahmen der Vergangenheit war er nicht belastet. Und die Zukunft? Der Krönungseid und die Gesetze würden eingehalten, der Landtag würde einberufen, die Beschwerden überprüft und behandelt, und sein königlicher Glaubensbrief würde zum Gesetz erhoben werden. Allerdings konnte er nicht akzeptieren, daß all dies mit internationaler Garantie erfolgen sollte. Rákóczi und sein Regierungskreis sahen aber die internationale Garantie als Bedingung einer Vereinbarung an. Der Standpunkt des Herrschers sollte sich aber bald ändern. Er mußte England um ein bedeutendes Darlehen bitten. Königin Anna war bereit, ihn zu unterstützen, aber sie bestand darauf, daß der neue König mit den Ungarn Frieden schließt. Und zwar derart, daß England und Holland die Vereinbarung garantieren[23]. Aber auch in der politischen Elite der ungarischen Konföderation kam es zu einem Meinungsumschwung. Nach der königlichen Erklärung hielt auch Bercsényi die Verhandlungen für akzeptabel. Auf die ursprüngliche Mission von General Graf Simon Forgách weist hin, daß er betonte, Joseph verfüge über außerordentliche Herrscherqualitäten. Die protestantischen kleinadligen Mitglieder des Consilium Aulicum bestanden aber unverändert auf der garantierten Vereinbarung, sonst – hieß es – würde das Interregnum verkündet. Aus dem im Sommer 1705 geführten Briefwechsel von Pál Ráday und dem Hofprediger des preußischen Königs, Ernst Daniel Jablonski (1660–1740), geht hervor, daß diese zum entscheidenden Schritt bereit waren. Der preußische König wäre aber auch bereit, hieß es dort, die Freiheit Ungarns und des evangelischen Glaubens zu garantieren, und daß das Land in den allgemeinen Frieden mit einbezogen werde, aber auch die Ungarn dürften nicht unnachgiebig sein.

Auf die Nachricht des in Vorbereitung befindlichen Landtages befürchtete man auch in Wiener Regierungskreisen, daß Rákóczi tatsächlich zum König gewählt werden könnte. Die Armee wurde verstärkt. Prinz Eugen von Savoyen (1663–1736), der Präsident des Kriegsrates, ernannte einen neuen Oberbefehlshaber an die Spitze des ungarischen kaiserlichen Truppen. Baron Ludwig Herbeville (1635–1709) erhielt die Anweisung, den Landtag zu verhindern sowie Siebenbürgen zu retten, wo nur mehr in den Burgen von Szeben, Brassó und Fogaras kaiserliche Truppen vorhanden waren. Infolge der massiven kaiserlichen Gegenoffensive kam es erneut zu heftigen Kämpfen, und die Einbrüche der Ungarn in Österreich vergrößerten die Spannungen.

Kompromiß und Reformen
Rákóczi wollte im Sommer 1705 den konstitutionellen Weg einschlagen: Das Land, das heißt, der Landtag, sollte das durch Pál Széchenyi (1645–1710), den Erzbischof von Kalocsa, und durch kaiserliche Abgesandte überbrachte Einigungsangebot König Josephs kennenlernen und auf dieser Grundlage seine Entscheidung treffen. "Ich wollte", erinnerte er in seinen Memoiren, "daß es dem Erzbischof und den anderen Abgesandten des Kaisers möglich werde, von ihrer Mission vor der Versammlung Rechenschaft zu geben."[24] Er wollte keinen Bruch herbeiführen oder sich steif verschließen, sondern offene Verhandlungen in die Wege leiten.

Auf dem mit der Zelebrierung von István Telekessy (1633–1715), dem Bischof von Eger, am 12. September feierlich eröffneten Landtag ging aus der – die Frage des europäischen Kräftegleichgewichts betonenden – Rede des Fürsten hervor, daß zwischen dem Interregnum und dem durch englische und holländische Vermittlung erreichbaren Frieden entschieden werden mußte[25]. Der Landtag entschied sich für die Friedensverhandlung[26]. Zugleich wurden aber eine ganze Reihe dem inneren Frieden, der zukünftigen Ruhe des Landes und zugleich dem Schutz der selbständigen Staatlichkeit dienende Reformen angenommen. Als *Waltender Fürst der für ihre Freiheit Verbündeten Stände* verstärkte Rákóczi seine absolute Macht. Die gesellschaftliche Basis der Konföderation wurde erweitert. "In den nationalen Bund" des Landes wurden die Marktflecken und das Heer mit einbezogen und damit die Geschlossenheit der ständischen Verfassung aufgehoben.

Die Organisation der Regierung erfuhr eine Umgestaltung. Statt des Consilium Aulicum wurde ein Senat gewählt und ein Wirtschaftsrat aufgestellt. In dem unter dem Vorsitz von Bercsényi versammelten Senat waren die Magnaten etwas im Übergewicht, die kleinadlige Elite erhielt leitende Regierungsaufgaben in den einzelnen Fachbereichen. Rákóczi beruhigte die Protestanten vor allem damit, daß er in den Angelegenheiten der Kirchen Ordnung schuf. Die friedliche Koexistenz der Konfessionen wurde per Gesetz garantiert. Die gesetzliche Freiheit der drei akzeptierten Konfessionen und die Gewissensfreiheit der Leibeigenen wurde wiederhergestellt. "Einige ... maßten sich vom Vorrecht des Grundherrn Gebrauch machend der Herrschaft über das Gewissen an: das soll in Zukunft unter keinem erdenkbaren Vorwand geschehen... dem Gewissen soll von niemandem Gewalt angetan werden." Den über den Jesuitenorden gefaßten Beschluß erklärte Rákóczi Papst Clemens XI. gegenüber folgendermaßen: Den Jesuitenorden, "den Bewacher des Glaubens, der Wissenschaft und der Würde der Kirche" beabsichtigte er nicht zu behelligen. Da sich seine Mitglieder aber trotz der Aufforderung des Landtages der Konföderation nicht anschlossen, mußten sie das Land verlassen: Ihre Güter übergab er dem katholischen Klerus. Diejenigen aber, die sich anschlossen, nahm er unter seine Obhut. Extreme Maßnahmen ließ er nicht zu, verbot die eigenmächtige Rücknahme der Kirchen und brachte jene Stimmen zum Schweigen, die nach englischem Vorbild die Enteignung des kirchlichen Vermögens forderten. In Städten und Dörfern lebten die Gläubigen der verschiedenen Kirchen gemischt zusammen. Das Gesetz sprach die Kirche der jeweiligen Mehrheit zu, mit der Verpflichtung jedoch, daß sie für die Minderheit eine neue Kirche bauen sollten. Dies war vielleicht das erste Gesetz für den Schutz von Minderheiten aus der ganzen Welt. Die Konfession fiel in vielen Fällen mit den Gruppen gemeinsamer Muttersprache und gemeinsamer Abstammung zusammen. Da die Schulen, Druckereien und Stiftungen in der Hand der Kirchen waren, begünstigte die Regelung der Religionsfrage auf diese Weise die Entwicklung der Nationalkulturen.

Der Landtag erklärte per Gesetz, daß er die vom König initiierte Friedensverhandlung als "für das Gemeinwesen nützlich" erachtete und sie mit der Vermittlung von England, Holland und anderer Länder durchzuführen wünschte[27].

Auf diesem in der ungarischen Geschichte außerordentlich wichtigen Landtag von Szécsény kamen die inneren Kräfteverhältnisse von Rákóczis Staat, die Koalitionsinteressen von England und König Joseph gleichermaßen zur Geltung. Der Fürst war der Meinung, daß eine garantielle Vereinbarung möglich war, und Joseph I. wurde vom Landtag stillschweigend als König von Ungarn anerkannt.

Der Friedenskongreß von Nagyszombat
Kaiser Joseph I., der König von Ungarn, erkannte die Konföderation als Institution der ungarischen Staatlichkeit an und zeigte sich damit einverstanden, daß mit der Mediation von England und Holland, also wie gewöhnlich bei zwischenstaatlichen Vereinbarungen, mit der Vermittlung externer Staaten, Friedensverhandlungen eingeleitet würden. Nach den im Oktober 1705 angefangenen Vorbereitungsbesprechungen wurde in den unter dem Vorsitz des Königs abgehaltenen Verhand-

lungen der Geheimkonferenz über den im April 1706 abgeschlossenen Waffenstillstand entschieden.

Die in Nagyszomba angefangenen Verhandlungen wurden von den englischen und holländischen Gesandten in Wien, Lord George Stepney (1663–1707) und Jacob Jan Hamel-Bruyninx (1662–1738), als bevollmächtigte Beauftragte vermittelt. Die holländische Regierung delegierte Graf Adolf Hendrik van Rechteren (1656–1731), während England den Staatssekretär Charles Spencer, Earl of Sunderland, als Friedenskommissar entsandte. Der Herzog Marlborough (1650–1722) war zum Zeitpunkt der Verhandlungen persönlich in Wien zu Gast.

Die ungarische Konföderation erkannte Joseph als König für alle Zeiten an, mit dem Vorbehalt, daß dies nicht das Recht auf den immerwährenden Besitz des Landes in sich einschließe. Man wollte praktisch unter Ausschluß des Rechtes auf bewaffnete Eroberung die selbständige Staatlichkeit Ungarns sichern.

Auf das große Quellenmaterial, auf wichtige Details der Verhandlungen können wir hier nicht zu sprechen kommen. Die Beauftragten des Königs standen unter der Leitung von Kanzler Wratislaw. Er war mit den ungarischen Verhältnissen wenig vertraut und eher an der allgemeinen europäischen Politik interessiert. Uns ist nicht bekannt, ob er in Einzelfragen mit König Joseph verhandelt hat. Die die Souveränität des Königreichs sichernden, auf Wirtschaft und Regierung bezogenen und sonstigen Ansprüche von Rákóczis Beauftragten verletzten nach Herzog Wratislaws Auffassung das Ansehen der Dynastie und die Interessen der höfischen Aristokratie. Zugleich waren die Chancen der Verhandlungen vom Vordringen des schwedischen Königs Karl XII., vom Landungsplan der Franzosen auf dem Adriatischen Meer, von den Siegen der großen Koalition (Ramillies, 6. Mai, Einnahme von Madrid am 27. Juni), das heißt, vom schnellen Wechsel des Kriegsgeschehens in Europa, stark beeinflußt. Die militärische Partei in Wien mißbilligte jede Art von Verhandlung. Die Atmosphäre des Mißtrauens wurde durch zahlreiche Punkte des Friedensprogramms der ungarischen Konföderation verstärkt, unter anderen auch von der Tatsache, daß die Vereinbarung außer von England und Holland auch von Polen, Preußen und Schweden garantiert werden sollte, und daß die Krone und die Krönungsinsignien den Gesetzen entsprechend zurückgebracht und im Land aufbewahrt werden sollen. Zugleich wollten beide Parteien den Krieg abschließen. Die Verhandlungen scheiterten an der Siebenbürger-Frage.

Das Fürstentum Siebenbürgen

Bereits das unter türkischem Protektorat befindliche Siebenbürgen war von den europäischen Mächten durch eine Reihe von Verträgen als selbständiger Staat angenommen und auch in den Westfälischen Frieden (1648) mit einbezogen worden. Kaiser Leopold hatte mehrfach zugesichert, daß er die Selbständigkeit des sich aus der türkischen Herrschaft befreienden Fürstentums anerkenne (1686, 1690, 1691). Zugleich war ein konsequent beibehaltenes Ziel der zentralen Regierung gewesen, das Fürstentum wieder ins Reich zu integrieren. Der Entwurf von Graf Antonio Caraffa (1646–1693) zur habsburgischen Einrichtung in Siebenbürgen (1690) und die Religionsunion der griechisch-orthodoxen rumänischen Bevölkerung dienten der Verwirklichung dieses Planes – nicht allein aus strategischen Überlegungen, oder im Interesse der den Vertrieb und Handel der siebenbürgischen Bodenschätze an sich reißenden Aristokratie, sondern auch aus politischer Überlegung. Das Fürstentum Siebenbürgen gehörte durch seine Verträge, Kirchen und seine Kultur in die europäische Gemeinschaft der protestantischen Länder. "England und Holland (...) sind uns, Reformierten von Siebenbürgen, zweite Mutter und zweite Heimat", schrieb der siebenbürgische Kanzler Miklós Bethlen im Sommer 1704 in seinem Gnadengesuch an Leopold I., nachdem ihn Rabutin, der Oberbefehlshaber der siebenbürgischen Truppen inhaftiert hatte, weil er ein Flugblatt mit dem Titel *Columba Noe* über die Selbständigkeit des Fürstentums geschrieben und herausgegeben hatte, und nun lautete eine der schwerwiegenden Klagen gegen ihn, daß er in Wien enge Beziehungen zum holländischen und englischen Gesandten aufrechterhalten habe. Rákóczi wurde infolge des mit elementarer Gewalt ausbrechenden Aufstandes der ungarischen, sächsischen und rumänischen Bevölkerung in Siebenbürgen vom Landtag in Gyulafehérvár zum Fürsten gewählt, und der französische König Ludwig XIV. erkannte seinen Fürstentitel an.

Kaiser Joseph I. folgte jedoch in der Frage Siebenbürgens der Politik seines Vaters. Er betrachtete Siebenbürgen als eroberte Provinz, und auch nach der Auffassung seines Regierungskreises barg das mit den protestantischen Ländern verbündete selbständige Fürstentum an der östlichen Grenze des Reiches weitgehende Gefahren in sich. Die das Fürstentum besetzende Streitkraft von achttausend Mann wurde zwar von Rákóczis Truppen in die Städte von Szeben, Brassó und Fogaras zurückgedrängt und isoliert, aber nach seiner Thronbesteigung gelang es Joseph, seine militärische Macht in Siebenbürgen zu verstärken.

General Herbeville verdrängte im Herbst 1705 die in der Schlacht am Paß von Zsibó bezwungenen Truppen Rákóczis aus einem großen Teil Siebenbürgens und, auf Forderung von General Rabutin, dem Oberbefehlshaber der kaiserlichen Truppen, wurde vom Gubernium der Landtag nach Segesvár einberufen (15. Dezember) und die Amnestieverordnung König Josephs kundgetan. Mehrere Angehörige des Adels und der Vorstände des Militärs und der Städte zogen sich nach Ungarn zurück, und es gab auch welche, die die Waffen niederlegten, ihre Fahnen dem kaiserlichen Oberbefehlshaber übergaben und im Landtag König Joseph die Treue schworen.

Demgegenüber bestanden im Frühjahr 1706 auf dem von Rákóczi einberufenen Landtag von Huszt die drei Nationen Siebenbürgens, die ungarischen Komitate, die "Stühle der Székler" und die Vertreter der sächsischen Nation, die Städte und das Partium – die dem Fürstentum angeschlossenen Komitate – samt ihren Abgesandten auf der Gültigkeit der Fürstenwahl von Gyulafehérvár. Sie erklärten die Unabhängigkeit des Fürstentums von der zentralen Habsburgregierung und traten mit der ungarischen Konföderation in ein Bündnis ein. Sie vereinbarten, ohne den anderen keinen Frieden zu schließen.

Rákóczi bestand nicht auf seiner persönlichen fürstlichen Herrschaft, wünschte jedoch, daß König Joseph die über anderthalb Jahrhunderte bewahrte selbständige staatliche Existenz des Fürstentums Siebenbürgen anerkannte. Die Überprüfung des Urteils gegen Kanzler Miklós Bethlen weist darauf hin, daß am Hof verschiedene Standpunkte bezüglich Siebenbürgens existierten. Siebenbürgen blieb für Joseph ein Sorgenkind. Diesmal entschied der militärische Standpunkt. Die kaiserlichen Friedenskommissare waren nicht bereit, die Abgesandten des Fürstentums als offizielle Verhandlungspartner zu akzeptieren, sie erklärten, daß König Joseph auf seine absolute Herrschaft, sei sie auch nur mit militärischer Gewalt aufrechtzuerhalten, nicht verzichten könne. Der englische Gesandte George Stepney kam während der Verhandlungen zur Überzeugung, daß der Wunsch der siebenbürgischen Gesellschaft rechtmäßig war. Er erklärte, daß durch die Abweisung der ungarischen Ansprüche "Europas gemeinsame Sache leide". Wenn die Staatlichkeit des Fürstentums nicht anerkannt werde, "bedeutet das soviel, wie mit der Axt die Wurzel eines Baumes anzugreifen. Wer so glücklich ist, dass er unter freier Regierung leben darf, kann nicht anders, als mit tiefer Sorge zu sehen, wenn ein armes Volk (das zu fünf Sechsteln reformierten Kirchen angehört) mit einem Schlage seiner Freiheit beraubt und zur Sklaverei und künftiger Verfolgung verdammt wird."[28] Rákóczi und sein Regierungskreis arbeiteten zur Ordnung der Lage Position Siebenbürgens mehrere Varianten aus. Sie rechneten auch mit der Möglichkeit, daß die Wiederherstellung der Staatlichkeit des Fürstentums Siebenbürgen auch innerhalb des Habsburgerreiches realisierbar wäre. Wenn das Land nach seinen eigenen Gesetzen lebte, könnte es wirksam zur Wahrung des europäischen Gleichgewichts beitragen, und wie am Beispiel der Vereinigten Provinzen ersichtlich, könnte es den Kaiser besser unterstützen.

Das Interregnum

Das Scheitern der Friedensverhandlungen ging mit weitreichenden internationalen und innenpolitischen Konsequenzen einher. Die militärischen Anstrengungen der ungarischen und siebenbürgischen Konföderation ermöglichten es, daß Rákóczi im Frühjahr 1707 vom Landtag in Marosvásárhely in seiner Fürstenwürde bestätigt wurde. Dann wurde der entscheidende Schritt vollzogen. Im Interesse des mit den Franzosen anzutretenden Bündnisses entschied sich die Senatssitzung von Rozsnyó schon zum Jahreswechsel von 1706–1707, den ungarischen Thron für leer zu erklären. Zur Gültigkeit bedurfte es aber eines Landtagsbeschlusses. Der im Juni 1707 abgehaltene Landtag von Ónod konnte dies trotz aller Vorbereitung, zusammen mit solchen entscheidenden Reformen wie der allgemeinen Besteuerung, also der Einführung der Steuerpflicht des Adels, nur um den Preis heftiger innerer Kämpfe und durch gewaltsames Ersticken des Widerstandes der niederungarischen

Komitate durchsetzen. Der Landtag erhob zum Gesetz, daß der ererbte ungarische Königstitel Josephs I. nicht anerkannt wurde. Das Gesetz berief sich auf die historischen Argumente der Selbständigkeit des Königreichs Ungarn, auf das Naturgesetz und auf staatstheoretische Prinzipien. Anläßlich der Unterbrechung des Friedenskongresses von Nagyszombat hatte der Fürst in seiner für das Ausland herausgegebenen Bekanntgabe bereits zum Ausdruck gebracht, daß die beiden wichtigsten Erfordernisse der Freiheit in der inneren Ruhe des Landes und in seinem Recht auf Frieden bestünden. Beides leitete er aus dem Staat des Heiligen Stephan ab, indem er sich auf die Gesetze des staatsgründenden ungarischen Königs und auf die von diesem an den Sohn erteilten Instruktionen berief. Das *Libellus de institutione morum*, das erste ungarische staatstheoretische Werk, faßt die moralischen und regierungsmäßigen Anforderungen des guten Herrschens zusammen. Das vierte Kapitel dieses kurz *Mahnungen* betitelten Werkes des Heiligen Stephan führt unter dem Kapitel *Über die Ehre der Edlen und Ritter* aus, daß der gute Herrscher die Räte in die Regierung mit einbeziehe und den höchsten Würdenträgern des Landes seine Achtung erweisen solle. Der König und seine Untertanen seien durch den Dienst am Gemeinwohl verbunden, das verstärke den Frieden und die Ruhe der Staaten. Moderne Untersuchungen der *Mahnungen* haben festgestellt, daß dieses Kapitel eine Forderung des Gleichgewichts zwischen dem Herrscher und der Gesellschaft darstellt; die Selbstbeschränkung der Macht war stets Bedingung des "regnum pacificum".[29]

Der Ónoder Landtagsbeschluß der Konföderation war eine krasse Herausforderung und verlangte von König Joseph eine neue Antwort. Es wurde offensichtlich, daß die auch aus diesem Anlaß herausgegebenen königlichen Amnestiebriefe nicht mehr ausreichten, um das Verhältnis König Josephs zum Land gemäß den internationalen Erwartungen zu regeln. Wie von der englischen Botschaft in Wien berichtet, entwickelte König Joseph eine neue Politik.

Der Landtag des Königs

Nach dem Ónoder Landtagsbeschluß sandte Joseph seine Beauftragten sofort nach Pozsony, um mit den ihm treugebliebenen Hauptwürdenträgern der ungarischen Stände zu verhandeln. Der Palatin und seine Anhänger hielten die Zeit für gekommen, daß der Herrscher sein Versprechen einlöse, und Joseph I. verkündete den ersten und einzigen ungarischen Landtag seines Lebens. An dem Ende Februar 1708 in Pozsony eröffneten Landtag nahmen die dem Herrscher treu gebliebenen Hauptwürdenträger, geistliche und weltliche Aristokraten und einige Komitate und Städte mit ihren Abgesandten teil. Rákóczi delegierte trotz der Einladung keine Abgesandten, aus dem konföderierten Land erschien niemand. Auch König Joseph ließ sich zuletzt trotz der wiederholten Bitte der Landtagsdelegation nicht bewegen, von Wien nach Pozsony zu kommen. Der Landtag brachte nicht das erwartete Ergebnis. Zum Teil wegen der drohenden Pest. Es kann aber keine Rede davon sein, daß der Herrscher vorgehabt hätte, all das zu verkünden, was er anläßlich der Thronbesteigung versprochen hatte. Seitens der zentralen Regierung wurde aus dem vorangegangenen Plan die Meditation ausgeschlossen und die Frage Siebenbürgens tauchte nicht einmal auf. Hinsichtlich der Regelung des Verhältnisses zwischen der Krone und dem Land wiederholten die königstreuen Teilnehmer des Landtages fast ausnahmslos das Programm des Staates Rákóczis. Der Landtag erklärte den Beschluß des Ónoder Landtages über das Interregnum als nichtig. Zugleich wurde die Amnestieverordnung des Herrschers kritisiert, die besagte, daß den "abtrünnigen Ungarn" voll und ganz verziehen werde, wenn sie ihm wieder Treue gelobten[30]. Der Landtag wehrte sich heftig dagegen, daß die Aufgaben des Palatins von einem "Fremden" übernommen würden, das heißt, daß diese von dem mit der höchsten kirchlichen Würde in Ungarn, der Würde des Erzbischofs von Esztergom, im Jahre 1707 betrauten sächsischen Herzog Christian Augustin (1666–1721) ausgeübt würden. Zwischen den geistlichen und weltlichen Hauptwürdenträgern entfaltete sich ein heftiger Streit. Zuletzt löste sich der Landtag auf, ohne daß seine Beschlüsse zu Gesetzen erhoben und vom König sanktioniert worden wären. Die auffallende Passivität König Josephs läßt sich auch damit erklären, daß zum Zeitpunkt des Landtages gerade die Besetzung von Rom durch die kaiserlichen Truppen vor sich ging.

Rom

Nach der Erklärung von Ónod bat der Erzbischof von Esztergom, der sächsische Herzog Augustin Christian, der schon 1706 als "Primas" von Ungarn den Kardinalshut erhalten hatte, Papst Clemens XI. (1649–1721) den das Interregnum aussprechenden Beschluß von Rákóczis Landtag zu verurteilen. Mit Bezug auf das apostolische Recht des Kirchenoberhaupts ging aber das päpstliche Breve nur so weit, die ungarischen Pfarrer zu ermahnen, sich nicht den eventuell einen neuen König Wählenden anzuschließen. Als Antwort darauf verordnete Joseph I. auf Anraten des Präsidenten des Kriegsrates Truppenverstärkungen auf dem italienischen Kriegsschauplatz. Rákóczi seinerseits schickte einen Gesandten an den Heiligen Stuhl[31].

Das Verhältnis zwischen Ungarn und dem Heiligen Stuhl wollte Rákóczi derart regeln, wie dies m Herbst 1688, in dem unter der Leitung des Palatins und des Erzbischofs von Esztergom, György Széchényi (1685–1695) ausgearbeiteten Entwurf[32] im Kapitel *Ecclesiasticum* vorgesehen war, nämlich dadurch, daß die Organisation der ungarischen katholischen Kirche im Zeichen der Integrität des Landes, mit Rücksicht auf die gewandelte Zeit, erneuert werden müsse. Insgesamt wollte man die innere finanzielle Selbständigkeit und den direkten Kontakt zu Rom sichern. Demgegenüber machte das seit 1663 konsequent ausgebaute Staatssystem am Hof Kaiser Leopolds in kirchlichen Angelegenheiten die souveräne und unbegrenzte Macht des absolutus rex geltend, und der Klerus konnte mit Rom nur über Wien in Verbindung treten.

Gleich zu Beginn des Freiheitskampfes hatte Rákóczi um den Segen des Papstes und um die Anerkennung des Kampfes für die konstitutionelle Freiheit Ungarns gebeten. Sie hätten unter dem Schutz der eigenen Gesetze zu den Waffen gegriffen, damit der gute, fruchtbare Friede zurückkehren möge; dies sei es, was sie ihren Nachkommen vererben möchten, führte er aus.

Die Politik Papst Clemens XI. war von französischer Orientation gekennzeichnet, er erkannte den Enkel Ludwig XIV., Philipp von Anjou, und nicht den in Spanien kämpfenden Karl III. als König an und sein Wiener Nuntius unterstützte die ganze Zeit über Telekessy, den Bischof

26/3

von Eger, der ein Anhänger Rákóczis war. Die Regierung von Kaiser Leopold war sich jedoch über die geistige Macht des Papstes im klaren, und ihre wohlorganisierte Diplomatie und Propaganda taten zwischen 1703 und 1705 ihr Möglichstes, um Rákóczi von Rom zu isolieren. Der Fürst mußte auf dem Gebiet seines Landes die herrschaftlichen Rechte ausüben und Anfang 1707 war es unaufschiebbar geworden, diplomatische Beziehungen zu Rom aufzunehmen und die kirchlichen Angelegenheiten zu regeln. Im Vertrauen auf die französische Diplomatie entsandte der Fürst Domokos Brenner (?–1721), den Propst von Szepes, nach Rom.

In seinen Anweisungen an den Gesandten sprach Rákóczi ausführlich über die Bedeutung von Stephan dem Heiligen in der Geschichte Ungarns und der Christenheit. Die römische Kirche hatte die ungarische Nation in Schutz genommen, hatte ihr seit Stephan dem Heiligen bewahrtes Recht auf die Königswahl sanktioniert, und er wende sich jetzt mit dem größten Vertrauen an den Papst: Dieser möge den neuen ungarischen Staat sowie seine fürstlichen Rechte anerkennen, und solange die Königsfrage geregelt wird, möge er die Aufstellung eines Bistums in Siebenbürgen unterstützen und einen Beobachter nach Ungarn schicken.

König Joseph I. wollte das Reich Karl V. wiedererstehen lassen. Die österreichischen Erbländer wollte er mit Spanien verbinden, indem er die Macht des Reiches soweit wie möglich auf Italien erstreckt. Rákóczis Versuch, diplomatische Beziehungen zum Heiligen Stuhl aufzunehmen, war für die Reichspolitik besonders störend. Es wäre allerdings übertrieben, dem größere Bedeutung beizumessen, denn König Joseph I. war mit dem Heiligen Stuhl durch die italienischen Interessen des Habsburgerreiches in einen schwerwiegenden Konflikt geraten.

Als Rákóczis Gesandter in Rom ankam, hatte die kaiserliche Streitkraft den päpstlichen Staat nahezu umzingelt. Abt Brenner wurde von Papst Clemens XI. trotzdem empfangen, "er sandte dem Fürsten und der ungarischen Nation seinen Segen", betraute seinen Staatssekretär für äußere Angelegenheiten, Kardinal Fabrizio Paolucci (1651–1726), den Sekretarius des päpstlichen Staates und Gouverneur von Rom, mit der Leitung der Vorbereitungsverhandlungen, und die Kurie begann die auf Ungarn bezüglichen Dokumente zu sammeln. Das offizielle Verhör mußte jedoch ausfallen. Rom war von den Truppen Josephs I. umgeben. Der kaum fünfundzwanzigtausend Mann zählenden Armee des Heiligen Stuhles fehlte es an Waffen und Ausbildung, der Geldmangel konnte auch vom Talent des Generalstabschefs Graf Marsigli nicht überbrückt werden. Die kampfgeübte kaiserliche Streitkraft besetzte Commaccio, das nordwestliche Tor des päpstlichen Staates, und Clemens XI. wurde am 15. Januar 1708 ein Ultimatum gestellt: Entweder er unterschreibe die von General Graf Daun abgefaßte Vereinbarung mit Kaiser Joseph I., oder Rom würde überfallen. Mit seiner Unterschrift rettete der Papst die ewige Stadt vor den Flammen und nahm die Herrschaft des weltlichsten der Habsburger, Joseph I., des deutsch–römischen Kaisers über sich zur Kenntnis. Rákóczis Diplomat wurde zu einer persona non grata. Das von Kaiser Joseph unterbreitete, am 17. August 1709 herausgegebene päpstliche Breve ermächtigte den Primas, die Pfarrer und Mönche, die sich Rákóczi angeschlossen hatten, aufzufordern, in Treue zum König zurückzukehren, widrigenfalls würden sie von der Kirche bestraft und ihrer Benefizien verlustig. Der kirchenpolitische Erfolg wurde Joseph I. noch zu Lebzeiten dennoch fast zu einem Pyrrhussieg.

Der unvollendete Friede

1710 war das Jahr der Krise und der Entscheidung. Das Verhältnis Josephs I. zu seinen Verbündeten, den Seemächten, hatte sich verschlechtert, ein starker Gegenpol zu seiner Politik war um Kaiserin Eleonora erwachsen, die Staatskasse war leer, sein Verhältnis mit der Hofdame Mária Pálffy wurde zum Gerede.

Die Konföderation von Franz II. Rákóczi war durch innere Verfeindungen und finanzielle Erschöpfung in eine schwere Lage geraten. Seine Truppen wurden aus Siebenbürgen verdrängt, die über Europa hinwegfegende Pest dezimierte seine Regimenter. Seine verfallene Streitkraft von kaum 15–20 000 Mann wurde von einem kaiserlichen Heer von 50.000 Mann in den nordöstlichen Teil des Landes zurückgedrängt.

Europa war des Krieges müde, in Den Haag (1709) und Gertruydenberg (1710) nahmen die Vorbereitungsverhandlungen für den Friedensschluß ihren Anfang. Das war eine neue, – in Wirklichkeit die letzte – Chance für den König und den Fürsten, unter Abstimmung ihrer Interessen, mit der Sicherung der Staatlichkeit Ungarns eine Alternative für die Neuordnung der Region zu entwickeln.

Am 20. August 1710 verkündete Fürst Rákóczi in Szerencs, daß im Einvernehmen mit dem Regierungskreis, dem Senat, durch Vermittlung von England, Holland und voraussichtlich anderer ausländischer Mächte, mit der habsburgischen Regierung "die tracta des Friedens" begonnen würden.[33] Rákóczi trat mit dem Einverständnis der dominanierenden Kreise des Königreichs unter der Bedingung in den spanischen Erbfolgekrieg ein, daß in den, den allgemeinen Konflikt abschließenden, universalen Frieden auch Ungarn mit einbezogen würde. Internationale Garantien sollten die konstitutionelle Selbständigkeit des Landes gewährleisten.

Seine Friedensabsicht erklärte er der englischen Königin Anna und den holländischen Ständen gegenüber.[34] Zur Information der internationalen Öffentlichkeit gab er das Flugblatt *Brief eines polnischen königlichen Rates an einen Reichsadligen über die Reichsangelegenheiten* in lateinischer und französischer Sprache heraus.[35] Das den offiziellen Standpunkt von Fürst Rákóczi und der ungarischen Konföderation darstellende Schreiben wurde von Domokos Brenner zu Papier gebracht. Das hochdiplomatische Flugblatt zitierte das vierte Kapitel der *Mahnungen* von Stephan dem Heiligen zusammen mit den dem *De jure belli ac pacis* betitelten Werk (1625) von Hugo Grotius entnommenen Argumenten, um den in der siebenhundertjährigen Geschichte Ungarns verwurzelten Anspruch auf selbständige Staatlichkeit und auf das Recht auf Frieden zu beweisen. Uns ist nicht bekannt, ob das Flugblatt auf den Tisch Josephs I. gelangte oder ob er von seinem Inhalt in Kenntnis gesetzt wurde. Schon in ihrer Zuschrift vom 5. September 1710 bat Königin Anna Kaiser Joseph I., der Absicht der Ungarn Glauben zu schenken und die Friedensverhandlungen aufzunehmen, Minister Bolingbroke gab dem Wiener Gesandten Anweisung zur Mediation, der englische Gesandte Palmes legte der Regierung am 5. Oktober eine Unterbreitung vor und England entsandte seinen außerordentlichen Beauftragten, Charles Mordaut, Earl of Peterborough (1658–1735), um die Friedensverhandlungen zu vermitteln.

In der Regierung von Joseph I. erachtete es der Prinz von Savoyen für vorteilhafter, wenn der Krieg in Ungarn nicht durch die Vermittlung ausländischer Mächte, sondern durch die Vereinbarung des Herrschers und der Untertanen beendet würde. In diesem Sinne erhielten zwei Vertrauensleute des Königs die Schlüsselpositionen in Hinsicht auf den Abschluß des Krieges. Graf Karl Locher, ein Mitglied des Kriegsrates, wurde zum Referenten für die ungarischen Angelegenheiten ernannt, Oberbefehlshaber der kaiserlichen Truppen wurde der kroatische Ban Graf János Pálffy (1663–1751). Am 5. Oktober erließ der König ein königliches Patent zur Gewährung der allgemeinen Amnestie für alle Einwohner Ungarns, wenn sie zu seiner Treue zurückkehrten.

Rákóczi bestand auf der verhandlungsmäßigen Vereinbarung und beauftragte den General Baron Sándor Károlyi (1669–1743) die den Friedensschluß vorbereitenden Waffenstillstandsverhandlungen mit dem neuen kaiserlichen Oberbefehlshaber von Ungarn aufzunehmen.

Die Verhandlungen zogen sich in die Länge. König Joseph I. betrachtete es sozusagen als seine persönliche Angelegenheit, daß der Krieg in Ungarn so bald wie möglich abgeschlossen werde. Seine Auffassung unterschied sich grundsätzlich vom Konzept Rákóczis. Die an Sándor Károlyi übergebene herrschaftliche *Grationalis* bringt unmißverständlich zum Ausdruck, daß der Friede nur zustandekommen könne, wenn die "Sünder", das heißt, Rákóczi und seine Anhänger, das von ihnen Begangene bereuten, und der Herrscher ihre "Sünden" entschuldigte.[36] Der engere Ratgeberkreis des Fürsten initiierte eine persönliche Verhandlung zwischen Rákóczi und Pálffy im Schloß des höfischen Generalkapitäns Ádám Vay (1656–1719) in Vaja. Nachdem Pálffy die Erlaubnis des Ministerrates erhalten hatte, sicherte er Rákóczi im Namen von König Joseph am 31. Januar 1711 "gratia vitae et bonorum" zu. Andernfalls, erklärte Pálffy, werde er mit Waffengewalt besiegt und – wie in Böhmen schon vorgefallen – würden sämtliche Gesetze des Landes ausgelöscht. Sie vereinbarten einen zweiwöchigen Waffenstillstand zu schließen und die Verhandlungen offiziell aufzunehmen. Der Fürst wandte sich in einem halboffiziellen Brief an den König.

In seinem Schreiben an König Joseph vom 3. Februar 1711 verflocht sich das Persönliche und das mit der Verantwortung für das Land erfüllte Herrscherbewußtsein, die dem gekrönten Haupt zustehende Ehrerbietung und die direkte Zur-Kenntnis-Bringung dessen, daß er Frieden für das Land verlangt. Es wäre Verstocktheit, schrieb er, wenn er "versäumen würde, den Weg des heiligen Friedens zu finden." Er werde sein Möglichstes tun, um weiteres Blutvergießen und die Verwüstung des Landes zu vermeiden. Er hege keinen anderen Wunsch, als daß alle Einwohner Ungarns nach den Gesetzen des Landes und der ihm eigenen Freiheit leben könnten. "Eure Majestät möge dazu von Gerechtigkeit und Gnade bewegt werden", den beiden Hauptstützen der königlichen Macht. Pálffy hatte Einwände gegen Ton und Inhalt des Briefes. Die Anrede sei nicht unterwürfig genug und es sei nicht billig, daß Rákóczi nicht anerkenne, eine Sünde begangen zu haben. Der Ministerrat (die Geheime, sogenannte kleine Conferenz und die sogenannte große Conferenz) behandelte den Brief Rákóczis in zwei Sitzungen und wiesen ihn zurück.[37] "Wenn Ragozi dem Kaiser schreiben will, scribat, wie ein Unterthan, nicht servitor", erklärte der Prinz von Savoyen in der Sitzung.[38] Im Ministerrat am 14. Februar war auch der Kaiser zugegen. Er war erschöpft, da wegen des schwedisch–russischen Krieges und der Gefahr der türkischen Einmischung eine Konferenz auf die andere folgte. Von Rákóczis Schreiben nahm der Kaiser offiziell keine Kenntnis.

Der nach Wien angereiste außerordentliche Beauftragte der englischen Königin, die Verhandlungen des mit dem Senat nach Polen verzogenen Rákóczi mit dem englischen Gesandten in Berlin, dem preußischen Hof und dem russischen Zaren, mit dem er sich im Herbst 1707 verbündet hatte, ließen die habsburgisch–ungarische Vereinbarung zu einer internationalen Angelegenheit werden. England und Holland versuchten im Interesse des Kräftegleichgewichts zu erreichen, daß Kaiser Joseph die Gesetze und die Freiheit des Landes, das heißt, ihre selbständige Staatlichkeit garantierte. Die energische Forderung Englands trug bedeutend dazu bei, daß die Regierung den Ansprüchen Rákóczis beinahe Schritt für Schritt entgegenkam.

Die Kompromißvereinbarung brachte den siebenjährigen Krieg zwischen der Krone und dem Land zu einem günstigen Abschluß. Am 1. Mai 1711 bedankten sich Károlyi und sein Gefolge, die zur Musterung versammelten Regimenter mit 149 Fahnen, für die von Joseph I. erteilte Amnestie und schworen dem Kaiser und dem gekrönten König die Treue. König Joseph I. war zu dem Zeitpunkt bereits seit zwei Wochen nicht mehr am Leben, er war an Pocken gestorben, aber sein Tod wurde verheimlicht.

Rákóczi nahm den Frieden von Szatmár nicht an, und ging mit der vergeblichen Hoffnung an den französischen Hof, daß dort zu erreichen wäre, daß die Sache von Siebenbürgen in den Frieden von Utrecht mit einbezogen werde. Der König war tot, der Fürst verbannt, und die ohne Antwort gebliebenen Worte haben ihre Gültigkeit bis auf den heutigen Tag nicht verloren: Friedliche Regelung ist erforderlich für die "Freiheit Europas", für die "Interessen Europas".

Unsere kurze Übersicht ist eine Skizze. Ihr Zweck ist nicht mehr, als gegenseitig unvoreingenommene gemeinsame Forschungen zu motivieren. Meines Erachtens verkörperten die Annäherungen des Königs und des Fürsten zu der Politik des jeweils anderen in Wirklichkeit die Alternative der Zukunft zweier eigenständiger Länder, Österreichs und Ungarns, und des Verhältnisses der beiden Länder zueinander. In der Politik und in den Reformvorstellungen des Königs und des Fürsten war die Möglichkeit enthalten, daß zur Zeit der Neuordnung der Machtverhältnisse im neuzeitlichen Europa Ungarn und das Habsburgerreich durch Eingliederung in das europäische Friedenssystem zu tragfähigen und stabilisierenden Faktoren der Region werden. Fragen wurden formuliert, die über anderthalb Jahrhunderte unartikuliert vor sich hin gewälzt worden waren, wie das auf gegenseitiger Interessenabstimmung beruhende Verhältnis der beiden Länder, die die freie Entwicklung der muttersprachlichen Kultur und Schulbildung der verschiedenen Nationen gewährende konfessionelle Toleranz, die allgemeine Steuerpflicht oder die Fragen der nationalen Selbstbestimmung.

Als hätten der König und der Fürst in der rastlosen Zeit ihrer kurzen Herrschaft unsere Zukunft durcheilt.

Die Zukunft war die damals von jener Position noch nicht deutlich ergründbare, aus der Perspektive der letzten Tage unseres Jahrhunderts bereits eine Unmenge von Blut, Tränen, Vernichtung, sinnlose Opfer verlangende Vergangenheit. Sie läßt sich mittels der Varianten der zwischen 1701 und 1711 nicht verwirklichten Pläne und Lösungsversuche, ja, mit den Varianten der Varianten beschreiben. Das Fürstentum Siebenbürgen gelangte als Großfürstentum ins Titelregister der habsburgischen Herrscher, die zentrale Leitung verschob aber lediglich die sich anhäufenden Fragen und vermochte sie nicht zu lösen. Die gutgemeinte *Carolina resolutio* schloß in der Praxis die hochgebildeten Landesbewohner protestantischen und anderen Glaubens aus den beschlußfassenden Gremien unterschiedlichsten Ranges aus. Das bedeutungsvolle Toleranzgesetz kam zu spät, selbst an den Gesetzen des Jahres 1705 gemessen. Für die in ihrer Entwicklung steckengebliebenen mannigfaltigen, von ihrer Rechtstellung her unterschiedlichen Schichten der ungarischen Gesellschaft machten erst die Gesetze der Reformzeit, der Jahre 1848–49, und später die Neuregelungsvariante des Verhältnisses der beiden Länder den Weg frei, um sich mit Verspätung in die Reihe der im Prozeß der bürgerlichen Umwandlung befindlichen Länder einzuordnen.

ABKÜRZUNGEN

AR/I	Archivum Rákóczianum, I. Abteilung: Kriegswesen und Inneres I-X. Band. Zusammengestellt von Kálmán Thaly, Pest 1873 - Budapest, 1889.
AR/II	Archivum Rákóczianum, II. Abteilung: Diplomatie, Englische diplomatische Schriften zur Zeit Franz II. Rákóczi. Aus englischen Archiven. Mitgeteilt von Ernő Simonyi. I-III. Pest, 1871, 1873, 1877.
AR/III	Archivum Rákóczianum, III. Abteilung: Schriftsteller. Mémoires du François II Rákóczi sur la guerre de Hongrie depuis 1703 jusqu'a sa fin. - II. Rákóczi Ferenc emlékiratai a magyarországi háborúról, 1703-tól annak végéig. Übersetzt von István Vas. Studie und Anmerkungen von Béla Köpeczi. Textbetreuung Ilona Kovács. Budapest, 1978.
HHStA	Haus-, Hof- und Staatsarchiv Wien
MOL	Magyar Országos Levéltár (Ungarisches Staatsarchiv), Budapest
RMK	Régi Magyar Könyvtár (Alte ungarische Bibliothek). Red. Károly Szabó (Árpád Hellebrant) I-III/1-2 (Budapest, 1879-1898)
OSzK	Országos Széchényi Könyvtár Budapest (Széchényi Bibliothek)
PRO	Public Record Office, London
SP	State Papers Foreign, Germany, Empire and Hungary

1 The Treaties of the War of the Spanish Succession. A Historical and Critical Dictionary, Ed. by Linda Frey and Marsha Frey, London, 1995. - Ágnes R. Várkonyi, Hungarian Independence and the European Balance of Power, In Á. R. Várkonyi, Europica varietas - Hungarica varietas 1526-1762, Bp, 2000.

2 Ladislaus Hengelmüller, Hungarys Fight for National Existence, or the History of the Great Uprising Led by Francis Rákóczi II, London, 1913. - Kálmán Benda, "The Rákóczi War of Independence and the European Powers." In From Hunyadi to Rákóczi: War and Society in Late Medieval and Early Modern Hungary, Ed. by János Bak and Béla K. Király, New York, 1982.

3 Karl Otmar, Frh. von Aretin, Kaiser Josef I. zwischen Kaisertradition und österreichischer Großmachtpolitik. In Historische Zeitschrift 215 (1972), 529-606. - Charles W. Ingrau, In Quest and Crisis: Emperor Joseph I. and the Habsburg Monarchy, Perdue University Press, 1979. - Es ist ein bedeutender Mangel der ungarischen Geschichtsschreibung, daß über Joseph I., über sein Wirken als König, bis auf den heutigen Tag keine wissenschaftliche Arbeit entstand.

4 Munkács, 3. Februar 1711.

5 Die Selbstbiographie von Pál Ráday. In Ráday Pál Iratai I. 1703-1706, Red.: Kálmán Benda-Tamás Esze-Ferenc Maksay-László Papp, Bp, 1955, 38. - Arnold Berney, Die Hochzeit Josephs I. In Mitteilungen des Instituts für österreichische Geschichtsforschung, XLII (1927). Vgl. Ingrau 1979 22, 233.

6 Über die Ereignisse im Vorfeld, über die Beziehung von Johann Philippe Schönborn und Zrínyi: Ágnes R. Várkonyi, La coalition internationale contre les Turcs et la politique étrangere hongroise en 1663-1664. In Études Historiques 1970 publiées a loccasion du XIVe Congres International des Sciences Historiques. Bp, 1975, 399-426. - Karl Otmar, Frh. von Aretin, Die Kreisassoziationen in der Politik der Mainzer Kurfürsten Johann Philip und Lothar Franz von Schönborn. 1648-1711, In Der Kurfürst von Mainz und die Kreisassoziationen (1648-1746), Wiesbaden, 1975. - Vgl. Ingrau, 1979, Béla Köpeczi, Döntés előtt, Bp, 1982, 100.

7 Történelmi Tár, 1897, 391. Zitiert In Sándor Márki, II. Rákóczi Ferenc, I. Band. Bp, 1907, 204.

8 legato data sequentibus ... quantum adlaboremus, ut per reductionem libertatis patriae, non tantum gent hic, sed et universae Europae ac rei Christianae servire possimus,..." Rákóczis Instruktion an seinen zum schwedischen König beorderten Gesandten, Pál Ráday. Eger, 30. April 1705. Ráday Pál Irata I. 253.

9 Gusztáv Heckenast, A Rákóczi-szabadságharc tábornokai. (Életrajzi adattár), In A tudomány szolgálatában. Emlékkönyv Benda Kálmán 80. születésnapjára. (Gedenkbuch zum 80. Geburtstag von Kálmán Benda), Red. Ferenc Glatz, Bp, 1993

10 Die englische Botschaft in Wien verfolgte die Ereignisse des Aufstandes in Ungarn von Anfang an mit außerordentlichem Interesse und relativ gut informiert, anfangs vor allem wegen des den Protestanten widefahrenen Unrechts. Zusammenfassend: Linda and Marsha Frey, The Confessional Issue in International Politics: The Rákóczi Insurrection, In Emlékkönyv R. Várkonyi Ágnes születésnapjára. (Gedenkbuch zum Geburtstag von Ágnes R. Várkonyi), Red. Péter Tusor, Mitarbeiter Gábor Thorockay, Zoltán Rihmer, Bp, 1998, 431ff.

11 Quod confusus universae Europae status ineundam cum regno hoc ligam expscat sive enim Austriacam sive Gallicam triumphare contingat potentiam, Europae equilibrii notabilis ad hanc vel illam partem praeponderatio (quamvis rationes regnum exanimari haud intenduntur) probe pensitanda veniet,..." Ráday Iratok I. 123.

12 Ex castris ad Miskolc positis die 27. Januar 1704. - zitiert aus dem an das Komitat Nográd adressierten Brief.

13 Lipsius, A politikai társaságnak tudományáról II/2.

14 János Varga, Jobbágyrendszer a magyarországi feudalizmus kései évszázadaiban, 1556-1767, Bp, 1969.

15 Érsekújvár, 13. November 1704. Archiv des Komitats Nógrád. Balassagyarmat. Iván-Nagy-Sammlung.

16 Ingrau, 1979, 28.

17 Der Bericht von Charles Whithwort von der ministerialen Beratung, 5. März 1704, Wien. AR/II.1.158. Vgl.: Ingrau, 1979, 127.

18 S'il m'eut alors découvert son dessein, il eut trouvé tant en moi que dans la Nation, un grand penchant a le faire réussir." Memoires, 72, 333.

19 Linda Frey and Marsha Frey, II. Rákóczi Ferenc és a tengeri hatalmak. In Történelmi Szemle, XXV (1982) 663-674.

20 Linda Frey and Marsha Frey, A Question of Empire: Leopold I and the War of the Spanish Succession, 1701-1705. New York, 1983. - Mitteilung von Wratislaws Brief: Alfred Arneth, Eigenhändige Korrespondenz des Königs Karl III. von Spanien mit dem Obersten Kanzler des Königreiches Böhmen, Grafen Johann Wenzel Wratislaw. In Archiv für Kunde österreichischer Geschichtsquellen CVI (1856) 17. Vgl.: Ingrau, 1979, 123.

21 Die gesamte Namensliste des Geheimen Rates wurde am folgenden Tag, datiert Wien, den 5. Juni, von George Stepney seinem Bericht an den Minister Robert Harley beigelegt. SP 80/26 fol 4-7. Vgl.: AR/II.2. 112-113.
22 AR/I. IV.518.
23 23 Instruktion von Königin Anna an ihren außerordentlichen Beauftragten Charles Spencer, Earl of Sunderland. Windsor , 17. Juni 1705. AR II/125-132. - Rákóczi an Königin Anna, 3. Juli 1705. PRO SP 80/26 fol.135.
24 Je voulois donc que l'Archeveque et les autres Députés de l'Empereur fussent aportée, pour qu'ils pussent rendre compte a l' Assemblée de leur comission." *Mémoires*, 113, 362.
25 AR/ II. 198-214.
26 *Ráday Iratok I*, 338-341.
27 *A szécsényi országgyűlés 1705-ben. Das Tagebuch von János Csécsy in der authentischen Kopie von Ferenc Kazinczy, mit den Dokumenten des Landtages, mit einer Studie von Ágnes R. Várkonyi*. Red. Mihály Praznovszky, Szécsény, 1995.
28 George Stepney an Minister Harley, Tyrnau (Nagyszombat) 20. Juni 1706. AR/II, III, 159.
29 Jenő Szűcs, *Szent István Intelmei, az első magyarországi államelméleti mű*, In *Szent István és kora*, Red. Ferenc Glatz, Bp, 1988.
30 Bericht von P. Medows und Jakob Hammel Bruyninx, 14. Dezember 1707. AR/II. 353-355. Sándor Erdődy's Tagebuch vom Pressburger Landtag. *Rákóczi Tükör*, II. Band, 385-395.
31 Mit Literatur: Ágnes R. Várkonyi, *Török háború s hatalmi átrendeződés 1648-1718*. In *Vigilia*, 1999/7, 482-491.
32 Opinio Dominorum Consiliariorum ad Posoniensem Commissionem. MOL Esterházy lt. P 108. R.69/2.
33 MOL G.19, II.3.e.fol.153. Zusammenfassend zur Frage: Ágnes R. Várkonyi, *"Ad Pacem Universalem"*. *The International Antecedents of the Peace of Szatmár*. In *Europica varietas*, 2000, 187-227.
34 Schreiben Rákóczy's an die Königin von England. 30. August, Szerencs. - Schreiben Rákóczy's an die Generalstaaten der vereinigten Niederlande. 30. August, Szerencs. Aktenstücke zur Geschichte Franz Rákóczy's und seiner Verbindungen mit dem Auslande. Hg. Joseph Fiedler. Wien, 1858, B. II. 121-128.
35 A Lettre d'un Ministre de Pologne d'un Seigneur de l'Empire sur les affaires de la Hongrie, Mittau, 1710. Von seiner Entstehung und großen Fachliteratur siehe Béla Köpeczi, Brenner Domonkos, Bp, 1999.
36 22. Dezember 1710. János Pulay, *A szatmári békesség*. Hg. László Szalay, Pest, 1865, II. Band, 231-233.
37 10. und 14. Februar 1711. Originalformulierungen, Wien, Staatsarchiv. Conferenzprotocoll 1711. Hg. Imre Lukinich, *A szatmári béke története és okirattára*, Bp, 1925, 248-253.
38 Lukinich, 1925, 249.

ÉVA H. BALÁZS

Eine neue Dynastie – Ungarn auf dem Weg der Erneuerung

Für die ungarische Geschichtsschreibung sind die Habsburger oft gleichbedeutend mit einer Herrscherdynastie, die mit Rudolf beginnt und mit Franz Joseph endet. Die österreichische, aber auch die internationale Geschichtsschreibung wiederum hält die ungarische Gesellschaft, die sich dieser Dynastie häufig widersetzte, zumindest bis zum Ausgleich 1867 als ein unterentwickeltes, zurückgebliebenes, feudales Gebilde in Evidenz – als eine die Freiheit über alles schätzende und gerade deshalb aufsässige feudale Gesellschaft.

Ein Forscher des 18. Jahrhunderts würde uns wohl ein anderes Bild skizzieren, überhaupt eine andere Dynastie, eine andere Gesellschaft sehen: Zu Beginn des 18. Jahrhunderts erlebte Montesquiu eine völlig andere Welt als Prince de Ligne, Nicolai oder andere intellektuelle ausländische Besucher in den sechziger und siebziger Jahren; bereits ab der Mitte des Jahrhunderts entsprachen weder Hofburg noch Schönbrunn dem Epitheton des "Habsburg"-Hofes. Allein der Zeitpunkt der Veränderung des Erscheinungsbildes, der "Imagewechsel" der Dynastie, kann bereits früher angesetzt werden: Franz von Lothringen bzw. die Vermählung der Thronerbin Maria Theresia im Zeichen der "Pragmatischen Sanktion" markierte diesen Beginn. Mit der Geburtenserie von sechzehn Kindern war dann auch physisch der Anfang für eine "neue Dynastie" der Habsburger gesetzt: Die Ära der ausgestorbenen spanischen Linie der Habsburger, der ohne männliches Erbe gebliebenen österreichischen Linie war nun zu Ende. Eine neue Lebenskraft, eine andere Einstellung zur Welt und – trotz aller politischen und militärischen Katastrophen – zielstrebige Initiativen, Optimismus, ja ein suggestiver Optimismus charakterisierten nun den Hof. Nicht mehr ein enger Kreis um den Herrscher gab den Ton an, sondern fachkundige Mitarbeiter (unter ihnen die Esterházys, die Erdődys, einige Batthyányis) führten neben Herrscher und Mitregentin das Zepter. Maria Theresia galt ganz bis zum Tode ihres Mannes als Symbol der Vitalität und Produktivität, lange Zeit sogar auch als bewundernswertes Symbol der Schönheit und vor allem der Leistungsfähigkeit. Die Arbeitskapazität blieb ihr bis ans Lebensende erhalten, und die Verehrung der Nachwelt, die sowohl nationale als auch konfessionelle Unterschiede überbrückte, sogar bis heute.

Allein was Ungarn betrifft, ist über Franz von Lothringen, dem Mann, der der neuen Dynastie seinen Namen gab, wenig bekannt. Etwa zehn Jahre nach seiner Eheschließung wurde er römisch-deutscher Kaiser, und dennoch ist er im historischen Bewußtsein nur der "Gemahl" geblieben. Doch er war mehr, und vor allem in Bezug auf Ungarn und Siebenbürgen war er sogar äußerst effektiv – auch wenn dies nur mittelbar belegt werden kann. In groben Zügen wissen wir zwar über die von ihm initiierten Manufakturgründungen, allein die konkreten Details – zum Beispiel das "wo" und "wie" – werden in der Regel nur am Rand erwähnt. Unmittelbar nach seiner Verehelichung erwarb er vor den Grafen Czobor im Komitat Nyitra zwei Burgen, die eine in Holics/Holíč und die andere in Sasvár/Sassin. Das Geographische Wörterbuch (Lexikon aus dem 19. Jahrhundert) schreibt dazu: "In alten Zeiten gehörten diese samt dem dazugehörenden Gut dem mächtigen Weiwoden Stibor; später gehörten sie den Révays, dann dem Grafen Czobor; von ihm kaufte sie der deutsche Kaiser Franz I. Seit dessen Tod waren und befinden sie sich immer im Besitz des gerade herrschenden Kaisers und Königs. Die Straßen der Stadt sind breit, die Häuser einnehmend; der Markt, auf dem Wochen- und Jahrmärkte stattfinden, geräumig. Zum kaiserlich-königlichen Vergnügungsschloß führen eine doppelte Lindenallee, zwei Brücken sowie eine über ein bis zwei Schanzengräber errichtete Zugbrücke. Im äußeren Schanzengraben ist ein allerschönster grüner Rasen, im zweiten ein Garten zu sehen, den wohlschmeckendste Obstbäume, Weinstöcke aus Burgund und Marillenbäume zieren. Im dreistöckigen Schloß gibt es einen chinesischen Tanz- und einen Speisesaal sowie prächtige Zimmer, eine pompöse Kapelle samt Chor, mehrere unterirdische Gänge. Nach der Schlacht von Austerlitz 1805 trafen sich hier die bedeutendsten Fürsten und Kriegsherren der damaligen Zeit. Gleich neben dem Hauptgebäude befindet sich der Fasanengarten, den die königlichen und kaiserlichen Gäste zur Jagd häufig aufsuchen. Erwähnung verdient der Castor- oder Bibersee im Küchengarten, wo einige Exemplare dieser Tiere gehalten werden, weil sie hier so selten sind. Namhafte Gebäude sind noch die katholische Pfarrkirche, die evangelische Kirche, die Synagoge, das kaiserlich-königliche Dreißigst- und Postamt, das alte, verlassene Kapuzinerkloster und die Steingutfabrik ..." (Hervorhebung vom Verfasser).

Taufe von Joseph II. (Magyar Nemzeti Múzeum)

In Holics konnte der Kaisergemahl der Jagd huldigen, die er als junger Mann und beliebter Begleiter seines zukünftigen Schwiegervaters bereits so oft mitgemacht hatte. Aus dem Tagebuch des Hofmeisters geht hervor, wer sich hier traf. Ihr Einfluß auf die ungarische Gesellschaft bleibt jedoch im dunkeln. Aus ungarischer Sicht wichtig sind allein die Gründungen von Manufakturen. Fachleute aus Straßburg beaufsichtigten die Arbeit an der berühmten Majolikafabrik. Und der oppositionelle Obergespan des Komitates Nyitra, Miklós Forgách, dürfte die Idee zum Aufbau einer eigenen Manufaktur auch von hier geholt haben. In Sasvár gab es eine Kartonagen-Fabrik – Kaiser Franz nutzte die Burg für diesen Zweck. Mehrere Magnatenfamilien, so auch die Familie Batthyányi, überwanden die traditionelle aristokratische Aversion gegen Unternehmen dieser Art und gründeten in der Folge solche oder ähnliche Manufakturen.

Bei der Zusammenkünften der ersten Wiener Freimaurer-Loge 1740 entwickelten sich keine praktischen, vielleicht eher esoterischen Beziehungen zur Person des Kaisers. Die Fachliteratur befaßt sich vorwiegend mit den Logengründern, und wie nahe sie Kaiser Franz tatsächlich standen, kann nur vermutet werden. Die Gründer waren größtenteils Grafen (Graf Hoditz, Graf Waldstein oder Graf Michna), die entweder sehr vermögend waren oder hohe Ämter innehatten. Interessanter aber ist hier vielleicht die Internationalität und Weltgewandtheit dieser ersten Wiener Loge sowie, daß sich in dieses bunte "Ensemble" auch die Ungarn einschalteten. Der russische Graf Tscherritschewitsch arbeitete hier mit dem Grafen Gondola aus

Ragusa, dem heutigen Dubrovnik, und dem aus Sachsen repatriierten Grafen Ludwig Zinzendorf zusammen. Zinzendorf wurde bald zu einem der Erneuerer der österreichischen Wirtschaftspolitik. Logenbrüder waren u.a. der Marquis Doria, ein Nachkomme Genueser Patrizier und Sekretär an der englischen Botschaft, Jean du Vigneau (dessen Name uns nur daran erinnert, daß nach den Hugenottenverfolgungen in Frankreich und deren Flucht die Niederlande und England reich an talentierten Menschen französischer Herkunft waren) sowie der französische Diplomat schottischer Abstammung Blair. Am selben Tag wie Blair wird auch Samuel Bruckenthal, der spätere Leiter des siebenbürgischen Guberniums, in die Loge aufgenommen. Mehr als siebzig Namen sind uns bekannt: Besucher und Logenbrüder gleichermaßen, unter denen die Zahl der Ungarn wiederum beträchtlich war. In alphabetischer Reihenfolge waren dies: Ignác Bánóczy, Sándor Báróczy, Graf Gábor Bethlen, die Barone János und László Kemény, János Kempelen, János Reviczky, Graf László Székely (die Skandalfigur der späteren Goldmacherschaften) und Sámuel Szilágyi. Zu dieser Gruppe gehörte auch Graf János Draskovich, der eigentlich aus Kroatien stammte, aber eine weitverzweigte ungarische Verwandtschaft hatte. Sein Neffe war einer der Gründer des ungarischen Freimaurer-Ordens.

Kaiser Franz mochte die Ungarn: Nicht umsonst wiederholte Maria Theresia bei den Vorbereitungen der Ungarnreise Erzherzog Maximilians des öfteren, daß es ihr verstorbener Gemahl gewesen sei, der sie gelehrt habe, "*diese Nation*" zu lieben und zu achten.

Allein das Image eines den westlichen Geschmack, westliche Bedürfnisse vermittelnden, Manufakturen gründenden Freimaurer-Kaisers ist nichtssagend und gehaltlos. Daraus läßt sich nur schwer erahnen, was für ein weitsichtiger und erfolgreicher Politiker Kaiser Franz eigentlich gewesen ist, wie viele neue Einrichtungen er in der von den Medicis geerbten Toskana geschaffen hat. Genausowenig läßt sich mit diesen Gemeinplätzen nachvollziehen, wie er als Familienoberhaupt gewesen sein mochte.

Wohl nicht nur den kulturellen Einflüssen der Aufklärung war es zu verdanken, daß französisch zur Umgangssprache innerhalb der kaiserlichen Familie wurde. Mehr noch: Seine Söhne und Töchter, spätere Monarchen, Erzherzöge und Königinnen, korrespondierten miteinander – nach dem Tod des Vaters zu Halbwaisen geworden – ausschließlich in französischer Sprache. Die Vaterrolle, die Franz I. ausfüllte, war vielleicht nicht spektakulär, aber effektiv: Gemeinsam mit Maria Theresia gestaltete und lenkte er aktiv die Erziehung Josephs II., und als er seinem Sohn Leopold die Toskana überantwortete, gab er ihm in allen Lebensbereichen eine Orientierungshilfe.

Man könnte behaupten, daß Joseph II. eher zu einem Lothringer als zu einem Habsburger geworden wäre: Die westliche Rationalität, das soziale Verantwortungsgefühl, der aufrichtige und unverhohlene Haß feudaler Verhältnisse sowie der erbarmungslose, selbstausbeuterische Fleiß zeugen sowohl vom väterlichen als auch vom mütterlichen Erbe. Joseph II. vertrat die Interessen der Dynastie sehr bewußt, deren Sicherheit und Bestand blieb oberstes Ziel seines Lebens. Eine sehr exakte Formulierung seiner Verpflichtung gegenüber der Dynastie ist in einer seiner Notizen zu finden. Dazu sei ein Zitat aus der Schrift "Kaiser Joseph II. über die damaligen Weltumstände" angeführt: "Die Sicherheit und Aufrechterhaltung des durchläutigen Erzhauses soll unser erster Endzweck und Gegenstand sein, welchem alle andere, wenn sie auch gut und vortheilhaft wären, weisen müssen." Im Gegensatz zu Joseph II., der während des Krieges gezeugt und in einer ständigen Gefahrensituation groß geworden war, war Leopold flexibel und geschickt. Sie waren sich nicht ähnlich, waren aber beide herausragende Talente und würdige Vertreter der "neuen Dynastie". Auch der sechzehnfache Familienvater Leopold war imstande, den Fortbestand der Dynastie durch eine lebensstarke neue Generation – in der Regel häßliche Mädchen und schöne Knaben – zu gewährleisten.

Wenden wir jetzt unser Augenmerk aber auf Ungarn, auf die Probleme des Landes. Regelmäßige Volkszählungen waren zwar im ganzen Habsburgerreich üblich gewesen, allein in Ungarn wurde eine solche zum ersten Mal erst in den achtziger Jahren durchgeführt. Zum allergrößten Erstaunen der Regierungskreise und des informierten Auslands zeigte das Ergebnis, daß die Einwohnerzahl des Landes, die man zuvor auf vier Millionen geschätzt hatte, zusammen mit Siebenbürgen tatsächlich etwa zehn Millionen Menschen ausmachte. Die katholische Staatsreligion war zwar stark vertreten, aber die Zahl von zwei Millionen Protestanten zeigte auch, daß man ihnen gegenüber nicht nur Rücksicht und Toleranz zu üben hatte, sondern daß man mit dieser Minderheit als einem wichtigen gesellschaftlichen Faktor zusammenarbeiten mußte. Umso mehr, als die beiden protestantischen Bekenntnisse, die Lutheraner und Kalvinisten, durchaus gemeinsam auftraten, als sie auf einer Tagung die Probleme besprachen, die einer Lösung harrten.

Die scheinbar günstige demographische Lage einerseits und die erhoffte Verbesserung des Konfessionsgleichgewichts andererseits änderten aber nichts an der Tatsache, daß die Gesellschaftsstruktur des Landes insgesamt unausgewogen und ungesund war: Die Bevölkerungsverteilung war ungleichmäßig, fünf Prozent der Einwohner waren Adelige, fünf Prozent lebten in der Stadt, die übrigen neunzig Prozent der Bevölkerung waren Bauern, deren Lebensumstände sich nur langsam verbesserten. Gleichwohl sollte man jedoch nicht von den "Elenden" sprechen, wie es Friedrich Nicolai oder andere Reisende taten, und bei denen wir hauptsächlich über slowakische Bauern oder über die Landarbeiter im Oberland, der heutigen Slowakei, lesen können. Es gab Regionen im Land, denen ganz bestimmte Vorteile, und andere, denen nur die Nachteile zukamen. Die wirtschaftlichen und gesellschaftlichen Möglichkeiten waren auch innerhalb des Adels und der privilegierten Schichten nicht gleich. Die westlichen Landesteile, die katholischen Zonen, waren durch bessere Verkehrsbedingungen und einen gewissen Protektionismus begünstigt. Die östlichen und nördlichen Teile des Landes hingegen mußten für die nach Jahrzehnten des Krieges erstarrten politischen Verhältnisse büßen. Der Westen und der Süden konnten jederzeit exportieren, mochten die Ausfuhrbedingungen auch nicht al zu vorteilhaft sein. Der Norden und der Osten dagegen hatten die sicheren schlesischen und polnischen Märkte verloren und konnten ihren Warenüberfluß bis zu den nächsten Kriegen, d.h. bis zum Ende des Jahrhunderts, nicht mehr über den Export vermarkten.

Das Programm der Aufklärung konnte daher in den einzelnen Regionen offensichtlich nur im Lichte der ungleichen wirtschaftlichen Möglichkeiten und der jeweiligen Religionszugehörigkeit akzeptiert, verarbeitet und nach eigenen Vorstellungen geformt, vielleicht sogar durch neue Aspekte erweitert werden. Die Anführer einer ungarischen Erneuerung im Rahmen der Aufklärung waren Vertreter des Adels, ja sogar des Hochadels. Gemeinsam mit den in ihrer unmittelbaren Umgebung als Sekretäre, Hauslehrer oder Ärzte tätigen Intellektuellen, die fast schon Teil ihrer Familien geworden waren, konnten sie so das Bewußtsein der nächsten Generation gestalten. Im protestantischen Milieu waren die Pastoren, Mediziner und Juristen, die an ausländischen Hochschulen und Universitäten studiert hatten, besonders gute Partner. Die adelig-intellektuelle Zusammenarbeit, die gleiche Gesinnung, war bis zu den Anfängen des Josephinismus streng und rein konfessioneller Natur. Eine Auflockerung bzw. den Abbau der starren Grenzen brachten erst die brüderlichen Gemeinschaften der Freimaurer-Logen in den siebziger Jahren. Diese Logen verdienen eine nachdrückliche Würdigung, denn sie bedeuteten etwas ganz Neues im Lande. Freilich bleibt zu betonen, daß deren Bedeutung im Osten und im Westen nicht gleich war: Sie waren sich zwar in der Verkündung von Brüderlichkeit und Freiheit sowie in der Betonung einer Art Gleichheit ähnlich, divergierten aber in ihrer Funktion.

Im westlich orientierten Sektor der Gesellschaft dominierte eindeutig die Verbreitung der Zielsetzungen der Wiener Regierung und damit der von Staatskanzler Kaunitz und Joseph II. formulierten aufgeklärten Grundsätze. Deren Verbreitung geschah mittels der Hochbürokratie in Preßburg, deren Vertreter gleichzeitig Freimaurer waren und mit Wien pausenlos in Kontakt standen. Es handelte sich um eine dem Hof treu verbundene, loyale und aufgeklärte Schicht, die freilich nur einige hundert Menschen umfaßte. Aber gesellschaftliches Ansehen und sozialer Einfluß, in der Reichshauptstadt erworbene Erfahrung und die Tatsache, daß alle Mitglieder dieser Gruppe mit den modernen Anforderungen Schritt halten wollten, trugen dazu bei, daß sich ihr Wirkungskreis bis in die südlichen Grenzgebiete, d.h. bis nach Fiume, dem heutigen Rijeka, ausdehnte. Zusammen mit Verwandten und weltgewandten Freunden aus dem Offizierskorps gründeten diese Beamten den sogenannten Freiheits-Orden ("Systema libertatis"), eine ungarisch-kroatische Freimaurerorganisation: Programmatisch und mit einem klaren Aufgabenkatalog wirkte sie auch noch nach ihrer Auflösung weiter. Die Vertreter der benachteiligten östlichen Wirtschaftszonen, die stark protestantisch geprägt waren und sich mit ihrer rebellischen Vergangenheit der Unabhängigkeitskriege brüsteten, schöpften ihre geistig-politischen Freimaurerideen hingegen aus Polen und Preußen. Während man im Westen versuchte, das Augenmerk auf die Lage des "armen steuerzahlenden Volkes" zu richten, und das Programm der Freimaurer die Erneuerung der Wirtschaft, sinnvolle Ansiedlungen, den Aufschwung des Handels und die Förderung der Industrie forderte, waren für den Osten die literarische Erneuerung und allgemein wissenschaftliche Bestrebungen charakteristisch. Die östlichen Protagonisten kann man – mangels einer besseren Bezeichnung – wohl am ehesten als "rebellische Aufklärer" bezeichnen: Aus ihren Reihen sollten auch die Angeklagten des ungarischen Jakobinerprozesses hervorgehen.

Nützlich für die Gesellschaft war allein, wenn Loyalisten und Rebellen die gleichen Ansichten vertraten, wenn sie die ihnen gestellten Aufgaben nicht diametral anders lösen wollten. Im Westen deklarierten die Aufklärer ihr Programm in Form eines Freimaurerstatutes, im Osten erfolgte dies – ungefähr zur gleichen Zeit – in Form literarischer Werke, später in literarischen Zeitschriften. Der vielleicht bedeutendste Unterschied bestand aber darin, ob sie die Umsetzung moderner Kenntnisse in der lateinischen und deutschen oder in der bereits erneuerten, reformierten ungarischen Schriftsprache anstrebten.

Ebenso wichtig wie die programmatischen Anschauungen der erwachsenen Generation der siebziger Jahre war für die Bewertung der ungarischen Aufklärung aber auch, was die Jugendlichen in den Schulen lernten. Es gab Versuche, den Lehrplan des Wiener Regierungssystems, das auf deutschem Naturrecht, italienischer Praxis und französischer Theorie aufgebaut war, mit einer Konzeption zur Lösung der heimischen Probleme in Einklang zu bringen. Als Beispiele dafür können sowohl die Piaristengymnasien der katholischen Konfession als auch die evangelischen Lyzeen in Preßburg oder Käsmark bzw. die kalvinistischen Kollegien in Sárospatak und Nagyenyed angeführt werden.

Hier wie dort akzeptierte und betonte man die führende Rolle des aufgeklärten Regierungssystems, gleichwohl blieben die spezifischen Anforderungen der ungarischen Gesellschaft nicht unbeachtet: Letztendlich kamen die gelehrten Professoren zum gleichen Ergebnis. Und wenn man in Betracht zieht, daß die Freimaurer-Logen von Piaristen (Károly Koppi, Lipót Schaffrach) und evangelischen Rektoren (József Benczur, Ádám Podkoniczky) gleichermaßen besucht wurden, müßte man glauben, daß dem Aufeinandertreffen und der Verflechtung der Bestrebungen im Zeichen der Ratio nichts im Wege stehen sollte.

Das Merkmal der ungarischen ständischen Gesellschaft war aber, daß das Tempo des Fortschritts nicht von Edikten des Hofes, der aufgeklärten Beamtenschaft bestimmt wurde, sondern – ganz verfassungskonform – von den Entscheidungen im Reichstag. Die rechtliche Argumentation, die sich auf Montesquieu berufen konnte, und der Schutz der Verfassung, hatten stets Priorität.

Die Quellen erwähnen immer wieder die einander in Wien gegenüberstehenden "Parteien". Die Zeitgenossen waren sich dessen bewußt, daß mit der Thronbesteigung Josephs II. der konservative Reformismus Maria Theresias, genauer gesagt: deren bedächtige Gesellschafts- und Reformpolitik, von etwas ganz Neuem abgelöst werden würde. Sie sollten recht behalten. Eines jedoch war nicht vorherzusehen: wie die ungarische Gesellschaft darauf reagieren würde.

Stark vereinfacht kann festgestellt werden, daß es innerhalb der Kräfte der Aufklärung alsdann gewissermaßen zu einem "Positionstausch" kam. Während das loyalistische Lager auf einen starrköpfigen Widerstand setzte, bereitete sich die Gruppe der rebellischen Aufgeklärten auf die Zusammenarbeit vor.

Die Reformen Josephs II., die die römisch-katholische Kirche betrafen, und die nicht ohne Vorgeschichte und ziemlich rasch hintereinander eingeführt worden waren, sind ja wohlbekannt. Ganz Europa begrüßte das auch für Ungarn geltende Zensuredikt. Die verbotenen Werke, die Flugschriften, wurden damit aus den Fesseln der Kirche "befreit". Die Fortsetzung der Reformpolitik produzierte jedoch auch mehr und mehr Unrecht, da viele wohlgemeinte Maßnahmen, so die Modernisierung der Priesterseminare sowie die Erhöhung der Zahl der Pfarren, mit groben und willkürlichen Eingriffen Hand in Hand gingen. Der Monarch überschätzte die Macht des Staates über die Kirche sowie seine eigenen Möglichkeiten, die Kirche zu leiten. Er mischte sich oft unbefugt und derb in die Zeremonien und Glaubensgeschäfte ein. Hochangesehene geistliche Orden wurden aufgelöst und mit dem Verkauf der Kirchengüter – mit deren Erlös sich ein eigens dafür eingerichtetes Amt beschäftigte – gingen nicht nur sakrale Gegenstände verloren.

Die Lage der Protestanten war nach dem Toleranzedikt eine andere. Bemerkenswert ist das Edikt vom 25. Oktober 1781, das die ungarische Gesellschaftsentwicklung dauerhaft beeinträchtigte. Neben den berechtigten Forderungen, die die Religionsausübung betreffen, eröffnete es den Protestanten (und Orthodoxen) die Möglichkeit, bestimmte Ämter zu bekleiden. Enthusiastische Menschen arbeiteten nun in hohen und niederen Ämtern, die gesellschaftliche Basis des josephinischen Reformprogramms schien gesichert zu sein. Obwohl auch die protestantische Ständegesellschaft der Adeligen, Bürger und Bauern schwer unter dem deutschen Sprachedikt litt (wie auch unter der Tatsache, daß die Heilige Krone außer Landes geschafft worden war), hielt sie dennoch treu an ihrem Monarchen fest.

Der erwähnte "Positionstausch" zwischen Loyalisten und Rebellen war aber nicht von Dauer: Jene Reformmaßnahmen nämlich, die ganz bestimmte neuralgische Punkte betrafen (die Freimaurer z B. wurden unter Polizeiaufsicht gestellt; das ungarische System der Wiener Großloge unterstellt) und die drohende Gesellschaftsreform (durch die Einführung der Ertragssteuer wäre der Adel in seinen Privilegien getroffen und die mitte lose Bauernschaft zusätzlich belastet worden) führten bis zum Ende der achtziger Jahre zu einem fast "gesamtnationalen" Widerstand. Der Bauer vergaß das Edikt über die Leibeigenschaft, der Protestant seine Begeisterung für das Toleranzedikt. Einige katholische und protestantische Adelige bereiteten gut organisiert und gemeinsam mit der Intelligenz die Absetzung des Monarchen vor. Zwar blieb dieser Plan nur eine politische Episode, aber seine Vorbereitung und Abwicklung sowie die Durchführung der Reformversuche in den nächsten Jahrzehnten zeigen folgendes Bild: Die Aufklärung in Ungarn, insbesondere in ihrer josephinischen Variante, war gespalten, hatte aber die Gesellschaft sozusagen wider ihren eigenen Willen reformiert. Die Zusammenarbeit der katholischen Magnaten und ihrer protestantischen Sekretäre (Ferenc Széchényi und József Hajnóczy) sowie die Arbeit der interkonfessionellen Ausschüsse waren an der Tagesordnung. In den vom Reichstag der Jahre 1790/91 delegierten Reformausschüssen arbeiteten die Repräsentanten verschiedenster Weltanschauungen mal friedlich, mal weniger friedlich an kulturellen, wirtschaftlichen und bürokratischen Reformplänen zusammen. Man kommt auch nicht umhin, sich die gesellschaftlich-konfessionelle Vielfältigkeit der ungarischen Jakobinerbewegung zu vergegenwärtigen.

Ein Schlüssel zum Verständnis der Inhalte der ungarischen Aufklärung und deren Erneuerungswillen sowie der diese Aufklärung tragenden Gesellschaftsstruktur ist die Reise, und zwar die Reise von und nach Ungarn. Ungarischerseits handelte es sich gewöhnlich um Studienreisen oder gegebenenfalls um "Kavalierstouren", seitens der Ausländer um Reisen, die auf die "Entdeckung" des Landes zielten. Die Mehrheit der ungarischen Auslandsstudenten und Reisenden war protestantischer Konfession, doch sind auch die Auslandsreisen einiger Katholiken von großer Bedeutung für die Entfaltung des politischen Denkens in Ungarn gewesen. Während die Protestanten die schweizerischen, niederländischen und immer häufiger auch die deutschen Universitäten besuchten und damit auch Erfahrungen über diese Regionen machten bzw. Beziehungen knüpften, waren die Katholiken Zöglinge des Wiener Theresianums. Die Katholiken besuchten auch noch die von Péter Pázmány gegründete jesuitische Universität in Nagyszombat, die später nach Buda bzw. nach Pest verlegt wurde. Das Theresianum, dessen Matrikel die Namen der katholischen Elite Ungarns enthalten, bot einen modernen Bildungsgang, der auch ökonomische Kenntnisse beinhaltete. Zwischen 1752 und 1784 studierten hier in zwei- bis fünfjährigen Kursen beinahe hundertfünfzig ungarische Studenten. Sie wurden später Mitglieder der Aristokratie und Angehörige des strebsamen mittleren katholischen Adels sowie markante Figuren der ungarischen Gesellschaft.

Die Reichen schrieben sich zudem als Kunstförderer in die Annalen ein: Ferenc Széchényi, Gründer des Ungarischen Nationalmuseums und der Nationalbibliothek, György Festetich, der eine Agrarhochschule, das Georgicon, und ihre Bibliothek in Keszthely ins Leben rief, sowie die geistlichen und weltlichen Mitglieder der Familie Batthyány, die als Mäzene hohes Ansehen erlangten. Das lateinische Werk von Alajos Batthyány "Ad amicam aurem", mit scharfer Klinge und in Anlehnung an Montesquieu geschrieben, wird oft zitiert, aber selten gelesen.

Ignác Batthyány wiederum gründete eine bedeutende Bibliothek in Siebenbürgen.

Die Mehrzahl der ungarischen Studenten in Wien bereitete sich auf eine Laufbahn im Staatsdienst, in der Hochbürokratie, vor. Auch die Protestanten machten das zu ihrem Ziel – in der Hoffnung, daß ihnen die Toleranz ebenfalls die höheren Ämter bald zugänglich machen würde. Von den deutschen Universitäten besuchten die Ungarn Jena und Halle, ab 1770 hauptsächlich Göttingen.

Den jungen Ungarn, die in Göttingen Staatswissenschaften und Geschichte studierten und sich auf eine Laufbahn in der Bürokratie vorbereiteten, erteilte Schlözer in den sogenannten "Reisekollegien" auch jene Kenntnisse, die ihnen vonnöten waren, um sich in der Welt orientieren und die Aufgaben eines aufgeklärten Bürokraten präzis versehen zu können. In der ungarischen Historiographie war es bisher selbstverständlich, ausschließlich die Rolle Schlözers und seinen Einfluß auf die ungarischen Studenten in Göttingen zu betonen. Erst vor kurzem wurde festgestellt, daß dieser Aspekt einer gewissen Nuancierung bedarf. Neben oder sogar vor Schlözer spielte nämlich ein weiterer Göttinger Professor eine bedeutende, vielleicht noch wichtigere Rolle: Georg Christoph Lichtenberg. Dieser Professor für Physik ist in der Tat die Schlüsselfigur für die ungarischen Studenten gewesen. Es war Lichtenberg, der – zum Teil auf Anregung Schlözers – den reisegierigen, jungen Ungarn ob nach Berlin zu Nicolai, ob nach London oder anderswohin Empfehlungsschreiben mitgab. Es war Lichtenberg, der die ungarischen Studenten beriet, welche Beziehungen sie für ihre speziellen Fachinteressen knüpfen sollten, und nicht zuletzt war es Lichtenberg, der die Aufmerksamkeit der Engländer und anderer Ausländer auf Ungarn lenkte. Der Göttinger Physikprofessor ermutigte sie, an die Ufer der Donau zu kommen: Nicht nach Wien, sondern nach Ofen, in die neue Hauptstadt, um sich in diesem an Naturschätzen und interessanten Menschen so reichen Land umzusehen. Zwei namhafte Verfasser von ungarischen Reiseberichten, der Engländer Robert Townson und der deutsche Graf Hoffmansegg, hörten Lichtenberg noch als dessen Schüler äußerst positiv über Ungarn sprechen.

Townsons Werk (Travels in Hungary, with a short Account of Vienna in the Year 1793) mit mehr als 500 Seiten enthält ein ausgezeichnetes Bildmaterial, ein damals modernes Namens- und Sachregister sowie eine Fülle an Informationen. Aus den Göttinger Matrikeln und Briefen geht auch hervor, daß der ungewohnte Erfolg seiner Reise in erster Linie nicht auf der ungarischen Gastfreundschaft oder den Freimaurerbeziehungen beruhte, sondern durch die Bekanntschaft gemeinsamer Professoren und verbindender Erlebnisse sowie durch die Göttinger Empfehlungsschreiben gesichert wurde. Namentlich der Mitwirkung Lichtenbergs ist es zu verdanken, daß der ausgezeichnete Naturforscher, Mitglied der Akademie zu Edinburgh, neben detaillierten Beschreibungen der verschiedensten Naturerscheinungen, einschließlich der Tropfsteinhöhlen, auch über die Reformen Josephs II. und über die Ansichten zu diesen in Ungarn ausführlich berichten konnte. Townson traf auch Ferenc Széchényi, erwähnte dessen bereits anwachsende Sammlungen und machte dessen Pläne zur Bibliotheks- und Museumsgründung in aller Welt bekannt. Dies ist wortwörtlich zu verstehen, da das Werk Townsons außer in Englisch auch in deutscher, französischer und niederländischer Sprache erschienen ist. Es war früher in zahlreichen, auch kleineren ungarischen Privatbibliotheken vorhanden, und selbst heute finden wir noch aller Orten einige Originalexemplare: Im übrigen ist es ein großes Versäumnis der ungarischen Verleger, dieses Buch noch immer nicht in einer ungarischen Übersetzung herausgegeben zu haben – es könnte dem ungarischen historischen Gedächtnis ein wenig mehr Optimismus einflößen.

Verstärkt wird die Bedeutung von Townsons Werk noch dadurch, daß er zwar mit großer Empathie über berühmte Persönlichkeiten und Institutionen berichtete, jedoch auch mit Kritik nicht sparte: Die ungarische Gesellschaft stecke noch in den Kinderschuhen, das Bürgertum sei kaum, die Bauernschaft aber überhaupt nicht im Reichstag vertreten. Doch schrieb er auch folgende – wie wir meinen – wichtige Worte, die wir nach der deutschen Übersetzung des englischen Originals zitieren: "Ich bewundere oft die Würde des ungarischen Bauern. Ich fand an ihm keine Spur der Wildheit, mit der ihn die Österreicher beschuldigen, und obwohl er seine Vorgesetzten verehrt, finde ich ihn auch nicht demütig, wie man es von einem Bauerntum annehmen würde, das sich noch kaum über die Leibeigenschaft erhoben hat."

Townsons Informatoren, József Podmaniczky und Gergely Berzeviczy, waren ebenfalls Absolventen der Göttinger Universität. Sie übergaben ihm die einschlägigen Statistiken und sogar den Text des Urbariums, den er überraschenderweise auch in seine Reisebeschreibung einfügte.

Graf Hoffmansegg, der sich mit seinen spanischen Reisen einen Namen gemacht hatte, hielt sich zur gleichen Zeit wie Townson in Ungarn auf. Auch sein Interesse für Ungarn war von Lichtenberg geweckt worden. Der junge Graf führte in Ofen ein reges Gesellschaftsleben. Von ihm ist die interessanteste Beschreibung des dortigen Lesekabinetts, das, von Berzeviczy gegründet, in einem auch heute noch bestehenden Haus des Burgviertels, im "Fortuna-Haus", eingerichtet worden war. Er beschrieb die dortige Atmosphäre und die frankophile Einstellung der Mitglieder des Lesezirkels. Hoffmansegg, der sich lange in Fünfkirchen aufhielt, ist es auch zu verdanken, daß wir über das gesellige Leben der dortigen Cafés mindestens so gut informiert sind wie über die Pester und Ofener Kaffeehäuser aus den Berichten Townsons, oder daß wir so viel über die zeitgenössischen Thermalbäder des gemeinen Volkes wissen.

Ausland und Ungarn – das Interesse war gegenseitig. Gleichermaßen sind uns die Details der ungarländischen Reisenden bekannt: Ihre Briefe und Tagebücher stehen uns jederzeit in den Archiven des Landes zur Verfügung. Was man unbedingt erwähnen muß, und was uns über das politische Denken und die Erneuerungswünsche am besten informiert, ist ein Kleinod des Budapester Staatsarchivs, das 591 Seiten starke Reisejournal von Széchényi, in dem auch der Rat Schlözers befolgt wurde: Wer eine Reise mache, solle seine Erlebnisse nicht allein für sich selbst, sondern auch für seinen Umkreis und nicht zuletzt für die Nachkommen aufzeichnen. Széchényi war 1785 von Joseph II. zu einem der zehn königlichen Kommissäre ernannt worden, doch war der Graf von dieser Tätigkeit bald enttäuscht und meldete sich krank. Er brach 1786 mit seiner Frau, seinem Arzt und seinem Sekretär nach dem Kurort Spaa auf, um sich dort zu erholen. Das Reisejournal ist ein Gemeinschaftswerk: Der katholische Graf und sein Sekretär Ribini, Sohn eines Pastors, hielten darin gemeinsam ihre Reiseerlebnisse und -erfahrungen fest. Zweierlei Handschriften, zweierlei einander fruchtbar ergänzende Denkweisen machen dieses Dokument für uns besonders interessant. Und mehr noch: Ribini, der Sekretär, fertigte über alles, was er beobachtete – seien dies Kanalbauten oder Dampfmaschinen, auch Zeichnungen an.

Der Sohn des Grafen, István Széchenyi, Gründer der Akademie der Wissenschaften und die bedeutendste Figur des ungarischen Vormärz, kannte selbstverständlich dieses Reisejournal. Auf ihn wirkten wohl am stärksten die Aufzeichnungen und Kommentare, die sich darin auf England bezogen. Als Beispiel sei hier die Eintragung vom 22. November 1787 zitiert: "Ich war in der Versammlung der Royal Society. Die Gesellschaft kommt jeden Donnerstag im Somersethouse auf dem Strand zusammen. Jedes Mitglied hat das Recht, zwei Fremde einzuführen, deren Namen vor dem Einlaß vorgelesen werden. Der Saal ist mit den Gemälden der größten englischen Gelehrten geziert – Sir Isaac Newton hängt in der Mitte, und unter ihm saß der President, Herr Planta. (...) Von Vay, ein Ungar wurde eben heute als Mitglied der Gesellschaft aufgenommen. Die Namen der Kandidaten hängen auf weissen Tafeln an den Wänden herum und müssen 1/4 Jahr vor der Wahl ausgehangen bleiben."

Der Erfolg von Miklós Vay beeindruckte Széchényi den Anzeichen nach nicht besonders, desto mehr aber die Institution selbst, sowie die privaten und staatlichen Quellen der Kostendeckung einzelner Museumssammlungen. Zugleich formulierte er auch das Ideal für das Ungarn der Aufklärungsepoche: "Eine Nation, die durch das Meer von anderen abgesondert ist, bei einem gemäßigten Klima alles, was zu Notwendigkeit und Bequemlichkeit des Lebens gehört, theils bei sich zu Hause, theils in seinen Kolonien erzeugt, oder durch Umtausch ihrer Waaren leicht von fremden Völkern holt, eine Nation, die durch ihre Staatsverfassung weiß, daß sie souverän ist, Könige vor ihrem Richterstuhl forderte und hinrichten ließ, auch noch jetzt die Macht ihres Königs durch die Theilnehmung in der Gesetzgebung so sehr einschränkt, daß es ihm nur durch feinste Politik gelingen kann, dennoch die Oberhand und das Übergewicht zu behalten, (...) eine Nation, die eigene Sprache, Bücher, Erziehungsart, Schulen, Kleidung und Kost seit mehreren Jahrhunderten unvermischt und unverändert erhalten hat, eine Nation endlich, die bei dem Aufwand den Künsten und Wissenschaften fordern, selbst verschwänderisch sein kann, deren Größe in Bibliotheken, Observatorien und anderen verschiedenen seltenen Sammlungen miteinander wetteifern und Verdienste belohnen, die Weltweisen, Weltbereiser und die größten Genies in ihrem Schosse erzeugte: so eine Nation muß sich notwendig für die glücklichste und weiseste halten, und weil ihr so viele Vorteile von andern den Rang geben, so muß sie auf jeden Fremden stolz herabsehen." Mit diesem Bekenntnis von Széchényi können wir die Überlegungen abschließen, die den Charakter, die Struktur und die Ziele der aufklärerischen Erneuerung in Ungarn umreißen sollten.

Als Ideal für die politisch eingestellte ungarische Aufklärung, die die Gesellschaft im Auge hatte, wählte Széchényi das Modell des Inselreiches. Es war ein weit entferntes Ideal, ein unrealisierbares Programm, doch äußerte sich darin auch die Mentalität einer Nation von Juristen, d.h. einer Nation mit einer Elite, deren Einstellungen und Interessen ausnahmslos juristischen Problemen zuneigten, weswegen die schriftlichen Produkte der ungarischen Aufklärung seltener in den literarischen bzw. belletristischen Bereich fielen. Die Aufklärung versuchte in Ungarn ein juristisches, ökonomisches und gesellschaftliches Programm zu entwerfen. Genau dieses wurde im Reformzeitalter des Vormärz, und mit einigen Jahrzehnten Verspätung, zum politischen Programm erhoben, doch nicht mehr allein zum Programm einer Elite, sondern zu dem des Landes.

Aus den obigen Ausführungen wird ersichtlich, daß die nach der Erneuerung der Gesellschaft trachtende ungarische politische Elite bunt und vielfältig war. Grafen, Barone, Kleinadelige und markante Intellektuelle waren hier vertreten – jedoch kaum Bürger im klassischen Sinne, und die Zahl der Freimaurer kann mit etwa tausend festgesetzt werden. Doch alles in allem wäre dies ein sehr pessimistischer Standpunkt. Die im Ungarischen Staatsarchiv aufbewahrten Akten des Statthalterates, die die Korrespondenz der Zentralämter und Komitate sowie der Städte beinhalten, zeigen deutlich, daß die moderne Bürokratie in den letzten Jahrzehnten des 18. Jahrhunderts gerade erst im Entstehen war und sich mit den Vertretern der örtlichen Macht, den Richtern und Amtsärzten "zusammenzuraufen" begann. Und um einen weberianischen Begriff zu gebrauchen: Es entstand die neue Arbeitsmoral.

Als der Reichstag nach dem Tod Josephs II. 1790/91 die Reformausschüsse aufstellte, zeugten deren Arbeiten von einer enormen Initiativbereitschaft. Der Handelsausschuß (mit Miklós Skerletz, Graf Szapáry, Baron Podmaniczky und anderen hervorragenden Teilnehmern) befaßte sich mit allen Bereichen des wirtschaftlichen Lebens, wobei die negativen Gesichtspunkte der Wiener Wirtschaftspolitik getadelt und positive Reformen empfohlen wurden. Hauptziel des Kulturausschusses war die Förderung der nationalen Kultur (hier war Ferenc Széchényi aktiv und legte Piaristengelehrter Károly Koppi seine weisen Vorschläge vor). Aber die Bereitschaft, die gesellschaftlichen Verhältnisse von Grund auf zu reformieren, fehlte hier ebenso wie bei den westlichen Nachbarn des Landes. Die Ungarn verharrten in ihren ständischen Anschauungen ähnlich wie die Bayern oder die Spanier, um keine weiteren Nationen zu erwähnen.

Daß sich Ungarn innerhalb der Monarchie dennoch weiterentwickeln konnte, war außer auf die gesellschaftlichen Realitäten eben auch auf persönliche Gründe zurückzuführen. Gerade die zweite Generation des Hauses Habsburg-Lothringen erfüllte der Monarchie und dem Land Hoffnungen: Denken wir nur an Erzherzog Johann, Erzherzog Karl, Ungarns Regenten Alexander Leopold und vor allem an Palatin Joseph. Während und nach den von der Großen Französischen Revolution in der Gesellschaft und im politischen Bewußtsein ausgelösten Erschütterungen konnte Ungarn erfahren, daß der renovierte königliche Palast in der Hauptstadt des Landes nicht nur bewohnt, sondern auch Schauplatz mehrerer glanzvoller Zusammenkünfte war. Von da aus wurde die Arbeit des Statthalterates gesteuert, wurden Ungarns Wünsche nach Wien vermittelt. Ein französischer Geheimbericht informierte Napoleon darüber, daß Palatin Joseph sich einen Schnurrbart wachsen ließ und die ungarische Paradeuniform trug. Fleiß, Fachkenntnis und ein Habitus, der eine menschliche Atmosphäre zu vermitteln vermochte: Dies waren die Charakterzüge des Palatins Joseph aus dem Hause Habsburg-Lothringen, der das ungarische Reformzeitalter schließlich zu seiner vollen Entfaltung zu bringen verstand.

QUELLENHINWEISE:

Fachliteratur und Quellen siehe ausführlich in meiner englischsprachigen Arbeit "Hungary and the Habsburgs 1765-1880. An Experiment in Enlightened Absolutism", CEU-Press, Budapest, 1997.

Dennoch möchte ich die Bestände im Wiener Haus-, Hof- und Staatsarchiv, im Familien- und Kabinettsarchiv, im Archiv der Freimaurer in Den Haag und in der Handschriftensammlung der Universität zu Göttingen hervorheben. Die meiste Arbeit leistete ich selbstverständlich im Ungarischen Staatsarchiv in Budapest, vor allem in den Sektionen C und P (Akten des Statthalterrates und der Familiensammlungen).

Ohne die klassischen österreichischen Quellenpublikationen und die modernen österreichischen und englischsprachigen Arbeiten wären meine Archivforschungen aber wohl vergebens gewesen. Dies betonend, erinnere ich an Herrn Hans Wagner, der zunächst als Archivar, später als Professor und Rektor, mir ein unvergeßlicher und verständnisvoller Berater war, dem ich zu Dank verpflichtet bin.

RÓBERT HERMANN

Wien und Budapest – die Revolution zweier Hauptstädte 1848–1849[1]

"Über Europa flutet eine Verschwörung der Umsturzpartei gegen das Rechtlich bestehende, als dessen Vertreter man die österreichische Macht erkennt, weshalb sie zur Zielscheibe ihrer Angriffe erkoren ist" – schrieb Clemens Wenzel Lothar Metternich, der allmächtige Kanzler des österreichischen Reiches, Ende Januar 1848 an König Ferdinand V., der zugleich als Ferdinand I. Kaiser von Österreich war.[2]

Metternichs Bedenken läßt sich damit erklären, daß in Palermo zwei Wochen zuvor eine Revolution gegen die absolutistische Regierung des sizilianischen Herrschers ausgebrochen war, was befürchten ließ, daß Europa vor einer weiteren Welle von Revolutionen stand. Den Durchbruch bedeutete jedoch erst die am 22.–24. Februar in Paris ausgebrochenen Revolution. Das Pariser Volk vertrieb den Bürgerkönig Louis Philipp und rief die Republik aus. Der Revolution der Franzosen folgten innerhalb von Wochen auch Erhebungen in anderen europäischen Hauptstädten und Zentren. Die Bürger der Städte München, Wien, Budapest, Berlin, Mailand, Poznan und Prag gaben den damaligen Machtbesitzern gleichfalls zu verstehen, daß sie deren Regierungssystem satt hatten. Kossuth und Batthyány, die Oppositionsführer im ungarischen Reichstag zu Pozsony, waren der Meinung, daß die erschütterte außenpolitische Lage des Reiches für die Realisierung des Programms der Reformopposition genutzt werden sollte. Sie wußten, daß Ungarns Freiheit nur dann auf sicherer Basis gestellt werden konnte, wenn auch die Regierung in den Kronländern in konstitutionellem Rahmen verlief, denn die voneinander abweichenden Interessen der beiden Reichshälften waren lediglich bei gleichem politischen System zu vereinbaren. Lajos Batthyány war es, der am letzten Sitzungstag des Reichstags von 1844 die Forderung erhob: Die Führung des Reiches sollte sich beim Regieren die ungarische Verfassungsmäßigkeit zum Maßstab ihrer Politik machen und nicht versuchen, auch in Ungarn ähnlich absolutistische Methoden durchzusetzen, wie sie gegen die Kronländer praktizierte.[3]

Die Richtigkeit ihrer Intuition bestätigte sich, als innerhalb weniger Tage die Nachricht von der Revolution in Paris auch Pozsony erreichte. Am 3. März trat Kossuth mit einem Vorschlag von historischer Bedeutung vor die Öffentlichkeit. Er meinte, die Führung des Reiches hätte die Wahl, sich entweder für die Erhaltung des Wohls des gesamten Staatsgebildes oder für die Erhaltung eines vermorschten Systems zu entscheiden. Er forderte die Einführung der allgemeinen Steuerpflicht, der politischen Rechtsgleichheit, der Volksvertretung und einer unabhängigen nationalen Regierung in Ungarn. Im Bewußtsein dessen, daß die öffentliche Verlautbarung dieser Forderungen erst durch die veränderte außenpolitische Lage möglich geworden war, forderte er ferner auch eine Verfassung für die Kronländer des Habsburgerreiches: "*Euere Majestät werden das sicherste Schutzmittel der eintretbaren Mißstände, der freundlichste Einvernehmen Euer treuen Völker, die stärkste Verbindung der verschiedenen Kronländer der Monarchie und durch all dies die unerschütterlichste Stütze Eueres hoheitlichen Throns und des Herrscherhauses darin finden, wenn sie Euren Fürstenstuhl in all Euren Herrscherverhältnissen von der Zeit notgedrungen unumgänglich verlangten populären konstitutionellen Institutionen umgeben*".[4]

Das war jene Forderung, die die Durchsetzung der Umgestaltung in Ungarn beschleunigte. Die Nachricht der Pariser Revolution erschreckte zwar die Machthaber, sie konnten allerdings auch weiterhin auf die Waffenhilfe des russischen Zaren Nikolaus I. zählen. Auch damit rechnete Kossuth, als er in seiner Rede darauf hinwies: "Und wenn es wirklich in Wien einen Mann gibt, der im Interesse der Macht seiner gezählten Tage und auf Kosten der Dynastie mit dem Bündnisse absoluter Mächte

liebäugelt, so sollte er doch bedenken, daß es Mächte gibt, deren Freundschaft gefährlicher als ihre Feindschaft ist".[5]

Die ins Deutsche übersetzte und veröffentlichte Rede Kossuths setzte in Wien einen Gärungsprozeß in Gang, der eine gewaltsame Reaktion unmöglich machte. Am 13. März brach die Revolution in Wien aus, Metternich war gezwungen abzudanken und zu fliehen. Der Monarch wiederum mußte den Völkern Österreichs eine Verfassung versprechen.

Wiens Revolution kam der ungarischen Opposition zweifelsohne sehr gelegen. Der aufgrund von Kossuths Rede formulierte Adreßentwurf war in der Magnatentafel zunächst unbehandelt geblieben. Die Wiener Revolution aber veränderte die Situation. Die Mitglieder der Magnatentafel nahmen am 14. März Kossuths Adreßentwurf an, den eine Reichstagsdelegation am nächsten Tag nach Wien brachte.

44/2

All das hätte aber noch nicht ausgereicht. Nun erst stellte sich heraus, wie gut die Politik der Interessenabstimmung der Reformzeit funktionierte. Die ungarische Politik hatte neben Pozsony auch ein zweites Zentrum, nämlich die Hauptstadt des Landes, Pest-Buda, oder wie sie damals schon von vielen genannt wurde: Budapest. Hier versammelte sich die Elite der adeligen und bürgerlichen Intelligenz, jene Dichter, Schriftsteller, Publizisten, Schauspieler und Maler, die die Ideale der bürgerlichen Umgestaltung mit ihrem Wirken manchmal mit größerer Effektivität formulierten als die Berufspolitiker. Eine bedeutende radikale Gruppe dieser jungen Intelligenz hielt ihre Zusammenkünfte im Café Pilvax ab. Ein Teil von ihnen war auch Mitglied der vereinten Organisation der liberalen Opposition, des Ellenzéki Kör (Oppositionskreises). Aus diesem Kreis ging auch József Irínyi hervor, der am 11. März 1848 jene kurzen, trommelwirbelartigen Punkte formulierte, die im Geiste der Rede Kossuths vom 3. März, wenngleich mit etwas unterschiedlicher Gewichtung, die konsequente Durchsetzung der bürgerlichen Umgestaltung forderten. Die Jugendlichen vom Café Pilvax wollten diese *Zwölf Punkte* samt den Unterschriften von mehreren tausend Pester Bürgern nach Pozsony bringen lassen und den Kampf der Reformopposition im Reichstag auf diese Weise unterstützen. Nach Einlagen der Nachricht von der Revolution in Wien beschlossen die Jugendlichen vom Café Pilvax, Sándor Petőfi, Pál Vasvári, Mór Jókai, János Vajda, János Vidats, Károly Sükey und Gyula Bulyovszky, dem ersten der *Zwölf Punkte*, der Forderung nach Pressefreiheit, schon am nächsten Tag Geltung zu verschaffen und die *Zwölf Punkte* sowie das begeisternde Gedicht Petőfis, *Nemzeti Dal* (Nationallied), ohne Genehmigung des Zensors drucken zu lassen.

Die Revolution in Pest war – im Gegensatz zu jener von Paris und Wien – eine unblutige Revolution, sie wäre jedoch zu wenig gewesen, um die Umgestaltung durchzusetzen. Um die Ergebnisse zu einem System zu formen, bedurfte es des Erfolges der nach Wien reisenden Reichstagsdelegation. Die Nachrichten über die Pester Revolution trugen wesentlich dazu bei, daß die ungarische Delegation in Wien die Ernennung von Lajos Batthyány zum Ministerpräsidenten bewirken konnte.

Nach Rückkehr der Delegation nach Pozsony wurden innerhalb einiger Wochen im Reichstag jene Gesetze verabschiedet, die die bürgerliche Umgestaltung des Landes formulierten. Die Sanktionierung der Gesetzartikel stieß jedoch auf ernsthafte Hindernisse. Die Delegation der ungarischen Gesetzgebung konnte zum Teil durch ihre ausgezeichnete Vorbereitung auf die Verhandlung, zum Teil durch die zum idealen Zeitpunkt einsetzende Unterstützung der Massenbewegungen, die andere Seite in den meisten wesentlichen Punkten zum Rückzug bewegen. Am 11. April trat die Regierung Batthyány ihr Amt an, und der Monarch sanktionierte die verabschiedeten 31 Gesetzartikel.

Unter allen am 11. April 1848 erlassenen Gesetzen war aus staatsrechtlicher Sicht vielleicht der Artikel III der wichtigste, demzufolge der Herrscher "in allen bürgerlichen, kirchlichen, militärischen sowie in den das Är und die Landesverteidigung betreffenden Angelegenheiten" die Exekutivgewalt ausschließlich mittels des unabhängigen, verantwortlichen ungarischen Ministeriums auszuüben hatte. Einer herrscherlichen Willkür schob schließlich jene Verordnung einen Riegel vor, die die Gültigkeit einer königlichen Verordnung an die Gegenzeichnung eines sich in Buda-Pest befindlichen ungarischen Ministers band. Ein weiterer Paragraph weitete den Spielraum der ungarischen Regierung noch erheblich aus: Im Falle der Abwesenheit des Herrschers – und dies war meistens der Fall, denn der Hof befand sich ja in Wien – konnte der Palatin als königlicher Statthalter in den meisten in die Zuständigkeit des Königs fallenden Bereichen entscheiden. Die Artikel IV und V verordneten jährlich in Pest abzuhaltende Sitzungen eines nach dem Prinzip der Volksvertretung zu wählenden Reichstages. Wichtig war außerdem noch jener Artikel, demzufolge der Herrscher nur nach einem Budgetabschluß des Vorjahres und der Annahme eines Staatshaushaltes für das Folgejahr dieses Gremium auflösen konnte. Artikel VI und VII verfügten die Wiedereingliederung des Partiums, des Landstrichs zwischen Ungarn und Siebenbürgen, und eine Union zwischen Ungarn und Siebenbürgen. Bedeutsam für die Zerschlagung der feudalen Strukturen waren die Gesetzesartikel VIII., IX., XIII. und XV. über die allgemeine Besteuerung, die die Abschaffung der Urbarialpflichten, des kirchlichen Zehenten und der Avitizität verordneten. Diese betrafen neunzig Prozent der ungarischen Bevölkerung und verschafften ihnen erstmals eigenen Besitz. Artikel XVIII schließlich verschaffte – von einigen politisch bedingten Einschränkungen abgesehen – den Erfordernissen der Pressefreiheit Geltung. Wichtige Gesetze waren schließlich noch die Bestimmungen über die Gleichberechtigung der christlichen Religionsgemeinschaften (XX.) und der Gesetzesartikel XXII. über die Aufstellung einer eigenen inneren Ordnungsmacht, der Nationalgarde. Das von diesen Gesetzen geschaffene System war bei weitem nicht perfekt, einzelne Elemente bedurften der Korrektur, andere der Ergänzung und konkreter Durchführungsbestimmungen. Doch ihre Gesamtheit ermöglichte schließlich die Erschaffung eines bürgerlichen und staatlich souveränen Ungarns.[6]

44/3

Am 15. März, nach dem Sieg der Revolution in Wien, versprach Ferdinand I. seinem Volk die Gewährung einer Verfassung. Die am 25. April herausgegebene Verfassung bezog sich auf Österreich, Böhmen, Mähren, Galizien und die Bukowina, nicht aber auf Ungarn und die Länder Lombardei und Venedig. Gemäß dem allgemeinen Teil der Verfassung wurde "allen Volksstämmen ... die Unverletzlichkeit ihrer Nationalität und Sprache gewährleistet". Dem Kaiser wurde darin Vollmacht bei den Ernennungen von Ministern, Militär- und Oberbeamten eingeräumt, darüber hinaus verfügte der Herrscher neben dem Recht auf Kriegserklärung, Friedensabschluß und Verhandlung mit ausländischen Mächten auch über ein Vetorecht bezüglich der Sanktionierung von Gesetzen. Durch die Verfassung wurde eine Gesetzgebung mit zwei Kammern geschaffen, wobei die Abgeordnetenkammer im Verhältnis der Einwohnerzahl der Länder gewählt werden sollten, den Senat mit seinen 150 Mitgliedern sollten die Fürsten des Herrscherhauses, vom Herrscher eigens ernannte sowie von den größeren Grundbesitzern gewählte Personen bilden. Wegen einzelner Passagen in der Verfassung, die eine Übermacht des Kaisers garantierten, brachen in Wien Demonstrationen aus, und das Pillersdorf´sche Ministerium, welches das Ministerium Ficquelmont abgelöst hatte, machte die Versprechung, eine Gesetzgebung mit einer Kammer einzuberufen. Das ungarische, durch die April-Gesetze geschaffene, konstitutionelle System war liberaler als das österreichische. Letzteres erschien jedoch – wegen seines Inhaltes bezüglich der Unverletzlichkeit der Nationalität der Volksstämme und ihrer Sprachen – den nationalen Minderheiten in Ungarn wünschenswerter als die ungarischen Gesetze, die "nur" die bürgerlichen Freiheitsrechte zum Inhalt hatten.

Die Revolutionen in den beiden Hauptstädten und Ländern hatten einander also gegenseitig zum Sieg verholfen. Die Revolutionierung Wiens gab den entscheidenden Anstoß zur Rede Kossuths am 3. März, und der Erfolg der Delegation des ungarischen Reichstags beeinflußte grundlegend der Sieg der Revolution in Wien. Die Wiener Revolution inspirierte auch die Pester Revolution vom 15. März. Dieses Aufeinander-Angewiesensein hielt durchgehend bis Ende Oktober 1848 an, doch inzwischen wuchs der Einfluß der gegensätzlich interessierten politischen Kräfte unaufhaltsam.

Nicht nur der kaiserliche Hof und die Amts- und Militäraristokratie, die das Reich bis dahin geführt hatten, wollten nicht davon ablassen, die untergeordnete Rolle Ungarns von vor 1848 wiederherzustellen, sondern auch die einander ziemlich oft abwechselnden österreichischen bürgerlichen Regierungen setzten sich dieses Ziel. Die außenpolitischen Verhältnisse waren für diese Bestrebungen allerdings nicht gerade günstig. Die von Radetzky angeführte k. k. Armee stand im Kampf gegen die Aufständischen und die regulären Truppen des Königreichs Sardinien-Piemont in der Lombardei. Infolge der sich entfaltenden deutschen Einheitsbewegung bestand die Möglichkeit, daß die Länder des Habsburgerreichs mit deutscher Bevölkerung mit dem entstehenden einheitlichen deutschen Staat verschmolzen. In diesem Fall hätte eine Ungarnzentrierte Umorganisation des Reiches beginnen können. Der Kern dieser großungarischen Konzeption bestand darin, daß nicht nur die nicht-deutschen Gebiete des Reiches unter ungarische Führung gelangt wären, sondern auch Serbien und die rumänischen Fürstentümer hätten sich – dank der natürlichen Anziehung des neuen Staatsgebildes – der ungarischen Krone angeschlossen.[7] Dies erklärt, warum die ungarische Regierung – als der Hof am 17. Mai infolge eines weiteren revolutionären Ausbruchs Wien verließ und nach Innsbruck floh – den Herrscher sofort nach Buda einlud, in der Hoffnung, daß sich ihre Lage durch diese Situation stabilisieren würde und dadurch das – gegenüber seinen zwei Rivalen Wien und Prag – zweifelsohne ruhigere Budapest eventuell zum Zentrum der Monarchie machen zu können.

Zum ersten Zusammenstoß zwischen der österreichischen und der ungarischen Regierung kam es in der Frage der österreichischen Staatsschulden. Allein deren Zinsen beliefen sich 1848 auf 30 Millionen Forint. (Zum Vergleich: Im Zeitraum vom 5. August 1848 bis zum 10. August 1849 verbrauchte die ungarische Regierung das Zweifache dieser Summe, wobei die Kriegsausgaben allein zwei Drittel ausmachten).[8] Die ungarische Seite war im Frühling 1848 nicht gewillt, einen Anteil an den österreichischen Staatsschulden zu übernehmen, da diese ohne das Land zu fragen gemacht und nicht für das Land ausgegeben worden waren. Das Argument war vollkommen korrekt, die konsequente Anwendung hätte jedoch die finanzielle Lage des Reiches und seine Großmachtstellung erschüttert. Dadurch wurde außerdem fraglich, ob Ungarn an der weiteren Aufrechterhaltung der Monarchie interessiert war. Die ungarische Seite befand sich natürlich ebenfalls im Falle, denn da die Reichsregierung vier Fünftel der bis Mitte April eingenommenen Einkünfte für die Regierungsbildung bereits aus dem Land herausgepumpt hatte, hatte die ungarische Regierung eine fast leere Staatskasse übernommen. Im Juli jedoch erklärte selbst Batthyány eine Beteiligung an den Staatsschulden für möglich, und die ungarischen Politiker hielten sich bis April 1849 daran.

Die österreichische Regierung verlautbarte bereits Ende Juni ihre Bereitschaft, ihre Neutralität in der Streitfrage zwischen Ungarn und Kroatien aufzugeben,[9] und zeigte sich nach den Siegen Radetzkys Ende Juli in Italien immer weniger zu einer Übereinkunft gleich welcher Art bereit. Am 12. August kehrte auch der Herrscher nach Wien zurück. Einige Tage später, am 28. August reisten Batthyány und der Justizminister Ferenc Deák nach Wien, um sich über die Absichten der österreichischen Regierung Klarheit zu verschaffen. Als schlagende Antwort auf die Verhandlungsangebote der ungarischen Regierung galt die von der österreichischen Regierung nach Budapest gesandte Staatsschrift vom 31. August, welche die Abschaffung der selbständigen ungarischen Ministerien für Finanz-, Kriegs- bzw. Handelsangelegenheiten forderte.[10]

Am 4. September entschied das ungarische Abgeordnetenhaus, eine 100-köpfige Delegation zum Herrscher zu entsenden und ihn zu bitten, nach Buda zu kommen, "um seinen eigenen Thron und die ungarische Verfassung beizubehalten".[11] Nach langem Tauziehen empfing der Herrscher die Delegation am 9. September. Der Leiter der Delegation, Dénes Pázmándy der Jüngere, sprach vom gefährdeten Zustand des Unterdrückung der nationalen Minderheiten in Ungarn, und sie zogen die Legitimität des ungarischen Reichstages in Zweifel. Jene, die für den Empfang der Delegation argumentierten, beriefen sich hingegen auf die außerordentliche Situation und darauf, daß die Legitimität des österreichischen Reichstages – der auch selbst als ein Ergebnis der Revolution zustande gekommen war – genauso angezweifelt werden konnte wie die des ungarischen, und daß nach dem Angriff des kroatischen Banus Jellačić das gesamte Reich von der Gefahr eines Bürgerkrieges bedroht wäre. Letzten Endes lehnte der Reichsrat den Empfang der ungarischen Delegation ab.[15]

Die ungarische Seite mußte also ihr Recht auf Verfassungsmäßigkeit alleine verteidigen. Die politische Unsicherheit wurde jedoch dadurch gemildert, daß die Kräfte der Versöhnung auch in Wien die Oberhand zu bekommen schienen. Am 25. September wurde Feldmarschalleutnant Graf Ferenc Lamberg vom Herrscher zum Oberkommandierenden aller

Sieg der Ungarn bei Komorn den 20 u. 21 April 1849.

44/5

Landes und ersuchte Ferdinand V., die vom ungarischen Reichstag angenommenen Gesetzesvorschläge über die Aufstellung von Soldaten und die Emission von Banknoten zu sanktionieren. Der König gab der Delegation nichtssagende Antworten und versprach, die vorgelegten Gesetzesvorschläge zu prüfen.[12] Es ließ allerdings nicht allzu Gutes erwarten, daß die Wiener Zeitung just an diesem Tage ein Manifest des Herrschers Ferdinand V. vom 4. September publizierte, in dem er den früher seiner Würde als Banus von Kroatien enthobenen Josip Jellačić wieder in diese Würde einsetzte.[13]

Die Truppen des kroatischen Banus Jellačić brachen am 11. September in Ungarn ein, und es schien, als wäre das Ende des unabhängigen Ungarn.[14] Am selben Tag trat die Regierung wegen des Fiaskos der Wiener Reise zurück, und Lajos Batthyány organisierte die Landesverteidigung ab dem nächsten Tag als geschäftsführender Ministerpräsident. Der ungarische Reichstag unternahm noch einen letzten Versuch, um dem immer drohenderen ungarisch-österreichischen Zusammenstoß entgegenzuwirken. Am 15. September entschied man sich, eine Delegation zum österreichischen Reichsrat zu entsenden, um die Abgeordneten von der Notwendigkeit eines politischen Richtungswechsels der österreichischen Regierung zu überzeugen. Der österreichische Reichsrat beschäftigte sich in einer ganztägigen Diskussion mit der Frage, ob die ungarische Delegation empfangen werden sollte. Die Gegner eines Empfanges bezogen sich neben der Hausregel, die den Empfang von Delegationen auf der Plenarsitzung nicht ermöglichte, auf die das Reich unterminierenden Bestrebungen der Ungarn und die in Ungarn befindlichen bewaffneten Kräfte ernannt.[16] Batthyány hegte die Hoffnung, daß Lamberg Jellačić aufhalten würde. Da er unterrichtet wurde, daß der Oberkommandierende vorhatte, ins Lager zu gehen, eilte Batthyány selbst dorthin, um die Ernennung Lambergs gegenzuzeichnen. Dieser reiste jedoch in die Hauptstadt, wo er am 28. September – nachdem in Abwesenheit Batthyánys und auf Vorschlag Kossuths die Entsendung Lambergs vom Reichstag für gesetzeswidrig erklärt worden war – auf der Schiffsbrücke der aufgebrachten Menschenmenge zum Opfer fiel. Der gewaltsame Tod Lambergs lieferte die Rechtsgrundlage zu einem offenen Auftritt gegen Ungarn.[17]

Die Armee von Jellačić wurde durch die ungarische Truppen am 29. September bei Pákozd aufgehalten. Der Banus schloß ein Waffenstillstandsabkommen ab und marschierte in Richtung Westen – er bereitete sich auf einen erneuten Angriff vor und hielt daher bei Moson an. Hier wollte er die Verstärkungen aus Oberungarn und Wien abwarten. Inzwischen akzeptierte der Monarch am 2. Oktober den Rücktritt Batthyánys vom Posten des Ministerpräsidenten und ernannte Jellačić in einem königlichen Manifest mit Datum vom 3. Oktober, das allerdings am 4. Oktober herausgegeben wurde, zum königlichen bevollmächtigen Kommissar und Oberkommandierenden aller in Ungarn befindlichen Truppen und löste gleichzeitig den ungarischen Reichstag auf.[18]

Die Ungarn drohende Gefahr wurde erneut vom Wiener Volk abgewandt. Der eifrige Förderer von Jellačić, der österreichische Kriegsminister Latour, wollte am 6. Oktober ein Grenadierbataillon in das Lager des Banus entsenden. Das Volk verhinderte jedoch dessen

Abmarsch, und das Bataillon lief selbst zu den Aufständischen über. Es brach erneut eine Revolution aus, der auch Latour zum Opfer fiel. So blieb Jellačić ohne Unterstützung und verließ daher das Land. Die Revolution in Wien kam zum bestmöglichen Zeitpunkt, denn sie legte das "Zentralhirn" der sich entfaltenden militärischen Gegenrevolution für Wochen lahm.

Die "Glieder" wußten aber auch so, was zu tun war. Feldmarschall Windisch-Grätz, Oberkommandant der k. k. Hauptkräfte, begann Mitte Oktober, Wien zu umzingeln. Die an der Leitha plötzlich innehaltende ungarische Hauptarmee zögerte aus sowohl militärischen wie politischen Gründen, der revolutionären Kaiserstadt zu helfen. Die ungarische Seite versuchte, die Ereignisse noch im gesetzlichen Rahmen zu halten. Sie wartete zunächst einmal auf eine offizielle Bittstellung um Hilfe vom österreichischen Reichstag, dann von dessen Zentralkomitee, schließlich wenigstens vom Wiener Gemeinderat und versuchte nach der Ankunft von Windisch-Grätz mit dem k.k. Oberkommandierenden zu verhandeln. Die Wiener Revolution und die ungarische Armee waren natürliche Verbündete; jedoch Verbündete, die sich am liebsten – immer zu Lasten des anderen – mit ihrem natürlichen Gegner geeinigt hätten. Die Wiener politischen Kräfte fürchteten – aus verschiedenen Gründen – eine ungarische Hilfeleistung. Die Ungarn freuten sich aufrichtig über die Ereignisse des 6. Oktober, über den Abzug des Herrschers aus Wien waren sie jedoch nicht erfreut. Keiner von ihnen wollte die Stärke der durch das Herrscherhaus gebotenen Legitimation verlieren. Über diese Stärke verfügte jedoch der gemeinsame Gegner.

Am 30. Oktober schlugen die Truppen von Windisch-Grätz den ungarischen Angriff bei Schwechat überlegen zurück. Wien, das zu diesem Zeitpunkt bereits kapituliert hatte, machte noch eine letzte Geste den Ungarn gegenüber. Auf die Nachricht vom Vorrücken der ungarischen Armee griffen die Aufständischen erneut zu den Waffen und griffen die in die Stadt einmarschierenden k. k. Truppen an. Damit wurde es Windisch-Grätz unmöglich gemacht, die geschlagene ungarische Armee zu verfolgen. Die Wiederherstellung der Ordnung in der unterjochten "rebellischen" Hauptstadt nahm ganze anderthalb Monate in Anspruch. Gerade dieser eineinhalb Monate bedurfte es, um einem neuerlichen Angriff der k. k. Truppen auf Ungarn mit einer neuorganisierten regulären ungarischen Armee entgegentreten zu können.[19]

Die "Zusammenarbeit" der beiden Hauptstädte funktionierte also bis Ende Oktober 1848 gut. Solange die Regierung Batthyánys die Macht in Ungarn fest in der Hand hielt, konnten sich auch die Kräfte des Absolutismus nicht gegen Wien einsetzen. Und die Bewegungen in Wien verhalf der ungarischen Seite von Zeit zu Zeit dazu, der Krisensituationen Herr zu werden. Ende Oktober 1848 scheint diese Zusammenarbeit zu Ende gewesen zu sein. Wien fiel, und der ungarische Freiheitskampf war später nicht mehr stark genug, um die politischen Tendenzen in den Kronländer umzukehren. Mehr noch, im August 1849 überrollte der siegreiche Absolutismus auch Ungarn. Die Zusammenarbeit trug historisch gesehen dennoch Früchte. Denn der Ausgleich von 1867 – eine verspätete Folge von 1848/49 – machte die Verfassungsmäßigkeit nicht nur in Ungarn, sondern auch in Österreich zur Grundlage des politischen Systems. So erfüllte sich die Aussage Kossuths vom 3. März 1848: "Es ist meine innigste Überzeugung, daß die Zukunft der Dynastie von der Verschmelzung verschiedener Völker der Monarchie zu einer Seele und einem Herzen abhänge. Diese Vereinigung kann aber nur die allgemeine Konstitutionalität, mit Respectirung der verschiedenen Nationalitäten, bewerkstelligen".[20]

1 Zu den Revolutionen 1848 vgl. Rudolf Kiszling, *Die Revolution im Kaisertum Österreich 1848-1849*. I.-II. Band, Wien, 1948. Unter Beachtung des ungarischen und des österreichischen Standpunktes entstand die Arbeit von István Deák, *Die rechtmäßige Revolution. Lajos Kossuth und die Ungarn in 1848-1849*. Wien/Köln/Graz, 1989; Emil Niederhauser, *1848 Sturm im Habsburgreich*, Bp, 1990; *The Hungarian Revolution and War of Independence, 1848-1849. A Military History*, Ed. Gábor Bona, Columbia University Press, New York, 1999.

2 Zitiert Erzsébet Andics, *Metternich und die Frage Ungarns*, Bp, 1973, S. 271.

3 *Batthyány Lajos reformkori beszédei, levelei, írásai*, Sajtó alá rendezte Molnár András, Zalaegerszeg, 1998, S. 162.

4 *Kossuth Lajos összes munkái. XI. Kossuth Lajos az utolsó rendi országgyűlésen*, S. a. r. Barta István, 3p, 1951. (KLÖM XI.), S. 627. Auf deutsch: Johann Janotyckh von Adlerstein, *Chronologisches Tagebuch der magyarischen Revolution und zwar bis zur ersten Wiederbesetzung Pesth-Ofens durch die k. k. Truppen*. (im weiteren: Janotyckh von Adlerstein), Wien, 1851, Bd. I, S. 201.

5 KLÖM XI. S. 624. Auf deutsch: Janotyckh von Adlerstein Bd. I, S. 199.

6 *Gesetzartikel des ungarischen Reichstages 1847/8. Aus dem Ungarischen, nach der Original-Ausgabe, übersetzt und mit den nötigen Citaten versehen von Johann Bangya*, Pressburg, 1848.

7 Zu den außenpolitischen Vorstellungen der Regierung Batthyány vgl. Hajnal István, *A Batthyány-kormány külpolitikája*, Sajtó alá rendezte Urbán Aladár, Bp, 1987.

8 *Kossuth Lajos összes munkái. XII. k. Kossuth Lajos az első magyar felelős minisztériumban*, S. c. r. Sinkovics István, Bp, 1957 (im weiteren: KLÖM XII.), S. 799.

9 Siehe die Note der österreichischen Regierung vom 29. Juni 1848, In *Gróf Batthyány Lajos miniszterelnöki, hadügyi és nemzetőri iratai*, A dokumentumokat válogatta, a jegyzeteket készítette, az előszót írta Urbán Aladár, Bp, 1999, Bd. I, S. 817-820.

10 *Sammlung der für Ungarn erlassenen Allerhöchsten Manifeste und Proklamationen, dann der Kundmachungen der Oberbefehlshaber der kaiserlichen Armee in Ungarn. Amtliche Ausgabe. Umfassend den Zeitraum vom 22. September 1848 bis 31. December 1849*, Ofen, 1850, Anhang. S. 3-23. (im weiteren: Manifeste); Batthyány Lajos, Bd. II, S. 1171-1184.

11 Beér János-Csizmadia Andor szerk., *Az 1848/49. évi népképviseleti országgyűlés*, Bp, 1954. S. 214-215. KLÖM XII, S. 881-887. Siehe auch Johann Janotyckh von Adlerstein, *Chronologisches Tagebuch der magyarischen Revolution und zwar bis zur ersten Wiederbesetzung Pesth-Ofens durch die k. k. Truppen*, Wien, 1851, Bd. III, S. 170-174.

12 *Memoiren von Georg Klapka April bis Oktober 1849*, Leipzig, 1850, S. 380-383.

13 Manifeste... Anhang. S. 23-24.

14 Zum Angriff von Jellačić vgl. Aladár Urbán, *The Hungarian Valmy and Saratoga: The Battle of Pákozd, the Surrender at Ozora, and their Consequences in the Fall of 1848*, In Béla K. Király (edited), *East Central European Society and War in the Era of Revolutions, 1775-1856. War and Society in East Central Europe*, Vol. IV, New York, 1984, S. 538-556. Ferdinand Hauptmann, *Jellačić's Kriegszug nach Ungarn 1848*, Band I.-II, Graz, 1975. und Wolfgang Häusler, *Der kroatisch-ungarische Konflikt von 1848 und die Krise der Habsburgermonarchie*, In Gerald Schlag-Lieselotte Weghofer-Mikats red., *Die Revolution von 1848/49 im österreichisch-ungarischen Grenzraum*, Eisenstadt, 1996, S. 5-19.

15 Gergely András, *Magyar küldöttségek Bécsben 1848 szeptemberében*, In Dobszay Tamás-Pajkossy Gábor szerk., *Nemzeti és társadalmi átalakulás a XIX. században Magyarországon. Emlékkönyv Szabad György 70. születésnapjára*, Bp, 1995, S. 295-302.

16 Manifeste... S. 5-6.

17 Weniger bekannt ist, daß der ungarische Reichstag nicht nur sein Bedauern über die Ereignisse ausdrückte, sondern auch eine Untersuchung zur Auffindung der Mörder anordnete.

18 Manifeste... S. 6-8.

19 Zum Zusammenhang zwischen der Wiener Revolution und den Ungarn vgl. Barta István, *Die Anführer des ungarischen Freiheitskampfes und die Wiener Oktoberrevolution*, In *Acta Historica Academiae Scientiarum Hungariae*, 1. 1953, sowie Friedrich Walter (Hrsg.), *Magyarische Rebellenbriefe 1848*, München, 1964; Wolfgang Häusler, *Das Gefecht bei Schwechat am 30. Oktober 1848*, Wien, 1977; Róbert Hermann, *Die unüberschreitbare Grenze*, In Gerald Schlag-Lieselotte Weghofer-Mikats op. cit. S. 31-44.

20 KLÖM XI, S. 624. Auf deutsch: Janotyckh von Adlerstein, Bd. I, S. 199.

ÁGNES DEÁK

Staatspolizei und Konfidentenwesen im Kaisertum Österreich in der Periode des Neoabsolutismus (1849–1859)*

In Bezug auf die Epoche des Neoabsolutismus stößt man sehr oft auf die Feststellung, daß sich dieses Regierungssystem – die vorhandenen vormärzlichen Traditionen weiter entwickelnd – auf die stehenden Soldaten, die sitzenden Beamten, die knienden Geistlichen und die kriecherischen Polizeispitzel stützte. Die Fachliteratur verurteilt die Tätigkeit der Geheimpolizei mit sehr harten Worten, daß nämlich "eine Polizeiherrschaft in Wien aufblühte, welche die vormärzliche Sedlnitzki's weit übertraf. Theater, Wirths- und Kaffeehäuser wimmelten von «Vertrauten» und Spitzeln, die auf ein verdächtiges Wort vigilirten. ... Jeder Hausmeister oder Portier, jeder Dienstbote stand im Solde der Polizei, sodaß die Spionage bis in das Innerste der Häuser und Familien drang ..."[1] Tagebücher und Memoiren, auch die private Korrespondenz aus dieser Periode, bekräftigen diese Darstellung. Laut den Erinnerungen der Zeitgenossen überschwemmte ein Heer von Mitgliedern der Geheimpolizei, d.h. von sogenannten "Vertrauten", "Vertrauensmänner" oder "Konfidenten", die von der Bevölkerung aber nur als "Naderer" bezeichnet wurden, die Länder des Reiches. Die Menschen schätzten die Zahl der Polizeikonfidenten sehr hoch. Gáspár Noszlopy zum Beispiel (der wenig später in Ungarn als Hochverräter verurteilt und hingerichtet wurde) schrieb 1851 in einem Brief, daß in Ungarn zwanzigtausend Konfidenten am Werk seien; Lajos Hentaller behauptete 1894, ein Viertel der Bevölkerung der Stadt Pest stünde in den fünfziger Jahren im Solde der Geheimpolizei.[2]

1. Die organisatorischen Prinzipien des Konfidentenwesens

Hierbei sind zwei Perioden zu unterscheiden:
a) Die Bach-Ära (1849 bis Sommer 1852, als das im April 1852 errichtete Polizeiministerium die Leitung des Staatspolizeiwesens übernahm).

Im Mai 1848 wurde die ehemalige Polizeihofstelle aufgelöst, die Konfidenten wurden mit einer Abfindung von zwei Monatsgehältern entlassen; danach herrschte völlige Desorganisation, es überlebte nur ein sogenannter Kundschaftsdienst für das Militär, der während der Feldzüge dezentralisiert in der Lombardei und in Ungarn tätig war. Im Sommer 1849 fing der Innenminister Alexander Bach an, vor allem im Ausland wieder ein Konfidentennetz zu organisieren, um sich genaue Informationen über die politischen Emigranten in Westeuropa und in der Türkei zu beschaffen. Laut eines Berichtes vom Juli 1851 waren in den verschiedenen Ländern insgesamt 35 Konfidenten eingesetzt, die Kosten betrugen jährlich ungefähr 70 000 Gulden (im Ausland hingegen nur 7–8000 Gulden).[3] Das Konfidentenwesen innerhalb der Monarchie wird in einem Bericht vom 19. April 1852 wie folgt beschrieben: "Nur eine geringe Ausdehnung hat das Institut der politishen Vertrauensmänner im Bereiche der kais. Staaten selbst, obgleich es an fähige und willigen Organen dazu nicht fehlt, weil der in den meisten Kronländern bestehende Ausnahmezustand eine Thätigkeit zu staatspolizeilichem Zwecke vom hiesigen Standpunkte ohne gegenseitige Beirrung schwer, wenn nicht geradezu unmöglich macht ..."[4] Bach betrachtete das gesamte Polizeiwesen, also auch die Staatspolizei, als Aufgabe der Zivilbehörden unter der Leitung des Innenministeriums. Darum waren ihm die mit allen Vollmachten ausgestatteten Militärbehörden, die im Falle eines Belagerungszustandes die Leitung sowohl der Zivil- als auch der Militärorgane in den einzelnen Provinzen sowie die Organisierung der lokalen Polizeibehörden, der sogenannten Polizeikommissariate, zu übernehmen hatten, äußerst hinderlich. Laut Bachs Instruktionen über "die politische Polizey für das Innere" (16. Juni 1849)[5] mußten Kommissariate in jeder Provinzialhauptstadt errichtet werden, und unter der Leitung eines Oberkommissars waren "die freiwilligen Depositionen" und Anzeigen zu bearbeiten, gegebenenfalls auch Agenten aufzunehmen. Das so entstandene System war gänzlich dezentralisiert. Die Polizeikommissariate, aber auch die Provinzialstatthaltereien, konnten und durften vom Ministerium oder voneinander unabhängig eigene Konfidentennetze aufbauen. In der Folge entwickelte sich die Situation in den einzelnen Städten und Provinzen sehr unterschiedlich. Im Sommer 1852, als Polizeiminister Kempen erstmals durch Verordnung die Polizeikommissare und die Statthaltereien aufforderte, genaue Verzeichnisse über die von ihnen eingesetzten Konfidenten zu erstellen, berichteten die betreffenden Behörden folgendes: Überhaupt keine besoldeten Konfidenten setzten die Statthaltereien Dalmatien, Steiermark, Tirol, Schlesien, Oberösterreich, Niederösterreich, Bukovina, Krain, Salzburg und die Polizeidirektoren zu Klagenfurt, Innsbruck und Triest ein. In diesen Gebieten wurden die von den vorgesetzten Behörden verlangten Informationen durch Beamte oder unbezahlte Freiwillige eingeholt. Die anderen Statthaltereien, Gouvernements und Polizeikommissariate beschäf-

46/2

tigten auch nicht besonders viele Agenten, meist je ein bis zwanzig Personen. Nur in Wien (117 Personen), sowie im Sprengel des Militärkommandos von Mailand (31) und des Militärkommandos von Venedig (47) arbeiteten Agenten in größerer Anzahl. Über die von dem Polizeidirektor zu Pest-Buda verwendeten Konfidenten steht für dieses Jahr kein Bericht zur Verfügung.[6]

In ihren Berichten gaben die Provinzialbehörden die von den Konfidenten erhaltenen Informationen an ihre vorgesetzten Behörden weiter, aber stets ohne Angabe der Informationsquelle, wobei die Agenten immer nur als "mein Korrespondent" oder "mein Vertrauensmann" bezeichnet wurden. Die Bach-Administration unternahm keinen Versuch, irgendeine Gesamtliste der Konfidenten zu erstellen. Dieses spontan entstandene dezentralisierte System erhielt aber auch eine theoretische Begründung, wonach die Dezentralisation zweckmäßig – da rascher und wirksamer – war, die neuerliche Entstehung eines aufgeblasenen, nur seinen eigenen Interessen dienenden Naderersystems verhinderte und die Konfidenten besser vor Enttarnung schützte. Infolge dieser Dezentralisation war es aber ziemlich schwierig, sich von einer Zentralstelle, dem Innenministerium, aus ein umfassendes Bild vom Konfidentenwesen in der Monarchie zu machen oder die erhaltenen Informationen zu kontrollieren. Zu diesem Zweck verwendete

Bach eigene Vertraute, die ihm direkt ausführliche Reiseberichte über die Stimmung im Volk, über bestimmte Persönlichkeiten usw. schickten. Ein weiterer Nachteil des dezentralisierten Systems war, daß es, wie sich später herausstellte, vor allem im Lombardei-Venedig, wo das Zivil- und Militäradministrationssystem ziemlich verwickelt war, vorkommen konnte, daß ein und dieselbe Person dieselben Informationen gleichzeitig an mehrere Behörden weitergab und dafür natürlich auch doppelt oder mehrfach bezahlt wurde.

b) Die Kempen-Ära (April 1852 bis August 1859, Sturz des Polizeiministers Kempen)

Kempen's Hauptziel war die Zentralisation des Konfidentenwesens sowohl im Ausland als auch innerhalb des Reiches. Im Konfidentenwesen bedeutete die Zentralisation vor allem, daß sich Kempen das Recht vorbehielt, die Verwendung aller aus dem geheimen Polizeifonds besoldeter Konfidenten zu genehmigen, das heißt, sie alle namentlich zu kennen. Zum Zwecke der Genehmigung mußte ihm der betreffende Polizeidirektor ausführliche Informationen über den Konfidenten sowie einen oder zwei von dessen schriftlichen Berichten vorlegen und nach Genehmigung binnen weniger Monate Bericht über die Tätigkeit des Konfidenten erstatten. Jede Veränderung in diesem Bereich war unverzüglich zu melden. Kempen ordnete mehrmals, vor allem zu Beginn seiner Amtsperiode, die Vorlage der Konfidentenverzeichnisse an. Später kontrollierte er die Daten anhand der vierteljährlichen Rechnungen über die Ausgaben aus dem geheimen Polizeifonds, die er immer sehr minutiös durchlas. Stieß er dabei auf einen ihm unbekannten Namen, so wurde der betreffende Polizeidirektor sofort zur Verantwortung gezogen. Die Polizeidirektoren hatten die eingehenden Informationen von staatspolizeilicher Bedeutung unverzüglich sofort und ohne irgendwelche Kommentare mit dem Vermerk "zu Kempens eigenen Händen" dem Polizeiminister zu senden – die Bewertung der Informationen war ausschließlich Aufgabe der Obersten Polizeibehörde. Kempen entsandte ab und zu auch eigene Konfidenten in die verschiedenen Teile der Monarchie, um so unmittelbare Berichte auch über die Effizienz der Polizeibehörden zu erhalten. Die Oberste Polizeibehörde hatte ferner direkte Korrespondenten, die regelmäßig über örtliche Angelegenheiten, die Stimmung unter der Bevölkerung usw. berichteten.

2. Die Anwerbung der Konfidenten

Wir wissen nicht viel darüber, wie die Polizeidirektoren ihre Agenten anwarben; auf Grund der vorliegenden Akten kann jedoch davon ausgegangen werden, daß die Polizeibehörden kaum je auf eigene Initiative Konfidenten anheuerten. Wenn dies dennoch der Fall war, so geschah dies meist nur für bestimmte Aufgaben, wie zum Beispiel zur Zeit des Krimkrieges 1853–56 um genaue Informationen über die Stimmung unter der Bevölkerung und die politische Lage in Bosnien zu sammeln. Grundsätzlich aber sollten in erster Linie Freiwillige herangezogen werden.

3. Die Zahl der Konfidenten

Die schon für die Bach-Ära angeführten, überraschend geringen Konfidentenzahlen stiegen auch in späteren Jahren kaum. Die Polizeidirektoren klagten fast immer über den "Mangel an zuverlässigen Organen in den gebildeteren Zirkeln". Major Fischer, Polizeidirektor in Agram berichtete zum Beispiel 1854: "Die Anwendung konfidenzieller Hülfsquellen zu Polizeizwecken beschränkt sich hierorts blos auf Vertraute der minderen Klasse, welche allenfalls zu Erforschungen von Vagabunden, gemeine Gesetz- und Polizeiübertretungen, Ueberwachung der in Gasthäusern geführt werdenden Gespräche usw. und höchstens für die äußern Beobachtung verdächtiger Personen gebildeter Stände die Eignung haben."[7] Es muß jedoch darauf hingewiesen werden, daß die zur Verfügung stehenden, Kempen ab 1852 jährlich vorgelegten Konfidentenlisten es nicht erlauben, die Zahl aller von den Polizeibehörden verwendeten Agenten genau zu bestimmen.

Einerseits sind mindestens drei Kategorien von Konfidenten zu unterscheiden: die ständig eingesetzten Konfidenten mit monatlichem Gehalt; die ständig eingesetzten, aber nur von Zeit zu Zeit honorierten Personen und die nur während bestimmter Zeiträume verwendeten Agenten. Die zur dritten Kategorie gehörenden Personen können nur den Akten für einzelne Angelegenheiten entnommen werden, falls diese Akten heute noch existieren und die Namen dieser Denunzianten damals darin festgehalten worden sind. Andererseits ist festzustellen, daß die Statthalter und Polizeidirektoren nur sehr ungern die Namen ihrer Konfidenten bekanntgaben. Allerdings wagte es nur Feldmarschall Radetzky, der Generalgouverneur der Provinz Lombardo-Venetien, sich Kempens Zentralisationsbestrebungen offen zu widersetzen. Kempen aber blieb unerschütterlich, und auch Radetzky mußte schließlich nachgeben. Außerdem blieben die unbesoldeten "Vertrauten" den vorgesetzten Behörden auch nach 1852 unbekannt. Der Standpunkt des Statthalters von Dalmatien kann in dieser Hinsicht als typisch angesehen werden: "... jenen welche mir confidentielle Dienste leisten das Wort gegeben habe, ihr Name nie zu nennen. Diese Dienste beruhen mehr auf dem Wunsch die gute Sache zu fördern und mir Beweise des besonderen persönlichen Vertrauens zu geben, als auf das pekuniäre Interesse, obwohl ich nicht unterlasse dieselben auf eine schickliche nicht verletzende Weise, indem sonst der Zweck vereitelt würde, zu honorieren."[8] Auch Kempen respektierte diese Meinung und unternahm keinen Versuch, Druck auf die Polizeidirektoren auszuüben. Ferner ist auch in Betracht zu ziehen, daß Konfidenten selbst eigene "Sub"-Konfidenten einsetzten, die mit den Polizeibehörden keinen direkten Kontakt hatten, und daß Kellner, Lohnbedienstete von Hotels, Zimmermädchen usw. in diesen Übersichtstabellen nur sehr selten genannt wurden – in den meisten Fällen versahen die Berichterstatter ihre Niederschrift ganz einfach mit dem Zusatz, daß sie sich auch noch ein paar solcher Personen "mit geringen Geldauslagen" bedienten.

Unter Berücksichtigung all dieser Schwierigkeiten ist festzuhalten, daß hinsichtlich der besoldeten Polizeikonfidenten die Schätzungen der öffentlichen Meinung weit von deren tatsächlicher Zahl abweichen. Diese Tatsache bedarf der Erklärung. Meiner Meinung nach war die Zahl der Freiwilligen, der mit der Polizei in keiner "offiziellen" Beziehung stehenden anonymen oder nicht anonymen Anzeiger, die nur von Fall zu Fall, nicht aber "beruflich" denunzierten, ziemlich groß. Das ist in einer solchen Situation, in der die früheren Verhaltensparadigmen sowie die gesellschaftlichen und politischen Werte erst von der Revolution, dann aber auch von der eine Art von Modernisierung durchführenden neoabsolutistischen Regierung zerrüttet worden waren, leicht zu verstehen, wenn es auch nicht leicht zu akzeptieren ist. Außerdem scheinen die Konfidenten nicht besonders verschwiegen gewesen zu sein. In den Akten finden sich viele Fälle, in denen ein Konfident entlassen werden sollte, weil er sich in kleinem vertrautem Kreis seines Konfidententums gerühmt und sich dadurch "abgenutzt" hatte. Auch darf nicht unbeachtet bleiben, daß gewisse Gauner sich darauf spezialisierten, sich als Polizeiagenten auszugeben, um so von ihren Opfern Geld zu erpressen.

4. Honorare

Die Zahlung erfolgte zumeist bar, entweder in Form eines bestimmten monatlichen Gehalts oder entsprechend dem Ergebnis der Tätigkeit. Die monatlichen Gehälter bewegten sich im allgemeinen zwischen zehn und fünfzig Gulden und wurden von den Polizeidirektoren festgesetzt. Kempen intervenierte nur dann, wenn ihm das Gehalt zu hoch schien, und 50 Gulden monatlich wurden schon als hoch angesehen. Auch verlangte Kempen in solchen Fällen vom Polizeidirektor eine Begründung seiner Entscheidung. Die Entscheidung, einem Konfidenten ein fixes Gehalt zu gewähren oder ihn seinen Ergebnissen gemäß zu honorieren, oblag den Polizeidirektoren. Kempen genehmigte den ihnen für ein Quartal zur Verfügung zu stellenden Betrag aus der geheimen Polizeifonds-Kasse, und die Polizeidirektoren hatten darüber eine Rechnung zusammen mit den von den Konfidenten mit ihren Kriegsnamen unterschriebenen Quittungen vorzulegen. Falls diese Vorlage unterblieb, wurde den nächsten Betrag nicht überwiesen. Hinsichtlich der Aufteilung der Gelder entschieden die Polizeidirektoren autonom. Die in der Fachliteratur oft zitierten hohen Beträge dürfen eher als Ausnahmen denn als Durchschnittsangaben gedeutet werden. Alexius Zakos, der ständige Konfident des Erzherzogs Albrecht in Ungarn, erhielt zum Beispiel Ende 1850/Anfang 1851 100 Gulden monatlich.[9] (Für 10 Gulden konnte man damals circa 20 Kilogramm Schweinefett kaufen.) Der größte Teil der Konfidenten wurde aber nur den Ergebnissen entsprechend honoriert.

Nach längerer Dienstzeit bekam der Konfident bei seiner Entlassung eine "angemessene" Abfindung in Höhe von zwei bis drei Monatsgehältern. Ein sogenanntes Gnadengehalt erhielten nur vor 1848 eingesetzte, sehr alte oder kranke Konfidenten. Kempen betonte aber auch in ihrem Fall, daß ein Konfident nicht als Beamter betrachtet werden könne, so daß er nach seiner Entlassung keine weiteren Ansprüche stellen könne. Dieses Gnadengehalt war ziemlich niedrig und betrug höchstens 20–30 Gulden monatlich. In seltenen Fällen erhielten Konfidenten, die ausgezeichnete Ergebnisse erzielt hatten und deswegen ihre Heimat verlassen mußten, einen höheren Betrag (bis zu 1000 Gulden), um ein neues Leben – manchmal auch unter neuem Namen – beginnen zu können. Mehrere ehemalige Konfidenten, meist solche, die ihren Dienst in den Jahren 1848–49 versehen hatten, bewarben sich um eine Auszeichnung. Kempen wies jedoch solche Ansuchen hart und konsequent zurück. In manchen Ausnahmefällen bekam ein Konfident eine niedrige Beamtenstelle als Belohnung; ab und zu konnte ein Agent auf Protektion bei verschiedenen finanziellen Transaktionen, zum Beispiel bei der Pacht staatlicher Güter, rechnen. Bei der Rückkehr aus der Emigration hingegen waren Konfidentendienste in jedem Fall von Vorteil

6. Kosten des Konfidentenwesens

Über die Kosten des gesamten Konfidentennetzes stehen uns keine konkreten Angaben zur Verfügung. Der geheime Polizeifonds, aus dem solche Ausgaben finanziert wurden, fiel unter die Agenden des Präsidium II der Obersten Polizeibehörde. Aus dem Aktenbestand dieser Institution gehen nur vereinzelte Zahlenangaben hervor. So erhielt etwa das Civil- und Militärgouvernement Ungarns für die Periode vom 1. Mai bis Ende Juli 1851 4000 Gulden als "Vertrauensgeld". Davon wurde den Distriktsämtern der Obergespanschaften in Pozsony, Sopron, Kassa und Nagyvárad je 300 Gulden und der Abteilung für militärpolizeiliche Angelegenheiten des III. Armeekommandos in Budapest 500 Gulden überwiesen. Den Überschuß vom vorigen Quartal mitgerechnet, standen also insgesamt 5633 Gulden zur Verfügung, von denen 4321 Gulden auch tatsächlich ausgegeben wurden.[10] In den Sommermonaten 1854 erhielt dasselbe Gouvernement für drei Monate 3000 Gulden, wovon 2807 Gulden ausgegeben wurden.[11] Der Polizeidirektor in Linz legte in derselben Periode seinen Vorgesetzten eine Vertrauensgeldabrechnung von 352 Gulden vor.[12]

Die Tätigkeit der Geheimpolizei blieb nicht nur vor den Zeitgenossen geheim. Auch heute läßt sich nur ein in vielen Bereichen verschwommenes Bild ihrer Tätigkeit skizzieren.

* Dieser Text beruht auf einem Vortrag, der auf der Konferenz "1848. Erfolg und Scheitern einer Revolution" (Wien, 7–8. Oktober 1998; Veranstalter: Botschaft der Republik Ungarn, Collegium Hungaricum, Österreichisches Ost- und Südosteuropa-Institut und seine Außenstellen) gehalten wurde. Ich danke dem Fonds zur Förderung der Wissenschaftlichen Forschungen und persönlich Univ.-Prof. Dr. Moritz Csáky und Univ.-Prof. Dr. Horst Haselsteiner für die Gelegenheit, Forschungen in Wien im Rahmen eines Lisa Meitner Stipendiums ermöglicht zu haben. In Ungarn wurden meine Studien vom OTKA-Fonds unterstützt.

1 Walter Rogge, *Oesterreich von Világos bis zur Gegenwart,* Leipzig-Wien, Brockhaus, 1872, Bd. 1, 95-96.
2 Lajos Hentaller, *A balavásári szüret. Történeti rajz a kötélkorból,* Bp, 1894, 60, 30.
3 Bericht an Bach, Wien, 27. Juli 1851. Österreichisches Staatsarchiv, Allgemeines Verwaltungsarchiv (AVA), Nachlass Bach, Karton 26. Polizei: Staatspolizei.
4 Bericht an Bach, Wien, 19. April 1852. AVA, Nachlass Bach, Karton 26. Polizei: Staatspolizei.
5 Entwurf der Instruktionen, Wien, 16. Juni 1849. AVA, Nachlass Bach, Karton 26. Polizei: Staatspolizei.
6 Österreichisches Staatsarchiv, Haus-, Hof- und Staatsarchiv (HHStA), Min. des Äußern, Informationsbüro, BM 21/1852.
7 Karl Fischer Major an Kempen, Agram, 20. Januar 1854. HHStA, Min. des Äußern, Informationsbüro, BM 572/1854.
8 Feldzeugmeister Mamula an Kempen, Zara, 26. Juli 1852. HHStA, Min. des Äußern, Informationsbüro, BM 21/1852.
9 Central-Verrechnung der Vertrauensgelder für das III. Quartal 1850/51. Magyar Országos Levéltár (MOL) Budapest, D 51 Der Bevollmächtige Kais. Commissär für die Civilangelegenheiten in Ungarn Karl Freiherr von Geringer, Präsidialakten, Fasc. 5, 2333/1851.
10 Ebenda, Fasc. 5, 2333/1851.
11 Central-Verrechnung der Vertrauensgelder für das III. Quartal 1853/54. MOL, D 46 K. k. Militär- und Civil-Gouvernement für Ungarn, Civil Section Karton 130. 16 352/1854.
12 Ausweis über die von dem Polizeidirektor in Linz in den Monaten Mai bis einschlüssig October 1854 für geleistete geheime Polizeidienste hinausgabten Beträge. AVA, Oberste Polizeibehörde, Präs. I. 376/1855.

ISTVÁN DIÓSZEGI

Graf Gyula Andrássy (1823–1890)

Die Familie

Den Ursprung der Familie verhüllt der Schleier der Legende. Der Überlieferung nach hat sich der früheste Ahn bei einem Ritterturnier am Hofe Stephans des Heiligen hervorgetan und die späteren Nachfahren haben Heldentaten in den Türkenfeldzügen unter János Hunyadi und König Matthias vollbracht. Aber bereits die authentische Genealogie bezeugt, daß Márton Andrássy 1569 von Johann Sigismund die Besitzung Csikszentkirály als Schenkung bekam und sein Sohn Péter aus der Hand König Rudolfs 1580 den Besitz und die Burghauptmannschaft Krasznahorka empfing. Mit beiden Schenkungen waren auch schönklingende Adelsprädikate verbunden, die von da an den Familiennamen Andrássy schmückten. Das nächste Jahrhundert trug ihnen auch den Hochadel ein, die Andrássys wurden Barone und ein weiteres Jahrhundert später Grafen: Königin Maria Theresia erhob den kaiserlichen und königlichen Kammerherrn und General Károly Andrássy 1779 in den Grafenrang. Vorerst waren Adelsprädikat und Rang jedoch nicht mit hochadeligem Vermögen verbunden. Die Andrássys waren vermögend, aber nicht steinreich. Echten Reichtum erwarben sie sich erst im Laufe des 19. Jahrhunderts, und zwar wie auch andere Adelsfamilien durch Heirat. Károly Andrássy, der Enkel des mit dem Grafentitel gewürdigten Generals, nahm Etelka Szapáry, eine der reichsten Erbinnen Ungarns zur Frau. Außer dem mühsam auf dem Prozeßwege wiedererworbenen Csikszentkirály sowie den immer in ihrem Besitz befindlichen Krasznahorka und Betlér nannten die Erben der Andrássys nun auch schon das siebenbürgische Dubrin und Tőketerebes im Komitat Zemplén und das ertragreiche Tiszadob ihr Eigen.

Die Familienchronik verzeichnet, daß die Andrássys tapfere Soldaten waren. Im Dienst des Königs schlugen sie sich heldenhaft gegen Türken und Preußen, aber manche von ihnen liefen auch zu Rákóczi über. Ihren Soldatenrock zierte nicht nur einmal das Eichenblatt des Generals. In ruhigeren Zeiten taten sie sich in der Komitatspolitik hervor, und eine ganze Reihe von Andrássys hatten das Amt des Obergespans im Komitat Gömör inne. An Rang und Einfluß vermochten sie jedoch nicht mit anderen Magnatenfamilien zu wetteifern, und zu politischen Landeswürden war keiner von ihnen aufgestiegen. Das 19. Jahrhundert brachte der Familie zusammen mit dem Vermögen auch eine Rolle in der Landespolitik ein. In dem notwendig gewordenen gesellschaftlichen und nationalen Erneuerungsprozeß war genug Platz für die aufgeklärte, fortschrittlich gesinnte Aristokratie. Károly Andrássys Söhne Manó, Aladár und Gyula wurden zu begeisterten Fürsprechern der modernen Ideen in den Landtagen des Vormärz.

Die Laufbahn

Gyula Andrássy zeichnete sich durch glänzende Begabung aus, und István Széchenyi meinte, daß aus ihm alles werden könne, sogar der Palatin Ungarns. Beinahe erfüllte sich die Prophezeiung, jedenfalls durchlief der schneidige junge Mann eine glänzende Laufbahn. Natürlich blieb er vor den Extremen der Epoche nicht unberührt. Aus dem Anhänger Széchenyis wurde ein Anhänger Kossuths, im Freiheitskampf war er Honvédmajor und dann Gesandter des unabhängigen Ungarn in Konstantinopel. Sehr bald aber erlitt der 26jährige Diplomat das Schicksal der Verbannten. In seiner Heimat wurde er vom österreichischen Kriegsgericht zum Tode verurteilt und in Abwesenheit symbolisch gehängt. Auch seine Brüder fanden im Ausland Schutz vor der Rache des kaiserlchen Absolutismus.

Nach solchem Beginn hätte er unter Umständen die Lust an der Politik verlieren können, zudem gab es auch an Verlockungen keinen Mangel. Die Einnahmen aus den gräflichen Gütern hätten sehr wohl aristokratischen Müßiggang gestattet, und der "schöne Gehängte" der Pariser Salons hätte seine Befriedigung in gesellschaftlichen Erfolgen finden können. Aber die Politik blieb seine wahre Liebe. Ihn schmerzte die nationale

52/4

Katastrophe, daß Ungarn dem Absolutismus ausgeliefert wurde, aber er erwog seine Erfahrungen der Jahre 1848–1849 auch aus dem Blickwinkel Österreichs. Er betrachtete die Sache Ungarns aus höherer europäischer Sicht und stieß dabei wieder auf die alte Wahrheit aus dem Vormärz: Das zwischen expandierenden großen Nationen eingekeilte Ungarn brauchte die Monarchie. Aber mit gleicher Überzeugung vertrat er die Ansicht, daß die Habsburgermonarchie ihre Großmachtstellung nur wiedergewinnen könne, wenn sie sich mit Ungarn aussöhnte, wenn sie den mit der Existenz des Reiches in Einklang zu bringenden ungarischen Bestrebungen stattgab. Er wußte, daß vorerst nicht mit der Einsicht Wiens zu rechnen sei, aber er hatte die Geduld, sie abzuwarten. Durch den Krimkrieg, in dem Österreich die Welt mit seinem Undank gegenüber Rußland in Staunen versetzte, fühlte er sich bestätigt, und 1857 kehrte er nach Ungarn zurück. Noch zehn Jahre voller Anstrengungen und die Niederlagen der österreichischen Armeen bei Solferino und Königgrätz waren dazu nötig, daß Wien das Spiel verloren gab. 1867 setzte er als Ministerpräsident Ungarns Franz Joseph die Krone aufs Haupt. Der Ausgleich, als dessen Ergebnis die bisher zentralistische Habsburgermonarchie zu einem dualistischen konstitutionellen Staat wurde und Ungarn seine vollständige innenpolitische Selbständigkeit erhielt, war in erster Linie nicht sein Erfolg. Beim Zustandebringen des Ausgleichswerkes von 1867 hatte auch er, zusammen mit anderen,

Ferenc Deák nur geholfen. Aber als Ministerpräsident wurde er zur Hauptperson des politischen Lebens. Die Sehnsüchte zweier Generationen verwirklichte er mit dem für seine Generation typischen Berufungsbewußtsein und Vorurteil. Der Abstand zwischen dem vom Schicksal vernachlässigten Ungarn und den glücklicheren Nationen des Westens begann sich nach längerer Zeit erstmals zu verringern.

Wie den Großen des Vormärz war auch sein Idealbild die Verfassungsmäßigkeit und der Parlamentarismus, und er hielt es für natürlich, daß Legislative und Exekutive durch Wahlen legitimiert wurden. Seine Regierung setzte das Wahlrechtsgesetz von 1848 wieder in Kraft, das einem Viertel der männlichen Bevölkerung das Wahlrecht gab. Der Anteil der Wahlberechtigten war zwar nicht hoch, aber das eine Viertel blieb nicht wesentlich unter dem damaligen europäischen Durchschnitt. Auch wenn er alles unternahm, damit die Kandidaten der Regierungspartei in den Wahlbezirken die Mehrheit bekamen, hielt er die Gegenmeinung für eine selbstverständliche Begleiterscheinung des Parlamentarismus und respektierte die Versammlungs- und Koalitionsfreiheit der Opposition. Die Pressefreiheit nahm er ernst, und auch wenn er oft zur Zielscheibe wütender Angriffe wurde, dachte er gar nicht daran, gegen die Andersdenkenden Machtmittel einzusetzen. In seiner Amtszeit als Ministerpräsident wurden die Grundlagen des modernen bürgerlichen Staatssystems gelegt.

Es entstand ein zeitgemäßes Rechts- und Rechtsprechungssystem, das im wesentlichen dem damaligen europäischen Standard entsprach. Die die Durchführung der Gesetze des Reichstages und der Regierungsverordnungen durfte allerdings nicht debattiert werden, und daß das auch nicht geschah, dafür bürgte der von der Regierung ernannte Obergespan. Damals entstand das Volksschulgesetz, das allen Kindern im Schulalter den Besuch der Grundschule zur Pflicht machte. Und damals verabschiedete das Parlament das in europäischer Relation einzigartige Nationalitätengesetz, das den Bewohnern anderer Zunge völlige Gleichberechtigung in sprachlicher und kultureller Hinsicht garantierte. Während man in den großen europäischen Ländern auf dem Verordnungswege die Benutzung der Nationalitätensprachen verbot, wurde Ungarn eine Zeitlang zur Insel des Friedens im Meer besessener sprachlicher Uniformisierung.

Die nationale Voreingenommenheit war ihm, ebenso wie seinen Zeitgenossen, selbstverständlich nicht fremd. Zusammen mit Ferenc Deák bekannte er sich dazu, daß in Ungarn eine einzige politische Nation existierte: die ungarische. Dementsprechend schloß er strikt aus, daß die Nationalitäten kollektive Rechte bekämen, und wachte eifersüchtig über die ausschließlich ungarische Oberhoheit im historischen Ungarn. Diese nationale Voreingenommenheit leitete ihn auch, als er sich an der Verhinderung nationaler Bestrebungen in der österreichischen Reichshälfte, namentlich der tschechischen trialistischen Forderungen, beteiligte.

Dabei war er kein Politiker mit engem Horizont. Niemand hat besser als er das Recht des ungarischen Ministerpräsidenten genützt, seine

48/1

Gleichheit der Staatsbürger vor dem Gesetz und die Unabhängigkeit der Richter wurden damals zu organischen Bestandteilen der ungarischen Rechtspraxis. Seine Regierung modernisierte die Verwaltung unter gleichzeitiger Verwirklichung der Prinzipien des Zentralismus und der Selbstverwaltung. Die Selbstverwaltung der Komitate in örtlichen Angelegenheiten und ebenso die Wahl der Verwaltungsorgane blieben erhalten, und das Gesetz gestattete sogar, daß sich die Komitatsversammlungen auch weiterhin mit Landesangelegenheiten befassen. Über Meinung zur Lenkung der gemeinsamen Außenpolitik kundzutun. Die Quellen der Außenamtsarchive von Paris, Moskau und Bonn bezeugen, daß er für die Botschafter in Wien ein fast ebenso wichtiger Verhandlungspartner war wie der gemeinsame Außenminister. In kritischen Situationen kamen von ihm nicht nur Kritik und Ratschäge, sondern er entwickelte auch weitsichtige außenpolitische Konzepte. Im Sommer 1870, im deutsch-französischen Krieg, rechnete er damit, daß die Monarchie an der Seite der siegreichen französischen Armee später gegen das zaristische Rußland aufmarschieren könnte. Als Rußland im Herbst desselben Jahres einseitig den Pariser Vertrag von 1856 für ungültig erklärte, meinte er, nun könne es zu einer Neuauflage der Krimkoalition gegen die zaristische Großmacht kommen. Seine Annahmen bewahrheiteten sich nicht, aber als die Monarchie mit deutscher Verletztheit und russischem Zorn rechnen mußte, war doch wieder er – mit einem Ausdruck Ferenc Deáks – der providentielle Mann. Zum erstenmal in der Geschichte der Habsburgermonarchie nahm ein ungarischer Politiker den Platz am Schreibtisch von Kaunitz und Metternich ein. Der einst zum Tode Verurteilte hatte mit solch einer Genugtuung kaum rechnen können.

Die Beamtenatmosphäre und der bürokratische Stil am Ballhausplatz blieben ihm fremd. Am liebsten weilte er auf seinem Gut Tiszadob, von dort übersandte er seine knappen telegraphischen Instruktionen. Aus den acht Jahren als Außenminister blieben kaum eigenhändige Konzepte erhalten. Aber nicht nur Atmosphäre und Stil waren ihm fremd, auch mit den österreichischen außenpolitischen Traditionen konnte er nichts anfangen. Das Programm, mit dem er antrat, stammte aus dem Ideenkreis des europäischen Liberalismus und der Gedankenwelt des ungarischen Nationalismus. Die Monarchie war für ihn ein Schutzdamm gegen die zaristische Expansion und hatte nur deshalb und nur so lange Existenzberechtigung, als sie diese Funktion ausfüllte. Er machte sich dafür stark, den europäischen Zusammenschluß gegen Rußland zustande zu bringen, unter Teilnahme des liberalen England und des Bismarckschen Deutschland. Auf dem Balkan, einem traditionellen österreichischen Interessengebiet, wollte er keine Eroberungen machen, sondern die bevorstehende nationale Umwandlung fördern. Den unter Kuratel genommenen kleinen Nationalitäten der Halbinsel hatte er einen Platz in der antirussischen Koalition zugedacht. Sein großer außenpolitischer Plan war zugleich ein innenpolitisches Wundermittel: Er hoffte, mittels der gemeinsamen außenpolitischen Ziele die der multinationalen Staatsformation schon seit jeher fehlende Einheit verschaffen zu können. Das liberale außenpolitische Programm erwies sich jedoch im Europa der siebziger Jahre als unzeitgemäß. Gegen das zaristische Rußland verbündete sich niemand mit ihm. Der Husarenritt hatte in der großen Politik keinen Platz. Sein hitziges Temperament konnte er höchstens bei wilden Galoppritten abreagieren, bei deren einem er sich noch als Fünfzigjähriger den Arm brach. In der Außenpolitik stand ihm nur das kleinste Übel zur Wahl. Gemeinsam mit Deutschland und Rußland unterzeichnete er das den Status quo garantierende Dreikaiserbündnis, mit Rußland vereinbarte er die Abgrenzung der Interessensphären auf dem Balkan und ließ der Zarengroßmacht im Krieg gegen die Türkei freie Hand.

Sein Starrsinn stand seiner fallweisen Heftigkeit in nichts nach. Unverändert glaubte er, die internationalen Umstände würden ihm irgendwann doch Recht geben. Die große Gelegenheit trat im Februar 1878 ein. Die russischen Heere standen vor Konstantinopel, Aug in Auge mit der britischen Kriegsflotte. Er gedachte das Glück beim Schopf zu fassen und trat mit einem definitiven Kriegsvorschlag vor den gemeinsamen Ministerrat: Eine Situation wie die jetzige gäbe es nur einmal in einem Jahrhundert, die Monarchie könne jetzt mit der Hilfe Europas über ihre Differenzen mit den Slawen abrechnen. Aber die Enttäuschung war diesmal größer als alle bisherigen. Mit Ausnahme des ungarischen Ministerpräsidenten Kálmán Tisza sprachen sich alle Teilnehmer der Beratung gegen ihn aus. Enttäuscht sagte er zum deutschen Botschafter in Wien, er habe damit gerechnet, in dieser kritischen Lage die Begeisterung der Nationen der Monarchie wecken zu können, müsse aber traurig feststellen, daß diese Nationen außer den Ungarn und Polen statt der Opferbereitschaft lieber den Weg des Sich-Abfindens wählten.

Ein Gegengewicht gegen die russischen Erfolge stellte, da man sich nicht militärisch schadlos halten konnte, nur der balkanische Besitzerwerb dar. Der einstige Schutzpatron einer nationalen Umgestaltung auf dem Balkan machte sich daher den Standpunkt der österreichischen Militärkreise zu eigen und betrieb nun den Erwerb Bosnien-Herzegowinas. Gegen das gereizte Rußland war 1878 ein Bündnis unverzichtbar. Der Partner dafür konnte in erster Linie Deutschland sein, dem das zaristische Rußland offensichtlich unwiderruflich zürnte. Diesmal waren der Anstrengungen von Erfolg gekrönt. Vom Berliner Kongreß 1878 konnte er mit einem europäischen Okkupationsmandat heimkehren, und ein Jahr später durfte er den deutschen Kanzler zu Verhandlungen über das Bündnis in Wien empfangen. Im Oktober 1879 konnte er sich vom Ballhausplatz als der im letzten halben Jahrhundert erfolgreichste Staatsmann der Habsburgermonarchie verabschieden. Der traditionelle Undank der Habsburger wurde ihm dennoch zuteil. Auf seine Ratschläge und vor allem seine kritischen Bemerkungen legte man von nun an keinen Wert mehr. Seine umfangreiche Denkschrift, in der er die wieder in traditionelle Bahnen zurückgekehrte gemeinsame Außenpolitik kritisierte, ließ der Herrscher unbeantwortet zu den Akten legen.

Auch wenn es ihm nicht immer gelang, seine Konzepte zu verwirklichen, bewahrte er dennoch seine Integrität und sank nie auf das Niveau eines Höflings herab. Sein Schloß stand freidenkenden Schriftstellern und Künstlern offen. Als bei einem Empfang ein Diplomat monierte, er als Außenminister rede auf Kosten anderer Teilnehmer der Gesellschaft zu viel mit dem Maler Mihály Munkácsy, fragte er spöttisch zurück, ob der Betreffende denn wisse, wer zur Zeit Rembrandts Außenminister war.

Das Nachleben

Mit der Nachwelt hatte er kein wirkliches Glück. Nach seinem Tod 1890 wurde er noch eine Weile gewürdigt: Die schönste Pester Allee wurde nach ihm benannt, und seine Gestalt verewigte ein Reiterdenkmal neben dem Parlament. Aber schon die Horthy-Epoche konnte mit ihm eigentlich nichts anfangen. Der Liberalismus, den seine Person repräsentiert hatte, war in dieser Periode alles andere als ein Empfehlungsschreiben für das nationale Pantheon. In dem fast halben Jahrhundert nach dem Zweiten Weltkrieg sah man in ihm in erster Linie den slawenfeindlichen und deutschfreundlichen Politiker, weswegen man ihn scharf ablehnte – mit derartiger Heftigkeit, daß man auch die Erinnerung an seinen Namen beseitigte. Die Schilder an der Andrássy-Straße wurden entfernt, und das Bronzedenkmal kam in den Schmelzofen. Es gab keine Kranzniederlegungen an seinem Grab, und auch sein Name wurde beinahe aus der Erinnerung gelöscht. Als der Verfasser dieser Zeilen unter Bewertung seiner gesamten Laufbahn anläßlich der 150. Wiederkehr seines Geburtstages symbolisch eine Blume auf seinen Sarkophag in Tőketerebes legte, ließ man sie behördlich sogleich wieder entfernen. Seine staatsmännische Leistung beginnt erst in letzter Zeit, die verdiente Würdigung zu erhalten.

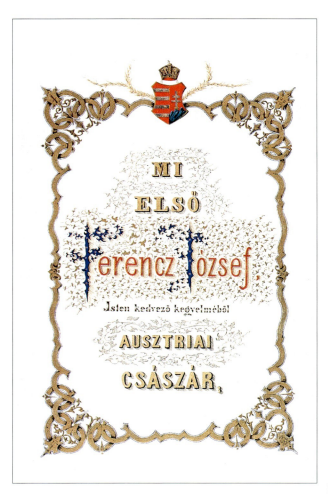

47/3

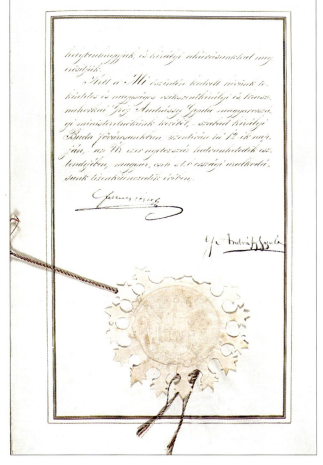

47/3

ÉVA SOMOGYI

Die gemeinsamen Ministerien und das österreichisch–ungarische Verhältnis 1867–1914

Über das Regierungssystem des Dualismus und über das Ausgleichssystem hat die Geschichtsschreibung diesseits und jenseits der Leitha lange Zeit unterschiedlich geurteilt. In den ungarischen Arbeiten herrschte lange hartnäckig und wenig nuanciert die Ansicht vor, daß in der Politik des Reiches ein österreichisches Übergewicht bestanden habe, und in der österreichischen Historiographie dominierte die These der "Kapitulation vor Ungarn im Ausgleich", daß also die Vereinbarung von 1867 ein Sieg der Ungarn gewesen sei, daß sie ihrem Willen und ihren Interessen entsprechend zustande gekommen sei. Das dualistische System sei so konstruiert gewesen, daß die ungarischen Regierungen dieses für sich ausnutzten konnten, da sie sich anders als die österreichischen Regierungen auf die Mehrheit ihrer Nation stützen konnten. Heute ist die historische Distanz zur Zeit Franz Josephs bereits groß genug und ein umfangreiches historisches Material liegt vor, um eine relativ objektive Beurteilung darüber zu versuchen, wer in der dualistischen Habsburgermonarchie diktiert hat: die über beiden Ländern stehenden Reichsminister oder die "Reichsratsminister", die "Deutschen", die "Transleithaner", wie die Ungarn sie nannten, oder gerade umgekehrt die Ungarn? Oder waren die Rollen ganz anders verteilt, hing die Macht von den Persönlichkeiten ab, hatten die ungarischen Ministerpräsidenten Gyula Andrássy, Kálmán Tisza und István Tisza mehr Einfluß auf die Reichsangelegenheiten als die Reichsminister, der frühverstorbene Haymerle oder der vornehm farblose Gotuchowski?

Vielleicht aber ist sogar die Problemstellung in dieser Form ungenau. Es sollte vielmehr danach gefragt werden, wie es gelang, die verschiedenen Interessen in der Politik miteinander zu vereinbaren: die des Gesamtreiches – deren Primat tatsächlich beide Partner im Ausgleich von 1867 anerkannten – und die beider Länder, die entgegen denen des Reiches und oftmals auch gegeneinander standen. Des weiteren wäre zu fragen, ob das notwendigerweise komplizierte System, das diese divergierenden Interessen zusammenhalten sollte, mit verfassungsmäßigen Mitteln aufrecht erhalten werden konnte oder ob nach 1867 in der Politik der gemeinsamen Angelegenheiten notwendigerweise die absolutistischen Traditionen des Reiches weiterlebten.

Die gemeinsame Regierung

Mit dem System der gemeinsamen Angelegenheiten entstanden in der österreichisch–ungarischen Monarchie drei Regierungen: die des engeren Österreich, d.h. der im Reichsrat vertretenen Königreiche und Länder, und die Ungarns – die der Einfachheit halber im weiteren Landesregierungen genannt werden – sowie die "gemeinsame Regierung" zur Behandlung der gemeinsamen Angelegenheiten (Außenangelegenheiten, Kriegswesen und gemeinsames Finanzwesen), welche die österreichische Seite, solange es irgend ging, Reichsregierung nannte. Die Bibel der dualistischen Einrichtung, das Gesetz Nr. XII aus dem Jahre 1867, verfügte jedoch sehr lakonisch über die gemeinsame Regierung. ("Ein gemeinsames Ministerium muß für die Gegenstände errichtet werden, welche, als in der Tat gemeinsam, weder unter die gesonderte Regierung der Länder der ungarischen Krone, noch der übrigen Länder Sr. Majestät gehören. Dieses Ministerium darf neben den gemeinsamen Angelegenheiten die besonderen Regierungsgeschäfte weder des einen noch des anderen Teiles führen, noch auf dieselben Einfluß üben.")[1] Das

52/13

Gesetz legte also gerade nicht genau fest, wer zur gemeinsamen Regierung gehört und worin deren Aufgabe besteht, sondern das, was die gemeinsame Regierung nicht tun und worin sie sich nicht einmischen darf, was nicht in ihre Befugnis gehört. In dieser Formulierung spiegelte sich ein eigenartig defensiver Standpunkt wider: Die ungarischen Schöpfer des Ausgleichs wollten die Selbständigkeit der ungarischen Regierung vor der gemeinsamen Regierung, vor dem Land übergeordneten Reich schützen und möglichst alles vermeiden, was ein Ausdruck des über dem ungarischen Staat stehenden Reiches war.[2] So konnte es geschehen, daß bereits damals schon die Stellung der drei gemeinsamen Minister unklar war und man bestritt, daß sie gemeinsam überhaupt eine Regierung darstellen (bzw. daß nur sie die gemeinsame Regierung bilden, und hinterfragte, ob die Ministerpräsidenten beider Länder ebensolche Mitglieder waren wie die gemeinsamen Minister). 1867 hatte Ferenc Deák vorsichtigerweise nur "von die gemeinsamen Angelegenheiten behandelnden Ministern" und nicht "von gemeinsamer Regierung" gesprochen.[3] Auch Graf Gyula Andrássy hielt es als Außenminister, also als Haupt der gemeinsamen Regierung, für zweifelhaft, daß die "gemeinsamen Minister korporativ eine Regierung bilden".[4]

Der Kaiser ernannte die drei gemeinsamen Minister und beauftragte den Außenminister gleichzeitig auch damit, die Aufgaben des Vorsitzenden des gemeinsamen Ministerrates zu versehen; er gab ihm also die Funktion eines gemeinsamen Ministerpräsidenten oder doch eine damit vergleichbare Aufgabe. 1867 erhielt der Außenminister Freiherr Friedrich Ferdinand Beust auch den Titel eines Reichskanzlers, was auf Widerspruch stieß, weil man darin eine Geste des Absolutismus sah, und zwar nicht nur von seiten der ungarischen, sondern auch der österreichischen Liberalen. Und ganz sicher war der ungarische Protest gegen den Reichskanzlertitel staatsrechtlich begründet, die ungarischen Gesetze kannten keinen Reichsregierungschef mit breiter Rechtsbefugnis. Aber alle Nachfolger Beusts waren dann bestrebt, auch ohne den Titel "Reichskanzler" einen Funktionsbereich auszugestalten, der die übliche Befugnis des Außenministers überstieg, und man hat den Eindruck, daß dies das System der gemeinsamen Angelegenheiten auch verlangte. Beust sagte 1867, zur Kompetenz der Reichskanzlei gehörten "alle jene Angelegenheiten, welche streng genommen weder mit dem Ministerium des Äußern, noch mit der Administration der cisleithanischen Länder in unmittelbarer Verbindung stehen, welche ferner einen wesentlichen politischen Charakter an sich tragen und gewisse Beziehungen zur Gesamtmonarchie haben".[5] Und auch nachdem Beusts Reichskanzlei aufgelöst wurde, gab es immer eine Präsidialsektion und später ein Kabinett des Ministers im Außenministerium, das sich *nicht nur* mit der Außenpolitik, mit diplomatischen Angelegenheiten beschäftigte, sondern auch mit innerer Reichsangelegenheiten: mit dem gemeinsamen Ministerrat, mit den Delegationen. Die Präsidialsektion hielt Verbindung mit den Regierungen beider Länder – sie erfüllte mit wechselndem Namen, aber unverändertem Inhalt etwa die Rolle eines Ministerpräsidialamtes des Reiches. Mochten die Ungarn auch prinzipielle Einwände haben und juristisch begründete Einsprüche erheben, in der Praxis existierte dennoch ein Reich, und dessen Angelegenheiten mußte irgendwo doch jemand erledigen. Die Realitätsbasis der diese Zeit beherrschenden staatsrechtlichen Debatten war immer dieselbe: Die Ungarn wollten ihre Selbständigkeit schützen, die Fiktion verteidigen, daß die gemeinsamen Angelegenheiten keinerlei Art von *Reichsgemeinschaft* und deshalb auch keine Reichsbehörden geschaffen haben; aber die Wirklichkeit der gemeinsamen Angelegenheiten ließ sich nur schwer in diese Fiktion hineinzwingen.

Die Landesminister im gemeinsamen Ministerrat

Die eigentliche gemeinsame Regierung bestand aus den drei gemeinsamen Ministern, aber bei den Sitzungen des gemeinsamen Ministerrates waren üblicherweise nicht nur sie anwesend, sondern auch die Ministerpräsidenten der beiden Länder sowie fallweise andere Mitglieder der Landesregierungen. Es erhebt sich die Frage, ob die österreichischen und ungarischen Minister ebensolche Mitglieder des gemeinsamen Ministerrates, des höchsten Entscheidungsorgans der dualistischen Monarchie, waren wie die gemeinsamen Minister.

In dieser Frage gingen und gehen die Ansichten damals wie heute auseinander. Das Gesetz schrieb nämlich lediglich vor, daß der Außenminister nur "im Einverständnisse mit den Ministerien beider Teile und unter deren Zustimmung"[6] das gemeinsame Budget "mit Einflussnahme der beiden verantwortlichen Ministerien" erstellen würde.[7] Was aber diese Einflußnahme bedeutet und in welcher Weise die beiden verantwortlichen Regierungen sie verwirklichen konnten, blieb juristisch unbestimmt.

Zweifellos war es schon zu Beginn der Periode Usus geworden, daß zum gemeinsamen Ministerrat die Vorsitzenden beider Regierungen eingeladen wurden, aber es galt keineswegs als Ausnahme, wenn die gemeinsamen Minister nur untereinander verhandelten. Seit den 1880er Jahren wurde der Ministerrat allerdings umgestaltet und selten nahmen an seinen Sitzungen nur die gemeinsamen Minister teil.

Es hat aber den Anschein, daß unabhängig davon, wie üblich oder ausnahmsweise die Einberufung der Landesminister zum gemeinsamen Ministerrat in den verschiedenen Perioden war, diese dort eine andere Rolle spielten – und wenn man so will, andere Interessen vertraten – als die gemeinsamen Minister. Ein Geschehnis mag den Unterschied vielleicht spürbar werden lassen. Bei einem Ministerrat bat Außenminister Beust den ungarischen Ministerpräsidenten Gyula Andrássy, er möge in der ungarischen Delegation (wo der Außenminister die Verhandlungssprache nicht verstand) die Außenpolitik der gemeinsamen Regierung vertreten. Indigniert wies der ungarische Ministerpräsident Beusts Idee zurück und sagte, den Ausgleichsgesetzen gemäß müsse die Außenpolitik im Einverständnis mit beiden Landesregierungen geleitet werden, und das habe er immer so verstanden, daß er es dem gemeinsamen Außenminister zu unterstützen habe. Aber verantwortlich für die Außenpolitik sei der Außenminister, und so könne er, der ungarische Minister, den Standpunkt des gemeinsamen Ministers nicht vertreten.[8]

Andrássys österreichische Partner, die Liberalen Eduard Herbst und Karl Giskra wie auch der konservative Graf Eduard Taaffe äußerten sich des öfteren auf ähnliche Weise. Sie vertraten nicht vorbehaltlos den Standpunkt, daß *die Bestrebungen der gemeinsamen und der Landesregierung unbedingt übereinstimmten.*

Mit all dem will ich natürlich aus den Teilnehmern am gemeinsamen Ministerrat keineswegs zwei oder gar drei Lager konstruieren, die durch Interessen und Bestrebungen voneinander getrennt waren. Der gemeinsame Ministerrat war gerade das Forum, um die Bedingungen gemeinsamen Handelns zu schaffen. Sein Zweck war, daß die Teilnehmer zum Einverständnis über umstrittene Fragen kamen, vor allem in Sachen des gemeinsamen Budgets, dann in außen- und militärpolitischen Fragen, in staatsrechtlichen Problemen, in Angelegenheiten "gemeinsamen Interesses" (Zoll- und Handelsbündnis, Handelsverträge mit dem Ausland) und in vielen ad hoc auftauchenden Angelegenheiten. Die gemeinsamen Minister unternahmen alles, um die Unterstützung der Landesminister zu gewinnen. Sie konnten einfach gar nicht anders handeln. Die gemeinsamen Minister waren in kleinen sowie großen Fragen auf die Landesminister angewiesen, die mehr als sie das Vertrauen des Parlaments genossen und gewinnen konnten. Es ist bekannt, daß fast alle Außenminister unter der Isoliertheit litten und daß sie keinen lebendigen Kontakt zum inneren Leben der Länder hatten – vor allem jene nicht, die aus dem diplomatischen Dienst kamen – also die meisten. Hier seien die Klagen Kálnokys über die unwürdige Stellung des Außenministers erwähnt, daß er ohne parlamentarische Unterstützung ausgeliefert sei, daß seine Stellung in Wirklichkeit vom guten Willen und der Unterstützung der beiden Ministerpräsidenten abhänge, oder die Aehrenthals, daß der gemeinsame Minister zwischen den beiden Parlamenten "in der Luft schwebe", "keinen festen Standpunkt" habe, oder auch die sachliche Feststellung des gemeinsamen Finanzministers Kállay, daß, da die gemeinsamen Minister selber keinen Kontakt zu den beiden Vertretungsgremien hätten, sie auf die parlamentarische Unterstützung beider Ministerpräsidenten angewiesen seien.[9]

Die Landesminister konnten sich jederzeit auf ihre parlamentarischen Gebundenheiten berufen und taten dies auch, sie konnten die Vorschläge des gemeinsamen Ministerrates mit der Begründung zurückweisen, für diese die Unterstützung des Parlaments nicht bekommen zu können. Hier lassen sich nicht nur konkrete Fälle, sondern auch eine ganze Reihe von prinzipiellen Formulierungen zitieren, wenn z.B. ungarische Ministerpräsidenten feststellen, daß sie auch für das gemeinsame Budget verantwortlich seien. Diese Verantwortung könne nicht einfach mit dem gemeinsamen Minister "geteilt" und damit ihr Gewicht verringert werden, stellt Ministerpräsident Dezső Bánffy 1897 fest, ähnlich äußert sich auch István Tisza 1904. Und Kálmán Tisza betont 1882, als mit der Okkupation von Bosnien–Herzegowina eine neue gemeinsame Angelegenheit entstand und gerade deswegen die Funktion und Verantwortung der gemeinsamen und der Landesminister neuinterpretiert wurden, daß für die gemeinsamen Angelegenheiten natürlich vorrangig die gemeinsamen Minister verantwortlich seien, es sich aber nicht vermeiden lasse, daß auch die Ministerpräsidenten gelegentlich von ihren Parlamenten für die gemeinsamen Angelegenheiten zur Verantwortung gezogen würden. Bei dieser Gelegenheit akzeptierte der Kaiser, der üblicherweise empfindlich auf staatsrechtliche Erörterungen der ungarischen Ministerpräsidenten reagierte, Tiszas Ansichten ohne Vorbehalt.[10]

Ein eigentümlich ambivalentes Verhältnis entstand zwischen der gemeinsamen Regierung und den Landesministern. Die gemeinsamen Minister hätten gewünscht, selbständig zu sein; der Außenminister wollte Reichskanzler sein. Sie wollten ihre Angelegenheiten unabhängig von den Landesregierungen erledigen, konnten dies aber nicht, da sie auf ihre österreichischen und ungarischen Kollegen angewiesen waren, damit diese die Unterstützung der Delegation beschaffen, und zwar nicht so sehr für außen- oder militärpolitische Entscheidungen, sondern vielmehr für das gemeinsame Budget, das die Basis auch für diese darstellte. Sie hätten gewünscht, unabhängig von den Landesministern handeln zu können, um die durch die Landesregierungen verwirklichte mittelbare parlamentarische Verantwortung loszuwerden, aber das konnten sie nur bis zu einem gewissen Punkt tun.

Die gemeinsamen Minister

a) Der Außenminister

In allen Handbüchern der Monarchiegeschichte, diplomatischen Zusammenfassungen und in Franz Josephs Biographie kommen als Axiome zwei Thesen vor: 1. Die Außenpolitik habe auch in konstitutioneller Zeit *der Minister des kaiserlichen Hauses und des Äußern* im wesentlichen allein gemacht; 2. im Sinne der Gesetze von 1867 mußten die äußeren Angelegenheiten "im Einverständnisse mit den Ministerien beider Teile und unter deren Zustimmung" erledigt werden. Da ergibt sich die Frage ganz von selbst: Bestand ein Gegensatz zwischen Gesetz und Praxis, der mittels komplizierter Manöver überbrückt werden mußte, oder gingen die gemeinsamen Minister einfach ungesetzlich vor, und die beiden Regierungen nahmen dies zu Kenntnis?

Verfolgen wir den Prozeß der außenpolitischen Entscheidungsfindung, was uns die außerordentlich reiche Literatur der Diplomatiegeschichte der Monarchie ermöglicht, und versuchen wir, die Entscheidungen der aufeinanderfolgenden Außenminister zu analysieren, so erkennen wir folgendes: Etwa zu Anfang der Periode, während des deutsch–französischen Krieges und dann nach dem Entstehen des Deutschen Reiches, als Österreich sich mit der neuen deutschen Großmacht aussöhnte und ein Bündnis mit ihr schloß, also politische Entscheidungen getroffen wurden, die sich grundlegend auf die innere Struktur der Monarchie und auf ihren Platz in Europa auswirkten, da verhandelten und entschieden darüber in gemeinsamen Beratungen die gemeinsamen und Landesminister. Wer auch immer in den eigentlich friedlichen vierzig Jahren nach 1870/71 die äußeren Angelegenheiten leitete, die Außenpolitik gestaltete der Außenminister allein, er erarbeitete seine Konzeption üblicherweise in seiner vom Ministerrat weit entfernten Einsamkeit am

Ballhausplatz oder in informellen Beratungen und Militärkonferenzen, in Wien, in seinem steirischen Badeort oder auf der Jagd in den Alpen. Der gemeinsame Ministerrat und in ihm die beiden Ministerpräsidenten hatten dennoch eine Funktion, und zwar die *verfassungsmäßige Funktion* der Entscheidung in gemeinsamen Angelegenheiten. Ein gemeinsamer Ministerrat, also ein solcher, an dem auch die beiden Ministerpräsidenten teilnahmen, mußte die Einberufung der Delegationen festlegen und damit auch darüber bestimmen, ob ihnen die außen- und militärpolitischen Entscheidungen, genauer deren finanzielle Konsequenzen vorzulegen seien. Das und nicht mehr (aber auch nicht weniger) war die Rolle der Landesminister bei den gemeinsamen Entscheidungen, die im übrigen nicht gesetzlich fixiert worden war, sondern sich herausgebildet hatte und von jedermann anerkannt und respektiert wurde.

Ist das also so zu interpretieren, daß der Außenminister entsprechend der Verfassung mit Zustimmung der beiden Ministerpräsidenten die äußeren Angelegenheiten der Monarchie führte? – Bei außenpolitischen Debatten, wenn es zu solchen im gemeinsamen Ministerrat überhaupt kam und die Ministerpräsidenten an ihnen teilnahmen, wurde ihre Meinung gehört. Hinsichtlich der Außenpolitik konnten sie für all das Verantwortung übernehmen, was der Außenminister in seinem Exposé für den Ministerrat und die Delegationen der gesamten Öffentlichkeit bekannt gab – und das taten sie auch. In diesem Sinne wurden die äußeren Angelegenheiten der Monarchie mit Zustimmung der beiden Ministerpräsidenten geführt. Aber an der *Ausarbeitung der politischen Richtung* hatten sie in der Mehrheit der Fälle *keinen Anteil*. Diese vorsichtige Formulierung ist nicht einfach deswegen geboten, weil derartige Verallgemeinerungen nur eingeschränkt gelten können, sondern weil die Grundsituation eben die war, daß die Kompetenz des gemeinsamen Ministerrates und damit die Rolle der Landesminister in Wirklichkeit ungeregelt war und die Beteiligten die zwischen gesetzlichen Gebundenheiten und Präzedenzfällen freigelassene Lücke selbst ausfüllen konnten.

Arbeitszimmer des Königs in der Burg von Buda, um 1896
(Österreichische Nationalbibliothek)

b) Der gemeinsame Finanzminister
1867 wurde ein einziges faktisch neues gemeinsames Ministerium eingerichtet, das gemeinsame Finanzministerium (Außen- und Kriegsminister traten die Erbschaft der früheren Reichsminister an). Der gemeinsame Finanzminister war der gemeinsame Minister par excellence. Seine Funktion war darin begründet, daß es gemeinsame Angelegenheiten des Reiches gab. Das von den Landesbudgets gesonderte gemeinsame Budget erarbeitete der gemeinsame Finanzminister. Er sorgte auch für die Verwaltung der aus beiden Ländern eingehenden Summen.

Die Kompetenz des gemeinsamen Finanzministers war beschränkt. Seine Rolle gewann an Bedeutung, als eine neue gemeinsame Angelegenheit entstand: Nach 1879 wurde die Verwaltung der okkupierten Provinzen Bosnien und Herzegowina dem gemeinsamen Finanzminister unterstellt. Wenn das Gewicht des Ressorts des gemeinsamen Finanzministers auch nicht allzu bedeutend war, wurde es zweifellos dadurch erhöht, daß er Einfluß auf die Politik der ganzen Regierung bekam.

Das gemeinsame Finanzministerium war ein ungarisches Portefeuille. Nach dem Tode von Franz Becke im Jahre 1870 haben dieses Amt nur unter Außenminister Andrássy Deutschösterreicher verwaltet: Ludwig Holzgethan (1872–1876) und Leopold Hofmann (1876–1880). Danach waren bis zur Ernennung Außenminister Berchtolds die gemeinsamen Finanzminister immer Ungarn. Berchtold besaß die doppelte Staatsbürgerschaft und wurde vom Kaiser, obwohl er kaum Ungarisch konnte, als Ungar betrachtet. Deshalb wurde bei seiner Ernennung zum Außenminister der gemeinsame Finanzminister Burián entlassen, weil, wie der Kaiser sagte, zwei Ungarn nicht gleichzeitig in der gemeinsamen Regierung sitzen durften. Die Praxis, daß immer einer der gemeinsamen Minister Ungar war, beruhte wie so vieles im Reich auf Gewohnheitsrecht.

Selbstverständlich waren die Ungarn seit 1867 bestrebt, einen Sitz in der gemeinsamen Regierung zu bekommen, und werteten es als einen Sieg, als Franz Joseph in der Person Menyhért Lónyays den ersten *ungarischen* gemeinsamen Minister ernannte. Und von 1871 bis 1879 besetzte den Posten des Ministers des kaiserlichen Hauses und des Äußern ebenfalls ein Ungar: Graf Gyula Andrássy. Dies war ein wichtiger Faktor der Anerkennung des dualistischen Systems, der Parität der beiden Länder. Deshalb darf man aber nicht meinen, daß Andrássy am Ballhausplatz eine Art von Politik *ungarischen Interesses* verfolgt hat; er tat das, was er aus der Sicht der Erhaltung der Großmachtstellung der Monarchie für richtig hielt und von dem er meinte, daß es den ungarischen Interessen entsprach.

c) Der gemeinsame Kriegsminister
Zum Kriegsminister wurde niemals ein Ungar ernannt. Schon Franz Joseph hätte dies nie getan, und das Militär hätte ihn noch weniger akzeptiert. Die große Umgestaltung von 1867 betraf die einzelnen Ministerien unterschiedlich. Der Außenminister bekam, wie erwähnt, eine neue Rolle, er wurde eine Art Ministerpräsident des Reiches. Auch wenn er die konstitutionelle dualistische Umgestaltung des Reiches und die vollständige innenpolitische Selbständigkeit Ungarns akzeptierte, war er doch bestrebt, die Existenz eines über beiden Ländern stehenden Reiches so zu sichern, wie dies die Lücken und Widersprüche der Verfassung ermöglichten und die tägliche Praxis erforderte. Wenn das gemeinsame Finanzministerium aus dem engen Handlungsspielraum eines Fachministeriums ausbrechen wollte, dann mußte es sich bemühen, Einfluß auf das Ganze der gemeinsamen Regierung zu gewinnen.

Am kompliziertesten war die Lage des gemeinsamen Kriegsministers, der im übrigen in den ersten Jahren des Dualismus nicht einmal formell als "gemeinsam" betrachtet wurde: Bis 1882 war sein offizieller Name Reichskriegsminister.

Allgemein anerkannt ist, daß während die Außenpolitik vom Außenminister unter Mitwirkung beider Landesregierungen gemacht wurde und auf diese Weise mittelbar auch die verfassungsmäßigen Foren, die beider Parlamente und Delegationen, Einfluß auf die Außenpolitik nahmen, bei der Führung des Kriegswesens die verfassungsmäßigen Schranken auch indirekt kaum zur Geltung kamen. Dennoch konnte nicht einmal die Militärführung völlig nach eigenem Ermessen handeln. Die parlamentarische (Delegations-)Kontrolle des Militärbudgets wurde sogar sehr ernst genommen. Darüber hinaus behielten die Gesetze von 1867 das Recht der Rekrutenbewilligung und der Festlegung der Dienstzeit dem Parlament vor. Es hatte das Recht und machte von diesem Gebrauch, die von der Regierung geforderte Rekrutenanzahl *nicht* zu genehmigen, um die Erhöhung des Militärstandes an Bedingungen zu knüpfen. Das ungarische Parlament war imstande, zwölf Jahre lang die Standerhöhung zu verhindern – ein sehr starker Beweis für die verfassungsmäßigen Schranken der Handlungsfreiheit des Kriegsministers.

Die Delegationen

Bisher wurde versucht darzustellen, daß die Ministerpräsidenten beider Länder eine gewisse Verfassungskontrolle auch in gemeinsamen Angelegenheiten ausübten. Den ungarischen Ministerpräsidenten konnte das ungarische Parlament (und mit dem österreichischen verhielt es sich nicht anders) auch für seine Politik in gemeinsamen Angelegenheiten zur Rechenschaft ziehen. Den Gesetzen vor 1867 gemäß schuldeten aber auch die gemeinsamen Minister selbst Verantwortung, und zwar dem von beiden Parlamenten gewählten Ausschuß für gemeinsame Angelegenheiten mit je 60 Mitgliedern, den Delegationen. Die Institution der Delegation war das unsicherste Element im ganzen Ausgleichswerk, in Beziehung mit ihr zeigte sich am schärfsten der Unterschied der österreichischen und ungarischen Reichsauffassung. Die Österreicher wollten ein Reich und ein Parlament des Gesamtreiches. Die Ungarn wollten zwei selbständige – durch die gemeinsamen Angelegenheiten zwar verbundene – Staaten, meinten aber, daß die Existenz der gemeinsamen Angelegenheiten keine Reichsgemeinschaft begründe. Die Österreicher betrachteten die Delegation als Ausgangspunkt, aus dem sich mit der Zeit ein Reichsparlament entwickeln könne. Sie hätten diesem spezifischen Vertretungsgremium eine möglichst weitgehende Kompetenz eingeräumt. Die Ungarn scheuten ein Parlament des Gesamtreiches, in dem sie in die Minderheit hätten geraten können. Deshalb waren sie bemüht, die Aufgabe der Delegation auf die Feststellung des gemeinsamen Budgets zu beschränken.

Natürlich gaben die Budgetdebatten Anlaß dafür, daß die Abgeordneten Fragen an die gemeinsamen Minister richteten, und diese nahmen ihr Auftreten in den Delegationen auch ernst. Beust bekannte, die Abstimmung in der Delegation garantiere nicht nur die erforderlichen Geldmittel, sondern biete der Regierung auch eine unverzichtbare moralische Stütze.[11] Haymerle verfertigte täglich viele Seiten umfassende Berichte an den Herrscher über seine Kämpfe in der Delegation, und Kálnoky sträubte sich gerade deshalb gegen die Übernahme des Portefeuilles des Äußeren, weil er sich vor den Delegationen fürchtete und das Gefühl hatte, er sei auf die dortigen Kämpfe nicht vorbereitet. Vor allem aber meinte er, ohne entsprechende parlamentarische Unterstützung keine aktive Außenpolitik verantworten zu können. Die Außenminister rechneten mit den Delegationen als einem Faktor, den man für sich gewinnen müsse, dessen Sympathie Unterstützung und dessen Behinderung Prestigeverlust für den Außenminister und für die Außenpolitik allgemein bedeuten könnten. Die Delegation trat einmal im Jahr zusammen, verabschiedete das gemeinsame Budget und hatte damit ihre Berufung erfüllt. Aber innerhalb dieser wenigen Wochen führte sie Sachdebatten und konnte zu dem Glauben gelangen, daß ihre Stellungnahme politisches Gewicht habe, daß ihre Abstimmung ein Vertrauens- oder auch ein Mißtrauensvotum für die Regierung sei. Zweifellos kam es kaum vor, daß die Delegation einem gemeinsamen Minister einfach ihre Unterstützung entzogen hätte, aber es konnte doch geschehen.

1882 lehnten beide Delegationen gemeinsam den außerordentlichen Militärkredit ab, der für die Niederschlagung des Aufstandes in den okkupierten Provinzen erbeten worden war, woraufhin der gemeinsame Finanzminister József Szlávy seinen Rücktritt einreichen mußte. Ein Vierteljahrhundert später stürzte die ungarische Delegation den gemeinsamen Außenminister Gołuchowski, der sich im Laufe der Regierungskrise von 1905 allzu sehr in die ungarischen Angelegenheiten eingemischt hatte.

In Wirklichkeit aber hatten die Schöpfer der Delegation sie nicht als Parlament gedacht. Als in der ungarischen Delegation 1872 erwogen wurde, ihr Gewicht zu erhöhen, antwortete Außenminister Andrássy auf eine Weise, die mit Sicherheit dem Geschmack der die staatsrechtliche Selbständigkeit verteidigenden Ungarn ebenso wie dem des Außenministers mit autokratischen Neigungen entsprach: "Ich glaube kaum, dass Sie aus der Delegation so etwas machen wollen, was wir beim Abschluss des Ausgleichs gerade zu verhindern bemüht waren – d.h. ein Parlament."

Wenn wir nun aufgrund dieser kurzgefaßten Beschreibung der gemeinsamen Ministerien und des gemeinsamen Ministerrates eine Antwort auf die eingangs gestellten Fragen zu geben versuchen, könnte sie folgendermaßen lauten: Der Ausgleich von 1867 erkannte den Primat der Reichsinteressen an, und dies war die eigentliche Voraussetzung der Vereinbarung mit dem Herrscher. Aber die Befugnis der gemeinsamen Regierung, des gemeinsamen Ministerrates wurde so bestimmt, daß die Sonderstellung Ungarns möglichst vollständig bewahrt bleiben konnte. So kam eine außerordentlich komplizierte Struktur zustande. Die Gesetze von 1867 waren mit Sicherheit absichtlich in vielen Punkten ungenau formuliert und wurden dann im Laufe der Zeit durch die gemeinsamen, die österreichischen und ungarischen Minister, entsprechend ihrer Auffassung interpretiert, wobei ihre Fähigkeiten und ihre momentane Machtstellung mitspielten. Am Ende des 19. Jahrhunderts, als die inneren Verhältnisse Ungarns stabiler waren als jenseits der Leitha, konnte die ungarische Politik die schon 1867 verkündete dualistische Parität immer besser verwirklichen, das Gewicht der Ungarn in der gemeinsamen Regierung und im Staatsapparat erhöhen.

Rückblickend aus dem 21. Jahrhundert besteht das wichtigste Ergebnis der Umgestaltung von 1867 vielleicht darin, daß zum ersten Mal in der Geschichte der Habsburgermonarchie ein konstitutionelles System entstanden war, das sich – wenn auch mit starken Einschränkungen und zumeist nur indirekt – auf sämtliche Regierungssphären erstreckte, also auch auf Verteidigungs- und Außenpolitik des Gesamtreiches. Diese Tatsache war ein Sieg der verfassungsmäßigen Kräfte diesseits und jenseits der Leitha. Sie ermöglichte, daß die Habsburgermonarchie in die Reihe der modernen Großmächte eintreten konnte, und setzte das Reich zugleich den politischen Konflikten aus, die mit der Regierung eines Reiches mit vielen Nationalitäten und Völkern unterschiedlicher Tradition seinerzeit unbedingt verbunden waren.

---

1   1867:XII, § 27. Edmund Bernatzik (Hrsg.), *Die österreichischen Verfassungsgesetze* Wien, 1911, 329 ff.
2   Miklós Komjáthy, *Die Entstehung des gemeinsamen Ministerrates und seine Tätigkeit während des Weltkrieges*, In Miklós Komjáthy (Hrsg.), *Protokolle des gemeinsamen Ministerrates der Österreichisch-Ungarischen Monarchie 1914-1918*, Bp, 1966, 22-23.
3   Komjáthy, a. a. O. 23.
4   Gemeinsamer Ministerrat [GMR.] v. 18. 5. 1876, GMCZ. 177. Haus-, Hof- und Staatsarchiv [HHStA.] PA. XL, Karton [K.] 288.
5   Beusts Unterbreitung 27. 7. 1867: bezüglich der Organisierung einer Reichskanzlei. HHStA., Administrative Registratur, Fach 4, K. 399.
6   1867:XII. § 8.
7   1876:XII. § 40.
8   GMR. v. 26. 1. 1868, GMCZ. 8. *Die Protokolle des gemeinsamen Ministerrates der österreichisch-ungarischen Monarchie*, I/1, Bearbeitet von Éva Somogyi, Bp, 1999, 48-54.
9   Éva Somogyi, *Der gemeinsame Ministerrat der österreichisch-ungarischen Monarchie 1867-1906*, Wien/Köln/Weimar, 1996, 121.
10 Ebd., 112-125.
11 Beusts zitierte Denkschrift ist veröffentlicht und detailliert analysiert bei Heinrich Lutz, *Zur Wende der österreichisch-ungarischen Außenpolitik 1871. Die Denkschrift des Grafen Beust für Kaiser Franz Joseph vom 18. Mai*, In Mitteilungen des Österreichischen Staatsarchivs, 25, 1972, 169-184.

IMRE RESS

Ungarn im gemeinsamen Finanzministerium

Von der bescheidenen Fassade des Palais Questenberg-Kaunitz, dem ehemaligen Sitz des gemeinsamen Finanzministeriums könnte man – angesichts der anderen prachtvollen Regierunggebäude um die Hofburg – leicht schließen, daß diese Regierungsbehörde, die erst nach der Entstehung des Dualismus als selbständige Institution errichtet wurde, in der Amtshierarchie keine allzu große Bedeutung genoß. Die Durchführung seines hauptsächlichen Amtsgeschäftes, die Zusammenstellung und die Gebahrung des gemeinsamen Budgets, wobei die Finanzmittel von den Regierungen der beiden Reichshälften gesichert wurden, verlangte vom Minister zweifelsohne weniger politische Praxis als vielmehr Sachkenntnis und Routine. Aus ungarischer Sicht maß man diesem Posten jedoch eine viel größere politische Bedeutung bei, weil der Inhaber dieses Portefeuilles ein Votum im gemeinsamen Ministerrat und unmittelbaren Zugang zum Monarchen und damit sicherlich die Möglichkeit informeller Beziehungen hatte. Mit dieser politischen Aufwertung des gemeinsamen Finanzministeriums hing es zusammen, daß von den drei gemeinsamen Ministerposten die beiden zivilen Portefeuilles, die des gemeinsamen Außen- und des Finanzministers, immer paritätisch besetzt wurden. Dies bedeutete, daß, wenn einer der gemeinsamen "Zivilminister" ein Österreicher war, der andere zwangsläufig ein Ungar sein mußte und umgekehrt. Während des halben Jahrhunderts des Dualismus erwies sich das gemeinsame Finanzministerium als ein wahrhafter ungarischer Fideikommiß. Drei und einhalb Jahrzehnte lang standen nämlich ungarische Minister am Ruder dieser Behörde, und davon haben allein zwei Personen, Benjámin Kállay und István Burián, für mehr als 30 Jahre diesen Posten bekleidet. Ihr Wirken war aber eindeutig hochpolitischer Natur und entfaltete sich zum Zeitpunkt, als sich die Befugnis des gemeinsamen Finanzministeriums auch auf die Verwaltung der 1878 erworbenen südslawischen Länder, Bosnien und die Herzegowina, erstreckte. In ihrer langen Laufbahn spielte es offenbar eine Rolle, daß beide als Experten der südslawischen Frage und des Balkan-Problems galten, obwohl sie vor dem Antritt ihres ministeriellen Amtes verschiedene Ausbildungen genossen, unterschiedliche politische Vorleben gehabt und Amtslaufbahnen durchlaufen hatten.

Benjámin Kállay, der Langzeitminister der Doppelmonarchie

Benjámin Kállay gehörte zu der nach 1848 in der postrevolutionären Ära aufgewachsenen Generation von Politikern und Geselschaftswissenschaftlern, die mit den Problemen der Nationalbewegungen und mit dem Aufbau der bürgerlich-liberalen Nationalstaaten konfrontiert war. Er studierte Jus und Slawistik an der Pester Universität und stieß in der Atmosphäre der serbisch-ungarischen Fraternisierung der 1860er Jahre auf das südslawische Nationalproblem sowohl als politische Frage als auch als wissenschaftliche Disziplin. Vor allem als Autodidakt erwarb er seine Kenntnisse. Für seine Ausdauer im Selbststudium ist es charakteristisch, daß er auch die in Genf erschienene Monatsschrift der serbischen Jungliberalen, die *Sloboda* ("Freiheit"), abonnierte. In der Zeit des ausgehenden Schmerling-Provisoriums hatte vielleicht nur noch eine Person im damaligen Ungarn für solche Zeitungen Interesse gezeigt, Hofrat Worafka, der berüchtigte Polizeidirektor von Pest, der auch diese Zeitschrift ständig konfiszierte. Seine Kentnisse konnte Kállay durch die persönliche Bekanntschaft mit Slobodan Jovanović, einem der späteren Ideologen des Liberalismus im Fürstentum Serbien, erweitern. Den in Pest in Emigration lebenden Serbe und den ungarischen Adelssprößling verband die Begeisterung für die staatstheoretischen und sozialwissenschaftlichen Werke des bekannten englischen Philosophen James Stuart Mill. Einen Ruf als Wissenschaftler erwarb Kállay, als er 1867 das berühmte Werk von Mill, *On Liberty*, in ungarischer Übersetzung herausgab und versuchte, dessen Thesen auf die ungarischen Verhältnisse anzuwenden. In der ungarischen politischen Elite wurde er jedoch schon früher mit seinen publizistischen Schriften bekannt. Über die nationalitätspolitische Konzeption von József Eötvös führte er einen kontinuierlichen, auch polemischen Dialog mit den heimischen serbischen Blättern und der Belgrader Presse. Als die nach dem österreichisch-ungarischen Ausgleich gebildete ungarische Regierung de facto das Recht erhielt, für die einzelnen leitenden Posten der gemeinsamen Ministerien Kandidaten aufzustellen, wurde Kállay von dem damaligen Ministerpräsidenten, Gyula Andrássy, zum Belgrader Generalkonsul nominiert. Nach dem Ausgleich war es in Ungarn noch nicht besonders populär, in den gemeinsamen Ministerien ein Amt zu bekleiden. Doch auch diejenigen, die damals solche Posten übernahmen, identifizierten diese kaum mit der Gesamtheit der Monarchie und mit den gesamtstaatlichen Anforderungen. Ein gutes Beispiel dafür ist, daß Kállay sich an der Spitze der Belgrader Vertretung vielmehr als Exponent der ungarischen Regierung denn als Diplomat der Gesamtmonarchie verstand. So war seine ganze Belgrader Amtstätigkeit bis zum Anfang der 1870er Jahre darauf ausgerichtet, die Konzeption des ungarischen Ministerpräsidenten zu vertreten und so die Vereinigung von Bosnien und Serbien zu fördern, die von ihm als eine feste Grundlage einer langfristigen ungarisch-serbischen Freundschaft und Zusammenarbeit betrachtet wurde.

52/1

Am Anfang der 1870er Jahre veränderten sich die Machtverhältnisse, in denen die Idee der ungarisch-serbischen Fraternisierung und engen Kooperation entstand, grundsätzlich. Nach dem Ausgang des französisch-preußischen Krieges war der Plan Ungarns, die serbisch-bosnische Vereinigung mit französischer Unterstützung und diplomatischer Vermittlung zu bewerkstelligen, vollkommen anachronistisch geworden. Nach der Ernennung von Andrássy zum gemeinsamen Außenminister wurde die ungarische Sonderpolitik Serbien gegenüber nicht mehr fortgesetzt, und zur Zeit des Dreikaiserbundes wurde das Verhältnis zu Serbien in österreichisch-ungarisch-russischer Einigkeit bestimmt. Damit verlor der diplomatische Auftrag Kállay's seine frühere politische Bedeutung. Doch er fand sich längst nicht mit der Bewältigung der Kleinarbeit des diplomatischen Dienstes ab. Er wandte sich mit großer Intensität der historischen Forschung zu. Mit der Bearbeitung von serbischem primären Quellengut verfaßte er als erster eine Geschichte der Entstehung des serbischen Fürstentums im 19. Jh., in welcher der serbische Befreiungskampf von der Türkenherrschaft und die nationale Einigung im Geiste der liberalen Geschichtsauffassung dargestellt wurden. Dieses eigentlich zeitgeschichtliche Werk, für welches er zum korrespondierenden Mitglied der Ungarischen Akademie der Wissenschaften gewählt wurde, erregte im Jahrzehnt der nationalen Aufstände am Balkan und des erneuten russisch-türkischen Krieges großes

Interesse. Bald wurde es auch in deutscher und in serbischer Übersetzung verlegt.

1875 setzte er seinen langersehnten Plan in die Tat um. Er gab seinen Amtposten im gemeinsamen Außenministerium auf und kehrte als Parlamentsabgeordneter in die ungarische Politik zurück. Dieser Schritt brachte ihm aber aus mehreren Gründen eine Enttäuschung. Einerseits fehlte es ihm an einer bedeutenden und festen parlamentarischen Basis, um politisch einflußreich zu werden. Er schloß sich nämlich der sich unter der Führung von Kálmán Tisza neu formierenden freigesinnten Regierungspartei wegen deren oberflächlichen Liberalismus nicht an, sondern trat der konservativen Partei bei, die aber im Wahljahr 1875 besonders schlecht abschnitt. Kállay gelangte in einer entfernten siebenbürgischen Kleinstadt, in Elisabetstadt, zu einem Mandat. Dies verdankte er allerdings nicht seinem theoretisch ausgezeichnet fundierten konservativen Programm, sondern eher den bedeutenden finanziellen Mitteln, die er zur Überzeugung der Händler der armenischen "Metropole" einsetzte. Sein politischer Spielraum wurde ihm als einem früheren Anhänger des liberalen Andrássy in der kaum anderthalb Dutzend Abgeordnete zählenden Parlamentsfraktion der konservativen Partei eingeengt. Andererseits geriet er wegen der außenpolitischen Ungewandtheit der heimischen politischen Elite in die Isolation. Zur Zeit der großen Orientkrise spielte er eine unpopuläre Rolle mit seinen 1875–1878 erschienenen publizistischen Schriften und Parlamentsreden, weil er sich gegen die blinde Türkenfreundlichkeit der Regierungspartei und der Opposition stellte. Die Außenpolitik von Adrássy verteidigend wies er auf die Auswegslosigkeit der türkischen *status quo*-Politik, auf die Unvermeidbarkeit der slawischen nationalen Umgestaltung auf dem Balkan und auf die Notwendigkeit der Erhaltung der Großmachtstellung der Monarchie hin.

Seine politische Isolation erkennend beschäftigte ihn der Gedanke, in den Auslandsdienst zurückzukehren. Sein Entschluß wurde von seinem früheren Mentor, dem amtierenden Außenminister Gyula Adrássy dadurch gefördert, daß er ihn am Vorabend des russisch–türkischen Krieges mit einer vertraulichen Mission in der Türkei beauftragte. Seine endgültige Rückkehr in den Auslandsdienst erfolgte nach dem Berliner Kongreß, als er zum österreichisch-ungarischen Hauptdelegierten der europäischen Kommission zur Ausarbeitung der Ost-Rumänischen Autonomie ernannt wurde. In dieser Tätigkeit bemühte er sich zusammen mit der englischen Diplomatie in diesem slawisch bewohnten Autonomiegebiet moderne, liberale rechtstaatliche Institutionen zu schaffen und dadurch den Nimbus des autokratischen Rußland zu vermindern.

Letztendlich setzte der vom Ballhausplatz scheidende Gyula Andrássy im Herbst 1879 durch, daß die Posten in den gemeinsamen Ministerien, die in Folge des Ministerwechsels und nach dem dualistischen Gewohnheitsrecht den Ungarn zustanden, mit seinen Vertrauten besetzt wurden. So wurde der prominente Vertreter der alten Garde der Deák Partei, József Szlávy, zum gemeinsamen Finanzminister, und Benjámin Kállay zum Sektionschef im gemeinsamen Außenministerium. In dieser Position spielte Kállay bei der Entstehung der politischen und wirtschaftlichen Verträge zwischen Österreich-Ungarn und Serbien eine entscheidende Rolle. Als der gemeinsame Außenminister, Heinrich Haymerle, im Herbst 1881 unerwartet dahinschied, wurde auch der Name Kállay´s unter den Nachfolgekandidaten genannt. Da er mit der Rückkehr von Andrássy rechnete, wies er schon bei den ersten Sondierungen die Ministerwürde zurück, obwohl er wegen seiner bekannten Sympathie für Frankreich und seiner bedingungslosen Anglophilie auch nicht besonders forciert wurde. Bald entstanden günstige politische Bedingungen für den Aufstieg zum gemeinsamen Minister. Die Umstände seiner Ernennung sind ein typisches Beispiel dafür, wie der Einfluß der ungarischen Regierung bei der Auswahl eines gemeinsamen Ministers zur Geltung kommen konnte. Im Frühjahr 1882 erzwang die ungarische Delegation überraschend den Rücktritt des aus der ungarischen Regierungspartei gekommenen gemeinsamen Finanzministers József Szlávy, da die Bewilligung außerordentlicher Kredite für die Deckung bosnischer Militärausgaben ungarischerseits verweigert wurde. Hinter dieser Vorgangsweise der ungarischen Delegation verbarg sich die Absicht des amtierenden ungarischen Ministerpräsidenten, Kálmán Tisza, seinen Vertrauten zum gemeinsamen Minister zu machen. Die Verhandlungen über den Nachfolger schleppten sich zwischen dem gemeinsamen Außenminister und dem ungarischen Ministerpräsidenten wochenlang dahin. Kálmán Tisza schlug als Kandidaten der ungarischen Regierung Albin Graf Csáky vor, während der Außenminister im Einvernehmen mit dem Monarchen Benjámin Kállay favorisierte.

Aus der Korrespondenz und dem hektischen Telegrammwechsel ist herauszulesen, daß das Recht des ungarischen Ministerpräsidenten, auf diesen, den Ungarn zustehenden gemeinsamen Ministerposten, Kandidaten zu nominieren, vom gemeinsamen Außenminister prinzipiell aner-

52/10

kannt wurde; es wurde jedoch eine spezielle Vorbedingung gestellt: gründliche Kenntnisse der politischen und sozialen Verhältnisse im südslawischen Raum. Da ein solcher Experte in Budapest nicht aufzufinden war, konnte Benjámin Kállay im Sommer 1882 das gemeinsame Finanzministerium übernehmen, und den Ausbau der Verwaltung in Bosnien und der Herzegowina in Angriff nehmen. Sein Programm über die Einrichtung der Verwaltung in Bosnien und der Herzegowina wurde mit den Ansichten des ungarischen Ministerpräsidenten in Einklang gebracht, doch Kállay als gemeinsamer Finanzminister wurde noch lange nicht zum bedingungslosen Befürworter der ungarischen Regierungspolitik. Seine politische Auffassung wich in zwei gravierenden Punkten - in der Beurteilung der Funktion der Monarchie und in der außenpolitischen Betrachtungsweise - vom Standpunkt der von Kálmán Tisza geführten ungarischen politischen Elite ab. Auch Kállay war sich mit seinen Zeitgenossen einig, daß die Bewahrung der Integrität des ungarischen Staates und die Aufrechterhaltung der ungarischen Suprematie nur innerhalb der dualistischen Habsburgermonarchie möglich war. Statt formaler nationaler Errungenschaften - wie die Stärkung der Äußerlichkeiten der staatlichen Sonderstellung Ungarns und nationale Forderungen gegenüber dem gemeinsamen Heer - hielt er es für viel zweckmäßiger, die gemeinsamen Regierungsbehörden stärker in ungarische Hand zu bringen. Während seiner 21jährigen Tätigkeit als Minister bemühte er sich ausdauernd und zielstrebig, den Anteil der ungarischen Beamten in den gemeinsamen Ministerien zu erhöhen. Seine Auserwählten kamen nicht nur aus den politisierenden Adelskreisen, sondern er bevorzugte vielmehr ungarische oder einfach aus Ungarn gebürtigen Intellektuelle, die über juristische, historische und sprachliche Fähigkeiten verfügten. Mit ihrer Mitwirkung wollte er die Berufung Ungarns in der Monarchie verwirklichen, nämlich die tolerante Vermittlung der Ergebnisse der westlichen Zivilisation an die befreiten Völker des Balkan.

Die Modernisierung in Bosnien und der Herzegowina galt ihm als der Prüfstein dieses großen Experiments, und er war überzeugt davon, daß die dortige, national und konfessionell heterogene Bevölkerung mit der Weiterentwicklung ihrer eigenen Zivilisation in die Nähe Europas gebracht werden könne. Er versuchte mit behutsamen und langsamen sozialen Reformen und mit der Adaptierung zeitgemäßer technischer Neuerungen diese wirtschaftlich rückständigen, in ihrer Kultur und Mentalität stark orientalisierten Gebiete in die europäische Zivilisation einzubinden. Er behandelte die administrativen und wirtschaftlichen Probleme und die nationalen und kulturellen Aspekte des Modernisierungsprozesses mit gleicher Wichtigkeit. Er verfolgte die graduelle Veränderung der gesellschaftlichen Strukturen und der sozialen Verhältnisse. In der Agrarfrage wurden die lange und allmähliche Auflösung des Kmetensystems und die freiwillige Ablöse der Bauern vorgezogen. Die Prioritäten seiner Politik lagen bei der Verbesserung der Lebensbedingungen, die durch die Schaffung einer wirksamen Verwaltung und Organisation eines funktionsfähigen Gesundheitswesens, weiters durch die Verbreitung moderner Produktionsmethoden erreicht werden sollte. Dazu dienten die Errichtung von staatlichen Mustergütern und landwirtschaftlichen Fachschulen sowie die Einführung neuer Pflanzenkulturen. Dem Ausbau des Verkehrsnetzes und des Bankenwesens folgte eine bewußte Industrialisierung, die vor allem im Bergbau, in der Holzverarbeitung und in der chemischen Industrie zu Erfolgen führte. Mit steuerlichen Begünstigungen und garantierten Dividenden wurde die Kapitaleinfuhr angeregt, aber die entstandenen Industriebetriebe blieben entweder in staatlicher Verwaltung oder standen unter starker staatlicher Kontrolle. Neben den wirtschaftlichen Maßnahmen förderte er auch mit besonderer Hingabe die Herausbildung einer eigenständig bosnischen historisch-politischen Identität. In der Beurteilung der bosnischen nationalen Frage waren für Kállay selbstverständlich die außen- und innenpolitischen Bedürfnisse der Monarchie ausschlaggebend. Er war der Meinung, daß die innere Stabilität in Bosnien und der Herzegowina und die endgültige Einbindung der beiden Provinzen in das dualistische Staatsgefüge nur durch die Mitwirkung der muslimischen Bevölkerung zu erreichen sei. Deshalb legte er besonderen Wert darauf, die Sympathien der muslimischen Bevölkerung, die sich noch immer nostalgisch nach dem Osmanischen Reich sehnte und ihren privilegierten sozialen Status durch die bürgerliche Gleichberechtigung bedroht fühlte, zu gewinnen. In der Erstarkung der beiden christlichen, konfessionell-nationalen Gruppen sah er neue Konfliktherde, weil die Serben und Kroaten gegenseitig auf die Gesamtheit Bosniens und der Herzegowina Anspruch erhoben. Auf beiden Seiten kam immer heftiger das Verlangen zum Vorschein, die national indifferenten Muslime im kroatischen bzw. im serbischen Sinne zu nationalisieren, also sie in die serbische oder kroatische Nation einzubinden.

Im Gedränge der serbischen und kroatischen Nationalismen und unter dem Drucke des muslimischen religiösen Konservatismus arbeitete Kállay auf die Entstehung eines integralen bosnischen Nationalbewußtseins hin. Mit der Schaffung einer bosnischen Nation wollte er die ideologischen Rahmenbedingungen für die bürgerliche Gleichberechtigung absichern und die Neutralisierung der Einflüsse der exklusiven ethnischen Nationalismen erreichen. Nach seiner Vorstellung war die bosnische Nation ein politisches Gebilde, dessen multikonfessionelle führende Elite durch einen starken Landespatriotismus zusammengeschweißt werden sollte. Als Trägerschicht der bosnischen Nationalideologie zog er vor allem zwei soziale Gruppen in Betracht: einerseits die Muslime, die dem serbischen und dem kroatischen nationalen Gedankengut mißtrauisch gegenüberstanden, andererseits die konfessionell neutrale Landesbürokratie. Nur aus diesem Blickwinkel ist seine Regierungstätigkeit zu deuten, die sich zum Ziele setzte, die Positionen der Muslime, vor allem die der muslimischen Grundbesitzer, in der sich verändernden bosnischen Gesellschaft zu sichern und im Wettbewerb mit den beiden anderen konfessionell-ethnischen Gruppen konkurrenzfähig zu gestalten.

52/2

Die von Kállay geförderte bosnische Nationenbildung war nicht nur irgendeine künstliche Konstruktion, sondern sie stützte sich praktisch auf den Selbstidentifikationsprozeß der Muslime, der sich in der zweiten Hälfte der 1880er Jahren immer stärker entfaltete. Ohne Zweifel verordnete er von oben mit Verwaltungsmaßnahmen die Verwendung der nationalen Symbole, wie die Schaffung einer bosnischen Fahne und Führung eines Landeswappens zur Stärkung der bosnischen Selbstständigkeit. Er trat auch dafür ein, daß die historischen Wurzeln der bosnischen nationalen Identität erschlossen und das historische, besondere Bewußtsein der muslimischen Bevölkerung mit neuen Elementen gefestigt wurden. Die von Kállay gegründeten wissenschaftlichen Institutionen, Museen und Zeitschriften, die die Forschungsergebnisse zur Geschichte, Geographie und Volkskunde Bosniens bekanntmachten, standen auch im Dienste dieser Nationenbildung. Dafür bediente er sich auch des Mittels in der damaligen Zeit vollkommen ungewöhnlichen staatlichen Literaturmäzenatentums. Für die Unterhaltung der Landeselite startete er 1895 mit großzügiger staatlicher Subvention eine zweiwöchentlich erscheinende illustrierte literarische Revue in lateinischer und kyrillischer Schrift mit dem Titel *Nada* (Hoffnung). Die Hauptaufgabe der in Sarajevo herausgegebenen Zeitschrift bestand zwar in der Pflege der bosnischen Identität, doch der Redakteur der literarischen Spalte, der bekannte kroatische Dichter Silvije Strahimir Kranjčević, hatte bei seiner Arbeit freie Hand, anspruchsvolle ausländische, südslawische und einheimische bosnische literarische Werke und orientierende wissenschaftliche Schriften zu veröffentlichen. In dieser Zeitschrift waren verschiedene literarische Strömungen vertreten, und um die Jahrhundertwende wurde sie zum wichtigsten Forum der Schriftsteller der kroatischen Moderne. Ein Kennzeichen der verbreiteten Liberalität des "Ministermäzens" war, daß die Schriften des kroatischen Schriftstellers Anton Gustav Matoö, der sich vor dem Militärdienst nach Belgrad absetzte, in allen neun Jahrgängen ohne jegliche Einwände erscheinen durften.
Neben der Begründung wissenschaftlicher und kultureller Institutionen setzte Kállay noch zahlreiche administrative Einzelmaßnahmen, um die spezifische, von seiner südslawischen Umwelt abweichende Lage Bosniens bewußt zu machen. Für den Amtsgebrauch und den Unterricht wurde eine eigene bosnische Sprache und Grammatik auf Grund der südlichen Dialekte in Bosnien und der Herzegowina normiert und mit phonetischer Rechtsschreibung in lateinischer und kryllischer Schrift 1890 eingeführt. Mit dieser sprachlicher Norm griff Kállay auf gewisse Traditionen der Regionalität der südslawischen Schriftlichkeit zurück, weil die örtliche Sprache von einigen Verfassern und Herrausgebern in den früheren Jahrhunderten als bosnisch bezeichnet wurde. Wie bekannt, gerieten die nationalen Bezeichnungen der Sprache im südslawischen Raum im Laufe des nationalen Erwachens im 19. Jh. sehr stark in den Vordergrund. Mit linguistischen Argumenten wurde auch die nationale Zugehörigkeit entschieden, die vor allem zwischen den Kroaten und Serben zu heftigen Kontroversen führte. Die Anwendung der landesbezogenen Bezeichnung für die Amts- und Unterrichtssprache in Bosnien und der Herzegowina wurde von Kállay als eine Wehrmaßnahme gegen die Exklusivität des serbischen und kroatischen Sprachnationalismus eingesetzt. Die Annäherung der drei konfessionell-nationalen Gruppen sollte im Unterricht der bosnischen Sprache dadurch gefördert werden, daß alle Schüler verpflichtet waren, sich sowohl die lateinische, als auch die kyrillische Schrift anzueignen. In den muslimischen konfessionellen Schulen wurde die Einführung dieser Sprachreform von der konservativ eingestellten muslimischen Geistlichkeit vereitelt. Auch die serbische und kroatische Öffentlichkeit erklärte sich nicht bereit anzuerkennen, daß die Sprache in Bosnien als bosnisch und nicht als serbo-kroatisch bezeichnet wurde.

Kállay war bestrebt, mit einer elitären und interkonfessionellen Schulpolitik im Mittelschulwesen eine neue Intelligenzschicht mit bosnischem Landesbewußtsein zu erziehen. Um die Universitätsstudien zu fördern, wurde ein Landesstipendienfond gegründet und anschließend ein bosnisches Hochschulinternat in Wien errichtet, wo unbemittelte bosnische Studenten kostenlose Stiftplätze bzw. kostengünstige Unterkunft erhielten. Diese Universitätsabsolventen wollte er in immer höherer Zahl als Beamte in der Landesverwaltung anstellen. Diese gedachte Vermittlerrolle der neuen bosnischen Intelligenz und Bürokratie in der Überwindung der nationalen Antagonismen kam nur in einer äußerst eingeengten Weise zum Tragen. Es ist eigentlich keine einheitliche bosnisch gesinnte Beamtenschaft entstanden. Auch das zweite Fundament des Kállay´schen Konzepts zur bosnischen Nationenbildung erwies sich als nicht real und zeitgemäß, weil die landesbewußten Muslime als Integrationsfaktor keine Anziehungskraft auf die Gesamtbevölkerung ausübten. Sogar in den Reihen der muslimischen literarischen Intelligenz ist eine Nationalisierung eingetreten, und ihre Mehrheit schloß sich dem kroatischen Nationalismus an. Um die Jahrhundertwende erkannte Kállay zwar diesen neuen Umschwung und zeigte immer größere Besorgnis darüber, daß die Entwicklung der bosnischen nationalen Gemeinschaften sich nicht im Zeichen der Integration vollzog, sondern im Zustand der konfessionellen Separation stecken blieb.

Diese Krisenerscheinungen trübten jedoch nicht das günstige Gesamtbild, das in der zeitgenössischen westeuropäischen Öffentlichkeit über die erfolgreiche bosnische Tätigkeit von Benjámin Kállay allgemein verbreitet war. Dabei spielte vermutlich eine wichtige Rolle, daß er die Bedeutung der Presse sehr früh erkannte und die in- und ausländischen Journalisten sehr bewußt mobilisierte, damit sie den interessanten bosnischen Veranstaltungen beiwohnen konnten. Die Journalisten, die sich in den Orient der Monarchie wagten, um über den internationalen Archäologenkongreß, über die Saisonneuigkeiten der in Mode gekommenen Bäder von Ilidža oder über das Pferderennen von Sarajevo zu berichten, schrieben immer mit großer Anerkennung über die aufgeklärte Politik und die zivilisatorischen Ergebnisse des Ministers, der unter den orientalischen Verhältnissen eine überraschend gute öffentliche Sicherheit und zufriedenstellende Verhältnisse im Gesundheits- und Verkehrswesen erreichte. Vor allem wurde er von der englischen Presse mit begeistertem Lob überhäuft. Auch der bekannte Wiener Korrespondent der Londoner Times, Henry Wickham Steed, zählte zu seinen regelmäßigen Besuchern. Als Kállay 1903 starb, wurden seine Verdienste von Steed als die eines großen Staatsmannes gewürdigt. Dies hinderte diesen jedoch nicht daran, als er sich nach der Verschärfung der britisch-deutschen Beziehungen auch der Habsburger-Monarchie, dem Verbündeten Deutschlands, entfremdete und als scharfer Kritiker der Nationalitätenpolitik auftrat, auch Kállay als den großen Unterdrücker der Südslawen in seinen Memoiren zu dämonisieren. Dieses Doppelbild des erfolgreichen Zivilisators und der Inkarnation der südslawischen Unterdrückung wiederholt sich über die bosnische Tätigkeit von Benjámin Kállay auch heute noch in den meisten historischen Werken.

Das Portrait von Benjámin Kállay als gemeinsamer Finanzminister wäre nicht vollständig, wenn sein informeller Einfluß, den er auf Grund seiner Amtsposition auf die Entwicklung der ungarischen Innenpolitik ausübte, unerwähnt bliebe. Obwohl die ungarischen Schöpfer der Ausgleichsgesetze mit peinlicher Präzision darauf achteten, daß die direkte Einflußnahme der gemeinsamen Minister auf die ungarische Regierungsarbeit und Staatsverwaltung unmöglich gemacht wurde, konnten die gemeinsamen Minister als unmittelbare Ratgeber des Monarchen selbstverständlich informell auch über die ungarische Innenpolitik ihre Meinung äußern. Während seiner langen Laufbahn als gemeinsamer Minister hatte Kállay einen außerordentlich bedeutenden informellen Einfluß. Das ist damit zu erklären, daß die zwei aufeinander folgenden Außenminister, Gusztáv Graf Kálnoky von Köröspatak, der zwar einen gut klingenden ungarischen Namen trug, aber sich in der Öffentlichkeit nie ungarisch äußerte, und sein Nachfolger, der polnische Agenor Graf Goluchowski, in der ungarischen Innenpolitik unerfahren waren; so fielen die Referate der ungarischen Angelegenheiten Kállay zu. Über die heiklen Probleme der ungarischen Innenpolitik der 1880er Jahre, vor allem über die heftigen Budapester Demonstrationen gegen das gemeinsame Heer, wurden die vertraulichen Hintergrundinformationen vom Mitarbeiterstab Kállay´s dem Monarchen und dem Außenminister zugestellt. Er berichtete aber nicht nur über die Geschehnisse im ungarischen politischen Leben, sondern vermittelte persönlich zwischen dem Außenminister und der ungarischen Regierung, als der russenfreundliche Kurs Kálnoky´s in den 1880er Jahren in Ungarn stark kritisiert wurde. Durch seine Vertrauten machte Kállay auch die Erwartungen des Monarchen in den Budapester politischen Kreisen bekannt. Sein Verhältnis zu Kálmán Tisza, den er für einen kleinlichen Parteipolitiker und engstirnigen Stuhlrichter hielt, war zwar nicht gerade ungetrübt, er stellte sich jedoch immer auf die Seite des ungarischen Ministerpräsidenten, wenn es um die Bewahrung des ungarischen Staatsrechtes und der staatlichen Sonderstellung ging. Während seiner langen Laufbahn wurde Kállay stets als potentieller ungarischer Ministerpräsident gehandelt. Um die Jahrhundertwende, als die Krisenerscheinungen des Dualismus immer stärker hervortraten, tauchte sein Name vor allem in den englischen diplomatischen Berichten als Wunschkandidat auf, der an der Spitze der ungarischen Regierung fähig wäre, den ungarischen separatistischen Tendenzen entgegenzuwirken und Ungarn wieder zur Stütze der dualistischen Monarchie zu machen. In Wirklichkeit hatte er aber keine reellen Chancen. Für eine solche politische Ambition in Ungarn war es eben nicht förderlich, daß er von dem einflußreichen Kreis um Kálmán Tisza als geheimer Föderalist abgestempelt wurde. Augenscheinlich hat er sich um diesen Posten kaum bemüht. Er genoß zwar das volle Vertrauen des Monarchen, doch es fehlte ihm die dazu nötige parteipolitische Einbettung. Die eigentliche Werkstätte der ungarischen Politikmacher, das Nationalkasino, hielt er für einen langweiligen Schwätzerklub und empfand seinen jährlichen Besuch als ein großes Opfer. Vom Jahre 1892 an schlug er bei jeder Regierungskrise dem Monarchen immer wieder die Ernennung des amtierenden kroatischen Banus, Károly Khuen-Hédérváry, zum ungarischen Ministerpräsidenten vor. Sein Favorit gelangte erst kurz vor seinem Tod ans Ziel. Solche informellen Einflußnahmen der gemeinsamen Minister gehörten zu der dualistischen Verfassungswirklichkeit.

István Burián – zweimal auf beiden gemeinsamen Ministerposten

Zu Beginn des 20. Jh. wurde die frühere Praxis, wonach die hohen Beamten der gemeinsamen Ministerien und die gemeinsamen Minister selbst aus der ungarischen parlamentarischen und Regierungssphäre nach Wien gelangten, kaum mehr verfolgt. Das immer schwächer werdende Monarchie-Bewußtsein der ungarischen politischen Elite offenbarte sich auch darin, daß diese Kreise sowohl den gemeinsamen Ministerposten als auch einer gemeinsamen Beamtenlaufbahn gegenüber Desinteresse und Gleichgültigkeit zeigten. Die zu dieser Zeit begonnenen Karrieren von ungarischen Amtsträgern der gemeinsamen Ministerien gingen größtenteils auf eine diplomatische Berufsausbildung zurück, doch spielte die dynastietreue Familientradition in gewissem Maße auch noch eine Rolle.

52/7

Der aus einer im Komitat Preßburg ansässigen Adelsfamilie stammende István Burián begann 1872 nach dem Abschluß der Konsularakademie vorschriftsmäßig ganz unten als Eleve seine diplomatische Laufbahn. Da die Ungarn zu dieser Zeit im diplomatischen Korps stark unterrepräsentiert waren, verhalfen ihm die ungarischen Politiker am Ballhausplatz, zuerst Gyula Andrássy, dann der noch-Sektionschef Kállay, um die Parität zu verbessern, zu einem steilen Aufstieg. Seine ungarischen Mentoren lenkten seine Laufbahn, so daß er überwiegend im östlichen Europa arbeitete. Die wichtigeren diplomatischen Vertretungen und Gesandtenposten, wo er auf Grund seiner Erfahrungen und breiten Belesenheit die Zusammenhänge zwischen der Großmachtpolitik und der Nationalfrage erfuhr, waren Bukarest, Belgrad, Moskau, Sofia und Athen. Der theoretisch ausgezeichnet gebildete Diplomat konnte aus dem Beamtenapparat doch erst dann als potentieller Ministerkandidat in die politische Sphäre wechseln, als er die Tochter des wichtigsten Vertrauten Franz Josephs in Ungarn, des Generals Géza Baron Fejérváry, ehelichte. Bald wurde Burián taxfrei auch in den Rang eines Barons erhoben, und diese hohe Anerkennung signalisierte die Möglichkeit einer politischen Karriere am Hofe. Nach dem Ableben des Langzeitministers Kállay ergab sich 1903 diese Gelegenheit. Zur Berufung auf den vakanten gemeinsamen Finanzministerposten, der nach der Parität ohnehin Ungarn zustand, reichte diesmal aus, daß der Ministerkandidat Burián mit dem "ewigen" ungarischen Honvédminister familiär verbunden war. Es sind gar keine Spuren zu finden, die darauf hinweisen würden, daß der ungarische Ministerpräsident irgendeine andere Person als Nachfolger erwogen, geschweige denn, daß er von seinem Vorschlagsrecht Gebrauch gemacht hätte. Auf Grund des ungarischen Desinteresses waren Buriáns Positionen beim Hofe dermaßen stabil, daß praktisch bis zum Untergang der Monarchie kein anderer Ungar mehr für den gemeinsamen Finanz- oder den Außenministerposten ernsthaft in Betracht gezogen wurde. Seine Position in den ungarischen politischen Kreisen wurde nicht einmal dadurch geschwächt, daß sein Schwiegervater zur Zeit der politischen Krise von 1905/06 in Ungarn die Führung eines außerparlamentarischen Kabinetts übernahm.

Nach seinem Amtsantritt traf Burián sofort Maßnahmen, die als typische Offenbarungen ehrgeiziger Politiker gelten. Er revidierte sofort einige grundlegende Thesen seines hochangesehenen Vorgängers. Der promuslimische Kurs und die Förderung der bosnischen Nationenbildung wurden aufgegeben. Die bosnische Sprache ließ er 1907 offiziell zum Serbo-kroatischen umbenennen. Die staatliche Literaturförderung in Bosnien und die Subvention der bosnischen literarischen Zeitschriften schaffte er ab und statt der Begünstigung der muslimischen-kroatischen Annäherung stützte er sich eher auf die bosnischen Serben. Er ließ den bosnischen religiösen Autonomiebewegungen, die letztendlich die Selbstisolation der bosnischen konfessionellen Gemeinschaften verstärkten, freie Bahn. Er war einer der Anreger der Annexion der beiden Länder, womit er die Stärkung des erschütterten Monarchie-Bewußtseines der ungarischen politischen Elite zu erreichen versuchte. Als die Einverleibung im Herbst 1908 vollzogen war, kam ihm die Aufgabe der Wiederherstellung des gesellschaftlichen und politischen Friedens in den aufgerührten Ländern zu. Vor seinen Bemühungen erwies sich die Beschleunigung der bosnischen Kmetenablöse d.h. der Bauernbefreiung ohne Zweifel von großer Bedeutung. Zur Schaffung der politischen Stabilität erarbeitete er mit Akribie eine Landesverfassung, die die proportionale parlamentarische Repräsentation der drei Konfessionen ermöglichte. Die Regulierung der parlamentarischen Vertretung ist ein verfassungsrechtliches Meisterwerk – keine Frage. Doch der politische Frieden kehrte nie mehr in das von ihm regierte Bosnien zurück. Auch wenn es nicht angebracht ist, die Ruhe und die Ausgewogenheit der Kállay-Ära bei ihm zu suchen, haben seine Zeitgenossen seine Neigung zu theoretisieren, seine Steifheit und sein häufiges Zögern zu recht kritisiert. Im Tagebuch von Josef Baernreither ist die folgende treffende Formulierung über die bosnische Politik der beiden ungarischen gemeinsamen Finanzminister zu lesen: "Buriáns Kenntnisse von den Verhältnissen des Landes, und zwar bis in die Details, sind sehr groß. Er kann stundenlang darüber dozieren, wie ein Professor. Bei einem Zwiegespräch mit ihm fühlt man sich immer angeweht von der Luft eines wissenschaftlichen Seminars… man kann sich keinen größeren Gegensatz denken, als zwischen ihm und Kállay. Dieser, man mag über ihn sagen, was man will, war eine Gestalt voll Leben, eine Führernatur. Seine Autorität beruhte auf seiner Persönlichkeit, mit der er den Begs so gut wie Serben und Kroaten imponierte. Eine solche suggestive Kraft hätte jetzt nach der Annexion sich für die modernen Zwecke einsetzen müssen Burián ist steif und unnahbar. Jeder, der zu ihm kommt, geht wie erkältet von ihm weg. Er hat in Bosnien nie eine öffentliche Ansprache gehalten, zwischen ihm und der Bevölkerung hat es nie einen Kontakt gegeben, weder im Guten noch im Schlimmen."

Wegen der Krise der ungarischen Koalitionsregierung verwickelte er sich Ende des 19. Jh. neben den bosnischen Angelegenheiten immer tiefer auch in die ungarische Innenpolitik. Der Chef der gescheiterten Koalitionsregierung, Sándor Wekerle, der sich von seinem lästigen Amt trennen wollte, besprach in Wien vor allem mit ihm ein halbes Jahr lang die

Aussichten einer neuen Regierungsbildung. In der darauffolgenden Periode beschäftigte ihn die ungarische Innenpolitik zusehends mehr als die Regierung in Bosnien und der Herzegowina. Mit dem Tode von Aehrenthal im Februar 1912 ist er auch zu einem der Anwärter auf den Posten des Außenministers geworden. Doch schließlich wurde der Kandidat des Thronfolgers, Leopold Graf Berchtold, der Gewinner. Da Berchtold ungarischer Staatsbürger war, ohne Ungarisch zu sprechen, wurde Burián von dem Kabinettsdirektor zum Rücktritt aufgefordert, weil zwei Ungarn nach dem dualistischen Gewohnheitsrecht die Posten der gemeinsamen Minister nicht gleichzeitig bekleiden durften. Obwohl der Herrscher ihm sein unbegrenztes Vertrauen versicherte und eine erneute Anstellung versprach, kannte auch Burián die sprichwörtliche Dankbarkeit der Habsburger – wer einmal entlassen wurde, wird nie mehr zurückgenommen. Deshalb zog er nach Budapest, da er seine Reaktivierung nicht einmal erhoffte. Nach anderthalb Jahren Untätigkeit ermöglichte ihm die Regierungsbildung von István Tisza die Rückkehr nach Wien, als ungarischer Minister am Allerhöchsten Hoflager. Da die ungarische Regierung nicht, wie in früheren Zeiten, eine vertrauensvolle Beziehung zu den gemeinsamen Ministern hatte, verspürte István Tisza gerade nach den Balkan-Kriegen das Verlangen nach einem erprobten Diplomaten, der ihn regelmäßig über die internationalen Fragen, vor allem über die Entwicklung der südslawischen Angelegenheiten unterrichtete. Bei der Angelobung der Regierung nahm der Monarch zu Buriáns Überraschung mit völligem Einverständnis wohlwollend seine informellen Aufgaben auf: "Schöner Wirkungskreis. Hilfe für Tisza und für das Auswärtige. Sie besitzen mein volles Vertrauen" – lauteten die Worte Franz Josephs. So entfaltete sich eine einzigartige Position für Burián, der zwischen dem gemeinsamen Außenminister und dem ungarischen Ministerpräsidenten Kontakte zu halten und zu vermitteln hatte. Sein informeller Wirkungskreis erwies sich praktisch breiter als wenn er gemeinsamer Finanzminister gewesen wäre, da er auf Grund der Zustimmung des Monarchen nicht nur dem ungarischen Ministerpräsidenten mit Ratschlägen zur Seite stand, sondern laut seines Tagebuches auch regelmäßig mit dem Chef des Ballhausplatzes konsultieren konnte. Wegen des Vertrauens des Monarchen wurde Burián auch zum Hauptreferenten der ungarischen innenpolitischen Angelegenheiten, u.a. referierte er regelmäßig über Tisza´s rumänische Verhandlungen.

Seine einzigartige Position verhalf ihm in den Tagen der Sarajevo-Krise zu einer außerordentlichen Rolle. Der Herrscher hatte ihn nämlich beauftragt, den ungarischen Ministerpräsidenten zur Aufgabe seines kriegsgegnerischen Standpunktes zu überreden. Obwohl im Grunde genommen auch Burián nicht die kriegerische Lösung befürwortete, übernahm er den Auftrag und führte ihn erfolgreich zu Ende. Sein Bekenntnis lautete nämlich, daß Franz Joseph der determinierenden Faktor der Außenpolitik der Monarchie verkörperte: gegen seine Auffassung kann und sollte man nichts unternehmen. Als er sich später auf den Standpunkt der konsequenten Austragung des Krieges stellte, paßte er sich eigentlich der Auffassung des Monarchen an. Er ließ sich von dynastischen Prestigegesichtspunkten leiten, als er territoriale Zugeständnisse als Gegenleistung für Italiens Neutralität a priori ausschloß. Vor allem diesem Umstand war es zu verdanken, daß er auf die Fürbitte von Tisza hin im Jänner 1915 den Außenministerposten von Leopold Berchtold erbte. Der neue Herr am Ballhausplatz konnte mit seiner Inflexibilität die italienische Kriegserklärung nicht verhindern, nur verzögern. Seine Bemühungen, Rumänien vom Krieg fernzuhalten, scheiterten, nur der Kriegseintritt Bulgariens an der Seite der Mittelmächte konnte zu seinen bescheidenen diplomatischen Erfolgen gezählt werden. Durch das schon seit drei Jahren tobenden Krieg und durch die Kriegsmüdigkeit erkannte er die Notwendigkeit eines Kompromisses. Nach dem Tode von Franz Joseph knüpfte er große Hoffnungen an das gemeinsame Friedensangebot der Mittelmächte, doch dies wurde von der Entente auf Grund der materiellen und wirtschaftlichen Überlegenheit abgelehnt. Dieses politische Versagen beschleunigte nur die Entscheidung von Karl IV., der ihn seines Amtes enthob. Diesmal verabschiedete er sich aber nicht von der gemeinsamen Regierung, sondern wechselte auf den Schauplatz seines früheren Wirkens, ins gemeinsame Finanzministerium. Vom Februar 1917 an nahm er die Neuorganisation der vom Krieg verwüsteten bosnischen Verwaltung gewissenhaft in Angriff. Zur allgemeinen Erneuerung wurden großangelegte Pläne zur Lösung des südslawischen Nachkriegsproblems erarbeitet, doch diese entsprachen nicht der Realität und beinhalteten verschiedene theoretische Varianten eines erweiterten Dualismus. Es kann angenommen werden, daß er nicht wegen der südslawischen Frage, sondern eher wegen seiner Erfahrung zur Umgestaltung der ungarischen innenpolitischen Kräfteverhältnisse den Posten des gemeinsamen Finanzministers behalten durfte. Karl IV. wollte nämlich durch die Erweiterung des Wahlrechts in Ungarn seine Popularität erhöhen und eine größere politische Stabilität schaffen. Burián wurde mit der nicht leichten Aufgabe betraut, den ungarischen Ministerpräsidenten, einen erbitterten Gegner der Wahlrechtsreform, zu überzeugen. István Tisza entsprach nicht dem monarchischen Wunsch und dankte ab. Zur Lösung der ungarischen Regierungskrise wurden die langen Verhandlungen mit den ungarischen Politikern überwiegend von Burián geführt, doch ein Kandidat, Sándor Wekerle, wurde erst in der zweiten Runde vom Monarchen akzeptiert.

Als die Sixtus-Briefe, die Sondierungsversuche des Monarchen zum Sonderfrieden, ans Tageslicht kamen, wurde an die Stelle des abdankenden Außenministers Ottokar Czernin wieder einmal der schon mehrmals sich auf Abstellgleis befindliche ungarische Politiker gesetzt. Obwohl er sein früheres Scheitern darauf zurückführte, daß er die Interessen der Monarchie Deutschland gegenüber zu scharf vertreten hatte, dachte er nicht einmal an den Bruch mit Deutschland oder einen Sonderfrieden. Doch gerade zur Zeit seines neuerlichen Amtsantrittes haben die westlichen Mächte die Habsburger Monarchie, die nicht in der Lage war, sich vom deutschen Einfluß zu emanzipieren, als einen eigenständigen Faktor des europäischen Machtsystems abgeschrieben. Die machtpolitischen Überlegungen bremsten die Erschaffung souveräner Nationalstaaten auf den Gebieten der Habsburger-Monarchie nicht mehr. Seine Bemühungen zur ehrenvollen Beendigung des Krieges konnten nichts an der Entwicklung der Geschehnisse ändern. Der Experte der slawischen Nationalfrage konnte nur noch resigniert die erschütternden Nachrichten über die Entstehung des tschechoslowakischen und südslawischen Staates zur Kenntnis nehmen.

Lajos Thallóczy – ein gelehrtes Faktotum dreier Minister

Seine Beamtenlaufbahn hatte im Ungarischen Staatsarchiv einen ungewöhnlichen Anfang. Nach zweijährigem Geschichtsstudium an der Budapester Universität erreichte er noch als Student bei einer Bewerbung um eine Konzipientenstelle im Archivdienst das beste Ergebnis, womit er all seine älteren Mitbewerber übertraf. Der junge Historiker hatte schon sehr früh gereifte, ausgeprägte Ansichten über die begrifflichen und methodischen Probleme der ungarischen Geschichte. Unter der vaterländischen Geschichte verstand er ohne ethnische Ausgrenzung die Geschichte der Völker der Länder der ungarischen Stephanskrone. Er hielt es für wichtig, auch das historische Quellengut der benachbarten Völker zu erschließen und zu publizieren. Deshalb lernte er mit großem Eifer auch die verschiedenen slawischen Sprachen. Zuerst veröffentlichte er vor allem wirtschafts- und handelsgeschichtliche Aufsätze, worauf man auch in den Regierungskreisen aufmerksam wurde. Es war nämlich in Ungarn eine allgemeine Beschwerde, daß die ungarischen Wirtschaftsministerien die ausländischen Wirtschaftsinformationen, die die gemeinsamen auswärtigen Behörden und Konsulate vermittelten, als zu wenig empfanden. Deshalb wurden von der ungarischen Regierung bei Gelegenheit Beauftragte in die verschiedenen Länder entsandt, um über die wirtschaftliche Lage zu berichten. In diesem Rahmen wurde Thallóczy vom ungarischen Minister für Ackerbau, Gewerbe und Handel vom Jahre 1879 an mindestens fünf Mal für mehrere Monate mit solchen Missionen beauftragt. Er nützte diese Reisen auch für archivarische Forschungen. In den Büchern, in denen er über seine Reisen in die Levante, Bulgarien und Rußland berichtete, wurden von ihm interessante Kapitel über die Geschichte der bilateralen Handelsbeziehungen und aktuelle Daten über den Stand von Wirtschaft, Industrie und Handel veröffentlicht.

In seinem 28. Lebensjahr wurde er zum korrespondierenden Mitglied der Ungarischen Akademie der Wissenschaften gewählt. Im nächsten Jahr, 1886, wirkte er schon in Wien als Archivar des dem gemeinsamen Finanzministerium unterstellten Hofkammerarchivs. Sein Minister, Benjámin Kállay, brachte ihn einerseits deshalb nach Wien, damit er in dem österreichisch–ungarischen Streit um die staatliche Zugehörigkeit bestimmter archivalischer Bestände verläßliche Informationen erteilen könne. Sein wissenschaftlicher Auftrag bestand darin, durch Erschließung historischer Quellen den Sonderweg der historischen Entwicklung und der Selbständigkeit Bosniens darzustellen. Thallóczy begann mit einer umfaßenden Quellenforschung, doch er wurde bald von seinem Minister mit verschiedenen amtlichen und halboffiziellen Aufgaben überhäuft. Dazu gehörten sowohl Informationen über die Geschehnisse in der ungarischen Innenpolitik, als auch die persönliche Beobachtung der Feierlichkeiten anläßlich des 500. Jahrestages der Schlacht am Amselfeld.

Zu seiner regelmäßigen Tätigkeit gehörte der ständige Kontakt zu den Zeitungen, um die Pressekampagne gegen seinen Minister abzustellen, die Zeitungen indirekterweise zu beeinflußen, bestimmte Artikel zu inspirieren und ganze thematische Serien zu suggerieren. Daneben war Thallóczy Professor im Theresianum, an der Konsularakademie und brachte sogar auch dem Thronfolger Franz Ferdinand das ungarische Staatsrecht bei. In seiner ganzen Amtszeit unternahm er ausführliche Archivforschungen, um die auftauchenden staatsrechtlichen Probleme zu erläutern. Seine diesbezüglichen Kentnisse wurden auch von den ungarischen Ministerpräsidenten öfters in Anspruch genommen. In der Ära Burián, als die kulturellen und wissenschaftlichen Ausgaben stark reduziert wurden, hielt er es für wichtig, das Erbe Kállay's zu schützen und die bosnischen wissenschaftlichen Institutionen zu unterstützen. Er bemühte sich besonders um die Beendigung der Bauarbeiten am Landesmuseum in Sarajevo. Als Burián im Jahre 1912 das Finanzministerium verließ, war er schon der Dienstälteste Beamte. Der scheidende Minister ernannte ihn mit seiner letzten Amtshandlung zum Geheimen Rat, um seine Position zu stärken, damit er „die die ungarischen Interessen bedrohenden Bestrebungen beobachten kann." Nachher diente Thallóczy zum ersten Mal in Wien unter einem nichtungarischen Minister. Sein neuer Vorgesetzter, der Pole Leon Bilinski, erklärte ihm drohend, daß er die Parität in diesem zu ungarisch gewordenen Ministerium – besonders unter den leitenden Beamten – einhalten würde. Aber Thallóczy, als Beamter, war auch für ihn unentbehrlich. Da Bilinski nicht Ungarisch sprach, war er auf Thallóczy angewiesen, um ihn vor der ungarischen Delegation zu vertreten.

Trotz dieses weitverzweigten amtlichen Tätigkeitsfeldes ist die historiographische Leistung Thallóczy's doch überwältigend, obwohl er seine geplanten großen Synthesen über die Geschichte Bosniens und über die Beziehungen des mittelalterlichen Ungarn zu den Balkanvölkern nicht fertigstellte. Wenn Thallóczy nur einfach deshalb als Historiker der Habsburgermonarchie bezeichnet wird, weil seine Werke die ungarische Geschichtsentwicklung aus dem Blickwinkel der dualistischen Struktur interpretieren, wird dies der Gesamtheit seiner Auffassung kaum gerecht. Die geistige Atmosphäre der Monarchie prägte vielmehr dadurch seine Forschungstätigkeit, daß er seine großangelegten Urkundensammlungen über die Beziehungen Ungarns und seiner südlichen Nachbarn in enger Zusammenarbeit mit slawischen Gelehrten bearbeitete. Auch für die Anschauungen und das Geschichtsverständnis des Wiener Kreises der ungarischen Historiker, der sich um Thallóczy gebildet hatte, war es von großer Bedeutung, daß er als Führungspersönlichkeit intensive Arbeitsbeziehungen zu den slawischen Historikern an der Wiener und der Prager Universität und anderen slawischen Institutionen und Archiven pflegte. Noch als Budapester Archivbeamter trat er in Verbindung mit Joseph Gelcich, einem Archivar von Ragusa, um das Urkundenbuch über die Beziehungen von Ragusa zu dem mittelalterlichen Ungarn gemeinsam herauszugeben. Der Wiener Slawistikprofessor Vatroslav Jagić arbeitete mit Thallóczy in den 1890er Jahren an zwei großen wissenschaftlichen Vorhaben. Die systematische Zusammenstellung der slawischen Quellen zur Geschichte der ungarischen Landnahme und die Veröffentlichung der glagolitischen Missal des Fürsten von Split, Hrvoja, sind das Ergebnis ihrer gemeinsamen Arbeit. Mit den Prager und Agramer Historikern Konstantin Jireček und Milan Sufflay gab er ein zweibändiges Regestenwerk zur albanischen Geschichte des Mittelalters heraus. Außerdem veröffentlichte er mit seinen ungarischen Mitarbeitern zahlreiche Urkundenbücher, die die intensiven Beziehungen der südslawischen Länder zum spätmittelalterlichen Ungarn dokumentieren und letzten Endes ihre historisch notwendige Schicksalsgemeinschaft mit Ungarn beweisen. Diese Edition pflegte man oft als die historiographische Begründung des ungarischen Balkanimperialismus einzustufen. Diese Forschungstätigkeit hatte zweifelsohne bestimmte Aktualität und außenpolitische Motive. Doch es ging nicht darum, mit der Aufdeckung der engen mittelalterlichen Beziehungen zu den Südslawen in der Gegenwart territoriale Ansprüche zu untermauern, sondern die zentrale Bedeutung und die Führungsrolle Ungarn in dieser Region vor Augen zu führen. Trotz dieser Vorbehalte sind seine großen, objektive Fakten enthaltenden Quellereditionen für die spätmittelalterliche Geschichte des nördlichen Balkan auch noch heute von grundlegender Bedeutung.

Ebenfalls sollte der einmalige historische und kulturgeschichtliche Wert seiner umfangreichen Tagebücher erwähnt werden, die er während seiner Wiener Amtszeit als wohlinformierter Zeitzeuge dreißig Jahre lang geführt hatte. Seine Eintragungen sind verläßlich und genau, die Kommentare kritisch und oft sarkastisch. Für seinen Stil und seine kritische Einstellung ist es äußerst charakteristisch, wie er als leitender Beamter zur Zeit der Juli-Krise vor dem Ersten Weltkrieg die gemeinsame Regierung und den Monarch beurteilte. Über die gemeinsame Regierung war seine Meinung bissig und kurz: "Für Traurigkeit gibt es Grund genug: ein kindlicher Außenminister, ein fast hilfloser gemeinsamer Finanzminister, ein Kriegsminister, der nur schießen kann, ein bosnischer Statthalter, der seine Ungeschichtlichkeit mit Blut abwaschen will ... also der Krieg wird hübsch, aber sicher vorbereitet und nur durch ein Wunder kann man ihm ausweichen." Seine scharfe Zunge machte übrigens auch vor dem Monarchen, den er verehrte und noch schätzte, nicht halt: "1866 war der König noch heftig und unüberlegt. Heute ist er weise. Wie der Minister aus Ischl telefoniert, rasselt er mit dem Säbel wie ein junger Leutnant, aber die 84 Jahre kann man deshalb nicht leugnen." Nach dem Kriegsausbruch riß ihn der moralische Befehl der Erfüllung von Amtspflichten auch mit sich. Zuerst wirkte er in der interministeriellen Kriegsüberwachungskommission, später mit der Unterstützung der ungarischen Regierung wurde er als Ziviladlatus beim Militärgouvernement in das besetzte Serbien beordert. Als er nach der Bestattung Franz Josephs wieder nach Serbien zurückkehren wollte, kam er bei einem schweren Zugsunglück in der Nähe von Budapest ums Leben. Seine persönliche Tragödie symbolisiert auch das Schicksal einer untergehenden Epoche.

BIBLIOGRAPHIE:
Burián, Graf Stephan, *Drei Jahre aus der Zeit meiner Amtsführung im Kriege*, Berlin, 1923.
Báró Burián István Naplói 1907-1922, Bp, 1999.
Diószegi István, *Außenminister Stephan Graf Burián. Biographie und Tagebuchstelle*, In Annales Universitatis Scientiarum Budapestiensis de Rolando Eötvös Nominatae. Sectio Historica, Tomus VIII., Bp, 1966, 161-208.
Glatz Ferenc, *Ungarische Historiker - Historiker der Habsburgermonarchie*, In Gesellschaft, Politik und Verwaltung der Habsburgermonarchie, 1830-1918, Hrsg. Ferenc Glatz und Ralph Melville, Bp, 1987, 1-21.

Kraljačić, Tomislav, *Kalajev režim u Bosni Hercegovini 1882-1903*, Sarajevo, 1987.
Ress Imre, *A közös minisztériumok szerepe a magyar államéletben 1867-1900*, In Limes, 10, 1998, 1, 21-33.
Ress Imre, *Kállay Béni bosnyák nemzetteremtési kísérlete*, In Limes 12, 2000, 2-3, 277-286.
Somogyi Éva, *Der gemeinsame Ministerrat der österreichisch-ungarischen Monarchie, 1867-1906*, Wien/Köln/Weimar, 1996.

TIBOR BALLA–FERENC POLLMANN

Franz Josephs ungarische Soldaten

Die Landstreitkräfte der durch den Ausgleich im Jahre 1867 entstandenen Donaumonarchie waren in drei Teilen gespalten. Der Hauptteil, die nach der Mobilisierung und Auffüllung gleich einsetzbare erste Linie, bestand aus dem kaiserlich-königlichen Kollektivheer, das aus dem ganzen Gebiet des Reiches ergänzt wurde. Die zweite Linie bildeten die ungarische königliche Landwehr und die ihren Nachschub aus Cisleithanien erhaltende kaiserlich-königliche Landwehr. Die dritte Linie machte das ausschließlich im Falle eines Krieges aufgestellte und nur zur Ersetzung der Verluste dienende Aufgebot aus. Die andere Komponente der gemeinsamen Streitmacht, die kaiserlich-königliche Kriegsflotte, war auch in Hinblick auf den italienischen Rivalen als schwach zu bezeichnen und nur zur Verteidigung der Küstengebiete des Reiches fähig.

Als oberster Kriegsherr beharrte Franz Joseph auf der Einheit des Heeres, dessen Kommando und interne Organisation das fürstliche Recht des Herrschers blieben. Er selbst war mit seinem Heer quasi verschmolzen, was er auch dadurch zum Ausdruck brachte, daß er bei fast allen offiziellen Anlässen Uniform trug. Das Heer war nicht in einen ungarischen und österreichischen Teil gegliedert – obwohl das der Wunsch zahlreicher ungarischer Politiker war –, sondern es wurde zu einer Streitmacht des gesamten Reiches, die über den Nationen stand. Für die einheitliche Leitung des Kriegswesens sorgten ein gemeinsamer Kriegsminister, der Oberintendant des Heeres, der Hauptmann der von 1867 an bestehenden Militärkanzlei des Herrschers, der Chef des Generalstabes sowie die einheitliche Generalität. Die Verwaltung der einzelnen Waffengattungen und Dienstbranchen oblag Generalinspektoren. Auf Grund der Anordnungen des im Jahre 1868 verabschiedeten Wehrkraftgesetzes (in Ungarn des Gesetzartikels XL/1868) wurde die allgemeine Wehrpflicht eingeführt, wobei die tatsächliche Dienstzeit der Soldaten auf drei Jahre festgelegt war. All das bezweckte den Aufbau einer den Anforderungen der Zeit entsprechenden Massenarmee von hohem Personalbestand. Im kaiserlich-königlichen Heer waren alle Waffen- und Truppengattungen vertreten: die Infanterie (als Hauptwaffengattung), die Kavallerie, die Feld- und Festungsartillerie, die technischen Truppeneinheiten, die Etappe sowie die Transport- und Sanitätstruppen. Von dem für zehn Jahre vorhinein festgelegten Jungmannbestand von 95.400 Mann stellte Ungarn jedes Jahr 40.000 Mann. Annähernd 80% der Jungmänner rückten zum Heer ein, der Rest verteilte sich gleichmäßig auf die österreichische und ungarische Landwehr, die anfänglich nur über eine Infanterie und Kavallerie, später, ab 1908 bzw. 1913 auch über eine Artillerie, verfügte.

Die Anzahl der effektiv im Dienst stehenden gemeinen Männer stieg zwischen 1872 und 1910 vom 290.500 auf 327.600 Mann. Von 1882 an rekrutierten die Regimenter ihre Jungmänner aus einem genau festgelegten Gebiet. Auch bei der Dienstzuteilung der Kommandoabteilungen und Truppen des Heers galt das Regionalprinzip. Die aus Österreich und aus Ungarn stammenden Soldaten wurden bei der Einteilung in Regimenter nicht vermischt. Ein großer Teil der aus ungarischen Soldaten bestehenden Regimenter (1880 waren es 80%, später noch mehr) war in Ungarn stationiert. Zugleich war es aber keinem einzigen österreichischen Regiment gestattet, sich ständig auf ungarischem Gebiet aufzuhalten. Sechs von den vierzehn, später sechzehn Armeekorps waren in den Ländern der Ungarischen Krone stationiert.

Im Jahre 1869 wurde mehr als die Hälfte der Infanterieregimenter, zwei Feldjägerbataillone, alle vierzehn Husarenregimenter, zwei Ulanenregimenter sowie ein Viertel der Feld- und Festungsartillerie aus ungarischen Gebieten ergänzt. Dagegen wurden bei den technischen Einheiten sowie den Bahn- und Sanitätstruppen ungarische Soldaten zusammen mit Rekruten aus anderen Gebieten des Reiches eingeteilt.

Zwischen 1868 und 1914 wurden 8 Millionen Mann gemustert. Davon dienten tatsächlich 4 Millionen drei – ab 1912 zwei – Jahre lang im Kollektivheer, die übrigen bei der Kriegsmarine bzw. in der ungarischen königlichen Landwehr. Zwei Drittel der 3 Millionen Ersatzreservisten wurde im Heer und ein Drittel in der Landwehr für acht Wochen ausgebildet und anschließend gleich beurlaubt.

Die ungarischen Regierungen strebten eine Verstärkung der als nationale Streitmacht angesehenen Landwehr auf Kosten des Kollektivheers an. Das kaiserlich-königliche deutschsprachige und österreichisch gesinnte Heer wurde nach der Jahrhundertwende erst recht zum Zielpunkt der Attacken der parlamentarischen Opposition. Die ungarische öffentliche Meinung hegte dem Kollektivheer gegenüber ebenfalls negative Gefühle. Die ungarischen Ministerpräsidenten versuchten ab den 1890er Jahren in Bezug auf die Unterstützung des Kollektivheeres, Wien verschiedene Zugeständnisse abzuringen. Als Resultat dieser Bestrebung erlaubte der Monarch beispielsweise 1903 den ungarischen Offizieren, sich zu ungarischen Regimentern versetzen zu lassen. 1904 erreichte die ungarische Regierung, daß an der Militärakademie in Wiener Neustadt der Unterricht der ungarischen Sprache verbindlich eingeführt wurde und in den Militärschulen des Kollektivheers in Ungarn zahlreiche Fächer obligatorisch in ungarischer Sprache unterrichtet wurden.

Ungarischer Kriegsminister Baron Samu Hazai
(Magyar Nemzeti Múzeum)

In Österreich–Ungarn war das Heer die größte zusammenhaltende Kraft. Darin war das Offizierskorps dasjenige Element, das den Geist des Gesamtreiches am ehesten verkörperte. Charakteristisch für die Offiziere war ihre uneingeschränkte Treue gegenüber dem Monarchen und der Monarchie. Im Jahre 1868 wurde durch die Einführung des Einjährigen-Freiwilligenrechtes auch für den Fall eines Krieges der Bedarf an Reserveoffizieren gesichert. Ansehen und fachliche Bildung der Offiziere im Kollektivheer waren größer als bei ihren Kameraden in den zwei Landwehren, gleichzeitig wurde ihnen hier ein schnellerer Aufstieg auf der Karriereleiter garantiert. (Zum Ausgleich dafür wurden bei Beförderungen im Heer Offiziere ungarischer Abstammung bevorzugt, außerdem wurden ihnen günstigere Karrieremöglichkeiten geboten.)

In den Jahren 1911–1912 waren 22% der Offiziersanwärter des Heeres ungarischer Abstammung, während die Bevölkerung Ungarns nicht einmal ein Fünftel der Gesamtpopulation der Monarchie ausmachte. Die Anwärter wurden auf verschiedene Militärschulen verteilt. An der Militärakademie in Wiener Neustadt waren schon seit langem unverhältnismäßig viele ungarische Offiziere für die Kavallerie ausgebildet worden, andererseits gab es überhaupt keine Ungarn an den Artillerie- bzw. an anderen technischen Schulen. Der Anteil der Ungarn im berufsmäßigen Offizierskorps betrug im Jahre 1869 20%, im Generalstab 19%, bei der Kavallerie 37%, bei der Infanterie 24% und bei den Bahntruppen 15%. 1910 lag der Anteil berufsmäßiger Offiziere knapp über 9%, der der deutschen Offiziere dagegen annähernd bei 80%. Gleichzeitig waren 24% der Reserveoffiziere des Heeres Ungarn, 1869 waren es nur 23% gewesen.

1910 waren insgesamt 23% der Soldaten (Aktive und Reservisten) des Heeres ungarischer Abstammung, und damit stand Ungarn hinter den deutschen (25%) auf dem zweiten Platz. Bei der Kavallerie dienten vergleichsweise sehr viele Ungarn (ein Drittel der Kavalleristen), zugleich war Ungarn auch beim Bahndienst in hohem Maße überrepräsentiert (ebenfalls ein Drittel). Am kleinsten war der Anteil ungarischer Soldaten bei den Feldjägern (7%) und bei der Festungsartillerie (14%).

Das Heer der multinationalen Donaumonarchie bediente sich aus praktischen Überlegungen des Deutschen als Dienstsprache. Die ausgemusterten Schützen sprachen nämlich insgesamt zehn größere und noch ein Dutzend kleinerer Sprachen. In der Ausbildung und allgemeinen Kommunikation innerhalb des Regiments wurde die von einem Fünftel der gemeinen Männern gesprochene Regimentssprache verwendet. Natürlich konnte es auch bei den ungarischen Regimentern mehrere Regimentssprachen geben, wenn etwa in der Truppeneinheit Slowaken, Rumänen, oder Südslawen dienten.

Das Kollektivheer wurde erstmals zwei Jahre nach dem Ausgleich eingesetzt. Die Einwohner des Krivosije-Gebiets in Süddalmatien erhoben sich gegen die Einführung der allgemeinen Wehrpflicht und zur Verteidigung ihrer traditionellen Waffenrechte. Im September 1869 brach unter den Unzufriedenen ein bewaffneter Aufstand aus. Im darauffolgenden Monat wurde zur Unterdrückung des Aufstandes eine Expeditionsdivision von 7.000 Mann (ein Drittel von ihnen bestand aus den in Dalmatien stationierten ungarischen Regimentern) geschickt. Ab Anfang Oktober leistete ein Bataillon des 44. Infanterieregiments aus Kaposvár unter der Führung von Hauptmann József Szűcs in der Gegend von Ledenice standhaft Gegenwehr. In den darauffolgenden Wochen schlossen sich auch die Bataillone des 48. Kanizsaer und des 52. Pécser Infanterieregiments den Kriegsoperationen an, denen nur der Wintereinbruch ein Ende setzte. Schließlich traf Generalleutnant Gabriel Rodich, der Statthalter der Provinz, ein Abkommen mit den kaum mehr als tausend Rebellen, und ihnen wurde vorübergehend gewährt, worum sie gekämpft hatten.

Zur ersten größeren Kraftprobe des österreichisch-ungarischen Kollektivheeres kam es erst im Jahre 1878. Der Berliner Kongreß der Großmächte bevollmächtigte im Juli die Monarchie, Bosnien-Herzegowina, das noch ein Teil des Osmanischen Reiches war, zu okkupieren und militärisch zu besetzen.

Am Feldzug nahmen insgesamt 270.000 österreichisch-ungarische Soldaten teil. Gegen die aus lokalen Einwohnern rekrutierten moslemischen Rebellentruppen und die an ihrer Seite kämpfenden türkischen Armee-Einheiten wurde ein ganzes Heer mobilisiert. Der Sieg über den sowohl personell (ca. 90.000 Mann) als auch ausrüstungsmäßig unterlegenen Feind brachte aber auch die Unzulänglichkeiten des Kollektivheers zum Vorschein. Zwei Drittel der an der Okkupation beteiligten Infanterieregimenter, vier Fünftel der Kavallerieregimenter, annähernd zwei Drittel der technischen Truppen und die meisten Pferde stammten aus Ungarn. Die ungarischen Regimenter nahmen an allen wichtigeren Schlachten teil, wodurch auch verständlich wird, warum mehr als die Hälfte der 5.000 Mann betragenden Verluste auf diese entfiel.

Das von Feldzeugmeister Josef von Philippović geführte, in Bosnien vordringende XIII. Armeekorps beinhaltete mehrere ungarischen Regimenter, wie etwa das 38. Infanterieregiment aus Kescskemét, das 39. aus Debrecen, das 46. aus Szeged, das 52. aus Pécs, das 53. aus Zágráb und das 61. aus Temesvár. Das 7. Kavallerieregiment aus Pécs wurde zur Aufklärungskavallerie, die der Befehlsstelle des Armeekorps unterstellt war, eingeteilt. Zu den ersten Opfern gehörte die fünfte Kompanie der 7er Husaren unter der Führung von Hauptmann István Paczóna, die von den Rebellen bei Maglaj in eine Falle gelockt wurden. Die Kompanie verlor zwei Offiziere und 45 Mann. Bei der Einnahme von Sarajevo am 19. August lieferten die ungarischen 38., 46. und 52. Infanterieregimenter einen heldenhaften Kampf.

Das unter der Führung von Stephan von Jovanović stehende 18. Armeekorps, zu dem auch das 32. Infanterieregiment aus Budapest und das 69. aus Székesfehérvár gehörten, besetzte die Herzegowina. In den Kämpfen um die Garnison bei Stolac zeichneten sich besonders die Soldaten des 32. Infanterieregimentes aus.

Die von Generalleutnant József Vécsey geführte 1. Division – mit dem 37. Infanterieregiment aus Nagyvárad und dem 38. aus Kecskemét sowie dem 7. Kavallerieregiment – schlug schließlich am 4. Oktober bei Senković und Bandin/Odžiak die Hauptmacht der Rebellen. Der Führer des Aufstandes, Hadzsi Loja, der während der Okkupation von Sarajevo verwundet worden war, wurde von der 5. Kompanie des 37. Infanterieregiments am 2. Oktober gefangengenommen. Unter den Kommandeuren zeichneten sich Generalleutnant Graf László Szapáry aus, der die 20. Division und später das III. Armeekorps kommandierte, General-

Miklós Horthy und seine Gattin in ihrer Wiener Wohnung, zwischen 1909-1914 (Magyar Nemzeti Múzeum)

major László Nagy, der als Kommandant der 20. Brigade in den Schlachten bei Trebinje kämpfte, sowie Generalmajor István Csikós, der als Kommandant der Reservebrigade der militärischen Befehlsstelle bei Zára während der Okkupation von Limno sein Feldherrntalent unter Beweis stellen konnte. Selbstverständlich vollbrachten auch zahlreiche Mitglieder der Truppe hervorragende Waffentaten.

Die durch zahlreiche Gesetze regulierte österreichisch-ungarische Herrschaft, die das türkische System ablöste, löste unter den Einwohnern der okkupierten Gebiete (vor allem weil ihnen das Wehrpflichtgesetz aufgezwungen wurde) eine große Unzufriedenheit aus. Die Spannungen entluden sich im Januar 1882 in einem sich auf die Herzegowina, Dalmatien und Bosnien erstreckenden bewaffneten Aufstand, dessen zentraler Herd im dalmatinischen Krivosije lag. Die Kriegsleitung fuhr mit einer richtigen Streitkraft auf. Fast die Hälfte des zur Unterdrückung der Rebellen bestimmten Armeekorps bestand aus ungarischen Abteilungen: unter anderen waren sieben ungarische Infanterieregimenter – das 12. aus Komárom, das 43. aus Karánsebes, das 51. aus Gyulafehérvár, das 62. aus Marosvásárhely, das 66. aus Ungvár, das 67. aus Eperjes und das 71. aus Trencsén —, sowie das 24. Feldjägerbataillon aus Budapest an den Kämpfen beteiligt. Die Tatsache, daß die regulären Truppen den Sieg gegen schwach ausgerüstete Rebellen, die eher einen Guerillakrieg führten, erst ein halbes Jahr später nach erbitterten Kämpfen erringen konnten, ist allerdings bemerkenswert.

Das Heer des dualistischen Staates hatte vor dem Ausbruch des Ersten Weltkrieges keine weitere Gelegenheit an Kriegsoperationen teilzunehmen. Von den letzten Jahren des 19. Jahrhunderts bis hin zum Ersten Weltkrieg gab es in zahlreichen Gegenden der Welt mehrere lokale Kriege und Aktionen, wo Friedenstruppen der europäischen Großmächte einheitlich auftreten mußten, sowie militärisch-politische Krisen, die sich zu einem Kriegskonflikt auszuweiten drohten. Das Heer der Monarchie war auch von diesen Krisen mehr oder weniger betroffen bzw. in irgendeiner Form an diesen beteiligt.

Im Zeitalter des Dualismus war die österreichisch-ungarische Streitmacht – und dadurch die ungarischen Soldaten – an zwei internationalen Friedensunternehmen beteiligt. Während der Kreta-Krise in den Jahren 1897–1898 war die Donaumonarchie mit dem Kreuzer KAISERIN UND KÖNIGIN MARIA THERESIA und mit dem Torpedozerstörer SEBENICO an der Blockade der Insel beteiligt und versah mit einer Marinekompanie von 360 Mann sowie mit dem aus Cilli ergänzten II. Triester Bataillon des 87. gemeinsamen Infanterieregiments in der Stärke von 700 Mann auf dem Land polizeiliche Aufgaben.

Während der im Balkankrieg entfesselten Skutari-Krise nahmen an der internationalen Blockade vor der Küste von Montenegro und Nordalbanien sieben kleinere und größere Flotteneinheiten der Monarchie teil.

Bei der Okkupation von Skutari und der angrenzenden Region zwischen Mai 1913 und August 1914 beteiligte sich die Monarchie zuerst mit einer Marineabteilung von 300 Mann und später mit dem 500 Mann starken 4. Bataillon aus Pola des aus Cilli rekrutierten 87. Infanterieregiments.

Das Heer der Donaumonarchie wurde zweimal in größerem Ausmaß mobilisiert. Zuerst wurde ein Teil der Truppen 1908 während der Annexionskrise gegen Serbien, später während der Skutari-Krise am 3. Mai 1913 gegen Montenegro in Alarmbereitschaft versetzt.

Österreich-Ungarn schloß sich auch bei der Unterdrückung des Boxer-Aufstandes in China den Streitkräften der anderen Großmächte mit einer Marineabteilung von ca. 500 Mann an, die mit Kriegsschiffen an die Küste transportiert wurden. Die Abteilung, die am 19. September 1900 bei der Besetzung der Festung von Peitang vom Kreuzer KAISERIN UND KÖNIGIN MARIA THERESIA an Land abgesetzt wurde, stand unter der Führung des Linienschiff-Flaggenleutnants György Demeter. Unter seiner Befehlsgewalt stand auch der Kreuzer ASPERN mit 10 Mann unter der Führung des Seekadetten Lajos Pap. Pap und einige Matrosen traten während des Kampfes auf eine Mine und kamen dabei ums Leben.

Im englisch-burischen Krieg zwischen 1899-1902 kämpften 14 ungarische Freiwillige auf seiten der Buren. Einige von ihnen, z. B. Baron Félix Luzsénszky, Vilmos Simon und Lajos Szigethy, waren früher aktive Offiziere des Kollektivheers gewesen.

An den größten lokalen Kriegen nach der Jahrhundertwende nahmen ungarische Offiziere als offizielle Beobachter bzw. als Kriegsattachés teil, wie z. B. Oberstleutnant Miksa Csicserics und Landwehrhauptmann Sándor Spaits am russisch- japanischen Krieg (1904-05) sowie Oberleutnant der Reserve Herzog Lajos Windischgraetz und Oberstleutnant Gábor Tánczos an den zwei Balkankriegen (1912-13). Bedauerlicherweise schenkte die Wiener Kriegsleitung ihren auf den Schlachtfeldern gesammelten Erfahrungen sowie den daraus gezogenen und in Aufzeichnungen dargelegten Schlüssen kaum Beachtung. Das war unter anderem Ursache dafür, daß das Kollektivheer 1914 auf den Weltkrieg nicht entsprechend vorbereitet war. Anfang August 1914 waren sieben Achtel der Streitkräfte im Kollektivheer konzentriert, beinahe die Hälfte des Personalbestandes stammte aus Ungarn. Die einheitliche Kriegsführung gewährleisteten das Oberkommando des Heeres und die einzelnen Armee- und Armeekorpsbefehlsstellen, denen auch die Truppeneinheiten der zwei Landwehren zugeteilt wurden. Sechs von 16 Armeekorps, 12 der 33 Infanteriedivisionen sowie vier der neun Kavalleriedivisionen des kaiserlich-königlichen Heeres setzten sich aus ungarischen Rekruten zusammen. Von den Rahmenverbänden bezogen 47 Infanterieregimenter, 8 Feldjägerbataillone, 16 Husaren-, 2 Ulanen-, 18 Feldartillerie-, 6 Feldhaubitzeregimenter, 4 Artillerieabteilungen, 6 Schwerfeldhaubitzeabteilungen, 5 Bergartillerie-, 2 Festungsartillerieregimenter, 3 selbständige Festungsartillerie-, 6 Sappeur-, 3 Pionierbataillone, 6 Bahndivisionen und 8 Sanitätstruppen ihre Ergänzung aus ungarischen Gebieten. Darüber hinaus wurden auch zum Bahn- und Telegraphenregiment, zu den Luftfahrteinheiten und den motorisierten Truppen ungarische Besatzungen eingeteilt.

Der Personalbestand des Kollektivheeres in Friedenszeit stieg zwischen 1868-1914 von 260.000 auf 500.000 Mann, sein Kriegsbestand von 800.000 auf anderthalb Millionen Mann. Zu Beginn der Epoche bildete des Kollektivheer neun Zehntel der Bodenstreitkräfte, den Rest stellten die Abteilungen der beiden Landwehren.

Nach der Mobilmachung gehörten den Streitkräften der Monarchie insgesamt 52 Infanterie- und 11 Kavalleriearmeekorps, etwa 3 Millionen ausgebildete und 2,5 Millionen sofort zu den Waffen rufbare Personen an. Die nationale Zusammensetzung der Armeekorps war gemischt. Diese wurden sechs Armeen zugeteilt. Außerdem wurden auch – neben acht österreichischen – sechs ungarische Landsturmannbrigaden und mehrere Marschabteilungen organisiert.

Im Sommer 1914 wurde das Kollektivheer der Monarchie mit der größten Herausforderung seiner Geschichte konfrontiert. Am 28. Juni fielen der österreichisch-ungarische Thronfolger und seine Frau einem Attentat zum Opfer und die verantwortlichen Entscheidungsträger des dualistischen Reiches wollten diese Gelegenheit nutzen, den mit Serbien seit langem schwelenden Konflikt mit Hilfe eines Waffenganges ein für allemal aus der Welt zu schaffen. Der Krieg gegen den südlichen Nachbarn veranlaßte aber Rußland, den wichtigsten Patron des Königreichs an der Save, zum Einschreiten, was seinerseits den Eintritt von Deutschland, Frankreich und England in den Krieg nach sich zog. Der Erste Weltkrieg brach aus.

Die bis dahin beispiellose bewaffnete Auseinandersetzung begann für die Monarchie unter sehr ungünstigen Umständen: Ihre früheren Alliierten Italien und Rumänien ließen sie im Stich, was unter anderem auch die Ursache dafür war, daß das österreichisch- ungarische Heer fast überall gegen einen sich in der Überzahl befindlichen Gegner kämpfen mußte. Die technische Ausrüstung des Heeres war den Herausforderungen des Zeitalters in vielerlei Hinsicht nicht gewachsen, die Monarchie blieb in diesem Bereich weit hinter ihren Rivalen zurück. Tatsache ist, daß unter den kriegführenden Mächten Österreich-Ungarn die geringsten Verteidigungsausgaben aufwies, sowohl absolut gesehen, als auch gemessen am Anteil seines Bruttonationalproduktes. Jetzt aber war es die bei der

52/12

Finanzierung nötiger Entwicklungen und Modernisierungen traditionell geizige Politik, die den Streitkräften eine unverhältnismäßig große Aufgabe auferlegte.

Es war eine offene Frage, inwiefern das multinationale Heer, das über keine Kriegserfahrungen verfügte und seine Einsatzbereitschaft nur bei jährlichen Kriegsmanövern auf die Probe gestellt hatte, zur Erfüllung dieser Aufgabe fähig sein würde. Den Entscheidungsträgern bereiteten nicht so sehr die finanziell-technischen Mängel das meiste Kopfzerbrechen, sondern die Erhaltung der Einheit und Wehrbereitschaft der bewaffneten Truppe, die aus fast einem Dutzend verschiedener Ethnien des Reiches zusammengewürfelt war. Im Falle der von der dualistischen Lösung Benachteiligten war es kaum zu erwarten, daß sie für den Erhalt des Habsburgerstaates begeistert kämpfen würden. In dieser Hinsicht war die Zuverlässigkeit der Ungarn selbstverständlich nicht anzuzweifeln. Im Verlauf des Krieges erwies es sich aber, daß das Heer der Monarchie – entgegen den früheren Besorgnissen und den von den Gegnern vergebens gehegten scheelen Erwartungen – einheitlich und von einigen Ausnahmen abgesehen standhaft blieb. Wäre das Reich tatsächlich jenes "Gefängnis der Völker", wie es die an der Auflösung interessierte Propaganda bezeichnete, gewesen, so wäre die Einheit seiner Streitkräfte im Würgegriff des viereinhalb Jahre dauernden Kampfes nicht aufrechtzuerhalten gewesen.

Wie kann man aber die Standhaftigkeit der ungarischen Soldaten im Ersten Weltkrieg nachvollziehen? Bei ihrer Würdigung stoßen wir unvermeidlich auf ein Problem, das dem komplizierten Aufbau des monarchischen Heeres entspringt, daß die Streitkräfte nämlich nicht (oder zumindest nicht einfach) in ungarische und nicht-ungarische Truppen gesondert werden können. Das Habsburgerreich war ein multinationales Reich – das gleiche galt aber auch für Ungarn, d.h. Transleithanien, das ein integrierter Teil des dualistischen Staates war. In den Ländern der ungarischen Krone betrug bei Ausbruch des Ersten Weltkrieges der Anteil der ungarischen Nationalität knapp über 50%. Das wurde auch aus der Verteilung der Nationalitäten im Personalbestand der Regimenter ersichtlich. Zwar wurden 47 der k. u. k. Infanterieregimenter aus ungarischen Gebieten ergänzt, jedoch nur in 15 von ihnen erreichte der Anteil der Ungarn 75%. Selbst wenn man jene Regimenter, in denen 90% der Besatzung ungarischer Abstammung waren – hundertprozentig ungarische Regimenter gab es ja nicht – als rein ungarische Regimenter betrachtet, so finden sich davon insgesamt nur acht – das 19. aus Györ, das 32. aus Budapest, das 34. aus Kassa, das 38. aus Kecskemét, das 39. aus Debrecen, das 60. aus Eger und das 69. aus Székesfehérvár rekrutierte k. u. k. Infanterieregiment —, die diese strengen Kriterien erfüllten. Man könnte meinen, daß bei der Landwehr die Lage viel günstiger war. Und in der Tat erreichte bei ungefähr einem Drittel, nämlich 11 der insgesamt 32 Landwehrinfanterieregimenter der Anteil der Ungarn 75%, aber auch hier verdienen lediglich acht Infanterieregimenter – das 1. aus Budapest, das 3. aus Debrecen, das 9. aus Kassa, das 10. aus Miskolc, das 17. aus Székesfehérvár, das 29. und 30. aus Budapest sowie das 31. aus Veszprém – das Attribut "rein ungarisch".

Was die anderen Waffengattungen anbelangt, so stach die Dominanz der Ungarn innerhalb der Kavallerie, die traditionell als unseren Vorfahren nahestehend betrachtet wurde, besonders bei den gemeinsamen Husarenregimentern ins Auge: in 12 von den 16 k. u. k. Husarenregimentern erreichte ihr Anteil 75%, und nicht weniger als neun Husarenregimenter konnten als rein ungarisch betrachtet werden. Zugleich ist aber bemerkenswert, daß unter den zehn Landwehr-Husarenregimentern nur drei – das 1. aus Budapest, das 2. aus Debrecen und das 5. aus Kassa – dieses Kriterium erfüllten, und gleichzeitig nur in zwei weiteren – dem 2. aus Szeged und dem 4. aus Szabadka – laut Statistik mehr als 75% der Besatzung ungarischer Abstammung war. Bei den *Artillerieformationen*, den technischen Einheiten und den Bahntruppen findet man – wenn überhaupt – nur hier und da einzelne Truppenteile mit überwiegend ungarischer Nationalität.

Hieraus folgt, daß die ungarischen Soldaten – obwohl während des Krieges die Zahl der ungarischen Regimenter sowohl im Kollektivheer, als auch bei der Landwehr wesentlich gestiegen ist – *zusammen* mit Vertretern anderer Nationalitäten gekämpft haben. Es ist also angebracht und gerecht, wenn aus der Ehre, die man ihnen mit gutem Recht erweist, etwas auch für ihre Kameraden nicht-ungarischer Abstammung übrigbleibt. Meistens verdiente die Leistung der ungarischen Einheiten große Anerkennung. Die Standhaftigkeit im Weltkrieg kann natürlich unter mehreren Gesichtspunkten bewertet werden. Manchmal werden Konsequenzen aus der Proportion der Verluste gezogen: wenn eine Ethnie auf den Schlachtfeldern mehr Soldaten verloren hat, oder die Soldaten dieser Ethnie in größerer Anzahl verwundet wurden, dann dürften die Söhne dieser Nationalität sicherlich tapferer und standhafter gekämpft haben. Ungarn stünde unter den Völkern des Reiches auch hinsichtlich dieses Blutzolls an würdiger Stelle. Berechnungen zufolge sind von 1000 ungarischen Soldaten 28 auf den Schlachtfeldern geblieben. Daten dieser Art können aber kaum ein wahrheitsgetreues Bild von der Qualität der militärischen Tugenden vermitteln. Können etwa die Mühen der Standhaftigkeit der an verschiedenen Kriegsschauplätzen kämpfenden Soldaten miteinander verglichen werden? War es in der Hölle von Doberdó schwieriger zu kämpfen als in Albanien auszuhalten, wo es angeblich friedlicher zuging, dafür mit Malaria infiziert, häufig bis zum Hals im Sumpf steckend? Die Ungarn haben an beiden Stellen gut bestanden ebenso an der serbischen Front, in Galizien, bei der Verteidigung von Siebenbürgen oder entlang der Piave. Ihre Ausdauer und Disziplin wurden im allgemeinen auch von Politikern und Feldherren, die sonst keine große Sympathie für die – wie es hieß – "rebellischen Ungarn" hegten, anerkennend gewürdigt.

Standhaftigkeit pflegt man häufig im Zusammenhang mit Kriegserfolgen zu charakterisieren. Wegen der bereits erwähnten komplizierten Struktur des Heeres finden wir keine ausdrücklich "ungarischen" Siege in der Kriegsgeschichte des Weltkrieges. Die Schlacht bei Lomanowa im Dezember 1914 sollte jedoch hervorgehoben werden, an deren Erfolg den ungarischen Soldaten – insbesondere den Husaren – eine unbestritten entscheidende Rolle zukam: Sie kämpften mit übermenschlicher Bravour, nicht einmal in den häufigen Handgefechten waren sie zu schlagen, obwohl ihre Rüstung für einen Nahkampf überhaupt nicht geeignet war. Da sie kein Bajonett hatten, kämpften sie mit dem Griff ihrer Karabiner, mit der Tritten ihrer Stiefel und mit allen möglichen Gelegenheitswaffen, häufig auch mit bloßen Händen. Der Kommandant der Truppe, Oberst Ottmár Muhr, erlitt bei diesen Kämpfen tödliche Verletzungen.

An den siegreichen Kriegsoperationen haben selbstverständlich auch ungarische Truppen überall zusammen mit den Soldaten anderer Nationen des Reiches teilgenommen. Viele der ungarischen Truppen sind in den offiziellen Kriegsberichten des Generalkommandos belobigt worden. Das 39. Infanterieregiment aus Debrecen wurde dabei besonders anerkennend erwähnt.

Es wäre aber ungerecht, wenn man die Standhaftigkeit unserer Landsturmmanntruppen, die für die zweite Linie der Landesverteidigung gedacht waren, ohne Erwähnung ließe. Diese Männer, die meistens auch eine Familie hatten und in erster Linie nicht für den Einsatz auf dem Schlachtfeld mobilisiert und dementsprechend schon von vornherein schlechter ausgerüstet worden waren, gerieten wegen der hohen Verluste des Heeres immer häufiger in die Feuerlinie. Sie haben trotz allem tapfer gekämpft und den Mangel an Technik und Material – wo nur immer möglich – durch Entschlossenheit und Lebenserfahrung ausgeglichen. Abschließend sollen sich auch jene Offiziere erwähnt werden, die unsere Soldaten geführt haben. Nach einem verlorenen Krieg ist es verständlich – wenn auch ungerecht –, daß im allgemeinen die eher weniger erfolgreichen Feldherren Erwähnung finden. Ein ungarischer General hatte wohl kaum Möglichkeit, sich mit einem unvergänglichen Kriegserfolg in die Geschichte einzuschreiben. Die heutigen Gymnasialschüler können aber nicht einmal die Namen mehr oder weniger erfolgreicher Offiziere kennenlernen, denn auf in den Geschichtsbüchern fehlen die Namen der ungarischen Kommandeure, obgleich einige von ihnen es verdient hätten – wenn auch nur deswegen, weil sie mit allen Mitteln versuchten, für das Wohl ihrer Soldaten zu sorgen, wie etwa Sándor Szurmay. Wieder andere, wie Károly Tersztyánszky, sollten deshalb nicht in Vergessenheit geraten, weil sie durch ihr grausames Verhalten und durch die sinnlose Opferung ihrer eigenen Truppen häufig mindestens so großen, – ja wenn nicht größeren – Schaden angerichtet haben, wie der Feind selbst.

Das Heer der Monarchie wurde im Herbst 1918 – mit dem Zerfall des Reiches – aufgelöst. Viele Soldaten waren schon des Kämpfens müde. Zahlreiche ungarische Truppen wären jedoch noch bereit gewesen, weiterzukämpfen, wenn auch nicht für die Verteidigung des ehemaligen Reiches, sondern zum Schutze der Grenzen ihres eigenen Heimatlandes. Dazu hatten sie damals keine Möglichkeit, denn aufgrund einer Entscheidung mit schwerwiegenden Folgen blieb Ungarn ohne eigenes Heer. Bis heute bleibt bestritten, ob man den auf Territorialgewinn ausgerichteten Bestrebungen der Nachbarn mit Waffen hätte Einhalt gebieten können. Heutzutage neigen immer mehr Menschen dazu, diese Frage mit einem eindeutigen "Ja" zu beantworten.

LÁSZLÓ SZÖGI

Der Universitätsbesuch der Ungarn von den Anfängen bis 1918

In der Geschichte der ungarischen Hochschulbildung stellt die Erforschung des Universitätsbesuches der Ungarn im Ausland ein besonders bedeutendes Kapitel dar. Halten wir uns die allgemeine bekannte Tatsache vor Augen, daß sich die Universitätsgründungen vor Mohács als nicht von Dauer erwiesen, wird dieser Umgang erst eigentlich verständlich. Für die wißbegierige geistliche und weltliche Intelligenz gab es vor dem 17. Jahrhundert überhaupt keine Möglichkeit, in Ungarn wissenschaftliche Qualifikationen zu erwerben. Gemäß der ersten bekannten Angaben werden Studenten aus Pannonien erstmals an der Hochschule des Kapitels der französischen Stadt Laon im Jahre 1117 erwähnt, und seit damals finden sich Ungarn an allen wichtigen west- und südeuropäischen Universitäten, von Bologna bis Paris ebenso wie von Oxford bis Padua. Im 14. Jahrhundert kam es in Prag zur Gründung der ersten mitteleuropäischen Universität und diesem Beispiel folgten später Krakau, Wien und Pécs in Ungarn. All das erhöhte wesentlich die Lernmöglichkeiten der ungarischen Studenten, denn von dieser Zeit an mußten sie nicht mehr durch halb Europa reisen, um eine Universität zu erreichen. Es ist kein Zufall, daß anfangs Prag und dann ab dem 15. Jahrhundert Wien und Krakau Hunderte von ungarischen Studenten anzogen. Ab der Mitte des 16. Jahrhunderts nahm die Bedeutung dieser Universitäten ab, denn trotz der gemeinsamen Staatlichkeit, versuchten die ungarischen und transsilvanischen protestantischen Studenten natürlich an deutsche, später schweizerische, holländische und englische Universitäten zu gelangen. Das Interesse für Wien nahm im 17. Jahrhundert erneut zu, bis die Universität dann im 18. und 19. Jahrhundert zur wichtigsten ausländischen Universität für ungarische Studenten wurde, woran sich auch bis zum Ende der Monarchie nichts ändern sollte. Aufgrund der Forschungen und Quellenausgaben des 19./20. Jahrhunderts sowie aktueller Forschungen stehen uns über ziemlich präzise Angaben über die in Wien studierenden Ungarn zur Verfügung. Die einzige Periode, deren Erforschung noch nicht abgeschlossen ist, stellt die Zeit zwischen 1851 und 1891 dar, aber auch für diesen Zeitabschnitt liegen ausreichend vorläufige Ergebnisse vor. Wenn im folgenden von ungarischen Studenten in Wien die Rede sein wird, so muß eingangs klargestellt werden, daß damit nicht ungarischstämmige Hörer gemeint sind, sondern alle in Ungarn geborenen, gleich zu welcher Nationalität sie auch gehörten. Im Falle der mittelalterlichen Quellen wäre es sinnlos mit dem modernen Nationalitätsbegriff zu arbeiten, denn fast alle Studenten wurden als *Hungarus* registriert und selbst Begriffe wie *Transylvanus* und *Croatus* bezogen sich auf die geographische und nicht auf die nationale Herkunft des Studierenden. Bei vielen Studenten verfügen wir über überhaupt keine Angaben hinsichtlich ihrer Herkunft, so daß wir von vielen bestenfalls erahnen können, daß sie von Ungarn nach Wien kamen.

Über die Studenten der Periode vor der Schlacht von Mohács, also vor 1526, sind wir durch die Arbeit von Karl Schrauf verhältnismäßig gut informiert, obwohl die sie betreffenden Angaben nie in einer gesonderten Monographie publiziert wurden. Von 3.133 Studenten zwischen 1377 und 1450 behauptet Schrauf, daß sie mit Sicherheit aus Ungarn (einschließlich Transsilvanien und Kroatien) kamen, und von weiteren 358 Personen vermutet er ebenfalls, daß sie ungarischer Herkunft waren.

Aufgrund der Universitätsmatrikel der *Natio Hungarica* nimmt er an, daß es in den Jahren zwischen 1453 und 1630 über 2.449 Studierende ungarischer Herkunft gab. Wenn wir davon die nach der Schlacht von Mohács inskribierten Studenten abziehen, müssen wir mit weiteren 1.881 Studenten rechnen. Insgesamt können wir also vor 1526 mit 5.014 ungarischen Studenten in Wien rechnen, was im Hinblick auf die ungarische Kulturgeschichte eine beachtliche Zahl darstellt. Es ist offensichtlich, daß Wien in der mittelalterlichen ungarischen Universitätsmobilität die absolut erste Stelle einnahm, denn aus dem auch sehr wichtigen Krakau sind uns aus dieser Zeit (zwischen 1400 und 1500) nur 2.300 ungarische Studenten bekannt. Die anderen mittel- und westeuropäischen Universitäten blieben weit hinter den Wiener und Krakauer Angaben zurück. Für Bologna gibt es für die Zeit vor der Schlacht von Mohács nur Angaben zu 205 ungarischen Studenten. Die in Wien ausgebildeten ungarischen Studenten bekleideten sehr wichtige Stellungen im mittelalterlichen Ungarn, was an sich schon eine eigene Studie wert wäre. Zu ihnen gehören Personen wie der spätere Erzbischof von Esztergom, György Pálóczy, die ungarische geistliche Intelligenz, zahlreiche Würdenträger des Domkapitels und Mitglieder aristokratischer Familien. Diesbezüglich ist die ungarische Literatur ziemlich reichhaltig. Mindestens 10% der Studenten kam aus Kroatien oder Slawonien, und wenn ich im folgenden vergleichende Angaben bringe, so muß man diese von der Gesamtzahl der 5.014 Studenten abziehen. Wenn wir diese Zahl also um 10% vermindern, dann studierten vor Mohács immer noch ungefähr 4.500 ungarische und transsilvanische Studenten in Wien.

16/2

Die an der Wiener Universität sehr früh, nämlich 1414, gegründete ungarische akademische Nation beweist, wie außerordentlich wichtig diese Institution aus ungarischer Perspektive war. Der Schutzpatron der ungarischen Nation, unter den man auch die Studenten tschechischer, polnischer, mährischer und anderer slawischer Herkunft subsummierte, war Ladislaus der Heilige, dessen Gedenktag man immer mit einem großen Fest beging. In der ersten erhalten gebliebenen Universitätsmatrikel der ungarischen Nation ist eine wundervolle Darstellung von Ladislaus dem Heiligen zu sehen, aber auch spätere Quellen weisen eine schöne, auf Ungarn bezogene Ikonographie auf. Die ungarischen Studenten mußten wie überall so auch in Wien gemäß ihrer Einkünfte und ihrem Rang eine Einschreibegebühr zahlen. Die Wiener Gebühren waren im europäischen Vergleich etwas niedriger. Allerdings konnte ein Viertel der ungarischen Studenten ob ihrer Armut nicht einmal diese bezahlen und bat um Begünstigung. Die Einschreibung in die Universitätsmatrikel der Nation und die Erlangung eines wissenschaftlichen Grades forderten beträchtliche Summen. Aus diesem Grunde waren viele der in Wien Studierenden nicht in der Universitätsmatrikel der ungarischen Nation eingetragen. Trotzdem strebten aus allen Regionen des Landes die meisten Studenten nach Wien. Vor Mohács studierten aus dem im weiteren Sinne interpretierten Transsilvanien etwa 1.600 Personen in Wien. Einer von ihnen, der Wiener Student Egyed Zekeresi, wurde bereits 1389 Kanonikus von Várad. Aus der ersten Zeit der Universität in Buda kennen wir exakt nur einen aus Wien zurückgekehrten Studenten in der Person Johannes Horows. Aus dem in der Großen Ungarischen Tiefebene gelegenen Szeged erkoren vor Mohács die meisten Studenten (71 Personen) die Wiener Universität zum Ziel ihrer Peregrination, an allen anderen benachbarten Universitäten inskribierten sich viel weniger von ihnen.

Anschließend soll nun der Versuch unternommen werden, anhand der publizierten Angaben der Universitätsmatrikeln die ungarischen Studenten, die in der Periode zwischen der Schlacht von Mohács und der Vertreibung der Türken aus Ungarn (1526–1714) in Wien studierten, zu erfassen. In dieser Epoche sind die Universitätsmatrikeln oft unvollständig und geben keine genaue Auskünfte über den Herkunftsort. Neben den als *Hungarus* und *Transylvanus* bezeichneten Studenten, haben wir auch jene meist oberungarischen Studenten in die Untersuchung einbezogen, die als *Pannonus* oder *Slavus* bezeichnet wurden. Weiters werden auch die Theologiestudenten des Pazmaneums ihnen zugerechnet. Die mit *Croata* (Kroate) bezeichneten Studenten blieben unberücksichtigt, auch wenn einige von ihnen nicht aus Gebieten jenseits der Drau, sondern aus Transdanubien stammten. Bei einer endgültigen Darstellung sind jedoch auch diese Faktoren in Betracht zu ziehen. Während der 188 Jahre dieser Epoche können 1.535 Personen eindeutig als ungarische oder transsilvanische Studenten in Wien identifiziert werden, Kroaten nicht mitgezählt. Im Vergleich zum Mittelalter ist der Rückgang sehr groß. Dies ist nicht nur mit der Türkenherrschaft, sondern vor allem mit der Reformation erklärbar. Die vorher in so großer Anzahl anzutreffenden transsilvanischen Studenten gingen nach 1530 eher nach Deutschland, nach Wittenberg. Der Rückgang verschärfte sich zunehmend. Ließen sich in den Jahren vor Mohács noch jährlich durchschnittlich 31 Personen in Wien einschreiben, so waren es zwischen 1526 und 1569 nur noch durchschnittlich 7 pro Jahr, und auch diese Studenten kamen zunehmend aus den Städten der westungarischen Grenzgebiete.

Den Tiefpunkt ihres Wirkens erreichte die Wiener Universität in den fünf Jahrzehnten zwischen 1570 und 1620. In dieser Periode verminderte sich die durchschnittliche Gesamtzahl der Studenten bedeutend und der Anteil der Ungarn war minimal. Uns sind sieben solche Jahre bekannt, in denen wahrscheinlich kein einziger neuer ungarischer Student nach Wien kam. Der Jahresdurchschnitt lag sonst bei 3–4 Personen pro Jahr: 169 inskribierte Studenten in 50 Jahren. Nach 1620 begann auch in Wien die neue Phase der Gegenreformation. An der erstarkenden und wachsenden Universität ließen sich im nächsten Jahrhundert jährlich durchschnittlich 10–12 ungarische Studenten immatrikulieren, was ein Minimum von insgesamt 1.050 Studenten bedeutet. Hier studierten die hervorragendsten Vertreter des ungarischen katholischen Klerus und die Söhne der vornehmsten ungarischen Adelsfamilien (Esterházy, Erdődy, Széchenyi, Zichy, Balassa, Héderváry, Pálffy usw.). Gleichzeitig aber stammten die Studenten nun aus einer engeren sozialen Schicht und geographisch gesehen vorwiegend aus dem westlichen und nordwestlichen Teil des Landes.

Die friedliche Entwicklung des 18. Jahrhunderts führte auch zu einer fundamentalen Veränderung der früheren Verhältnisse der ungarischen studentischen Peregrination. Das Interesse der Ungarn und Siebenbürger für die Universität der sich konsolidierenden und prosperierenden Hauptstadt wuchs rasch. Der Hof versuchte mit eher sanften Mitteln Einfluß auf den ausländischen Universitätsbesuch der Protestanten zu nehmen und diese – unter anderem – nach Wien zu lenken; und in jüngster Zeit entdeckte Daten bestätigen, daß der Hof damit nicht wenig Erfolg gehabt zu haben scheint. Die aus der Zeit vor der Französischen Revolution datierenden fast 2.000 Neuinskriptionen an der Wiener Universität stellen für die ungarische Geschichtsforschung ein Novum dar. Diese neuesten Angaben belegen, daß die Wiener Universität beim Vergleich mit den gesamten Angaben zum Universitätsbesuch der Protestanten in Westeuropa gut abschneidet. In der Epoche zwischen der Vertreibung der Türken und der Französischen Revolution konnten in 1.951 Fällen ein Studium in Wien nachgewiesen werden, allein 273 von ihnen studierten am 1785 eröffneten Institut für Militärärzte, dem Josephinum. Ein Drittel der Studenten inskribierte an der Humanistischen Fakultät. Im 18. Jahrhundert studierte 12% von ihnen Theologie, fast 10% Jura und 8,4% an der medizinischen Fakultät. Diese Angaben weisen schon in dieser frühen Epoche auf die Ausgeglichenheit zwischen den Wissenschaftsbereichen hin. Unter den Wiener Studenten der Barockzeit finden sich mehrere spätere Professoren der Universität von Nagyszombat und Buda, so etwa die Juristen Adalbert Barics und György Zsigmond Lakics, die beide Rektoren ungarischer Universitäten wurden.

Von den bedeutendsten Wissenschaftlern der Zeit studierten in dieser Epoche Domokos Teleki, Ignác Born, Sámuel Genersich und Demeter Görög in Wien. Besonders bemerkenswert war die Karriere des Wiener Studenten György Fekete, der als Jurist Rat der Statthalterei, später Personal, dann Obergespan des Komitates Arad und ab 1773 Landesrichter (judex curiae) war. Von 1770 an überwachte er für 14 Jahre die ungarischen Universitäts- und Studienangelegenheiten. Die Aufbereitung solcher Daten und vergleichende Studien dieser Art stellen ein äußerst wichtiges Aufgabenfeld zukünftiger Forschungen dar.

Nach der Französischen Revolution veränderte sich infolge der napoleonischen Kriege und der Einschränkungen der Heiligen Allianz der gesamte ausländische Universitätsbesuch der Ungarn. Österreich, insbesondere Wien, wurde eine Monopolstellung zuteil, und die Zahl der ungarischen und siebenbürgischen Studenten an der Universität Wien stieg auf das Doppelte an, an anderen Lehranstalten in Wien (Polytechnikum, Akademie der Bildenden Künste usw.) sogar auf das Vierfache. Allein an der Universität Wien studierten in den 60 Jahren nach der Französischen Revolution 5.064 in Ungarn geborene Studenten, die Studenten der protestantischen theologischen Fakultät eingeschlossen. Am Polytechnikum lassen sich in dieser Epoche 1.534, an der Akademie der Bildenden Künste 893, an der Akademie für militärisches Ingenieurwesen 541 und an der Konsularakademie 20 ungarische Studenten nachweisen, so daß für diesen Zeitabschnitt das landesweite Interesse an den Wiener Lehranstalten bereits quantifizierbar wird.

Die insgesamt 8.043 Ungarn, die zum Lernen an die Wiener Lehranstalten kamen, stellten in der ersten Hälfte des 19. Jahrhunderts unter Berücksichtigung aller Lehranstalten des Habsburgerreiches 84,7% der gesamten ungarischen studentischen Peregrination dar. Nicht enthalten in diesen Angaben sind die deutschen, schweizerischen und holländischen Daten, aber selbst wenn man diese mit heranzieht, tritt die unbestrittene Führungsrolle Wiens hinsichtlich des ausländischen Universitätsbesuches der Ungarn deutlich zutage.

In dieser Epoche zählte die Wiener Medizinische Schule zu einer der besten Europas. Demzufolge ist das große Interesse der ungarischen Studenten an dieser Fakultät nur allzu verständlich. Die ungarische katholische Kirche bildete ihre Seminaristen lange Zeit am Wiener Pazmaneum aus, danach inskribierten sie an der Wiener Theologischen Fakultät. Aber auch andere geistliche Orden schickten einen Teil ihrer Novizen nach Wien. Wien verfügte neben seiner Reputation auch noch über ein engeres Einzugsgebiet. Für die Bewohner der westungarischen Gebiete, dem größten Teil des heutigen Burgenlands, und für viele Familien aus den Komitaten Moson, Sopron und Vas war es selbstverständlich, ihre Söhne "zum Lernen" nach Wien zu schicken.

Anhand der geographischen Verteilung der Studenten der Universität Wien wird deutlich, daß die meisten der ungarischen Studenten an der Wiener Universität, 364 Personen, aus Pozsony kamen. Auf dem zweiten Platz lag Budapest mit 328 Studenten, gefolgt von den Komitaten des westlichen Grenzgebietes, vor allem dem Komitat Nyitra, welches 167 Studenten nach Wien entsandte. Daraus geht eindeutig hervor, daß die meisten ungarischen Studenten in Wien aus Transdanubien, Oberungarn sowie aus den westungarischen Städten stammten.

Aus Transsilvanien kamen 591 Personen, 13,28% aller Studenten, darunter sowohl Siebenbürger Sachsen als auch Ungarn, aber auch einige Vertreter der griechisch-katholischen Rumänen. Einen nicht zu vernachlässigenden Teil der Hörer bildete auch die in Wien erzogene jüngere Generation der ungarischen Aristokratie. Meist finden wir sie unter den Studenten des Universitätsgymnasiums, in geringerer Zahl unter den Hörern der Fakultäten. Von der gesellschaftlichen Schichtung der Studenten läßt sich, obwohl zu rund 8000 Hörern keine Angaben vorliegen, ein sehr interessantes Bild zeichnen. In Wien wurde der Anteil der aus aristokratischen Familien stammenden Studenten von Studenten aus Bürger- und Unternehmerfamilien weit übertroffen, letztere bildeten mit über 550 Studenten den Großteil der Inskribierten. Die meisten von ihnen kamen aus Kaufmannsfamilien, ebenso groß ist auch der Anteil der Studenten aus Beamtenfamilien. An vierter Stelle folgten Studenten aus Handwerkerfamilien mit fast 350 Studenten und an der sehr vornehmen sechsten Stelle mit 290 Personen Hörer aus Bauernfamilien.

Der medizinische, chirurgische und pharmazeutische Beruf wird häufig von Generation zu Generation weitervererbt, in Wien können wir 332 Studenten aus solchen Familien ausmachen, die meisten von ihnen als Hörer der medizinischen Fakultät. In großer Zahl gingen ebenfalls Kinder aus der Schicht der Honoratioren und der Intelligenz zum Studium ins Ausland. Beachtenswert erscheint dabei, daß auch Söhne von Artisten und Musikern an den Universitäten aufscheinen, in Wien sind fast 50 Personen nachweisbar. Sehr hoch, jedoch nur an siebenter Stelle stehend, war der Anteil der Studenten aus Adels- und Grundbesitzerfamilien, deren 224 Vertreter unter den Hörern der Universität Wien bereits von relativ geringer Bedeutung sind.

Aus den alten Unversitätsmatrikeln ist nur die Erstinskription nachvollziehbar, so daß sich derzeit die weitere Unversitätskarriere der am Gymnasium oder an der geisteswissenschaftlichen Fakultät eingeschriebenen Studenten nach 1805 nicht weiter verfolgen läßt. Aufgrund der Erstimmatrikulation wird jedoch deutlich, daß ungarische Studenten nicht nur an allen Fakultäten, sondern auch in allen Fächern vertreten waren.

In den untersuchten 60 Jahren ließen sich die meisten – etwa ein Fünftel – der in Ungarn geborenen Studenten an der theologische Fakultät einschreiben. Unter ihnen dürfte der Anteil der Seminaristen mit slowakischer Muttersprache ziemlich groß gewesen sein, wenngleich auch unter ihnen Studenten aus allen ungarischen Diözesen sowie aus Transsilvanien vertreten waren.

Das größte Interesse galt der medizinischen Fakultät. Die 885 Medizin-, 775 Chirurgie- und 418 Pharmaziestudenten studierten alle an dieser Fakultät, aber hinter diesen Zahlen verbarg sich eine sehr heterogene Hörerschaft. Unter den Medizinern und Chirurgen befand sich eine große Anzahl von Söhnen aus ungarischen jüdischen Familien, deren genaue Anzahl aber nicht rekonstruiert werden kann, weil in den Matrikeln nur teilweise die Religion der Studenten festgehalten wurde. Auffallend ist der mit fast 10% sehr große Anteil der Pharmaziestudenten.

Die aus dem Mittelalter stammende ungarische akademische Nation, der traditionsgemäß auch die tschechischen und mährischen Studenten angehörten, verlor in dieser Epoche zunehmend an Bedeutung. In den in diesen Zeiten noch geführten Matrikeln der "Natio Hungarica" finden sich nur noch wenige Namen der ermittelten ungarischen Studenten. Die Hörer der einzelnen Fakultäten hielten wahrscheinlich fest zusammen, in erster Linie die Medizinstudenten. Die Ungarn waren auch in den Vereinigungen der Wiener Studenten vetreten. So fanden sich beispielsweise 1848 unter den 48 Medizinern der Offiziere der Wiener Akademischen Legion 8 Studenten ungarischer, bzw. siebenbürgischer Herkunft, im Technikerkorps unter 34 Offizieren 4 aus Ungarn oder Siebenbürgen.

Da der Hof 1836 die Errichtung einer technischen Universität in Ungarn nicht erlaubte, waren Ingenieurfachkenntnisse nur am Institutum Geometricum oder im Ausland zu erlangen. 1846 wurde zwar in Pest eine nach dem Palatin Joseph benannte Gewerbe-Mittelschule eröffnet, bei deren Gründung auch Johann P. Prechtl behilflich war, aber diese konnte den Ansprüchen der Zeit in keiner Weise gerecht werden. Es ist also nicht verwunderlich, daß in der ungarischen studentischen Peregrination das 1815 gegründete Polytechnikum mit 18% der Hörer an zweiter Stelle stand. 799 Studenten schrieben sich nur an der technischen, 591 nur an der wirtschaftlichen, 149 dagegen an beiden Fakultäten ein. Über die Studenten der Technischen Universität besitzen wir ganz genaue Angaben, denn die Universitätskarriere der dortigen Studenten ist aus den Prüfungsregistraturen sehr gut rekonstruierbar. An der technischen Fakultät war der Anteil der ungarischen Studenten viel größer: In dem vor dem Revolutionsjahr 1848 laufenden Studienjahr studierten dort 175 Personen, aber ihr Anteil belief sich auf nur ungefähr 10% und überstieg nur in zwei Studienjahren 11%. Aber auch diese Angaben sind sehr bedeutsam. An der wirtschaftlichen Fakultät, wo überwiegend Söhne ungarländischer jüdischer und deutscher Familien studierten, war die Lage ganz anders. An dieser Fakultät lag der Anteil der in Ungarn geborenen Studenten schon vor 1820 bei über 14% und ihr Anteil stieg bis zur Revolution stetig. 1843 kamen bereits fast 24% der Studenten aus Ungarn oder Transsilvanien. Wir können feststellen, daß durchschnittlich 10–13% der Studenten der Fakultät in unserem Untersuchungsgebiet zu Hause waren, womit diese Gruppe seit den 1840er Jahren die Spitze der ungarischen studentischen Peregrination nach Wien übernahm.

Über die geographische Verteilung der Studenter der Wiener Technischen Universität stehen uns fast vollständige Angaben zur Verfügung: An erster Stelle lag hier das zur wichtigsten Stadt gewordene Pest-Buda mit 200 Studenten, die zweite Stelle nahm Pozsony mit zirka 150 Studenten ein, aber auch die Komitate des westlichen Grenzgebiets, Nyitra, Pozsony und Sopron, begannen bereits eine wichtige Rolle zu spielen. Bedeutend war ebenfalls der Anteil der Studenten aus dem Komitat Zala, aus der Zips, aus Nagyszeben, Brassó und Besztercebánya Bystrica. Dies läßt ein großes Interesse der Zipser und Siebenbürger Sachsen an technischen Berufen vermuten. Unter den Studenten der Technischen Universität war der Anteil der Söhne aus Kaufmannsfamilien sehr hoch, was offensichtlich damit zusammenhing, daß an der wirtschaftlichen Fakultät nur Abkömmlinge solcher Familien studierten. Das Interesse an modernem technischem Wissen war ebenfalls in den Handwerkerfamilien stark ausgeprägt. Sie stellten 150 Studenten und standen damit an zweiter Stelle, fast gleichrangig mit den Söhnen aus Beamten- und Verwalterfamilien. Hoch war gleichfalls der Anteil der Söhne aus Bürger- und Honoratiorenfamilien, Adelige hingegen standen hier mit 54 Personen nur an achter Stelle. Auch in diesem Bereich wurden gewisse Berufe bereits innerhalb der Familie tradiert, so daß sich 50 Abkömmlinge aus Ingenieurs- und Architektenfamilien an der Technischen Universität einschreiben ließen. Auch Miklós Ybl, einer der berühmtesten ungarischen Architekten, und Károly Juhbal, ein späterer Professor an der Pester Gewerbeschule, studierten zu dieser Zeit an der Technischen Universität, als Ausnahme hingegen darf Graf Sámuel Teleki, der Sproß einer der vornehmsten siebenbürgischen Adelsfamilien, gelten. Viele nutzten das Wiener Polytechnikum zur Weiterbildung. So kamen nicht wenige Studenten von der Bergbauakademie in Selmecbánya, wohin aber umgekehrt auch mehrere Wiener Studenten gingen. Häufig kam es zu wechselseitigen Vorlesungsbesuchen mit der Kunstakademie, an der ebenfalls Architekten ausgebildet wurden. Auch vom Pester Institutum Geometricum oder vom Georgikon in Keszthely kamen Studenten nach Wien.

Eines der ältesten Hochschulinstitute Wiens war die 1692 gegründete Kunstakademie. An dieser traditionsreichen Hochschule wurden in der ersten Hälfte des 19. Jahrhunderts die verschiedensten Fächer der bildenden Künste, des Kunstgewerbes und der Architektur gelehrt. Gemäß einer aus dem Jahr 1812 stammenden Ausgabe des akademischen *Statutums* war die Akademie in vier Fakultäten organisiert. Die Schulen für Malerei, Bildhauerei, Kupferstich und Mosaik bildeten die grundlegenden Zweige der bildenden Künste. Die Architekturschule war teilweise bereits eng mit den technischen Wissenschaften verknüpft. Einen speziellen Zweig der bildenden Kunst stellte die Schule für Gravur dar, während an der Kunstgewerbeschule angewandte Kunst und die Techniken einiger Handwerkerberufe vermittelt wurden. Zusätzlich zu den Grundkursen bot die Akademie auch spezielle Lehrgänge für Fachleute und Handwerksmeister, z.B. Sonntagskurse, an.

Anzahl und Anteil der aus Ungarn stammenden Studenten lassen sich 1850 nur sehr schwierig feststellen. Zwar wurde an der Akademie eine zusammengezogene Registratur aller Studenten angelegt, in der aber nur die bildenden Künstler, Maler und Bildhauer verzeichnet waren, aber selbst deren Daten sind unvollständig. In diesen Registraturbänden wurden rund 3.200 Kandidaten erfaßt, von denen 10% aus Ungarn oder Transsilvanien kamen. Nach einer Überprüfung der verschiedenen Lehrgangsbücher der Akademie wurde allerdings deutlich, daß die Anzahl der "Ungarn" an diesem Institut viel höher gewesen sein muß. Von insgesamt 893 aus Ungarn stammenden Hörern konnten Angaben zusammengetragen werden, was mehr als 10% der gesamten ungarischer studentischen Peregrination der Monarchie entspricht. Von besonderer Bedeutung ist, daß wir in diesem Fall nicht nur Informationen über die sich auf "akademische" Berufe vorbereitenden Studenten fanden, sondern auch über jene Handwerksgesellen (modern ausgedrückt: Facharbeiter), die in Wien ihr berufliches Wissen im künstlerischen Bereich vervollständigen wollten. Dies stellt eine außerordentlich bedeutsame Ergänzung zur Geschichte des ungarischen Kunstgewerbes dar. 31% der Studenten besuchten an der Akademie Kurse für Malerei, Bildhauerei und Zeichnen, von über 27% ist nicht genau feststellbar, welches Fach sie belegten. Wir vermuten, daß die meisten von ihnen ebenfalls bildende Künstler gewesen sein dürften, denn ihre Namen erscheinen im allgemeinen in der Registraturen dieser Abteilung. Die ungarischen Studenten waren demnach überwiegend bildende Künstler, Maler und Bildhauer. Auf die geographische Verteilung der ungarischen Studenten an der Wiener Kunstakademie bezogen liegt Pest-Buda eindeutig an erster Stelle, denn von den 893 Studenten kamen 160 aus der zukünftigen Hauptstadt des Landes.

Ebenfalls viele – 85 Personen – kamen aus der Stadt Pozsony. Verglichen mit den zwei vorherigen Instituten weicht die weitere geographische Verteilung der Studenten von den bisherigen Ergebnissen ab. Die Studenten verteilen sich nämlich ziemliche ausgewogen auf mehr als 70 angeführte Verwaltungsbezirke: Aus dem an dritter Stelle stehenden Komitat Pozsony kamen 26, aber auch aus dem an 31. Stelle stehenden Komitat Baranya kamen 7 Personen an die Kunstakademie. Die Interessenten verteilten sich ziemlich gleichmäßig auf die verschiedenen Landesteile, wobei auffällt, daß sich aus den südlichen, überwiegend von Serben bewohnten Gebieten verhältnismäßig mehr Hörer an der Akademie einschrieben, unter ihnen gewiß auch zahlreiche Ikonographen. 61 Personen, 6,8% der Studenten kamen aus Transsilvanien an die Kunstakademie. Mit 147 Personen ist die Anzahl der Architekten ebenfalls sehr hoch. Die Ursache dafür ist darin zu sehen, daß dieser Beruf im damaligen Ungarn noch nicht auf akademischem Niveau erlernt werden konnte.

An der Schule für Gravur und Kleinplastik ließen sich nur wenige einschreiben, nämlich 40 Personen – unter ihnen auch ein so großer Künstler wie István Ferenczi, einer der hervorragendsten ungarischen Bildhauer des Reformzeitalters.

Die ältesten höheren Lehranstalten der technischen Wissenschaften in ganz Europa waren in erster Linie Schulen für militärisches Ingenieurwesen in Frankreich und Italien. Die erste Akademie für Heerestechnik der Habsburgermonarchie wurde ziemlich früh, bereits Ende 1717, gegründet. Die Beliebtheit dieser Einrichtung, deren Sitz in der Umgebung Wiens mehrere Mal verlegt wurde (Gumpendorf, Laimgrub, Wieden), wuchs beständig, und sie nahm, in begrenztem Ausmaß, Studenten aus dem ganzen Reich auf. Die ersten zwei Vorbereitungsjahre der Akademie dienten als Basis für die späteren militärisch-technischen Kurse, so daß diese Jahre mehr als Mittelschule oder Gymnasium zu bezeichnen sind. Damit ließe sich auch erklären, weshalb unter den Studenten sehr viele junge, 10–14jährige Schüler waren. Die eigentliche, höhere Ausbildung dauerte sechs Jahre, aber auch während dieser Jahre gingen sehr viele von der Akademie ab. Der Mathematik- und der Geometrieunterricht zählte zu den besten der Monarchie, aus diesem Grunde bedeutete die Einrichtung auch für jene eine gute Vorbildung, die sich auf bürgerliche Berufe vorbereiteten, aber eine höhere mathematische Ausbildung anstrebten. Im Untersuchungszeitraum inskribierten 3.154 Studenten an der Akademie, 17–18% davon kamen aus Ungarn oder Transsilvanien. Die hohe Gesamtzahl, 541 Personen, sicherte der Akademie den bedeutenden vierten Platz in der ungarischen studentischen Peregrination im Reich. Erwähnenswert ist, daß im Vergleich mit allen anderen Wiener Lehranstalten mit 18,45% – insgesamt 100 Personen – die Anzahl der Siebenbürger hier am höchsten war. In der Beurteilung des relativ hohen Anteils der Ungarn an den in Wien inskribierten Studenten gewinnen wir ein etwas realistischeres Bild, wenn wir auch den Anteil der Studienabbrecher berücksichtigen. Über 53% der Eingeschriebenen beendete die Akademie nicht, sondern brach die Ausbildung nach einigen Jahren ab. Einige dieser Namen können wir später unter den Studenten der Akademie in Selmecbánya, andere am Wiener Polytechnikum und danach an der Universität Wien wiederfinden – was bedeutet, daß sie den technischen Beruf nicht wechselten, sondern nur auf ziviler Ebene weiterlernten. Die Laufbahnen vieler Studenten lassen sich derzeit noch nicht schlüssig verfolgen, dazu bedarf es noch weiterer Forschungen. Hinsichtlich der geographischen Verteilung der ungarischen Kadetten können wir feststellen, daß außer den bereits erwähnten zahlreichen siebenbürgischen Studenten aus Kolozsvár, Nagyszeben und Brassó viele aus den westlichen Komitaten, aus Pozsony, Sopron, Zala, Vas und Győr kamen. Auffallend ist auch die große Anzahl der aus Südungarn, aus der Batschka und aus dem Banat, kommenden Studenten, die teilweise serbischer und deutscher Herkunft waren.

Hinsichtlich der gesellschaftlichen Verteilung der Studenten überrascht das Übergewicht der Adeligen nicht sehr. Ihr Anteil ist fast doppelt so hoch wie der der Nichtadeligen. Anfangs ließen sich fast nur Söhne der ungarischen Aristokratie und Abkömmlinge von Offiziersfamilien einschreiben, doch seit den 1810er Jahren stieg die Anzahl der Nichtadeligen beständig. Charakteristisch war, daß zahlreiche adelige Studenten ihr Studium früher abbrachen als die Söhne anderer Familien. Die Bindung an den traditionellen Beruf war bei den aus Soldatenfamilien stammenden Söhnen am ausgeprägtesten, nur 57% von ihnen beendete die Akademie. Unter den Studenten der Akademie finden sich auch bedeutende Persönlichkeiten der ungarischen Wissenschaft und Militärgeschichte. Der bekannteste unter ihnen, Farkas Bolyai, schrieb sich 1818 an der Lehranstalt ein und wurde später einer der Begründer der nicht-euklidischen Geometrie. Zahlreiche ungarische Offiziere des Freiheitskrieges studierten an der Akademie, unter ihnen Ignác Török, einer der in Arad hingerichteten Offiziere. Auch der in Debrecen geborene, sich aber als Schweizer bekennende und 1849 bei der Verteidigung der Burg von Buda gefallene kaiserliche General Heinrich Hentzi war ein Studenten der Akademie für Heerestechnik.

Nach 1849, in der Epoche des Neoabsolutismus nahm die Bedeutung Wiens als Studienort noch weiter zu, denn in deutscher Sprache in der Kaiserstadt zu studieren lohnte sich weit mehr als in Pest-Buda. Nach der Gewährung des Oktoberdiplomes (1860) und nach dem Ausgleich von 1867 entschieden sich zahlreiche Angehörige von Minderheiten lieber für Wien als für die zur ungarischen Sprache übergegangene Universität zu Pest. Die genauen Daten für die erste Hälfte der dualistischen Epoche werden noch längere Forschungen in Anspruch nehmen, aber wir rechnen für die Zeit zwischen 1850 und 1889 alleine an der Universität Wien mit rund 4.500 ungarischen Studenten. Vor allem das Medizinstudium in Wien übte eine große Anziehungskraft auf die ungarischen Studenten aus. Von besonderem Interesse dürfte in dieser Epoche die Frage der Nationalität und der Religion der hier lernenden Studenten sein. In den letzten drei Jahrzehnten des Dualismus studierten ungefähr 4.000 Studenten aus Ungarn an der Wiener Universität. Hinsichtlich der letzten Jahrzehnte vor dem Ersten Weltkrieg harren noch die Archive mehrerer Wiener Lehranstalten einer genaueren Erforschung in bezug auf ihre Bedeutung für die ungarische Studentenschaft. Über präzise Angaben verfügen wir schon im Falle der Wiener Exportakademie. Die 1898 gegründete Hochschule spielte – gemeinsam mit der ähnlich gelagerten, in Ungarn errichteten Lehranstalt – eine wichtige Rolle bei der Ausbildung von Fachleuten in den Bereichen Außenhandel und Nationalökonomie. Bis zum Ende des Ersten Weltkrieges schrieben sich 559 Studenten aus Ungarn an der Hochschule ein, 294 von ihnen deklarierten sich als Ungarn, 186 als Deutsche. Ein Drittel der Studenten kam aus Oberungarn, in der gleichen Proportion waren die Studenten aus Transdanubien und von der Großen Ungarischen Tiefebene vertreten, Budapest stellte hingegen nur 15% der Studenten. Mit 54% besonders stark vertreten waren Studenten aus ungarischen jüdischen Familien, wobei zwei Drittel von ihnen als Nationalität ungarisch angaben. Beide Angaben sind wichtige Gradmesser für die Assimilation der ungarischen Juden.

Zusammenfassend kann festgestellt werden, daß während der letzten sechs Jahrhunderte für die Ausbildung ungarischer Fachkräfte im Hochschulbereich Wien, insbesondere aber die Universität Wien, eine herausragende Rolle gespielt hat. Aus diesem Grunde zählt dieses Thema auch weiterhin zu den dringenden und wichtigen Gebieten der gemeinsamen österreichisch-ungarischen Forschung.

GÁBOR UJVÁRY
Das „gelehrte" Ungarn in Wien

Bis zum Zerfall der Monarchie

In der Entwicklung der ungarischen Wissenschaft und Kultur und in der Geschichte ihrer internationalen Beziehungen spielte Wien seit der zweiten Hälfte des 14. Jahrhunderts eine determinierende Rolle. Diese Stadt war Treffpunkt verschiedener Kulturen und vermittelte diese bewußt, aber auch ungewollt weiter; sie war das "westliche Tor" Ungarns. In ihren Mauern lebten seit dem Mittelalter sehr viele in Ungarn geborene Studenten, Wissenschaftler und Künstler. Ein Teil der in der Stadt beheimateten wissenschaftlichen und kulturellen Institutionen waren mit den Ländern der ungarischen Heiligen Krone durch ebenso starke Bande verknüpft wie mit den österreichischen Erbländern.

Die Universität als von Ungarn aus nächstgelegene und am leichtesten zu erreichende Hochschuleinrichtung Mitteleuropas übte außerordentlich große Anziehungskraft auf Ungarn aus. Wien war seit dem Ende des 16. Jahrhunderts das Zentrum der ungarischen Peregrinatio, des ausländischen Universitätsbesuchs der ungarischen Jugend, und blieb dies auch über Jahrhunderte hinweg. Es gab Zeiten, wie etwa das 15. Jahrhundert, in denen über ein Fünftel der Wiener Studenten Mitglieder der "Natio Hungarica" – der "Organisation" der aus Ungarn stammenden Studenten – waren. (Zur Wahrheit gehört aber auch, daß man zur "Natio Hungarica" auch Polen, Tschechen und Mähren hinzurechnete.) Auch wenn die Bedeutung der Universität im 16. und 17. Jahrhundert geringfügig zurückging, konnte sie doch später – obwohl es seit 1635 in Nagyszombat auch eine selbständige Universität auf ungarischem Boden gab – wieder erstarken. Außer den Studenten gab es seit dem 15. Jahrhundert an der Universität Wien auch viele ungarische Professoren. Der berühmte Humanist János Sylvester (um 1504 – nach 1551) und der Begründer der Handschriftensammlung der Österreichischen Nationalbibliothek János Zsámboky (1531–1584) hielten hier Vorlesungen. Um nur ein Beispiel aus späterer Zeit zu nennen: Hier lehrte Ignác Semmelweis (1818–1865), der "Retter der Mütter", dem heute in Wien drei Denkmäler gewidmet sind. (Über die Beziehungen zwischen der Universität Wien und Ungarn siehe auch die Studie von László Szögi im Katalog.)

Eine ganz andere Aufgabe und Berufung hatte das – im übrigen mit der Universität Wien eng verbundene – Pazmaneum. Das von Ungarn gegründete Institut diente nicht der Ausbildung von Gelehrten, sondern einem viel "praktischeren" Zweck, nämlich der Behebung des dringenden Priestermangels und der Horizonterweiterung der Geistlichkeit. Gemäß der im September 1623 vom Namensgeber Péter Pázmány, Erzbischof von Esztergom, verliehener zwei Gründungsurkunden mußten sich die Mitglieder des vom Jesuitenorden geleiteten Kollegiums verpflichten, nach der Priesterweihe drei Jahre lang in der Diözese Esztergom zu arbeiten. Sollten sie allerdings ins weltliche Leben zurückkehren, waren sie gehalten, die Kosten ihres Studiums zurückzuzahlen. Die auf Vorschlag des jeweiligen Erzbischofs von Esztergom nach Wien gesandten Pázmániten konnten nur in Ausnahmefällen ein Regelstudium an der Universität absolvieren. Das mit Hilfe verschiedener Stiftungen unterhaltene Institut befand sich für kurze Zeit in der Annagasse und dann von 1628 bis 1900 in der naheliegenden Postgasse. Dann zog es in sein heutiges Heim in der Boltzmanngasse um. Seit Aufnahme des Unterrichts im Herbst 1624 existierte das Pázmáneum mit Ausnahme kurzer Unterbrechungen (1761–1766, 1784–1803) kontinuierlich, es verlor allerdings schon 1761 die Leitung durch die Jesuiten. Die Nationalitätenzusammensetzung seiner Studenten spiegelte die Verhältnisse in der Diözese Esztergom wider, neben den Ungarn spielten vor allem die Hörer mit slowakischer Muttersprache eine große Rolle. Die Gesamtzahl der Pázmániten variierte, gewöhnlich waren es 30–40, aber zu Beginn des 19. Jahrhunderts, zwischen 1850 und 1880 sowie vom Ende der 1920er bis in die 1930er Jahre stieg ihre Zahl auf bis zu 50 Personen und manchmal auch darüber. Im Jahre 1813 konnten gemäß Dekret Franz' I. die Erzdiözese Esztergom jährlich 20, die aus der Erzdiözese hervorgegangenen Diözesen je drei und die anderen ungarischen Diözesen je zwei Studenten in das als Generalseminar der ungarischen Bistümer fungierende Institut entsenden.

52/6

Als mit dem Zerfall der Monarchie auch die Stiftungen des Pázmáneums untergingen und sogar die Erhaltung des Kollegiums zweifelhaft wurde, trat die Bischofskonferenz vom 20. März 1928 – unter Berufung auf die "verdienstvolle Vergangenheit" der Einrichtung, die "Wichtigkeit ausländischer Beziehungen" und die Möglichkeit zur Aneignung von Fremdsprachen – für die Erhaltung der Institution ein. Das auch heute tätige Institut hatten mehr als 6000 Studenten besucht, über 100 von ihnen erlangten Bischofs-, und sechs sogar Kardinalswürden. Obwohl zu betonen ist, daß die Aufgabe des Pázmáneums ursprünglich in der Ausbildung der "grauen", später für ihre Ortsgemeinde lebenden Seminaristen lag, änderte sich dies dann jedoch, und wir finden unter den Studenten und Vorstehern eine Reihe würdiger Namen wie beispielsweise den ersten pázmánitischen Erzbischof György Széchényi (1592–1695), den Verfasser des ersten Gartenkundebuches in ungarischer Sprache János Lippay (1606–1666), den Rektor der Universität Nagyszombat Márton Szentiványi (1633–1705), den ersten ungarischen Vertreter der jesuitischen historischen Quellenforschung Gábor Hevenessy (1656–1717), den berühmten Belletristen Ferenc Faludy (1704–1779), den ersten Verfasser einer Geschichte des Pázmáneums Károly Rimely (1825–1923), den berühmten Historiker und Archivar Gyula Schönherr (1864–1908), den Theologen und Philosophen József Trikál (1873–1950) sowie den Kardinal und Fürstprimas von Esztergom János Chernoch (1852–1927).

Anders als das Pázmáneum diente das Collegium Theresianum – das der unter Maria Theresias Schirmherrschaft stehende Jesuitenorden im Jahre 1746 gegründet hatte – ausdrücklich der Elitenbildung. Laut der Stiftungsurkunde vom 30. Dezember 1749 stand das Institut unter dem besonderen Schutz und der Fürsorge Maria Theresias – deren Namen es "für ewige Zeit trägt" – und ihrer Nachkommen, zu dem Zwecke, die Ausbildung der künftigen Führungskader des Staates auf hohem Niveau zu gewährleisten. Im Theresianum wurde 1751 eine ungarische Stiftung mit der Klausel ins Leben gerufen, daß die Zinsen für die Wiener Erziehung von jährlich mindestens fünf ungarischen Studenten zu verwenden seien. Die sich seit den 1750er Jahren immer mehr "verweltlichendere", anfangs noch eher gymnasiale und später zur Akademie erhöhte Institution konnte somit auch von ungarischen Stipendiaten besucht werden. Die Zahl der ungarischen Stiftungsplätze lag lange Zeit hindurch bei jährlich etwa zehn. 1784 ließ Joseph II. die Akademie schliessen, aber 1797 wurde sie von Franz I. wieder ins Leben gerufen. Nachdem Franz Joseph am 29. September 1849 den ausschließlich adeligen und geistlichen Charakter des Theresianums aufgehoben hatte, stieg auch die Zahl der ungarischen Stiftungsplätze.

Im Jahre 1867 wurde die Stiftung dem ungarischen Ministerium für Kultus und Unterricht unterstellt. Die ungarische Regierung verpflichtete sich dafür im November 1875, die Kosten für mindestens 20 ungarische Studenten und außerdem für die ungarischen Lehrer und Präfekten zu übernehmen. Die ungarischen Interessen im Theresianum, das dem österreichischen Unterrichtsminister unterstand, vertrat ein erstmals 1876 ernannter ungarischer Regierungskommissar. Die ungarischen Studenten mußten ungarische Sprache und Literatur, Geschichte und Geographie auf Ungarisch lernen und legten auch die Matura in dieser Sprache ab.

Im Theresianum, das seine Studenten aus dem ganzen Habsburgerreich rekrutierte und in ihnen das Bewußtsein der Zusammengehörigkeit des Reiches gegenüber den Separationsbestrebungen stärkte, wurde ein Großteil der Führungskräfte der Monarchie für Diplomatie, Verwaltung und Militärwesen ausgebildet. Der Anteil der Ungarn war mit 10–20 % immer relativ hoch. Ein Sechstel der bis 1772 eingeschriebenen Studenten waren Ungarn, 1900 kamen von den 183 Zöglingen des Theresianums 39 Stiftungsstipendiaten und 31 zahlende Studenten aus Ungarn. Selbst noch zwischen den beiden Weltkriegen studierten ungarische Stipendiaten an der bis 1938 bestehenden Institution. Im 18. Jahrhundert hatten hier die Söhne der Familien Andrássy, Batthyány, Csáky, Esterházy, Koháry, Nádasdy, Orczy, Perényi, Teleki und Zichy, im 19. Jahrhundert außer ihnen die Söhne der Familien Apponyi, Dőry, Erdődy, Forgáts, Kemény, Majláth und Szapáry ihre Ausbildung erhalten. Unter den Zöglingen finden wir den Gründer des Ungarischen Nationalmuseums Ferenc Széchényi (1754–1820), den Gründer der berühmten landwirtschaftlichen Lehranstalt in Keszthely György Festetich (1755–1819) und zwei spätere ungarische Ministerpräsidenten: József Szlávy (1818–1900) und István Bethlen (1874–1947). Unter den ungarischen Professoren und Präfekten befanden sich der schon erwähnte Ferenc Faludy, der Entdecker des ältesten ungarischen Sprachdenkmals und "königliche Geschichtsschreiber" György Pray (1723–1801) – eine der Figuren der Maria Theresia-Statuengruppe/des Maria Theresia-Denkmals in Wien –, der ausgezeichnete Mathematiker und einer der Verfasser der Ratio Educationis Pál Makó (1723–1793), der Redakteur der Wiener ungarischsprachigen Zeitungen *Hadi és Más Nevezetes Történetek* (Militärische und Andere Denkwürdige Geschichten) und *Magyar Hírmondó* (Ungarischer Kurier) Sámuel Kerekes (Mitte 18. Jh. – 1800), der höchst einflußreiche Historiker und Kultusminister Mihály Horváth (1809–1878) und der berühmte Historiker, Balkanexperte und Franz Josephs Vertrauensmann Lajos Thallóczy (1856–1916), der 32 Jahre lang Direktor des Hofkammerarchivs war.

Die Vorgeschichte der Gründung des Ungarischen Historischen Instituts in Wien

Nach dem Ersten Weltkrieg verlor Wien, das vom Reichszentrum zur Hauptstadt einer kleinen Republik geworden war, für die Ungarn seine frühere politische Bedeutung. Erhalten blieb jedoch die in den Zeiten der Monarchie übliche Wiener kulturelle und wissenschaftliche Präsenz der Ungarn, die sogar nach Meinung vieler noch zunahm. Der österreichische Botschafter in Budapest beklagte sich im Sommer 1925 darüber, daß die Ungarn in Wiener Kunstkreisen und bei den tonangebenden Zeitungen eine bevorzugte Stellung einnähmen und die österreichische Öffentlichkeit oftmals eher die von den Ungarn suggerierte Meinung übernehme als den die österreichischen Interessen vertretenden Standpunkt. Nach wie vor besuchten sehr viele und in den zwanziger Jahren wegen des ungarischen Numerus-clausus-Gesetzes sogar zunehmend mehr ungarische Studenten die österreichischen Universitäten – darunter unverändert mit einem durchschnittlichen Anteil von 80–85 % die in Wien. Das Ende der zwanziger Jahre war eine erneute Glanzzeit für das Pázmáneum, und auch das Theresianum besuchten immer noch viele ungarische Studenten.

Aufgrund der außerordentlich engen historischen Beziehungen und zum Zwecke ihrer planmäßigen, auf Quellen basierenden Erforschung und Aufarbeitung betrieb Graf Kuno Klebelsberg, der erfolgreichste und zielstrebigste ungarische Kulturpolitiker, als neugewählter Präsident der Ungarischen Historischen Gesellschaft bereits 1917 die Gründung des Ungarischen Historischen Instituts in Wien.

Weil die Zentralbehörden des Reiches und die mit den gemeinsamen Angelegenheiten der Monarchie betrauten Ministerien in der Kaiserstadt beheimatet waren, befindet sich auch ein großer Teil der die Geschichte Ungarns nach 1526 betreffenden Quellen bis heute in den Wiener Archiven. Trotzdem waren diese Archive für die ungarischen Forscher fast unzugänglich und wurden erst sehr spät, in der zweiten Hälfte des 19. Jahrhunderts, für sie geöffnet. Nach dem Ausgleich wurden die Wiener Zentralarchive unter die Aufsicht der gemeinsamen Ministerien gestellt. Für eine erfolgreiche Systematisierung und Inventarisierung benötigte man auch mit der ungarischen Geschichte vertraute Archivare, weshalb ein Teil dieser Stellen mit aus Ungarn stammenden Fachleuten besetzt wurde.

Vor allem diesen in Wien tätigen ungarischen Archivaren ist es zu verdanken, daß die Herausgabe der ungarischen Geschichtsquellen seit den siebziger und achtziger Jahren des 19. Jahrhunderts einen qualitativen und quantitativen Aufschwung erlebte. In ihren historischen Studien beriefen sich Vilmos Fraknói, Árpád Károlyi, Sándor Szilágyi, András Veress, Lajos Thallóczy, Sándor Takáts und Ede Wertheimer auf viele Quellen aus den Wiener Archiven. Die Forschungen verliefen aber nicht wirklich systematisch, meist ohne einheitliche Konzeption und ohne wissenschaftliche und methodische Anleitung und blieben zudem auf die Geschichte des 15–17. Jahrhunderts beschränkt.

Mit vorzüglichem Gespür erkannte Kuno Klebelsberg die Situation. Er war sich auch darüber im klaren, daß es in Wien genügend erstrangige ungarische Fachleute gebe, die die dortigen Archive bestens kennen. Nach Lajos Thallóczys Tod im Jahre 1916 arbeiten die Gründer und späteren Leiter des Ungarischen Historischen Instituts auch weiter in Wien. Árpád Károlyi, Beamter im seit 1877 dem gemeinsamen Außenministeriums unterstellten Haus-, Hof- und Staatsarchiv, ab 1897 erster Vizedirektor und von 1909 bis zu seiner Pensionierung im Jahre 1913 sogar Direktor, konnte als Ruheständler reaktiviert werden. Gyula Szekfű, seit 1909 ebenfalls im Haus-, Hof- und Staatsarchiv, Ferenc Eckhart seit 1911 und Gyula Miskolczy seit 1914 im Hofkammerarchiv, zählten 1917/1918 zu den jungen, aber in Fachkreisen bereits ankannten Archivaren.

Deswegen beauftragte Klebelsberg im Sommer 1917 diese mit der Ausarbeitung der Pläne für die Serie *Magyarország újabbkori történetének forrásai* (Quellen zur Geschichte Ungarns der neueren Zeit). Ende 1918 und 1919 begann – wegen der Auflösung des bisherigen Staatsrahmens – auch die Trennung der Wiener Archive. Auf ungarischer Seite bat man Árpád Károlyi um die Lenkung dieser Arbeiten und beauftragte Gyula Szekfű mit der Aufnahme, Auswahl und der Erfassung der ungarischen Archivalien im Haus-, Hof- und Staatsarchiv sowie Ferenc Eckhart um ebendasselbe im Hofkammerarchiv. Nichts war also selbstverständlicher, als daß sie auch die Mitglieder der zur Vorbereitung der Gründung eines Ungarischen Historischen Instituts in Wien im Sommer 1920 entsandten "Archivmission" der Ungarischen Historischen Gesellschaft waren.

Nachdem Klebelsberg sehr rasch, nämlich noch im Oktober 1920, drei Zimmer im Wiener Gardepalais zu beschaffen wußte, konnte das Institut seine Tätigkeit bereits mit ständigem Sitz beginnen. Die ersten zwei Stipendiaten waren Elemér Mályusz und István Hajnal, später beide die "Lehrmeister" der ungarischen Geschichtswissenschaft. In demselben Gebäude eröffnete im Jahre 1924 das Collegium Hungaricum seine Pforten für die talentiertesten Vertreter der jungen ungarischen Intelligenz. Nicht mehr nur Historiker, sondern Vertreter aller Wissenschaftsbereiche wurden aufgenommen, auch Studenten höherer Semester. Mit der Gründung der ungarischen Auslandsinstitute begann – im Sinne der Klebelsbergschen Wissenschaftspolitik – die Heranbildung einer über internationalen Weitblick verfügenden und auch im Ausland verhandlungsfähigen ungarischen Elite.

Der bestimmende Schauplatz – der "Genius loci"

Eines der schönsten und wertvollsten Wiener Bauwerke und zugleich eines der bedeutendsten Denkmäler des Barock und Klassizismus ist heute das Gebäude des Österreichischen Justizministeriums. Das von Fischer von Erlach dem Älteren für die Herzöge Trautson entworfene und um 1710 erbaute Palais in der Museumstraße diente seit 1760 als Sitz der in diesem Jahr gegründeten ungarischen adeligen Leibgarde. Zu den ersten Leibgardisten gehörten jene geistig in Wien aufwachsenden Jünglinge, die sich während ihres hiesigen Lebens und (ansonsten nicht übermäßig schweren) Dienstes europäischen Weitblick erwarben, Pioniere der ungarischen Aufklärung, die sogenannten Gardeschriftsteller: Ábrahám Barcsay, Sándor Baróczy und als hervorragendster von ihnen György Bessenyei. Später wohnten hier auch Sándor Kisfaludy,

Artúr Görgei und György Klapka. Nach 1849 ging das Gebäude zur Strafe und wegen der Auflösung der Leibgarde in das Eigentum des österreichischen Generalkommandos über, aber 1869 gab man das Gebäude feierlich wieder der "Garde" zurück. Nach dem Zerfall der Monarchie und der daraufhin erfolgenden Auflösung der Leibgarde nutzte ab November 1918 das ungarische Liquidierungsamt einige Räumlichkeiten. Ab 1920 wurde das Gardepalais vom Wirtschaftsbüro des Reichsverwesers verwaltet und ging 1925 – unter geschickter Ausnutzung der diplomatischen Kanäle und sogar mit Unterstützung der Österreicher – in den Besitz des ungarischen Kultusministeriums über. Diese an die ungarische Vergangenheit erinnernde, aber nicht nur historisch, sondern auch vom Marktwert her höchst wertvolle Immobilie versuchte man nach dem Tode (1932) des dortigen Institutsgründers Klebelsberg mehrere Male zu verkaufen. 1939–1940 wurde ernsthaft der Tausch mit der (Schiffswerft-) Insel von Óbuda (Altofen) erwogen, die den Hermann-Göring-Werken gehörte, letztendlich aber wies die ungarische Seite das Angebot zurück. Nach dem Zweiten Weltkrieg, 1947, gab der Wiener Bürgermeister zu erkennen, das Gardepalais gern zur Unterbringung kultureller Einrichtungen und Sammlungen kaufen zu wollen. Das ungarische Außenministerium empfahl selbst damals den Verkauf des Gebäudes noch nicht: "Wir möchten mit der Stadt Wien in ehrlicher Freundschaft und demokratischer Zusammenarbeit leben, und wir hätten den Vorschlag mit aufrichtiger Freude angenommen, aber das Gebäude der ehemaligen Leibgarde besitzt für die ganze ungarische Nation einen so großen historischen und symbolischen Wert, daß das ungarische Kultus- und Unterrichtsministerium zu seinem größten Bedauern dem Bürgermeister mitteilen muß, sich hinsichtlich des Verkaufes des Gebäudes in keine Verhandlungen mit der Stadt Wien einlassen zu können."

Seit Ende der vierziger Jahre war das Gardepalais fast völlig unausgenutzt und nahm auch keine Stipendiaten und Forscher mehr auf. Das Gebäude verblieb aber weiterhin im Besitz des ungarischen Staates; zu seiner unverständlichen, ja verbrecherischen Verschleuderung kam es erst in den Jahren 1960–1961. Das Politbüro der Partei der Ungarischen Werktätigen stimmte schon in seiner Sitzung am 18. Januar 1956 dem Verkauf des Gebäudes zu. Die Revolution des Jahres 1956 und die darauffolgende internationale Isolierung Ungarns in der "westlichen Welt" verhinderte aber für fünf Jahre die Verwirklichung des Beschlusses. Im November 1958 und dann im Juli 1959 beriet das Politbüro der nunmehrigen Ungarischen Sozialistischen Arbeiterpartei erneut über das Schicksal des Gebäudes. György Marosán, eine typische Gestalt jener Periode und leider einer ihrer Politiker mit großer Macht, erklärte: "Wir waren 400 Jahre lang die Kolonie Österreichs, und auch aus diesem Haus hat man uns gemordet. [...] Wenn wir mit propagandistischem Ziel ein modernes, schönes, das heutige Leben des Landes zum Ausdruck bringendes Gebäude bauen, so wird dies viel eher das Leben Ungarns symbolisieren als dieses altmodische, alte Gebäude." Mit dieser Aussage war das Schicksal des letztlich sehr unter seinem wirklichen Verkehrswert, für 18 Millionen Schilling, verkauften Gardepalais besiegelt.

Aus der Verkaufssumme wurde bis 1963 nach den Plänen drittrangiger österreichischer kommunistischer Architekten, in Ausführung durch ein an Kapitalmangel leidendes österreichisches kommunistisches Unternehmen das Gebäude des Collegium Hungaricum in der Hollandstraße errichtet. Wie sich einer der ungarischen Bauleiter erinnerte, "bedurfte es ungarischer Budgetreserven", um das Bauunternehmen am Leben zu erhalten.

Die Schaffung einer anheimelnden Atmosphäre – Die Gestaltung des Organisationsrahmens der Institute

Aus dem Staatshaushalt stellte man zwischen 1923/24 und 1929/30 beträchtliche Summen, insgesamt fast eine Million Pengő für die Innen- und Außenrenovierung des Gardepalais zur Verfügung. Das Ergebnis wurde auch vom österreichischen Denkmalschutzamt gelobt und als nachahmenswert empfohlen. Am Ende der zwanziger Jahre glänzte das Gebäude in seiner früheren Pracht, seine fast sämtlich bewohnbaren 194 Räumlichkeiten wurden entsprechend der Zwecke des Collegiums bzw. des über weit weniger Zimmer belegenden Historischen Instituts umgebaut und eingerichtet (1928 verfügte das Historische Institut über 26 und das Collegium über 78 Räume).

Die über 20 000 Bände umfassende, seit 1936 öffentliche Bibliothek des Historischen Instituts war die wertvollste Sammlung zur Geschichte des Karpatenbeckens außerhalb Ungarns. (Leider wurden die Bestände nach 1948 zerstreut.)

Das Ungarische Historische Institut in Wien unterstand anfänglich der Ungarischen Historischen Gesellschaft und wurde 1924 von Klebelsberg in die Staatliche Ungarische Sammlungsuniversitas eingegliedert, die alle großen öffentlichen Sammlungen Ungarns vereinte. Laut Organisationsstatut des Instituts war "die Bestimmung des Institutes: 1. Erforschung des Materials der großen Wiener Archive und anderer öffentlicher Sammlungen für die Zwecke der ungarischen Geschichtsschreibung [...] und ihre Vorbereitung zur Veröffentlichung [...] 2. im Zusammenhang mit dieser wissenschaftlichen Aufarbeitung die Einführung geeigneter junger Kräfte in die Methoden der historischen (besonders aber der archivarischen) Forschungen auf praktischem Wege." Der Direktor wurde auch wie bisher aufgrund der Kandidatur durch die Historische Gesellschaft ernannt, und die Gesellschaft wirkte auch weiterhin lenkend bei der Delegierung der Institutsmitglieder mit.

Das Collegium Hungaricum nahm – im Gegensatz zum Historischen Istitut – nicht nur Vertreter eines Fachgebietes, sondern aus allen Wissenschaftszweigen auf, so daß laut seiner Satzung die Aufgaben des Collegiums waren: "1. Die zielgerichtete Förderung der Wiener wissenschaftlichen Forschungen und Fachstudien, der allgemeinen Bildung, der deutschen Sprachkenntnisse und der Zusammenarbeit mit österreichischen Fachkreisen der als Mitglied aufgenommenen, sich auf eine wissenschaftliche, künstlerische Laufbahn vorbereitenden oder schon in solcher Laufbahn tätigen ungarischen Staatsbürger 2. die Pflege und Vertiefung der österreichisch-ungarischen kulturellen Beziehungen [...] 3. aufklärende Tätigkeit hinsichtlich der Kontakte der in den ungarischen und österreichischen kulturellen Instituten und Gremien sowie im wissenschaftlichen Leben tätigen Personen."

Die Institutsdirektoren und die wissenschaftlichen Zeitgenossen betonten ständig die völlige Unabhängigkeit des Ungarischen Historischen Instituts in Wien von seinem "Schwesterinstitut", dem Collegium Hungaricum. Von beiden Anstalten hatte das Historische Institut sowohl in Budapest als auch in Wien höheren wissenschaftlichen Rang und Ansehen. Dies zeigt sich auch daran, daß der Direktor des Collegium Hungaricum, Antal Lábán, bis 1931 dem Direktor des Historischen Instituts, Árpád Károlyi, unterstellt war und daß die Direktoren des Historischen Instituts ab 1934 auch das Collegium leiteten. Nach dem Tode Klebelsbergs änderte man 1933 den Namen des Instituts in Ungarisches Geschichtsforschungsinstitut Graf Kuno Klebelsberg.

Zur Institutionalisierung ihrer kulturellen und wissenschaftlichen Beziehungen unterzeichneten Ungarn und Österreich am 4. März 1935 ein Abkommen. Die Begründung des in Ungarn als Gesetz Nr. XIX vom Jahre 1935 ratifizierten Abkommens betonte die Fermentfunktion der traditionsreichen ungarischen kulturellen Institute in Wien – Pazmaneum, Theresianum – und verfügte über das Weiterbestehen des Collegium Hungaricum und des Historischen Instituts. Darüber hinaus verfügte es auch über die Berufung eines ungarischen Gelehrten – Gyula Miskolczy – als Gastprofessor nach Wien, über die Aufnahme von jährlich je zwei vom Vertragspartner bestimmten Austauschstipendiaten oder jungen Forschern und über die Studiengebührenermäßigung für je zwölf Studenten, über die Anstellung von Lektoren zum Zwecke des Sprachunterrichts der Sprache des anderen Landes an den Universitäten der Hauptstädte und eventuell auch anderswo, über den Austausch von Universitäts- und Hochschulprofessoren, Theaterstücken, Radiosendungen, Ausstellungen und offiziellen Publikationen und über gemeinsame Forschungen. Um die Vorteile der Vereinbarung zu nutzen, stand jedoch nur eine kurze, bis zum Anschluß von 1938 dauernde Periode von nicht ganz drei Jahren zur Verfügung. Trotzdem entwickelten sich auch die Kontakte im Bereich der höheren Bildung recht hoffnungsvoll. Seit 1937 war außer dem ungarischen Gastprofessor in der Person von Géza Ferenczy (der zugleich Bibliothekar des Historischen Instituts und des Collegium Hungaricum war) als ungarischer Lektor an der Wiener Universität tätig. Wie bekannt, hat die Geschichte auch in diesem Fall die Verwirklichung der weiteren schönen Pläne uneinsichtig und rücksichtslos vereitelt ...

Die Direktoren des Historischen Instituts und des Collegium Hungaricum

Der erste Direktor des Historischen Instituts war der väterliche Freund, Helfer und Gönner Klebelsbergs, Árpád Károlyi. Unter ihm erlebte das

Institut seine Glanzzeit. Mit steter Aufmerksamkeit verfolgte und überwachte er die Arbeit der Mitglieder und half ihnen bei der Herstellung und Pflege der erforderlichen beruflichen Kontakte. Noch als gebrochener und fast tauber alter Mann führte er das Institut mit sicherer Hand bis zum März 1928. Zugleich war er von Dezember 1924 bis September 1931 mit dem Titel eines Staatssekretärs Kurator der ungarischen Kulturinstitutionen Wiens, des Historischen Instituts und des Collegium Hungaricum.

Zwischen März 1928 und September 1929 war der berühmte Rechtshistoriker Ferenc Eckhart Direktor, und ab September 1929 für kurze Zeit Gyula Miskolczy. Ab November 1929 war der Direktor des Historischen Instituts Dávid Angyal, neben Árpád Károlyi der anere "große Alte" der ungarischen Geschichtsschreibung, der zuvor Otto von Habsburg in ungarischer Geschichte unterrichtet hatte. Der erste und einzige, 1924–1934 unabhängige Direktor des Collegium Hungaricum war der weniger bekannte und auch wissenschaftlich farblosere und bedeutungslosere Literaturhistoriker Antal Lábán. Er hatte ab 1910 am Theresianum unterrichtet (wo man die ungarischen Studenten noch in der Zwischenkriegszeit Geographie, Geschichte und Literatur in ungarischer Sprache lehrte). Als dortiger Ungarischlehrer wurde er Leiter des Collegium, und 1928 erwarb er den Titel des Privatdozenten im Fach ungarische Literaturgeschichte an der Wiener Universität. Er leitete die Anstalt als geschickter und begeisterter Organisator.

Vom September 1935 bis zur Auflösung der ungarischen kulturellen Einrichtungen in Wien Ende 1948 leitete wieder Gyula Miskolczy das Historische Institut und das Collegium Hungaricum. Als Folge der Rationalisierung und der "Umorganisierung der Administration der Auslandinstitute" wurden die Aufgaben Miskolczys wesentlich erweitert. Er war ungarischer Gastprofessor an der Wiener Universität, Direktor des Collegium Hungaricum und des Historischen Instituts sowie Leiter der Ungarischen Archiv- (und später auch der Museums-) Delegation in einer Person. Er versah seinen Dienst in Wien auch während des Krieges ohne Unterbrechung. Nach Kriegsende bestätigten ihn das Ungarische Kultusministerium sowie die Wiener Universität fast sofort, unter den ersten wieder in seinen Funktionen. Miskolczy kämpfte mit zäher Beharrlichkeit, um den zwischen den beiden Weltkriegen erreichten Rang des Historischen Instituts und des Collegium Hungaricum wieder herzustellen Die kommunistische Machtübernahme in Ungarn (1948) bedeutete zugleich auch die sofortige Auflösung der ungarischen kulturellen Einrichtungen in Wien.

Im November 1948 wurde Miskolczy nach Hause beordert. Er wußte, was dies bedeutete, leistete deshalb der Aufforderung nicht Folge und blieb lieber in Wien. Bis zum 1. Dezember 1948 stand er im Dienste des ungarischen Staates, danach lehrte er bis 1949 als Gastprofessor und anschließend bis zu seinem Tode 1962 als Titularprofessor an der Wiener Universität. Als ehemaliger Direktor weiter im Gardepalais wohnend, erlebte er noch den Verkauf des Gebäudes 1961.

Die Unterstützung der Wiener Institute und ihre Mitglieder

Klebelsberg als ein außerordentlich geschickter, echter Wissenschaftsmanager sicherte selbst in der schwersten wirtschaftlichen Situation Anfang der zwanziger Jahre die für die Unterhaltung und Entwicklung des Historischen Instituts notwendigen Summen. Geld "auftreibend", dafür Klingeln putzend, sich an Unternehmen beteiligend und Stiftungen gründend – so beschaffte er aus den verschiedensten Quellen die Summen für die Erhaltung des Instituts. Als Kultusminister nahm er sich ab 1924 auch des Collegium Hungaricum an und sicherte die Zukunft der beiden Institutionen aus dem Staatshaushalt. Dem Collegium und dem Historischen Institut galt seine ständige Aufmerksamkeit. Sie waren seine Lieblingsprojekte – das Fundament seines ganzen wissenschaftspolitischen Systems –, seine Herzensangelegenheit. Er war stets darüber informiert, welcher Stipendiat an welchem Thema arbeitete und wie er in der Erfüllung seiner Aufgabe vorankam. Er versuchte immer mehr junge Leute in die Wiener Forschungen einzubeziehen. Die meisten der längere Zeit in Wien Weilenden waren vielversprechende, ihre berufliche Laufbahn gerade beginnende Zwanziger. Die Begabten versuchte Klebelsberg so lange wie möglich in Wien zu halten und ihnen ungestörte Forschungsmöglichkeiten zu verschaffen, und oft sorgte er selbst für die Anstellung der heimkehrenden Auslandsstipendiaten. Der Rücktritt Klebelsbergs (1931) als Kultusminister und sein baldiger Tod (1932) bedeuteten deshalb einen Wendepunkt im Leben und Schicksal der Wiener Institute und sämtlicher ungarischer wissenschaftlicher Auslandsinstitutionen. Leider sind die Aufstellungen der Mitglieder des Collegium und des Historischen Instituts unter ganz verschiedenen Gesichtspunkten entstanden, weshalb aus ihnen nur schwer eine genaue Statistik zu erstellen ist. Ich selbst habe – unter Einbeziehung möglichst vieler Quellen und diese vergleichend – 161 als "inneres" Mitglied im Historischen Institut weilende Stipendiaten registriert. (Da manche mehrmals Stipendien erhielten, werden es insgesamt etwa 230 Stipendien gewesen sein.) Darunter befanden sich solche Wissenschaftler wie András Alföldi, István János Bakács, Béla Baranyai, Tibor Baráth, Kálmán Benda, Jenő Berlász, Ida Bobula, Lajos Csóka, József Deér, Sándor Domanovszky, Győző Ember, Lajos Fekete, Gyula Fleischer, Mátyás Gyóni, Albert Hadnagy, István Hajnal, Jenő Házi, Egyed Hermann, Bálint Ila, Zsigmond Jákó, Dénes Jánossy, Béla Otto Kelényi, György Komoróczy, Domokos Kosáry, Miklós Komjáthy, Bernát Lajos Kumorovitz, Imre Lukinich, Elemér Mályusz, Gyula Mérei, Gyula Miskolczy, Oszkár Paulinyi, József Perényi, Ambrus Pleidell, Borbála Ravasz, Gábor Salacz, István Sinkovics, Lajos Steier, István Szabó, Pál Török, Péter Váczy, Anna Zádor und Ferenc Zsinka. Zugleich hatte auch das Collegium Hungaricum zahlreiche Historiker-Stipendiaten (z. B. Antal Fekete Nagy, István Genthon, Kálmán Eperjesy, István Barta, Károly Mollay und Oszkár Sashegyi). Manche (wie Ilona Pálfy, Károly Mezősi, Emma Lederer, Lóránd Szilágyi, Eszter Waldapfel und Károly Czeglédy) waren nicht nur Stipendiaten des Collegiums, sondern – natürlich zu anderer Zeit – auch Mitglieder des Historischen Instituts. Als Gäste des Instituts verbrachten fast alle "hoch im Kurs stehenden" ungarischen Historiker eine kürzere oder längere Zeit im Gardepalais.

Für das Collegium Hungaricum konnten sich außer den Historikern Forscher aller Wissenschaftsbereiche unter 35 Jahre mit deutschen Sprachkenntnissen zumindest der Mittelstufe bewerben. Bis 1928 und ab Anfang der vierziger Jahre war Frauen die Aufnahme verwehrt. Anfangs hatte das hiesige Stipendium einen doppelten Zweck: fachwissenschaftliche Weiterbildung – an erster Stelle für Germanisten und künftige Deutschlehrer ungarischer Mittelschulen – sowie Gelegenheit für wissenschaftliche Forschungen anzubieten. Dementsprechend konnten im Gegensatz zum Historischen Institut im Collegium auch schon Studenten nach dem zweiten Studienjahr im Fach Deutsch aufgenommen werden, allerdings nur bis 1933. Danach konnten auch hier nur Absolventen die Aufnahme beantragen. 90 % der Stipendiaten, die meist ein, manchmal aber auch mehrere Studienjahre, seltener auch nur ein Semester im Gardepalais verbrachten, bekamen finanzielle Unterstützung vom ungarischen Staat und die übrigen von Munizipalbehörden, Ministerien oder Stiftungen. Den Stipendiaten wurde für jedes Studienjahr volle Versorgung, also kostenlose Wohnmöglichkeit, Heizung, Beleuchtung, Bedienung (!), dreimal tägliche Mahlzeit (während der Kriegsjahre in Form von Kostgeld), Wäsche und ärztliche Versorgung geboten. Ihre Studienausgaben und die Kosten der fachwissenschaftlichen Arbeit wurden ihnen ersetzt. Bis zum Anfang der dreißiger Jahre "dienen im Collegium folgende Einrichtungen der Förderung der allgemeinen kulturellen Bildung: Deutsch- sowie Französisch-, Englisch- oder Italienischkurse, regelmäßige Vorlesungen über alle Mitglieder interessierende kulturelle Fragen aus den Bereichen Literatur, Geschichte, Kunstgeschichte, Naturwissenschaften usw. Die Mitglieder haben auch Gelegenheit zum Sport (Fechten, schwedische Gymnastik, Ausflüge)." Alle Stipendiaten mußten ihre Arbeitsleistungen belegen und einen zusammenfassenden Bericht abgeben. Die Zahl der Stipendiaten betrug im ersten Jahr (1924/25) 18 Personen, stieg bis 1929 stets auf über 30, stagnierte dann und sank ab 1931 auf die Hälfte ab. In den dreißiger Jahren erhielten jährlich nur noch 12–17 Stipendiaten Unterstützung in irgendeiner Form. Interessanterweise wohnten während des Zweiten Weltkriegs wieder mehr Stipendiaten im Palais. Meinen Berechnungen zufolge erhielten von der Gründung 1924 bis 1944/45 in etwa 480 Fällen mehr als 350 Personen ein Stipendium über drei Monate am Collegium, und die Zahl der Gäste betrug viele Hunderte.

In beiden Institutionen hielten sich zusammen also in etwa 700 Fällen ca. 500 Personen für mehr als drei Monate auf. Stipendiaten am Collegium waren – außer den oben genannten Historikern – beispielsweise Dezső Keresztury, Béla Lengyel, Lajos (Tamás) Treml, Tibor Mendöl, Zoltán Jókay, Dezső Ujváry, János Eckmann, Barna Horváth,

Jenő Katona, András Kubacska, László Péczely, Iván Lajos, Ernő Szép, Ákos Szendrey, László Ottlik, Béla Zemplén, János Kalmár, Bence Szabolcsi, Sándor Koch, Sándor Láng, István Bibó, László Bogsch, Kálmán Buday, Erzsébet Hartnagel, Andor De Chatel, Edith Fél, Béla Fakucs, Oszkár Sárkány, János Kósa, Zsigmond Telegdi, István Gál, András Kerényi, István Tálasi, Vilmos Wessetzky, Lajos Juhász, Tibor Vályi Nagy, László Rosdy, Domokos Gyallay Pap und László Kéry.

Angesichts der Namenslisten, der wissenschaftlichen Leistungen und dem späteren Lebenslauf der Stipendiaten können wir feststellen, daß die staatliche Stipendienaktion im Falle des Collegium Hungaricum und des Historischen Instituts sehr ernstzunehmende Ergebnisse brachte. Die meisten – ungefähr drei Viertel – derer, die hier ihren Forschungen nachgingen, stiegen bis zur Mitte der vierziger Jahre in die Elite der ungarischen Intelligenz auf und spielten häufig (wenn auch seit 1945 und dann 1948 oftmals schon in der Emigration) auch noch in der fünfziger, sechziger und siebziger Jahren eine führende Rolle.

Die wissenschaftlichen Ergebnisse des Collegiums und des Historischen Instituts

Dank der Bemühungen Klebelsbergs bekamen die in Wien forschenden ungarischen Historiker große Unterstützung durch die Mitglieder des Archivarischen Liquidationskomitees und ab 1927 durch die ungarischen Archivardelegierten. Die ungarische Regierung meldete sofort nach dem Zerfall der Monarchie ihre Ansprüche als Mitbesitzer der einstigen "gemeinsamen Archive" an. Bei den österreichisch-ungarischen Verhandlungen über die Verwaltung der Kulturgüter der einstigen Monarchie konnte erreicht werden, daß ab 1921 im Kriegsarchiv, ab 1922 im Haus-, Hof- und Staatsarchiv sowie im Hofkammerarchiv ungarische Archivdelegierte arbeiten durften. Eine außerordentlich wichtige Rolle hatte dabei Árpád Károlyi gespielt, der mit Hilfe Szekfűs und Eckharts die ungarischen Rechtsansprüche formuliert hatte, deren Geist dann die im Mai 1926 unterzeichnete und am 1. Januar 1927 in Kraft getretene Archivkonvention von Baden widerspiegelte. Sie besagte: 1. Ungarn bekam jene Archivalien ausschließlich ungarischer Provenienz zurück, die man als rein ungarisches geistiges Eigentum bezeichnen konnte 2. zum gemeinsamen geistigen Eigentum beider Staaten deklarierte man die zwischen 1526 und 1918 durch die Zentralverwaltung und zumindest teilweise in Ungarn tätige Organe entstandenen Bestände; 3. die Institution der Archivdelegation wurde dauerhaft eingerichtet. (Die Regelung der Museums- und Bibliotheksbestände konnte erst im November 1932 vereinbart werden). Die vom Ungarischen Historischen Institut in Wien gebotenen Forschungsmöglichkeiten hatten auch immensen Einfluß auf die weitere Entwicklung der ungarischen Geschichtsforschung, vor allem durch die mustergültige Herausgabe der Quellen zur ungarischen Geschichte der Neuzeit (in Fachkreisen kurz Fontes genannt) und deren außerordentlich niveauvolle Aufarbeitung.

Unter Minister Klebelsberg konnten die später in Opposition zueinander stehenden Historiker für die Verwirklichung der Fontes-Pläne, für die gemeinsame Arbeit noch gewonnen werden. In den zwanziger Jahren arbeiteten an den Fontes-Bänden großenteils gleichzeitig Gelehrte, die danach in die verschiedensten Richtungen auseinandergingen: Árpád Károlyi, Dávid Angyal, Gyula Szekfű, Elemér Mályusz, István Hajnal, Sándor Domanovszky, Lajos Steier, József Thim, Gyula Miskolczy, Imre Lukinich, Béla Baranyai, Gyula Viszota und Béla Iványi-Grünwald, also die Creme der in der Zwischenkriegszeit ohnehin ihr "goldenes Zeitalter" erlebenden ungarischen Geschichtswissenschaft.

Ab 1921, als Árpád Károlyis Buch über den Döblinger literarischen Nachlaß István Széchenyis erschien, wurden bis 1944 unter insgesamt 24 Titeln in 42 Bänden Fontes-Publikationen herausgegeben. Die meisten Bände wurden dem Fachpublikum während der Ära Klebelsberg präsentiert: zu Lebzeiten des Grafen erschienen 25 Bände. In den Bänden mit allgemein 50 Bogen wurden die Quellen in der Originalsprache (lateinisch, deutsch, ungarisch, französisch, serbisch, kroatisch oder slowakisch) publiziert und mit Anmerkungen sowie Namen- und Sachregister versehen. Die Einleitungsstudien waren viel anspruchsvoller und umfangreicher als sonst üblich. Die meisten von ihnen machten ein Drittel oder ein Viertel der stattlichen Bände aus. Ein Fehler allerdings war, daß die in ihrer Originalsprache veröffentlichten Quellen ausschließlich mit ungarischen Regesten und Anmerkungen versehen wurden und auch Titel und Inhaltsverzeichnis der Bände ungarisch waren. So konnten oder wollten die Historiker der umgebenden Länder diese Ausgaben weniger zur Kenntnis nehmen, obwohl die Bände meistens auch aus ihrer Perspektive hochwichtig gewesen wären. Ein Teil der in den Fontes-Bänden mitgeteilten bzw. aufgearbeiteten Quellen fiel nämlich den Flammen zum Opfer, als am 15. Juli 1927 im Justizpalast gegenüber dem Gardepalais ein Brand ausbrach, wieder andere wurden durch die Bombardements und Zerstörungen in den Jahren 1944–1945 vernichtet.

Kuno Graf Klebelsberg
(Magyar Nemzeti Múzeum)

Die thematisch sehr reichhaltigen Fontes wollten die Lücken in der neuzeitlichen ungarischen Geschichte schließen, eine Aufgabe, der sie nicht völlig gerecht werden konnten. Zwar fanden fast alle Bände der Serie große Anerkennung, doch wurden nur einige größere Bereiche gründlicher aufgearbeitet (und mehr war nicht möglich). Die Schriften Széchenyis erschienen in 13, die Quellen zur Geschichte der Nationalitätenfrage in 8, József nádor iratai (Die Schriften Palatin Josephs) und die Serie Naplók, emlékezések (Tagebücher, Erinnerungen) in je 4 sowie die Akten der Kossuth-Emigration in 3 Bänden. Dies waren 32 von 42 Bänden, und damit wird dokumentiert, daß man bestrebt war, ein angefangenes Thema möglichst vollständig zu erarbeiten.

Außer den Fontes sind der Forschungsarbeit im Ungarischen Historischen Institut in Wien noch zahlreiche Bücher, Studien, Quellenveröffentlichungen und Beiträge zu verdanken. Das Institut hatte auch ein eigenes Periodikum: Die von Dávid Angyal initiierten Évkönyvek (Jahrbücher) erschienen zwischen 1931 und 1940 in 10 Bänden mit finanzieller Unterstützung der Ungarischen Akademie der Wissenschaften. In ihnen wurden zu den unterschiedlichsten Themen 85 ungarischsprachige und 30 deutschsprachige Studien veröffentlicht, von denen viele auch heute noch zur grundlegenden Fachliteratur zählen. Die Wiener Forschungsarbeit der Institutsmitglieder fand auch Eingang in die großen historischen Zusammenfassungen jener Periode. In den Bänden von Gyula Szekfű der "Ungarischen Geschichte" von Bálint Hóman und Gyula Szekfű (kurz "Hóman–Szekfű") finden sich viele Verweise auf die Fontes-Bände und die Studien der die Wiener Quellen bearbeitenden Stipendiaten. Und in den fünf Bänden der Magyar Művelődéstörténet (Ungarische Kulturgeschichte), herausgegeben von Sándor Domanovszky, finden sich Beiträge von mehreren ehemaligen Institutsmitgliedern (so József Deér, Péter Váczy, Miklós Kring, István Sinkovics, Lóránd Szilágyi, Elemér Mályusz, Oszkár Paulinyi, Imre Szentpétery jun., Imre Lukinich, István Szabó, Jenő Berlász, Elemér Vácz, Lajos Juhász, József Höllrigl, Győző Ember, István János Bakács, Csaba Csapodi, Egyed Hermann, J. Lajos Csóka, Emil Haraszti, Gyula Miskolczy, Emil Párdányi, István Hajnal, László Tóth und János Hajdu), die dabei großenteils auch auf ihre Wiener Forschungen zurückgriffen. Ebenso auf sehr viel Wiener Quellenmaterial berief man sich in den Bänden zur dreihundertjährigen Geschichte der 1635 gegründeten Universität in Nagyszombat und deren Rechtsnachfolgerin, der Péter Pázmány Universität in Budapest.

Wie bereits erwähnt, hatte das Collegium Hungaricum ein geringeres wissenschaftliches Prestige als das Historische Institut. Ungeachtet dessen behauptete 1932 Antal Lábán mit vollem Recht: "1./ Das Wiener Kollegium erzog innerhalb von acht Jahren eine für das ungarische wissenschaftliche Leben wertvolle neue Generation, und von den Ergebnissen der [...] Fachstudien der Kollegiumsmitglieder legen außer zahlreichen anerkennenden Zeugnissen der Professoren zweieinhalbhundert – in ungarischen und ausländischen Fachzeitungen erschienene – Fachstudien Zeugnis ab. 2./ Die Mitglieder des Wiener Collegium Hungaricum haben abgesehen von ganz wenigen Ausnahmen nach ihrer Rückkehr [auch in Ungarn] ihre Stellung durchaus tüchtig behauptet [...] 3./ Das Wiener Collegium ... leistet im Hinblick auf die positive Präsentation des geistigen und fachwissenschaftlichen Lebens in Ungarn [...] bedeutsame Arbeit." Auch das Collegium verfügte über eine eigene Serie, *Collegium Hungaricum füzetei* (Die Hefte des Collegium Hungaricum). Von ihr erschienen 13 Hefte, abgesehen vom ersten, verfaßt vom Direktor Antal Lábán über die Geschichte des Gardepalais und des Collegiums, alle anderen aus der Feder der Stipendiaten Ilona Pálfy, Kálmán Eperjesy, András (Tasnádi) Kubacska, Lajos Hegedűs, Ernő Szép, Gyula Müller, Irén Nagy, Andor (Solt) Spenecer, Jenő Baráth, István Skala, Andor Borbély und Julia Nagy sowie Géza Lakatos; zwei in deutscher, alle anderen in ungarischer Sprache.

Wir können über das Historische Institut – mit den Worten Gyula Miskolczys aus dem Jahre 1946 – ruhigen Gewissens behaupten: "außer der Ungarischen Akademie der Wissenschaften hat es noch kein Organ gegeben, das so viel für unseren allernationalsten Wissenschaftsbereich getan hätte, so viele Verdienste um dessen Entwicklung erworben hätte wie dieses kleine Institut. Es ist das alleinige Verdienst dieses Instituts, daß wir unsere Geschichte der neueren Zeit kennenzulernen beginnen, besser als jedes andere Volk im Donautal seine eigene neuere Geschichte, und daß unsere geschichtliche Anschauung realistischer, illusionsloser und in ihren Methoden modern geworden ist [...] Die Schließung dieses Institutes, das kann ich ruhigen Gewissens sagen, würde die Schließung des ungarischen Auslandinstituts mit der wertvollsten Arbeit bedeuten." – "Letztendlich können wir nichts an der Tatsache ändern, daß die allerwichtigsten archivalischen und sogar künstlerischen Dokumente unserer vierhundertjährigen Vergangenheit in Wiener Archiven, in der Wiener Nationalbibliothek und sogar bis zu gewissem Grade in den großen Wiener Museen aufbewahrt werden, und daß Hunderte von ungarischen Wissenschaftlern und Künstlern ihre Studien in Wien vervollkommnet haben. Wenn die Verbindung nach Wien unterbrochen wird, wird auch unsere Verbindung zur eigenen Vergangenheit unterbrochen" – erklärte er, als sehe und sage er die wenige Jahre später (nach 1948) eintretende Lage voraus. Die vergangenen mehr als fünfzig Jahre haben ihm auch darin Recht gegeben, daß (zumindest in dieser Hinsicht) "die Geschichte sich wiederholen und Wien wieder das sein wird, was es im 18. Jahrhundert war: ein wahrer Vermittler im Dienste der großen kulturellen Strömungen [...], daß in der Entwicklung unserer Spiritualität die Rolle Wiens in den künftigen Jahren – für wie lange Zeit, das kann noch niemand sagen – verglichen mit der nahen Vergangenheit eher zunehmen als abnehmen wird."

Bis zum Frühling 1999 wurde das im Jahre 1963 eröffnete Gebäude des Collegium Hungaricum in der Hollandstraße vollkommen renoviert. Wir vertrauen darauf, daß die so notwendige innere und äußere Umgestaltung nur den Bruch mit einem Teil der Vergangenheit – der Periode zwischen 1948 und 1990 – symbolisiert. Wir vertrauen darauf, daß wir endlich, verändernd und bewahrend, zu jenen von unseren Traditionen zurückkehren können, die wir vertreten und fortsetzen können, daß für das ungarische wissenschaftliche Leben Wien, das Collegium Hungaricum und das Ungarische Historische Institut weiterhin das sein können, was sie in der Zwischenkriegzeit waren: ein Zentrum der Eliten- und Weiterbildung für die junge ungarische Intelligenz.

LITERATUR

Bittner, Ludwig, *Árpád von Károlyi als Archivar*, Bp, 1933, (Ungarische Übersetzung: Bittner Lajos, *Károlyi Árpád, a levéltárnok*, In Levéltári Közlemények [im weiteren: LK] 1933, 3-4.)

Fazekas István, *Magyar kispapok Bécsben - A Pázmáneum három évszázada (1623-1947)* In Limes, 1998, 1.

Fleischer Gyula, *A bécsi magyar testőrségi palota*, In Magyar Művészet, 1929, 8.

Glatz Ferenc, *Nemzeti kultúra - kulturált nemzet 1867-1987*, Bp, 1988.

Glatz Ferenc, *Történetírás korszakváltásban. Tanulmányok*, Bp, 1990.

Károlyi Árpád, *A Bécsi Magyar Történeti Intézet első lustruma (1920-1925.)*, In LK, 1925, 285-308.

A külföldi magyar intézetek működése és a magas műveltség célját szolgáló ösztöndíjak az 1924/25-1941/42. tanévben, Bp, 1925-1944.

A magyar állam költségvetése az 1921/22-1944. számadási évre. Sommázat + Állami költségvetés az 1921/22-1944. évre. Részletezés, Bp, 1921-1943.

Julius Miskolczy, *Das Institut für ungarische Geschichtsforschung in Wien und seine Publikationen* In Mitteilungen des Österreichischen Staatsarchivs, 15, 1962, 577-594.

Pleidell Ambrus, *A Bécsi Magyar Történeti Intézetről (1926 jan. - 1928. jún.)* In LK, 1928, 1-4.

Ress Imre, *A bécsi levéltárak szétválasztásának kérdése 1918-1919-ben*, In LK, 1987, 1-2.

Ress Imre, *Nemzeti levéltári vagyon - közös szellemi tulajdon. A bécsi magyar levéltári delegáció szerepe a határokon átnyúló levéltári problémák megoldásában*, In Levéltári Szemle, 1988, 1.

Schneider Márta, *Magyar kulturális intézetek Bécsben a két világháború között. A Bécsi Magyar Történeti Intézet és a Collegium Hungaricum*, In Magyarságkutatás. A Magyarságkutató Intézet évkönyve. Budapest, 1989, Bp, 1990.

Szekfű, Julius, *Die ungarische Geschichtsforschung und die Wiener Archive*, In Historische Blaetter, 1, 1921, 1.

Tudomány, kultúra, politika. Gróf Klebelsberg Kuno válogatott beszédei és írásai (1917-1932), Vál., az e ószát és a jegyzeteket írta Glatz Ferenc, Bp, 1990.

Ujváry Gábor, *Tudományszervezés - történetkutatás - forráskritika. Klebelsberg Kuno és a Bécsi Magyar Történeti Intézet*, Győr, 1996.

Wagner, Hans, *Julius Miskolczy (1892-1962)* In Mitteilungen des Österreichischen Staatsarchivs, 15, 1962.

Kaiser und König

1526–1918

Kaiser und König

Eine historische Reise: Österreich und Ungarn 1526–1918
Ausstellung im Prunksaal der Österreichischen Nationalbibliothek,
8. März – 1. Mai 2001
Katalog

Die Geschichte des Habsburgerreiches – das österreichisch–ungarische Verhältnis mit inbegriffen – verfügt über eine Literatur von Bibliotheksausmaß. Trotz der reichen Fachliteratur sind viele Fragen noch ungelöst, nicht zuletzt deshalb, da vieles, was bis 1918 zu Papier gebracht wurde, aufgrund der Beziehung der beiden Länder politisch durchtränkt war. Die einander oft widersprüchlichen Geschehnisse, die zum einen ein einheitliches Reich widerzuspiegeln scheinen, zum anderen es jedoch eher spalten, werden durch die geschichtlichen Fiktionen verschleiert und schwer erkennbar gemacht.

Ziel der Ausstellung ist es, das 400jährige österreichisch–ungarische Zusammenleben in seiner Vielseitigkeit zu unterbreiten. Die Kompliziertheit des Themas und die Gegebenheiten des Saales machen jedoch bei vielen Fragen leider nur eine ansatzweise Darstellung möglich. Die Ausstellung möchte keine fertige, abgeschlossene Geschichte darbieten, sondern dem Besucher eher eine Reihe von Fragen und Problematiken vor Augen führen, die ihn zum weiteren Nachdenken anregen.

Die Ereignisse der vergangenen Jahrhunderte müssen jedoch auch dem einfachen Besucher verständlich sein. Das Zurechtfinden im Dschungel der Vergangenheit wird durch die Person des gemeinsamen Monarchen, die sich um ihn herausbildende Reichsverwaltung, die Hofführung und das Verhältnis zu Ungarn erleichtert.

1
SIGISMUND I. UND ALBRECHT V.

1
Medaille: Sigismund I. (1368–1437), deutsch–römischer Kaiser, König von Ungarn und Böhmen, 16. Jh.
Unbekannter Meister
Silber, 37,8 mm
KHM Münzkabinett Inv. Nr. 632 bß

Sigismund, Sohn Kaiser Karls IV. von Luxemburg kam als Schwiegersohn Ludwig des Großen und als Ehemann der Königin Maria (1370–1395) mit Ungarn in Kontakt. Im Kampf, den er mit der Anjou-Partei ausfocht, gelangte er an die Macht und wurde nach der Gefangenschaft seiner Ehefrau zum König erwählt und gekrönt (März 1387). Nach dem tödlichen Reitunfall seiner Gemahlin wurde er zum Alleinherrscher (17. Mai 1395). Im Laufe seiner langen Herrschaft gelang es ihm langsam der feudalen Anarchie Herr zu werden und nach mehreren, in offener Schlacht erlittenen Niederlagen ließ er entlang der südlichen Grenze eine Verteidigungslinie erbauen, die dem osmanischen Vordringen für lange Zeit Einhalt gebot. In der zweiten Hälfte seiner Herrschaft wurde seine Energie als Römischer König (1410) und König von Böhmen (1420) größtenteils durch den Kampf gegen den böhmischen Hussitismus beansprucht, bzw. durch die Wiederherstellung der Einheit der Kirche (Konstanzer Konzil 1414–1418). 1433 wurde er auch zum Römischen Kaiser gekrönt. Aus seinen beiden Ehen ging nur eine einzige Tochter hervor, Elisabeth, die er mit dem österreichischen Herzog Albrecht vermählte.
Lit.: Elemér Mályusz, *Kaiser Sigismund in Ungarn. 1387-1437.* Bp. 1990

2
Urkunde von König Sigismund über das Thronerbe des österreichischen Herzogs Albrecht IV., 14. September 1402
Orig., Pergament, 25 x 49 cm, mit Siegel
Druck: Fejér X/4. 132-134.

Mangels eines männlichen Nachfolgers entschied König Sigismund im Jahre 1402, daß der österreichische Herzog Albrecht IV. (1377–1404), mit dem er gute freundschaftliche Beziehungen pflegte, im Falle seines Todes den Thron besteigen solle. Da der auserwählte Nachfolger jedoch zwei Jahre später verstarb, traf der Herrscher im Jahre 1411 die Entscheidung, dessen Sohn Albrecht, Albrecht V. (1397–1439), mit seiner damals dreijährigen Tochter, Elisabeth (1408–1442) zu vermählen. Die Hochzeit fand im Jahre 1421 statt.
Lit.: Eduard M. Lichnowsky-Josef Birk, *Geschichte des Hauses Habsburg,* 1-8.Bd. Wien 1836-1844, 5. Bd., Reg. Nr. 502. - Kat. der Ausstellung des HHStA 1905, Nr.256. - Elemér Mályusz, *Kaiser Sigismund in Ungarn. 1387-137.* Bp. 1990

3
Ungarische Stände bestätigen den Vertrag von König Sigismund mit dem österreichischen Herzog Albrecht IV., 21. September 1402
Orig., Pergament, 30 x 64 cm, mit 112 Siegeln
HHAStA AUR 1402 IX 21
Druck: Fejér X/4. 134-140.

Die herrschaftliche Entscheidung allein genügte nicht zur Erlangung des Thrones, dazu bedurfte es der Einwilligung des ungarischen Adels, die Sigismund innerhalb kurzer Zeit auch erhielt. Als Zeichen der Einwilligung versahen die angesehensten Magnaten die Urkunde mit ihrem Siegel.
Lit.: Eduard M. Lichnowsky-Josef Birk, *Geschichte des Hauses Habsburg,* 1-8.Bd. Wien 1836-1844, 5. Bd., Reg. Nr. 510. - Kat. der Ausstellung des HHStA 1905, Nr. 257. - Elemér Mályusz, *Kaiser Sigismund in Ungarn. 1387-1437.* Bp. 1990, 64-65.

4
Albrecht V. (1397–1439), österreichischer Herzog, deutscher König und König von Ungarn
Gemälde aus der Sammlung von Ferdinand von Tirol
KHM, Gemäldegalerie

Albrecht V., Mitglied der albertinischen Linie der Familie Habsburg, vermählte sich 1421 mit Elisabeth, der Tochter Kaiser Sigismunds von Luxemburg und Barbara Cilli. Nach der Eheschließung galt Albrecht als auserwählter Nachfolger Sigismunds. Nach dem Tode von Sigismund (9. Dezember 1437) wurde er vom ungarischen Adel auch zum König gewählt, ihnen folgte der Reichsadel (deutscher König ist er unter dem Namen Albrecht II.) und schließlich der katholische böhmische Adel. Albrecht herrschte nur kurze Zeit, da er im Oktober 1439 Opfer einer Ruhrepidemie wurde. Zu seinem Nachfolger ernannte er seinen Sohn Ladislaus (1440–1457), der zu diesem Zeitpunkt noch nicht geboren war. Daher erhielt dieser später den Beinamen Posthumus, als Vormund bestimmte Albrecht seine Ehefrau und das älteste Mitglied der Familie Habsburg.

5
Königin Elisabeth (1409–1442), Tochter von König Sigismund und Gemahlin von Albrecht V.
Gemälde aus der Sammlung von Ferdinand von Tirol
KHM Gemäldegalerie

Elisabeth war die Tochter von Kaiser Sigismund und Barbara Cilli (1392–1451), die der Vater bereits als Kleinkind mit dem österreichischen Herzog Albrecht V. zu verheiraten beabsichtigte (Oktober 1411). Zum Ehebund kam es 1422, als Elisabeth dreizehn Jahre alt war. Nach dem Tode ihres Mannes brachte sie ihr gemeinsames Kind zur Welt, Ladislaus Posthumus (1440–1457), und versuchte durchzusetzen, daß der ungarische Adel ihn als König akzeptiert. Zu diesem Zwecke ließ sie die streng bewachte königliche Krone in der Nacht des 21. oder 22. Februar 1440 von ihrer Kammerfrau, Helena Kottaner, stehlen und sie unter abenteuerlichen Umständen nach Komárom bringen. In den darauffolgenden Jahren focht sie einen harten Kampf gegen Wladislaw I. (1440–1444), der von der Mehrheit des Adels zum König gewählt worden war.
Lit.: Ernst Birk, *Beiträge zur Geschichte der Königin Elisabeth von Ungarn und ihres Sohnes Ladislaus Posthumus,* Wien 1849 - Karl Mollay (Hg), *Die Denkwürdigkeiten der Helene Kottanerin (1439-1440),* Wien 1971

2
ZWEI RIVALEN: MATTHIAS CORVINUS UND FRIEDRICH III.

1
Friede zwischen König Matthias und Kaiser Friedrich III., 19. Juli 1463
Orig., Pergament, 36 x 71 cm, mit Siegeln
Druck: Marczali 1901, 324-328. - Nehring 1975, 202-217.

Der am 19. Juli 1463 geschlossene Friede setzte dem Zwist zwischen dem 1458 zum ungarischen König gewählten Matthias Hunyadi und Friedrich III. ein Ende. Mit dem Frieden anerkannte Friedrich III. Matthias als König von Ungarn, im Tausch dafür durfte die 1440 verpfändeten westungarischen Güter (Eisenstadt, Forchtenstein, Kobersdorf, Landsee, Rechnitz, Schlaining, Bernstein) behalten und bis an sein Lebensende den Titel König von Ungarn führen. Friedrich III. gab die ungarische Krone zurück, die sich in seinem Besitz befunden hatte, und mit dieser war die Herrschaft Matthias' endgültig legitimiert. Friedrich ernannt Matthias zu seinem Sohn, doch insofern dieser ohne Nachkomme verstürbe, würde das Land Friedrich zufallen. Vorliegendes Exemplar ist jenes Vertragsexemplar, das von den fünf ungarischen Verhandlungsgesandten (dem Erzbischof von Kalocsa István Várdai, dem Bischof von Várad János Vitéz, dem siebenbürgischen Woiwoden Miklós Újlaki, dem Judex László Pálóczi und dem Schatzmeister Imre Szapolyai) ausgestellt, mit Siegel versehen und am 19. Juli 1463 in Wiener Neustadt übergeben wurde. Den Vertrag bekräftigte Friedrich III. geheim noch am selben Tage, Matthias eine Woche später. Die offizielle Ratifizierung ließ jedoch noch auf sich warten.
Lit.: Nehring 1975, 13-23. - Eduard M. Lichnowsky-Josef Birk, *Geschichte des Hauses Habsburg,* 1-8.Bd. Wien 1836-1844, 7. Bd., Nr. 795. - Kat. der Ausstellung des HHStA 1905, Nr. 297. - Kat. Mathias Corvinus 1982, 261-263.

2
Matthias bestätigt den Frieden von Sopron, 23. April 1464
Orig., Pergament, 20 x 49 cm, mit Siegel
HHStA AUR 1464 IV.23
Druck: Kollar 1762, 237-238. - Nehring 1975, 217.

Auf die offizielle Ratifizierung des Vertrags mit Kaiser Friedrich III. mußte beinahe noch ein ganzes Jahr gewartet werden. Sie kam erst nach der Krönung von Matthias in Székesfehérvár (29. März 1464) zustande. Das Interessante an der bestätigten Urkunde ist, daß der Herrscher bereits das nach seiner Krönung gefertigte zweigeteilte Groß- oder sog. Hoheitssiegel verwendete, auf dessen einer Seite der auf dem gotischen Thron sitzende Herrscher, auf der anderen die Wappen Ungarns und der Nebenprovinzen zu sehen sind.
Lit.: Nehring 1975, 13-23., Kat. Mathias Corvinus 213-214.

3
Porträt von Kaiser Friedrich III. (1415–1493)
Gemälde, aus der Sammlung von Ferdinand von Tirol
KHM Gemäldegalerie

Friedrich III. ist eine der interessantesten Persönlichkeiten der Familie Habsburg, der im Laufe seines langen Lebens zahlreiche Schwierigkeiten bewältigen mußte und trotz der aufeinander folgenden Niederlagen als einer der Begründer des Aufstiegs der Familie zu betrachten ist. Nach dem Tod von Ladislaus Posthumus (1457) und später auch von Albrecht VI. (1463) vereinten sich die österreichischen Herzogtümer in seiner Hand. Obschon Böhmen und Ungarn gleichermaßen einen nationalen König gewählt hatten, nahm Friedrich, wobei er sich auf eine kleine Partei stützte, ebenfalls den Titel König von Ungarn an. Der Titel blieb jedoch nur ein bloßer Titel, denn seine Parteianhänger erlitten bereits im April 1459 eine Niederlage. In den folgenden Jahrzehnten führte er mehrere Kriege mit König Matthias Corvinus (1443–1490). Am Ende der ersten Serie von Kämpfen schlossen die Parteien nach langen, mehrmaligen Verhandlungen 1463 einen Frieden. Die Gegensätze waren jedoch mit diesem Schritt noch nicht geglättet, 1477 führten sie sogar zu bewaffneten Auseinandersetzungen, im Zuge derer Matthias Wien einschloß. Dem weiteren Krieg setzte der am 1. Dezember 1477 in Korneuburg unterzeichnete Frieden, der durch päpstliche Vermittlung zustande gekommen war, ein Ende. Die Ruhe hielt nicht lange an, 1481 fiel Friedrich in Ungarn ein, dann griff ihn 1482 Matthias an und eroberte zum Jahre 1487 den größten Teil Österreichs. Friedrich III. überlebte zu seinem Glück auch den ungarischen König, und so gelangte 1491 Österreich erneut in die Hände der Habsburger.
Lit.: Friedrich III - Kaiserresidenz Wiener-Neustadt. Ausstellungskatalog, Wien 1966 - Karl Nehring, *Matthias Corvinus, Kaiser Friedrich III. und das Reich. Zum hunyadisch-habsburgischen Gegensatz im Donauraum*, München 1975

4
Matthias Corvinus (1443–1490), König von Ungarn
Gemälde aus der Sammlung von Fedinand von Tirol
KHM Gemäldegalerie

Matthias war der Sohn von János Hunyadi (1407/9–1456), der nach dem Tode von Ladislaus Posthumus vom ungarischen Adel zum König gewählt worden war (24. Januar 1458). Dem jungen Herrscher gelang es, seine Situation zu festigen, indem er seine Gegenspieler bezwang. Er führte umfassende Reformen durch (Verwaltung, Steuer, ständige Armee). Auf seine Erfolge gestützt, befestigte er im Süden die Verteidigungslinie gegen die Osmanen, während er im Norden und Westen zu expandieren versuchte. 1469 wurde er zwar zum böhmischen König gewählt, doch das Land fiel nach dem Tode von Georg Podiebrad dem polnischen Herzog Wladislaw zu, Matthias konnte nur Mähren behalten. Mit Kaiser Friedrich III. führte er einen langen Kampf und eroberte zunächst einen größeren Teil Österreichs, 1485 dann auch Wien, das zur Hauptstadt seiner Länder wurde. Seine Pläne bezüglich des Titels eines Römischen Königs bzw. Kaisers konnte er nicht verwirklichen. Matthias führte eine weitblickende Kulturpolitik, er war eine jener Personen, die die Renaissance jenseits der Alpen heimisch machten. Er war ein berühmter Mäzen, das berühmteste Andenken an seine kulturfördernde Tätigkeit ist die Bibliotheca Corviniana, aus welcher zahlreiche erhaltene Kodizes in der Nationalbibliothek in Wien, verwahrt werden. Der Herrscher, der sich in der Fülle seiner Kraft befand, erlag im April 1490 unerwartet einem Schlaganfall. Obgleich er drei Gemahlinnen hatte, besaß er keinen legitimen Nachfolger, nur einen illegitimen Sohn von einem Wiener Bürgermädchen, Herzog Johannes Corvin (1473– 1504).
Lit.: Kat. Mathias Corvinus 1982 - András Kubinyi, *Matthias Corvinus. Die Regierung eines Königreichs in Ostmitteleuropa*, Herne 1999

3
MATTHIAS, DER RENAISSANCE-HERRSCHER

1
Matthias, als österreichischer Herzog, überreicht Wilhelm Welzendorfer einen Schenkungsbrief bez. eines Hauses in Bruck an der Leitha, 22. März 1488
Orig., Pergament, 17 x 32 cm, mit Siegel
HHStA AUR 1488 III 22

Matthias führte, nachdem er den größeren Teil Niederösterreichs erobert und Wien eingenommen hatte, auch den österreichischen Herzogtitel. In dieser Eigenschaft schenkte er Welzendorfer 1488 ein Haus in Bruck an der Leitha. Die Urkunde bekräftigte er mit seinem österreichischen herzoglichen Siegel, welches das vereinte Wappen des Herrschers beinhaltet. Im Viertel rechts oben ist das mit sieben Streifen versehene ungarische Wappen zu sehen, links oben der böhmische Löwe, rechts unten ein einfaches Steckkissen, das einen Verweis auf das österreichische Wappen darstellt. Der Adler, links unten auf dem Bild, ist in der Lit. zur Wappenkunde umstritten, er verweist entweder auf Niederösterreich oder auf Mähren. Im Herzschild befindet sich das Familienwappen der Hunyadis: der nach rechts gerichtete Rabe.
Lit.: Kat. Mathias Corvinus 1982, 215.

2
Kodex aus der Bibliotheca Corviniana von König Matthias
Hieronymus Sanctus: Expositio Evangelii secundum Mathaeum - Expositio Evangelii secundum Marcum - Commentarius in Ecclesiastem, adiectis duobus additamentis etc.
Pergament, Handschrift, 238 fol., 23,8 x 35,5 cm
ÖNB HAN Cod 930

Der Kodex ist mit Antiqua Rotunda-Schrift geschrieben, Scriptor: Sigismundus de Sigismundis (Ferrara, 18. Oktober 1488). Die Illumination stammt von zwei hervorragenden Illuminatoren, den Gebrüdern Gherardo und Monte di Giovanni. Auf dem Titelblatt ist der Heilige Hieronymus während der Arbeit zu sehen. Das Titelblatt wird von einer reichen Ornamentik umfaßt. In den vier Ecken sind die vier Evangelisten, im ovalen Rahmen auf der linken Seite das Porträt von König Matthias Corvinus, auf der rechten Seite Christus, oben der Rabe des Hauses Hunyadi, unten das Wappen von Matthias Corvinus zu erkennen. Der Kodex ist in der originalen Corvina-Bindung erhalten, in einer vergoldeten und bemalten Lederbindung mit Wappen.
Lit.: Klára Csapodiné Gárdonyi-Csaba Csapodi, *Bibliotheca Corviniana*, Bécs 1990, 186. sz. + CCVII-CCVIII. Tábla - Balogh Jolán, *Művészet Mátyás király udvarában*, II. Bp. 1966, 399.

3
Bestätigung des Friedens von Pozsony durch die ungarischen Stände, 7. März 1492
Orig., Pergament, 24 x 64 cm, mit zahlreichen Siegeln
HHStA AUR 1491 III 7
Druck: Friedrich Firnhaber: "Beiträge zur Geschichte Ungarns unter der Regierung der Könige Wladislaw II. und Ludwig II. 1490-1526. Grösstentheils nach Originaldocumenten des kaiserlich-österreichischen Haus- und Hof- und Staats-Archives...I. 1490-1492." *Archiv für Kunde österreichischer Geschichts-Quellen* 2 (1849) 511-513.

Nach dem Tode von Matthias (6. April 1490) griffen verschiedene Personen zu den Waffen: der böhmische König Wladislaw (1456–1516), sein jüngerer Bruder, der polnische Herzog Johannes Albrecht, Herzog Johannes Corvin, der illegitime Sohn des verstorbenen Königs, sowie der römische König Maximilian I. Aus dem Kampf ging schließlich Wladislaw als triumphierender Sieger hervor, obgleich Maximilian beispielsweise im Herbst 1490 einen bedeutenden Teil Transdanubiens erobert hatte, darunter auch die alte Krönungsstadt Székesfehérvár. Doch schließlich verließen ihn aufgrund von Geldmangel seine Söldner, und er war gezwungen, den Rückzug anzutreten. Trotzdem konnte er am 7. November 1491 mit dem Sieger Wladislaw einen günstigen Vertrag in Sopron schließen. In diesem Vertrag verpflichtete sich Wladislaw, den österreichischen Gebieten, die sich unter Matthias noch in seiner Hand befanden, zu entsagen, die Schulden Friedrichs III. gegenüber Matthias nicht mehr zu beanspruchen, ja es gelang sogar, die Erbansprüche des Hauses Habsburg bezüglich Ungarn zu stärken. Die ungarischen Vertreter wollten die Interessen des Landes mit zwei Paragraphen schützen, zum ersten sollte der neue Herrscher nicht mit der Armee ins Land einziehen, sondern an der Grenze warten, bis ihn der Adel ehrenhaft in das Land führte, zum zweiten sollte der neue Herrscher ein Gelöbnis auf die Freiheit des Landes leisten und sich verpflichten, den Großteil des Jahres im Land zu verbringen. Der Vertrag verfügte auch, daß der Adel des Landes bei den folgenden beiden Reichstagen einzeln dazu verpflichtet sei, das Abkommen im eigenen Namen sowie im Namen der Nachkommen zu bekräftigen. Bei dem 1492 in Ofen abgehaltenen Reichstag kam es sowohl von Seiten des ungarischen als auch des kroatisch–slawonischen Adels zur Bekräftigung des Abkommens, zahlreiche Großherren und Städte stellten sogar eigens Urkunden über die Einwilligung mit dem Abkommen aus. Die Urkunden sind in der Allgemeinen Urkundenreihe des Haus-, Hof- und Staatsarchivs bis zum heutigen Tage zu finden.
Lit.: Kat. der Ausstellung des HHStA 1905, Nr. 297.

4
KAMPF UM DAS ERBE VON MATTHIAS: MAXIMILIAN I.– WLADISLAW II.

1
Beschluß von Rákos, 13. Oktober 1505
Orig., Pergament, 59 x 85 cm, mit 61 Siegeln
HHStA AUR 1505 X 13
Druck: Katona XVIII. 425-435.

Wladislaw II. war es zwar gelungen, sich des ungarischen Thrones zu bemächtigen, doch die Festigung seiner Macht scheiterte am Widerstand der Magnaten und des starken Kleinadels und auch finanzielle Probleme erschwerten seine Arbeit. Es ist als Zeichen der Erstarkung des Kleinadels (und des Auftretens eines neuen Anführers: János Szapolyai) zu verstehen, daß die Landesversammlung, die vom Kleinadel beherrscht wurde, im Herbst des Jahres 1505 eine Resolution verabschiedete, die da lautete "... von nun an ... sooft ein König stirbt, ohne einen männlichen Erben zu hinterlassen, auf den im Sinne des Gesetzes und des Brauches das Land übergehen könnte, werden wir niemals einen Ausländer zu unserem König wählen, sondern ausschließlich einen Ungarn, der zu diesem Amt fähig und geeignet ist" Die Stärke der "nationalen" Partei wird dadurch deutlich, daß auch die Magnaten diesen Beschluß ausnahmslos unterstützten und ihre Siegel unter den Text fügten. Vom Beschluß von Rákos sind zwei Originalexemplare erhalten geblieben, das eine mit 61, das andere mit 41 Siegeln. Beide wurden bis 1927 im Haus-, Hof- und Staatsarchiv verwahrt, als das Exemplar mit den 41 Siegeln Ungarn übergeben wurde. Der über den Beschluß empörte Maximilian I. wollte einen Angriff starten, doch gelang es ihm, seine Ansprüche auch ohne Kampf durch einen Vertrag bekräftigen zu lassen, den er mit Wladislaw im Jahre 1506 in Preßburg schloß.

Lit.: Katalog der Ausstellung des HHStA 1905, Nr. 314. - Szabó Dezső, *Küzdelmeink a nemzeti királyságért 1505-1526*, Bp. 1917. - Fraknói Vilmos, "Küzdelem a nemzeti királyságért 1505-ben" *Sz 52 (1918)*, 142-160.

2
Kaiser Maximilian I. (1449–1519)
Gemälde aus der Sammlung von Ferdinand von Tirol
KHM Gemäldegalerie

Beim Aufstieg des Hauses Habsburg kam Maximilian I. eine Schlüsselrolle zu. Seine Ehe mit Maria von Burgund (1457–1482) bedeutete die Erlangung der reichen Provinz Burgund. Der Kaiser, der sein ganzes Leben hindurch Kriegszüge führte – in vierzig Jahren fünfundzwanzig Kriege —, kam auch mit Ungarn in Kontakt. Nach dem Tode von Matthias Corvin versuchte er im Jahre 1490 den Vertrag von 1463 geltend zu machen, doch seine unentlohnten Söldner ließen ihn im Stich, obgleich er Székesfehérvár schon erobert hatte. Seine Anstrengungen wurden schließlich mit Erfolg gekrönt, als es ihm gelang, die Doppelehe mit den Jagellonen-Nachkommen unter Dach und Fach zu bringen, was einige Jahre nach Maximilians Tod die Erlangung von Ungarn und Böhmen für die Habsburger zur Folge hatte. Maximilian erkannte auch die Größe der osmanischen Gefahr, doch erwies sich sein Entwurf eines Kreuzzuges, den er gegen die Osmanen führen wollte, als utopistisch.

Lit.: Herman Wiesflecker, *Kaiser Maximiliam I. Das Reich, Österreich, und Europa an der Wende zur Neuzeit*, 1-5.Bd. Wien 1971-1986 - Herman Wiesflecker, "Das erste Ungarnunternehmen Maximilian I. und der Pressburger Vertrag", *SüFo 18 (1959)*, 26-75.

3
Medaille: Wladislaw II. (1456–1516), König von Ungarn und Böhmen
Unbekannter Meister
Silber, 54,6 mm
KHM Münzkabinett Inv. Nr. 10913 bß

Der Sohn des polnischen Königs Kasimir aus dem Geschlecht der Jagellonen wurde nach dem Tode von Georg Podiebrad zunächst zum König von Böhmen gewählt, später nach dem Tode von Matthias erlangte er gegen den Widerstand seiner Rivalen auch den ungarischen Thron (April 1490). Er wurde am 12. Juli 1490 in Székesfehérvár gekrönt. In die Zeit seiner Herrschaft, die sechsundzwanzig Jahre andauerte, fiel auch die Schwächung des mittelalterlichen ungarischen Staates. Der Kampf der miteinander rivalisierenden Parteien der Barone und Kleinadeligen untergrub die Staatsverwaltung, die Einnahmen des Staatsetats sanken rapide und die Verteidigung gegen die Osmanen bekam Risse. Das Gleichgewicht zu seiner inneren Opposition glaubte Wladislaw bei den Habsburgern zu finden, mit denen er zwei wichtige Verträge schloß (1491, 1506). Aus seiner Ehe mit der französischen Herzogin, Anna de Foix, gingen zwei Kinder hervor, Anna (1503) und Ludwig (1506). Die Vorderseite der Medaille zeigt das Porträt des Königs, die Rückseite sein Wappen.

Lit.: Kat. Mathias Corvinus 1982, 531. - András Kubinyi, "A Jagelló-kori Magyarország történetének vázlata", *Sz 128 (1994)*, 288-319.

5
DIE DOPPELHOCHZEIT, 1515

1
Urkunde von Maximilian I., deutsch-römischem Kaiser, Wladislaw II., König von Ungarn und Böhmen und Sigismund, König von Polen, über die Doppelhochzeit (Ehevertrag), 22. Juli 1515
Orig., Pergament, 47 x 85 cm, mit drei Siegeln
HHStA AUR 1515 VII 22
Druck: Kollar 1762, 292-300

Erst nach langen Verhandlungen gelang es Maximilian I. den ersten, am 20. März 1506 geschlossenen, geheimen Ehevertrag durchzusetzen. Die gesamten umstrittenen Fragen konnten erst beim Wiener Kongreß im Juli 1515 geklärt werden. Bei der Schlichtung der umstrittenen Fragen bzw. bei der Überwindung des Widerstandes von Seiten des ungarischen Adels spielte der polnische König Sigismund I., der jüngere Bruder Wladislaws, eine bedeutende Rolle. Im Vertrag verpflichtete sich Maximilian I. dazu, daß einer seiner Enkel, Karl oder Ferdinand, Wladislaws Tochter, Anna, heiraten wird, während Ludwig, der Anwärter auf den ungarischen und böhmischen Thron, Maria, die Enkelin Maximilians zur Frau nehmen soll.
Lit.: Hermann Zsuzsa, *Az 1515. évi Habsburg-Jagelló szerződés. Adalék a Habsburgok magyarországi uralmának előtörténetéhez*, Bp. 1961

2
Ferdinand I. (1503–1564), österreichischer Erzherzog, später König von Ungarn und Böhmen und deutsch-römischer Kaiser
Gemälde aus der Sammlung von Ferdinand von Tirol
KHM Gemäldegalerie

Ferdinand, der jüngere Sohn Philipps des Schönen legte einen langen Weg zurück: Er wurde vom Anwärter auf den spanischen Thron zum österreichischen Erzherzog, dann mit der Inbesitznahme des Jagellonen-Erbes König von Ungarn und Böhmen und nach dem Rücktritt seines älteren Bruders Römischer Kaiser. Der Herrscher, dem eine spanisch-niederländische Erziehung zuteil geworden war, bezwang die Schwierigkeiten des mitteleuropäischen "Terrains" mit Erfolg und legte den Grundstein zum Habsburger Reich im Donautal. Der bis zum heutigen Tage in der GeschichtsLit. im Schatten seines älteren Bruders, Karls V., stehende Ferdinand organisierte seine Herrschaft in Ungarn, indem er sich auf die Unterstützung seiner Schwester Maria stützte. Obgleich er die Hauptstadt des Landes, Buda, gegen die Osmanen nicht halten konnte, organisierte er die Verteidigung gegen diese im westlichen Landesteil erfolgreich und entwickelte in Zusammenarbeit mit dem ungarischen Adel ein Verwaltungssystem, in dem die Traditionen des mittelalterlichen Ungarn eine erfolgreiche Umwandlung entsprechend den Umständen jener Zeit und Situation erfuhren. Sein Wirken in Ungarn kann in zwei Abschnitte untergliedert werden. Zwischen 1526 und 1541/42 führte er einen Kampf mit seinem Gegenspieler János Szapolyai um den Besitz des gesamten Landes. Nach dem Fall von Buda (1541), später dem gescheiterten Angriff zur Rückeroberung (1542) und dem Vorrücken der Osmanen (1543/1544) war das vorrangige Ziel des Herrschers die Organisation der Verteidigung in jenem Landesteil, der sich unter seiner Herrschaft befand.
Lit.: Franz von Bucholtz, *Geschichte der Regierung Ferdinands I.*, 1-9.Bd. Graz 1831-1838 (Nachdruck 1968) - Paula Sutter-Fichtner, *Ferdinand I.* Graz-Wien-Köln 1986

3
Anna Jagello (1503–1547), Tochter des Königs von Ungarn und Böhmen, Wladislaw II., Gemahlin Ferdinands I.
Gemälde aus der Sammlung von Ferdinand von Tirol
KHM Gemäldegalerie

Anna Jagello war die Tochter Wladislaw II. und der französischen Herzogin Anna de Foix. Als eine Beteiligte der Doppelhochzeit im Jahre 1515 verließ sie schon früh das Elternhaus. Obgleich es lange Zeit über unsicher war, ob Ferdinand oder Karl ihr Gatte werden sollte, fand ihre Erziehung ab 1515 am kaiserlichen Hof statt. Die wirkliche Hochzeit mit ihrem ausgewählten Ehemann, Ferdinand, wurde 1521 in Linz abgehalten. Den Zeitgenossen nach wurden in dieser harmonischen Ehe fünfzehn Kinder geboren. Das letzte Kind kostete die Königin das Leben. Der Verlust seiner Gemahlin war für Ferdinand ein großer Schicksalsschlag.

4
Ludwig II (1506–1526), König von Ungarn und Böhmen
Gemälde aus der Sammlung von Ferdinand von Tirol
KHM Gemäldegalerie

Ludwig wurde bereits als Kind inmitten der Zwistigkeiten mit der Habsburg-Dynastie im Alter von zwei Jahren, am 4. Juni 1508, gekrönt. Zu Beginn seiner Herrschaft nahmen die ungünstigen Tendenzen, die sich unter seinem Vater entfaltet hatten, ihren weiteren Verlauf. Eine gewisse Veränderung trat erst zu dem Zeitpunkt ein, als seine Gemahlin, Maria von Habsburg (1505–1558), mehr oder weniger erfolgreich versuchte, eine höfische Partei aufzubauen. Die Thronbesteigung Suleimans und die osmanische Orientierung nach Westen wurden für Ungarn verhängnisvoll und zugleich auch für König Ludwig. Der junge, als Soldat unerfahrene Herrscher verhielt sich tapfer, als er persönlich mit in den Kampf zog. Nach der verlorenen Schlacht ließ der letzte Herrscher des mittelalterlichen Ungarn sein Leben in den Wirren der Flucht.
Lit.: Fraknói Vilmos, *Magyarország a mohácsi vész előtt*, Bp. 1884 - Fógel József, *II. Lajos udvartartása*, Bp. 1917

5
Königin Maria von Habsburg (1505–1558), Gemahlin des ungarischen Königs Ludwig II.
Gemälde aus der Sammlung von Ferdinand von Tirol
KHM Gemäldegalerie

Maria war die Tochter Philipps des Schönen und Johanna der Wahnsinnigen, die ähnlich wie auch andere Nachkommen von Herrschern bereits früh zur Beteiligten, genauer gesagt, zum Gegenstand der dynastischen Politik wurde. Sie war kaum ein Jahr alt, als sie mit dem noch ungeborenen(!) Sohn Wladislaws II. verlobt wurde. Im Juli des Jahres 1515 stand sie elfjährig mit dem neunjährigen Ludwig aus dem Geschlecht der Jagellonen vor dem Altar, dem sie dann erst 1521 erneut begegnete. Im gleichen Jahr, am 11. Dezember 1521, wurde sie gekrönt. In den fünf Jahren zwischen 1521 und 1526 zeigten sich bereits ihre herrscherischen Tugenden, obgleich sie die Zuneigung der Ungarn, vielleicht aufgrund ihres deutschen Umfeldes, nicht erlangen konnte. Nach dem Tode ihres Gatten wurde sie zur größten Stütze Ferdinand I., sie wirkte kurze Zeit als königliche Statthalterin und hatte bedeutenden Anteil daran, daß ihr Bruder, der die ungarischen Verhältnisse nicht kannte, sich eine Basis im Land schaffen konnte. 1530 ernannte sie ihr älterer Bruder, Karl V., in Anerkennung ihrer Fähigkeiten nach dem Augsburger Reichstag, zur Statthalterin der Niederlande, wo sie beinahe ein Vierteljahrhundert wirkte.
Lit.: Ortvay Tivadar, *Mária, II. Lajos király neje. 1505-1558*, Bp. 1915 - Gernot Heiss, *Königin Maria von Ungarn und Böhmen*, Diss. Wien 1971

6
DIE DOPPELHOCHZEIT

1
Ungarische Flügeltartsche aus der Zeit von Maximilian I. mit einer Zeichnung von Albrecht Dürer, 1515
Hans Laubermann, Innsbruck
Eisen
KHM Hofjagd- und Rüstkammer Inv. Nr. A. 344

Zum Anlaß der Doppelhochzeit vom 22. Juli 1515 im Stephansdom wurde eine Reihe von prunkvollen Feierlichkeiten veranstaltet. Zu Ehren der drei Herrscher, des Römischen Kaisers Maximilian I., des Königs von Ungarn und Böhmen Wladislaw II. und des polnischen Königs Sigismund I. gab es zahlreiche Festessen, Ritterspiele und Jagden. Die Hochzeit war auch der Anlaß für die Anfertigung der hier ausgestellten sog. Flügeltartsche. Der Schild stammt aus der Werkstatt von Hans Laubermann, die Zeichnungen darauf vermutlich von Albrecht Dürer, den Maximilian I. mit zahlreichen Arbeiten betraute.
Lit.: Leibrüstkammer 1976, 209 + Abb.95

2
Mörsermodell, gebaut aus Anlaß der Doppelhochzeit, 1515

Leonhard Magd und Alexander Endorfer, jun.
KHM Hofjagd- und Rüstkammer

Auch für die Herstellung des Bronzemodells mit der Drachenfigur und der Aufschrift "Maria. Anna/ev Anno 1515" war die Doppelhochzeit der Anlaß.

Lit.: Leibrüstkammer 1976, 208 + Abb. 101.

3
Geschlossener Helm von Ferdinand I. in Fuchs-Form, 1525/1529

Hans Seusenhofer, Innsbruck
KHM Hofjagd- und Rüstkammer Inv. Nr. A 461

Der Helm ist eine Arbeit des berühmten Handwerksmeisters Hans Seusenhoffer. Der Gesichtsteil hat die Form eines Hundekopfes, auf dem Nackenteil sind die Wappen der Länder Ferdinands I. – Ungarns, Böhmens, Österreichs und Tirols – zu sehen.

Lit.: Leibrüstkammer 1976, 236. + Abb.113.

7
MAXIMILIAN I. UND SEINE UNGARISCHEN AHNEN

1
Plan einer Statue von Stephan d. Heiligen zum Grabmal von Maximilian I. in Innsbruck, 1522/1523

Jörg Kölderer
Papier, Farbzeichnung, 43 x 31 cm
ÖNB HAN Cod. 8329

Der Fertigstellung des monumentalen Grabdenkmales von Maximilian I. ging eine sorgfältige Planung und gründliche Forschungsarbeit voraus. Im Laufe dieser Beschäftigung wurde Maximilian mit dem "Problem der ungarischen Vorfahren" konfrontiert, das er nicht zuletzt zur Untermauerung seiner ungarischen Pläne aufgriff. Der Kaiser widmete dieser Frage nach dem Beschluß von Rákos (1505) größere Aufmerksamkeit. Trotz aller Anstrengungen blieben die gesammelten Kenntnisse recht lückenhaft (diesbezüglich siehe: Manuskript von Jakob Mennel zu den Beziehungen Ungarn-Habsburg: HHStA Handschriften Bl 56). Über Gisela gelang es, Stephan den Heiligen unter die Habsburg-Ahnen einzugliedern. Unter den zahlreichen Skulpturenentwürfen zeigt die ausgestellte Zeichnung, die um 1522/23 entstanden ist, König Stephan von Kopf bis Fuß in einer Rüstung, als ungarisches Element ist höchstens sein Krummsäbel bzw. das daneben gekennzeichnete ungarische Wappen zu betrachten. Die alte, unmoderne Kleidung sollte zeigen, vor wievielen Jahren diese Person gelebt hat. Die Skulptur wurde schließlich nicht angefertigt, obschon Stephan der Heilige in der Innsbrucker Hofkirche doch zu sehen ist, er erhielt nämlich einen Platz unter den Heiligen der Familie.

Lit.: Gábor Endrődi, "Szent István I. Miksa császár innsbrucki síremlékén", Kat. Történelem - kép 2000, 196-220. (Abb. 12.) - Vinzenz Oberhammer: *Die Bronzestandbilder des Maximiliansgrabmales in der Hofkirche zu Innsbruck*, Innsbruck-Wien-München 1935. - Georg Kugler, *Eine Denkschrift Dr.Jakob Mennels, verfaßt im Auftrage Kaiser Maximilians I. für seinen Enkel Karl*, Diss. Wien 1960

2
Stephan der Heilige und sein Stammbaum, 1518

Jakob Mennel: Fürstliche Chronik genannt Kaiser Maximilians Geburtsspiel (Heilige des Hauses Habsburg, 1514)
Papier, Zeichnung, 30,8 x 21,4 cm
ÖNB HAN Cod. 3077 f. 292r.

Jakob Mennel erhielt von Maximilian I. den Auftrag, seinen Vorfahrer ein angemessenes Denkmal zu stellen. Der Schlußband des fertiggestellten, sechsbändigen Werkes umfaßte die Legenden der Heiligen, darunter auch der ungarischen Heiligen (Hl. Stephan, Hl. Emmerich, Hl. Ladislaus). Die Texte werden mit dem Familienstammbaum des Heiligen eingeleitet, über dem sich das Wappen befindet, darunter hingegen das Brustbild, in ein Medaillon gefaßt. Stephan ist auf dem Bild mit kurzem Bart dargestellt, in der Hand ein Beil. Die Darstellung läßt eher den Heilige Ladislaus als Stephan den Heiligen vermuten. Als Hauptquelle zu den Legenden der Heiligen diente Mennel die Chronik von Thuróczy.

Lit.: Gábor Endrődi, "Szent István I. Miksa császár innsbrucki síremlékén" Kat. Történelem - kép 2000, 196-220. (Abb. 3) - Alphons Lhotsky, Dr. Jakob Mennel. Ein Vorarlberger im Kreise Kaiser Maximilians I. Alphons Lohtsky, *Aufsätze und Vorträge II. Das Haus Habsburg*, Wien 1971, 294-259.

8
NIEDERLAGE UND DER KÖNIGSTOD BEI MOHÁCS

1
Bittschreiben von König Ludwig II. an den österreichischen Erzherzog Ferdinand, 15. Juli 1526
Papier, Orig., 42 x 33 cm
HHStA UA AA Fasc. 2. Konv. B. fol. 2.
Druck: Leo Santifaller (Hg), 1100 Jahre österreichische Geschichte und europäische Geschichte in Urkunden und Dokumenten des Haus-, Hof- und Staatsarchivs. Hg. Leo Santifaller. Wien 1949, 62., Tafel 37. - Wilhelm Bauer (Hg.), Die Korrespondenz Ferdinands I. Bd.1. Familienkorrespondenz bis 1526. Wien 1912, 400-401.

Als im August 1521 Nándorfehérvár fiel und damit das im Laufe des 15. Jahrhunderts gegen die Osmanen ausgebaute Grenzfestungssystem zusammenbrach, lag es allein am osmanischen Sultan, wann er seine Truppen gegen Ungarn lossenden würde. Zu Beginn des Jahres 1526 wurde es offensichtlich, daß man in diesem Jahr mit dem seit langem fälligen osmanischen Angriff rechnen musste. Die ungarischen Gesandten erschienen auf den Reichstagen, wie 1521 in Worms, 1522 in Nürnberg und 1526 auch in Speyer, um Hilfe gegen die Osmanen zu erbitten. Dies jedoch blieb ohne Erfolg. Die Mobilisierung der ungarischen Truppen ging recht schwerfällig voran, auch die entsprechende Koordinierung der zur Verfügung stehenden Streitkräfte gelang nicht. Der ungarische König, Ludwig II., wandte sich in der verzweifelten Situation an seinen Schwager Ferdinand und bat ihn, ihm gegen die Osmanen zur Seite zu stehen, welche die letzte wichtige Festung, Petervárad, mit voller Kraft angriffen. Er bat ihn weiterhin, auf seinen Bruder, den Kaiser einzuwirken, damit die christlichen Fürsten die Gegensätze untereinander beiseitelegen, um sich gegen den Feind des Christentums, die Osmanen zu wenden. Einige Wochen nach Datierung des Briefes trat Ludwig seinen verhängnisvollen Weg nach Süden, in Richtung Mohács an.
Lit.: Kat. Ostarrichi 1996, 673-674. - Kat. Osmanen 1983 10-11. - Ilona Tárnoky, "Ungarn vor Mohács", *SüFo* 20 (1961), 90-129.

2
Bildnis des ungarischen Königs Ludwig II. (1506–1526)
Unbekannter Künstler
Gemälde
MNM TKCs 407

3
Schlacht bei Mohács aus türkischer Sicht, 29. August 1526
Illustration aus der Handschrift von Mustafa ibn Celāl: Tabakāt el-memālik ve derecāt el-mesālik (Die Klassen der Reiche und die Grade der Heerstraßen)
Papierhandschrift in Ledereinband, Kopie (beendet 1575 in Szolnok), 28 x 40 cm
ÖNB HAN Cod. H.O. 41 fol.103v-104r.

Die ungarischen Truppen versuchten den Kampf gegen das angreifende Heer des Sultans nicht gleich an der Landesgrenze aufzunehmen, sondern etwa 200 Kilometer von ihr entfernt. Den ungefähr 25.000 Mann starken christlichen Truppen stand ein osmanisches Heer von etwa 75.000 bis 80.000 Mann gegenüber. Der erste Angriff des ungarischen Heeres, das der Heerführer Pál Tomori, Erzbischof von Kalocsa, in zwei Heerglieder gereiht hatte, war beinahe erfolgreich. Der rechte, vom kroatischen Banus Ferenc Batthyány angeführte Flügel drang nach vorne, doch dem frontalen Angriff, der angesichts des Erfolgs gestartet wurde, ging schließlich die Kraft aus und nach nur anderthalb Stunden blieb beinahe die gesamte Infanterie auf dem Schlachtfeld, sowie der Großteil der ungarischen Bischöfe und Barone (sieben Bischöfe und 28 Aristokraten). Der fliehende König ertrank im Hochwasser des Csele-Baches. In seiner Arbeit beschrieb Mustafa ibn Celāl (+ 1567) die Ereignisse der Herrschaft des Sultans Suleiman. Auf der zweiseitigen Miniatur sind die Gestalten der beiden Herrscher, Ludwig II. und Suleimans, gut zu sehen.
Lit.: Kat. Osmanen 1983, 11-12. + Abb. 4. - Eugen von Gyalókay, "Die Schlacht von Mohács" *Ungarische Jahrbücher* 6 (1927), 228-257 - Ferenc Szakály, "The 1526 Mohács disaster" *The New Hungarian Quaterly* 18 (1978) 43-63

4
Medaille: Die Schlacht bei Mohács
Christoph Fuessl
Silber, 42 mm
HGM Münzkabinett Alte Inv. Nr. 6729

9
HABSBURG-GESCHWISTER UND UNGARN

1
Königin Marias Brief an Ferdinand I., 1. November 1526
Orig, Papier, 43 x 29,5 cm
HHStA UA AA Fasc.2. Konv.C. fol. 43.
Druck : Wilhelm Bauer, *Die Korrespondenz Ferdinands I. Bd. 1. Familienkorrespondenz bis 1526.* Wien 1912, 485-486.

Die Mehrheit der ungarischen politischen Elite bezog nach dem Tode Ludwigs II. für den nationalen Kandidaten, den Woiwoden von Siebenbürgen, János Szapolyai, Stellung. Ferdinand konnte sich eigentlich nur auf die Hilfe seiner Schwester und ihrer Anhänger stützen. Die kluge und energische Maria organisierte die Partei Ferdinands und bereitete seine Wahl zum König vor. In ihrem Brief informierte Maria ihren Bruder darüber, daß sie den königlichen Kanzler und Bischof von Syrmien, István Brodarics, in einer wichtigen Angelegenheit zu ihm schicken würde. Unter dem Text ist die Unterschrift der Königin zu sehen. Unten ist der Name des königlichen Sekretärs und späteren Erzbischofs, Miklós Oláh, zu lesen, der den Brief verfaßte. Der Gesandte, der bedeutende Humanist István Brodarics (1471–1539), war an der Schlacht von Mohács beteiligt, er hatte die Nachricht über den Tod König Ludwigs II. gebracht. Seine Arbeit über die Schlacht, die auch im Druck erschienen ist, gilt bis zum heutigen Tage als eine wichtige Quelle der Ereignisse. Im übrigen verließ Brodarics kurz darauf den Hof der Königin Maria und schlug sich auf die Seite von König Johann I., neben dem er bis zum Ende seines Lebens aushielt.

2
Königin Maria (1505–1558), Witwe von Ludwig II., König von Ungarn und Böhmen
Karl van Sichem
Papier, Kupferstich, 18,4 x 14,2 cm
MNM MTKCs T. 5610

3
Beglaubigungsschreiben von Kaiser Karl V. an seine nach Ungarn delegierten Gesandten, 26. November 1526
Papier, Orig., 29 x 30 cm
HHStA JA AA Fasc. 2. Konv. C. fol.127

Der ältere Bruder Marias, der deutsche und spanische König Kaiser Karl V. wurde im Herbst 1526 in Deutschland von jenen religiösen Unruhen beansprucht, die man später Reformation nennen wird, bzw. von der Italienfrage. Trotzdem konnte er die Veränderungen, die in Mitteleuropa eintraten, nicht unbeachtet lassen, geschweige denn die Möglichkeiten und Gefahren, die sich hinter diesen verbargen. Im Herbst 1526 schickte er seine Gesandten zur Unterstützung seines Bruders nach Ungarn. Im Laufe der darauffolgenden Jahre kam es mehrere Male vor, daß Karl durch seine Vertrauten Druck auf die ungarischen Reichstage auszuüben versuchte.

Lit.: Kaiser Karl V. (1500-1558). Macht und Ohnmacht Europas. Ausstellungskatalog, Kunsthistorisches Museum Wien. Hg. von Wilfried Seipel. Wien 2000 - R. Várkonyi Ágnes, "V. Károly Magyarországon", R. Várkonyi Ágnes, *Europica Varietas - Hungarica varietas 152-1762. Válogatott tanulmányok.* Bp. 1994, 9-42. - Zombori István, "V. Károly és a magyar trónviszályok, 1529-1533", *Történelmi Szemle* 23 (1980), 615-626.

4
Kaiser Karl V. (1500–1558)
Gemälde aus der Sammlung von Ferdinand von Tirol
KHM Gemäldegalerie

Karl V. wurde nach dem Tode seines Großvaters mütterlicherseits, Ferdinand von Aragonien (1516) König von Spanien, dann nach dem Tode seines Großvaters väterlicherseits, Maximilians I. (1519), Kaiser von Deutschland. Die "monarchia universalis", die der Herrscher aufzubauen beabsichtigte, endete schließlich in einem Mißerfolg. Ungarn spielte in diesen großangelegten Plänen nur eine periphere Rolle. Mit dem Land kam er in erster Linie nach dem Tode seines Schwagers, Ludwig II., in Kontakt. Der Hauptkriegsplatz des Kampfes gegen die Osmanen blieb für ihn aber bis zum Ende nicht Ungarn, sondern das westliche Becken des Mittelmeers. Die Organisation der ungarischen Verteidigung vertraute er seinem Bruder Ferdinand an, der sich mit ihm zeitweilig in einem angespannten Verhältnis befand.

5
Germania eilt der von den Osmanen gemarterten Hungaria zur Hilfe, 1582
Joan Noel
Papier, Holzstich, 29,8 x 27,3 cm
MNM TKCs T. 8045

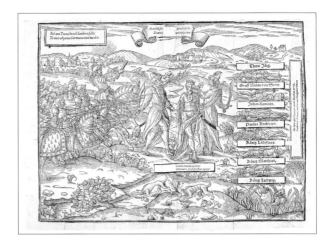

Der Holzschnitt von Johann Noel erschien in der Arbeit von Martin Schrott (*Wappenbuch des Heil. Römisches Reichs und allgemeiner Christenheit in Europa.* München 1582.) die zum Ziel hatte, die Aufmerksamkeit der deutschen öffentlichen Meinung auf die schwere Lage Ungarns zu lenken und gegen die Osmanen zu mobilisieren. Das Werk Noels zeigt das Schicksal Ungarns in einer ganz besonderen Weise, in Form einer Allegorie. In der Allegorie erscheint Hungaria als eine Frauengestalt mit Krone, in Fesseln geschlagen, von den Osmanen gequält. An ihren abgehackten Armen zerren Hunde. Die Helden der Kämpfe gegen die Osmanen liegen rechter Hand: der bei Mohács gefallene König Ludwig II., König Matthias I., König Wadislaw II., der bei Nándorfehérvár triumphierende János Hunyadi, der in der Schlacht von Eszék 1537 gefallene Pál Bakics, Miklós Zrínyi, der Szigetvár 1566 bis zu seinem Tode verteidigte und der berühmteste Kämpfer György Thury (+1571). Zu den einzelnen Gruppen gehört jeweils ein erklärendes, lateinisches Gedicht. Auf der linken Seite der Komposition eilen deutsche Ritter in Rüstung Hungaria zur Hilfe. Über die häufig erscheinenden Nachrichtenblätter hinaus, die aktuelle Nachrichten zum Inhalt hatten, trug auch diese Allegorie dazu bei, daß das Heilige Römische Reich den Krieg gegen die Osmanen mit regelmäßigen Geldzuwendungen, zeitweilig auch mit Truppen unterstützte.
Lit.: Galavics 1986, 18-22. - Kat. Történelem - kép 2000, 362-363.

10
FERDINAND I. UND DER UNGARISCHE THRON

1
Joannes Cuspinianus, Oratio protreptica. Viennae 1527.
Druck, 14,5 x 21 cm
ÖNB SIAWD 53 G 2 (6)

Der bekannte Humanist Joannes Cuspinianus rief in seiner Arbeit, in der er an den Reichtum Ungarns erinnerte, zum Kampf gegen die Osmanen auf. Der einstige Besitzer des Bandes, Hans Derschwam, versah diesen mit zahlreichen handschriftlichen Eintragungen und Erklärungen, z.B. ergänzte er die Beschreibung von Cuspianus über die Fruchtbarkeit Südungarns mit seinen eigenen Erfahrungen. Das Buch ist an einer Stelle aufgeschlagen, an der sich der Eigentümer des Buches auch an seinen eigenen Dienst in Ungarn erinnert (C IV): "Bey mein hanß Derschwan zeitt im 1528ten Jar seind 5 kamern gewesen, Kolosch, Sek, Desth, Torda et Wysagna die ich noch den hern fuggern regirt hab".
Lit.: Marianna D. Birnbaum, "The Fuggers, Hans Derschwam, and the Ottoman Empire" *SüFo 50 (1991),* 119-144. - Franz Babinger (Hg), *Hans Derschwam's Tagebuch einer Reise nach Konstantinopel und Kleinasien (1553/1555) nach der Urschrift im Fugger-Archiv* Berlin-München 1986[2]

2
Zeitungsblatt über den ersten Feldzug Ferdinands I., 1527
"Wahrhafft anzeygen Küniglicher Mayestet zu Hungern vnd Beheim etc. Hörzug von wyen auß inn Hungern biß auff ein halb meyl vnder Ofen vnd gen Stuhlweyssenburg etc Anno 1527"
Das Nachrichtenblatt erzählt von den Ereignissen bei der ersten Reise Ferdinand I. nach Ungarn zwischen dem 30. Juli und dem 22. August 1527. Von der Begleitung des zukünftigen ungarischen Königs, der am 30. Juli aus Wien abreiste, kann der Verfasser des Artikels drei ungarische Herren benennen, den Bischof von Veszprém, Tamás Szalaházy, Franz Graf zu Sankt-Georgen und Bösing und Elek Thurzó. Ferdinands Truppen erreichten auf der wohlbekannten Route Magyaróvár–Győr–Komárom–Esztergom–Buda die ungarische Hauptstadt, die von János Szapolyai nach einiger Verzögerung geräumt wurde. Ferdinand bezog nach dem 20. August Buda, die Hauptstadt Ungarns.
Lit.: Hubay 1948, 84.

3
Ein Paar Steigbügel Ferdinands I. (1503–1564)
Süddeutsch, um 1515
KHM Jagd- und Rüstkammer Inv. Nr. A 1162
Lit.: Leibrüstkammer 1976, 209.

4
Kaiser Ferdinand I. (1503–1564)
Hans Lautensack
Papier Kupferstich
MNM TKCs T. 1941/8
Lit.: Wolfgang Hilger, *Ikonographie Kaiser Ferdinands I. (1503-1564)*, Wien 1969

Außerhalb der Vitrine:
Bildnis von Leopold I. in jungen Jahren in ungarischer Tracht, 17. Jh.
Werkstatt von Frans Luyckx
Öl/Leinwand, 91 x 74 cm
MNM TKCs 871

Außerhalb der Vitrine:
Joseph II. als Kind in ungarischem Gewand, um 1745
Martin van Meytens d.J.
Öl/Leinwand, 140 x 110 cm
KHM Gemäldegalerie, Inv. Nr. 7059
Lit.: Kct. Maria Theresia als Königin von Ungarn 1980, Nr. 46. Abb. 11.

11
MIKLÓS ZRÍNYI, DER HELD VON SZIGETVÁR

1
Sturmhaube, und Säbel Miklós Zrínyis (1508–1566)
Eisen, vergoldetes Silber, Leder, Holz, Goldbrokat, Hermelinpelz
KHM Hofjagd- und Rüstkammer, Sturmhaube A 421, Säbel A 421 B
Von den persönlichen Gebrauchsgegenständen Miklós Zrínyis, der bei der Verteidigung von Szigetvár fiel, sind einige in der Sammlung Ferdinands von Tirol erhalten geblieben. So etwa seine melonenförmige, gerippte, zugespitzte und mit einem Nasenstück versehene Sturmhaube, auf der Überreste der Vergoldung bzw. das ursprüngliche blaue Leinenfutter mit weißem Seidensaum noch zu sehen sind. Erhalten geblieben ist auch der mit einem Silbergriff versehene Säbel des kroatisch-ungarischen Adeligen, auf dem die Aufschrift NCHZ zu lesen ist, daneben das Wappen der Familie Zrínyi bzw. die Jahreszahl 1562. Von dem einstigen Paraderock, dessen Stoff weißer Atlas war und der damals mit einem weißen Hermelinfutter versehen war, existieren leider nurmehr Überreste. Die Stücke gelangten im Jahre 1579 in die Sammlung des Erzherzogs, der ein bedeutender Sammler war. Sie waren bereits im zeitgenössischen Katalog der Sammlung angeführt (Jakob Schrenck von Notzing, *Der... Keyser... Bildnissen und Beschreibungen ihrer taten, deren Waffen...im Schloß Ombraß... aufbehalten werden*. Innsbruck 1601).
Lit.: Leibrüstkammer 1990, 210 + Abb.136. - Salamon Ferenc, *Az első Zrínyiek*, Pest 1866 - Barabás Samu (szerk.), *Zrínyi Miklós, a szigetvári hős életére vonatkozó levelek és okiratok, I–II*. Bp. 1878-1899

2
Darstellung des Helden von Szigetvár, Miklós Zrínyi mit der ausgestellten Sturmhaube und dem Säbel
Dominicus Custos
Papier, Kupferstich, 47,7 x 33 cm
MNM TKCs T. 9421
Miklós Zrínyi (um 1508–1566), der aus einer hochadeligen kroatischen Familie stammte, wurde durch seinen heldenhaften Tod zu einem Symbol der Kämpfe gegen die Osmanen. Bereits sehr jung nahm er im Jahre 1529 an der Verteidigung Wiens teil, 1542 war er kroatisch-slawonischer Banus (das Amt hatte er bis zu seinem Rücktritt 1555 inne), später auch Schatzmeister (1557–1566). Er war ein beständiger und äußerst erfolgreicher Teilnehmer an den Kämpfen gegen die Osmanen (1543 Somlyó, 1556 Krupa und Kostajnica, Babocsa). Sein Familienvermögen vermehrte er durch erfolgreiche Eheschließungen (Katalin Frangepán 1543, Eva Rosenberg 1564), im Jahre 1546 erwarb er Csáktornya gemeinsam mit dem Zwischenmurgebiet, das später zum Zentrum der Familie wurde. Ab 1561 war er der Hauptmann von Szigetvár, das als Säule des südtransdanubischen Verteidigungssystems galt. Im Jahre 1566 erwartete er in der ihm anvertrauten Grenzfestung den Angriff des osmanischen Heeres unter der Führung Sultan Suleimans. Nach einem tapferen Kampf, der vom 8. August–8. September 1566 einen Monat lang andauerte, verlor er sein Leben bei einem heldenhaften Ausbruch an der Spitze des auf 600 Mann zusammengeschmolzenen Verteidigungsheeres. Der Tod Zrínyis inspirierte zahlreiche Dichter, so seinen Urenkel Miklós Zrínyi wie auch Theodor Körner.
Lit.: Gizella Cenner-Wilhelmb, "Der Augsburger Kupferstecher Dominicus Custos un Ungarn" *FA 18* (1966/1967) - Galavics 1986, 54.

12
DAS DREIGETEILTE UNGARN

1
Ungarns König Johann (Szapolyai) I. (1487–1540)
Unbekannter Meister
Papier, Kupferstich, 12,2 x 8 cm
ÖNB POR Pg XXVII in Ptf 112 (3)

Johann Szapolyai war der Sohn von István Szapolyai (+ 1499), des Grafen von Zips und Palatins, der mächtigste Magnat der Jagellonen-Epoche, der nach dem Tode Ludwigs II. seinen Anspruch auf den ungarischen Thron anmeldete, indem er sich auf den Beschluß von Rákos (1505) berief, und den der Adel am 10. November 1526 auch zum König wählte. Seine Krönung fand am darauffolgenden Tag statt. Johann I. gelang es im Gegensatz zu Ferdinand I. nicht, obgleich die Mehrheit des Landes hinter ihm stand, seine Herrschaft zu festigen. Im Jahre 1528 war er gezwungen, zu seinem Schwager, dem König von Polen, zu fliehen. Seine Rückkehr nach Ungarn gelang nur mit osmanischer Unterstützung, und in den verbleibenden Jahren seiner Herrschaft führte er mit wechselndem Erfolg Kämpfe gegen Ferdinand bzw. gegen rebellierende Adelige. 1538 schloß er den Frieden von Nagyvárad, doch kurz darauf heiratete er unerwartet. Er nahm Isabella, die Tochter des polnischen Königs, Sigismund I., zur Frau (2. März 1539) und überließ das Land entgegen der Vereinbarung seinem Sohn Johann Sigismund, der kurz vor seinem Tode zur Welt kam (7. Juli 1540). Johann I. war der letzte ungarische König, er verschied am 17. Juli 1540 (nach anderen Quellen am 21.) und wurde in der ungarischen königlichen Krypta in Székesfehérvár beerdigt. Eine authentische Darstellung János Szapolyais ist nicht erhalten geblieben. Die bekannteste und am weitesten verbreitete Abbildung ist der hier zu sehende Kupferstich, der auf eine Darstellung Szapolyais im 1664 erschienenen Band Mausoleum...regni apostolici regum...et Ungariae ducum (Nürnberg 1664) von Ferenc Nádasdy zurückgeht.
Lit.: Kat. Osmanen 1983, 17. - Barta Gábor, "A Sztambulba vezető út 1526-1528. (A török-magyar szövetség és előzményei)", Sz 115 (1981), 152-205.

2
Der Frieden von Nagyvárad, 24. Februar 1538
Orig., Pergamentlibell, fol. 1-14., 37 x 24 cm, mit Siegel
HHStA AUR 1538 II 24
Druck: Roderich Gooss, Österreichische Staatsverträge. Fürstentum Siebenbürgen (1526-1690). Wien 1911, 69-81. (kritische Ausgabe)

Zwischen den beiden Rivalen Ferdinand I. und Johann I. gab es von Beginn an Verhandlungen, doch mußten bis zum Zustandekommen einer umfassenden Einigung zwölf Jahre vergehen. Der Friedensvertrag sanktionierte zunächst die territoriale Aufteilung des Landes, doch im Sinne des Vertrages mußte das Land nach dem Tode des Königs Johann I. unter dem Anrecht Ferdinands I. vereint werden, während die Nachkommen Szapolyais den Titel Herzog von Zips innehaben würden. Nach dem Aussterben der Habsburger wäre der ungarische Thron erneut der Familie Szapolyai zugefallen. Den Abschluß des Friedensvertrages begünstigte jene Erkenntnis, daß die Fortführung des Bürgerkrieges das Land in den endgültigen Ruin treiben würde. Leider erwiesen sich auch die Verfügungen des Vertrages als unbeständig: König Johann I. wurde am 7. Juli 1540 ein Sohn geboren, der spätere Johann Sigismund (mit anderem Namen Johann II.). Der Herrscher, der bereits dem Tode nahe war, übergab ihm sein Land, und nicht Ferdinand I, seinem Wettstreiter. Ferdinand I. aber meldete das Faktum des Friedensvertrages an die Hohe Pforte. Die Urkunde ist das durch König Johann I. bekräftigte Exemplar des Friedensvertrages, dessen letzte Seite eine Bestätigungsklausel beinhaltet und auch die eigenhändige Unterschrift des Herrschers trägt.
Lit.: Károlyi Árpád, "Okiratok és levelek a nagyváradi béke történetéhez 1536-1538", TT 1878, 713-817. - Károlyi Árpád, "Adalék a nagyváradi béke és az 1536-1538. évek történetéhez", Sz 12 (1878), 591-617, 687-732, 790-840.

3
Ansicht von Buda, um 1598
Unbekannter Meister
Papier, Kupferstich
MNM TKCs T.1458

Nach dem Tode von Johann I. zogen die Truppen Ferdinands erneut los, um Buda zu erobern. Den Truppen unter der Führung von Leonhard Vels (1497–1545), die im Oktober 1540 angriffen, gelang es jedoch nicht den Widerstand der Verteidiger zu brechen. Im Sommer 1541 startete Wilhelm von Roggendorf (1481–1545) einen erneuten Angriff, jedoch erlitt auch er gegen die Osmanen, die zur Befreiung der Burg eilten, eine Niederlage. Sultan Suleiman war bei dieser Gelegenheit nicht so großmütig wie zuvor (1526, 1529), sondern füllte die Burg mit osmanischen Truppen und machte damit die Hauptstadt Ungarns zum Zentrum der osmanischen Herrschaft, die im Ausbau begriffen war. Der Fall Budas erschüt-

terte auch die europäische Öffentlichkeit, und bereits 1542 zogen deutsche Truppen los, die aus Reichsgeldern ausgestattet worden waren, um Buda zurückzuerobern, jedoch blieb dies erfolglos. Während des fünfzehnjährigen Kriegs, zwischen 1598 und 1604, kam es mehere Male zum Sturm auf Buda, doch gelang den christlichen Truppen die Rückeroberung erst im Jahre 1686.
Lit.: Rózsa György, Budapest régi látképei, Bp. 1963

4
Zeitung über die Belagerung von Buda, 1541
"Wahrhafftige Anzeigung wie es im Leger vor Ofen ergangen ist. MDXLI"
Druck, 19,5 x 14,2 cm
ÖNB SAWD 37.D.91

Das Schicksal Budas weckte bereits im Jahre 1541 das Interesse der deutschen Öffentlichkeit. Das Nachrichtenblatt faßt die Ereignisse einer Woche des Ansturmes, zwischen dem 15.–22. August 1541, kurz zusammen. Auf dem Titelblatt ist auch eine kaum mehr erkennbare osmanisch–ungarische Schlachtszene abgebildet.

13
SIEBENBÜRGEN

1
Ermordung von György Fráter, 17. Dezember 1551
Matthias Merian
Papier, Kupferstich
MNM TKCs T. 11.605

Der aus einer kroatischen Adelsfamilie stammende György Utiesenovic (nach seiner Mutter auch Martinuzzi genannt), oder mit seinem bekannteren Namen György Fráter (um 1484–1551), ist der Begründer des eigenständigen Siebenbürgen. Er war ein Familiaris von János Corvin (1500–1504) und später der Familie Szapolyai (1504–1512), der 1512 in den Paulinerorden eintrat. Ab 1528 diente er erneut bei König Johann I., auf den er zunehmend größeren Einfluß ausübte. Von 1534 an war er Schatzmeister und Bischof von Nagyvárad (1534–1551). Eine zentrale Rolle spielte er bei der Wahl Johann Sigismunds zum neuen ungarischen König Johann II. (13. September 1540), die in der Folge zum Verlust Budas führte. Nachdem er seinen Fehler eingesehen hatte, schloß er am 29. Dezember 1541 das Abkommen von Gyalu, über die Vereinigung der beiden Landesteile, doch schob er, nachdem er die Niederlage von Buda 1542 gesehen hatte, dessen Durchführung hinaus und drängte mit all seiner Kraft auf die Reorganisation der Gebiete unter Johann II. Im Herbst des Jahres 1549 unterzeichnete er in Nyírbátor ein erneutes Abkommen zur Übergabe des Landesteiles, ohne das Wissen von Isabella, die anstelle des Kindes Johann regierte. Trotz der wirren Situation, – die ungarischen Adeligen, Isabella, der Pascha von Buda und der Woiwode von Moldau griffen ihn an – drängte György Fráter dieses Mal auf die Durchführung des Abkommens. Die Habsburger Truppen, die in geringer Zahl nach Siebenbürgen gekommen waren, erschwerten die Situation jedoch und zugleich wurde offensichtlich, daß er die Regierung der übergebenen Gebiete weiterhin nicht aus der Hand geben wollte. In dieser Situation gab der Herrscher den Befehl zur Ermordung des verdächtigen Mönchs, zu dieser Zeit bereits Kardinal (20. Oktober 1551) und gewählter Erzbischof von Esztergom (Oktober 1551). Unter der Leitung des Generals Sforza Pallavicini ermordete etwa ein halbes Dutzend Soldaten im Schloß von Alvinc, in der Nacht vom 16. auf den 17. Oktober 1551 den ahnungslosen György Fráter, der sogar die Leibwache fortgeschickt hatte. Sein Tod war Zeugnis dafür, daß es keine Möglichkeit zur Vereinigung von Siebenbürgen und Ungarn geben würde, solange sich eine osmanische Überzahl auf dem Kriegsschauplatz an der Donau befand. Der Tod von György Fráter blieb nicht ohne Folgen, denn Papst Julius III. ordnete aufgrund der Ermordung eines Kardinals der katholischen Kirche eine Untersuchung an, die jedoch trotz der offensichtlichen Straftat schließlich mit Freispruch bzw. mit der Wallfahrt der Hauptschuldigen nach Rom endete. Die Schriftstücke des Prozesses werden zum Teil im Geheimen Archiv des Vatikans (Archivum Secretum Vaticanum) bzw. im Haus-, Hof- und Staatsarchiv (UA AA Fasc. 65.) aufbewahrt.

Lit.: Barta Gábor, *Vajon kié az ország?* Bp. 1988. - Károlyi Árpád, "Fráter György levelezése és egyéb őt illető iratok. I-VII", *TT 1878-1882.* és külön is. - O. Utiešenović, *Lebensgeschichte des Kardinals Georg Utiešenović, genannt Martinusius. Mit Benutzung des k. k. Geh. Haus-, Hof- und Staatsarchivs von 1528-1553*, Wien 1881. - Alfons Huber, "Die Erwerbung Siebenbürgens durch König Ferdinand I. im Jahre 1551 und Bruder Georgs Ende", *AföG 75 (1889)*, 481-545.

2
Medaille: Johann Sigismund (1540–1571), erwählter König Ungarns und Fürst von Siebenbürgen
Stewen van Herwijck
Galvanokopie, einseitig, 85 mm
KHM Münzkabinett MD 000171

Der bereits im Alter von einigen Monaten zum ungarischen König gewählte Johann Sigismund (er selbst gebrauchte mit Vorliebe den Namen Johann II., in den osmanischen Quellen hingegen erscheint er immer als König Stephan) wurde zum Herrscher erzogen, und mit Ausnahme militärischer Tugenden verfügte er auch über herrscherische Fähigkeiten. Aufgrund seiner Herkunft, als Neffe des Königs von Polen, lebten an seinem Hof zahlreiche polnische Herren, darunter sogar einige der zu jener Zeit in Polen äußerst verbreiteten Unitarier. Die Politik des toleranten und an religiösen Fragen äußerst interessierten Herrschers trug in großem Maße dazu bei, daß in den daraufffolgenden Jahrhunderten in Siebenbürgen mehrere Konfessionen relativ friedlich nebeneinander existierten. Trotz der äußeren und inneren Schwierigkeiten (Verrat von Menyhért Balassa 1561, Aufstand der Szekler 1562, habsburgisch–osmanischer Krieg 1565–1566) gelang es ihm, sein Land zu halten. Nach dem 1568 abgeschlossenen osmanisch–habsburgschen Frieden von Adrianopel eröffnete sich die Möglichkeit der Klärung der strittigen Fragen zwischen den Habsburgern und Siebenbürgen. Im Sinne des am 16. August 1570 unterzeichneten Abkommens von Speyer entsagte Johann Sigismund dem ungarischen königlichen Titel und nahm den Titel eines Fürsten von Siebenbürgen und Partium an, dem Vertrag nach sollten das Land seine männlichen Nachkommen später erben, das nur im Falle des Aussterbens der Familie auf die Habsburger zurückfallen würde. Kurz nach Abschluß des Abkommens verstarb der junge, nur 31jährige Herrscher am 14. März 1571 ohne Nachkommen. Auf der Medaille ist Johann Sigismund mit etwas nach links gewendetem Gesicht, in schlichter Kleidung und mit einer Pelzmütze aus Bärenfell dargestellt.

Lit.: Huszár Lajos-Pap Ferenc-Winkler Judit, *Erdélyi éremművesség a 16-18. században*, Bukarest 1996, 109 + 102. kép. - Köpeczi Béla (Hg), *Kurze Geschichte Siebenbürgens*, Bp. 1990

3
Fürst Johann Sigismunds Schreiben an Maximilian II., 18. Juni 1564
Papier, Orig., 33 x 21 cm
HHStA UA AA Fasc. 88. Konv. B. fol. 54-57.

Der Versuch der Vereinigung von Ungarn und Siebenbürgen scheiterte im Jahre 1566 endgültig. Königin Isabella (+ 1559) und ihr Sohn, Johann Sigismund, kehrten auf Aufforderung des Adels im Herbst des Jahres 1556 nach Siebenbürgen zurück. Die folgenden Jahrzehnte vergingen mit Zwistigkeiten zwischen dem entstehenden siebenbürgischen Fürstentum und der Habsburger-Macht, in erster Linie bezüglich der Grenzfrage. In den sechziger Jahren des 16. Jahrhunderts verhandelten die Parteien durchgehend miteinander, doch zu einer Einigung kamen sie erst 1565. Ein Zeugnis der Verhandlungen, die dieser Vereinbarung vorausgingen, ist der ausgewählte Brief, in dem Johann Sigismund Maximilian II. darüber informierte, daß er seinen Onkel, Stanislaw Karnowski, den Sekretär des polnischen Königs damit betraut habe, beim Erzherzog im Interesse der Schlichtung der strittigen Fragen vorzusprechen. Zugleich erklärt Johann Sigismund seine friedlichen Absichten. Dem Brief beigefügt sind auch die Forderungen Johann Sigismunds, unter anderem jene, nach welcher er die Erzherzogin Johanna zu heiraten beabsichtige. Das nach langen Verhandlungen am 13. März 1565 in Szatmár unterzeichnete Abkommen war nur von kurzer Dauer, denn Johann Sigismund kündigte es bereits einen Monat später auf Anraten der Osmanen auf. Die Gegensätze spitzten sich im Herbst des Jahres 1565 zu einer bewaffneten Auseinandersetzung zu. Der Brief zeigt deutlich, daß Johann Sigismund seinen Anspruch auf den ungarischen Thron aufrecht erhielt, denn er unterzeichnete ihn als Johann, gewählter König von Ungarn.

Lit.: Barta Gábor, *Az erdélyi fejedelemség születése*, Bp. 1979 - Alfons Huber: *Die Verhandlungen Ferdinands I. mit Isabella von Siebenbürgen 1551-1555*, Wien 1891

4
Zsigmond Báthory (1572–1613), Fürst vor Siebenbürgen, 1607
Egidius Sadeler
Papier, Kupferstich, 32,5 x 21,6 cm
MNM TKCs T.769

Der nach dem Tode seines Vaters, Kristóf Bátory (1530–1581), bereits im Alter von neun Jahren zum Woiwoden von Siebenbürgen gewählte Zsigmond Báthory wurde im Dezember 1588 für volljährig erklärt. In die Zeit der Herrschaft des gebildeten, mit musikalischem Talent gesegneten, doch äußerst rastlosen Fürsten fielen die Ereignisse des Langen Türkenkrieges (1591, 1593–1606). Zsigmond Báthory schloß sich in Jahr 1595 der christlichen Koalition an, für seinen Kriegsbeitritt erhielt er die habsburgische Erzherzogin, die aus dem steirischen Zweig der Familie stammende Maria Christierna (1574–1621), zur Gemahlin (HHStA Familienurkunden 1466/1). Die siebenbürgischen und rumänischen Truppen nahmen im Oktober des Jahres 1595 zunächst Tîrgoviste ein und fügten dann den Truppen Pascha Sinans bei Giurgiu eine Niederlage zu. Die weiteren Ereignisse waren jedoch bereits weniger günstig. Die Ehe des Fürsten nahm ein unglückliches Ende, denn aufgrund seiner ererbten Syphilis oder vielleicht wegen seiner Homosexualität fand der Vollzug der Ehe nie statt. Seine privaten Probleme wirkten sich auch auf seine Regierungsarbeit aus. Im Dezember des Jahres 1597 dankte Zsigmond Báthory ab und zog sich, wie versprochen, in seine schlesischen Herzogtümer zurück. Seine Entscheidung erwies sich jedoch nicht als endgültig, denn in den darauffolgenden Jahren kehrte er noch zweimal in sein einstiges Land zurück (1598–1599, 1601–1602), wobei er dort immer neuere Probleme und Schwierigkeiten verursachte. Siebenbürgen verließ er im Jahre 1602 endgültig und starb in der Verbannung am 27. März 1613 in Prag, wo er in der Gruft der Familie Czerny gesetzt wurde. Der Kupferstich von Egidius Sadeler, der am Prager Hof Rudolfs II. tätig war, stellt den bereits abgedankten Fürsten dar, der von Allegorien des Sieges (Victoria) und des Reichtums (Abundantia) umgeben ist, unten sind Geiz (Avaritia) und Luxus (Luxuria) angekettet zu sehen, über den Fürsten breitet der kaiserliche Adler beschützend seine Schwingen.

Lit.: Cennerné Wilhelmb Gabriella, "Egidius Sadeler magyar arcképei" *FA É* (1954), 153-155. - Galavics 1986, 47 + 24. sz. - Köpeczi Béla (Hg), *Kurze Geschichte Siebenbürgens*. Bp. 1990.

5
Erzherzogin Maria Christierna (1574–1621), Gemahlin von Zsigmond Báthory, 1595
Ottavio Zanuoli
Tempera, Kupferplatte 17,7 x 12,5 cm
MNG Inv. Nr. 86.4 M

Maria Christierna war die Tochter des Erzherzogs Karl von Innerösterreich und der bayrischen Herzogin Maria. 1595 wurde sie die Gemahlin des siebenbürgischen Fürsten Zsigmond Báthory. Die Ehe erwies sich als unglücklich und wurde 1599 in Rom als ungültig erklärt. Maria Christierna trat im Jahre 1607 in das adelige Kloster von Hall ein, dessen Oberin sie 1612 wurde.

Lit.: Benda Kálmán, *Erdély végzetes asszonya. Báthory Zsigmondné Habsburg Mária Krisztierna*, Bp. 1986. - K. Reissenberger, Prinzessin Maria Christierna von Innerösterreich (1574-1621). *Mitteilungen d. Hist. Verein Steiermark* 30 (1882), 27-72.

6
Der Haller Schmuck aus dem Besitz der Erzherzogin Maria Christierna
Gold
MAK Inv. Nr. Bi 928, Bi 937, Bi 948, Bi 944, Bi 954

Mit aller Wahrscheinlichkeit ließ Erzherzog Karl von Innerösterreich (1540–1590) diesen Schmuck für seine beiden Töchter, die Erzherzoginnen Maria Christierna (1574–1621) und Eleonora (1582–1620), anfertigen. Der Schmuck gelangte später in den Besitz des adeligen Klosters von Hall in Tirol, in dessen Mauern die beiden Erzherzoginnen ab 1607 lebten.
Lit: Kat. Graz als Residenz 1964, Nr.235-246.

14
MIKLÓS OLÁH: EIN UNGARISCHER HUMANIST

1
Porträt des Erzbischofs von Esztergom, Miklós Oláh (1493–1568), 1560
Donat Hübschmann
Papier, Kupferstich, 34 x 20,1 cm
MNM TKCs T. 7206.

Miklós Oláh, der als Sohn des königlichen Richters von Százsváros geboren war, begann seine Laufbahn als Knappe Königs Wladislaw II. (1510), wurde dann Sekretär des Bischofs von Pécs und des Kanzlers, György Szathmáry (1516). 1516 schlug er die priesterliche Laufbahn ein, war 1522 bereits Domherr von Esztergom und 1526 als Sekretär des Königs bzw. der Königin tätig. Nach der Niederlage von Mohács blieb er bei Königin Maria und begleitete seine Herrin auch in die Niederlande, von wo er erst 1542 heimkehrte. Während seiner Jahre in den Niederlanden kam er mit vielen Humanisten, darunter mit Erasmus, in Kontakt und schrieb in dieser Zeit sein Werk *Hungaria*, in welchem er Ungarn beschreibt (1536). Nach seiner Heimkehr wurde er zunächst Vizekanzler (1543–1545), dann Kanzler (1545–1553) und erklomm auch rasch die kirchliche Karriereleiter: Dompropst von Eger (1542), Bischof von Zagreb (1543–1548), Bischof von Eger (1548–1553). Am Gipfel seiner Laufbahn angelangt, wurde er Erzbischof von Esztergom (1553–1568), wozu sich nach dem Tode des Palatins, Tamás Nádasdy (1498–1562), auch das Amt des königlichen Statthalters gesellte (1562–1568). Oláh ist eine der wichtigsten Persönlichkeiten aus der Mitte des 16. Jahrhunderts. Er war einer der Vertrauten Ferdinands, seine Mitarbeiter (György Draskovics, Antal Verancsics, András Dudics, Miklós Istvánffy, István Radéczy, Miklós Tegledi, Ferenc Nagyváthy) spielten in den darauffolgenden Jahrzehnten Schlüsselrollen. Die Mehrheit der hier genannten Personen gehörte, wie auch Oláh, zu den Begründern des Humanismus in Ungarn. Miklós Oláh war der Anführer der ersten katholischen Erneuerungswelle in Ungarn, eine Bewegung, die er zeitgleich mit dem dritten Abschnitt des Konzils von Trient (Tridentinum) in der Diözese Esztergom in Gang setzte: Er gründete eine Schule (1558), siedelte die Jesuiten an (1561–1567), gründete ein Priesterseminar (1565), hielt in der Diözese Visitationen und Konzile ab und erkannte auch die Bedeutung des gedruckten Buchstabens. Miklós Oláh besaß neben seinen Gütern in Ungarn auch ein Haus in Wien (1550), welches an der Stelle des heutigen Palais Esterházy (Wallnerstr. 4) stand.
Lit.: Colomannus Eperjessy-Ladislaus Juhász (ed.), *Nicolaus Olahus, Hungaria-Athila*, Bp. 1938 (további Lit.mal) - Arnoldus Ipolyi (recensuit), *Nicolai Oláh Codex Epistolaris. MDXXVI–MDXXXVIII*, Budapestini 1876 - Richard Perger, *Das Palais Esterházy in der Wallnerstrasse zu Wien*, Wien 1994

2
Wappenbrief der Familie Oláh, 23. November 1548
Orig., Pergament, 60 x 81 cm
MOL P 108 Rep.2-3. Fasc. K.No.162.

Ferdinand I. bekräftigte dem Bischof von Eger und königlichen Kanzler, Miklós Oláh (1493–1568), für die Verdienste bei ihm bzw. im Dienste seines Vaters, des Königs Matthias, den alten Adelstitel seiner Familie und verlieh ihm das am Anfang des Adelsbriefs gemalte Wappen. Der Kreis der Privilegierten erstreckte sich nicht nur auf Miklós Oláh, sondern auch auf seinen verstorbenen Bruder Máté bzw. die Nachkommen seiner Schwestern (Orsolya und Ilona). Auf eine in der ungarischen Praxis der Wappenmalerei ungewöhnliche Weise wurde in der Urkunde nicht nur das verliehene Wappen festgehalten, die Urkunde ist außerdem mit Miniaturen verziert, auf welchen die Familie Habsburg bzw. diejenigen Personen zu sehen sind, denen der Titel verliehen wurde. Im oberen Teil der Urkunde sind links vom wiederholten Wappenbild folgende Miniaturen zu sehen: 1. Wladislaw II., 2. Karl V., 3. Ludwig II. und seine Gemahlin Maria, 4. Ferdinand I. und seine Gemahlin Anna, 5. der spätere Kaiser Maximilian II. und Erzherzog Ferdinand von Tirol, 6. Erzherzogin Johanna. Rechts des kleinen Wappens: 1. Miklós Oláh im bischöflichen Ornat, 2. Máté Oláh und Familie, 3. Landschaftsbild, 4. Orsolya Oláh mit ihren beiden Gatten und ihren Kindern, 5.

Landschaftsbild, 6. Ilona Oláh und ihr Gatte, Miklós Olasz, 7. Landschaftsbild. Mit den ausgewählten Personen hatte Miklós Oláh während seiner langen Laufbahn ausnahmslos Kontakt. Über die Bestärkung des Adelstitels hinaus erwarb Oláh für sich und seine Familienmitglieder im Jahre 1558 auch den Titel eines Barons. Die Familie bestand jedoch nicht lange, denn die Neffen starben in jungen Jahren, ohne Nachkommen zu hinterlassen, den Besitz trug zum Teil der beschenkte Kristóf Császár weiter, dessen Enkelin, Orsolya Dersffy, die Gemahlin des Palatins Miklós Esterházy wurde, zum anderen Teil die uneheliche Tochter Oláhs, Lukrécia (+ 1568), die 1555 János Liszthy (+ 1577), den späteren Kanzler heiratete.

Lit.: Dénes Radocsay, "Österreichische Wappenbriefe der Spätgotik und Renaissance in Budapest" *Zeitschrift des deutschen Vereins für Kunstwissenschaft* 18 (1964), 75. – Nyulásziné Straub Éva, *Öt évszázad címereslevelei. Wappen aus fünf Jahrhunderten*, Bp. 1999, 185 + LIX-LXI. Tábla.

15
Hof, Hofkanzlei und Hofkammer

1
Der Hofstaat von Ferdinand I., 1551
Orig., Papierheft, 31 x 23 cm
HHStA OMeA SR 182, Nr. 30.
Druck: Thomas Fellner – Heinrich Kretschmayr, *Die österreichische Zentralverwaltung. I. Abt. 2. Bd. Von Maximilian I. bis zur Vereinigung der österreichischen und böhmischen Hofkanzlei (1749)*. Wien 1907, 167-171. (auszugsweise)

Der Tod Ludwig II. und die Wahl des fremden Herrschers bedeutete zugleich das Ende des traditionsreichen ungarischen Königshofes. Neben dem im Ausland, in Wien oder gerade in Paris, residierenden Herrscher hielten sich ungarische Magnaten nunmehr in geringer Zahl auf. Obgleich die ersten Herrscher, Ferdinand I. und Maximilian II., den ungarischen Adel des öfteren aufforderten, an ihren Hof zu kommen, leisteten dieser Aufforderung aufgrund der fremden Sitten bzw. der heimischen Situation nur äußerst wenige Folge. In den fünfziger Jahren des 16. Jahrhunderts ließen sich Ungarn unter den Bediensteten am Hof noch in relativ großer Zahl finden, insbesondere Mundschenke, Truchsesse bzw. adelige junge Herren, die mit zwei, drei oder vier Pferden Dienst leisteten. So im Jahre 1551 der Fürschneider: János Balassi, die Mundschenke: Bernát Thurzó und János Pethő, der Truchseß: Miklós Báthory, der Adelige ohne Amt: Gábor Perényi, die Familiares mit zwei Pferden: Péter Macedóniai, Gáspár Homonnay, János Lévay, Kristóf Ország und István Báthory ("Schamboy Bathori"), der spätere Fürst von Siebenbürgen und König von Polen. Die Mehrheit der ungarischen jungen Herren kehrte nach dem zwei bis drei Jahre dauernden Dienst bei Hofe nach Ungarn zurück. Echte Beziehungen zum Hof, wie etwa Miklós Pálffy, der Held des fünfzehnjährigen Kriegs, bauten sich nur wenige auf. Dadurch jedoch, daß sie nicht bereit dazu waren, im Zentrum des Reiches zu leben, versperrte sich ihnen der Weg zu einer Karriere am Hof, und zugleich wurde auch ihre Mitsprache in ungarischen Angelegenheiten geschwächt.

Lit.: Pálffy Géza, "A bécsi udvar és a magyar rendek a 16. században" *TSz* 41 (1999), 331-366.

2
Bildnis von István Báthori (1533–1586), dem Woiwoden, später Fürsten von Siebenbürgen und König von Polen

Gemälde aus der Sammlung von Ferdinand von Tirol
KHM Gemäldegalerie

Er war der Nachkomme der mächtigen ostungarischen hochadeligen Famile, der Familie Báthory aus Somlyó, der seine humanistische Bildung in Italien erlangte, mit den höfischen Sitten hingegen am Hofe Ferdinands I. vertraut wurde. Unter Johann Sigismund war er Oberhauptmann von Nagyvárad, Gesandter am Hofe Ferdinands und Maximilians (1563, 1565), wobei er bei letzterer Gelegenheit zwei Jahre in Gefangenschaft geriet. Nach dem Tode Johann Sigismunds wurde er vom Adel am 25. Mai 1571 zum Woiwoden gewählt, insgeheim legte er Maximilian gegenüber den Treueeid ab. Gáspár Bekes (1520–1579), den einstigen Berater Johann Sigismunds, dem die Unterstützung der gegen ihn revoltierenden Habsburger zuteil wurde, bezwang er im Jahre 1575, womit er seine Herrschaft über Siebenbürgen endgültig festigte. Nach dem Aussterben der Jagellonen wählte ihn am 14. Dezember 1575 der polnische Adel gegen Maximilian II. zum König. Als er nach Polen ging, nahm er den Titel Fürst von Siebenbürgen an und ernannte seinen älteren Bruder, Kristóf Báthory (1530–1581) zum Woiwoden. Man könnte ihn vielleicht als den herausragendsten ungarischen Staatsmann des 16. Jahrhunderts bezeichnen, der auch als König von Polen bedeutenden Eindruck hinterließ. In seinen letzten Lebensjahren bemühte er sich mit päpstlicher Unterstützung um die Bildung einer Allianz gegen die Osmanen.

Lit.: *Etienne Báthory roi de Pologne prince de Transylvanie*, Par l' Académie des sciences hongroise et l' Académie Polonaise des sciences et des lettres. Cracoviae 1935 - Veress Endre, *Báthory István levelezése*, I-II. Kolozsvár 1944. - Lukinich Imre, *Báthory István*, Bp. 1935

3
Porträt von Miklós Istvánffy (1539?–1615), Palatinalverweser und Geschichtsschreiber

Martino Rota, 1575
Papier, Kupferstich, 19,6 x 16,1 cm
MNM TKCs T. 2256

Er war einer der bedeutendsten Schöpfer humanistischer Geschichtsschreibung, der nach seinem Studium in Italien (Padua, Bologna) als Sekretär des Erzbischofs von Esztergom, Miklós Oláh, tätig war. Nach dem Tod seines Herrn wurde er in Wien Sekretär an der ungarischen Hofkanzlei (1. Oktober 1569), königlicher Hofrat (1576), später lange Jahrzehnte hindurch Palatinialverweser (locumtenens palatinalis, 1581–1608) und königlicher Obersttürhüter (1599–1615). Aufgrund seiner Rolle beim Schauprozeß gegen István Illésházy im Jahre 1608 war er gezwungen, sich von der Politik zurückzuziehen. Er starb am 1. April 1615 auf seinem Familienbesitz in Vinice, wo er am 10. April auch beerdigt wurde. Im letzten Jahrzehnt des 16. Jahrhunderts begann er mit seiner großen historischen Arbeit, in der er über die Ereignisse zwischen 1490 und 1606 berichtet. Sein Werk *Pannonii historiarum de rebus Ungaricis libri XXXIV.* stellt bis zum heutigen Tage eine grundlegende Quelle zu den Ereignissen der zweiten Hälfte des 16. Jahrhunderts dar. Die erste Ausgabe (Köln 1622) verdankte ihr Entstehen dem Erzbischof von Esztergom, Péter Pázmány.

Lit.: Cennerné Wilhelmb Gizella, "Martino Rota magyar arcképei", *FA 7 (1955)*, 157-163. - Nicolaus Istvánffy, *Carmina*. Edidit Josephus Holub. Bp. 1935 (Lit.mal)

4
Porträt des Erzbischofs von Esztergom Antal Verancsics (1504–1573)

Martino Rota
Papier, Kupferstich, 34,5 x 23,8 cm
MNM TKCs T. 4524

Der aus dem dalmatischen Sebenico stammende Antal Verancsics gelangte nach seinem Studium in Padua durch die Vermittlung seines Onkels, des Bischofs János Statileo (+ 1542), an den Hof János Szapolyai (1530). 1549 trat er zu Ferdinand I. über, wo er innerhalb der kirchlichen Hierarchie eine rasche Karriere machte: Zunächst wurde er Bischof von Pécs (1553–1557), dann von Eger (1557–1569), schließlich Erzbischof von Esztergom (1569–1573) und in den Jahren 1572 bis 1573 königlicher Statthalter. Er nahm des öfteren an diplomatischen Missionen teil, auch der im Jahre 1568 mit den Osmanen geschlossene Frieden von Adrianopel ist zum Teil sein Werk. Martino Rota, der den Kupferstich angefertigt hat, stammte ebenfalls aus Sebenico und erhielt mit Unterstützung von Verancsics eine Anstellung am kaiserlichen Hof. Das Porträt wird von einem reichen architektonischen Rahmen umschlossen, versehen mit den Gestalten des Mercurius und der Minerva, unten sind die Ansichten von Wien und Konstantinopel zu sehen, über dem Bildnis das Wappen der Familie.

Lit.: Cennerné Wilhelmb Gizella, "Martino Rota magyar arcképei" *FA 7 (1955)*, 157-163. - Galavics 1986, 16-17. - Kat. Történelem - kép 2000, 361.

5
Instruktion von Ferdinand I. für die Ungarische Kammer, 1548
Konzept, Papier, 31 x 22 cm
FHKA HKA HFU r. Nr.2. Konv. 1548 fol. 92-103
Druck: Zoltán Kérészy, *Adalékok a magyar kamarai pénzügyigazgatás történetéhez*. Bp. 1916. III. Függelék, 172-183.

Die Kollegialbehörden der österreichischen Länder bildeten für Ferdinand I. die Vorlage zur Bildung der Ungarischen Kammer, doch als Grundlage diente ihm die Würde des ungarischen Schatzmeisters (thesauratus). In der am 4. Januar 1528 erteilten Weisung bestimmte er neben den Schatzmeister Miklós Gerendi vier Hofräte (das Originalexemplar der Instruktion FHKA HKA HFU r.Nr.2. Konv. 1548 fol. 105-122.). Die Aufgabe der neu gegründeten Behörde war die Verwaltung der königlichen Einkünfte (der privaten und staatlichen Einkünfte gleichermaßen). Die im Jahre 1548 erteilte Weisung ging bereits von den Erfahrungen zwanzigjähriger Arbeit aus und regelte die Aufgaben der Behörde neu. Die Beziehung zwischen den beiden Anweisungen wird dadurch deutlich, daß die Kopie der ursprünglichen Anweisung mit den notwendigen Modifikationen ergänzt wurde. Die in Pozsony wirkende Ungarische Kammer, die der Hofkammer unterstellt war, bildete zusammen mit der 1567 gegründeten Zipser Kammer in Kassa die bedeutendste frühneuzeitliche Basis des ungarischen Beamtentums.

Lit.: Theodor Mayer, "Das Verhältnis der Hofkammer zur ungarischen Kammer bis zur Regierung Maria Theresias" *Mitteilungen des Instituts für österreichischen Geschichtsforschung* IX. Erg. Bd. (1916) - Acsády Ignác, *Magyarország pénzügyei I. Ferdinánd uralkodása alatt*, Bp. 1888 - Ember Győző, *Az újkori magyar közigazgatás története Mohácstól a török kiűzéséig*, Bp. 1946, 119-128.

16
MAXIMILIAN II. UND SEIN KREIS

1
Porträt von Kaiser Maximilian II. (1527-1576), König von Ungarn und Böhmen
Gemälde aus der Sammlung von Ferdinand von Tirol
KHM Gemäldegalerie

Die ungarische Herrschaft des ältesten Sohnes Ferdinands I. hinterließ wenig Spuren. Für den gebildeten, in religiösen Fragen toleranten und dem Protestantismus zugeneigten Herrscher bedeuteten die osmanische und die siebenbürgische Frage ein unlösbares Problem. Der 1562 für acht Jahre abgeschlossene osmanische Friede scheiterte 1566 durch die siebenbürgischen Gegensätze der vorangegangenen Jahre. Die osmanischen Erfolge des Jahres 1566 (Eroberung von Szigetvár, Gyula), die Ohnmacht des bei Győr lagernden christlichen Heers und dann der im Februar des Jahres 1568 geschlossene Friede von Adrianopel riefen in Ungarn Unzufriedenheit hervor. Einige ungarische Adelige ergriffen offen Partei für Johann Sigismund, andere begannen sich an Verschwörungen zu interessieren (1569 Initiative von Balassa und Dobó). Die Situation verbesserte sich durch das im Jahre 1570 von Johann Sigismund unterzeichnete Abkommen einigermaßen, den positiven Ansätzen setzte jedoch der frühe Tod des Herrschers ein Ende. Sein Nachfolger István Báthory konnte seine Herrschaft gegenüber dem Kandidaten der Habsburger Partei festigen, ja er triumphierte sogar beim Kampf um den freigewordenen polnischen Thron gegen Maximilian II.

Lit.: Viktor Bibl, *Maximilian II., der rätselhafte Kaiser*, Hellerau b. Dresden 1929

1/a
Krönung von Maximilian, König von Böhmen, zum König von Ungarn, 8. September 1563
Unbekannter Meister (Zeichen I.D.)
Kopie
ÖNB PCR NB 202.790 CR

Da die uralte Krönungsstadt Székesfehérvár im Jahre 1543 in die Hand der Osmanen gelangt war, mußte für die Krönung Maximilian II., des Sohnes Ferdinands, ein neuer Schauplatz gesucht werden. Dieser wurde Pozsony, das zu jener Zeit als Hauptstadt des Landes galt. Die Krönung ging nicht leicht vonstatten, zu einer Wahl kam es zwar nicht, doch der ungarische Adel gab seine Einwilligung zum Krönungsakt nur sehr zögerlich, da er lange an der Besetzung des nach dem Tode Tamás Nádasdys (+ 1562) freigewordener Amtes des Palatins festhielt. Nachdem der Widerstand überwunden worden war, kam es schließlich am 8. September 1563 zur Zeremonie in der St. Martinkirche in Pozsony. Nach dem Krönungsakt wurde die Inthronisation in der Franziskanerkirche durchgeführt, danach folgte der Krönungseid und schließlich das Krönungsmahl. Die Krönung der Königin fand am Tage darauf, am 9. September, statt. In den darauffolgenden Tagen machten spektakuläre Ritterspiele die Krönung zu einem noch denkwürdigeren Ereignis. Zu dem prunkvollen Ereignis erschienen nicht nur ungarische Adelige bzw. die Mitglieder der Herrscherfamilie, sondern auch zahlreiche Würdenträger des Reiches. Da nicht alle Gäste in der Stadt untergebracht werden konnten, mußte eigens ein Zeltlager aufgebaut werden. Der Stich zeigt eben dieses Lager. In der Mitte des Bildes ist der Triumphbogen von Pietro Ferrabosco, dem Baumeisters des Schweitzertors in der Hofburg, zu sehen. Nach der Aufschrift zu urteilen, ist der Stich ursprünglich vermutlich für ein Werk von Joannes Sambucus angefertigt worden (unten: "Sambucus ad lectorem/ Summa coronationis").

Lit.: Štefan Holčik, *Pozsonyi koronázási ünnepségek 1563-1830*, Bratislava-Bp. 1986, Nr. 24. + 24. sz. - Friedrich Edelmayer-Leopold Kammerhofer-Martin C. Mandelmayr-Walter Prenner-Karl G. Vocelka (Hg), *Die Krönungen Maximilians II. zum König von Böhmen, Römischen König und König von Ungarn (1562/1563) nach der Beschreibung des Hans Habersack*, ediert nach CVP 7890, Wien 1990, 178-205.

2
Porträt des Arztes und Hof-Historiographen János Zsámboky (1531–1583)
Robert Boissard
Papier, Kupferstich, 15 x 19,7 cm
MNM TKCs T.4719

Der in Nagyszombat geborene Joannes Sambucus (János Zsámboky) gelangte nach umfassenden europäischen Studienjahren – 1551–1564 studierte er in Italien und Frankreich und unternahm dort zahlreiche Reisen – nach Wien, wo er ab 1564 Hofarzt und Historiograph war. Er war ein hervorragender Philosoph, der zu fast allen wichtigen Humanisten seiner Zeit Kontakt hatte (Aldus Manutius, Joannes Lipsius, Marcus Antonius Muret etc.). Unter seinen Werken erwies sich – aus der Perspektive der ungarischen Geschichte – die Herausgabe der Gedichte von Janus Pannonius (1559), des historischen Werkes von Bonfini (1568) bzw. die Auswahl ungarischer Gesetze (Anhang der Bonfini-Ausgabe 1581) als besonders bedeutend. Sambucus schuf eine mächtige Handschriften- und Buchsammlung, welche die Grundlage der heutigen Sammlung von Handschriften und alten Büchern in der ungarischen Nationalbibliothek bildet.

Lit.: E. Bach, *Un humaniste hongrois en France, Jean Sambucus et ses relations littéraires (1551-1584)*, Szeged 1932 - Hans Gerstinger, *Johannes Sambucus als Handschriftensammler. Festschrift der Nationalbibliothek in Wien zur Feier des 200jährigen Bestehens des Gebäudes*, Wien 1926, 251-400. - Hans Gerstinger, *Die Briefe des Johannes Sambucus (Zsámboky) (1554-1584)*, Wien 1968 - Gulyás Pál, *A Zsámboky-könyvtár katalógusa. Bibliothecae Ioannis Sambuci catalogus librorum (1587)*, Szeged 1992

3
Griechischer Kodex aus der Sammlung von János Zsámboky, 1557
Scriptores vitae S. Johannis Chrysostomi
ÖNB HAN Hist.gr. 52

Lit: Herbert Hunger: *Katalog der griechischen Handschriften der Österreichischen Nationalbibliothek, T. 1. Cod. Hist.*, Wien 1960, 58.

4
Joannes Sambucus, Emblemata. Antwerpen 1566
Buch in rotem Ledereinband, am Rand vergoldet, mit dem Wappen des Herrschers auf dem Einband, 30 x 25 cm
ÖNB SIAWD 74.W.97

Ein klassisches Werk der charakteristisch humanistischen Gattung der Emblemata ist die Arbeit von Joannes Sambucus, die das erste Mal 1564 in Antwerpen bei dem berühmten Drucker Plantin erschien. Auf der Rückseite des Vorsatzblattes dieses ausgestellten Exemplars ist die eigenhändige Widmung von Sambucus an Maximilian II. zu lesen ("Maximili(ano) II. D(omi)no D(omi)no Suo perpetuo Clementiss(imo) humilli(mus) clientul(us) et historiographus J. Sambucus.").

Lit.: Joannes Sambucus, *Emblemata. Antverpiae 1564.* (Facsimile, Bp. 1982, mit Einführung von Prof. August Buck)

17
RUDOLF II.

1
Porträt von Kaiser Rudolf II. (1552–1612), König von Ungarn und Böhmen
Gemälde, Öl/Holz, 19,5 x 16,3 cm
MNM TKCs festmény 23

Der in Spanien erzogene Rudolf II. bestieg nach dem Tode seines Vaters Maximilian II. mit 24 Jahren den Thron. Der Herrscher hatte eine Vorliebe für Wissenschaften und Künste, und interessierte sich daher nur zu Beginn seiner Herrscherzeit für die Regierungsangelegenheiten. 1576 trat er am ungarischen Reichstag noch mit Reformplänen hervor. An der "Hauptgrenzberatschlagung" in Wien im darauffolgenden Jahr rationalisierte er sogar das Verteidigungssystem gegen die Osmanen. Später beschäftigten ihn die Schwierigkeiten des Landes immer weniger, die Angelegenheiten Ungarns und der österreichischen Länder überließ er allmählich seinem jüngeren Bruder Erzherzog Ernst (1553–1595) als Statthalter, über die Angelegenheiten der Grenzfestungen in Kroatien und Slawonien verfügte sein Onkel Erzherzog Karl (1540–1590), wobei er in wichtigen Fällen das Entscheidungsrecht für sich selbst behielt. Rudolf zog 1583 nach Prag um. Dieser Schritt erschwerte die Regierung des Reiches noch mehr, da die zentralen Regierungsorgane (der Geheime Rat, die Hofkammer, der Hofkriegsrat etc.) sowohl in Wien als auch in Prag je eine Abteilung hatten. Der Lange Krieg gegen die Osmanen (1591, 1593–1606) bedeutete für das finanziell ohnehin schon an die Grenze seiner Leistungsfähigkeit gelangte Habsburgerreich eine neue Herausforderung. Die hohen Kriegsausgaben erschöpften endgültig die Schatzkammer, die Geldnot demoralisierte auch den zentralen Apparat und die beginnenden Kammerprozesse verschärften den Gegensatz zwischen dem Herrscher und den ungarischen Ständen dermaßen, daß diese 1605 einen bewaffneten Aufstand gegen den König organisierten. Der Aufstand wurde unmittelbar durch die Religionsfrage ausgelöst, was umso erstaunlicher war, als Rudolf in dieser Frage einen weitgehend toleranten Standpunkt vertrat. Rudolf war 1605 gezwungen, den ungarischen Ständen im Wiener Frieden bedeutende Zugeständnisse zuzusichern und mit dem Frieden von Zsitvatorok (1606) endete der Krieg mit den Osmanen. Die Konflikte fanden damit jedoch kein Ende. Die ungarischen und österreichischen Stände verbündeten sich mit Erzherzog Matthias, dem unzufriedenen Bruder von Rudolf II. und erzwangen seinen Rücktritt. Rudolf II. verblieben in der Folge nur noch die Kaiserkrone und die böhmische Königskrone.

Lit.: Robert H. W. Evans, *Rudolf II. Ohnmacht und Einsamkeit*, Wien 1980 - Kárpáthy-Kravjánszky Mór, *Rudolf uralkodásának első tíz éve. 1576-1586*, Bp. 1933 - Karl Vocelka, *Die politische Propaganda Kaiser Rudolfs II. (1576-1612)*, Wien 1981

2
Schriftmusterbuch von György Bocskay für Thronfolger Rudolf, 1571–1573
Pergament, Manuskript, fol. 1-127, Aquarell, versilbert und vergoldet, 18 8 x 14 cm
KHM Kunstkammer Inv. Nr. 975

Der ungarische königliche Sekretär und Schreibkünstler György Bocskay (um 1510–1575) hat dieses Schriftmusterbuch zwischen 1571–1573 für den Thronfolger Rudolf gefertigt. Die von Bocskay kalligraphierten Blätter wurden von Georg Hoefnagel (1542–1600) im Zeitraum von 1591 bis 1594 mit illuminierten Stadtansichten, Figuren und naturalistischen Blumen- und Insektendarstellungen ergänzt. György Bocskay stammte aus der Raziner Linie der Familie (Kroatien). Den Großteil seines Lebens widmete er dem Dienst am König. Ab 1554 fungierte er als Sekretär der ungarischen königlichen Kanzlei und galt als einer der berühmtesten Schreibkünstler seiner Zeit. Auch die Inschriften auf dem Grabmal von Maximilian I. in Innsbruck stammen von ihm.

Lit: Kat. Prag um 1600, Nr. 599. - Czakó Elemér, "Bocskai György betűi" *Magyar Iparművészet* 5 (1902), 73-76. - T. Vignau-Wilberg, *Mira calligraphicae monumenta: A sixteenth-Century Calligraphic Manuscript Inscribed by Georg Bocskay and Illuminated by Joris Hoefnagel*, Malibu 1992

3
Kaiser Rudolf II. und Ungarns König Matthias II. auf einem ungarischen Wappenbrief, 1610
Orig., Pergament, Buchformat 21 x 27 cm
MOL P 2049, Familienarchiv Marikovszky, 1.cs. 1. tétel

István Mánásy alias István Joó wurde am 27. Februar 1610 für seine Dienste als Schreiber an der Ungarischen Hofkanzlei der Adelstitel verliehen. Der Wappenbrief erschien im Buchformat mit einem ganzseitigen Wappenbild, auf dem beide Herrscher der Zeit zu finden sind: Rudolf II., der 1608 auf den ungarischen Thron verzichtete und der im selben Jahr zum König gewählte Matthias II.

KAISER UND KÖNIG

4
Medaille: Die Einnahme von Győr, nach 1598
Unbekannter Meister
Silber, 25,5 mm
KHM Münzkabinett Inv. Nr. 868 bß

Das nach zweimonatiger Belagerung im September 1594 aufgegebene Győr bildete eine gefährliche Schwachstelle in der Grenzfestungslinie, die Wien geschützt hatte. Nach sorgfältigen Vorbereitungen gelang es den christlichen Truppen, unter der Führung von Adolf Baron zu Schwarzenberg und Miklós Pálffy die Burg am 29. März 1598 in einem blutigen jedoch bravourösen Kampf zurückzuerobern. Die Zurückeroberung der Festung bewirkte nicht nur in Ungarn sondern auch österreichweit große Erleichterung, da nach der Einnahme von Győr die türkischen Truppen praktisch ohne weitere Hindernisse bis nach Wien hätten marschieren können.

Lit.: Galavics 1986, 43 + 21. kép - Huszár Lajos-Pap Ferenc-Winkler Judit, *Erdélyi éremművészet a 16-18. században*, Bukarest 1996, 114-115.

5
Rückeroberung von Győr, 1598
Papier, Kupferstich
MNM TKCs T. 5566

6
Porträt des Palatins György Thurzó (1567–1616)
Egidius Sadeler, 1607
Papier, Kupferstich, 20,9 x 15,2 cm
MNM TKCs T.4334

György Thurzó wurde nach dem frühen Tod seines Vaters als Waisenkind am Hof von Erzherzog Ernst erzogen. Nach seiner Heimkehr übernahm er später die Verwaltung seines Grundbesitzes. Am 15jährigen Krieg war er fast ununterbrochen als aktiver Kämpfer beteiligt, und er blieb auch während des Bocskai-Aufstandes dem königlichen Haus treu. Er spielte eine entscheidende Rolle im Wiener Frieden von 1606, im Jahre 1609 wurde er nach dem Tod von István Illésházy Palatin (1609–1616). Selbst in dieser hohen Position war er stets bestrebt, die zwischen den verschiedenen Parteien und dem Herrscher bestehenden Gegensätze zu entschärfen. Er war ein bedeutender Förderer der evangelischen Kirche und einer der wichtigsten Förderer der evangelischen Kirche in Ungarn (Konzil von Zsolna 1610). Das Porträt stammt vom Hofkünstler Rudolfs II., Egidius Sadeler d. J. Thurzó hielt sich im Sommer des Jahres 1607 im Auftrag von Erzherzog Matthias in Prag auf, seine Aufgabe war, die Gegensätze zwischen Kaiser Rudolf und dem Fürsten von Siebenbürgen zu bereinigen. Diesem Auftrag kam er mit Erfolg nach. Als Belohnung wurde er in den Grafenstand erhoben, außerdem wurde ihm erlaubt, den kaiserlichen Adler in sein Wappen aufzunehmen. Das Porträt entstand höchstwahrscheinlich um diese Zeit, aber bereits nach seinem Tod. Der adelige Herr wird mit einer Pelzmütze mit Federbusch und einem am Hals verschnürten Mantel mit Pelzkragen dargestellt.

Lit.: Gizella: Cenner-Wilhelmb, "Egidius Sadeler magyar arcképei", *FA 6 (1954)*, 153-156.

7
Druckstock mit dem Porträt von Rudolf II.
Blasius Ebisch (Breslau), 1585
Messing, 12,3 x 10,2 cm, Stärke 1,3 cm
KHM Kunstkammer Inv. Nr. 10003.
Lit.: Kat. Prag um 1600, Nr. 494.

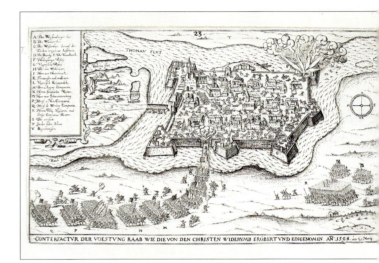

18
TÜRKISCH–HABSBURGISCH/UNGARISCHE DIPLOMATIE

1
Audienz eines kaiserlichen Gesandten in Konstantinopel, nach 1590
Papier Aquarell, 41 x 27 cm
ÖNB HAN Cod. 8626 ("Bilder aus dem türkischen Volksleben") fol. 122

An bildlichen Darstellungen über das Osmanische Reich war auf christlicher Seite nur wenig authentisches Material bekannt, deshalb gab man den dorthin gehenden Gesandten sehr oft Maler mit. So wurden meistens protokollarische Angelegenheiten verewigt. Dem zeremoniellen Protokoll entsprechend wurden die Gesandten und ihre Begleiter – um Attentate zu vermeinden – auf jeder Seite von einem Türhüter (Kapicilar) bewacht ins Audienzzimmer (arz cdasi) geleitet. Der Sultan saß auf einer Erhebung, neben ihm stand sein Großvesir. Dieser sprach mit dem Gesandten, welcher sich auf dem Bild zum traditionellen Mantelkuß vorbereitet. Im Vordergrund des Bildes stehen links die Kuppelvesire (kubbe vezirleri), später führte der Gesandte mit ihnen und dem Großvesir die Verhandlungen. Rechts stehen zwischen den Türhütern die Gefährten des Gesandten, und der Dolmetscher, ein Renegat. Der Gesandte erschien zur Audienz in ungarischer Tracht, denn der Sultan führte die Verhandlungen mit dem Habsburger Kaiser in dessen Eigenschaft als König von Ungarn.
Lit.: Kat. Osmanen 1983, Nr. 94. + Abb. 10. - Karl Teply, *Kaiserliche Gesandtschaften ans Goldene Horn*, Stuttgart 1968

2
Brief des Ali Paschas von Buda in ungarischer Sprache an Erzherzog Ernest, 29. Januar 1582
Orig., Papier, 22 x 31 cm
HHStA Staatenabteilungen Türkei I (Turcica) Kt. 46. Konv. 1. fol. 41, 46.
Hg.: Takáts Sándor-Eckhart Ferenc-Szekfű Gyula: *A budai pasák magyar nyelvű levelezése. I. 1553-1589*, Bp. 1915, 235.

Der Verfasser des Briefes, Ali Kalaylykoz bekleidete zweimal den – aus osmanischer Sicht sehr hoch geschätzten – Posten des Paschas von Buda. Buda war eine vorgeschobene Festung des Islams, alle Wege ins Osmanische Reich begannen hier, von wo der Reisende mit osmanischer Begleitung und Reiseproviant weiterfuhr, versehen mit einem salvus conductus (Schutzbrief) des Paschas von Buda. Die Hohe Pforte entschied in habsburgischen Angelegenheiten gemäß den Berichten des Paschas, deshalb schickte man meistens hochrangige und einflußreiche Personen auf diesen Posten, die mehr politische Selbstständigkeit besaßen, als die anderen Beglerbegs des Reiches. Der hier vorgeführte Brief ist nur einer von vielen hunderten, die wegen der Grenzverletzungen nach Wien abgesandt wurden. Die ungeklärten Grenzverhältnisse (welche zu ordnen, die Osmanen kein Interesse hatten) und das doppelte Steuersystem ermöglichten die Plünderungen auf beiden Seiten. Die Paschas von Buda schrieben meistens lateinisch oder ungarisch an den kaiserlichen Hof.
Lit.: Anton Gévay, "Versuch eines chronologischen Verzeichnisses der türkischen Statthalter von Ofen" *Österreichischer Geschichtsforscher 2 (1841)*, 56-90. - Lajos Fekete, *Türkische Schriften aus dem Archive des Palatins Nikolaus Esterházy*, Bp. 1932 (Einführung)

3
Bildnis von Johann Rudolf Schmidt (1590–1667), kaiserlicher Gesandte bei der Hohen Pforte
Elias Wiedemann, nach einem Gemälde von Jeronimus Joachims, 1651
Papier, Kupferstich, 54 x 68 cm
MNM TKCs T. 9733

Johann Rudolf Schmidt Freiherr zu Schwarzenhorn (1590–1667) gelangte als Kind in osmanische Gefangenschaft, wo er die orientalischen Sprachen erlernte. 1624–1625 gewann er nach zwanzig Jahren seine Freiheit wieder, ging nach Wien und trat in den kaiserlichen Dienst. 1528 ernannte der Hofkriegsrat Schmidt zum ständigen Vertreter in Konstantinopel, in welcher Funktion er bis 1643 tätig war. Im selben Jahr wurde er Mitglied des Hofkriegsrats und er wurde zum Forstmeister in Niederösterreich ernannt. 1649 wurde er als Internuntius zur Hohen Pforte geschickt, um den Frieden von Szőny zu erneuern. Aufgrund der Verhandlungen schickte der Kaiser (1650–1651) wieder eine Gesandtschaft unter der Leitung Schmidts an die Pforte. Vermutlich ist dieser Stich, welcher den Gesandten traditionsgemäß, in ungarischer Tracht zeigt, damals angefertigt worden. Das obere Detail zeigt die Audienz des Gesandten beim Kind-Sultan, Mehmed IV. (1648–1687), das untere die Geschenke des Kaisers an den osmanischen Herrscher.
Lit.: Peter Meienberger, *Johann Rudolf Schmidt zum Schwarzenhorn als kaiserlicher Resident in Konstentinopel in den Jahren 1629-1643*, Bern-Frankfurt am Main 1973, 101-137.

4
Wolfgang Öttingen (1629–1708), kaiserlicher Gesandter bei der Hohen Pforte in ungarischer Tracht
Unbekannter Meister, um 1699
Papier, Kupferstich, 11,2 x 14 cm
MNM TKCs T. 3514

Graf Wolfgang von Öttingen, Nachkomme einer schwäbischen Adelsfamilie, war als Kind ein Spielkamerad Kaiser Leopolds I., später sein Günstling. Als Geheimrat, danach Hofratspräsident (1683–1708), war er Vorsitzender des Kommitees, welches die Interessen des Hauses Habsburg während der internationalen Friedensverhandlungen mit den Osmanen vertrat. Diese Wahl war ziemlich überraschend, denn Öttingen hatte als Soldat keine diplomatische Erfahrung und kannte sich in osmanischen Angelegenheiten nicht aus. Den 25jährigen Frieden von Karlowitz (23. Januar 1699) unterschrieb er im Namen des Kaisers. Dieser Friede stellt in der Geschichte der osmanisch–europäischen bzw. ungarischen Beziehungen einen Wendepunkt dar, denn dies war der erste Frieden, welcher die ungarischen Grenzen genau festlegte, für die Ausführung der Friedensbedingungen exakte Fristen und Regeln vorschrieb und in welchem die Osmanen das erste Mal die Immunität der Grenzen anerkannten. Die neue Grenze entsprach der militärischen und wirtschaftlichen Position der Wiener Führung und garantierte den späteren Ausbau einer Verteidigungslinie (Militärgrenze).
Lit.: Oswald Gschliesser, *Der Reichshofrat*, Wien 1940 (Reprint, 1970) - Gebei Sándor, "A karlócai béke kelet-európai összefüggései", *TSz 41 (1999)*, 1-29.

19
UNGARISCHES STÄNDEWESEN UND DIE HABSBURGER: EINE W(QU)A(H)LVERWANDSCHAFT

1
Ein Brief der ungarischen Stände an einen unbekannten deutschen Fürsten, 10. Dezember 1605
Orig., Papier, 32 x 21 cm, mit zahlreichen Unterschriften und Siegeln
HHStA UA Misc. Fasc. 426. Konv. D. fol. 77-85.
Druck: Katona 455-477., MOE XI, 498-500. (nur Unterschriften)

Der Lange Türkenkrieg belastete das ohnehin schon recht angespannte Verhältnis zwischen der Zentralgewalt und den Ständen. Am Anfang des 17. Jahrhunderts wurden mehrere ungarische Adelige, unter ihnen auch István Illésházy (1541–1609) aufgrund echter oder fingierter Beweise der Majestätsbeleidigung angeklagt. Die Unzufriedenheit wurde durch die ungelöste Religionsfrage nur noch weiter verstärkt. Die Lage wurde besonders in Oberungarn kritisch; die Konfiskation der evangelischen Kirche in Kassa, in der eigentlichen Hauptstadt der Region führte 1604 zu unerwartet heftigen Reaktionen. Im regionalen Landtag wehrten sich die Stände gegen das Verfahren von Oberhauptmann Belgioso, und die Unzufriedenheit verwandelte sich allmählich in einen öffentlichen Aufstand , als man in der Person István Bocskais einen hoch angesehenen Führer fand. Die Bewegung breitete sich rasch aus und die siegreichen Stände hielten 1605 in Korpona einen Landtag ab, von dem sie zur Bekräftigung ihrer Haltung und des Bündnisses mit den Türken mehreren Fürsten in Deutschland einen Brief schickten. Nach Auffassung von Árpád Károlyi soll der Kurfürst von Sachsen dieses Exemplar an Rudolf II. weitergeleitet haben. Der Brief ist mit den Unterschriften und Siegeln der Komitatsabgeordneten und der anwesenden Magnaten versehen. Darunter finden wir auch die von István Illésházy, von Gábor Báthori (dem späteren Fürsten von Siebenbürgen), von Bálint Homonnai Drugeth (dem später gewählten Fürsten von Siebenbürgen), von Ferenc Mágócsy, Sebestyén Thököly und anderen.
Lit.: MOE XI. 412-413.

2
Fürst István Bocskai (1557–1606) unter seinen Heiducken
Wilhelm Peter Zimmermann, 1605
Papier, Radierung, 18,2 x 29,4 cm
MNM TKCs T. 807

István Bocskai verbrachte seine Jugend mit der Unterstützung eines Verwandten, des hervorragenden Schreibkünstlers und königlichen Sekretärs György Bocskai am Wiener Hof (1574–1576). Nach seiner Heimkehr stellte er sich in den Dienst des Fürsten von Siebenbürgen und bekleidete immer höhere Posten. 1592 war er bereits Oberhauptmann von Nagyvárad. Als Berater Zsigmond Báthorys, Grundpfeiler der Habsburg-Orientation flüchtete er 1599 vor seinem Fürsten, der sein eigener Neffe war, nach Prag. 1605 wurde István Bocskai zur Zeit der sich verschärfenden Gegensätze von den Exulanten (vermutlich von Gábor Bethlen) mit listigen Tricks in den Kampf verwickelt. Er erwies sich später als berufener Führer der Bewegung. Am 21. Februar 1605 wurde er von den siebenbürgischen Ständen, am 20. April 1605 in Szerencs von den ungarischen Ständen zum Fürsten gewählt. Er nahm die von den Türken angebotene Königskrone schließlich doch nicht an, da er die Gefahren eines

Bündnisses mit den Osmanen erkannt hatte. Er starb kurz nach der Unterzeichnung des Wiener Friedens. In seinem politischen Testament, das er kurz vor seinem Tod verfaßt hatte, empfahl er die Aufrechterhaltung des nationalen Fürstentums in Siebenbürgen. Die Radierung stellt Bocskai im Kreise von Heiducken dar, mit denen sein Name in der Geschichte eng verbunden blieb. Der andauernde Kriegszustand brachte die Militarisierung der ungarischen Gesellschaft mit sich. Ein charakteristisches Merkmal hierfür ist die Herausbildung der Söldnerschicht, die der Heiducken. István Bocskai erzielte seine größten Erfolge mit Hilfe der stets kampfbereiten und ohne feste Behausung lebenden Heiducken; er siedelte einige von ihnen dann aus Dankbarkeit und gewiß aus militärischen Überlegungen in der südlichen Region des Komitats Szabolcs an (12. Dezember 1606). Der Augsburger Zimmermann stellt den Fürsten auf seinem Pferd sitzend, mit einer Streitkolbe in der Hand dar, im Hintergrund ist die Belagerung von Kassa und Érsekújvár zu erkennen.

Lit.: Benda Kálmán, *Bocskai István*, Bp. 1943 - Andrea Molnár, *Fürst Stefan Bocskay als Staatsmann und Persönlichkeit im Spiegel seiner Briefe 1598-1606*, München 1983

3
Friede von Wien, 23. Juni 1606
Orig., Papier, 38 x 26 cm
MOL N 39 Tractatus pacis, Lad. C. Fasc. A No.7.
Druck: Roderich Gooss, *Österreichische Staatsverträge. Fürstentum Siebenbürgen (1526-1690)*, Wien 1911, 327-367.

Der von István Bocskai geleitete bewaffnete Aufstand breitete sich in wenigen Monaten über das ganze Land aus, im Mai 1605 gingen die Heiducken bereits in Niederösterreich und in Mähren auf Beutezug. Da jegliche Hilfe fehlte, blieb Rudolf II. nichts anderes übrig, als sich auf Verhandlungen einzulassen. Die erste Einigung vom 9. Februar 1606 erwies sich als provisorisch, doch die Lage zwang beide Parteien zum Kompromiß. Am 23. Juni 1606 konnte die von István Illésházy geleitete ungarische Verhandlungsdelegation mit dem inzwischen zum Oberhaupt der Familie Habsburg gewählten Erzherzog Matthias ein Abkommen beschließen. Laut diesem wurde den Ständen und den Grenzsoldaten die Religionsfreiheit garantiert, an die Spitze der ständischen Regierung erneut ein Palatin gesetzt, den Ständen versprochen, daß in ungarischen Ämtern demnächst ausschließlich Ungarn angestellt werden würden, und der Herrscher verkündete allgemeine Amnestie. Auf Veranlassung von Erzherzog Matthias wurde das Abkommen am 6. August auch von Rudolf II. und am 17. August von Bocskai bestätigt. Im selben Jahr konnte auch mit den Osmanen Friede geschlossen werden (am 11. November 1606 in Zsitvatorok). Die beiden Großmächte verhandelten diesmal als gleichgestellte Parteien miteinander. Der Friede wurde für zwanzig Jahre beschlossen, die Steuer legte man in der Form einer einmaligen Bezahlung von 200 000 Ft fest.

Lit.: Károlyi Árpád, *Bocskai és a bécsi béke*, Bp. 1907

4
Matthias II. (1557-1619) in Krönungsornat mit Insignien
Lucas Kilian, 1611
Papier, Kupferstich, 30,6 x 20,5 cm
ÖNB POR Pg 116 96/7 in Ptf 120: I (20a)

Als dritter Sohn konnte sich Erzherzog Matthias keine ernsten Hoffnungen machen, einmal den Thron zu besteigen. Den Weg an die Macht bereitete ihm die Ernennung Erzherzog Ernsts zum Statthalter in den Niederlanden: so kam er an die Spitze des verwaisten Ungarn und der österreichischen Länder (1593). Erzherzog Matthias erwies sich im 15jährigen Krieg nicht als talentierter Kriegsführer (1594: erfolgloser Befreiungsversuch von Győr, 1598: die erfolglose Belagerung von Buda). Seine Rolle wurde zur Zeit des Bocskai-Aufstandes wichtiger, er hatte einen bedeutenden Anteil an der Verwirklichung des Abkommens. Danach wurde sein Verhältnis zu Rudolf II. immer schlechter. Im Februar 1608 verbündete sich Matthias mit den ungarischen und österreichischen Ständen, am 25. Juni 1608 war Rudolf II. gezwungen, auf Ungarn und die österreichischen Länder zu verzichten, und die in Prag aufbewahrten ungarischen Krönungsinsignien auszuliefern. Am 16. November 1608 wählten die ungarischen Stände den Erzherzog zum König, die Krönung fand am 19. November statt. Bei dieser Krönungszeremonie wurden das erste Mal die ungarischen Nationalfarben - rot-weiß-grün - verwendet. Infolge der Gesetzesartikel, die vor und nach der Krönung verabschiedet wurden, gelangten die Stände zu einem großen politischen Einfluß, die damals konzipierte ständische Verfassung blieb, abgesehen von kleineren Änderungen, bis 1848 gültig. Die späteren Herrscherjahre Matthias' erwiesen sich als unglücklich: 1616 mußte er den Angriff des Fürsten von Siebenbürgen, Gábor Bethlen abwehren und im Jahre 1618 begann der Dreißigjährige Krieg. Der Stich von Lucas Kilian stellt den Herrscher auf eine eher ungewöhnliche und seltene Weise dar: in voller Pracht, mit der Stephanskrone auf dem Haupt, dem Zepter und dem Reichsapfel in den Händen und mit dem Ornat des Heiligen Stephan über den Schultern. Das ovale Bild wird oben vom Wappen des Landes gekrönt. Über dem Wappenschild erschien gerade zu Matthias' Zeiten das erste Mal die Heilige Krone.

Lit.: Bernd Rill, *Kaiser Matthias. Bruderzwist und Glaubenskampf*, Wien 1999

5
Kamee mit Bildnis von Kaiser Rudolf II.
Ottavio Miseroni (Hofwerkstatt, Prag), um 1590
Chalzedon, schwarz hinterlegt
KHM Kunstkammer Inv. Nr. XII. 58.
Lit.: Kat. Prag um 1600, Nr. 374.

6
Kamee mit Bildnis von Kaiser Matthias II.
Unbekannter Meister (Nürnberg ?), um 1613
Perlmutter, Fassung silber
KHM Kunstkammer. Nr. XII. 73.
Lit.: Kat. Prag um 1600, Nr. 495.

20
Die Ära Ferdinand II. und III. in Ungarn: Konflikte und Kompromisse

1
Allegorie der Weisheit und des klugen Regierens. Beratung von Kaiser Ferdinand II. mit dem Erzbischof von Esztergom, Péter Pázmány
Reproduktion nach einem Gemälde von Paul Juvenel aus dem Buch von Marquard Herrgot und Rusten Heer: Pinacoteca Principum Austriae ... Monumentorum Aug. Domus Austriacae. Tom. III. Pars 1.
Friburgi Brisgoviae 1760, Tab. XCVII
Druck, 45 x 31 cm
ÖNB SIAWD BE. 8. B. 13

Nach dem Fall von Buda wurde Pozsony zur Hauptstadt Ungarns. Obwohl die Herrscher sich nur selten und selbst dann nur für kurze Zeit in der Stadt aufhielten, befanden es die ungarischen Stände für notwendig, die königliche Burg entsprechend auszubauen (1635–1646). Die Wände der königlichen Gemächer in der umgebauten Burg wurden mit Gemälden des Nürnberger Paul Juvenel (1579–1643) geschmückt. Der Gegenstand der achtzehn allegorischen historischen Episoden und der acht kleineren Embleme sind Ereignisse aus dem Leben Ferdinands II. Als Grundlage der Allegorien diente die Ferdinand-Biographie seines Beichtvaters, Guilelmus Lamormaini (Ferdinandi II. ... Virtutes. Viennae 1638). Die Gemälde wurden während des Umbaus im 18. Jahrhundert vernichtet, ihre Beschreibung kennen wir teils in der Überlieferung von Mátyás Bél, teils in der von Marquard Herrgott (1684–1762), dessen monumentales Buch sogar die Reproduktion der Bilder enthält. Der ausgestellte Stich zeigt Ferdinand II. und Péter Pázmány als Allegorie der Weisheit und der Regierungskunst. Das Erscheinen von Pázmány auf dem Stich ist durchaus kein Zufall, er übte einen bedeutenden Einfluß auf den Herrscher aus: im ersten Testament des Herrschers finden wir unter den Unterzeichnenden den Namen von Pázmány an erster Stelle. Die Pannoserie enthielt nebenbei eine Art Warnung für die ungarischen Stände, denn der Herrscher wäre zwar gerecht und geduldig, doch die Unfolgsamen könnten sehr wohl das gleiche Schicksal erleben, das den böhmischen Ständen kurze Zeit davor widerfahren war.
Lit.: Mathias Bél, *Notitia hungariae novae II.* Viennae 1735, 144-146. - Herrgot, Marquard-Heer, Rusten, *Pinacoteca Principum Austriae ... Monumentorum Aug. Domus Austriacae. Tom. III. Pars 2.* Friburgi Brisgoviae 1760, 32-352 - György Rózsa, "Paul Juvenel elveszett pozsonyi mennyezetképei", *Kat. Történelem - kép 2000,* 403-410 - Rózsa 1973, 81-106. - Galavics Géza, "A művészettörténeti interpretáció lehetőségei. A pozsonyi vár korabarokk uralkodósorozata" *Ars historica 13 (1985),* 53-68. - Johann Franzl, *Ferdinand II. Kaiser im Zwiespalt der Zeit,* Wien 1978

2
Brief des Erzbischofs von Esztergom, Péter Pázmány an Ferdinand III. über seine Ankunft in Rom, 27. März 1632
Orig., Papier, 26 x 20 cm
HHStA Staatenabteilungen Rom-Diplomatische Korrespondenz, Kt. 52. Konv. "Pazmány an Ferd. 1632. III. 27. - VIII. 30." fol.1-2.
Druck: Franciscus Hanuy (Hg.), *Petri Cardinalis Pázmány ... Epistolae collectae Tom. II.* Bp. 1911. Nr. 718. (250-251.)

Die größte Gestalt der katholischen Reform in Ungarn war Péter Pázmány (1570–1637), Erzbischof von Esztergom (1616–1637) und Kardinal, der nicht nur als Kirchenwürdenträger und Schriftsteller herausragte, sondern auch über einen bedeutenden politischen Einfluß verfügte. Ferdinand II. schickte ihn 1632 mit dem Auftrag nach Rom, den frankophilen Papst Urban VIII. auf die Seite der Habsburger zu ziehen. Die von Anfang an aussichtslose Mission endete mit einem Mißerfolg. Pázmány meldet in diesem Brief, daß er vor Rom angekommen sei, und berichtet von seinem Vorhaben, am darauffolgenden Tag in die Stadt einzuziehen, um an der ersten päpstlichen Audienz teilzunehmen.
Lit.: Fraknói Vilmos, *Pázmány Péter és kora,* I-III. Pest 1868-1872, III. 28.

3
Porträt Gábor Bethlen (1580–1629), Fürst von Siebenbürgen
Crispin van Passe, sen.
Papier Kupferstich, 15,4 x 11,4 cm
MNM TKCs T. 777

Der begabteste Fürst von Siebenbürgen (Regierungszeit: 1613–1629) hatte eine außergewöhnlich schwierige Jugend hinter sich. Als Waisenkind bekam er keine systematische Erziehung, seine Bildung mußte er sich selbst erarbeiten. Während des 15jährigen Krieges kämpfte er in den Truppen von Zsigmond Báthory, später schloß er sich Mózes Székely (†1603) an. Nach dem Sturz Székelys war er gezwungen, auf türkischen Boden zu fliehen, wo er allerdings jene diplomatischen Kenntnisse erwarb, die er später mit Erfolg einsetzen konnte. Im Jahre 1613 vermochte er die herrschenden chaotischen Verhältnisse zu nutzen und gelang an die Spitze türkischer Truppen an die Macht. Als der Dreißigjährige Krieg (1618–1648) ausbrach, griff er 1619 mit Genehmigung der Türken das Habsburgische Ungarn an, und konnte bis Wien vorstoßen. Die ungarischen Stände wählten ihn zwar im August 1620 in Besztercebánya zum König, doch nach der Schlacht am Weißen Berg konnte die Union von Ungarn und Siebenbürgen nur noch als Illusion angesehen werden. Bethlen mußte 1622 in Nikolsburg Frieden schließen, er konnte von seinen Eroberungen nur sieben Komitate in Ostungarn behalten. Während der Zeit seiner Herrschaft versuchte er noch zweimal (1622, 1626), den großen Traum zu verwirklichen – allerdings ohne Erfolg, denn die Mehrheit der ungarischen Stände blieb den Habsburgern treu. Bethlen konnte in Siebenbürgen bedeutende Reformen durchsetzen, er förderte auch die kulturelle Entwicklung seines Landes (Gründung der Akademie in Gyulafehérvár, 1622). Die Besonderheit des ausgestellten Stiches besteht darin, daß der Künstler einen früheren Stich von Zsigmond Báthory in eine Bethlen-Darstellung umwandelte.

Lit.: György Rózsa, "Ein unbekanntes Werk von Egidius Sadeler" *FA 21 (1980)*, 169. - Gizella Cenner-Wilhelmb, "Bethlen Gábor metszet-arcképei" *FH 8 (1980)*, 37., 41. 37.Anm. - Szekfű Gyula, *Bethlen Gábor*, Bp. 1929

4
Ferdinand III. (1608–1657) in ungarischer Tracht
Unbekannter Meister
Papier, Kupferstich, 37,5 x 24 cm
MNM TKCs T. 1996

Der Dreißigjährige Krieg prägte auch die Herrscherzeit Ferdinands III. stark; in seiner Jugend nahm er persönlich an mehreren Feldzügen teil und auch der abschließende Akt des Krieges, der Westfälische Frieden (1648), fiel in die Zeit seiner Herrschaft. Seine ungarische Regentschaft war auch nicht frei von Konflikten: er wurde 1644 von György Rákóczi, einem Verbündeten der Schweden, angegriffen, was dazu führte, daß er im sog. Linzer Frieden (16. Dezember 1645) schließlich weitere religionspolitische (freie Religionsausübung) und territoriale (Abtretung von sieben östlichen Komitaten) Zugeständnisse machen mußte. Für seine ungarische Politik war die geschickte Taktik gegenüber den ungarischen Ständen charakteristisch: anstelle offener Konflikte versuchte Ferdinand III. seinen Willen mit Hilfe der Vorteile, die sich aus seiner Machtposition ergaben, durchzusetzen. Er konnte diese auch deswegen gut ausnützen, weil er die ungarischen Verhältnisse sehr gut kannte, sein Vater hatte ihn recht früh in die Regierungsangelegenheiten eingeführt, davon zeugen zahlreiche Sitzungsprotokolle des Geheimen Rates und der Hofkammer. Ferdinand III. war der erste Herrscher, der der ungarischen Sprache mächtig war. Der Stich stellt den jungen Ferdinand III. in ungarischer Tracht dar. Er wurde öfter in ungarischer Bekleidung auf Stichen abgebildet, auch auf einem berühmten Gemälde von Rubens. Ein Grund dafür könnte sein, daß der ungarische Königstitel über eine lange Zeitspanne sein höchstes Amt war (zum ungarischen König gekrönt am 17. November 1625, deutscher König ab 1636).

5
Ferdinand IV. (1633–1654), König von Ungarn
György Szelepcsényi nach einem Gemälde von Frans Luyckx
Papier, Kupferstich, 32,3 x 22,6 cm
MNM TKCs T. 1354

Er war der Lieblingssohn seines Vaters, der recht früh in die Regierungsangelegenheiten miteinbezogen wurde. Der junge Erzherzog wurde am 16. Juni 1647 zum ungarischen König gekrönt und 1653 zum deutschen König erwählt. Der hoffnungsvolle Nachfolger starb am 9. Juli 1654 an Pocken, sein Tod erschütterte den Vater tief. Den ausgewählten Stich fertigte nach einem Gemälde von Frans Luycx, György Szelepcsényi (1595–1685), der spätere Erzbischof von Esztergom an. Szelepcsényi erlernte noch als angehender Priester in Rom die Kunst dieses Handwerks. Der nicht berufsmäßige Kupferstecher bildete viele seiner Zeitgenossen auf Porträts ab, unter anderen auch Péter Pázmány, Erzbischof von Esztergom und den jungen Leopold I.

Lit.: Ifj. Vayer Béla, "Szelepcsényi György, a művész", *Domanovszky Emlékkönyv*. Bp. 1937, 642–663. - György Rózsa, "Franz Luyckx und György Szelepcsényi" *Acta Historiae Artium* 1959, 236-237. - Galavics 1986, 88-89.

Außerhalb der Vitrine:
Krönungsdolman und -mantel von Leopold I., Mitte des 17. Jh.
Dolman: Stoff aus Italien. Länge: 114 cm
Mantel: Stoff aus Italien. Länge: 146 cm
Iparművészeti Múzeum, Inv.Nr. 52.2770, 52.2769

21
TÜRKENKRIEGE – TÜRKENFRIEDEN

1
Porträts des Dichters und Feldherren Miklós Zrínyi (1620–1664)
Balthasar Moncornet
Papier, Kupferstich, 22,8 x 16,6 cm
MNM TKCs T. 4688

Die früh verwaisten Brüder Zrínyi, Miklós und Péter, wurden von ihrem Vormund, dem Erzbischof von Esztergom, Péter Pázmány erzogen. Dem Studium in Graz und Nagyszombat folgte ein zweijähriger Studienaufenthalt in Italien. Miklós Zrínyi lebte nach seiner Heimkehr das gewöhnliche Leben der Großgrundbesitzer, neben der Verwaltung seiner Güter nahmen die täglichen Konfrontationen mit Türken seine Zeit in Anspruch. In diesen Kämpfen wurde Zrínyi zum richtigen Heeresführer, er versuchte aber sein Wissen auch noch durch das Studium von theoretischen Arbeiten zu vertiefen. Im Jahre 1647 wurde er zum Ban von Kroatien, 1655 war er Kandidat für das Amt des Palatins. Er wurde in den Türkenkämpfen von 1663/64 zum Helden und erlangte mit seinem großartigen Feldzug im Winter (die Besetzung von Pécs, die Brandschatzung von Szigetvár und die Zerstörung der Brücke von Eszék) einen internationalen Ruf. Zrínyi wurde im Herbst 1664 Opfer eines Jagdunfalls, bei dem ihn ein verwundeter Eber tödlich verletzte. Zrínyi war nicht nur einer der besten ungarischen Heeresführer seiner Zeit, sondern auch ein hervorragender Dichter. Sein bedeutendstes Werk heißt "Obsidio Sigetiana" (1651), und ist als Andenken an seinen Urgroßvater, den Helden von Szigetvár zu verstehen. Der ausgestellte Stich ist ein Werk des französischen Künstlers Balthasar Moncornet. Der Krieg von 1663/64 wurde auch von der französischen Öffentlichkeit mit Interesse verfolgt, da auf dem Kriegsschauplatz in Ungarn auch französische Einheiten kämpften. Die Zeilen unter dem Stich erinnern auch an die tapfere Haltung des Urgroßvaters, den Helden von Szigetvár im Jahre 1566.
Lit.: Gizella Cenner-Wilhelmb, "Zrínyi Miklós, a költő arcképeinek ikonográfiája", *FA 16 (1964)*, 204., III/2.sz. - Széchy Károly, *Gróf Zrínyi Miklós (1620-1664)*, I-IV. Bp. 1896-1902

2
Graf Raimondo Montecuccoli (1609–1680), kaiserlicher Feldherr, Präsident des Hofkriegsrates
Jan de Herdt, 1670
Papier, Kupferstich, 26,6 x 19,1 cm
MNM TKCs T. 3197

Montecuccoli trat mit 16 Jahren dem kaiserlichen Heer bei und blieb im Dreißigjährigen Krieg ununterbrochen im Einsatz. 1645 kämpfte er auf ungarischen Kriegsschauplätzen, 1657 war er Führer der kaiserlichen Truppen an der Seite des polnischen Königs Johann Kasimir, ab 1660 Oberhauptmann der Festung Győr, 1661 Befehlshaber der erfolglosen Operation in Siebenbürgen, im Krieg von 1664 gegen die Türken war er als Oberbefehlshaber der kaiserlichen Truppen, Sieger der Schlacht bei Szentgotthárd (1. August 1664), ab 1668 war er Präsident des Hofkriegsrates, zwischen 1672 und 1675 kämpfte er auf dem Kriegsschauplatz am Rhein. Als Anerkennung seiner Verdienste erhob ihn Leopold I. 1679 in den Stand des Reichsfürsten, und der spanische König verlieh ihm den Titel des Herzogs von Melf. Er erlangte auch als Militärtheoretiker Bedeutung. Seine Tätigkeit in Ungarn war geprägt von Konflikten mit dem Ban von Kroatien, Miklós Zrínyi. In seinen Arbeiten hatte er keine schmeichelhafte Meinung über die Ungarn und die ungarischen Soldaten.
Lit.: Raimund Montecuccoli, *Ausgewählte Schriften*, I-IV. Wien 1899-1900 - Campori, *Raimondo Montecuccoli e i suoi tempori*, Firenze 1876 - Katalog der Raimund-Montecuccoli-Gedächtnisausstellung, Hafnerbach 1980

3
Schlacht bei Szentgotthárd, 1. August 1664
Papier, Kupferstich, 31 x 40 cm
MNM TKCs T. 5599

Der Frieden von Zsitvatorok (1606) war von Dauer, die folgenden fünfzig Jahre vergingen ohne offenen Konflikt der beiden Großmächte. Die zeitweilige Verstärkung der Osmanischen Macht und die Zuspitzung der Krise um Siebenbürgen führten in den 1660er Jahren erneut zum Krieg, der am 1. August 1664 mit der Schlacht bei Szentgotthárd entschieden wurde. Das durch Reichseinheiten und französische Hilfstruppen erweiterte und verstärkte kaiserliche Heer erlangte unter der Leitung von Montecuccoli einen glorreichen Sieg über die von Ahmed Köprüli angeführten osmanischen Truppen. Die Türken schienen zu Beginn des Gefechtes mehr Erfolg zu haben, sie drangen in der Mitte nach vorne, doch die Tapferkeit und die Ausdauer der kaiserlichen Artillerie und der beiden Flanken brachten am Ende der Schlacht den Christen den Triumph. Das war die erste bedeutende Feldschlacht auf dem ungarischen Kriegsschauplatz, die die Türken verloren. Das Besondere an dem ausgewählten Stich sind die Porträts der beiden Heeresführer, die über der Kriegsszene und den erklärenden Texten, in den oberen Ecken des Bildes zu sehen sind.

Lit.: Hubay 1948, 139. - Georg Wagner, *Das Türkenjahr. Eine europäische Bewahrung*, Eisenstadt 1964 - Adolf von Schempp, *Der Feldzug 1664 in Ungarn*, Stuttgart 1909 - Kurt Peball, *Die Schlacht bei St. Gotthard-Mogersdorf 1664*, Wien 1989

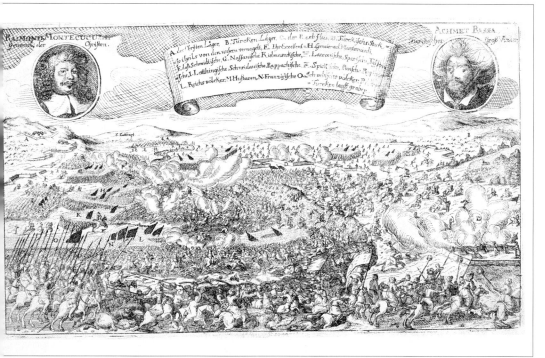

4
Flugschrift über die Ereignisse des Türkenkrieges 1663–1664: Die Belagerung von Kanizsa
"Diarium und Kurtze warhaffte Erzehlung Wie die Beläberung der Festung Canischa Den 17. Aprilis vorgenommen, continuiret und was aus erheblichen Ursachen dieselbe den 21. Maji dieses lauffenden 1664. Jahrs endlich wieder aufgehaben worden... so dann wie nach beschehenen Abzug der Türk die Vestung Neu Serinwar attaquiret und erdlich erobert. Samt einem Historischen und Geographischen Vorbericht Von denen beeden berühmten Oertern Canischa und Serinwar. Gedruckt im Jahr 1664."
Druck, 19 x 16 cm
ÖNB SlAWD 44.286-B

Über den Krieg 1663/1664 ist eine reiche Flugschriftenliteratur überliefert. Das ausgewählte Exemplar berichtet einerseits über den erfolglosen, von Miklós Zrínyi und Julius von Hohenlohe geführten Belagerungsversuch der Stadt Kanizsa, die als Schlüssel Südtransdanubiens galt (28. April–2. Juni 1664), andererseits vom Fall von Új-Zrínyivár (8.–30. Juni 1664). Der Anhang beinhaltet Berichte, die sich auf die Schlacht bei Szentgotthárd-Mogersdorf beziehen.
Lit.: Hubay 1948, 138.

5
Gedenkmedaille: Der Friede von Vasvár, 1664
Unbekannter Meister
Medaille, Silber, 42 mm
MNM Éremtára N III. 560 és R III. 642

22
MAGNATENBÜNDNIS ODER MAGNATENVERSCHWÖRUNG?

1
Bestätigung des Friedens von Vasvár durch die Türken, 22. September 1664
Orig., Papier, 65 x 386 cm
HHStA, Türkische Urkunden, 1664 IX 22

Die siegreiche Schlacht bei Szentgotthárd-Mogersdorf führte zu keiner entscheidenden diplomatischen Wende für den Ausgang des Krieges. Der kaiserliche Gesandte, Simon Reninger schloß am 10. August 1664 als Gefangener im türkischen Lager aufgrund des vorhandenen Besitzbestandes "uti possidetis" mit den Türken einen Frieden, den der Herrscher am 27. September bekräftigte. Im Sinne des Vertrages blieben das eroberte Érsekújvár und Nagyvárad in türkischem Besitz, Siebenbürgen blieb türkisches Vasallenfürstentum. Die beiden Parteien einigten sich auf gegenseitige Beschenkung im Wert von 200.000 Ft. Der Frieden löste in Ungarn allgemeine Empörung aus, und wurde zu einem Leitmotiv der sog. Magnatenverschwörung unter der Leitung von Palatin Ferenc Wesselényi.
Lit.: Kat. der Austellung des HHStA 1905, Nr.401. - Moritz von Angeli, "Der Friede von Vasvár" *Mitteilungen des Kriegsarchivs 2 (1877)*, 1-36.

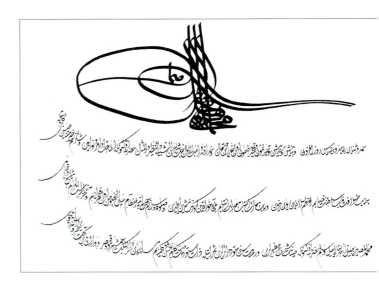

1/a
Bündnisschrift von Péter Zrínyi, Ban von Kroatien, Ferenc Nádasdy, Judex Curiae und Ferenc Wesselényi, Palatin, 19. Dezember 1666
Orig., Papier, 32 x 20,5 cm
HHStA UA Spec. Fasc. 310. Konv.B. fol. 56-57.

Seit Beginn der 1660er Jahre wurde die bestehende Spannung zwischen dem Wiener Hof und den ungarischen Ständen immer größer, die Unterzeichnung des Friedens von Vasvár, der die Interessen des ungarischen Königreichs durchkreuzte, war nur Öl aufs Feuer. Die schädlichen wirtschaftlichen Auswirkungen der osmanischen Eroberungen, die im Zuge des Friedens anerkannt wurden, erhöhten die Frustration der durch die Glaubenskrise ohnehin schon gespaltenen Bevölkerung. Die führenden adeligen Politiker des Landes versuchten den Ausweg aus der allgemeinen Krise zu finden, indem sie ihre Diskrepanzen beiseite schoben und stattdessen das gemeinsame Handeln sowie das Schließen von Bündnissen, "confoederationen" in den Vordergrund stellten. Zuerst verbündeten sich der Palatin Ferenc Wesselényi und der Ban von Kroatien, Péter Zrínyi Anfang April 1666 im Bad von Stubnya, dem sich der Judex Curiae Ferenc Nádasdy am 28. Juli anschloß. Den hier ausgestellten Bündnisbrief unterzeichneten sie am 19. Dezember 1666 in Wien. Dieser Urkunde folgte schließlich das zweifache Bündnis von Nádasdy und Zrínyi Ende Dezember. Der Führer der Gruppe wurde aufgrund seines Titels und seinea Amtes der Palatin, Ferenc Wesselényi, nach ihm wurde auch die gesamte Bewegung – laut früherer Fachliteratur die Verschwörung – benannt.
Lit.: Pauler Gyula, *Wesselényi Ferencz nádor és társainak összeesküvése 1664-1671*, I-II. Bp. 1876 - Benczédi László, *Rendiség, abszolutizmus és centralizáció a XVII. század végi Magyarországon (1664-1685)*, Bp. 1980. - V. Bogisic, *Acta coniurationem Petri a Zrinio et Francisci de Frankopan, nec non Francisci Nádasdy illustrantia (1663-1671)*, Zagreb 1888

2
Öffentliche Zurschaustellung des Leichnams des hingerichteten Nádasdy im Hof des Wiener Rathauses, 30. April 1671
Unbekannter Meister
Öl/Leinwand, 33 x 45 cm
MNM MKCs festmény 1583

Die Zentrale der 1666 gegründeten Bewegung des hohen Adels blieb auch nach dem Tod von Ferenc Wesselényi im März 1667 die Burg des Palatins in Murány. Hier wurden auch die Pläne der ersten größeren Aktion erarbeitet, der Plan zum Aufstand im September 1668, jener Aktion, die bereits vor ihrem Start scheiterte. Die Unzufriedenheit war jedoch nicht zu lindern, und griff allmählich auf breite Schichten des mittleren Adels in Oberungarn über. Der Aufstand der Adligen in Oberungarn brach – dem Aufruf von Péter Zrínyi am 9. April 1670 folgend – in einer ungünstigen außenpolitischen Situation aus, und wurde von den breiten Massen der Gesellschaft mit stummer Gleichgültigkeit hingenommen. Der Wiener Hof entschloß sich zu einem tatkräftigen Schritt. Der freiwillig in Wien eingetroffene Péter Zrínyi, der auf die Vergebung des

Herrschers hoffte, wurde gemeinsam mit seinem Schwager Ferenc Frangepán gefangengenommen. Am 3. September 1670 wurde auch der ahnungslose Ferenc Nádasdy, der sich seit längerem von der Bewegung fernhielt, verhaftet. Das Ziel des von Hofkanzler Hocher geleiteten Gerichts, das die drei hohen Adeligen dem Verhör unterwarf, war, ein abschreckendes Exempel zu statuieren und nicht zuletzt das ungeheure Vermögen der Magnaten in die Schatzkammer zu überführen. Am 30. April 1671 kam es zur Hinrichtung der drei Magnaten: Péter Zrínyis und Ferenc Frangepáns Köpfe fielen in Wiener Neustadt in den Staub, Ferenc Nádasdy wurde in der Bürgerstube des Wiener Rathauses geköpft. Die Hinrichtungen wurden von strengen Sicherheitsmaßnahmen begleitet. Zur Begründung des Urteils veröffentlichte der Wiener Hof mehrere Flugschriften, unter denen sich eine mit dem Titel "Ausführliche und Wahrhafftige Beschreibung wies mit denen Criminal Processen...hergangen" (Wien 1671) befand und von Cornelius Meyssen illustriert wurde. Der unbekannte ungarische Maler schuf sein Werk anhand Meyssens Illustrationen. Das ausgestellte Gemälde zeigt, wie die Leiche von Nádasdy öffentlich zur Schau gestellt wurde.

Lit.: Rózsa 1973, 134 + 220. kép - Kat. Die Türken vor Wien 1983, 41.

23
UNGARN WIRD ZUM ERBKÖNIGREICH DER HABSBURGER

1
Reiterstatue von Kaiser Leopold I. (1640–1705)
Aus Süddeutschland oder Österreich, 2. Hälfte des 17. Jh.
Bronze, 46 cm hoch (mit Sockel: 77 cm)
KHM Kunstkammer Inv. Nr. 8880

Kaiser Ferdinand III. (1637–1657) sah für seinen zweiten Sohn, Erzherzog Leopold eine kirchliche Laufbahn vor, doch wegen des unerwarteten Todes von Ferdinand IV. wurde der nicht gerade mit den Eigenschaften eines Herrschers veranlagte, damals 14 Jahre alte Sohn zum Thronfolger, und regierte nach dem Tod seines Vaters das Habsburgerreich 48 Jahre lang (1657–1705). Ferdinand III. konnte die Problematik der Nachfolge geschickt lösen, 1655 wählten die ungarischen Stände Leopold zum König, und am 14. September 1656 wurde er König von Böhmen. Den Kaisertitel konnte er erst nach dem Tod seines Vaters, nach mühsamen Verhandlungen, gegen den Willen von Frankreich und Mainz erwerben. Leopolds I. Herrscherzeit war grundsätzlich von zwei Gegensätzen geprägt: um das spanische Erbe mußte er mit Frankreich einen ununterbrochenen Kampf führen, wobei Frankreich gerade zu jener Periode die Blütezeit seiner Macht erlebte. Im Osten hingegen drohte das sich erholende Osmanische Reich, der altbekannte Feind. Um seine westlichen Ziele verwirklichen zu können, war Leopold I. lange Zeit bestrebt, mit den Türken das Status Quo aufrechtzuerhalten. Das aggressive Osmanische Reich zog jedoch 1683 erneut gegen Wien. Die Offensive ergab einen europaweiten Zusammenschluß der Gegenkräfte (Heilige Liga 1684), und bildete den Ausgangspunkt für die Rückeroberung Ungarns (1683–1699). Leopold I. versuchte im Gegensatz zu seinen Vorfahren sein Reich nach absolutistischen Prinzipien zu regieren, was insbesondere in Ungarn zu heftigen Auseinandersetzungen führte. Die aus der Regierung verdrängten, seit dem Frieden von Vasvár ziemlich desillusionierten ungarischen Stände begannen, sich wieder zu organisieren (Wesselényi-Bewegung), was vom Herrscher durch grausame Vergeltungsmaßnahmen unterdrückt wurde und zugleich den günstigsten Moment für die Aufhebung der ständischen Verfassung durch den Herrscher darstellte (1687). Die geplanten Regierungsreformen scheiterten jedoch, und der Herrscher war schließlich gezwungen, mit den Ständen einen vorübergehenden Kompromiß einzugehen (Reichstag in Sopron 1681). Nach der Rückeroberung von Buda akzeptierten die ungarischen Stände die männliche Erbfolge der Habsburger (1687). Die Auswirkungen der Rückeroberung und der erhöhten Steuern führten letzten Endes doch zu einem Bürgerkrieg, und zwar zu der Zeit, als das Habsburgerreich wegen des spanischen Erbes mit Frankreich in einen offenen Konflikt geriet (1701–1714). Die Herrschaft Leopolds I. wurde durchwegs von dem Konflikt mit den ungarischen Ständen begleitet, was in erheblichem Maße dazu beitrug, daß das Habsburgerreich Frankreich im Kampf um die europäische Hegemonie unterlag.

Lit.: Oswald Redlich, *Weltmacht des Barock. Österreich in der Zeit Leopold* ., Wien 1961

2
Krönung von Joseph I., 9. Dezember 1687
Stichbeilage aus der Arbeit "Wunerbahrwer Adlers-Schwung oder Ferne Geschichts-Fortsetzung Ortelii redivivi et continuati..." (II. Teil, Wien 1694)
Papier, Kupferstich, 42,5 x 33 cm
HTM 2045/Kp

Nach der erfolglosen Belagerung Wiens 1683 begann die lawinenartige Rückeroberung Ungarns. Die Truppen der Heiligen Liga nahmen in Ungarn eine osmanische Festung nach der anderen ein. 1686 gelangte Buda, die Hauptstadt des Landes nach 145 Jahren wieder in die Hände von Christen. Die ungarischen Stände akzeptierten in ihrer Begeisterung für die Rückeroberung des Landes die männliche Erbfolge des Hauses Habsburg. Leopold I. nützte die günstige Gelegenheit, um den Wunsch zu äußern, seinen Sohn, Erzherzog Joseph (1678–1711) krönen lassen zu wollen. Da jedoch der Erzherzog erst neun Jahre alt war, lehnten die Stände den Wunsch zuerst ab, weil der Junge in kirchlichem Sinne noch nicht mündig war, was zugleich bedeutete, daß er nicht imstande war, den Krönungseid mit voller Verantwortung zu leisten. Das Problem wurde dadurch gelöst, daß der päpstliche Nuntius Francesco Buonvisi Erzherzog Joseph an Ort und Stelle zur Konfirmation ließ, und daß ihn sein Vater gleich daraufhin zum Ritter schlug, damit auch die übliche ritterliche Einweihungszeremonie mit dem Kind vollbracht werden konnte. Die Krönungszeremonie fand am 9. Dezember 1687 statt. Von der Krönung Erzherzog Josephs zum ungarischen König blieben zahlreiche Darstellungen erhalten, was davon zeugt, daß Ungarn in der Propaganda der Habsburger durch die Rückeroberung des Landes bzw. durch die Deklaration des Erbkönigreiches einen höheren Stellenwert bekam. Der lebensfrohe und auch politisch begabte Joseph I. konnte nur kurze Zeit als Herrscher tätig sein (1705–1711).
Lit.: Karl Otmar Feiherr von Aretin, "Kaiser Josef I. zwischen Kaisertradition und österreichischer Grossmachtpolitik", *Historische Zeitschrift* 215 (1972) - Oswald Redlich, *Das Werden einer Grossmacht. Österreich von 1700 bis 1740*, Wien 1962 - Charles W. Ingrao, *Josef I. Der "vergessene" Kaiser*, Graz-Köln-Wien 1982

3
Sanktionierung des Gesetzesartikels 1687–88/1–4 über das Erbkönigreich
Druck
HHStA Bibliothek Bl 918 Articuli diaetales

Im Bewußtsein der neuen Kräfteverhältnisse verzichteten die ungarischen Stände auf dem Reichstag von 1687/1688 auf ihr Königswahlrecht und erkannten die männliche Erbfolge der Habsburger an. Sie setzten desweiteren die Widerstandsklausel der Goldenen Bulle von 1222 außer Kraft. Die Sanktionierung der Reichstagsbeschlüsse erfolgte am 25. Januar 1688.
Lit.: Fraknói Vilmos, *A Habsburg-ház trónöröklési jogának megállapítása az 1687-88.évi országgyűlésen*, Bp. 1922 - Baranyai Béla, "Hogyan történt az 1687/88. évi 1-4. törvéycikk szerinti törvényszöveg becikkelyezése" *Bécsi Magyar Történeti Intézet Évkönyve* 3 (1933), 65-104.

4
Gedenkmedaille: Krönung von Joseph I., 1688
Unbekannter Meister
Silber
KHM Münzkabinett, Inv.Nr. 1252 bß

5
Gedenkmedaille: Krönung von Joseph I. und Billigung des Thronerbes des Hauses Habsburg, 1687
Unbekannter Meister
Silber
HGM Alte Inv.Nr. 12.635

6
Porträt von Kaiser Leopold I.
Marmor, weiß 21 x 16cm
BTM Fővárosi Képtár, 23952/1

7
Porträt von Kaiserin Eleonora
Marmor, weiß 21 x 16cm
BTM Fővárosi Képtár, 23952/2

24
HUNGARIA ELIBERATA

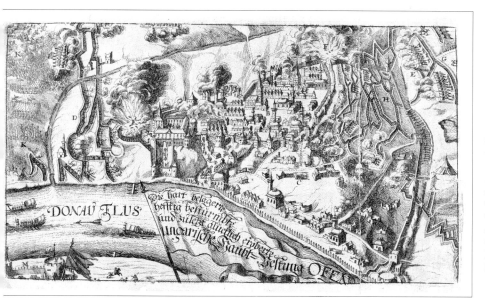

1
Belagerung der Budaer Burg vom Nordosten, 1686
Papier, Kupferstich und Radierung, cca 15,6 x 25,3 cm
HTM 4105/Kp.

Die verbündeten christlichen Truppen versuchten bereits 1684, Buda einzunehmen, mußten aber nach einer Belagerung von 111 Tagen wieder abziehen. 1686 marschierte Franz von Lothringen mit einem Heer von 40.000 Mann auf, um die Burg einzunehmen. Die Angriffe konzentrierten sich in erster Linie auf die Nord- und Südseite der Burg. Der erste allgemeine Ansturm erfolgte – vorerst ohne Erfolg – am 13. Juli. Am 22. Juli wurden die Belagerer von einem glücklichen Zufall unterstützt: Nach einer Schießpulverexplosion erlitten die Verteidiger hohe Verluste. Bis Anfang September wurden die Schutzmauern dermaßen beschädigt, daß eine weitere allgemeine Offensive möglich wurde, die sich diesmal auch als erfolgreich erwies. Buda stand nach 145 Jahren wieder unter christlicher Führung.

Lit.: Szakály Ferenc, *Hungaria eliberata*, Ep. 1986, 51-75. - Károlyi Árpád-Wellmann Imre, *Buda és Pest visszavívása 1686-ban*, Bp. 1936

2
Die Jungfrau Maria von Pócs hilft den bei Zenta kämpfenden christlichen Truppen, 11. September 1697
Papier, Kupferstich, 29 x 38,7 cm
ÖStA KA Kartensammlung H III c 133

Die letzte große Schlacht der Rückeroberungskriege fand bei Zenta statt. Das 70.000 Mann starke Heer des Sultans, das Siebenbürgen wiedererobern sollte, wurde vom kaiserlichen Heer unter der Leitung von Prinz Eugen während der Überquerung der Theiß angegriffen. Die günstige strategische Lage glich den Zahlenunterschied der beiden Heere aus. Im blutigen Gefecht blieben 20.000 türkische Soldaten auf dem Feld liegen, während der Verlust der anderen Partei nur etwa die Hälfte betrug. Die Niederlage bei Zenta zwang das Osmanische Reich schließlich an den Verhandlungstisch. Als Ergebnis dieser Verhandlungen ist die Unterzeichnung des Friedens von Karlowitz (26. Januar 1699) anzusehen. Den Sieg von Zenta verbindet die ausgestellte Darstellung mit dem Gnadenbild von Máriapócs. Das vom Maler István Fap 1676 gemalte Gnadenbild im "Hodegetria"-Stil wurde in die Ortschaft Máriapócs im Komitat Szabolcs gebracht. Nach dem wunderbaren Tränenfluß am 4. November 1696, der sich mehrfach wiederholte, ließ Kaiser Leopold I. das Bild nach Wien transportieren. Es wurde zuerst im Schloß Favoriten, später in der Augustinerkirche aufbewahrt, seit dem 1. Dezember 1697 befindet sich das Gnadenbild im Stephansdom.

Lit.: Kat Prinz Eugen 1963, Nr. 26. - Moritz von Angeli (bearb), "Feldzüge gegen die Türken und der Karlowitzer Friede 1699", *Feldzüge des Prinzen Eugen von Savoyen. I. Serie. II. Band.* Wien 1876

3
Porträt des jungen Prinz Eugen (1663-1736)
Kupferstich von J. J. Haakius de Bopffing, 29,5 x 19 cm
ÖNB POR Pg 6 L in Ptf. 208 (11)

Der französische König, Ludwig XIV. tat den Habsburgern einen großen Gefallen, als er die Aufnahme Prinz Eugens ins französische Heer ablehnte. Der abenteuerlustige junge Mann floh 1683 nach Wien und trat in den Dienst des kaiserlichen Heeres. Zwischen 1683 und 1688 nahm er an allen Kriegen gegen die Türken aktiv teil, anschließend kämpfte er mehrere Jahre auf dem italienischen Kriegsschauplatz (1690-1696). Nach Ungarn kehrte er 1697 als Heeresführer der dort kämpfenden Truppen und Einheiten zurück. Den Sieg von Zenta honorierte der Herrscher mit reichen Gaben, 1686 bekam er die riesigen Herrschaftsgüter von Ráckeve und Bélye geschenkt (HKA Urkunden Nr. 836). In Ráckeve ließ Prinz Eugen später ein prächtiges Barockschloß erbauen. Am Zenit seiner Laufbahn war er Präsident des Hofkriegsrates (ab 1703) und erfolgreicher Heeresführer des spanischen Erbschaftskrieges. Mit Ungarn kam er noch einmal in Kontakt. Im Türkenkrieg von 1716-1718 hatte er wiederum eine tragende Rolle, er leitete die kaiserlichen Truppen im Gefecht von Pétervárad und besetzte auch Belgrad im Jahre 1717.

Lit.: Max Braubach, *Prinz Eugen von Savoyen*, Bd. 1-5. Wien-München 1963-1965 - *Feldzüge des Prinz Eugen von Savoyen nach den Feldakten und anderen authentischen Quellen*, Hg. von der Abteilung für Kriegsgeschichte des k. k. Kriegsarchives, Serie I-II. (Bd.1-20.) Wien 1876-1892. - Kat. Prinz Eugen 1963 - Kat. Prinz Eugen 1986

4
Medaille zu Ehren des Sieges bei Zenta, 1697
Georg Hautsch
Silber, 43 mm
KHM Münzkabinett 1180 bß
Lit.: Kat. Prinz Eugen 1986, Nr. 9. 18.

5
Medaille: Die Einnahme von Buda, 1686
Unbekannter Meister
Silber, 50 mm
KHM Münzkabinett 1029 bß

6
Medaille: Der Sieg bei Mohács, 1687
Unbekannter Meister
Silber, 53 mm
KHM Münzkabinett 1034 bß

25
"METAMORPHOSIS TRANSSYLVANIAE"

1
Diploma Leopoldinum (II). 4. Dezember 1691
Orig., Pergament, in Buchform, 38 x 60 cm
MOL F 144 Museum 1691.XII.4.
Hg.: Szász Károly, *Sylloge tractatuum ... Diplomatis Leopoldini, item quae Alvincziana vocatur illstrantium*, Kolozsvár s.d., 118–119. - Marczali 1901, 577-598.
Nach der Verhandlung mit der Delegation aus Siebenbürgen erließ Leopold I. am 16. August 1690 das Diploma Leopoldinum, das die rechtliche Lage Siebenbürgens für längere Zeit bestimmte. Die bisherige Verwaltung, die Gesetze und die frühere Religionsfreiheit des Fürstentums blieben erhalten. Die fällige Steuer wurde in Höhe von 100.000 Ft, für den Fall eines Krieges von 400.000 Ft festgelegt. Die siebenbürgischen Stände leisteten am 26. September 1691 während des Reichstags in Fogaras den Schwur auf das Diplom, das der Herrscher nach weiteren Vereinbarungen und einigen Änderungen (Punkt III–IV) am 4. Dezember 1691 in feierlicher Form erneut erließ.
Lit.: Trócsányi Zsolt, *Habsburg-politika és Habsburg-kormányzat Erdélyben 1690-1740*, Bp. 1988, 199-203.

2
Mihály Apaffy (1676–1713), Fürst von Siebenbürgen
Unbekannter Meister
Papier, Kupferstich, 15 x 10 cm
MNM TKCs 600
Mihály Apaffy II. wurde nach dem Tod seines Vaters (15. April 1690) zum Fürsten Siebenbürgens, er konnte jedoch seine Herrschaft wegen der schwierigen Lage nicht festigen. Leopold I. internierte ihn 1696 mit 12.000 Ft Gnadengeld pro Jahr nach Wien, wo Apaffy am 7. September 1701 endgültig auf Siebenbürgen verzichtete (AUR 1701 IX 7, orig.). Als Entschädigung wurde ihm der Titel des Reichsfürsten verliehen. Der Fürst lebte bis zu seinem Tod (1. Februar 1713) in Wien, am Ende seines Lebens hatte er bereits mit finanziellen Schwierigkeiten zu kämpfen. Der unbekannte Künstler stellt den Oberkörper des jungen Fürsten im Panzer und im Kragenmantel dar. Auf seinem Kopf trägt er eine Pelzmütze mit Federbusch, in seiner Hand hält er eine Streitkolbe.
Lit.: Jakab Elek, "Az utolsó Apaffy" *Magyar Történelmi Tár XXI.* (1875)

3
Diplom von Mihály Apaffy II. (1676–1713) als Reichsfürst, 10. Juli 1701
Orig., Pergament, in Buchform, mit Goldsiegel
FHKA HKA Urkunden Nr. 843, M 783
Das Wappenbild der goldbesiegelten Fürstenurkunde für Mihály Apaffy II. ist besonders prunkvoll, den oberen Teil des Bildes besetzt die Gruppe der Kurfürsten, in der Mitte nimmt Leopold I. in kaiserlicher Tracht Platz, rechts von ihm Joseph I., König von Böhmen und Ungarn, links und rechts von ihnen sind Reichskurfürsten zu sehen, über deren Köpfen die jeweils zugehörigen Wappen abgebildet sind.
Lit.: Schönherr Gyula, "A bécsi Udvari Kamara levéltárának magyar vonatkozású oklevelei" *TT* 1887, 730-731.

4
Keule und Säbel von Mihály Apaffy II.
Eisen, vergoldetes Silber
KHM Hofjagd- und Rüstkammer C 127, C 128

26
FERENC II. RÁKÓCZI UND DIE KURUTZEN

1
Ferenc II. Rákóczi (1676–1735), Fürst von Siebenbürgen und Anführer des Kurutzen-Aufstandes
Unbekannter Meister mit dem Monogramm I.F.I.
Papier, Kupferstich, 31,3 x 20,3 cm
MNM TKCs T. 3720
Der Enkel von Péter Zrínyi, Sohn des erwählten Fürsten von Siebenbürgen, Ferenc Rákóczi I. war der reichste Hochadelige seiner Zeit. Das Familienerbe hat ihm jedoch mehr Schwierigkeiten als Freude bereitet. Seine geliebte Mutter, Ilona Zrínyi hatte als Gemahlin des Kurutzenfürsten Imre Thököly jahrelang die Festung Munkács verteidigt (1686–1688). Nachdem sie aufgegeben worden war, wurde Ilona Zrínyi mit ihren Kindern nach Wien interniert. Dem jungen Rákóczi standen bittere und einsame Studienjahre in Böhmen bevor. Nach seiner Vollmündigkeitserklärung lebte er in Wien und in Ungarn. Als er die in Ungarn herrschenden miserablen Zustände sah, erinnerte er sich der familiären Tradition und stellte sich an die Spitze der sich gerade entfaltenden Kurutzenbewegung, die er acht Jahre lang leitete. Der an menschlichen Tugenden – wie Mäßigkeit, Selbstkritik und Toleranz – so reiche Fürst erkannte nach dem Sturz des Aufstandes nicht, daß er sich viel mehr zu Hause für seine Heimat hätte einsetzen können als im Ausland. Sein Leben danach verbrachte er in der Emigration, zuerst lebte er in Frankreich, später in Tekirdag (Türkei).
Lit.: Köpeczi Béla-Hopp Lajos-R. Várkonyi Ágnes (szerk), *Rákóczi-tanulmányok*, Bp. 1980 - Ladislaus Frh. von Hengelmüller, *Franz Rákóczi und sein Kampf um Ungarns Freiheit*, Stuttgart-Berlin 1913

2
Manifest von Ferenc Rákóczi über Beschwerden der ungarischen Nation
"Recrudescunt diutina inclytae gentis Hungariae ... vulnera", 1704
Druck, 20 x 31 cm
MOL G 35 Druckn VII.2.
Hg.: Benda Kálmán-Maksay Ferenc (sajtó alá rendezte), *Ráday Pál iratai I.* Bp. 1961, 92-111.
Ferenc Rákóczi ließ zur Begründung seines Aufstandes zum Jahreswechsel 1703/1704 seinen Sekretär Pál Ráday eine Flugschrift konzipieren, deren Text er selbst korrigierte. Das Manifest wurde antedatiert (7.6.1703). 1704 erschien es sowohl auf Lateinisch als auch auf Ungarisch. Aus den späteren Jahren kennen wir auch die französische, deutsche, niederländische und polnische Ausgabe dieser Schrift.

3
Frieden von Szatmár, 30. April–1. Mai 1711
Orig.Papier, 31,5 x 20,3 cm
HHStA LA Misc. Fasc. 424.Konv.B.fol. 48-57.
Hg.: Lukinich Imre (Hg), *A szatmári béke története és okirattára*. Bp. 1925, 337-345.
Der acht Jahre währende, grausame Bürgerkrieg endete 1711 mit einem Kompromißfrieden. Der Herrscher Joseph I., bzw. nach seinem Tod (17. April 1711) die Regentin Kaiserin Eleonora sicherte den Beteiligten am Aufstand Amnestie, die Rückgabe ihrer Güter und die Erhaltung der Verfassung des Landes zu. Der Friede wurde ohne Garantie geschlossen, bedeutete dennoch den Anfang einer langen und ruhigen Periode für Ungarn. In der Verwirklichung des Abkommens spielten János Graf Pálffy (1663–1751) und Sándor Baron Károlyi (1669–1743) eine besonders wichtige Rolle. Zwei Originalexemplare des Friedensdokuments befinden sich im Haus-, Hof- und Staatsarchiv. Das ausgestellte Exemplar, das in den Ungarischen Akten aufbewahrt wird, mag das Exemplar der ungarischen Partei gewesen sein. Es gelangte im 19. Jh. aus einem Antiquariat zuvor in den Besitz der Nationalbibliothek, dann in den des Archivs.
Lit.: Lukinich Imre, "La fin de la lutte: la paix de Szatmár (1711)", *Revue des Études Hongroises* 13 (1935), 120-192. Bánkúti Imre, *A szatmári béke*, Bp. 1981. - Bánkúti Imre, *Dokumentumok a szatmári béke történetéhez*, Bp. 1991. - Szalay László (kiadta), *Pulay Jánosnak a szatmári békességről írt munkája*, Pest 1865.

4
Kampf zwischen Soldaten des Kaisers und den Kurutzen
Georg Philipp Rugendas (?)
Papier, Gouache, 21,3 x 15,7 cm
MNM TKCs T. 6920
Lit.: Gizella Cenner-Wilhelmb 1962, 192.

5
Medaille: Ferenc II. Rákóczi (1676–1735), Fürst von Siebenbürgen
Daniel Warou
Silber, 54 mm
KHM Münzkabinett 2658 bß

Ferenc Rákóczi ließ drei Medaillen anfertigen. Alle drei sind die Arbeiten eines hervorragenden Graveurs, Daniel Warous, der in Körmöcbánya tätig war und von den Kurutzen gefangen genommen wurde. Das Bildnis des Fürsten auf den Medaillen ist von hohem künstlerischem Wert. Die Aufschriften auf den Rückseiten hat Rákóczi selbst formuliert und auch die Allegorien stammen von ihm. Die ausgestellte Medaille entstand wahrscheinlich aus dem Anlaß, daß Rákóczi zum Fürsten von Siebenbürgen erwählt wurde (8. Juli 1704).

Lit.: Huszár Lajos-Pap Ferenc-Winkler Judit, *Erdélyi éremművesség a 16-18. században*, Bukarest 1996, 116. + Nr. 116. - Galavics Géza, "A Rákóczi-szabadságharc és az egykorú képzőművészet", Köpeczi Béla-Hopp Lajos-R. Várkonyi Ágnes (szerk), *Rákóczi tanulmányok*, Bp.1980, 476-480.

27
FRIEDEN IN UNGARN, 1711

1
Brief von Karl III. an seine Mutter, Kaiserin Eleonora, in dem er an die Einhaltung des mit den Ungarn geschlossenen Friedens erinnerte, 1. August 1711
Orig., Papier, 31 x 19,5 cm
HHStA UA Fasc. 427. Konv. F. fol. 31-37.
Hg.: Imre Lukinich (Hg), *A szatmári béke okirattára*. Bp. 1925, 567-571.

Karl III., der sich in Spanien aufhielt, war damit nicht einverstanden, daß seine Mutter am Frieden von Szatmár kleinere Änderungen vornahm. Seiner Meinung nach wurde dadurch die Glaubwürdigkeit des Hofes beeinträchtigt. Man sollte im Bewußtsein dessen, wie die spanischen Stände behandelt wurden, mit Ungarn glimpflich umgehen. Der Brief ist in mehreren Exemplaren erhalten geblieben, ein fragmentarisches Exemplar: UA AA Fasc.193. Konv.B. fol.107–108., gesamte Kopie: HHStA Staatenabteilungen, Spanien Hofkorrespondenz Kt.13. Mappe 75., fol.62r–64r.

Lit.: Kalmár János, "III. Károly és Magyarország 1711-ben", *Levéltári Szemle* 39 (1989), 44-51.

2
Kaiserin Eleonora (1655–1720), Witwe von Leopold I.
G.D. Nessenthaler
Papier, Kupferstich, 14 x 8,5 cm
MNM TKCs T. 1161

Die Tochter des Kurfürsten von Pfalz und Herzogs von Neuburg, Philipp Wilhelm, kam 1676 nach Wien, und wurde vom bereits zweifach verwitweten Kaiser Leopold I. verehelicht. Die gebildete, gläubige Frau war eine wichtige Stütze ihres Mannes, und übte angeblich einen nicht unbedeutenden politischen Einfluß aus. Eleonora brachte zehn Kinder zur Welt, unter ihnen zwei Thronfolger, den späteren Joseph I. und Karl VI. Nach dem Tod ihres Mannes geriet sie mit ihrem Sohn Joseph I., der viel weltlicher als sein Vater eingestellt war, einige Male in Konflikt. Nach dem Tod von Joseph I. übte sie als Regentin die Macht aus, bis der Nachfolger aus Spanien zurückkehrte. Sie versuchte auch weiterhin, ihren Sohn, Karl VI. zu beeinflussen. Eleonora, die zur Zeit des leopoldinischen Absolutismus in Wien eintraf, fühlte Ungarn gegenüber keine Sympathie, ihre Gefühle wurden auch von ihrer persönlichen Abneigung gesteuert.

3
Indigenatenurkunde von Johann Hercules Grafen von Montecuccoli, 5. Juli 1712
Orig., Pergament, in Buchform, 34 x 38 cm, mit dem sog. "Münzsiegel"
HHStA Hofarchive, Niederösterreichische Landmarschallamt, Urkunden F/45 Montecuccoli 1712

Nach dem Frieden von Szatmár erhielten viele österreichische Adelsfamilien Herrschaftsgüter in Ungarn und damit auch das Indigenat. Im Gesetzesartikel Nr. 129–136 aus dem Jahre 1715 wurden 72 hohe Adelige festgehalten. Generalfeldmarschall Johann Hercules Montecuccoli bekam für seine militärischen Verdienste das Indigenat. Von den Indigenen haben nur die Wenigsten in Ungarn Fuß gefaßt.
Lit.: Beke Margit, A Prímási Levéltár nemesi és címeres emlékei, Esztergom 1995, Nr. 44. + 354. - Wurzbach XIX. 45.

4
Medaille: Tod von Joseph I., 1711
Silber, 44 mm
KHM Münzkabinett Inv. Nr. 1274 bß
Lit.: Montenuovo 1323, Kat. Prinz Eugen 1986, Nr. 1. 21.

28
ZEIT DER VERÄNDERUNGEN

1
Matthias Bél: Notitia Hungariae novae historico-geographica. Accedunt Samuelis Mikoviny mappae ... Tom. I. Viennae 1735.
Druck
HHStA Bibliothek G 225

Das größte Werk der Literatur zur Staatskunde in Ungarn ist die Notitia des evangelischen Geistlichen Mátyás Bél. Leider blieb dieses Unterfangen unvollendet. Nur ein Teil des ca. zwei Jahrzehnte lang gesammelten Materials erschien in Druck. Zu den Bänden zeichnete der hervorragende Kartograph Sámuel Mikoviny die Karten. Von den handschriftlichen Komitatsbeschreibungen wurden mehrere in den letzten Jahrzehnten in ungarischer Übersetzung veröffentlicht.
Lit.: Szelestei Nagy László, Bél Mátyás kéziratos hagyatékának katalógusa Bp. 1984

2
Karl III. (1685–1740) in ungarischer Tracht
Unbekannter Meister
Papier, Kupferstich, 15,5 x 9,5 cm
ÖNB POR Pg 177 162/10 in Ptf 128 (92)

Für Erzherzog Karl sah sein Vater den spanischen Thron vor, daher wurde er auch dieser Aufgabe entsprechend erzogen. Eine Zeitlang schien sich die Idee auch verwirklichen zu lassen, doch schließlich erwies sich die Bourbon-Partei als stärker. Der unerwartete Tod seines Bruders Joseph I. zwang Karl VI. zur Rückkehr in seine Heimat (1711). Die Jahre in Spanien hinterließen ihre Spuren in seiner Gedankenwelt, damit ist wohl zu erklären, daß er eine flexiblere und wohl gemerkt eine viel erfolgreichere Politik mit den ungarischen Ständen führen konnte. Seine Beziehung zu Ungarn war deutlich harmonischer als die von Kaiser Leopold I., obwohl auch er manche Konfrontation erlebte. Als Ergebnisse der Zusammenarbeit von Herrscher und Ständen sind die auf dem Reichstag von 1712–1715 und 1722–1723 ausgearbeiteten Reformen (Statthalterrat ab 1723, Modernisierung des Justizwesens 1723) und die Regelung der Protestantenfrage (Carolina Resolutio 1731, 1734) anzusehen. Im Türkenkrieg von 1716–1718 gelang es ihm, die noch unter türkischer Herrschaft stehenden Gebiete (Temesköz/Banat) zu befreien, doch ein Großteil der Eroberungen ging im Krieg gegen die Türken in den Jahren 1737–1739 wieder verloren. Im zweiten Abschnitt seiner Herrschaft war er stets mit der Lösung der Nachfolgefrage, mit der Durchsetzung der weiblichen Erbfolge beschäftigt. Der letzte Habsburger fand völlig unerwartet, nach einer Jagd im Herbst 1740 den Tod. Der unbekannte Künstler stellt Karl VI. mit einer Pelzmütze mit Federbusch auf dem Haupt, in einem Pelzmantel und in ungarischer Tracht dar.
Lit.: Oswald Redlich, *Das Werden einer Grossmacht. Österreich von 1700 bis 1740*, Wien 1962

3
Apotheose Karl III., König von Ungarn
Andreas und Joseph Schmutzer nach einer Zeichnung von Nikolaus Bruno Belau, um 1720
Papier, Kupferstich, 37,2 x 22,3 cm
NB POR Pg 177 162 / 10 in Ptf 128 (106)

Der Stich soll das unter der Herrschaft Karls VI. aufblühende Ungarn darstellen. Im Hintergrund ist auf dem Obelisk eine Medaille mit seinem Bildnis zu sehen. Am Fuß des Denkmals thront eine Frauengestalt, die Ungarn verkörpert, und mit ihrer Linken auf eine Landkarte zeigt, die von Merkur getragen wird. Unter der Gestalt der Hungaria verkörpern zwei weitere Frauengestalten die Fruchtbarkeit Ungarns. Eine reicht dem Chroniker im Vordergrund einen Weinbecher. Unten erscheinen noch drei Flußgottheiten, die höchstwahrscheinlich die Donau, die Theiß und die Drau repräsentieren.
Lit.: Kat. Prinz Eugen 1986, Nr.2.8.

4
Gedenkmedaille: Die Krönung von Karl III. zum König von Ungarn
Daniel Warou
Silber, 96 mm
KHM Münzkabinett Nr. 42 bß

5
Gedenkmedaille: Die Krönung von Karl III. zum König von Ungarn
Georg Wilhelm Vestner
Silber, 43 mm
KHM Münzkabinett 1351 bß
Lit.: Montenuovo 1395, Kat. Welt des Barock Nr. 7. 16a

6
Gedenkmedaille: Die Krönung von Karl III. zum König von Ungarn
Georg Wilhelm Vestner
Silber, 49 mm
KHM Münzkabinett 1541 bß
Lit.: Montenuovo 1387, Kat. Welt des Barock Nr. 7. 16a

29
DAS ENTSTEHEN DER BAROCK-RESIDENZ IN BUDA

1
Querschnitt der Burg von Buda, 1742
Sebastian Zeller, Kammerzeichner
Papier, Federzeichnung mit Farben, 44 x 33 cm
FHKA FKA Kartensammlung Rb 10/2

Während der Belagerung von 1686 wurde der mittelalterliche Palast der ungarischen Könige zu einem Trümmerhaufen. Der Anfang der Renovierungsarbeiten zog sich in die Länge, das Ziel des Umbaus war die Errichtung eines viel bescheideneren Gebäudes. Das mühsam erbaute Schloß brannte 1723 zum Teil ab, 1742 drohte der Dachbau einzustürzen. Zu dieser Zeit fertigte Sebastian Zeller im Auftrag der Kammer seine Zeichnungen vom Palast an, die heute im Hofkammerarchiv aufbewahrt werden (Rb/11–5).
Lit.: Kat. Maria Theresia als Königin von Ungarn 1980, Nr. 100. - Katalin Földi-Dózsa (Hg.), *Die Jahrhunderte des königlichen Palastes in der Burg von Buda*, Bp. 2000

2
Ansicht des Burgpalastes von Buda als Universität, vom Westen, 1779
Johann Ernst Mansfeld nach einer Zeichnung von Ferdinand Pichler
Papier, Kupferstich, 18,5 x 30,4 cm
BTM Hauptstädtische Galerie, Inv.Nr. Lanfr. 134

Maria Theresia genehmigte im Jahre 1748 auf Anfrage der ungarischen Stände den Bau eines neuen königlichen Palastes in Buda. Die für den Anfang der Bauarbeiten nötige Geldsumme wurde von den Komitaten und den Städten gemeinsam aufgetrieben. Der kaiserliche Architekt Jean-Nicolas Jadot entwarf zwei Gebäudeblöcke mit quadratförmigem Grundriß, die in der Mitte von einem weiteren Flügel verbunden wurden. Im Mittelpunkt des Gebäudes befanden sich der Thronsaal und das königliche Schlafgemach, mit je einer Pseudokuppel. Die Entwürfe wurden später mehrmals und von mehreren Architekten überarbeitet (Nicolas Pacass, Ignác Oratschek, Franz-Anton Hillebrandt). In dem aufwendig und kostspielig eingerichteten Barockpalast kehrte die Herrscherin ein einziges Mal, im Jahre 1764 ein. Damit das Gebäude nicht unbenutzt dastand, wurde 1777 die Universität Nagyszombat nach Buda umgesiedelt. Für die neue Verwendung wurden am Gebäude einige Änderungen vorgenommen, es wurde zum Beispiel eine Sternwarte erbaut. Joseph II. brachte 1784 anstelle der Universität den aus Pozsony nach Buda umgesiedelten Statthalterrat im Palast unter.
Lit.: Katalin Földi-Dózsa (Hg.), *Die Jahrhunderte des königlichen Palastes in der Burg von Buda*, Bp. 2000

3
Privileg von Maria Theresia für die Universität Buda (Diploma inaugurale), 1780
Orig., Pergament, in Buchform, fol. 1-30., 34 x 24 cm
ELTE-Archiv

4
Gedenkmedaille: Verlegung der Universität Nagyszombat nach Buda, 1780
Johann Nepomuk Wirth
Silber, 50 mm
KHM Münzkabinett I. Nr. 17.607

5
Gedenkblatt: Eintreffen der Reliquie der Heiligen Rechte in Buda
Johann Philipp Binder
Papier, Kupferstich und Radierung, ungefärbt, 17,5 x 9,8 cm
BTM Kiscelli Múzeum lt. sz. 57.176. I.

Die als Reliquie verehrte Heilige Rechte von Stephan dem Heiligen gelangte in der chaotischen Türkenzeit von Ungarn nach Bosnien. Sie kam in den Besitz von Händlern aus Ragusa (Dubrovnik), die sie in die Obhut der örtlichen Dominikaner gaben. 1771 wurde sie auf Befehl der Herrscherin nach Buda geliefert. Die Heilige Rechte traf am 19. Juli 1771 in Buda ein und wurde am 21. Juli in der Heiligen Sigismund Kapelle der Budaer Burg zusammen mit den Zeugnissen, die die Authentizität ihrer Herkunft bestätigten, untergebracht. 1862 wurde die Heilige Rechte in einen neuen Schrein gegeben. Nach dem Ausgleich breitete sich die Verehrung der Heiligen Rechte in der Öffentlichkeit aus. Das Ereignis mit der größten Auswirkung fand im Heiligen-Stephans-Jahr 1938 statt: eine Rundfahrt mit der Reliquie im ganzen Land.

30
DIE UNGARISCHEN STÄNDE UND DIE ERNEUERUNG

1
Vorschlag der ungarischen Stände für den Landtag, 1722
Papier, Kopie, Bd. 33 x 21 cm
HHStA UA AA Fasc. 208. Konv. A. fol. 37154.

Die Ständische Komission begann nach einiger Verzögerung erst 1722 mit ihrer Arbeit. Der Ausschuß war nur in der Periode vom 13. April–13. Juli 1722 tätig, konnte aber trotz der kurzen Zeit eine ganze Menge erreichen. Der wichtigste Punkt des eingereichten Reformentwurfes war der Vorschlag zur Formierung eines ständigen Rates, der dann mit der Bildung des Statthalterrates auch verwirklicht wurde. Weitere Vorschläge konnten während der Tätigkeit des Statthalterrates realisiert werden. Vorstand des Ausschusses war der Erzbischof von Kalocsa, Imre Csáky (1672–1732). Der Herrscher delegierte drei Mitglieder in den Ausschuß: den Bischof von Nyitra, Ádám Graf Erdődy, den Hofrat Johann Georg Mannagetta und den evangelischen Juristen Pál Prileszky. Eine entscheidende Rolle im Ausschuß spielte der ehemalige General Rákóczis, der Unterzeichner des Friedens von Szatmár, Sándor Baron Károlyi (1669–1743).
Lit.: Kónyi Mária, "Az 1715-1722. évi rendszeres bizottság javaslatai", *Bécsi Magyar Történeti Intézet Évkönyve 2 (1932)*, 137-182.

2
Die Ungarische Pragmatische Sanktion, 1723
Orig., Papier, fol. 1-123, 21,5 x 34,5 cm
MOL N 45 Privilegia recte articuli Lad. H. ad Nr. 59.

Die weibliche Erbfolge wurde in Ungarn nach langer Vorbereitung angenommen. Dank dieser gründlichen Vorbereitungsphase stimmte der Reichstag schließlich am 30. Juni 1722 durch Zuruf dafür. Der Herrscher bestätigte sie am 16. Juli 1722, die Sanktionierung erfolgte 1723 in den Gesetzesartikeln 1–3. Die ungarischen Stände verlangten als Gegenleistung die Festigung der ständischen Rechte. Der komplizierte, stellenweise sogar unverständliche Text der ungarischen Pragmatischen Sanktion löste später heftige juristische und wissenschaftliche Auseinandersetzungen aus, die insbesondere nach dem Ausgleich zu scharfen Diskussionen führten.
Lit.: Gustav Turba, *Die Pragmatische Sanction. Authentische Texte samt Erklärungen und Übersetzungen*, Wien 1913 - Gustav Turba, *Die Pragmatische Sanction mit besonderer Rücksicht auf die Länder der Stephanskrone. Neues zur Entstehung und Interpretation 1703-1744*, Wien 1906 - Gustav Turba, *Die Grundlagen der Pragmatische Sanction. I. Ungarn*, Lepzig-Wien 1911 - Csekey István, *A magyar trónöröklési jog*, Bp. 1917 - István Csekey, "Über das handschriftliche Original der ungarischen Pragmatiscen Sanktion". Sonderdruck aus dem *Archiv des öffentlichen Rechts (Tübingen) 36 (1916)*

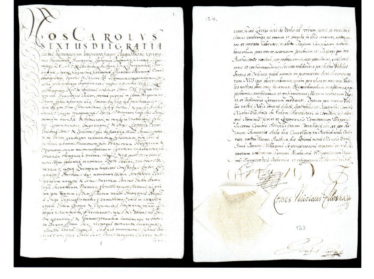

3
Instruktionen des Statthalterrates, 1723
Orig., Papier, Band
MOL C 96 Bd. 5.

Der in den Gesetzesartikeln 97–102 aus dem Jahr 1723 errichtete Statthalterrat begann mit seiner Tätigkeit als höchstes Regierungsorgan des Landes 1724 in Pozsony. Sein Rechtsbereich umfaßte mit Ausnahme des Finanzwesens (Kammer), des Militärwesens und des Justizwesens alle übrigen Gebiete. Sein Vorsitzender war der jeweilige Palatin (von 1724–1732 Miklós Pálffy), und in eventueller Abwesenheit des Palatins, der Statthalter (von 1732–1741 Franz Stephan von Lothringen).
Lit.: Ember Győző, "Magyarország közigazgatása 1711-1765", *Levéltári Közlemények (1983)*, 3-100. - Ember Győző, *A magyar királyi Helytartótanács ügyintézésének története 1724-1848*, Bp. 1940

4
Siegel des Statthalterrates aus der Zeit von Karl III.
Silber, 62 mm
MOL V 22 Nr. 44

5
Ungarischer Beamter Anfang des 18. Jh.
Caspar Luyken
Kupferstich, Papier, 28,2 x 19,8 cm
MNM TKCs T. 2043
Lit.: Fülemile Ágnes, "Magyar vonatkozású viseletábrázolások a 18. századi sokszorosított grafikában" *Népi kultúra Magyarországon a 18. században*, Bp. 1993, 155. 1. sz.

6
Medaille zum Andenken der Pragmatischen Sanktion, 1722
Andreas Vestner
Silber, 43 mm
KHM Münzkabinett 1587 bß
Lit.: Huszár-Procopius 224., Welt des Barocks Nr. 7. 17. a

31
"VITAM ET SANGUINEM"

1
Krönung von Maria Theresia, 25. Juni 1741
Unbekannter Meister
Papier, Kupferstich, 27,3 x 17,2 cm
MNM TKCs T. 3235

Die Krönung Maria Theresias erfolgte erst im Sommer 1741, nach der Geburt des Thronfolgers, des späteren Josephs II. Der Krönungsreichstag wurde für den Mai 1741 einberufen, die Krönung selbst fand am 25. Juni 1741 statt, nachdem der Reichstag in der Person von János Graf Pálffy (1663–1751) einen neuen Palatin gewählt hatte. Die Zeremonie verlief wie üblich, doch in einem wesentlichen Punkt gab es einen Unterschied: es handelte sich ja um eine Königin. Als Frau behauptete sich Maria Theresia bei der Krönungszeremonie sehr gut, sie weihte fünfundvierzig Ritter und meisterte auf dem Krönungshügel die Schwertschläge vorschriftsmäßig. Die neue Herrscherin war einer der beliebtesten und populärsten Habsburger in Ungarn.
Lit.: Marczali Henrik, *Mária Terézia. 1717-1780*, Bp. 1891 - Kat. Maria Theresia als Königin von Ungarn 1980

2
Allegorie der Szene „Vitam et sanguinem", 11. September 1741
Unbekannter Meister
Papier, Kupferstich,
MNM TKCs T. 10.622

In der schwierigen Situation des Reiches war es für den Hof von entscheidender Bedeutung, daß sich der ungarische Adel von ihm nicht abwandte, sondern die junge Königin unterstützte. Dabei spielte natürlich nicht nur die Ritterlichkeit der Ungarn eine Rolle, sondern auch die nüchterne Überlegung, daß der ungarische Staat den Türken und Russen alleine nicht Stand halten konnte.
Lit.: Kat. Maria Theresia als Königin von Ungarn 1980, Nr. 108. Abb. 1 - Heinrich Marczali, "Vitam et sanguinem", *Historische Zeitschrift* 117 (1917) 413-431.

3
Ungarisches Krönungsdiplom für Maria Theresia, 25. Juni 1741
Orig., Pergament, 23,5 x 31 cm
MOL N 44 Diplomata inauguralia regum Hungariae Lad.G. Nr.9.

Das Inauguraldiplom von Maria Theresia stimmt im wesentlichen mit dem aus fünf Punkten bestehenden Diplom von Karl VI. aus dem Jahre 1712 überein. Der Annahme des Diploms ging eine heftige Diskussion voraus. Die Königin mußte ihr Versprechen geben, daß für die Beschwerden der Stände Abhilfe geschafft, die Steuerfreiheit der Adeligen beibehalten wird, daß Ungarn das Banat und die Militärgrenze wieder inkorporiert und die ständischen Ämter von Ungarn bekleidet werden.

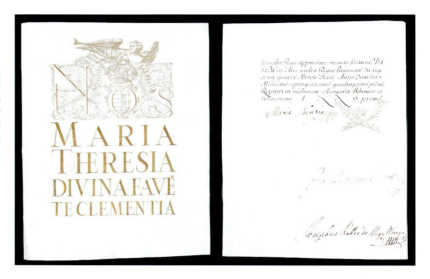

4
Medaille: Krönung von Maria Theresia zur Königin von Ungarn, 1741
Andreas Vestner
Silber, 44 mm
BTM Fõvárosi Képtár 26052

5
Medaille: Krönung von Maria Theresia zur Königin von Ungarn, 1741
Andreas Vestner
Silber, 44 mm
BTM Fõvárosi Képtár 26058

6
Medaille: Krönung von Maria Theresia zur Königin von Ungarn, 1741
Anton Wiedemann
Silber, 40 mm
KHM Münzkabinett 1886 bß

7
Medaille: Huldigung der siebenbürgischen Stände vor der Herrscherin, 1741
Josef Wellisch
Silber, 71 mm
KHM Münzkabinett 1858 bß

32
DER ERBFOLGEKRIEG

1
Militär-Maria Theresien-Orden
Großkreuz, dazu der Bruststern, um 1870
Gold, Silber und Email
HGM Inv. Nr. 1921/26/2130 und 1921/26/2129
Getragen von Kaiser Franz Joseph I.

Gestiftet von Maria Theresia am 18. Juni 1757, jenen Tag, an dem Feldmarschall Graf Daun bei Kolin das Heer des Königs von Preußen Friedrich II. geschlagen hatte. Der höchste Militärorden der österreichisch-ungarischen Monarchie bestand ursprünglich aus dem Großkreuz und dem Ritterkreuz. 1765 kam die Klasse der Kommandeure hinzu. Anspruch auf den Orden, um den man selbst einzukommen hatte, begründete nur jene herzhafte Tat vor dem Feinde, die jeder Offizier von Ehre, ohne den geringsten Vorwurf, hätte unterlassen können, die aber dennoch mit ausgezeichneter Klugheit, Tapferkeit und aus freiwilligem Antrieb unternommen wurde. Gleichen Anspruch erwarben Offiziere, die für den Kriegsdienst ersprießliche Ratschläge gegeben und mit vorzüglicher Tapferkeit ausgeführt hatten. Die selbst zu schildernde Tat mußte von Augenzeugen bestätigt werden. Von 1757 bis 1931, dem Jahre der letzten Promotion, wurden 1243 Verleihungen vorgenommen. Mit dem Tode des letzten Theresienritters, des berühmten Mariefliegers Gottfried Freiherr von Banfield, am 23. September 1986, erlosch dieser Orden. Das Ordenszeichen besteht aus einem weiß emaillierten Tatzenkreuz mit geschwungenen Armen. Das runde Mittelmedaillon und das Ordensband sind in den österreichischen Farben Rot–Weiß–Rot gehalten. Ein weißer Ring mit dem Wahlspruch "Fortitudini" ("Der Tapferkeit") umgibt das Medaillon. Auf dem auf der Rückseite des Kreuzes angebrachten Medaillon finden sich die verschlungenen Initialen der Stifterin und Ihres Gemahls Franz I. Stephan. Der silbern brillantierte Bruststern besteht aus einer nur teilweise emaillierten Vergrößerung des Ordenszeichens, ergänzt durch einen grün emaillierten Lorbeerkranz zwischen den Kreuzarmen.

Lit.: J. Hirtenfeld, *Der Militär-Maria-Theresia-Orden und seine Mitglieder*, Wien 1857 - Johann Lukeš, *Der militärische Maria-Theresien-Orden*, Wien 1891 - Makai-Héri, 213. - Georg Ludwigstorff, Der Militär-Maria Theresien-Orden. In: Georg Ludwigstorff/Walter A. Schwarz/Johann Stolzer, Fortitudini-Der Tapferkeit (Deutsch-Wagram 1998), 13-47.

25/3

2
General András Hadik (1710–1790), der einzige ungarische Präsident des Hofkriegsrates
Johann Balzer
Papier, Radierung, 22 x 17 cm
MNM TKCs T. 1680

András Hadik stammte aus einer ungarischen Kleinadeligenfamilie, und wollte anfangs Jesuit werden, doch entschied er sich dann für das Militär und schloß sich mit 22 Jahren den Husaren an. Im Türkenkrieg von 1736–1738 fiel er bereits mit seiner Tapferkeit auf, eine richtige Karriere machte er jedoch erst im österreichischen Erbfolgekrieg und im 7jährigen Krieg. Seine hervorragendste militärische Aktion war die unerwartete Eroberung Berlins im Jahre 1757. Nach Ende der Kriege bewies er auch seine staatsmännischen Fähigkeiten, zwischen 1764 und 1768 war er als erfolgreicher Gouverneur Siebenbürgens der erste Befürworter der Leibeigenenbefreiung. Nach der Aufteilung Polens war er kurze Zeit Gouverneur von Galizien (1762–1764). Von 1774 bis zu seinem Tode war er als Feldmarschall Präsident des Hofkriegsrates. Für seine Verdienste erhielt er bedeutende Herrschaftsgüter, 1763 wurde er in den Grafenstand erhoben.
Lit.: Gizella Cenner-Wilhelmb, Hadik András ikonográfiája. *FH 13 (1985)*, 33, 39. - Markó Árpád, *Futaki gróf Hadik András*, Bp. 1944

3
Pandurplünderungen in den Niederlanden
Joseph van Loo nach einem Gemälde von Frans Breydel
Papier, Kupferstich und Radierung, 30,3 x 41,1 cm
MNM TKCs T. 9188
Lit.: Kct. Maria Theresia als Königin von Ungarn, 1980, Nr. 120.

4
Angriffsplan gegen Berlin, 16. Oktober 1757
Papier, Federzeichnung mit Farben, 40 x 29,8 cm
ÖstA KA Kartensammlung H III e 1387

General Hadik drang mit etwa 3.500 Soldaten hinter die Linien des Feindes vor und besetzte mit einem bravourösen Zug am 16. Oktober 1756 Berlin. Er brandschatzte die preußische Hauptstadt um 200.000 Taler. Hadik zog sich auf die Nachricht hin, Friedrich der Große würde sich nähern, am 17. Oktober zurück. Seine Bravour hatte keine unmittelbare Auswirkung auf die Kriegsgeschehnisse, sie hatte jedoch eine moralische Bedeutung, weil sie die Effektivität der habsburgischen Kavallerie und der ungarischen Husareneinheiten bewies. Die Handzeichnung zeigt einen Teil von Berlin (Kölln) samt unterschiedlichsten Truppenbewegungen.
Lit.: Kct Maria Theresia 1980, Nr. 25, 02.a

5
Medaille: Sieg bei Kolin, 1757
Anton Franz Wiedemann
Silber, 45,5 mm
KHM Münzkabinett Inv. Nr. 1741 bß
Lit.: Kct. Maria Theresia 1980, Nr. 17,09o

6
Medaille: Gründung des Maria Theresien-Ordens
Matthäus Donner-Josef Toda
Silber, 50 mm
KHM Münzkabinett Inv. Nr. 620 bß
Lit.: Kat. Kaiser Josef 1980, Nr. 334.

33
Reformen in Ungarn

1
Urbarialpatent, 29. Dezember 1766
Orig., Papier, 28 x 25 cm
MOL C 13 Benigna mandata, fol. 25-32.

Der Krieg gegen Preußen zeigte eindeutig, daß im Gegensatz zur ständischen Monarchie der absolutistische Staat seine Mittel viel effektiver nutzen konnte. Maria Theresia entschloß sich für Reformen, und diese ließen auch Ungarn nicht unberührt. Auf dem Reichstag 1764 war der ungarische Adel jedoch nicht bereit, Zugeständnisse zu machen, so bestimmte die Herrscherin nach Abbruch der Versammlung die Ausarbeitung einer landesweit gültigen Urbarialverordnung. Die Einführung der Verordnung wurde durch die sich gerade entfaltenden Bauernbewegungen in Transdanubien in den Jahren 1765/1766 weiter beschleunigt. Die Urbarialregulierung faßte die bisher nach Region oder nach Grundbesitz abweichenden Dienstleistungen der Leibeigenen zu einem einheitlichen System zusammen. Sie legte die Größe von Sessionen, die zu leistende Fronarbeit usw. fest.

Lit.: Szabó Dezső, *A magyarországi úrbérrendezés története Mária Terézia korában*, I. Bp. 1933

2
Siedlungs- und Häusertypen im Banat, Mitte des 18. Jh.
Kupferstich nach Zeichnungen von Ludwig Reisch, erschienen im Buch mit dem Titel "Versuch einer politischen und natürlichen Geschichte des Temeser Banats" (Wien 1779), Tab. I.
Druck, 27 x 22 cm
ÖNB SIAWD 64. F. 7.

Das Banat (ung.: Bánság) ist ein Gebiet, das von den Flüssen Maros, Theiß und Donau sowie von den Siebenbürgischen Bergen begrenzt wird. Die Gegend verwilderte mit dem Ende der türkischen Herrschaft zusehends (1717). Die im Zuge des Türkenkrieges von 1716–1718 zurückeroberte Region wurde zwischen 1717 und 1778 als selbstständiges Territorium verwaltet und stand unter militärischer Oberhoheit. Für Fragen dieses Gebiets betreffend waren der Hofkriegsrat und die Hofkammer zuständig, die die Bevölkerung und die landwirtschaftliche Nutzbarkeit des Landteiles mit Erfolg lösen konnten. Die Besiedlung erfolgte in mehreren Wellen (1722/26 und nach 1763). Neben der Besiedlung wurden auch weitere Entwicklungen, wie die Trockenlegung der Sümpfe und die Regulierung der Flüsse (Béga Kanal 1728), unternommen. Die Pestepidemie der Jahre 1737–1739 verursachte große Schäden. Außer den Deutschen kamen in kleiner Anzahl auch italienische, spanische, serbische, bulgarische, slowakische und ungarische Siedler ins Gebiet. Auf dem gewählten Stich sind verschiedene Ortschafts- und Haustypen zu beobachten. Bei den Häusern fällt auf, daß die Bevölkerung des Gebietes mit einem deutlichen Mangel an Holz gekämpft haben durfte, da dieses unter den empfohlenen Baumaterialien überhaupt nicht vorzufinden ist (a. Wände aus Lehm geschlagen, b. Rutenwände, c. Wände aus Lehmziegeln, d. Wände aus Lehmklumpen). Im Falle der Ortschaftstypen ist zu erkennen, daß es sich um neue Dörfer handelte, in denen mit geometrischer Genauigkeit geplant werden konnte: Kisfalud (Engelbrun), Szépfalu (Schoendorf), Saroltavár (Charlottenburg).

Lit.: Szentkláray Jenő, *Száz év Délmagyarország újabb történetéből*, Temesvár 1879 - Iványi István, *A Bánság története 1571-1868*, Temesvár 1875 - L. Hoffmann, *Kurze Geschichte der Banater Deutschen 1717-1848*, Timisoara 1925 - Josef Kallbrunner, *Das kaiserliche Banat. I. Einrichtung und Entwicklung des Banats bis 1739*, München 1958

3
Unterrichtsreform in Ungarn, 1777
Ratio educationis totiusque rei litterariae per regnum Hungariae et provincias eidem adnexae.
Tom.I. Vindobonae 1777.
Druck, 21 x 14 cm
ÖNB POR FKB 253.793-B

Der aufgeklärte Absolutismus, der die zweite Hälfte der Herrscherzeit von Maria Theresia (1765–1780) so stark prägte, erkannte die Bedeutung des Unterrichts und der Bildung. Die Regelung dieser Frage wurde auch durch die Auflösung des Jesuitenordens (1773) beschleunigt, denn dieser beherrschte bis zu diesem Zeitpunkt den Unterricht an den Mittelschulen. Das Vorbild für die Reformen waren die Erneuerungen des Abtes Johann Ignaz Felbinger in den österreichischen Ländern (Allgemeine Schulordnung 1774). Darauf basierend erarbeitete József Ürményi (1741–1825) die ungarischen Reformen, die mit dem Titel "Ratio Educationis" im Jahre 1777 eingeführt wurden. Die Reform bedeutete eine Neuregelung des Unterrichtswesens von der Grundschule bis hin zu den Universitäten. Sie schrieb die Schulpflicht aller Kinder zwischen sieben und 13 Jahren vor, was allerdings für lange Zeit ein unerfüllter Traum blieb, und verordnete die Einführung von zentral ausgehändigten Lehrbüchern an allen Schulen. Zur Kontrolle des Schulwesens wurden neun Schulinspektionen mit Generaldirektoren an ihrer Spitze errichtet, deren Rechtsbereich auch die kirchlichen Schulen mit einbeschloß. Viele der Verordnungen der Reform blieben unverwirklicht, dennoch war sie eine der wichtigsten Reformen unter den Maßnahmen des aufgeklärten Absolutismus.

Lit.: Kosáry, Domokos, "Die ungarische Unterrichtsreform von 1777". Anna M. Drabek-Richard G. Plaschka-Adam Wandruszka, *Ungarn und Österreich unter Maria Theresia und Joseph II. Neue Aspekte im Verhältnis der beiden Länder*, Texte des 2. österreichisch-ungarischen Historikertreffens Wien 1980, 91-100.

4
Medaille: Reform des Bergbaus in Siebenbürgen, 1747
Matthäus Donner-Josef Toda
Silber, 70 mm
KHM Münzkabinett 1861 bß

Maria Theresia führte am 19. Juni 1747 eine neue Bergbauordnung in Siebenbürgen ein. Dieses Medaillon wurde zum Andenken an diese Reform geprägt.
Lit.: Kat. Maria Theresia als Königin von Ungarn 1980, Nr. 261. Abb. 30/6

5
Gedenkmedaille: Wiederherstellung der Hofwürden in Siebenbürgen, 1747
Unbekannter Meister
Silber, 61 mm
KHM Inv. Nr. 151.176
Lit.: Kat. Maria Theresia als Königin von Ungarn 1980, Nr. 262.

34
St.-Stephan-Orden

1
Statut des St.-Stephans-Ordens, 1764
Statuta des vortreflichen Ritter-Ordens des Heiligen Stephani, ersten Apostolischen Königes.
Wien 1764
Druck, 35 x 24 cm
ÖNB SIAWD 72.Q.75

Maria Theresia gründete den Sankt Stephansorden 1764, als ihr Sohn zum römischen König gekrönt wurde, für nicht-militärische Verdienste. Bis 1884 durfte der hohe Orden nur Männern aus adeligen Familien verliehen werden. Es gab drei Klassen: Großkreuz, Kommandeur- und Ritterkreuz. Die Würde des Großmeisters war an die Person des jeweiligen Herrschers gebunden. Bezeichnung, Ordenskleidung und Abzeichen betonten den ungarischen Charakter des Ordens. Ordenskanzler war der ungarische Hofkanzler, sein Prelat der Erzbischof von Esztergom. All die einschlägigen Dokumente gelangten nach dem Zerfall der Monarchie größtenteils nach Budapest. Miklós Horthy erneuerte den Orden 1938, 1945 wurde er aufgelöst. Das Archiv des Ordens wird im Ungarischen Staatsarchiv aufbewahrt (P 1058).
Lit.: *Névjegyzéke az 1764. évtől az 1914ig a Magyar Királyi Szent István-Renddel kitüntetetteknek*, Bp. 1914

2
Schenkungsbrief für Károly Pálffy über das Großkreuz des St.-Stephans-Ordens, 11. März 1787
Orig., Pergament, in Buchform, 36 x 27 cm
HHStA Sammlung Kos, Urkunden 1787 III 11

Joseph II. verlieh dem ungarischen Obersthofmeister, Geheimrat, ungarischen und siebenbürgischen Hofkanzlerrat Károly Pálffy (1735–1816) am 11. März 1787 das Großkreuz des Sankt Stephansordens. Er verbrachte sein ganzes Leben im kaiserlichen Dienst. Er stellte sich 1757 in den Dienst der Hofkammer, 1762 war er bereits als Rat tätig, 1774 als Vizepräsident. 1777 war er Rat der ungarischen Hofkanzlei und wurde Vizekanzler. Ab 1787 hatte er – als Nachfolger von Ferenc Graf Eszterházy – das Amt des Kanzlers inne. Sein Amt bekleidete er bis 1807, bis zu seinem Rücktritt. Für seine Verdienste erhob ihn der Herrscher in den österreichischen Fürstenstand.
Lit.: Jedlicska Pál, *Eredeti részletek gróf Pálffy-család okmánytárához 1401-1653, s gróf Pálffyak életrajzi vázlatai*, Bp. 1910, 609-610.

3
Antal Grassalkovich im Gewand des St.-Stephans-Ordens
Gemälde
MNM TKCs,

Die größte Karriere in der Zeit von Maria Theresia machte Antal Grassalkovich (1684–1771). Der begabte Jurist wurde recht früh königlicher Kronanwalt (1720–1731), danach königlicher Personalis (1731–1748), Kronhüter (1748–1758), von 1748 bis zu seinem Tode Präsident der Ungarischen Kammer (1748–1771) und königlicher Oberstallmeister (1758–1771). Er konnte seine Ämter geschickt nutzen, um seinen eigenen Aufstieg und den seiner Familie zu fördern. 1732 bekam er den Barontitel, 1743 war er bereits Graf. Er erwarb auch mächtige Besitztümer zwischen Donau und Theiß, darunter auch das Herrschaftsgut Gödöllő, wo er ein prunkvolles Barockschloß erbauen ließ (1735–1749). Er war einer der ungarischen Vertrauten Maria Theresias. Die nächste Generation der Familie erlangte sogar den Titel des Reichsfürsten (1771).
Lit.: Wurzbach V. 312-313. - BLGS II. 82-83.

4
Bruststern des St.-Stephans-Ordens
Silber, 85 mm
KHM Münzkabinett Inv. Nr. 424 E
Lit.: Makai-Héri, 213-214.

5
Gedenkmedaille: Gründung des St.-Stephans-Ordens, 1764
Anton Wiedemann
Silber, 40 mm
KHM Münzkabinett 1918 bß
Lit.: Kat. Maria Theresia als Königin von Ungarn 1980, Nr. 83. Abb. 30/3

6
Reiterstatuette der Königin Maria Theresia, von einem ungarischen Pagen in ungarischer Tracht begleitet
Unbekannter Meister, 2. Hälfte des 18. Jh.
Buchsbaumholz, auf schwarzem Holzpostament, Höhe: 27,8 cm, Postament: 28 x 13 cm
KHM Kunstkammer Inv. Nr. 7147
Lit.: Julius von: Werke Schlosser, *Der Kleinplastik in der Skulpturensammlung des A. H. Kaiserhaueses 2. Bildwerke in Holz, Wachs und Elfenbein*, Wien 1910 + Tafel 10. - Kat. Maria Theresia als Königin von Ungarn 1980, Nr. 11.

7
Kinderdolman von Joseph II.
Ungarische Arbeit, 1740-1750
Grüne Seide, Breite: 21 cm, Höhe: 46 cm
Iparművészeti Múzeum lt. sz. 12861
Lit.: Kat. Maria Theresia als Königin von Ungarn 1980, Nr. 47. + 28. B.

**Außerhalb der Vitrine:
Ornat des Sankt-Stephan-Ordens**
KHM Monturdepot

35
DIE KÖNIGLICHE UNGARISCHE LEIBGARDE

1
Palais Trautson, Wien, Sitz der ungarischen Leibgarde
Stich nach der Arbeit "Historische Architektur" von Johann Bernhard Fischer von Erlach - C. Engelbrecht
Papier, Kupferstich, 31 x 40 cm
Ungarisches Historisches Institut, Wien

Johann Bernhard Fischer von Erlach baute zwischen 1710–1712 im Auftrag von Johann Leopold Graf Trautson das Palais, das als der wichtigste profane Bau des Architekten in Wien gilt. Das dreistöckige Gebäude zeigt Motive des niederländisch–englischen Klassizismus. Es wurde am 10. Juni 1760 von Hofkanzler Miklós Pálffy (1710–1773) um 40 000 Goldtaler für die zu gründende ungarische Leibgarde gekauft. Das Palais war bis 1918 der Sitz der ungarischen Leibgarde, abgesehen von der Zeitspanne zwischen 1848 und 1869, in der sie nicht existierte. Das Palais blieb auch nach dem Sturz der Österreichisch–Ungarischen Monarchie (1918) im Besitz des ungarischen Staates, zuerst wurde hier die Liquidierungskomission (1918–1925), später die Ungarischen Kulturinstitute in Wien eingerichtet (Institut für Ungarische Geschichtsforschung in Wien 1920, Collegium Hungaricum 1924). Das im Zweiten Weltkrieg beschädigte Gebäude verkaufte der ungarische Staat 1961 an die Republik Österreich. Nach großen Renovierungsarbeiten wurden hier gewisse Abteilungen des Justizministeriums eingerichtet.

Lit.: Palais Trautson. Wien 1990, 23. ábra - Ujváry Gábor, *Tudományszervezés - történetkutatás - forráskritika. Klebelsberg Kuno és a Bécsi Magyar Történeti Intézet*, Győr 1996

2
Vorschläge Carlo Beduzzis bez. der Uniform der ungarischen Leibgarde
Papier, Manuskript, 23 x 36 cm
ÖNB HAN Cod. min. 11.

Nach langen Vorbereitungen gründete Maria Theresia am 11. September 1760 die ungarische Leibgarde, für deren Aufrechterhaltung Ungarn 100 000 Ft und Siebenbürgen weitere 20 000 Ft anboten. In die 120 Mann starke Leibgarde wurden pro Komitat zwei junge Adelige zwischen 20–25 Jahren erwartet, die allerdings wenigstens 5 Fuß und 8 Zoll groß sein sollten. Die ersten Gardisten legten ihren Eid mit ihrem Hauptmann Lipót Graf Pálffy am 27. September 1760 in Pozsony ab, und ihr erster offizieller Auftritt erfolgte bei der Hochzeit von Erzherzog Joseph und Isabella von Parma im Oktober 1760. Die Dienstzeit wurde anfangs nicht genau bestimmt, später wurde sie unter Kaiser Franz auf fünf Jahre beschränkt. Die ungarische Leibgarde nahm den zweiten Platz in der Reihe der Leibgarden am Hof hinter der Arciere-Garde ein, und kam ausschließlich dann an die erste Stelle, wenn der Herrscher als ungarischer König auftrat. Die Gardisten bekamen eine strenge militärwissenschaftliche und sprachliche (Deutsch, Französisch) Bildung. Im letzten Drittel des 18. Jh. traten zahlreiche ausgezeichnete Schriftsteller aus ihren Reihen hervor (die sog. Gardisten-Schriftsteller: György Bessenyei /1747–1811/, Sándor Báróczi /1735–1809/, Ábrahám Barcsay /1741–1806/). Zur Welterfahrung der Gardisten trug entscheidend bei, daß sie u.a. im Kurierdienst in Anspruch genommen wurden (ab 1784). Die Unterhaltung der Garde sowie die Aufrechterhaltung einer entsprechenden Anzahl an Gardisten bereiteten manchmal Schwierigkeiten. Im Jahre 1848 trat fast die gesamte Garde dem ungarischen Heer bei, sie konnte daher bis 1867, als sie dann erneut zusammengestellt wurde (Bestand: 89 Mann), gar nicht existieren Die Leibgarde spielte gemeinsam mit dem Theresianum eine bedeutende Rolle dabei, daß ein Teil des ungarischen Adels aus seiner provinziellen Abgeschirmtheit herausbewegt werden konnte. Die Garde wurde 1918 aufgelöst. Carlo Beduzzi machte Vorschläge für die Uniform der zu gründenden Leibgarde.

Lit.: Kat. Maria Theresia als Königin von Ungarn 1980, Nr. 58 + Farbtafel 17. - Ballagi Aladár, *A magyar királyi testőrség*, Pest 1872

3
Tasche der ungarischen Leibgarde, 1.Hälfte des 19. Jh.
Saffianleder mit Filzeinlage und Silberstickerei. Höhe: 36 cm, Breite: 28 cm bzw. 24 cm unten
HTM 94.21.1/Ru

4
Offizier der ungarischen Leibgarde
Unbekannter Meister
Papier, Kupferstich, 26,1 x 18,9 cm
MNM TKCs T. 1996

Lit.: Kat. Maria Theresia als Königin von Ungarn 1980, Nr. 60. - Fülemile, Ágnes: "Magyar vonatkozású viseletábrázolások a 18. századi sokszorosított grafikában", *Népi kultúra Magyarországon a 18. században*, Bp. 1993, 161. + 61. Nr.

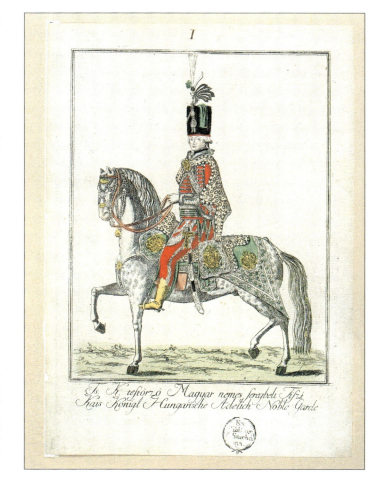

5
György Bessenyei: Agis. Wien 1772
Druck
ÖNB SIAWD 158.042-A

György Bessenyei (1747–1811) stammte aus einer adeligen Grundbesitzerfamilie, und kam als Mitglied der ungarischen Leibgarde nach Wien. Während seines achtjährigen Aufenthaltes in Wien (1765–1773) lernte er die damaligen geistigen Strömungen in Europa kennen und begann daraufhin zu schreiben. Seine ersten Werke erschienen 1772 in Wien, darunter auch "Ágis tragédiája" (Tragödie Ágis'), die von der ungarischen Literaturgeschichte bis heute als epochal gepriesen wird. Nach seiner Heimkehr nahm er zuerst am Komitatsleben teil, später zog er sich auf seine Grundbesitze zurück. Die Veröffentlichung der Werke, die er in den letzten zwei Jahrzehnten seines Lebens schuf, wurde von der Zensur verhindert.

Lit.: Gálos Rezső, *Bessenyei György életrajza*, Bp. 1951

36
JOSEPH II., DER MENSCH DER REFORMEN

1
Porträt von Joseph II.
Unbekannter Meister
Gemälde, mit verziertem Rahmen, 8,5 x 8,5 cm, samt Rahmen: 28 x 19 cm
MNM TKCs festmény 69

Joseph II. war einer jener Habsburger, um die es die meisten Diskussionen gab. Seine Tätigkeit löste bereits während seiner Zeit als Herrscher heftige Emotionen aus. Obwohl Maria Theresia ihren Sohn bereits 1765 zum Mitregierenden erhob, ließ sie ihm einen äußerst kleinen Bewegungsspielraum. Die 15jährige Wartezeit verstärkten in ihm Charakterzüge (Ungeduld, Intoleranz), die später den Ausgang seiner Reformen negativ beeinflußen. Nachdem er den Thron bestiegen hatte, setzte er die Modernisierungspolitik seiner Mutter fort, deren Zielsetzung die Errichtung eines starken und einheitlichen Reiches war, das seinen Untertanen den Wohlstand sichern konnte. Die erste Welle der im raschen Nacheinander verkündeten Maßnahmen betraf die kirchliche Politik (Toleranzpatent 1781, Auflösung der kirchlichen Orden 1782), und weckte die Sympathie der ungarischen Protestanten sowie der aufgeklärten Intelligenz. Die weiteren Reformen, die zum Teil auf die Neuregelung der Verwaltung abzielten (Vereinigung der Hofkanzleien in Ungarn und in Siebenbürgen 1782, die Umstrukturierung des Statthalterrates 1783, die Einrichtung von Bezirken 1784), stießen auf wesentlich mehr Kritik. Die Fülle an neuen Verordnungen stellte sogar die begeisterten und gewissenhafter Beamten vor eine unlösbare Aufgabe. Das Spracheedikt (1784), das die Einführung einer einheitlichen Verwaltungssprache vorsah, sowie das Volkszählungsedikt (1784) erregten allgemeines Mißfallen. Die Lage verstärkte sich, als das Habsburgerreich 1787 an der Seite Rußlands gegen die Türken in den Krieg zog, und die Kämpfe weitere Belastungen für Ungarn bedeuteten (Rekrutierung, Kriegssteuer). Die Ereignisse in Frankreich steigerten nur die Unzufriedenheit und führten zur endgültigen Verunsicherung des kranken Herrschers, der im Feldzug gegen die Türken eine Niederlage erlitt. Er nahm am 26. Januar 1790 mit Ausnahme dreier Patente (Toleranzpatent, Leibeigenenpatent, Verordnung über die Errichtung neuer Pfarren) alle Verordnungen, die Ungarn betrafen, zurück. Seine Todesnachricht nahmen die ungarischen Adeligen jubelnd entgegen.

Lit.: Éva H. Balázs, *Hungary and the Habsburgs 1765-1800. An Experiment in Enlightened Absolutism*, Bp. 1997 - P. Mitrofanov, *Joseph II. Seine politische und kulturelle Tätigkeit*, 1-2. Bd. Vienna 1910

2
Das Toleranzpatent, 25. Oktober 1781
Orig., Papier, 40 x 25 cm
MOL C 40 Acta religionaria 1781 Nr. 26-6983
Druck: Málysuz Elemér, *Iratok a Türelmi Rendelet történetéhez*. Bp. 1940

Joseph II. versuchte mit seiner Politik, die nach ihm auch Josephinismus genannt wird, eine Kirche zu errichten, die dem Staat untergeordnet ist, und sich in dessen Dienst stellt. Seine wichtigste Maßnahme war der Erlaß des sog. Toleranzpatents, das die freie Religionsausübung der Protestanten und der Orthodoxen beinhaltete, und gleichzeitig auch ermöglichte, daß Protestanten staatliche Ämter bekleideten. In einem zweiten Schritt verordnete der Herrscher die Auflösung jener kirchlichen Orden, die keine "nützliche Tätigkeit" ausübten (12. Jänner 1782). Das Vermögen der aufgelösten Orden wurde im sogenannten Religionsfonds angehäuft, und konnte zur Errichtung neuer Pfarren, bzw. zur Verbesserung der finanziellen Lage des unteren Klerus verwendet werden. Joseph II. versuchte außerdem, mit der Einführung von Generalseminaren die Priesterausbildung unter staatliche Kontrolle zu bringen (1783). Nicht einmal Papst Pius VI. konnte bei seinem Besuch in Wien (22.-24. März 1782) Joseph II. dazu bringen, seine restriktiven Maßnahmen der Kirche gegenüber zurückzunehmen.

Lit.: Kat. Joseph II. 1980, Nr. 572. - Málysuz Elemér, *A Türelmi Rendelet. II. József és a magyar protestantizmus*, Bp. 1939 - Eduard Winter, *Der Josefinismus. Die Geschichte des österreichischen Reformkatolizismus*, Berlin 1962

2/a
Das Patent bezüglich der Leibeigenschaft, 22. August 1875
Orig., Papier, 75,2 x 54,2 cm
MOL C 13 Benigna mandata 23219/1785

Joseph II. führte die leibeigenenfreundliche Politik seiner Mutter weiter. In seiner Verordnung vom 22. August 1785 hob er die Abhängigkeit der Leibeigenen auf, sie waren nicht mehr an den Schollen gebunden. Der Herrscher erlaubte die Freizügigkeit der Leibeigenen. Von diesem Zeitpunkt an durften sie ohne Erlaubnis heiraten, ihre Güter frei vermachen, und ihre Grundstücke konnten nicht ohne weiteres weggenommen werden. Diese Verordnung hatte in erster Linie einen moralischen Effekt, sie stärkte die Vorstellung vom "guten König" in Wien.

Lit.: Kat. Joseph II. 1980, Nr. 574.

3
**Gedenkmedaille aus Anlaß des Besuches
von Joseph II. in Siebenbürgen**
Johann Martin Krafft
Medaille, Bronze, 49 mm
HGM Alte Inv. Nr. 70.651
Lit.: Kat. Joseph II. 1980, Nr. 570.

4
Krönungsstich von Joseph II., 1780
Papier, Kupferstich
MNM TKCs T. 2284
Damit ihn der Eid nicht verpflichtet, ließ sich Joseph II. nie zum König von Ungarn krönen, stattdessen wurde die Heilige Krone 1784 aus Pozsony nach Wien geliefert und wie eine wertvolle Reliquie in der kaiserlichen Schatzkammer aufbewahrt. Dank eines vorsorglichen Graveurs blieb doch ein Stich mit der Krönung Josephs II. erhalten. Auf der Basis von Stichen seiner Vorgänger schuf der Meister sein Werk im voraus, ließ aber den Platz für das Gesicht des Herrschers erstmal frei.

37
Joseph II. und das Entstehen des Nationalismus

1
**Das 1. Patent über die Verwaltungssprache,
24. April 1784**
Papier, 37,2 x 23,7 cm
MOL C 13 Benigna mandata 11409/1784
In seiner Politik des einheitlichen Reiches nahm die Einführung der einheitlichen Amtssprache, der deutschen Sprache, einen wichtigen Platz ein. Im Sinne dieser Verordnung wurde ab dem 1. November 1784 die deutschsprachige Sachbearbeitung in allen Ämtern vorgeschrieben, die Komitate und die Justiz bekamen drei Jahre Aufschub. Die Verordnung löste unerwartete Empörung aus und trug entscheidend zur Verschlechterung der Beziehung zwischen Joseph II. und Ungarn bei. Als Gegenreaktion auf die Verordnung begann der Kult um die ungarische Sprache und auch der Nationalismus der ungarischen Adeligen verstärkte sich allmählich.
Lit.: Kat. Joseph II. 1980, Nr. 573.

2
**Gedenkblatt aus Anlaß der Heimkehr der Heiligen
Krone, 21. Februar 1790**
Herausgegeben: von Johann Hieronymus Löschenkohl
Papier, Radierung, 27,7 x 39,5 cm
BTM Fővárosi Képtár ltsz. 3650
Als Joseph II. bereits im Sterben lag, genehmigte er den Transport der Heiligen Krone nach Ungarn. Zur Bewachung der Krone organisierten die Komitate einmalige adelige Banderien und begleiteten die Krone feierlichen nach Buda, wo sie am 21. Februar ankam. Sie wurde nach diesem Zeitpunkt, an einem neuen Ort, in der Budaer Burg aufbewahrt und bewacht.
Lit.: Rózsa György, *Budapest legszebb látképei*, Bp. 1997, 81.

3
**Kronhüter des Banderiums für Kronwache im
Komitat Pozsony, 1792**
Aus dem Buch "A magyar szent koronának és ahhoz tartozó tárgyaknak historiája, Wien 1792"
von Sámuel Decsy
Papier, Kupferstich, 20 x 15 cm
MNM TKCs T. 54.127

4
Darstellung der Heiligen Krone 1792
Johann Philipp Binder
Papier, Kupferstich, 18,2 x 14,6 cm
MNM TKCs T. 16/1941.Gr.

38
DIE GROßE FRANZÖSISCHE REVOLUTION UND IHRE AUSWIRKUNGEN

1
Das Fällen des Baumes der Freiheit: Hinrichtung der ungarischen Jakobiner, 20. Mai 1795
Unbekannter Meister
Papier, Gouache, 49,5 x 66,5 cm
MNM TKCs T. 59.56.

Die Reformen Josephs II. und die Ereignisse in Frankreich brachten ganz Ungarn in Aufruhr. Es entstand nicht nur eine starke ständisch-nationale Bewegung, sondern es begannen sich auch die einstige josephinische Intelligenz, die Reformadeligen und weitere Intellektuelle zu organisieren. Ihre Treffpunkte waren die verschiedenen Lesezirkel, Klubs und Freimaurerlogen. Diesen entstammten auch die Sympathisanten der Jakobinerorganisation um Ignác Martinovics (1755–1795). Martinovics stellte zwei Gesellschaften zusammen, eine zielte auf Organisierung des Reformadels ab, die andere, eine geheime Gruppe, ging weiter: sie sollte die jakobinische Umgestaltung des Landes in Angriff nehmen. Die Gruppe konnte sich nicht richtig durchsetzen, sie zählte insgesamt nur 200–300 Mitglieder. Sie konnten auch nicht lange verheimlicht werden, im Juli 1794 kam es zur Sprengung der ungarischen Jakobinerbewegung, bei der 42 Personen gefangen genommen wurden. Die siebenköpfige Gerichtstafel verurteilte achtzehn Teilnehmer zum Tode, doch nur sieben Personen wurden hingerichtet, unter ihnen auch die fünf Leiter der Bewegung (20. Mai 1795). Die Bewegung trug, obwohl sie nicht wirklich bedeutend war, entscheidend dazu bei, daß der Herrscher später allen ungarischen Reformbestrebungen mit Skepsis gegenüberstand.

Lit.: Benda Kálmán (Hg.), *A magyar jakobinusok iratai*, I-III. Bp. 1952-1957 - Benda Kálmán, "Probleme des Josephinismus und des Jakobinertums in Ungarn in der Habsburgischen Monarchie" *SüFo 25* (1966), 38-71.

2
Krönung von Leopold II. zum König von Ungarn, mit dem Porträt des Herrschers, 15. November 1790
Papier, Kupferstich, 16,6 x 9,7 cm
MNM TKCs T. 2981

Joseph II. hatte keinen männlichen Thronfolger, daher bestieg sein jüngerer Bruder, der toskanische Erzherzog Pietro Leopoldo (1747–1792), nach dem österreichischen Namensgebrauch Leopold II. den kaiserlichen Thron und auch den königlichen in Ungarn und Böhmen. Im Herzogtum führte er während seiner 25jährigen Herrschaft (1765–1790) umfassende Reformen ein, die die Toskana zum Musterland des aufgeklärten Absolutismus machten. Leopold verfolgte die bürokratischen Reformen seines Bruders mit tiefster Abneigung. 1790 übernahm er in einer schwierigen außen- und innenpolitischen Lage die Regierung des Landes. Um die mit dem König von Preußen korrespondierenden ungarischen Stände zu beruhigen, berief er die Landesversammlung nach Buda (15. November 1790) ein, und versprach sich krönen zu lassen. Inzwischen konnte sich Leopold mit Preußen einigen (27. Juli 1790). In dieser Lage war er nicht mehr gezwungen, in seinem Inauguraldiplom besondere Zugeständnisse zu machen, seine Krönung war eine ausreichende Genugtuung für die Stände (15. November 1790). Leopold II. setzte die Initiative von Kaiser Joseph fort und baute eine Geheimpolizei auf, die das gesamte Land durchzog. Sie versah den Herrscher regelmäßig mit Informationen. Dadurch, daß er auf die Eroberungen verzichtete, konnte der Kaiser mit dem Frieden von Sistovo auch den letzten Krieg gegen die Türken beenden (4. August 1791), allein die französische Frage mußte noch gelöst werden, als der Herrscher am 1. März 1792 als Folge einer tödlichen Erkrankung unerwartet verstarb.

Lit.: Adam Wandruszka, *Leopold II., Erzherzog von Österreich, Grossherzog von Toscana, König von ungarn und Böhmen, Römischer Kaiser*, 1-2. Bd. Wien 1963-1965 - Marczali Henrik, *Az 1790-1791.diki országgyűlés*, I-II. Bp. 1907 - Denis Silagi, *Ungarn und der geheime Mitarbeiterkreis Kaiser Leopolds II.*, München 1961

3
Fächer zum Andenken an die Krönung von Leopold II. zum König von Ungarn, 1790
Elfenbein mit Metalleinlagen, Gold, Papier, Radius: 27,5 cm
Hist. Museum der Stadt Wien Inv. 58553

Der Fächer zeigt die Hauptszene der Krönungszeremonie: in der St. Martins-Kirche wurde die Krone auf das Haupt des Herrschers gesetzt. Rechts vom Herrscher ist der neu gewählte Palatin, Erzherzog Alexander Leopold (1772–1795) zu sehen. Leopold II. ließ nach 25 Jahren das höchste ständische Amt besetzen. Für den Posten schlug er mit einem geschickten Zug seinen eigenen Sohn, den 18jährigen Alexander Leopold, vor, der von den Ständen einstimmig angenommen wurde (12. November 1790).
Lit.: Kat. Kaisertum Österreich 1996, Nr. 2. 37 + 24. Tafel

4
Soldatenfiguren aus Porzellan aus der Zeit der Napoleonischen Kriege
Porzellan, Höhe: 18-21 cm
MAK Inv. Nr. Ke 9591, 9583, 9588, 9603, 9607, 9608
Lit.: Kat. Kaisertum Österreich 1996, Nr. 17.76-17.89.

4a
Geheime und offizielle Instruktionen von Kaiser Franz für seinen Bruder, Palatin Joseph, 1795
Abschrift, Papier, 23 x 35 cm
HHStA Familienarchiv, Handarchiv des Kaisers Franz Kt. 12. fol. 150-204.
Herausgegeben von Mályusz, Elemér, *Sándor Lipót főherceg iratai*, Bp. 1926, 808-851 (geheime Instruktion)

Erzherzog Alexander Leopold, Palatin von Ungarn erlitt im Juli 1795 während der Vorbereitung eines Feuerwerks einen tödlichen Unfall. Sein Nachfolger war Erzherzog Joseph Antonius (1776–1847), dem Kaiser Franz die selbe Instruktion mitgab, die Leopold II an Alexander Leopold gerichtet hatte. Der neue Statthalter bekam, als er nach Buda aufbrach (8. August 1795), auch eine geheime Instruktion, die mit dem Memorandum Alexander Leopolds vom 16. April 1795 über die Ungarn und über das Land Ungarn weitgehend übereinstimmte. Dieses Memorandum prägte für lange Zeit die ungarische Politik des Wiener Hofes. Das Dokument, das von der Furcht vor einer Jakobinerverschwörung geprägt war, verriet ein tiefes Mißtrauen gegenüber Ungarn, und wollte das Land durch den Ausbau eines loyalen Beamtenapparates, durch militärische Besatzung und durch die Aufrechterhaltung der aktuellen Zustände innerhalb des Reiches behalten.
Lit.: Domanovszky Sándor, *József nádor élete I/1-2*,. Bp. 1944

39
DAS ÖSTERREICHISCHE KAISERTUM

1
Bildnis von Kaiser Franz I. (1768–1835)
Jean-Baptiste Isabey
Elfenbein-Miniatur in Messingfassung, 4,8 x 3 cm
BTM, Fővárosi Képtár lelt.sz. 23.848

Franz (1768–1835), Sohn Leopolds II., galt bereits unter Joseph II. als Thronfolger und lebte seit 1784 in Wien. Trotz der langen Vorbereitungszeit traf ihn die Thronfolge nach dem Tod seines Vaters ziemlich unerwartet. Der mittelmäßig begabte Herrscher versuchte seine Mängel an staatsmännischer Begabung mit fleißiger Arbeit auszugleichen. Franz I. brach aufgrund der Ereignisse in Frankreich und infolge der sich landesweit entfaltenden Bewegungen mit der aufgeklärten Politik seiner Vorgänger, und war eher bestrebt, einen Wandel zu verhindern. Seine Vorstellungen verwirklichte er mit der Hilfe seines Staatskanzlers, des Herzogs Clemens Lothar Metternich. Seine Herrschaft bezeichnet die Geschichtsforschung mit dem Attribut "Absolutismus des Kabinetts", was darauf verweist, daß die Entscheidungen in der Kabinettskanzlei des Herrschers getroffen wurden. Franz befaßte sich weiter mit der von seinem Vater gegründeten Geheimpolizei, welche ihn regelmäßig mit Meldungen versorgte. Besonderes Mißtrauen hegte er gegenüber Ungarn, das Land galt in seinen Augen als Brutstätte der Rebellion. Ausschließlich unter dem Druck seines Bruders, des Palatins Joseph war er bereit, 1825 den ständischen Reichstag erneut einzuberufen.
Lit.: Viktor Bibl, *Kaiser Franz, der letzte römisch-deutsche Kaiser*, Leipzig-Wien 1938 - Kat. Kaisertum Österreich 1996

2
Wappen des österreichischen Kaisertums, 1804
"Neue Titulatur und Wappen Seiner Römisch- und Oesterreichisch-Kaiserlich- auch Königlich-apostolischen Majestät ... vom elften August 1804", Wien, 1804
Drucksache, 31 x 23 cm
ÖNB SIAWD 174316-D

Das Zeitalter der napoleonischen Kriege erschütterte das Habsburgreich erneut. Deutschland, wo auch die letzten Bastionen der kaiserlichen Macht verlorengingen, konnte sich den Änderungen der Zeit ebenfalls nicht entziehen. Kaiser Franz nahm am 11. August 1804 den Titel Kaiser von Österreich an, um zu retten, was noch zu retten war. Das Patent über dieses Ereignis verkündete, daß das Reich aus mehreren voneinander völlig unabhängigen Königreichen bestand und die Verfassung sowie die Rechte Ungarns unangetastet blieben. Selbst mit diesem Schritt konnte er das Schicksal des Deutsch-Römischen Kaiserreichs nicht mehr verändern. Am 6. August 1806 dankte Franz als deutsch-römischer Kaiser ab. Im Großwappen des neuen Kaiserreichs befand sich das Wappen Ungarns und seiner Provinzen auf der rechten Seite.
Lit.: Gottfried Mraz, *Österreich und das Reich 1804-1806. Ende und Vollendung*, Wien 1993

3
Beschreibung des Gestüts von Mezőhegyes, aus dem Tagebuch von Kaiser Franz über seine Ungarn-Reise, 1807
Papier, Manuskript, 20 x 12 cm
HHStA Habsburg-Lothringische Familienarchive, Hofreisen Kt.15.Konv. "Reise Nach Ungarn, Innerösterreich und Salzburg im Jahre 1807" Heft VI/2 (fol. 81-88.)

Franz I. unternahm wie auch Joseph II. zahlreiche Reisen im Land. Auch Ungarn besuchte er mehrmals, er kam 1807 über Buda und Pest nach Südungarn, ins Banat, 1808 suchte er Pozsony und Komárom auf. Im Jahre 1817 unternahm er seine größte Reise, als er in die Randgebiete seines Reiches – über Galizien nach Siebenbürgen, dann über die Militärgrenze nach Kroatien – fuhr. Zwei weitere kleinere Reisen nach Ungarn sind noch bekannt, 1820 fuhr er nach Buda und 1825 nach Pozsony. Über die Reisen blieb ein reiches Quellenmaterial erhalten. Der Herrscher hielt seine eigenen Eindrücke in seinem persönlichen, handgeschriebenen Tagebuch fest. In den meisten Fällen wurden diese Notizen von seinen Sekretären später ins Reine geschrieben. Die besuchten Gemeinden und Regierungsbehörden überreichten dem Herrscher eine Reihe von Eingaben und Mitteilungen, die er auch sehr gewissenhaft aufhob (HHStA Hofreisen Kt. 15–44). Während seiner Reise im Jahre 1807 besuchte der Herrscher das staatliche Gestüt in Mezőhegyes. Von dieser Anlage lieferte er nicht nur eine Beschreibung, er machte auch eine Zeichnung dazu.
Lit.: Eleonore Hartmann, *Die Hofreisen Kaiser Franz I.* Diss. Wien

4
Hengst aus dem staatlichen Gestüt von Mezőhegyes
Aquarell aus dem Manuskript "Pannoniens Bewohner" von Josef Heinbucher-Bikkessy (um 1820)
Papier, Manuskript, 40 x 29 cm
NB HAN Cod. min.1. Nr. 20.

Über das Leben von József Bikkessy-Heinbucher sind wenig Daten bekannt. Er war der Sproß einer reichen bürgerlichen Familie aus Pozsony, die ihren Namen 1791 auf Bikkessy magyarisieren ließ. Er ging zum Militär und stieg als Genieoffizier bis zum Oberstleutnant auf. Aus Vergnügen fing er an, die Volkstrachten seines jeweiligen Dienstpostens in Form von Zeichnungen festzuhalten. In dieser seiner Funktion spielte er eine entscheidende Rolle in der Bewahrung der ungarischen Trachten. Die ersten Seiten seiner Sammlung erschienen 1816 bei Károly Timlich, die Gesamtausgabe kam 1820 in Wien, mit dem Begleittext von János Csaplovics (Èaploviè), unter dem Titel "Pannoniens Bewohner in ihren volkstümlichen Trachten hergestellt" heraus (78 Seiten). Auf dem ausgestellten Bild sind ein Hengst und sein Betreuer aus dem von Joseph II. im Jahre 1785 gegründeten Gestüt von Mezőhegyes abgebildet.
Lit.: Gizella Cenner-Wilhelmb, "16-19. századi grafikus viseletsorozatok - Közép-Európa nemzetiségei életének és társadalmi helyzetének képes forrásai." FH 1 (1972), 29-31. - Haimann György (bev), *Bikkessy [Heinbucher] József viseletgyűjteménye, 1816-1820*, Bp. 1989. - Kresz Mária, *Ungarische Bauerntrachten (1820-1867)*, Bp. 1957

5
Medaille zum Andenken an den Wiener Kongreß, 1815
Unbekannter Meister
Medaille, Zink, 49 mm
HGM Alte Inv. Nr. NI 6188

40
EIN UNGARISCHER HABSBURGER: PALATIN JOSEPH

1
Erzherzog Joseph (1776–1847), Palatin Ungarns
Johann Stadler, nach der Gemälde von Anton Einsle
Papier, Farblithographie, 44 x 33,1 cm
BTM Fővárosi Képtár leltsz. 99.106
Erzherzog Joseph betrat nach dem Tod seines Bruders Alexander Leopold die politische Bühne. Er kam 1795 im Auftrag von Kaiser Franz als Statthalter nach Ungarn. Die Stände wählten ihn 1796 durch Zuruf zum Palatin. Dieses Amt bekleidete er bis zu seinem Tode, über fünfzig Jahre lang. Anfangs befolgte er treu die Instruktionen seines Bruders, doch später, als er die ungarischen Verhältnisse gründlich kennengelernt hatte, entwickelte er seine eigenen politischen Richtlinien, indem er versuchte, die Interessen Wiens und Ungarns in Einklang zu bringen. Palatin Joseph tat viel für den wirtschaftlichen und kulturellen Aufschwung des Landes, besonders viel können ihm Pest und Buda verdanken. Er unterstützte die Errichtung der ungarischen Militärakademie, des Ludoviceum, von seinen weiteren Initiativen ist die Gründung des polytechnischen Instituts (1844), der späteren Technischen Universität, hervorzuheben. Zur Zeit der Reformreichstage war er stets bestrebt, die Opposition in die Regierung einzubeziehen, statt sie zum Schweigen zu bringen. Der Tod des Palatins führte zu einer landesweiten Trauer.
Lit.: Domanovszky Sándor, József nádor élete I/1-2., Bp. 1944

2
Brief von Palatin Joseph an Kaiser Franz I. über seinen Einzug in Buda, 20. September 1795
Papier, Manuskript, 25 x 21 cm
ÖstA HHStA Sammelbände Kt.35 (alt 163)
Druck: Domanovszky Sándor, József nádor iratai, Bp. 1926. I. 30–32.
Kaiser Franz ernannte Erzherzog Joseph am 20. Juli 1795 zum Statthalter Ungarns. Der Erzherzog brach im September nach Ungarn auf und zog am 19. September in Buda ein. In seinem ersten Brief aus Buda berichtete er seinem Bruder über seinen Empfang in der Stadt.

3
Ansicht des oberen Donau-Kais mit der Kettenbrücke, zu Beginn der Reformzeit
Rudolf von Alt
Papier, Lithographie, 18,8 x 25,6 cm
MNM TKCs 30/1948
Die beiden Städte an der Donau, Buda und Pest, wurden bis Ende des 18. Jh. das Zentrum des Landes. Maria Theresia und Joseph II. siedelten eine Reihe von Verwaltungsinstitutionen in diese Städte um (Universität, Statthalterrat, Kurie etc.), deren Präsenz die weitere Entwicklung vorantrieb. Pest erfuhr eine besonders dynamische Entwicklung, was zum Teil den berühmten Märkten zu verdanken war, die die Industrie und den Handel in der Stadt förderten. 1808 gründete Palatin Joseph den Verschönerungsausschuß, der unter der Leitung des Architekten József Hild die auch heute noch bestehende innere Struktur von Pest begründete. Es ist gut ersichtlich, daß das Buda und das Pest des Reformzeitalters trotz jeder Entwicklung sich über ein Gebiet erstreckten, das einen Bruchteil der heutigen Fläche Budapests ausmachte.

4
Alexandra Pawlowna (1783–1801), erste Gemahlin von Palatin Joseph
Joseph Kreutzinger und Johann Joseph Neidl
Papier, Kupferstich, 21 x 12,5 cm
MNM TKCs T. 623
Sie war die Tochter des russischen Zaren Paul I., und wurde lange Zeit als künftige Gattin des schwedischen Königs gehandelt, bis sich ihr Vater schließlich für Palatin Joseph entschied. Die Hochzeit fand am 20. Oktober 1799 in Gatschina (Rußland) statt. Das Paar zog am 29. Januar 1800 in Buda ein, wo sich um die junge Gattin ein fröhliches gesellschaftliches Leben entfaltete. Im März 1800 gab Haydn, im Mai Beethoven ein Konzert zur Verehrung von Alexandra Pawlowna. Die Erzherzogin brachte am 8. März 1801 eine Tochter zu Welt, die zwei Tage darauf sterben mußte, das Kindbettfieber riß auch die Mutter mit in den Tod.
Lit.: József nádor (1776-1847) Pest Budán. Kiállítás a budapesti Történeti Múzeumban, Bp.1997

5
Marie Dorothea (1793–1855), dritte Gemahlin von Palatin Joseph
Adam Ehrenreich
Papier, Kupferstich, 27 x 19,4 cm
BTM Fővárosi Képtár leltsz. 219

Marie Dorothea, Herzogin von Württemberg wurde streng evangelisch erzogen. Diese Haltung bewahrte sie in ihrem ganzen Leben. Palatin Joseph heiratete sie 1819, sie erzog sowohl ihre eigenen Kinder als auch die ihres Mannes aus seiner zweiten Ehe mit voller Liebe und Hinwendung. Herzogin Maria Dorothea förderte die evangelische Kirche in Ungarn, mit ihrer Unterstützung wurde die evangelische Kirchengemeinde von Buda ins Leben gerufen. Sie war für ihre Wohltätigkeit bekannt, im Jahre 1828 gründete sie unter der Aufsicht von Theresia Gräfin Brunszvik (1775–1861) den ersten Kindergarten (den sog. "Engelsgarten"). Nach dem Tod ihres Mannes bestimmte der Hof den Wiener Augarten als ihren Wohnsitz, den sie nur mit Genehmigung verlassen durfte. Sie starb während einer ihrer geheimen Reisen nach Buda.
Lit.: Georg Loesche, *Die evangelischen Fürstinnen im Hause Habsburg*, Wien 1904 - Fabiny Tibor (Hg), *Mária Dorottya az utolsó magyar nádorné élete képekben. Erzherzogin Marie Dorothea*, Bp. 1997

6
Gedenkmedaille zum 100. Geburtstag von Palatin Joseph, 1876
Scharf und Leisek
Silber, 54 mm
HTM 1320/É

7
Fahnenband des kaiserlich-königlichen 1⁻. Husarenregiments, 1851
Goldbestickte rote Seide, 80 x 15 cm
HTM Inv. Nr. 0459/zl
Fahnenmutter des Husarenregiments war Erzherzogin Marie Dorothea.

41
István Széchenyi und Ungarn

1
Gedenkblatt István Széchenyi
Károly Werfer jun.
Papier, Lithographie, 57,3 x 44 cm
MNM TKCs T. 3843

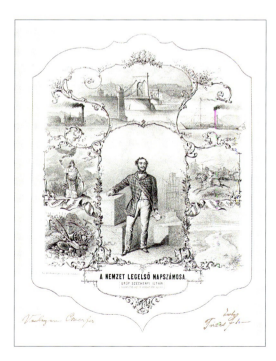

Die erste bedeutende Persönlichkeit des ungarischen Reformzeitalters (1830–1848) war eindeutig István Graf Széchenyi (1791–1860). Er diente in den napoleonischen Kriegen als Soldat, später verließ er das Militär und unternahm größere Reisen. Auf den jungen Széchenyi machte insbesondere das entwickelte England einen großen Eindruck, er erblickte die schrecklich rückständigen Verhältnisse Ungarns, die ihn zu Taten bewegten. Von seinen unzähligen Gründungen ist die Etablierung der Ungarischen Akademie der Wissenschaften (1825) und des Nationalen Kasinos (1827) hervorzuheben. Er war Befürworter der Flußregulierung an der Donau, er sah die Behinderung der weiteren Entwicklung von Pest und Buda darin, daß keine ständige Brücke die beiden Städte miteinander verband. Daher unterstützte er den Bau der Kettenbrücke (1842–1849). Széchenyi führte sein Reformprogramm in seinen drei Werken aus (*Hitel* 1831, *Világ* 1831, *Stádium* 1833). Er stand zwischen 1830 und 1840 an der Spitze seiner Popularität. In den 1840er Jahren geriet er in schwerwiegende Konflikte mit Lajos Kossuth, er fand, daß der Einfluß, den jener mit Hilfe der Zeitung "Pesti Hírlap" auf die Nation ausübte, ausgesprochen schädlich sei. In der ersten verantwortlichen Regierung von 1848 war er Verkehrsminister, doch er dankte bereits am 5. September ab. Um seinen Nervenzusammenbruch heilen zu lassen, suchte er das Sanatorium in Döbling auf, wo er allmählich wieder seine Ruhe fand. In der zweiten Hälfte der 1850er Jahre fing er wieder zu schreiben an. 1858 veröffentlichte er sein treffendes Pamphlet über die Bach-Regierung, den *Blick*. Auf seine Tätigkeit wurde auch die Polizei aufmerksam. Aus Furcht vor seiner Verhaftung beging er am 8. April 1860 Selbstmord.

2
Memorandum István Széchenyis an Metternich, 16. November 1825
Orig., Papier, 38 x 24 cm
HHStA UA Misc. Fasc. 433. Konv. 16. fol. 1-4.
Kiadva: Viszota, Gyula, *Gr. Széchenyi István naplói II. 1820-1825*, Bp. 1926, Függelék 691-697., bzw. Metternich nachgelassene Papiere Bd. IV. 241-248.

Kaiser Franz berief nach dreizehnjähriger Pause für den 11. September 1825 wieder den Reichstag ein. Das erste bedeutende Ereignis des langen Reichstages war der Schritt István Graf Széchenyis am 3. November 1825, bei dem er ein ganzes Jahresvermögen für die Gründung der Ungarischen Akademie der Wissenschaften anbot. Dieser Schritt Széchenyis wurde von seinem früheren Gönner Staats- und Hofkanzler Metternich mißbilligt. Metternich bat den Grafen zu sich, und versuchte, ihn von der Unrichtigkeit seines politischen Verhaltens zu überzeugen. Der Versuch scheiterte, dies zeigte auch das einige Tage später eingereichte Memorandum, in dem der Graf sein eigenes Verhalten und das der ungarischen Stände zu rechtfertigen suchte. Die Glossen Metternichs beweisen, daß er das Dokument gründlich studiert hat.

Lit.: Erzsébet Andics, *Széchenyi and Metternich*, Bp. 1975 - Erzsébet Andics, *Metternich und die Frage Ungarns*, Bp. 1973

3
Ein Exemplar von *Hitel* (Kredit) mit der Widmung des Autors István Széchenyi
Druck, 17 x 24 cm
ÖNB SIAWD 13. G.1.

István Széchenyi (1791–1860) skizzierte in seiner 1830 herausgegebenen Arbeit das wirtschaftlich–gesellschaftliche Programm zur bürgerlichen Umwandlung Ungarns. Seiner Ansicht nach war das größte Hindernis für die Wirtschaft die Tatsache, daß es ungenügend Investitionen gab, weil die Grundbesitzer wegen der Avitizität keine Kredite bekamen. Die Bremsen der Modernisierung stellten die Privilegien der Adeigen dar, die Kritik galt ihrem hemmungs- und kritiklosen Verhalten. Auf dem Verso des Vorblattes im Buch ist die eigenhändige Widmung Széchenyis zu lesen: *"A Cs. Kir. Udvari Könyvtárnak /Gróf Széchenyi István"* (Der K. u. K. Hofbibliothek / István Graf Széchenyi).

Lit.: Iványi-Grünwald Béla (Hg), *Széchenyi István összes munkái II. A Hitel*, Bp. 1930.

42
REICHSTAGE DES REFORMZEITALTERS

1
Reichstagsbeschlüsse aus dem Jahre 1843
Acta comitiorum regni Hungariae 1843.
Tom. I. Pest, 1844
Druck, 30,5 x 20,5 cm
ÖNB SIAWD BE. 4. D. 6.

Wichtigster Schauplatz des politschen Lebens im ungarischen Reformzeitalter war der Reichstag. Nach den Foren der Komitate war der Reichstag von 1832–1836 das erste Forum, an dem auch oppositionellen Anschauungen ein Platz eingeräumt werden konnte. Den Reformreichstagen wurde eine breite Öffentlichkeit gesichert, von den Sitzungen berichtete das handgeschriebene Blatt *Országgyűlési Tudósítások* (Reichstagsberichte), dessen erster Redakteur Lajos Kossuth hieß. Die Verfahrensordnung der Reichstage war unheimlich kompliziert und langsam. Das Unter- und das Oberhaus behandelten die königlichen Reskripte getrennt und versuchten anschließend eine gemeinsame Meinung zu bilden, die sie dem Herrscher in Form eines Antwortschreibens mitteilten. Darauf antwortete der Herrscher wiederum mit einem Erlaß. Wenn sich Herrscher und Stände auf etwas einigen konnten, fehlte nur noch die Formulierung des Gesetzesartikels, der nach dem Schluß des Reichstages vom Herrscher sanktioniert wurde. Die Resolutionen des Reichstages wurden auch in gedruckter Form herausgegeben. Trotz aller Schwerfälligkeit war die Bedeutung der Reformreichstage unschätzbar, weil sich dadurch jene Politikerschicht herausbilden konnte, die Ungarn in den Jahren 1848/49 regierte.

2
Zusammenfassender Polizeibericht über den Reichstag 1825–1827
"Geschichtliche Darstellung des ungarischen Reichstags 1825-26-27"
Papier, Lithographie, 30 x 20,5 cm
HHStA UA Comitialia Fasc. 417B

Die Bedeutung der Reichstage wurde auch von der Regierung erkannt. Eine ganze Abteilung unter Leitung von Polizeirat Leopold Valentin Ferstl beschäftigte sich mit ihnen. Die Abteilung sendete regelmäßig Berichte über die Ereignisse in Pozsony nach Wien. Nicht die im Sitzungssaal gehaltenen Reden waren in erster Linie von Belang, sondern die verschiedenen Meinungen, die in den Herbergen der Gesandten oder in adeligen Salons geäußert wurden. Nach dem Reichstag von 1825–1827 wurde ein zusammenfassender Bericht abgefaßt, der für die wichtigsten Leute der Regierung in einer Steindruckausgabe zugänglich war.

3
Das Parlament in Pozsony Ende der 1830er Jahre
Vincenz J. Reim
Papier, Farbradierung, 14 x 21 cm
MNM TKCs T. 6155

Das Parlament in Pozsony wurde nach den Plänen von Johann Baptist Martinelli (1701–1754) vom Architekten Franz Karl Römisch in den Jahren 1753–1756 für die Ungarische Kammer erbaut. 1772 wurde es unter der Leitung von Franz Anton (1719–1797) umgebaut. Im Gebäude, das als Schauplatz der Reformreichstage diente, standen für die Untere und für die Obere Tafel gesonderte Säle zur Verfügung. Der ständische Reichstag, der die Aprilgesetze von 1848 zur bürgerlichen Umwandlung Ungarns erließ, tagte ebenfalls in diesem Gebäude.
Lit.: Rózsa György, "Vázlat a magyar országgyűlések ikonográfiájához", *FH 1 (1972)*, 83. + 47.

4
Der ungarische Reichstag 1836
Farbstahlstich, 14 x 20 cm
MNM TKCs T. 54.36

Seit 1608 war der ungarische Reichstag in zwei Kammern aufgeteilt. Die Sitzungen des Magnatenhauses verliefen unabhängig von denen des Unterhauses unter der Leitung des Personalis. Im Unterhaus nahmen die Abgeordneten der Komitate, der Städte und der abwesenden Magnaten, nach vier Bezirken gruppiert, Platz (Cisdanubien, Transdanubien, diesseits der Theiß, jenseits der Theiß). Der auf dem Podest sitzende Personalis ist gut zu erkennen. Die zwischen den Tischen stehenden Gestalten waren Jurate (Jurastudenten), in der Galerie saß die Hörerschaft, mitunter vornehme Damen mit ihren Begleitern.
Lit.: Rózsa György, "Vázlat a magyar országgyűlések ikonográfiájához", *FH 1 (1972)*, 84.

5
Porträt von Fürst Clemens Lothar Metternich (1773–1859)
Wiener Porzellan, oval, 13 x 15 cm
MAK Inv Nr. 6953/1919

Clemens Lothar Metternich bekleidete ab 1809 das Amt des Außenministers, ab 1821 nach Vorbild von Kaunitz das Amt des Haus-, Hof- und Staatskanzlers. Sein Name ist mit der Einrichtung des Reiches vor 1848 eng verbunden. Infolge der Ereignisse reichte er bereits am Abend des 13. März seinen Rücktritt ein, die vom Herrscher auch angenommen wurde. In den darauffolgenden Tagen ging er in die Emigration, er ließ sich in England nieder und kehrte erst 1851 wieder nach Wien zurück.

6
Ferdinand V. (1793–1875), Kaiser von Österreich und König von Ungarn
Robert Theer
Elfenbein in Messingfassung, 5,2 x 3,5 cm
BTM Fővárosi Képtár lelt.sz. 23.849

Ferdinand V., der älteste Sohn von Kaiser Franz I., litt von seiner Kindheit an an Epilepsie. Der Herrscher überlegte daher mehrmals die Änderung der Thronfolge, doch seine Ratgeber rieten ihn schließlich davon ab. Als erstes wurde dem Thronfolger das Land Ungarn vom Vater zugesichert, er ließ ihn am 28. September 1830 in Pozsony zum König von Ungarn krönen. Zur Unterstützung des nicht gerade hochbegabten Kaisers richtete der Vater für die Weiterführung der Regierungsangelegenheiten eine vierköpfige Staatskonferenz ein (Erzherzog Ludwig, Erzherzog Franz Karl, Metternich, Kolowrat). Nach Ausbruch der Revolution dankte Ferdinand I. am 2. Dezember 1848 zugunsten seines Neffen, des Erzherzogs Franz Joseph ab. Den Rest seines Lebens verbrachte er völlig zurückgezogen in Prag, sein bedeutendes Vermögen vermachte er seinem Nachfolger, Franz Joseph I.
Lit.: Hans Leo Mikoletzky, "Bild und Gegenbild Kaiser Ferdinands von Österreich. Ein Versuch.", AföG 125 (1966)

43
1848

1
Ansicht des Ungarischen Nationalmuseums, 1847
Rudolf Alt
Lithographie, 15 x 23 cm
MNM TKCs T. 30/1948

Die grossen Nationalinstitutionen von Ungarn (die wichtigsten Sammlungen, die Oper, das Nationaltheater) wurden fast alle auf private oder staatliche Initiative und durch Spenden, nicht durch Dekret des Herrschers errichtet. Das Nationalmuseum wurde von Ferenc Graf Széchényi gegründet, dem er – der in Wien unter anderem auch den Wilczek-Palast mietete – dafür am 25. November 1802 seine Bibliothek und andere Sammlungen zur Verfügung stellte. Die Institution vergrößerte sich durch Gaben und den Erwerb bedeutsamer geistlicher und weltlicher Sammlungen, welche man aber in einem zerfallenden Gebäude aufbewahrte, und vor der Öffentlichkeit versperrte. Der Reichstag von 1832–1836 entschied daher, für die vom Adel zu zahlenden 500 000 Forint für das Nationalmuseum ein würdiges Zuhause zu bauen. Die Bauarbeiten wurden 1837 in Pest nach Plänen von Mihály Pollack begonnen. Das bekannteste öffentliche Gebäude Pollacks wurde im Jahre 1846 fertiggestellt. Es war eines der bedeutsamsten Werke des Klassizismus und einer der wichtigsten Schauplätze der Revolution 1848.
Lit.: Rózsa György, Budapest legszebb látképei, Bp. 1997, 116.

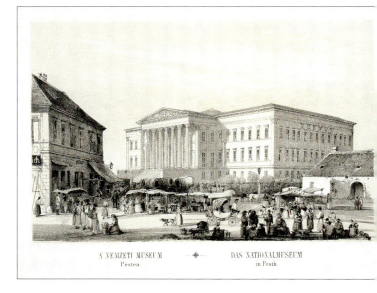

A' NEMZETI MUSEUM Pesten — DAS NATIONALMUSEUM in Pesth.

2
Lajos Kossuth, 1841
Franz Eybl
Lithographie, 32,7 x 23,5 cm
MNM TKCs T. 2071

Lajos Kossuth nahm als junger Komitatsjurist von Zemplén und als Stellvertreter eines abwesenden Aristokraten am Reichstag von 1832–1836 teil. Er wurde als Herausgeber der handschriftlichen Zeitung *Országgyűlési Tudósítások* und als Kommentator der Ereignisse im Reichstag bekannt. Kossuth wurde im Mai 1837 für die Edition der auf die o.g. Zeitung folgenden *Törvényhatósági Tudósítások* verhaftet. Als ihm im Frühling 1840 die Amnestie erteilt wurde, war er einer der populärsten Politiker in Ungarn. Ab dem Jahr der Fertigstellung der Litographie, 1841, verlegte er die *Pesti Hírlap*, eine der bis heute führenden Zeitungen der modernen ungarischen Presse. Im Zuge des sofortigen und stürmischen Erfolges der Zeitung begann seine leidenschaftliche Auseinandersetzung mit István Széchenyi, der viel vorsichtiger und bedachtsamer als er war. Kossuth war ein hervorragender Redner und Publizist, er übte auf seine Zuhörer eine außergewöhnliche Wirkung aus. Er meinte, daß man im Interesse der Erschaffung eines bürgerlichen Nationalstaates das Verhältnis zwischen Ungarn und den Habsburgern neu organisieren müßte. Bis Anfang 1849 dachte er noch nicht an eine Autonomie. 1847 wurde Kossuth als oppositioneller Gesandter des Komitates Pest in den Reichstag gewählt. In seinem Adressenentwurf vom 3. März 1848 bestand er auf die Sicherung der politischen Rechtsgleichheit, der Volksvertretung, der allgemeinen Steuerpflicht und des unabhängigen ungarischen Kabinetts, sowie darauf, daß die habsburgischen Erbländer eine Konstitution bekommen. Der Adressenentwurf Kossuths spielte in der Wiener und auch in der Pester Revolution eine bedeutende Rolle.
Lit.: Somogyi E., Ludwig Kossuth. Sein Leben und Wirken, Leipzig 1894 - Otto Zarek, Kossuth. Die Liebe eines Volkes, Zürich 1935 - Pajkossy Gábor (Hg.), Kossuth Lajos, Bp. 1999

3
Deutsche Fassung der 12 Punkte, (Petition) 1848
Druck, 25 x 21 cm
MOL 32, 1848/49-es nyomtatványok, 1848

Die Ereignisse des Reichstags in Pozsony bewegten den Oppositionskreis in Pest und die radikalen Jugendlichen des Kaffeehauses Pilvax zur Aktion. Ihren Plänen gemäß wollten sie am 19. März auf dem Jahrmarkt zum Josephstag eine große Versammlung veranstalten, und, um die Forderungen von Pozsony zu untermauern, Unterschriften für eine Petition sammeln. Die Nachricht der Wiener Revolution beschleunigte die Ereignisse. Die in 12 Punkte gegliederte Petition von József Irinyi und das zündende Gedicht Petöfis (Nationallied) ließen sie am 15. März ohne zensorische Erlaubnis in der Druckerei Landerer und Heckenast drukken. Damit machten sie ihre in den 12 Punkten verfaßte Forderung nach Pressefreiheit geltend. Die Menge riß die fertigen Exemplare sofort an sich. Im Hinblick auf die deutschsprachigen Bewohner der Stadt wurden sowohl die 12 Punkte, als auch das Nationallied auch in deutscher Sprache gedruckt. Die Verteilung der ersten Produkte der freien Presse galt als eine der ersten und bekanntesten Szenen der Pester Revolution.
Lit.: Holger Fischer (Hg.), *Die ungarische Revolution von 1848/49. Vergleichende Aspekte der Revolution in Ungarn und Deutschland*, Hamburg 1999 - Emil Niederhauser, *1848. Sturm im Habsburgerreich*, Bp. 1990

4
Ernennung von Lajos Graf Batthyány zum Ministerpräsidenten, 17. März 1848
Drucksache
MOL R 32, 1848/49-es nyomtatványok, évr.

Die Delegation des Reichstages verlangte vom Herrscher während seiner Visite am 15. März, den Palatin Stephan zum bevollmächtigten Statthalter und den Grafen Lajos Batthyány zum Ministerpräsidenten zu ernennen. Der Staatsrat wich der Ernennung des Ministerpräsidenten aus, bestätigte nur den Palatin Stephan als Statthalter, dieser aber benützte seine "Vollmacht", um während seines Besuches beim Herrscher die Ernennung Batthyánys zu beantragen. Mit der Erlaubnis des Kaisers in der Hand beauftragte er nun Batthyány mit der Organisierung des ersten ungarischen Ministeriums. Palatin Stephan unterrichtete den Staatsrat von seiner Handlung am 17. März, er bezeichnete die Ernennung Batthyánys als nur provisorisch.
Lit.: Károlyi Árpád, *Az 1848-diki pozsonyi törvénycikkek az udvar előtt*, Bp, 1936 - Urbán Aladár, *Batthyány Lajos miniszterelnöksége*, Bp. 1986 - Erdődy Gábor (Hg.), *Batthyány Lajos*, Bp. 1998

5
Glaspokal aus dem Jahre 1848
Rotes Überfangglas, geschliffen, graviert, H: 12,1 cm, Dm: 8,2 cm
Hist. Museum der Stadt Wien, Inv. Nr. 159.458.

6
Nationaler Gedenkbecher
Glas
HTM 1314/Em

Gedenkbecher wurden seit Anfang des 19.Jh. – größtenteils auf Wiener Einfluß – auch in Ungarn populär und gängig. Sie entstanden im Zeichen des Reliquienkultes der Biedermeierzeit und verewigten verschiedene Orte und Ereignisse.
Lit.: Fényesebb, 64. und 197.

44
1848–1849

1
Die erste verantwortliche ungarische Regierung, 1848
Elek Szamossy
Papier, Lithographie, 34,5 x 25,3 cm
MNM TKCs T. 885

Lajos Graf Batthyány bekam seine Ernennung zum Ministerpräsidenten vom Palatin Stephan am 17. März 1848. Nach den Beratungen im Reichstag verkündete er die Namensliste seiner Minister am 23. März, der Herrscher bestätigte diese nur später, am 7. April. Ministerpräsident Batthyány stellte sein Kabinett aus den bekanntesten Teilnehmern der ungarischen Opposition zusammen: Bertalan Szemere (Minister des Innern), Herzog Pál Esterházy (Minister am allerhöchsten Hoflager), Lajos Kossuth (Minister f. Finanzwesen), István Graf Széchenyi (Minister f. Verkehrswesen), József Baron Eötvös (Kultusminister), Gábor Klauzál (Minister f. Agrikultur und Handel), Ferenc Deák (Justizminister), Lázár Mészáros (Kriegsminister).
Lit.: Károlyi Árpád, *Az 1848-diki pozsonyi törvénycikkek az udvar elött*, Bp. 1936 – Erdődy Gábor (Hg.), *Batthyány Lajos*, Bp. 1998

2
Verkündung der Pressefreiheit in Wien, 14. März 1848
Papier, Lithographie, 26 x 34 cm
ÖNB POR Pk 3001/33

Als Konsequenz der siegreichen Revolution wurde am 14. März in Wien die Gründung der Nationalgarde proklamiert. Unter den auf dem Josephsplatz auf die Aufnahme wartenden Bürgern breitete sich zuerst das Gerücht aus, der Belagerungszustand wäre über die Stadt verhängt worden, die Aufregung wurde aber durch die Nachricht von der Aufhebung der Zensur schnell gestillt. Die begeisterte Menge gab der Statue Kaiser Josephs eine Fahne mit der Inschrift "Pressefreiheit" in die Hand.

3
Verteilung der ersten Produkte der freien Presse vor der Druckerei Landerer und Heckenast am 15. März 1848
Vinzenz Katzler
Papier, Farblithographie, 23,5 x 16,2 cm
MNM TKCs T. 2208
Lit.: Rózsa György, *Budapest legszebb látképei*, Bp. 1997, 121.

4
Ein Mythos entsteht: Artúr Görgey schützt den im Sterben liegenden General Hentzi
Vinzenz Katzler
Papier, Farblithographie, 22,5 x 15,5 cm
MNM TKCs T. 4747

5
Triumph bei Komárom, 20.–21. April 1849
Unbekannter Meister
Papier, Stahlstich 10,5 x 13,9 cm
MNM TKCs T. 9703

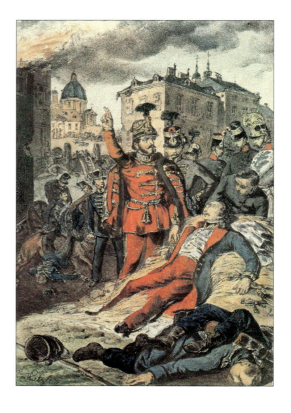

6
Kossuth-Banknoten

6/a Banknote, 1 Forint, 14. August 1848
 Papier, 8,7 x 12,2 cm
 HTM 93.96.1/É

6/b Banknote, 2 Forint, 14. August 1848
 Papier, 12,6 x 9,5 cm
 HTM 93.130.1/É

6/c Banknote, 10 Forint, Buda-Pest, 1. September 1848
 Papier, 10,7 x 14,9 cm
 HTM 93.152.1/É

6/d Banknote, 100 Forint, Buda-Pest, 1. September 1. 1848
 Papier, 12,8 x 18,4 cm
 HTM 93.249.1/É

6/e Banknote, Schatzschein über 15 Pengő-Kreuzer, Buda, 1. Januar 1849.
 Papier, 7 x 10 cm
 HTM 93.16.1/É

6/f Banknote, Schatzschein über 30 Pengő-Kreuzer, Buda, 1. Januar 1849
 Papier, 7 x 10 cm
 HTM 93.20.1/É

6/g Banknote, Schatzschein über 2 Pengő-Forint, Budapest, 1. Juli 1849
 Papier, 8,3 x 12,5 cm
 HTM 93.98.1/É

Als Finanzminister wollte Lajos Kossuth zuerst mit der Emission zinstragender Schatzscheine die finanzielle Lage Ungarns verbessern. Er unterschrieb danach – trotz Proteste des Hofes –, einen Vertrag mit der Pester Ungarischen Kommerzbank, in dem festgelegt wurde, daß sie mit 5 Millionen Forint Deckung selbstständige ungarische Banknoten im Wert von 12,5 Millionen Forint herausgibt. Am 6. September des gleichen Jahres ordnete er die Emission der ungedeckten 5 Forint Banknoten an. Diese bekamen dann den Namen: "Kossuth-Banknote". Nach der Niederschlagung der Freiheitskämpfe wurden die Kossuth-Banknoten ungültig, und alle Bewohner mußten sie pflichtabliefern. In den folgenden Jahren zählte das Verstecken dieser Gelder zu den häufigsten Straftaten. Die ungarische Gesellschaft verlor mit der Anullierung der Kossuth-Banknoten ungefähr 66 Millionen Forint.

7
Lajos Kossuth und Joseph Bem, 1849
Gottfried Drentwett
Medaille, Zink, 40 mm
HGM Alte Inv. Nr. EB 1977-28

45
1848–1849

1
Dienstgürtel für Honved-Offiziere, 1848–1849
Ripsband und geflochtene Fransen in den Nationalfarben, Gesamtlänge: 294 cm
HM 3770 Ru

Unter den Verzierungen der Honved-Uniform tauchten die Nationalfarben auch auf dem Dienstgürtel auf, dessen Knöpfe das ungarische Staatswappen schmückt.

2
**Honved-Feldmütze der Infanteristen,
die „rote Mütze", 1848–1849**
Krapprotes Tuch, geschwärztes Schirmleder, Messingknöpfe und Wollschnur
Höhe, vorn: 8 cm, hinten: 11 cm, Umfang: 49 cm
HM 0389/Ru
Die Kopfbedeckung der Infanteriebataillons der Honveden war der Tschako, aber die Soldaten trugen die Feldmützen lieber. Normalerweise waren diese blau, die Offiziere trugen sie umgehängt, und verzierten sie mit Schnüren. Die rote Feldmütze, die man damals "veres sipka/rote Mütze" nannte, galt als außerordentliche Tracht und große Ehre. Während der Auszeichnungszeremonie band man der Fahne ein Band um, und den Soldaten des Bataillons wurde das Tragen der "roten Mütze" erlaubt. Die hier ausgestellte "rote Mütze" wurde aus rotem Tuch gefertigt, stellt eine normale Feldmütze mit Schirmleder dar, über dem eine nationalfarbige Schnur liegt. An der Stirnseite ist eine nationalfarbige Rosette, von der eine Schnurschlinge ausgeht, die in einem kleinen Kupferknopf mündet.
Lit.: Fényesebb, 42., 85-86.

3a
Tschako-Abzeichen vor der Entthronung, 1848
HTM 2369/Ru

3b
Tschako-Abzeichen nach der Entthronung, 1849
HTM 2367/Ru
Unter den Verzierungen der Honvedenuniform sind die Nationalsymbole an der nationalfarbigen Tschakorosette und im Staatswappen am deutlichsten zu erkennen. Nach der Entthronung (14. April 1849) nahm man die Krone vom Staatswappen, und man fügte einen mit Säbel verzierten Kranz hinzu.
Lit.: Fényesebb, 45.

4
Die Reichsverfassung, 4. März 1849
Druck, 43 x 54 cm
HTM 7603/Nyt (német)
Druck: Edmund Bernatzik (Hg.), *Die österreichischen Verfassungsgesetze mit Erläuterungen,* Wien 1906, 102-128.
Aufgrund der günstigen Lage am ungarischen Kriegsschauplatz genehmigte Kaiser Franz Joseph am 4. März 1849 in Olmütz die durch den Justizminister Alexander Bach ausgearbeitete neue Reichsverfassung. Er verkündete diese am 7. März, am selben Ort. An diesem Tag wurde auch der sich seit dem 22. November 1848 in Kremsier (Mähren) formierende österreichische Reichstag mit Gewalt aufgelöst. In der neuen Verfassung wollte der Kaiser eine stark zentralisierte Reichsadministration einführen, welche die historischen Grenzen nicht beachtete, und Ungarn in mehrere Teile gliederte. (Abgetrennt von ihm wurden: 1. Siebenbürgen mit dem Partium, 2. Kroatien, Slawonien und das Küstenland und 3. Serbische Woiwodina: Militärgrenze, Batschka und Temes-Gebiet.) Aus der vorherigen Verfassung übernahm man die Institution der Volksvertretung, die Befreiung der Leibeigenen sowie die der Rechtsgleichheit. Die Verfassung, die die Interessen der anderen politischen Gruppen verletzte, trat nie in Kraft. Ihre Einführung wurde wegen des Krieges verschoben, und am 31. Dezember 1851 wurde sie vollständig aufgehoben. Gleichzeitig garantierte der Herrscher den Völkern seines Reiches die grundlegenden Menschenrechte, die Glaubens- und Religionsfreiheit, die Freiheit der Wissenschaft, der Bildung und des Studierens, die Rede- und die Versammlungsfreiheit sowie die persönlichen Freiheiten.
Lit.: Josef Redlich, *Das österreichische Staat- und Reichsproblem. Geschichtliche Darstellung der inneren Politik der habsburgischen Monarchie von 1848 bis zum Untergang des Reiches,* 2 Bde., Leipzig 1920-1926

5
Die Entthronung der Habsburger in Debrecen, 14. April 1849
Druck, 39,4 x 25 cm
HTM 086£/Nyt (német)

Nach dem Rücktritt des Batthyány-Kabinetts übte laut Entscheidung des Parlaments ab dem 8. Oktober 1848 der Landesverteidigungsausschuß die Exekutivgewa t in Ungarn aus. An der Spitze des Ausschusses stand Kossuth, der in diesem System die auf eine Person eingeschränkte Macht ausübte. Seit Anfang 1849 meinte Kossuth, daß die Möglichkeit der Übereinkunft mit dem Hause Habsburg aussichtslos sei. Dem Erfolg des "Frühlingsfeldzuges" der ungarischen Honveden gemäß beschloß Kossuth, auf die Märzverfassung, die die Selbstständigkeit des Landes geringschätzte, eine explosive Antwort zu geben. Am 14. April 1849 trug Kossuth in der reformierten Großen Kirche von Debrecen das Dekret über die Detronisation des Hauses Habsburg–Lothringen und über die Manifestation der Unabhängigkeit Ungarns vor. Auf der Sitzung, die man eher als Volksversammlung bezeichnen kann, akzeptierte das Abgeordnetenhaus die Unabhängigkeitsdeklaration durch Akklamation. Danach konnte der Konflikt zwischen Ungarn und dem Reich nur durch vollkommenen Sieg der einen Seite gelöst werden.

Lit.: István Deák, *Die rechtmäßige Revolution. Lajos Kossuth und die Ungarn 1848-1849*, Wien-Köln-Graz 1979

6
Artúr Görgei, 1850
Miklós Barabás
Gemälde, Öl, 24 x 19 cm
MNM TKCs festmény 926

Artúr Görgei (1818–1916) war einer der begabtesten und erfolgreichsten Feldherren der Freiheitskämpfe 1848/49 und gleichzeitig eine der umstrittensten Personen der ungarischen Geschichte. Schon als Junge stich er heraus – zuerst als Heerespage, dann als Leutnant der ungarischen königlichen Leibgarde in Wien, danach als Husarenoberleutnant der Palatinhusaren. 1845 verließ er das Heer und studierte dann an der Prager Universität Chemie. Im April 1848 kehrte er nach Ungarn zurück. Seine Laufbahn bei der Honved-Armee entwickelte sich rasant, er wurde zuerst Befehlshaber des Kriegsheeres an der Oberen Donau und danach Kriegsminister (7. Mai–14. Juli 1849). Seine Untergebenen vergötterten ihn wegen seiner feldherrlichen Fähigkeiten und seines persönlichen Mutes, aber seine Beziehung zu Kossuth war sehr ambivalent. Infolge des militärischen Zusammenbruchs – nach dem die ungarische Honved am 9. August 1849 von Haynau bei Temesvár eine entscheidende Niederlage erlitt – trat Kossuth vom Amt des Gouverneurs zurück, und übertrug Görgei die oberste bürgerliche und militärische Macht. Dieser sah für den weiteren Widerstand keine Möglichkeit mehr und legte am 13. August mit den Hauptkräften der Honved vor dem russischen Kavalleriegeneral Rüdiger bei Világos bedingungslos die Waffen nieder. Danach wurde er nach Klagenfurt interniert, von wo er erst nach dem Ausgleich nach Ungarn zurückkehren durfte. Bis zu seinem Tode lebte er völlig zurückgezogen in Visegrád

Lit.: Arthur Görgey, *Mein Leben und Wirken in Ungarn*, I-II. Bd., Leipzig 1852 - Görgei Artúr, *Életem és működésem*, I-II. köt., Bp. 1911 - Kosáry Domokos, *A Görgey-kérdés története*, I-II. köt., Bp. 1994

7
Alphabetisch geordnete Namensliste der durch das Kriegsgericht von Arad Verurteilten
Druck in ungarischer Sprache, 41 x 31 cm
HTM 0.273/Em

Die Retorsionen und Grausamkeiten nach der Niederlage der ungarischen Revolution konnte man in erster Linie dem Feldzeugmeister, dem krankhaft rachesüchtigen Baronen Haynau zuschreiben, der am 30. Mai 1849 zum österreichischen Oberbefehlshaber in Ungarn und Siebenbürgen ernannt wurde. Natürlich lastete die Verantwortlichkeit auch auf dem Ministerpräsidenten Schwarzenberg und dem jungen Herrscher, Franz Joseph. Trotz der Tatsache, daß die ausländischen Mächte, Frankreich und England, aber auch der in der Unterdrückung der Freiheitskämpfe aktiv gewesene Zar, Nikolaus I. Österreich zur Gnade rieten, gingen die im Sommer unter der Führung Haynaus begonnenen Hinrichtungen im Oktober 1849 weiter. Der blutigste Tag der Retorsion war der 6. Oktober, an dem zwölf Generäle und ein Oberst in Arad (sie waren "die dreizehn von Arad": Lajos Aulich, János Damjanich, Arisztid Dessewffy, Ernő Kiss, Károly Knezić, György Lahner, Vilmos Lázár, Károly Leiningen–Westenburg, József Nagysándor, Ernő Poeltenberg, József Schweidel, Ignác Török und Károly Vécsey), und der Ministerpräsident des ersten ungarischen verantwortlichen Ministeriums, Lajos Graf Batthyány und der Guerillahauptmann, Imre Fekete in Pest exekutiert wurden. (Der Zeitpunkt des 6. Oktobers war von Haynau für die Hinrichtung der aus kaiserlichem Dienste in die ungarische Honved übergelaufenen Offiziere bewußt ausgewählt worden, denn es war der erste Jahrestag der Wiener Revolution und der Hinrichtung Latours.) Es wurden insgesamt 130 Todesurteile vollzogen, was eine bis dahin beispiellose Retorsion in der Geschichte des Habsburgerreiches und des österreichischen Militärs darstellte. (Überdies kamen mehrere Hundert ins Gefängnis, mehrere Tausend standen für kürzere oder längere Zeit unter Untersuchung, und mehrere Zehntausend Honveden wurden in die kaiserlich–königliche Garde assentiert. So kann man sagen, daß es fast keine ungarische Familie gab, die von der Vergeltung nicht irgendwie betroffen gewesen wäre.) Die Erinnerung an den 6. Oktober stand noch lange im Weg des ungarisch–österreichischen Ausgleiches, und sie beschattete auch danach noch die Beziehungen. Ihre emotionale Wirkung war außerordentlich, was auch daran erkennbar ist, daß dieser Tag in Ungarn bis heute als nationaler Trauertag gilt.

Lit.: Dávid Angyal, "Der Hochverratsprozess des Grafen Ludwig Batthyány", *A Gróf Klebelsberg Kunó Magyar Történetkutató Intézet évkönyve, 3 (1933)* - Dávid Angyal, "Die Regierung Franz Josephs I. in den Jahren des ungarischen Freiheitskampfes", *A Gróf Klebelsberg Kunó Magyar Történetkutató Intézet évkönyve, 9 (1939)* - Dionysos Jánossy, "Die russische Intervention in Ungarn im Jahre 1849", *A Bécsi Magyar Történeti Intézet évkönyve, 1 (1931)* - Károlyi Árpád, *Németújvári gróf Batthyány Lajos első magyar miniszterelnök főbenjáró pöre, I-II. köt.*, Bp. 1932 - Fényesebb, 197-198., 203-204.

46
DAS ZEITALTER DES NEOABSOLUTISMUS

1
Kartenskizze über die Entwicklung des Bahnnetzes in der 2. Hälfte des 19. Jh.
Entwurf

Eine der positiven Folgen des Neoabsolutismus war die schnelle Entwicklung des Handels und als Basis dessen die des Verkehrs. Dem Bahnnetz, das von der Hauptstadt ausging und sich strahlenartig zu den Grenzen des Landes zog, schlossen sich ab Mitte der 1850er Jahre Kecskemét, Szeged, Debrecen, Nyíregyháza, Nagyvárad, Temesvár, Versec, Kassa, Székesfehérvár, Nagykanizsa und viele andere Städte an. Die Länge der Eisenbahnstrecke stieg zwischen 1849 und 1867 von 178 Kilometern auf 2.279 Kilometer, und diese Entwicklung ging auch nach 1867 weiter, am Ende des Ersten Weltkrieges betrug die Streckenlänge insgesamt 22.704 Kilometer.

2
Uniform für Beamte in Ungarn, mit ungarischem Zuschnitt, 1852
Papier, Farblithographie, 39,6 x 28,1 cm
MNM TKCs T. 84.28

Die berüchtigte "Rechtsverwirkungstheorie" – wonach die Ungarn mit der Erhebung gegen ihren gesetzmäßigen König ihre mehrere jahrhundertealte Reichsverfassung und ihre historische Unabhängigkeit verloren – diente zur Ideologie der Eingliederung Ungarns in das Reich und zur Einführung des Absolutismus. Im Namen der Zentralisation im ganzem Reich rief man auch in Ungarn keinen Reichstag mehr zusammen und es wurde auch das System der Komitate und der Gemeindenselbstverwaltungen abgeschafft. Gleichzeitig verwirklichte der Neoabsolutismus – welcher die bürgerlichen Grundrechte und die Rechtsgleichheit anerkannte – einige, bis heute wirkende Reformmaßnahmen: in Ungarn kamen in dieser Epoche die bürgerliche Rechtsordnung und Administration zustande. Das alles wurde aber mit Dekreten und Patenten, ohne nach der Meinung des Volkes zu fragen, unter dumpfer Herrschaft der Armee, der Polizei, der Gendarmerie und der Zensur errichtet. In die verschiedenen Ämter wurden statt der gewählten Beamten, zum größten Teil tschechische und österreichische Fachmänner bürgerlicher Herkunft gesetzt. Die wegen der überwuchernden Bürokratie und wegen ihrer "Fremdheit" sowieso gehaßten Beamten wurden auch noch lächerlich gemacht: sie mußten – sozusagen um die Ungarn zu gewinnen – als Uniform eine "ungarische" Bekleidung tragen. Das passierte zur selben Zeit, als man die "ungarischen Kleider", genauso wie den Vollbart (Kossuth-Bart) verordnungsgemäß verfolgte. Deshalb wurden die Beamten – nach dem ehemaligen "revolutionären" Innenminister, dem sehr bürokratischen Bach – vom Volk "Bach-Husaren" genannt.

Lit.: Sashegyi Oszkár, *Az abszolutizmuskori levéltár*, Bp. 1965, 1. sz. - Zsolt K. Lengyel, "Österreichischer Neoabsolutismus in Ungarn 1849-1860. Grundlinien, Problemen und Perspektive der historischen Forschung über Bach-Ära", *SüFo, 56 (1997), 213-278.*

3
Das "Reichsgesetzblatt" aus dem Jahre 1855
Druck
ÖNB 392 244 C

4
Treuer Beamter oder Spitzel?
1. Dankschreiben von Polizeiminister Kempen an János Csorba, 10. Dezember 1852
2. Drohbrief, zusammengeschnitten aus Druckbuchstaben, samt Kuvert, an János Csorba adressiert

Orig., Papier
HHStA Kabinettsarchiv Geheimakten Kt. 1 Konv. "Csorba" fol. 7-8., fol. 79-80.

Das im April 1852, unter der Leitung des Ministers Johann Franz Baron Kempen von Fichtenstamm (1793–1863) entstandene Polizeiministerium übernahm die staatspolizeilichen Aufgaben vom Innenministerium im Sommer 1852. Das wichtigste Ziel Kempens war die Zentralisation des in- und ausländischen Geheimagentensystems. Deswegen mußte man die wichtigen Informationen sofort, ohne Kommentar, an die Oberste Polzeibehörde in Wien, und zwar mit den Zeilen "zu Händen Kempens" versehen, schicken. Kempen bedankte sich wahrscheinlich als Reaktion auf so einen Brief bei János Csorba, der im Fall Noszlopy Auskunft gab. Den früheren Rat des Statthalterrates und späteren Bürgermeister von Debrecen (1854–1858), János Csorba hielten seine Mitbürger wegen seines Beamtenstatus in der Bach-Epoche für einen Verräter, er bekam viele Drohbriefe. Als eine Besonderheit, ja sogar als Rarität aus dieser Zeit, wird hier ein Brief gezeigt, der aus Buchstaben besteht, die aus einer Zeitung heraus- und zusammengeschnitten wurde.

5
Polizei-Wochen-Rapporte für den Zeitraum vom 2. bis 8. und vom 23. bis 29. November 1851
Orig., Papier, 31 x 20 cm
HHStA Kabinettsarchiv, Gendarmeriedepartement Kt. 1. fol. 461-486., 600-610.

Zwischen 1849 und dem Sommer 1852 leitete der Innenminister Bach auch die Staatspolizei. Dies funktionierte damals ganz dezentralisiert, durch die in den Landeshauptstädten errichteten Polizeikommissariate, an deren Spitze ein Oberkommissar stand. Die Polizeikommissariate bauten ihre Geheimagentensysteme vom Innenministerium ganz unabhängig aus, sammelten ihre Informationen durch Spitzel, Beamten und freiwillige Informatoren und erstellten demgemäß ihre "Stimmungsberichte". Die "Wochen-Rapporte" berichteten über die Ereignisse je nach Städten. So wurde z.B. Samuel Goldstein zwischen dem 2. und 8. November 1851 in Pest wegen versteckter Waffen verhaftet. Auch Ignaz Fischer wurde in einem Café in Buda wegen eines "Éljen Lajos"-Ausrufes vor der Öffentlichkeit festgenommen.

Lit.: Josef Karl Mayr, *Das Tagebuch des Polizeiministers Kempen von 1848-1859*, Wien-Leipzig 1931

6
Qualen der Vergeltung. Zeichnung von Blanka Teleki über die Festung von Kufstein.
Papier, Bleistiftzeichnung, 18,5 x 25,2 cm
MNM TKCs T. 14/1951

Die Festung von Kufstein stellt in den Augen der Ungarn auch heute noch das Symbol der politischen Rache und Retorsion dar. Nach 1795 wurden hier die Teilnehmer der Matinovics-Verschwörung eingesperrt, und nach 1849 – als die Zahl der zu 20 Jahre Festungsstrafe und zur Schanzarbeit Verurteilten höher als bei Tausend lag – saßen hier die politischen Gefangenen ein. Kufstein war nach Maurus Jókai – und nach allen, die sich an die Umstände erinnerten – die "Akademie der Staatsgefängnisse", also eines der härtesten. Blanka Teleki (1806–1862), die dieses Bild anfertigte, wollte in ihrer Jugend Malerin werden. Danach aber machte sie sich die Frauenerziehung zum Lebensziel und gründete 1846 ein Mädchen-Internat mit ungarischer Unterrichtssprache in Pest, das bereits 1848 aufgelöst wurde. Nach der Niederschlagung der Freiheitskämpfe versteckte Blanka Teleki mehrere Flüchtlinge und informierte das Ausland über die Umstände in Ungarn. Deshalb wurde sie vom Kriegsgericht zu zehn Jahren Gefängnis verurteilt, von denen sie fünf Jahre in Brünn, Olmütz und Kufstein verbrachte. Sie wurde 1857 aus dem Gefängnis der Festung Kufstein, welches sie ein Jahr zuvor abbildete, freigelassen.
Lit.: Szathmáry Károly, *Gróf Teleki Blanka életrajza*, Bp. 1887 - Sáfrán Györgyi, *Teleki Blanka és köre*, Bukarest 1979

7
Der Kaiserlich-österreichische Franz Joseph-Orden, Großkreuz und Bruststern, in Etui, um 1880
Vincenz Mayer's Söhne Wien
Gold, Silber und Email
HGM 1997/26/317 bzw. NI 70.983

Gestiftet von Kaiser Franz Joseph I. am 2. Dezember 1849, dem ersten Jahrestag seiner Thronbesteigung. Der Orden teilte sich in Großkreuze, Komture (seit 1869 mit und ohne Stern auf der rechten Brustseite) und Ritter; ferner seit 1901 die zwischen dem Komtur- und dem Ritterkreuz rangierende Klasse des "Offizierkreuzes", welches ohne Band auf der linken Brustseite angelegt wurde. Das Ordenszeichen ist ein auf dem schwarz emaillierten österreichischen Doppeladler aufgelegtes rotemailliertes, schmales, goldenes Kreuz. Auf dessen Mitte liegt ein goldenes, rundes, weiß emailliertes Medaillon mit der goldenen Initiale FJ (Franciscus Josephus). Unter- und oberhalb der Kreuzarme verläuft eine goldene Kette, die im oberen Teil zwei verschlungene Hände, die "Treue", und im unteren Teil den Wahlspruch des Kaisers "Viribus unitis" (Mit vereinten Kräften) bildet. Das Kreuz wird von der goldenen, mit abfliegenden Pendilien versehenen österreichischen Kaiserkrone überhöht. Im rückseitigen Medaillon ist das Stiftungsjahr 1849 vermerkt. Der Orden wurde hauptsächlich für zivile, jedoch auch für militärische Verdienste verliehen. Das Ordensband ist hochrot. Für militärische Meriten wurde der Orden am rot–weiß "gewässerten" Band des Militärverdienstkreuzes – allenfalls ergänzt durch die Kriegsdekoration und die Schwerter – verliehen.
Lit.: Karl Gattinger, Der Kaiserlich-österreichische Franz Joseph-Orden. In: Johann Solzer/Christian Steeb (Hg. im Auftrag der Österreichischen Gesellschaft für Ordenskunde, Graz 1996), 170-182.

47
DER AUSGLEICH
1
Schulheft von Franz Joseph "Magyar gyakorlások" (Ungarisch-Übungen), 1840
Papier, Handschrift, 20 x 25 cm
ÖNB HAN Cod. ser. n. 12506

Im Hause Habsburg wurde es seit dem Regierungsantritt Maria Theresias zur Tradition, daß die Kinder der Familie oder einige von ihnen die ungarische Sprache erlernten (im Falle Maria Theresias waren es die Erzherzöge Karl und Ferdinand). Da Franz Joseph seit seiner Kindheit zum Herrscher erzogen wurde – obwohl nicht er, sondern sein Vater, Franz Karl gemäß dem ungarischen Staatsrecht und der Erbfolge im Reich, der Erbe der kaiserlichen und königlichen Krone war – sollte er sich natürlich auch die ungarische Sprache aneignen. Franz Joseph und seinem Bruder Erzherzog Maximilian brachte Pál Kis von Nemeskér (1793–1847) die ungarische Sprache bei. Die in der Fideikommißbibliothek aufbewahrten Hefte tragen den Titel "Magyar gyakorlások". Das erste Heft beinhaltet die Beschreibung des Komitates Baranya, die anderen haben die ungarische Geschichte zum Thema. Zu den Texten fertigte der junge Franz Joseph auch Illusatrationen an. Auf der ausgestellten Seite ist eine Figur auf dem Thron, darunter eine andere in ungarischer Tracht zu sehen. (fol. 40).
Lit.: Angyal Dávid, *Az ifjú Ferenc József*, Bp. 1942

2
Franz Joseph als Kind in Husarenuniform
Friedrich Krepp
Lithographie mit ungarischer Aufschrift, 37 x 30 cm
ÖNB POR Pg 90 54/1 in Pft 145:(5)

Fast alle männlichen Mitglieder des Hauses Habsburg wurden in "ungarischer" Husarenuniform gezeichnet oder gemalt. Mehrere dieser Tradition entsprechende Porträts sind auch über Franz Joseph bekannt. Diese Lithographie wurde von einer Zeichnung gemacht, die den 17jährigen Erzherzog darstellt.

Lit.: Hans Pauer, *Kaiser Franz Joseph I. Beiträge zur Bilddokumentation seines Lebens*, Wien 1966

3
Sanktionierte Fassung des ungarischen Ausleichgesetzes aus dem Jahre 1867
Orig., Pergament, 27 x 44,5 cm
MOL N 45 Privilegio recte articuli Lad. H. Fasc. 3 No. 1

Die ungarische politische Elite vertrat nach 1849 und in Folge der internationalen Geschehnisse der 60er Jahre, den Standpunkt, daß die ungarische Eigenstaatlichkeit in einem Europa der Großmächte keine Realität hätte. Gleichzeitig wurde auch das Deutsche Reich – welches man unter der Führung Österreichs errichten wollte – zur Illusion, denn nach der Niederlage bei Königgrätz (1866) mußte sich Österreich aus Deutschland zurückziehen. Franz Joseph, der dem Gedanken nationalistischer Lösungen mißtraute und an die Übernationalität des Reiches glaubte, mußte letztendlich einsehen, daß die Monarchie nur auf breiterem, einem österreichisch-ungarischen Fundament bestehen bleiben konnte. Die Erhaltung der Habsburgermonarchie war auch im Sinne der Großmächte, die ebenfalls den ungarisch-österreichischen Ausgleich für die beste Lösung hielten. So mußten einfach die seit 1865 laufenden Verhandlungen über den Ausgleich erfolgreich sein: Das ungarische Abgeordnetenhaus genehmigte am 29. Mai 1867 die neuen staatsrechtlichen Gesetze, welche der Herrscher als Gesetzesartikel 1867:XII sanktionierte. Das österreichische Parlament sowie der Reichsrat genehmigten sofort nach dem ungarischen Ausgleich die im Grunde gleichen (aber später staatsrechtliche Debatten auslösenden) Grundgesetze, die unter dem Begriff des "Staatsgrundgesetzes" zusammengefaßt wurden.

Lit.: Graf Julius Andrássy, *Ungarns Ausgleich mit Österreich vom Jahre 1867*, Leipzig 1897 - Peter Berger (Hg.), *Der österreichisch-ungarischen Ausgleich von 1867. Vorgeschichte und Wirkungen*, Wien-München 1967 - Theodor Mayer (Hg.), *Der österreichisch-ungarische Ausgleich von 1867. Seine Grundlagen und Auswirkungen*, München 1968

4
Ferenc Deák – Porträt des Politikers, der den Ausgleich unter Dach und Fach gebracht hat
Papier, Lithographie, 28,9 x 25,2 cm
MNM TKCs T. 219/1952

Ferenc Deák (1803–1876) war schon seit 1833 Mitglied des Unterhauses im Reichstag. In der während der 40er Jahre ausgelösten und sich immer stärker verschärfenden Debatte zwischen Kossuth und Széchenyi stand er eher auf der Seite Kossuths. 1848 war er Justizminister im Batthyány-Kabinett, doch zum Jahreswechsel 1848/49 trat er von seinem Amt zurück, weil er bereits damals, aber auch später die Gesetze von April als grundlegend betrachtete. Er zog sich auf seine Güter zurück. In den 50er Jahren wies er alle, ihm von Wien angebotenen Ämter zurück, wodurch er zu einem der Symbole des "passiven Wiederstandes" wurde. Die Ausgleichsverhandlungen begannen in Folge seines in "Pesti Napló" (Pester Journal) im April 1865 erschienenen Artikels. Im Kabinett von 1867 nahm er zwar keinen Posten an, aber er lenkte als "Weiser des Vaterlandes" mit großem taktischem Geschick und hervorragender juristischer Erfahrung die nach ihm benannte Mehrheitspartei des Parlaments. Er erkannte dank seines überragenden Realitätssinns, daß das historische Ungarn nur im Rahmen der Habsburgermonarchie fortbestehen konnte.

Lit.: Molnár András (szerk.), *Deák Ferenc*, Bp. 1998 - Király Béla, *Deák Ferenc*, Bp. 1993 - Takács Péter, *Deák Ferenc politikai pályája, 1849-1865*, Bp. 1991

5
Medaille zum Ableben von Ferenc Deák
J. Schwerdtner und J. Christlbauer
Bronze, 60 mm
HGM: Alte Inv. Nr. 70.500/494

Seit Beginn der 70er Jahre, nur kurze Zeit nach dem Ausgleich, blieb Ferenc Deák allein, und geriet aufgrund seiner liberalen, verständnisvollen und großzügigen Minderheitspolitik, wegen der Mißbilligung des Virilismus und wegen seines Standpunktes, daß man Staat und Kirche voneinander trennen mußte, in mehreren Fragen mit der Regierung und der eigenen Partei in Konflikt. Seinen "Schwanengesang" im Parlament hielt er 1873, danach – am Ende seiner politischen Laufbahn – lebte er gleichsam in innerer Emigration.
Lit.: Gizella Czenner-Wilhelmb, "Deák Ferenc ikonográfia", Körmöczi Katalin (Hg.), "... A mi megmarad, Fordítsd jó czélokra". Deák Ferenc hagyatéka, Bp. 1992, 323-324.

48.
ELISABETH, KÖNIGIN VON UNGARN

1
Königin Elisabeth hört dem Vortrag des Bischofs Mihály Horváth über die Revolution 1848 zu, 1867
Vinzenz Katzler
Papier, Lithographie, 78,5 x 59,2 cm
MNM TKCs 5080
Hg.: Családi Kör Jg.1868

Nach ihrer einmonatigen offiziellen Reise 1857 verbrachte Kaiserin Elisabeth ab 1866 jährlich mehrere Monate, oft sogar ein halbes Jahr in Ungarn, in der Burg von Buda oder im Schloß Gödöllő. Die wahrscheinlich auf die romantische Seele der Königin zurückzuführende Liebe zu Ungarn war allgemein bekannt; in ihrer Umgebung gab es immer viele Ungarn. Mihály Horváth (1809–1878) war einer der bedeutendsten ungarischen Geschichtsschreiber des 19. Jh. (1844: Lehrer im Theresianum, 1848: Bischof von Csanád und somit Mitglied der Magnatentafel). Sein bis heute als Standardwerk betrachtetes Buch über die Geschichte der Freiheitskämpfe ("Magyarország függetlenségi harczának története 1848 és 1849-ben"), schrieb er während seiner Emigration in Westeuropa. Nach seiner Emigration in Belgien, Frankreich, Italien und der Schweiz – die er wegen seines Amtes als Kultusminister 1849 antreten mußte – konnte er 1867 wieder nach Ungarn zurückkehren. Kaiserin Elisabeth ließ ihn einige Tage vor der Krönung (8. Juni 1867) zu sich rufen, und bat ihn, Vorträge zur ungarischen Geschichte und den Freiheitskämpfen zu halten. Horváth kam diesem Wunsch mehrere Male nach. Auf der hier gezeigten Litographie sind Königin Elisabeth und ihre Hofdame, Ida Ferenczy abgebildet, die in Tränen ausbrechen, als Horváth über die grausamen Retorsionen nach dem Freiheitskampf berichtet. Im Hintergrund ist Ministerpräsident Gyula Graf Andrássy zu sehen. Im Bücherregal der Königin sind die Schätze ihrer ungarischen Bibliothek, Bände von ungarischen Schriftstellern und Dichtern des 19. Jh. deutlich erkennbar.
Lit.: *Elisabeth Königin von Ungarn. Erzsébet a magyarok királynéja*, Wien, 1991, 105. + 18. kép - Graf E. G. Corti, *Elisabeth die "seltsame Frau"*, Salzburg-Leipzig 1934 - Brigitte Hamann, *Elisabeth. Kaiserin wider Willen*, 11. Aufl., Wien-München 1992 - Anni Stern-Braunberg, *Sissi, das Ungarmädel. Tatsachen - Irrtümer - Vermutungen*, Wien 1998

2
Franz Joseph und Elisabeth in der „Pester Vigadó" (Redoute)
Bertalan Székely
Papier, Bleistift, einzelne Teile mit Tusche übermalt, 27,4 x 35,2 cm
BTM Fővárosi Képtár 18.261

Das kaiserliche Paar veranstaltete in der „Pester Redoute" am 6. Februar 1866 einen Bürgerball. Franz Joseph trug die Uniform eines Husarenoberstes, Elisabeths weißes Kleid wurde mit roten Rosen und grünen Blättchen geschmückt. Ihre Wahl ist deswegen interessant, denn in dieser Epoche galt das verborgene Tragen der Nationalfarben als Offenbarung patriotischer Gefühle. Die Beschreibung der Ereignisse erschien in der "Vasárnapi Újság" (1866/Nr. 6.), die Reproduktion des Bildes ebenda (1898/Nr. 38.).
Lit.: *Elisabeth Königin von Ungarn. Erzsébet a magyarok királynéja*, Wien, 1991, 219-220.

49.
KRÖNUNG 1867

1/a
Krönung, 1867
Bertalan Székely
Papier, Tempera, 46,5 x 75 cm
BTM Fővárosi Képtár 16-325

Am 8. Juni 1867 wurde in der Matthiaskirche in Buda Franz Joseph I. zum König und Elisabeth zur Königin von Ungarn gekrönt. Das Krönungsgeschenk der ungarischen Nation war das Barock-Schloß Gödöllő, das sehr nah zu Buda liegt und zu einem der Lieblingsaufenthaltsorte der Königin geworden ist. Bertalan Székely (1835–1910), einer der bekanntesten und gefeierten Künstler der Epoche, verpflichtete sich zur Anfertigung einer Aquarellenserie zu Ehren der Krönung.

Lit.: *Elisabeth Königin von Ungarn. Erzsébet a magyarok királynéja,* Wien, 1991, 50. tétel - Adolf Kochut, *Kaiser Franz Josef I. als König von Ungarn,* Berlin 1916 - Gerő András, *Ferenc József, a magyarok királya,* Bp. 1999 - Somogyi Éva, *Ferenc József,* Bp. 1989

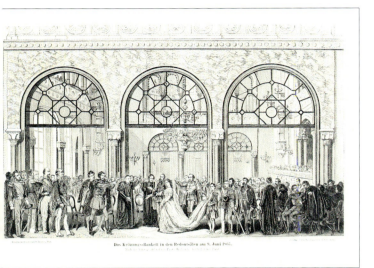

1/b
Das Krönungsbankett
Papier, Litographie
MNM TKCs T. 6413

2
Medaillon: Die Krönung Franz Josephs zum König von Ungarn, 1867
Unbekannter Meister
Zink, 32 mm
HGM Alte Inv. Nr. 70.500/290

3
Medaillon: Krönung Franz Josephs I. zum König von Ungarn und die Gründung des Honvéd-Vereins, 1867
Unbekannter Meister
Bronze, 38 mm
HGM Alte Inv. Nr. 67.852.

4
Huldigungsadresse vom Komitat Torontal zum 25. Jahrestag der Krönung von Franz Joseph I. zum König Ungarns, 1892
Prachtband, Seide, 46,7 x 35,3 cm
ÖNB POR Huldigungsadressen 202 - U.K.J./ 95-A

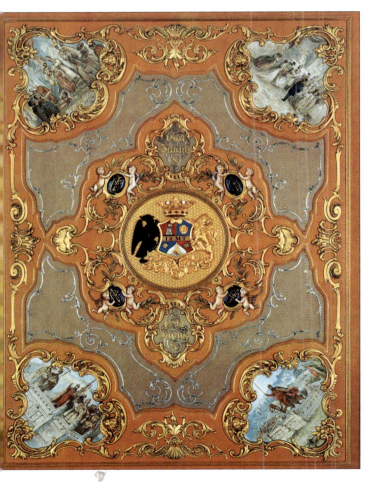

5
Huldigungsadresse des Israelitischen Ferien-Kolonien-Vereins zur Krönung von Karl I. zum König Ungarns, 1917
Prachtband, Pergament, 44,1 x 29,1 cm
ÖNB POR Huldigungsadressen 1785 - K. Karl/25

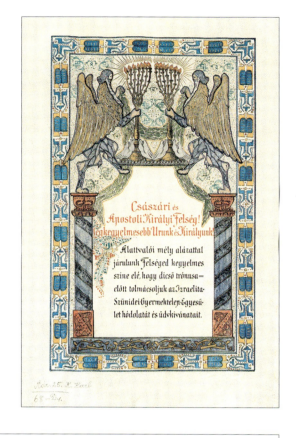

50
HULDIGUNGEN

1
Huldigungsadresse von Hódmezővásárhely anläßlich der Heimführung der sterblichen Überreste von Rákóczi, 21. Mai 1904
Prachtband, Holz, 40 x 33 cm
ÖNB POR Huldigungsadressen 813 - Rákóczi 22

2
Huldigungsadresse des Komitates Háromszék zum 80. Geburtstag von Franz Joseph I., 18. August 1910
Prachtband, Leder, 40,2 x 30 cm
ÖNB POR Huldigungsadressen 770-80. Geb.Tag/36

Die an den Herrscher oder an ein Mitglied des Herrscherhauses gerichteten Huldigungsadressen waren typische Geschenke in dieser Zeit. Sie wurden bei den verschiedensten – meist feierlichen – Gelegenheiten vergeben: zum Geburts- oder Namenstag, zur Verlobung, zur Trauung, zum Hochzeitsjubiläum, zum Andenken an die Thronbesteigung oder an die Krönung bzw. auch als Danksagung für den Besuch einer Stadt oder einer Siedlung. Diese "Adressen" waren meistens das Ergebnis einer künstlerischen Handwerksarbeit hohen Niveaus, die Urkunden selbst und ihre Behältisse waren reich verziert und erinnerten an den Schenker. Sowohl Körperschaften und Ämter des Landes, der Komitate und Selbstverwaltungen, als auch Gemeinden und Privatpersonen haben etliche Male "Huldigungsadressen" an die königliche Familie gerichtet.
Lit.: Hans Pauer, *Kaiser Franz Joseph I. Beiträge zur Bilddokumentation seines Lebens*, Wien 1966

3
Huldigungsadresse von Sopron zum 50. Jahrestag der Sanktionierung der April-Gesetze aus dem Jahre 1848
Prachtband, Seide, 53,8 x 41,8 cm
ÖNB POR Huldigungsadressen 239-U.G./24

Angesichts der Jubiläen zählte 1898 zu den ganz besonderen Jahren der ungarischen Geschichte. Neben dem 50. Jahrestag der Herrschaft von Franz Joseph I. ehrte man die 50. Wiederkehr des Ausbruchs der Revolution, die Sanktionierung der April-Gesetze und generell die Ereignisse des Freiheitskampfes 1848/49. Das fünfzigste Jubiläum der Thronbesteigung von Franz Joseph I. wurde eher in Österreich gefeiert – im Prater wurde die "Jubiläumsausstellung" zwischen dem 7. Mai und dem 1. Oktober im Zeichen dieses Festes veranstaltet – aber auch in Ungarn gab es verschiedene Gedenkfeiern. Selbstverständlich ging es hier – da man sich an die Rolle von Franz Joseph bezüglich der Retorsionen nach dem Freiheitskrieg erinnerte – viel distanzierter zu. Es ist kurios, jedoch für das ungarische Geschichtsbewußtsein charakteristisch, daß der Herrscher, der den Freiheitskampf mit Hilfe des Zaren im Blut erstickt hatte, zu dieser Zeit für die Mehrheit der Bevölkerung bereits zu einem geliebten König, zum weisen Herren einer seit dreißig Jahren friedlich lebenden und sich entwickelnden europäischen Großmacht wurde. Die Gedenkfeier der Märtyrer des Freiheitskampfes vertrug sich friedlich mit dem Rühmen des "guten Königs", der an ihrem Tod zweifellos beteiligt war. Der nach 1849 gehaßte, wegen des Ausgleiches im Jahre 1867 jedoch anerkannte Herrscher erhielt zu dieser Zeit in Ungarn in der Umgangssprache den Namen "Ferencjóska", was allerdings gleichzeitig ein Zeichen der Liebe, der Achtung und der Ehre war.
Lit.: Péter Hanák, *Ungarn in der Donaumonarchie. Probleme der bürgerlichen Umgestaltung eines Vielvölkerstaates*, Wien-München-Bp. 1984

51
DIE ÖSTERREICHISCH–UNGARISCHE MONARCHIE

1
Gemeinsames Ministerratsprotokoll, 12. März 1882
Orig., Papier, 24 x 39 cm
HHStA Min. d. Aeussern PA Liasse XL. Kt. 293. Gemeinsame Ministerratsprotokolle 1882-1883
fol. 752-771.

Nach dem Ausgleich können wir in der Beziehung Österreich–Ungarn die charakteristischen Merkmale der Bundesländer erkennen. Es wurde zwar in den Ausgle chgesetzen nicht eindeutig festgesetzt, doch wurden das Militärswesen sowie die auswärtigen und finanziellen Belange als gemeinsame Angelegenheit betrachtet. In diesen Fragen trugen nicht die Regierungen beider Länder, sondern die gemeinsamen Ressortminister en die Verantwortung. Letztendlich war der gemeinsame Ministerrat als oberste Verhandlungsinstanz der gemeinsamen Institutionen und der gemeinsamen Regierung anzusehen, der neben den gemeinsamen Ministern auch die Ministerpräsidenten beider Teile einbezog und – oft unter Vorsitz des Herrschers – regelmäßig tagte.

Lit.: Ludwig Bittner, "Das österreich-ungarische Ministerium des Äußern Seine Geschichte und Organisation", *Berliner Monatshefte* 15 (1937), 819-843. - Istvár Diószegi (Hg.), *Die Protokolle des gemeinsames Ministerates der österreichisch-ungarischen Monarchie 1883-1895*, Bp. 1993 - József Galántai, *Der österreichisch-ungarischen Dualismus 1867-1918*, Bp.-Wien 1990 - Miklós Komjáthy (Hg.), *Protokolle des Gemeinsamen Ministerrates der Österreichisch-Ungarischen Monarchie 1914-1918*, Bp. 1966 - Éva Somogyi (Hg.), *Die Protokolle des gemeinsamen Ministerates der österreichisch-ungarischen Monarchie 1896-1907*, Bp. 1991 - Éva Somogyi, *Der gemeinsame Ministerrat der österreichisch-ungarischen Monarchie. 1867-1906*, Wien-Graz-Köln 1996

2
Hof- und Staatshandbuch der Österreichischen–Ungarischen Monarchie, 1899
Druck, 20 x 26 cm
ÖNB MF 4478

2/a
Franz Joseph I. und die Mitglieder der ersten ungarischen Delegation, 1868
Ede Langer
Papier, Lithographie, 40 x 56 cm
MNM TKCs 1820

Die österreichischen und ungarischen Delegationen, deren wichtigste Aufgabe in der Bewilligung des gemeinsamen Haushalts bestand, waren eigentümliche Institutionen der dualistischen Monarchie. Die Verhandlungs- und die von ihnen abgesonderte Bewilligungsdelegation, die jeweils 60 Personen zählten, wurden für ein Jahr gewählt und hielten ihre Sitzungen wechselweise in Wien bzw. in Pest ab. 40 Mitglieder der ungarischen Delegation wurden vom Abgeordnetenhaus und 20 vom Herrenhaus durch Mehrheitswahl delegiert. (Im Falle des Abgeordnetenhauses mußten vier Personen kroatische Abgeordnete sein, im Falle des Herrenhauses war es nur eine Person.)

Die Delegationen hielten ihre erste Sitzung zwischen Januar und März 1868 in Wien ab, wo die ungarische Delegation später immer im Ministerium am Allerhöchsten Hoflager, im Gebäude der heutigen ungarischen Botschaft verhandelte.

Lit.: Somogyi Éva, *Der gemeinsame Ministerrat der österreichisch-ungarischen Monarchie. 1867-1906*, Wien-Graz-Köln 1996

3
Der österreichisch–kaiserliche Orden der Eisernen Krone, 1. Klasse mit Kriegsdekoration und Schwertern, dazu der Bruststern mit Kriegsdekoration und Schwertern, in Etui. um 1917, getragen von k.u.k. General der Infanterie Alfred Krauss (1862–1938)
C.F. Rothe, Wien
Gold, Silber und Email
HGM NI 16.577 un NI 16.578

Kaiser Napoleon I. stiftete zur Erinnerung an seine Krönung am 5. Juni 1805 in Mailand den Orden der Eisernen Krone. Mit Auflösung des Königreiches Italien erlosch 1814 dieser Orden. Als Kaiser Franz I. in den Besitz seiner italienischen Staaten trat, erneuerte er den Orden am 1. Jänner 1816. Der Orden besteht aus Rittern der 1., 2. und 3. Klasse. Das goldene Ordenszeichen besteht aus einer Nachbildung der lombardischen Königskrone, dem österreichischen Doppeladler mit Zepter, Schwert und Reichsapfel und der über ihm schwebenden und mit abfliegender Pendilie versehenen Kaiserkrone. Der blau emailierte Herzschild im Adler zeigt vorne "F." (Franz), rückwärts 1815. Der silberne brillantierte Ordensstern der 1.

Klasse enthält die "Eiserne Krone" und den goldenen um sie auf blauem Feld verlaufenden Wahlspruch "Avita et aucta" (Altherkömmlich und erweitert). Der Orden wurde sowohl für zivile als auch für militärische Verdienste – dann ergänzt durch die Kriegsdekoration und allenfalls die Schwerter – verliehen. Das Ordensband ist gelb mit blauen Randstreifen.
Lit.: Makai-Héri, 214-215. - Rudolf Vogl, Der österreichisch-kaiserliche Orden der Eisernen Krone. In: Johann Solzer/Christian Steeb (Hg. im Auftrag der Österreichischen Gesellschaft für Ordenskunde, Graz 1996), 146-162.

4
Der österreichisch-kaiserliche Leopold-Orden, Großkeuz mit Kriegsdekoration und Schwertern, dazu der Bruststern mit Kriegsdekoration und Schwertern, in Etui, um 1917, getragen von k.u.k. Generaloberst Karl Freiherr von Pflanzer-Baltin (1855–1925)
C.F. Rothe, Wien
Gold, Silber und Email
HGM NI 71.239

Gestiftet von Kaiser Franz I. am 11. Juli 1808 zu Ehren seines Vaters, des Kaisers Leopold I. ursprünglich in den Klassen Großkreuz, Kommandeure und Ritterkreuze geschaffen, kam 1901 eine zwischen dem Groß- und dem Kommandeurkreuz rangierende 1. Klasse dazu. Der Orden wurde sowohl für zivile, als auch für militärische Verdienste, hier mit der "Kriegsdekoration" und den im Weltkrieg gestifteten "Schwertern", verliehen. Das Ordenszeichen besteht aus einem goldenen, rot emaillierten Tatzenkreuz mit weißer Einfassung. Das rote, runde Mittelschild zeigt die verschlungenen Goldbuchstaben F.J.A. (Franciscus Imperator Austriae) und die goldene Umschrift auf weißem Grund "Integritate et merito" (Durch Unbescholtenheit und Verdienst). Das rückseitige Mittelschild ist weiß und zeigt innerhalb eines goldenen Lorbeerkranzes den Wahlspruch Kaiser Leopolds "Opes regum corda subditorum" (Die Mächte der Regenten sind die Herzen der Untertanen). Das Kreuz hängt an der goldenen österreichischen, mit abfliegenden Pendilien versehenen Kaiserkrone. Das Ordensband ist rot, mit weißen Randstreifen.
Lit.: Makai-Héri, 214-215. - Günter Erik Schmidt, Der Österreichisch-kaiserliche Leopolds-Orden. In: Johann Solzer/Christian Steeb (Hg. im Auftrag der Österreichischen Gesellschaft für Ordenskunde) Graz, 1996, 135-145.

5.
Elisabeth-Orden, Stern und Kreuz
Gold, Email, 35,5 und 43 mm
KHM, Inv. Nr. E 163, E 168

Franz Joseph I. stiftete diesen Orden 1898 nach dem tragischen Tod seiner Gemahlin, der Kaiserin und Königin Elisabeth sowie zum Andenken an Elisabeth von Thüringen. Der Orden mit drei Klassen konnte frommen, sich mit humanistischen Taten auszeichnenden Damen verliehen werden.
Lit.: Makai-Héri, 224.

52.
GEMEINSAME HOHE BEAMTE DER MONARCHIE

1
Benjamin Kállay, um 1880
Aufnahme von Ede Ellinger
MNM Történeti Fényképtár, ltsz: 867-1933, neg: 32715

Kállay (1839–1903) war einer der besten Kenner der Geschichte der südslawischen Völker und eine bedeutende Persönlichkeit in der Balkanpolitik der Monarchie. Ab 1879 war er als erster Sektionschef Vertreter des gemeinsamen Außenministers, später ab 1882 bis zu seinem Tode sogar selbst gemeinsamer Außenminister und als solcher Leiter der Angelegenheiten in Bosnien–Herzegowina.
Lit.: Thallóczy Lajos, *Kállay Benjámin emlékezete*, Bp. 1909

2
István Baron Burián, 1913
Aufnahme von Szenes
MNM Történeti Fényképtár, ltsz: 3627/1957 fk

Nach einem diplomatischen Dienst an mehreren Stellen war Burián (1851–1922) Botschafter in Sofia (1887–1895), Stuttgart (1896) und Athen (1897–1903), danach zwischen 1903–1912 gemeinsamer Finanzminister, und später einer der Initiatoren bei der Annektion von Bosnien und Herzegowina im Jahre 1908. Zwischen 1913 und 1915 war er Minister am Allerhöchsten Hoflager, 1915/16 gemeinsamer Außen-, 1916–1918 gemeinsamer Finanz- und bis Oktober 1918 wieder gemeinsamer Außenminister.
Lit.: Diószegi István, „A ballhausplatzi politika utolsó gazdája", *Kortárs* 1966/2.

3
Sándor Baron Wekerle und der österreichische Ministerpräsident Max Wladimir Beck vor der Matthias-Kirche in Buda, nach dem Gottesdienst zum Namenstag des Herrschers. Hinter ihnen Gyula Graf Andrássy und Albert Graf Apponyi, 4. Oktober 1907
Aufnahme von Gyula Jelfy
MNM Történeti Fényképtár, ltsz 1679/1954, neg: 78964

Sándor Wekerle (1848–1921) war der bekannteste und anerkannteste Finanzfachmann seiner Zeit. Er hat die gesamte Finanzverwaltung und das Steuersystem des ungarischen Staates umgestaltet und reformiert. Zwischen 1889–1895 war er Finanzminister, von 1892 bis 1895 der erste Ministerpräsident Ungarns bürgerlicher Abstammung, zwischen 1906–1910 bzw. 1917/18 noch zwei weitere Male Ministerpräsident.
Lit.: Matlekovits Sándor, *Wekerle Sándor emlékezete*, Bp. 1922 - Balcs Károly, *Ünnepi beszéd Wekerle Sándor emlékére*, Bp. 1943

Albert Apponyi (1848–1933) war einer der einflußreichsten konservativen Politiker Ungarns, und ein ausgezeichneter Redner. Während des Dualismus politisierte er meist in der Opposition, zwischen 1906–1910 bzw. 1917/18 war er Minister für Religions- und Unterrichtswesen. Nach dem Zerfall der Monarchie war er Leiter der ungarischen Friedensdelegation, ab 1923 bis zu seinem Tode Hauptdelegierter Ungarns im Völkerbund.
Lit.: *Apponyi emlékkönyv*, Bp. 1926

Baron Beck (1854–1943) bereitete von 1880 bis 1906 als Landwirtschaftsminister wichtige, auf eine Agrarreform abzielende Gesetzesentwürfe vor. Zwischen 1906–1908 war er Ministerpräsident und "Vater" des Wahlgesetzes von 1907, aufgrund dessen das allgemeine und gleichberechtigte Wahlrecht in den österreichischen Ländern der Monarchie eingeführt wurde.
Lit.: Ch. Allmayer-Beck, *Erzherzog Franz Ferdinand und Baron Max Wladimir Beck, dargestellt auf Grund der beiderseitigen Nachlässe*, Wien 1949

4.
Gyula Graf Andrássy, sen., 1877
Aufnahme von György Klösz
MNM Történeti Fényképtár, ltsz:1904/1951, neg: 28218

1848 war Andrássy (1823–1890) Obergespan des Komitats Zemplén, später Kommandant der Nationalgardisten im Komitat und im Frühlingsfeldzug Adjutant von Görgey, ab Mai des Jahres 1849 Regierungsgesandter in Konstantinopel. Nach der Niederschlagung des Freiheitskampfes lebte er in Emigration, 1851 wurde er in seiner Abwesenheit zum Tode verurteilt. Da er sich – aufgrund seiner Einsicht, daß nur eine Einigung mit Österreich das weitere Bestehen Ungarns sichern könnte – für den Ausgleich eingesetzt hatte, bekam er 1858 Amnestie und kehrte wieder nach Ungarn zurück. Er nahm an der Vorbereitung des Ausgleichs aktiv teil. Von 1867 bis 1871 war er Ministerpräsident und Verteidigungsminister, zwischen 1871 und 1879 war er gemeinsamer Außenminister und einer der entschlossensten Mitgestalter der Außenpolitik der Monarchie: Sein Programm war russenfeindlich und zugleich deutschfreundlich in einem. Den Höhepunkt seiner politischer Tätigkeit erreichte er zur Zeit des Berliner Kongresses (1878), welcher in der Okkupation von Bosnien und Herzegowina resultierte.
Lit.: Angyal Dávid, *Gróf Andrássy Gyula*, Bp. 1941 - István Diószegi, *Bismarck und Andrássy*, Wien 1999

5
Gyula Graf Andrássy, jun., 1904
Aufnahme von Nachfolgern des Lehrers Koller
MNM Történeti Fényképtár, ltsz: 704-1933, neg: 28223

Graf Andrássy, jun. (1860–1929) war von 1894 bis 1895 Minister am Allerhöchsten Hoflager, zwischen 1906–1910 Innenminister, 1918 – insgesamt eine Woche lang (24.–30. Oktober) – als letzter gemeinsamer Außenminister der Monarchie. Nach dem Zerfall der Monarchie war er als legitimistischer Politiker tätig.
Lit.: Apponyi Albert, *Andrássy Gyula emlékezete*, Bp. 1930

52/5

6
Árpád Károlyi, um 1890
Aufnahme von Ede Ellinger
MNM Történeti Fényképtár, ltsz: 871-1933, neg: 31993

Károlyi (1853–1940) war Mitglied des Instituts für Österreichische Geschichtsforschung, ab 1877 Archivar und zwischen 1909–1913 Direktor des Haus-, Hof- und Staatsarchivs. Er war ein einflußreicher Geschichtsschreiber um die Jahrhundertwende, der aufgrund seiner hervorragenden Erfahrungen und Kenntnisse über die Wiener Archive ein Forschungsprogramm konzipierte und – als Direktor des Ungarischen Historischen Instituts in Wien zwischen 1920–1928 – großen Einfluß auf die Bestimmung der wichtigsten Themen in der ungarischen Geschichtsschreibung der Zwischenkriegszeit ausübte.
Lit.: Angyal Dávid, *Károlyi Árpád emlékezete*, Bp. 1943

7
Lajos Thallóczy, um 1906
Aufnahme von Charles Scolik
MNM Történeti Fényképtár, ltsz: 81.636, neg: 47882

Thallóczy (1856–1916) war ab 1885 bis zu seinem Tode Direktor des Hofkammerarchivs in Wien, neben Benjamin Kállay die größte Autorität der ungarisch–südslawischen Geschichtsbeziehungen, und bezüglich der Balkanpolitik der Monarchie Ratgeber von Franz Joseph I. Er unterrichtete im Theresianum, an der Konsularakademie und galt als "spiritus rector" eines berüchtigt-berühmten Kreises in seiner Wohnung, in dem mehrere hohe Persönlichkeiten des öffentlichen Lebens mitwirkten. Ab 1915 war er bürgerlicher Gouverneur im besetzten Serbien.
Lit.: Károlyi Árpád, *Thallóczy Lajos emlékezete*, Bp. 1937 - Eckhart Ferenc, *Thallóczy Lajos a történetíró*, Bp. 1938

8
László Szőgyény-Marich, um 1885
MNM Történeti Fényképtár, ltsz: 389/1955, neg: 32719

Szőgyény (1840–1916) war Komitatsbeamter, später Abgeordneter des Reichstags, danach ab 1883 der erste Sektionschef des gemeinsamen Außenministeriums, zwischen 1890–1892 Minister am Allerhöchsten Hoflager, von 1892 bis 1914 Botschafter beim Deutschen Kaiserlichen Hof, gleichzeitig Gesandter in mehreren Fürstenhöfen. Er zählte zum Freundeskreis des deutschen Kaisers Wilhelm II.

9
Vertreter des Kriegsministeriums und der Kriegsmarine auf der Tagung der Delegation, Wien, 1902
Aufnahme von Antal Weinwurm
MNM Történeti Fényképtár, ltsz: 6499/1957 fk, neg: 33894

10
Vertreter der gemeinsamen Ministerien für auswärtige Angelegenheiten bzw. für Finanzen auf der Tagung der Delegation. Zweiter links in der Reihe der Sitzenden: Kajetán Mérey, Wien, 1902
Aufnahme von Antal Weinwurm
MNM Történeti Fényképtár, ltsz: 6500/1957 fk, neg: 33895

Kajetán Mérey (1861–1931) hatte ab 1884 in Belgrad, Bukarest, Paris und Konstantinopel Außendienst, später wurde er ab 1895 Leiter der Präsidialabteilung im gemeinsamen Außenministerium, zwischen 1910–1914 Botschafter der Monarchie in Rom-Quirinal, 1915 wurde er im Außenministerium mit der Vorbereitung der Friedensverhandlungen beauftragt. Er unterschrieb den Waffenstillstand mit Rußland in Brest-Litovsk als Leiter der Friedensdelegation.
Lit.: Hugo Hantsch, *Leopold Grafen Berchtold*, Wien 1963

11
Lajos Dóczi (bis 1870: Dux), um 1896
Aufnahme von Antal Simonyi
MNM Történeti Fényképtár, ltsz: 1299/1957 fk, neg: 33895

Zwischen 1865–1867 unterstützte Dóczi (1845–1919) als Pester Korrespondent der Neuen Freien Presse die Politik Ferenc Deáks, ab 1867 war er Beamter des ungarischen Ministerpräsidiums. Von 1879 bis 1902 fungierte er als Pressechef des Außenministeriums der Monarchie. Ferner gilt er als einer der Erschaffer der ungarischen neuromantischen Dramen. Er konnte mit seinen leichten und unterhaltsamen Theaterstücken auf vielen Bühnen Europas Erfolg erzielen.
Lit.: György József, *Dóczi Lajos*, Bp. 1932

12
**Béla Barabás und Rudolf Graf Montecuccoli,
Leiter der ungarischen, bzw. der österreichischen
Delegation im Arsenal von Pola, 1907**
Aufnahme von Gyula Jelfy
MNM Történeti Fényképtár, ltsz: 1603/1954 fk, neg: 90184

Barabás (1855–1934) nahm als aktiver Rechtsanwalt in Arad an der Politik teil, ab 1892 war er Reichstagsabgeordneter, in den Jahren 1906 und 1907 stellvertretender Leiter, 1908 Leiter der ungarischen Delegation. 1917 war er Obergespan des Komitats und der Stadt Arad, 1919 wurde er zum Kultusminister der konterrevolutionären Regierung in Arad ernannt, nach 1920 wurde er zum Anführer der ungarischen Minderheit in Rumänien.
Lit.: Gellért Imre-Madarász Emil, *Három évtized története*, Gyoma 1932

Graf Montecuccoli war ab 1897 Konteradmiral, ab 1899 Flottillenkommandant, ab 1903 als Unteradmiral Leiter der Marineabteilung im gemeinsamen Außenministerium, ab 1904 Kommandant der Marine, und ab 1905 Admiral. Er war Befürworter und Durchführer der schnellen und kräftigen Entwicklung der Kriegsmarine.

13
**Ungarische Delegation auf dem Weg vom
„Haus Ungarn" in die Burg, Wien, 1906**
MNM Történeti Fényképtár, ltsz: 6504/1957 fk, neg: 81552

Die ungarische Delegation hielt ihre Sitzungen in Wien immer im ' Ungarischen Haus" ab, d.h. im Marmor- oder Festsaal des Gebäudes der ungarischen königlichen Hofkanzlei, später des Ministeriums am Allerhöchsten Hoflager. Das Palais – eines der wertvollsten Baudenkmäler Wiens aus der Barockzeit – war ab 1747 Eigentum des ungarischen Staates, heute residiert die Botschaft der Republik Ungarn in diesem Palais.

Der Anteil der ungarischen Angestellten in den gemeinsamen Ministerien stieg während des Dualismus beinahe ständig. Die Stärkung der Position Ungarns innerhalb der Monarchie bezeugten auch die Änderungen der Quote, die die Proportionen der Verteilung der gemeinsamen Finanzen ausdrückte. Während am Anfang des Zeitalters Österreich 68,6, und Ungarn 31,4 Prozent der Quote bekommen hatte, wurden diese Proportionen bis zum Ende der Epoche zu 63,6 : 36,4% modifiziert, was auf den allmählich richtigen Ausgleich hinwies. Von den drei gemeinsamen Ministern war einer – entweder der Außenminister oder der Finanzminister – immer ungarischer Abstammung – das Finanzministerium hielt man geradezu für ein Ministerium von "ungarischer Dominanz" –, die Führung des Kriegsministeriums lag aber zu jeder Zeit in österreichischen Händen. (Gemeinsame Außenminister waren: Gyula Graf Andrássy, sowohl der Ältere, als auch der Jüngere; Gusztáv Graf Kálnoky und István Baron Burián; gemeinsame Finanzminister: Menyhért Graf Lónyay; József Szlávy; mehr als zwanzig Jahre lang Benjamin Kállay; zehn Jahre lang István Baron Burián.) Während des Dualismus arbeiteten auch in den Einrichtungen, die den gemeinsamen Ministerien unterstellt waren, wie im Haus-, Hof- und Staatsarchiv, an der Konsularakademie, im Hofkammerarchiv, immer mehr Ungarn, und zugleich nahm das Verhältnis der Ungarn auch im Diplomatischen Korps ständig zu.

14.
**Medaille: „Zum Andenken an den Todestag des
Thronfolgers Rezső [Rudolf] 30. Januar 1889"**
Károly Gerl
Medaille, Bronze, 60 mm
HTM 1374/É

53.
DAS UNGARISCHE MILLENNIUM (1896) UND
DAS HERRSCHER-JUBILÄUM (1898)

1
Huldigungsadresse von Kolozsvár aus Anlaß der ungarischen Millenniumsausstellung, 1896
Prachtband, Leder, 39,8 x 29,8 cm
ÖNB POR Huldigungsadressen 22-U.M./23

Zu Ehren des 1000. Jubiläums der ungarischen Landnahme wurde das Jahr 1896 mit dem Glockenschlag aller Glocken im Land begrüßt. Damit hat eine Reihe von Millenniumsfeierlichkeiten eingesetzt, deren staatliche Veranstaltungen gesetzlich geregelt waren. Auf dem "Hősök tere" (Heldenplatz) in Budapest wurde zur Verewigung des Millenniums eine Denkmalsgruppe aufgestellt, die die tausend Jahre der ungarischen Geschichte vom Fürsten Árpád bis Franz Joseph I. wachrief. Gleichzeitig wurden weitere sieben Denkmäler im Land aufgestellt (in Nyitra, Pannonhalma, Dévény, Verecke, Zimony, Brassó sowie die Reiterstatue St. Stephans an der Fischerbastei und das Árpád-Denkmal in Pusztaszer). In allen Komitaten und Städten des Landes wurde gefeiert und des Millenniums gedacht: Tausende von Gebäuden, Kommunalbetrieben und kulturellen Institutionen wurden fertiggestellt, die bis heute benutzt werden. Außerdem hat man über die Gründung von 400 neuen staatlichen Volksschulen entschieden. Da der Reichstag mit Einstimmigkeit entschied, daß während der Feierlichkeiten politische Debatten zur Seite gelegt werden sollten, herrschte im Land – und das war eine sehr seltene Situation in der ungarischen Geschichte – einige Monate lang "treuga Dei". Der Ort der zentralen Feste war das im Jahre 1892 auf den Rang von Haupt- und Residenzstadt, d.h. neben Wien zum zweiten Sitz des Herrschers erhobene Budapest, wo im Stadtpark die Millenniumsausstellung, die die Geschichte und die damaligen Umstände Ungarns darlegte, stattfand. Diese Ausstellung wurde vom Herrscher – vor mehreren Hunderttausenden – unter Glockenschlägen und im außerordentlich feierlichen Rahmen, von Würdenträgern in der ungarischen Galauniform, den höchsten Persönlichkeiten des öffentlichen Lebens und Künstlern begleitet, am 2. Mai 1896 eröffnet. An der umfangreichen Ausstellung, die mehr als fünf Millionen Besucher angelockt hatte, waren Vergangenheit und Gegenwart, historische Betrachtungsweise und Modernität, die tausendjährige Geschichte und die Darstellung der Ergebnisse der nach 1867 begonnenen, beispiellos schnellen kapitalistischen Entwicklung interessant und wirkungsvoll vermischt.

Lit.: Zoltán Bálint, *Die Architektur der Millennium-Ausstellung in Budapest*, Wien 1897 - E. C. Corti, *Elisabeth die "seltsame Frau"*, Salzburg-Leipzig 1934 480. ff - Katalin Sinkó, *Die Geschichte des Millennium-Denkmals*, Göttingen 1987

2
Franz Joseph, Leopold I. und Fürst Árpád auf der Millenniumsfeier, 1896
Unbekannter Meister
Medaille, Bronze, 34 mm
HGM Alte Inv. Nr. NI 70.500/147

Das ausgestellte Medaillon zeugt von einer eigenartigen Betrachtungsweise: Neben dem Fürsten Árpád, der die Ungarn in die neue Heimat geführt hatte, sind Leopold I., der den Einwohnern – durch Vertreibung der Türken – das ganze Land zurückerobert und den Habsburgern 1687 das Erbkönigreich gesichert hatte, sowie Franz Joseph I., der durch den Ausgleich die dualistische Staatsform und damit die Donaumonarchie begründet hatte, zu sehen.

3
Franz Joseph, István Széchenyi und Gábor Baross bei der Eröffnung des Eisernen Tores, 1896
Unbekannter Meister
Medaille, Bronze, 37 mm
HGM Alte Inv. Nr. NI 70.500/34

An der Unteren Donau, beim Eisernen Tor blieb der Warentransport wegen der Felsen und des Strudels im Wasser praktisch stecken, und die gefährliche Strecke mußte auf dem Land umgangen werden. Um diesen Abschnitt auch schiffbar zu machen, wurden die Arbeiten unter der Führung von Pál Vasváry bereits 1833 aufgenommen, deren königlicher Beauftragter István Széchenyi war. Dies war eine der größten technischen Investitionen – die den ungarischen Staat insgesamt 45 Mio. Goldkronen gekostet hatte – und welche im Jahr des Millenniums, 1896 abgeschlossen wurde. Das Eiserne Tor wurde für die Schiffahrt am 27. September 1896 als Teil der Millenniumsfeierlichkeiten in der Gegenwart des ungarischen, des serbischen und des rumänischen Königs eröffnet. Auf dem Medaillon ist neben Franz Joseph I. und Széchenyi auch Gábor Baross (1848–1892) Verkehrsminister (der "Eiserne Minister") zu sehen, der nicht nur in der Verstaatlichung der Bahnen, sondern auch in der Förderung der Meeresbeschiffung unglaubliche Verdienste verbuchen konnte.

4
Ungarisches Millennium: Elisabeth und Franz Joseph
Unbekannter Meister
Medaille, Bronze, 39,6 mm
HGM Alte Inv. Nr. NI 70.500/143

5
Franz Joseph und Fürst Árpád auf der Millenniumsausstellung, 1896
Bronze, 33 mm
HGM alte Inv. Nr. NI 70.500/365

6
Huldigungsadresse der Budapester Technischen Universität aus Anlaß des Todes von Kaiserin und Königin Elisabeth, 1898
Prachtband, Filz, 34,9 x 23,3 cm
ÖNB POR Huldigungsadressen 1729 - Kais. El./93

54
DIE BURG VON BUDA UND DER UNGARISCHE KÖNIGLICHE HOFSTAAT

1
Franz Joseph I. im Burggarten von Buda, um 1900
Unbekannter Meister
Papier, 19,5 x 25 cm
BTM Fövárosi Képtár 97.247

Der Umbau und die Erweiterung des königlichen Palastes in der Budaer Burg begannen im Jahre 1890 unter der Führung und nach den – sich den ehemaligen Barock-Gebäuden anpassenden – Plänen von Miklós Ybl. Nach dem Tod von Ybl (1891) wurden die Arbeiten unter Alajos Hauszmann fortgesetzt. Hauszmann hatte die Grundkonzeption von Ybl beibehalten und nur einige Details verändert. Die äußeren Arbeiten und die Einrichtung der Säle wurden 1904 abgeschlossen. Dadurch vergrößerte sich die Grundoberfläche des Palastes beträchtlich. Die Gebäudereihe mit der 200 Meter langen Kette der Säle im ersten Stock, die der Längsachse angeheftet war, diente ausschließlich der königlichen Repräsentation. (Dies war auch notwendig, weil sich ja 1892, zum 25. Jahrestag der Krönung von Franz Joseph I. zum ungarischen König, als Budapest zur Haupt- und Residenzstadt – und dadurch zum königlichen Sitz – erklärt wurde, die Säle des Palastes eben für die Repräsentation als ärmlich und damit ungeeignet erwiesen.)
Lit.: Katalin Földi-Dózsa (Hg.), *Die Jahrhunderte des königlichen Palastes in der Burg von Buda*, Bp. 2000

2
Photos: Interieur in der Burg von Buda
2/a: Königlicher Palast, Tee-Raum, vor 1903
  Aufnahme von Mór Erdélyi
  BTM Kiscelli Múzeum Inv. Nr. 107/117
2/b: Königlicher Palast, Festsaal, vor 1905
  Unbekannter Meister
  BTM Kiscelli Múzeum nv. Nr. 16.964/6
2/c: Königlicher Palast, kleiner Zeremonie-Raum, um 1896
  Aufnahme von Mór Erdélyi
  BTM Kiscelli Múzeum Inv. Nr. 107/116
2/d: Königlicher Palast: Gesellschaftsraum, vor 1903
  Aufnahme von Mór Erdélyi
  BTM Kiscelli Múzeum Inv. Nr. 107/114

Der äußeren und inneren Erneuerung sowie der beträchtlichen Erweiterung des Palastes zufolge wurden die Repräsentationsräume im Donauflügel untergebracht. Der Tanzsaal und zugleich auch festlicher Ballsaal war mit seiner Grundfläche von 724 m und seiner Höhe von 15,5 m auch für Festivitäten geeignet. Davor, an der der Donau zugewandten Seite, stand die Büfetthalle, von hier aus kam man in den kleineren, aber immer noch repräsentativen Habsburg-Raum weiter, wo die Habsburg-Stiege zur Reiterstatue von Prinz Eugen führte. Wenn die Besucher weiter spazierten, konnten sie den größten Raum des ehemaligen Barock-Hauptflügels, den Thron- oder Festsaal erreichen, der – zwar von Hauszmann umgebaut – seine ursprüngliche Bestimmung behielt. Im neuen Flügel zur Christinastadt wurden zwei weitere Festsäle ("Matthias Hunyadi" und "St. Stephan") ausgebaut, die aber weniger der offiziellen, sondern eher der privaten Repräsentation dienten.
Lit.: Katalin Földi-Dózsa (Hg.), *Die Jahrhunderte des königlichen Palastes in der Burg von Buda*, Bp. 2000

2/2/b

3
Viribus Unitis. Das Buch vom Kaiser. Leipzig–Wien, Max Herzig, 1898. 322.p., 46 cm
Leder-Prachtband, grün, vergoldet, 46 cm
HTM Kvgy. 2° 167

Das ausgestellte Album, das – mit seiner umfangreichen Größe – zur Klasse der sog. "Möbelbücher" des Zeitalters gehörte, ist in dekorativem, goldgeschmücktem Ledereinband sowohl in ungarischer als auch in deutscher Sprache erschienen.
Lit.: Fényesebb,186.

55
DIE ZWEI HAUPT- UND RESIDENZSTÄDTE

1
Andrássy út mit der Oper. Budapest, 1910er Jahre
Aufnahme von Mór Erdélyi
BTM Kiscelli Múzeum lt. sz. 107/66

1/a
Opernring. Wien, um 1855
Aufnahme von Carl von Zamboni
MNM Történeti Fényképtár, ltsz: 92.534, neg. 78359

2
Ansicht von Buda aus, mit der Kettenbrücke und der St. Stephans-Basilika, 1897
BTM Kiscelli Múzeum lt. sz. 81.390

2/a
Die Karlskirche mit der Elisabeth-Brücke, 1873
Aufnahme von Johann Stauds
MNM Történeti Fényképtár
Inv. Nr. 66.3

3
Das ungarische Parlament, 1900er Jahre
Aufnahme von Mór Erdélyi
BTM Kiscelli Múzeum lt. sz. 107/125

3/a
Das Wiener Parlament, um 1880
Aufnahme von August Stauda
MNM Történeti Fényképtár, ltsz. 66.4

4.
Kuppel des königlichen Palastes in der Burg von Buda, mit der Habsburg-Stiege, 1903
BTM Kiscelli Múzeum lt. sz. 1654

4/a
Das Michaelertor in Wien, um 1880
Aufnahme von Wilhelm Kral
MNM Történeti Fényképtár, ltsz:3701/1958 fk, neg. 17977

Bei der Gestaltung des modernen Wien und Budapest gab es viele gemeinsame Züge in den Umständen, was man an der Identität der Wiener und der Budapester Stadtstruktur am rechten bzw. am linken Donauufer leicht nachvollziehen kann. Die einander ähnlichen, wohl bekannten, charakteristischen Bilder der zwei Hauptstädte – wenn auch mit einer gewissen Zeitverschiebung, weil ja Budapest meistens um einige Jahre hinter Wien zurückgeblieben war – sind der unglaublich schnellen Entwicklung und dem dynamischen Ausbau zwischen 1860 und 1900 zu verdanken. Budapest entstand 1873 aus der Vereinigung von Pest, Buda und Óbuda, aber bereits drei Jahre davor hatte die Regierung über seine Entwicklung zu einer modernen Weltstadt entschieden. In diesem Jahr kam auch der Hauptstädtische Rat für gemeinnützige Arbeit zustande, der – zwischen 1873 und 1905 unter Leitung vom berüchtigten Baronen Frigyes Podmaniczky – gleichzeitig die Oberaufsicht und Instanzbehörde für Stadtplanung und Stadterweiterung war. 1871 wurde das Gesetz über den Ausbau der großen Ringstraße (Nagykörút) verabschiedet, die genauso, wie viele andere Mietshäuser, öffentliche Gebäude und Kultureinrichtungen, im Rahmen der Millenniumsfeierlichkeiten, 1896 übergeben wurde. Wie auch in Wien, wurden bis zu dieser Zeit die Bauarbeiten und Investitionen abgeschlossen, die das Antlitz der zwei Hauptstädte auch heute noch bestimmen,.

Lit.: Katalin Jalsovszky-Emőke Tomsics, *K.u.K. kaiserliches Wien - königliches Budapest*, Wien 1996 - John Lukács, *Ungarn in Europa. Budapest um die Jahrhundertwende*, Berlin 1990

5
Medaille: Erinnerung an die erste und zweite Stadterweiterung von Wien, 19. Dezember 1890
Bronze, 76 mm
HGM alte Inv. Nr. NI 70.500/348

Franz Joseph I. ordnete am 20. Dezember 1857 den Abriß der Wiener Stadtmauern und den Ausbau des Ringes an, was letztendlich die Erweiterung der Grundfläche der Stadt bedeutete, die seit dem Mittelalter unverändert geblieben war. Und er war es auch, der am 19. Dezember 1890 mit einer "Kaiserlichen Anordnung" die Entscheidung der Stadt über die Erweiterung von Wien vom 6. Dezember des vorangegangenen Jahres bewilligt hatte. Im Sinne dieser Entscheidung wurden Wien 43 kleinere Siedlungen jenseits von Linienwall, d.h. vom heutigen Gürtel, angeschlossen, die teilweise gegen die Streifzüge der Kuruzzen im Jahre 1704 gebaut worden waren. Der Anordnung zufolge, die bereits am 20. Dezember in Kraft getreten war, ist die Grundfläche von Wien auf das Dreifache, die Anzahl der Einwohner von 525 000 auf 1 365 000 gestiegen, und es entstanden 9 neue Bezirke (die von 11.–19.).

6
Medaille: Erinnerung an die ungarischen Millenniumsfeierlichkeiten und das 200jährige Bestehen von Budapest, 1896
Bronze, 38,5 mm
HGM o. Nr.

56
Der Erste Weltkrieg

1
Der erste, bei der Belagerung von Szabács verwundete Offizier, August 1914
László Mednyászky
Ölgemälde auf Pappe, 22,5 x 33 cm
HGM Inv. Nr. BI 34 904

2
Bekanntgabe über den Tod des Thronfolgers Franz Ferdinand und seiner Gemahlin, 29. Juni 1914
Illustriertes Wiener Extrablatt
ÖNB FLU 1914-1918/I/6 (5991)

Die Geschichtsschreibung hält den Mord von Franz Ferdinand und seiner Frau, Sophia Gräfin Chotek am 28. Juni in Sarajevo – überraschend einheitlich – für ein weitgehend dilettantisches und zugleich am schlechtesten vorbereitete Attentat der Neuzeit. Die ursprünglich geplante Aktion der auch vom serbischen militärischen Nachrichtendienst unterstützten, auf alles gefaßten, doch völlig unerfahrenen, nicht einmal über die elementaren Regeln der Konspiration verfügenden Jugendlichen – eine Bombenattacke gegen den Wagen des Thronfolgers – war nahezu zwangsläufig zum Fehlschlag verurteilt. Von den vier bewaffneten Konspiranten hatte nur einer seine Bombe geworfen, die aber vom heruntergeklappten Leinwanddeckel des Wagens von Franz Ferdinand abgesprungen war und unter dem nächsten Wagen explodierte, wobei sie nur kleinere Verletzungen anrichtete. Das unglückliche Aufeinandertreffen von tragischen Zufällen kam jedoch den Attentätern zu Hilfe. Der Thronfolger setzte sein Programm – obwohl das überhaupt nicht nötig war – fort, und der Reisezug war eine Stunde später wieder unterwegs. Versehentlich bog die Wagenkolonne – die noch vor dem mißlungenen Attentat und nicht die danach veränderte Route befolgend – in eine enge Straße ein, an deren Ecke der Wagen des Erzherzogs für einige Sekunden anhielt. All das geschah nur ein paar Schritte vor Gavrilo Princip, der als einer der Konspiranten die Gelegenheit nutzte und in demselben Augenblick mehrmals schoß. Zwei seiner Schüsse haben auch getroffen. Die Erzherzogin starb sofort, der Thronfolger überlebte seine Frau nur um zehn Minuten. Der von anderen aufgehetzte, fanatische Attentäter hatte sein Ziel erreicht: sein Name wurde sofort auf der ganzen Welt bekannt, als Motiv konnte er durch die Presse jedem mitteilen, daß er die Unterdrückung der Serben in der Donaumonarchie auf diese Weise gerächt hatte. Seine unverantwortliche Tat spielte eine wichtige – wenn auch nicht entscheidende – Rolle im Ausbruch des Ersten Weltkrieges.
Lit.: Robert A. Kann, *Erzherzog Franz Ferdinand. Studien*, Wien 1976 – Friedrich Weissensteiner, *Franz Ferdinand. Der verhinderte Herrscher*, Wien 1983 – Wladimir Aichelburg, *Sarajevo, 28. 6. 1914*, Wien 1984

3
Manifest „An meine Völker", 29. Juli 1914
Ansichtskarte
ÖNB FLU 53.Gr.1.

So schockierend und sensationell die Nachricht über das Attentat in Sarajevo auch gewesen sein mag, um so weniger hat der Ausbruch des Krieges ein Monat später die öffentliche Meinung überrascht. Die zwei Seiten hatten sich nämlich auf die Begegnung bereits seit Jahren vorbereitet. Die Monarchie zögerte nach dem Attentat einen Monat lang, bis Serbien die Kriegserklärung zugeschickt wurde. Die Ursache dafür lag darin, daß man auf die Entwicklung des Standpunktes von Deutschland wartete. Obwohl István Tisza, ungarischer Ministerpräsident, anfangs gegen die Kriegserklärung war, überzeugte die kriegerische Entschlossenheit des deutschen Kaisers und der Regierung schließlich auch ihn, und so hat der gemeinsame Ministerialrat die an die serbische Regierung gerichtete, streng formulierte Note am 19. Juli 1914 einstimmig bewilligt. Nach der serbischen Antwort auf die unerfüllbaren Forderungen (vom 25. Juli) teilte die Donaumonarchie seine Kriegserklärung gegen Serbien, dem Feind, am 28. Juli telegraphisch mit. In den ersten Augustwochen artete sich der Krieg – anhand der nacheinander folgenden Kriegserklärungen – zu einem Weltkrieg aus.

4
István Tisza, Ungarns Ministerpräsident, um 1915
Aufnahme von Szenes, Nachfolger von Károly Koller
MNM Történeti Fényképtár, ltsz. 3062/1958 fk, neg. 32893

Tisza (1861–1918) war eine der größten Gestalten der konservativen Politik in Ungarn, der als konsequentester und bis zur Hartnäckigkeit unbiegsamer Vertreter des Ausgleichs und des darauf aufbauenden Systems bekannt wurde. Da er erkannt hatte, daß das historische Ungarn ausschließlich im Rahmen der Monarchie fortbestehen konnte, bestand er bis zum Ende seiner politischen Laufbahn auf seinen Standpunkt von 1867. Zwischen 1903–1905 war er Ministerpräsident, 1910 gründete er die Nationale Partei der Arbeit. Ab 1912 bekleidete er den Posten des Präsidenten des Abgeordnetenhauses, zwischen 1913–1917 erneut den des Ministerpräsidenten. Am 31. Oktober 1918 fiel er beim Ausbruch der "Herbstrosen-Revolution" als berühmtester Verkörperer des dualistischen Systems – unter bis heute ungeklärten Umständen – einem Attentat zum Opfer.

Lit.: Vermes, Gábor, István Tisza. The Liberal Vision and Conservative Statecraft of a Magyar Nationalist, New York 1985 - Horánszky Lajos, Tisza István és kora, I-II. köt., Bp. 1994 - Tőkéczki László, Tisza István eszmei, politikai arca, Győr 2000

5
Huldigungsadresse des Komitates Fejér aus Anlaß des Todes von Franz Joseph I. und der Königskrönung von Karl IV., 1917
Prachtband, Leder, 39 x 30,3 cm
ÖNB POR Huldigungsadressen 1774-K.Karl/38

Am 21. November 1916 ist der die längste Zeit (68 Jahre) hindurch herrschende Habsburger Franz Joseph I. im Alter von 86 Jahren, an seinem geliebten Aufenthaltsort, im Schloß von Schönbrunn gestorben. (Zum ungarischen König wurde er erst 1867, nach dem Ausgleich, gekrönt.) Seine Persönlichkeit, die die Monarchie zustande gebracht, an ihre Ewigkeit fest geglaubt und sie in seinen alten Tagen selbst personifiziert hatte, hielten viele für charakterlos. Viele vertraten die Meinung, daß er ohne besondere Qualitäten, jedoch mit einer außerordentlichen Leistungsfähigkeit für die Völker der Monarchie "wie ein Vater" gesorgt hatte. Sein Tod mitten im Krieg kam aber im ungünstigsten Moment und hatte gleich eine symbolische Bedeutung: er verkündete die Schwächung der Sicherheit und des Zuverlässigkeitsgefühls, den Anfang des Endes der Monarchie, die fest mit der Person von Franz Joseph I. verbunden war.

6
Verlustliste vom Ersten Weltkrieg
K.u.K. Kriegsministerium Verlustliste. Wien 1914
Druck
ÖNB 510.371-C.

Der 49 Monate lang während Erste Weltkrieg forderte insgesamt zehn Millionen Opfer. In der Donaumonarchie wurden 8 500 000 Menschen mobilisiert, was 75 % der Männer zwischen 18 und 50 Jahren entsprach. Laut offizieller Angaben des ehemaligen gemeinsamen Kriegsministeriums vom 6. November 1918 waren die Verluste wie folgt: 1 200 000 Tote, 3 860 000 Verwundete, Gefangene und Vermißte, d.h. auf 46 Einwohner kam ein Toter. Es gab fast keine Familie, die vom Krieg nicht in irgendeiner Form betroffen war. Nach jüngsten Forschungsangaben betrug der Gesamtverlust der Österreichisch–Ungarischen Monarchie annähernd 3,5 Millionen Menschen, unter ihnen gab es über 1,5 Millionen Tote und Vermißte an den Fronten. Das historische Ungarn hat 660 000 Opfer verloren, so daß der 44prozentige Anteil wesentlich höher lag, als sein Bevölkerungsanteil innerhalb der Monarchie. Der relative Verlust der Gebiete mit ungarischen Einwohnern lag noch höher. 18,9 Prozent (1 691 000) der aus der Monarchie am Krieg beteiligten neun Millionen Soldaten gerieten in Kriegsgefangenschaft, von denen 480 000 starben. Zusammengefaßt kann festgestellt werden, daß die Monarchie mit den 1 016 200 Kriegsgefallenen und 518 000 Vermißten sowie die ihren Verletzungen erlegenen 379 800 Menschen insgesamt 2 394 000 Todesopfer zählte.
Lit.: Szijj Jolán (Hg.), *Magyarország az Első Világháborúban. Lexikon A-Zs*, Bp. 2000, 151-152.

57
ETHNISCHE GRUPPEN IN UNGARN

1
Ungarn. Gemeinde Bodolya (Komitat Baranya), um 1890
Aufnahme von Károly Zelesay
MNM Történeti Fényképtár, ELTE letét
2599/897

2
Katholische Serben. Gemeinde Dályok, 1903
Aufnahme von Erzherzogin Isabella
MNM Történeti Fényképtár, ltsz: 85.992, neg. 59633

3
Jüdische und ruthenische Musiker, Gemeinde Verecke (Komitat Bereg), 1895
Néprajzi Múzeum
F 508

4
Ungarn. Komitat Kolozs, 1880er Jahre
MNM Történeti Fényképtár, ELTE letét
Kol 48

5
Slowaken. Gemeinde Trencsényteplic, 1910er Jahre
Aufnahme von Divald und Monostory
MNM Történeti Fényképtár, ltsz: 1415/1958 fk, neg. 68043

6
Rumänische Frauen. Gemeinde Szelistye (Komitat Szeben), 1910er Jahre
Aufnahme von János Bálint
MNM Történeti Fényképtár, ltsz: 70/60, neg. 82370

7
Roma („Wanderzigeuner"), Komitat Tolna, 1904
Aufnahme von Ferenc Kiss
MNM Történeti Fényképtár
7561/1948, neg. 31844

57/3

57/5

57/6

57/8

57/10

8
Schwaben. Komitat Torontál, 1890er Jahre
MNM Történeti Fényképtár, ELTE letét
2599/901

9
Frau aus Sachsen in Sonntagstracht für den Winter, Beszterce, 1890er Jahre
MNM Történeti Fényképtár, ELTE letét
C 2444

10
Ungarische Bauernfamilie. Ecser (Komitat Pest–Pilis–Solt–Kiskun), um 1910
Aufnahme von Mór Erdélyi
MNM Történeti Fényképtár
Ltsz: 169/1959 fk, neg. 68123

11
Bulgarisches Mädchen, Vinga (Komitat Temes)
MNM Történeti Fényképtár, ELTE letét
2599/901

Das Antlitz der ethnischen Gruppen in Ungarn hatte sich nach dem 16. Jahrhundert mehrmals wesentlich geändert und modifiziert. Nach dem Zerfall des Landes in drei Teile (1541) – und das war auf Dauer wahrscheinlich die schwerwiegendste Konsequenz der osmanischen Einrichtung und des gegen sie geführten Gefechtes – nahm die ungarische Einwohnerzahl wegen der Kriege, in den zentralen Gebieten drastischer ab, als die der slawischen, rumänischen oder deutschen Siedlungen an den Randzonen. Die Ungarn waren unwiderruflich auf eine Bahn gekommen, die dazu führte, daß sie den südslawischen und rumänischen Einwohnern gegenüber in die Minderheit gerieten. Im Königreich Ungarn, in Oberungarn blieb zwar die ungarisch-slowakische Nationalitätsgrenze auch während der späteren Jahrhunderte fest, der am Ende des 14. Jh. anlaufende Raumgewinn der Südslawen, vor allem der Serben in Richtung Norden setzte sich aber bis Ende des 17. Jh. fort. Kaiser Leopold I. organisierte sogar nach den Rückeroberungskriegen aus den nach 1690 umgesiedelten Serben das Militärgrenzsystem, dessen Mitglieder verschiedene Ermäßigungen genossen. Auch der Anteil der Rumänen in Siebenbürgen nahm ständig zu. Nach der Vertreibung der Türken kam es während des 18. Jh. zur größten, teilweise spontanen, teilweise vom Hof organisierten (Bácska und Bánát) Umsiedlung der Deutschen nach Ungarn. Demnach verloren die Ungarn ihre Mehrheit innerhalb des Landes. Das Mit- und Nebeneinanderleben der verschiedenen Völker hatte jedoch bis Ende des 18. und Anfang des 19. Jh. keine Nationalitätenprobleme verursacht. Diese tauchten erst mit der Verbreitung des Nationalismus auf und verstärkten sich so sehr, daß sie zu einem der wichtigsten Verursacher des Zusammenbruchs der Monarchie wurden. Das Verteilungsverhältnis der Nationalitäten im Land veränderte sich erneut in der zweiten Hälfte des 19. Jh. Zur Jahrhundertwende gewannen die Ungarn wieder die Überzahl. Im Jahre 1910 – das beinahe uneingeschränkte Selbstständigkeit genießende Kroatien nicht einberechnet – bekannten sich 54,5 Prozent der Einwohner zur ungarischen Nation. Dabei spielte die bewußte "Magyarisierung" fast keine Rolle, da die Bewegung in Richtung Ungartum die zusammenhängenden ethnischen Komplexe überhaupt nicht betraf. Die Erklärung für diesen Prozeß liegt eher im schnelleren natürlichen Zuwachs der Ungarn, im stärkeren Zwang – gegenüber anderen Nationalitäten –, nach Amerika auszuwandern, sowie in der spontanen Assimilation in den Städten und Diaspora – vor allem in den Kreisen der Deutschen, der Juden und der Slowaken. Im Falle der Rumänen, Südslawen und Ruthenen hat die orthodoxe Religion die Bewahrung der Identität unterstützt.

Lit.: Die Habsburgermonarchie 1848-1918. III/1 und III/2: Adam Wandruszka-Peter Urbanitsch (Hg.), *Die Völker des Reiches*, Wien 1980 - Péter Hanák (Hg.), *Die nationale Frage in der Österreichisch-Ungarischen Monarchie 1900-1918*, Bp. 1966 - Valeria Heuberger, *Unter dem Doppeladler. Die Nationalitäten der Habsburger Monarchie 1848-1918*, Wien 1997 - Robert A. Kann, *Das Nationalitätenproblem der Habsburgermonarchie. Geschichte und Ideengehalt der nationalen Bestrebungen vom Vormärz bis zur Auflösung des Reiches im Jahre 1918*, 2 Bde., Wien 1964

58
KRÖNUNG UND ZERFALL

1
Photo über die Eidesleistung von Karl IV. bei der Dreifaltigkeissäule in der Burg von Buda, 30. Dezember 1916
MNM Történeti Fényképtár, ltsz: 2717/1951 fk

Karl IV. (1887–1922), Sohn von Erzherzog Otto, dem kleineren Bruder von Franz Ferdinand, wurde am 30. Dezember 1916 gemäß dem seit dem 16. Jh. unveränderten Zeremoniell der ungarischen Krönungen in der Matthiaskirche in der Burg von Buda zum ungarischen König gekrönt. Nach der Krönung schwor der König auf dem Podest vor dem Denkmal auf dem "Platz der Dreifaltigkeit", die ungarischen Gesetze einzuhalten und sie auch einhalten zu lassen. Die Zeremonie endete punkt um 12.00 Uhr mit der ungarischen Nationalhymne.

2
Rücktrittserklärung von Karl IV., 13. November 1918
Orig., Papier
MOL K 589 - I/A-1

Karl IV. gab im Jagdschloß in Eckartsau neben Wien am 13. November 1918 in drei Sätzen ungarischer Sprache eine Erklärung ab: "Ich will nicht, daß meine Person der freien Entwicklung der ungarischen Nation, der gegenüber ich unveränderte Liebe hege, zum Hindernis wird." Durch Befolgung des Rates der um ihn herum stehenden ungarischen Würdenträger verzichtete er ausschließlich auf "die Teilnahme an den Staatsangelegenheiten", nicht aber auf den Thron selbst. (Das lag den zwei Restaurationsversuchen, den zwei "königlichen Staatsstreichen" zugrunde.) Zugleich erklärte er aber auch: "die Entscheidung, mit der Ungarn die Staatsform für seine Zukunft festlegt, wird von mir von vornherein akzeptiert".

Lit.: *Plaschka, R. G.-Mack, Karlheinz, Die Auflösung des Habsburgerreiches. Zusammenbruch und Neuorientirung im Donauraum, Wien 1970 - Nagy József, IV. Károly, az utolsó magyar király, Bp. 1995*

3
Brief von Miklós Horthy an Oberhofmeister Berchtold, in dem er die Ernennung seines Bruders zum Kämmerer urgiert, 5. September 1918
Orig., Papier, 29 x 23 cm
HHStA NL Berchtold Kt. 4. Konv. "Originalbriefe" fol. 214-215., 218-219.

Im Wiener Hof war unter den Herren der Rang eines Kämmerers, unter den Damen das Sternkreuz, der begehrteste Titel. Diese Auszeichnungen waren ausschließlich den Mitgliedern aristokratischer Familien vorbehalten. Unter den Kämmerern findet man jedoch – hauptsächlich aus politischen Gründen, als Belohnung für die Treue dem Herrscher gegenüber – mehrere, die aus den Reihen des niederen Adels stammten. Damit jedoch diese Würde erlangt werden konnte, mußte man die sog. Ahnenprobe durchmachen, um die adelige Abstammung seiner Familie zu beweisen. Da diese Probe im Falle der Horthy-Brüder (Miklós und István) manche Schwierigkeiten aufwies, mußte der spätere Gouverneur lange Zeit – vom Einreichen seines Antrags an fast zwanzig Jahre – warten, bis er endlich am 24. November 1913 als Flügeladjutant Franz Josephs I. die Würde des Kämmerers erlangen konnte. Im Falle seines Bruders konnte das – trotz des hier ausgestellten, seine Ernennung zum Kämmerer betreibenden Briefes – infolge des Zerfalls der Monarchie nicht mehr realisiert werden. Der Adressat des Briefes war Leopold Graf Berchtold (1863–1942), Diplomat der Monarchie, später, zwischen 1912–1915 gemeinsamer Außenminister, (der bestrebt war, den Krieg zu vermeiden), ab 1916 Oberstkhofmeister, nach dem Tod von Franz Joseph I. Oberstkämmerer Karls I.

Lit.: *Hugo Hantsch, Leopold Graf Berchtold, Wien 1963*

4
Photo vom Linienschiffskapitän Miklós Horthy am Bord der Novara, um 1915
MNM Történeti Fényképtár, ltsz: 66.494, neg. 19367

Miklós Horthy (1868–1957) nahm bis zu seinem 50. Lebensjahr, vor 1918 am politischen Leben nicht teil. Von seiner Kindheit an (ab 14 Jahre) lebte er in Österreich und im Ausland, als Offizier der Österreichisch–Ungarischen Kriegsmarine mit vorrangigen Avancements 1900 war er Linienschiffsleutnant, zwischen 1909 und 1914 hatte er – bereits als Korvetten— dann als Fregattenkapitän, fünf Jahre im Hof von Franz Joseph I. als Flügeladjutant des Königs verbracht: er mochte und achtete den alten Herrscher und nahm ihn sich zum Vorbild. Beim Ausbruch des Krieges war er als Linienschiffskapitän Kommandant der "Habsburg", später der "Novara" (hier wurde das Photo gemacht). Von seinen Kriegsleistungen ragt die im Mai 1917 erfolgreich gefochtene Schlacht bei Otranto heraus. 1918 wurde er zum Konteradmiral, später zum obersten Befehlshaber der Österreichisch–Ungarischen Kriegsmarine ernannt. 1919 gründete er als Kriegsminister der konterrevolutionären Regierung von Szeged, der die Räterepublik gegenüberstand, die Ungarische Nationalarmee, und zog später als ihr Anführer bereits am 16. November des gleichen Jahres in Budapest ein. Infolge des Zusammenbruchs der Monarchie, des Falls der Revolutionen in Ungarn, der Zergliederung des Staatsgebietes und -apparats war er beinahe die einzige Person, die von den verschiedenen politischen Kräften unterstützt und auch für das Ausland akzeptabel war. Er war imstande, einen minimalen gesellschaftlichen Konsens zur Konsolidierung des von seinen Nachbarn – bis auf Österreich – für lebensuntüchtig gehaltenen Ungarns zu schaffen. Am 1. März 1920 wurde er zum Gouverneur des Königreiches ohne König, d.h. zum Staatsoberhaupt gewählt. Er hatte eine außerordentliche Rolle dabei gespielt, daß das Land während der zehn Jahre der Bethlen-Regierung finanziell, gesellschaftlich und auch kulturell Fuß fassen konnte. Wegen seines guten Auftritts und seiner harten, disziplinierten, zugleich aber freundlichen Persönlichkeit blieb er bis Ende der 30er und Anfang der 40er Jahre sehr populär in Ungarn. Während des Zweiten Weltkrieges wurde er jedoch infolge seines Alters und mehrerer Tragödien in seiner Familie immer unsicherer bei seinen Entscheidungen. Sein Amt als Staatsoberhaupt hatte er auch nach der deutschen Besetzung Ungarns (19. März 1944) beibehalten und nach dem Fehlschlag des von ihm organisierten Ausstiegsversuches (15. Oktober 1944), die Macht – wenn auch nur aus Zwang – den nationalsozialistisch gesinnten Pfeilkreuzlern übergeben. Er starb im Exil in Portugal.

Lit.: *Nikolaus v. Horthy, Ein Leben für Ungarn, Bonn 1953 - Peter Gosztony, Miklós von Horthy. Admiral und Reichsverweser, Göttingen 1973 - Edgar von Schmidt-Pauli, Nikolaus von Horthy. Admiral, Volksheld und Reichsverweser, Berlin-Bp.1936*

5
Letztes Protokoll über den Verzicht auf Ansprüche, 1939
Orig., Papier
AdR - BMfF Dept.17. 1933-1941. Fasc.79-I-A Zl 12431/1939
Hg.: Szávai Ferenc, Az Osztrák-Magyar Monarchia közös vagyona, Pécs 1999, 301-302.

Nach dem Zerfall der Donaumonarchie wurden die Verhandlungen zwischen den Nachfolgestaaten über die Verteilung des ehemaligen gemeinsamen Vermögens der Monarchie lange Zeit, ganz bis zum Anschluß (1938) fortgesetzt. Am einfachsten wurde über die kulturellen Angelegenheiten, und am schwierigsten – infolge des Zerfalls im Ersten Weltkrieg und dementsprechend infolge der zerrütteten finanziellen Lage des Heeres - über die Liquidation der Mobilien und Immobilien im Zusammenhang mit dem gemeinsamen Kriegswesen entschieden. Nach dem Anschluß übernahm die deutsche Regierung als Rechtsnachfolger keine finanziellen Verpflichtungen des österreichischen Bundesstaates. Nach ihrem Standpunkt war die Aufteilung des gemeinsamen Staatsvermögens im wesentlichen bereits abgeschlossen, allein das Schicksal der Mobilien des einst gemeinsamen Heeres - von denen übrigens kaum etwas erhalten geblieben war - blieb zum Teil noch ungeregelt. Aufgrund dieser Überlegung - und natürlich aufgrund des zwingenden Prinzips: "der Stärkere hat das Sagen" - verzichteten 1939 beide Parteien auf alle finanziellen Forderungen dem anderen Staat gegenüber.

Lit.: *Szávai, Ferenc, Az Osztrák-Magyar Monarchia közös vagyona.Pécs 1999*

6
Gedruckter Katalog der Ausstellung aus dem 1933 von Österreich an Ungarn übergebenen Material von Museen und Bibliotheken
Druck
HTM Kvgy C 3553

Über die Teilung der einst gemeinsamen Archive, bzw. darüber, daß die in Wien befindlichen Akten der Zentralverwaltung zwischen 1526 und 1918 gemeinsames österreichisch–ungarisches geistiges Eigentum darstellen, wurde zwischen Österreich und Ungarn 1926 ein Geheimabkommen getroffen. Das Badener Abkommen ist durch die Festlegung des Archivmaterials, das in Wien aufbewahrt wird, jedoch Eigentum beider Länder ist, einzigartig in der Geschichte der diplomatischen Verträge. Die Verhandlungen über den Bestand der Museen und der Bibliotheken dauerten bis 1932. Im November 1932 gelang es dann, die Vereinbarung abzuschließen, anhand deren aus den k. u. k. Sammlungen sehr viele, außerordentlich wertvolle Bücher und Kunstobjekte nach Ungarn gelangten, gleichzeitig aber – vor allem als Teil der Fideikommiß-Sammlung – zahlreiche, auch als gemeinsames geistiges Eigentum angeführte Objekte von Museen und Bibliotheken, in Wien blieben. Aus den Ungarn zurückerstatteten Kunstschätzen wurde im Ungarischen Nationalmuseum 1933 eine repräsentative Ausstellung eröffnet.

7
Medaille: Krönung von Karl IV. und Zita, 30. Dezember 1916
Unbekannter Meister
Zink, 65 mm
HGM Alte Inv.Nr. NI 70.500/14

8
Gedenkplakette: Krönung von Karl IV., 1916
Unbekannter Meister
Medaille, Bronze, einseitig vergoldet, 105 mm
HGM, ohne Nr.

59
DIE ST. STEPHANS-KRONE

1
Kopie der St. Stephans-Krone
Hofmobiliendepot Funeralkrone V 320

2
Der ungarische Teil des Mittelwappens aus dem Jahre 1916
Fotoaufnahme

60
DIE KAISERKRONE

1
Kopie der österreichischen Kaiserkrone, cca 1835
Hofmobiliendepot Funeralkrone V 319

2
Österreichische Variante des Mittelwappens aus dem Jahre 1916
Fotoaufnahme

GEMÄLDE:

Ferdinand III. als König von Ungarn
Justus Sustermanns
Öl/Leinwand 201 x 126 cm
Magyar Nemzeti Galéria lt. sz. 92.20 M

Kaiserin und Königin Maria Theresia um 1765
Öl/Leinwand, 230 x 151 cm
KHM Gemäldegalerie Inv. Nr. 6743

Franz Joseph I., 1868
Ede Heinrich
Öl/Leinwand 244 x 145 cm
MNM TKCs festmény 64.3.

Königin Elisabeth 1869
Mihály Kovács
Öl/Leinwand 255 x 159 cm
BTM Fővárosi Képtár Gy. sz. 1.017/00

ABKÜRZUNGEN IM LITERATURVERZEICHNIS

Bei den wissenschaftlichen Beiträgen und Objektbeschreibungen im Literaturverzeichnis sind die ungarischen Autoren mit der landesüblichen Schreibweise (Familienname an erster und Vorname an zweiter Stelle) angeführt.

BLGS = *Biographisches Lexikon zur Geschichte Südosteuropas*. Hg. von Mathias Bernath und Felix von Schroeder, 1-4. Bd., München 1974-1981.
Cennerné 1962 = Cennerné Wilhelmb Gabriella, *Magyarország történetének képeskönyve I. 896-1849*, Bp. 1962
Ember = Ember Győző, *Az újkori magyar közigazgatás története Mohácstól a török kiűzéséig*, Bp. 1946
Fejér = Georgius Fejér, *Codex diplomaticus Hungariae ecclesiasticus ac civilis*, Tom. I-XLIII., Budae 1829-1844.
Fényesebb = Cs. Kottra Györgyi (szerk.), *"Fényesebb a láncnál a kard..."*, Bp. 1999
Galavics 1986 = Galavics Géza, *Kössünk kardot az pogány ellen. Török háborúk és a képzőművészet*, Bp. 1986
Hubay 1948 = Hubay Ilona, *Magyar és magyar vonatkozású röplapok, újságlapok, röpiratok az Országos Széchényi Könyvtárban 1480-1718*, Bp. 1948
Huszár-Procopius = Huszár Lajos-Procopius Béla, *Medaillen und Plakettenkunst in Ungarn*, Bp. 1932
Kat. Die Türken vor Die Wien 1983. = *Die Türken vor Wien. Europa und die Entscheidung an der Donau 1683*. 82. Sonderausstellung des Historischen Museums der Stadt Wien, Wien 1983
Kat. der Ausstellung des HHStA 1905 = *Katalog der Archivalien-Ausstellung des K. und K. Haus-, Hof- und Staats-Archivs*, Wien 1905
Kat. der Ausstellung des HHStA 1931 = *Katalog der Archivalien-Ausstellung des Haus-, Hof- und Staatsarchives in Wien*, Wien 1931
Kat. Graz als Residenz Innerösterreich 1564-1619. Austellungskatalog. Graz. 1964
Kat. Joseph II. = Österreich zur Zeit Kaiser Josephs II. Niederösterreichische Landesaustellung 1980. Wien 1980
Kat. Kaisertum Österreich 1996 = *Kaisertum Österreich 1804-1848*. Austellung Schallaburg 1996. Bad Vöslau 1996
Kat. Maria Theresia 1980 = *Maria Theresia und ihre Zeit. Zur 200. Wiederkehr des Todestages*. Ausstellung in Schloß Schönbrunn, Wien 1980
Kat. Maria Theresia als Königin von Ungarn 1980 = *Maria Theresia als Königin von Ungarn*. Austellung im Schloss Halbturn, Eisenstadt 1980
Kat. Osmanen 1983 = *Österreich und die Osmanen*. Gemeinsame Austellung der Österreichsichen Nationalbibliothek und des Österreichischen Staatsarchiv, Wien 1983
Kat. Prag um 1600 = Prag um 1600. Kunst und Kultur am Hofe Kaiser Rudolfs II. 1-2. Bd. Wien 1988
Kat. Prinz Eugen 1963 = *Prinz Eugen von Savoyen 1663-1736*. Austellung des Heeresgeschichtlichen Museums, Wien 1963
Kat. Prinz Eugen 1986 = *Prinz Eugen und das barocke Österreich*. Austellung der Republik Österreich und des Landes Niederösterreich, Wien 1986
Kat. Welt des Barock = *Welt des Barock*. Hg. von Rupert Feuchtmüller und Elisabeth Kovács. Wien, Freiburg, Basel 1986
Katona = Stephanus Katona, *Historia critica regnum Hungariae ... tom. I-XLII*. Pestini, Budae, Vácii, Colocae 1779-1817
Kollar 1762 = Caspar Ursinus Velius: *De bello Pannonico libri decem*. Studio et opera Francisci Kollar. Vindobonae 1762
Leibrüstkammer 1976 = Bruno Thomas-Ortwin Gamber, *Katalog der Leibrüstkammer*. I-II. Teil, Wien 1976
Makai-Héri = Makai Ágnes-Héri Vera, *Kitüntetések*, Bp. 1990
Marczali 1901 = Marczali Henrik (szerk.), *A magyar történet kútfőinek kézikönyve*. Enchiridion fontium historiae Hungarorum, Bp. 1901
MOE = *Magyar Országgyűlési Emlékek. Monumenta comitialia regni Hungariae*. Szerk. Fraknói Vilmos (I-VIII.), Fraknói Vilmos és Károlyi Árpád (IX-X.), Károlyi Árpád (XI-XII). Bp 1874-1917.
Montenuovo = *Collectio Montenuovo. Verzeichniss verkäuflicher Münzen aus der fürstlichen Montenuovoischen Münzsammlung*, Frankfurt am Main 1880
Nehring 1975 = Karl Nehring, *Matthias Corvinus, Kaiser Friedrich III. und das Reich. Zum hunyadisch-habsburgischen Gegensatz im Donauraum*, München 1975
Rózsa 1973 = Rózsa György, *Magyar történetábrázolás a 17. században*. Bp. 1973.
Történelem-kép = Mikó Árpád-Sinkó Katalin, *Történelem-kép. Szemelvények múlt és művészet kapcsolatából Magyarországon*, Bp. 2000
Wurzbach = C. Wurzbach, Biographisches Lexikon des Kaiserhums Österreich. 1-50. Bd. Wien 1856-1897.

ABKÜRZUNGEN DER ZEITSCHRIFTEN

AföG = Archiv für österreichische Geschichte
FA = Folia Archeologica
FH = Folia Historica
MÖStA = Mitteilungen des Österreichischen Staatsarchivs
SüFo = Südostforschungen
Sz = Századok
TT = Történelmi Tár

WEITERE ABKÜRZUNGEN

AdR = Archiv der Republik
Bp. = Budapest
BTM = Budapesti Történeti Múzeum
Jh. = Jahrhundert
HGM = Heeresgeschichtliches Museum
HHStA AUR = Haus-, Hof- und Staatsarchiv, Familienarchiv, Allgemeine Urkundenreihe
HHStA NL = Haus-, Hof- und Staatsarchiv, Familienarchiv und Nachlässe
HHStA UA = Haus-, Hof- und Staatsarchiv, Ungarische Akten
HTM = Hadtörténeti Intézet és Múzeum
KHM = Kunsthistorisches Museum
Kvgy = Könyvgyűjtemény
Lit. = Literatur
MNM = Magyar Nemzeti Múzeum
MNM TKCs = Magyar Nemzeti Múzeum, Történeti Képcsarnok
MOL = Magyar Országos Levéltár
ÖNB = Österreichische Nationalbibliothek
ÖNB FLU = Österreichische Nationalbibliothek, Flugblätter-, Plakate- und Exlibrissammlung
ÖNB POR = Österreichische Nationalbibliothek, Potrträtsammlung, Bildarchiv und Fideikommißbibliothek
ÖNB HAN = Österreichische Nationalbibliothek, Handschriften, Autographen- und Nachlaß-Sammlung
ÖNB SIAWD = Österreichische Nationalbibliothek, Sammlung von Inkunabeln, alten und wertvollen Drucken

Könige von Ungarn	Ereignisse	Fürsten von Siebenbürgen
1387–1437 Sigismund	1389 Niederlage südslawischer Staaten in der Schlacht von Rigómező, Stabilisierung der Gefahr durch die Osmanen 1397 Sieg der Osmaner bei Nikopali 1402 Erbvertrag zwischen Sigismund I. und dem österreichischen Herzog Albrecht IV. 1420–1434 Husitenkriege 1422 Vermählung von Albrecht V. und Elisabeth 1433 Krönung von Sigismund I. zum deutsch-römischen Kaiser durch Eugen IV. 1437 Bauernaufstand in Siebenbürgen	
1437–1439 Albrecht I.	1438 Wahl von Albrecht V. zum deutschen König	
1440–1444 Wladislaw I. 1440–1457 Ladislaus V. 1446–1452 Gouverneur Johann Hunyadi	1440 Königin Elisabeth läßt die ungarische Krone stehlen 1444 Schlacht bei Varna: Tod von Wladislaw I. 1456 Triumph von Johann Hunyadi über die Osmanen bei Nándorfehérvár	
1458–1490 Matthias I.	1463 Vertrag von Matthias Hunyadi mit Friedrich III. 1463 Feldzug gegen die Osmanen: Belagerung von Jajca 1467 Gründung der Universität zu Pozsony 1468–1478 Feldzüge von Matthias gegen Böhmen 1471 Verschwörung gegen Matthias 1477 Krieg von Matthias gegen Kaiser Friedrich III. 1479 Friedensschluß von Matthias mit Wladislaw II. 1482–1487 Weiterer Krieg von Matthias gegen Friedrich III. 1485 Belagerung von Wien	
1490–1516 Wladislaw II.	1490 Feldzug von Maximilian I. um Ungarns Thron 1491 Friedensschluß zwischen Wladislaw II. und Maximilian I. in Pozsony 1505 Beschluß des Reichstages von Rákos: kein Fremder mehr als König von Ungarn 1514 Bauernkrieg in Ungarn (György Dózsa) 1515 Königstreffen in Wien, die Doppelhochzeit	
1516–1526 Ludwig II.	1521 Nándorfehérvár in den Händen der Osmanen 1523 Königin Maria organisiert eine Partei 1525 Streich des Kleinadels auf dem Reichstag von Hatvan: István Werbőczi wird Palatin 1526 Osmanenangriff gegen Ungarn: Schlacht bei Mohács	
1526–1540 Johann I. (Szapolyai) 1526–1564 Ferdinand I.	1526 Die doppelte Königswahl: Johann I. – Ferdinand I. 1527 Truppen von Ferdinand I. belagern Buda, König Johann I. flüchtet nach Polen 1529 Suleimans Feldzug gegen Wien 1532 Suleimans Feldzug gegen Ungarn: Belagerung von Kőszeg 1538 Vereinbarung zwischen Ferdinand I. und Johann I.: Der Friede von Várad 1540 Die Szapolyai-Partei wählt den Säugling Johann Sigismund auf dem Rákos-Feld zum König 1541 Sultan Suleiman belagert Buda und vertraut Königin Isabella das Regieren in Ostungarn an 1543–1544 Türkische Feldzüge für die Eroberung des mittleren Drittels des Landes 1547 Karl V. und Ferdinand I. schließen mit dem Sultan für fünf Jahre einen Frieden ab 1549 Ferdinand I. reguliert die Tätigkeit des ungarischen Statthalterrates - Übereinkunft von Ferdinand I. und György Fráter bez. der Übergabe von Siebenbürgen 1551 Truppen der Habsburger in Siebenbürgen 1552 Türkischer Feldzug gegen Ungarn, heldenhafte Verteidigung von Eger 1556 Siebenbürgen widerruft Isabella und Johann Sigismund 1562 Beauftragte Ferdinands I. und Suleimans I. schließen für acht Jahre einen Frieden ab	1556–1571 Johann Sigismund gewählter König von Ungarn (ab 1570 nimmt er den Titel Fürst von Siebenbürgen an)

Könige von Ungarn	Ereignisse	Fürsten von Siebenbürgen
1564–1576 Maximilian II.	1564 Truppen von Johann Sigismund nehmen Tokaj und Szatmár ein 1566 Feldzug von Suleiman I. gegen Ungarn: die Belagerung von Szigetvár, Heldentod von Miklós Zrínyi, unter den Belagerrn stirbt auch Sultan Suleiman 1568 Friedensschluß zwischen Maximilian II. Miksa und Sultan Selim I. in Adrianopel (Jahressteuer 30.000 Gulden) 1570 Vertrag zwischen Maximilian II. und Johann Sigismund in Speyer 1571 Tod des berühmtesten ungarischen Kämpfers, György Thury, Oberhauptmann von Várpalota 1572 Krönung von Rudolf I. 1575 Wahl des Woiwoden von Siebenbürgen, István Báthory zum König von Polen	1571–1586 István Báthory (ab 1576 benutzt er den Fürstentitel)
1576–1608 Rudolf II.	1577 "Die Hauptgrenzberatschlagung" in Wien über die ungarische Grenzfestungslinie 1583 Rudolf verlegt seinen Sitz nach Prag 1588 Im königlichen Ungarn wird der Gregorianische Kalender eingeführt 1593-1606 Der 15jährige oder der Lange Krieg 1595 Siebenbürgen schließt sich der Koalition gegen die Osmanen an 1596 Gefecht bei Mezőkeresztes 1600 Der kaiserliche General, Giorgio Basta marschiert in Siebenbürgen ein 1604 Die evangelische Kirche von Kassa wird von den Lutheranern gewaltsam übernommen Beginn des Bocskai-Aufstandes 1606 Erzherzog Matthias - Oberhaupt der Familie Habsburg Friedensschluß mit Bocskai in Wien, Friedensschluß mit den Osmanen bei Zsitvatorok für 20 Jahre 1608 Erzherzog Matthias zwingt Rudolf II. zum Rücktritt	1576–1581 Woiwode Kristóf Báthory 1585–1588 Gouverneur János Ghyczy 1581–1588 Woiwode Zsigmond Báthory 1588–1599 Zsigmond Báthory 1599 András Báthory 1600–1602 Zsigmond Báthory 1603 Mózes Székely 1605–1606 István Bocskai 1607–1608 Zsigmond Rákóczi
1608–1619 Matthias II.	1608 Erzherzog Matthias wird zum König von Ungarn gewählt 1616 Angriff Gábor Bethlens gegen Ungarn 1618 Ferdinand II. wird von den ungarischen Ständen zum König gewählt 1618 Beginn des 30jährigen Krieges (bis 1648)	1608–1613 Gábor Báthory
1619–1637 Ferdinand II.	1619 Feldzug und Vorstoß von Gábor Bethlen bis Wien 1620 Bethlen wird vom Reichstag in Besztercebánya zum König gewählt 1621 Testament von Ferdinand II. über die ungeteilte Vererbung seiner Länder 1622 Friedensschluß zwischen Ferdinand II. und Bethlen in Nikolsburg 1623 Gábor Bethlens Feldzug gegen Ferdinand II. 1625 Ferdinand III. wird vom Reichstag in Sopron zum König gewählt 1626 Gábor Bethlens dritter Feldzug gegen Ferdinand II. 1627 Bestätigung des Friedens in Szőny für 25 Jahre	1629–1630 Katharina von Brandenburg 1630 István Bethlen 1630–1648 György Rákóczy I.
1637–1657 Ferdinánd III.	1642 Ferdinand III. und Sultan Ibrahim verlängern den Frieden von Szőny für 20 Jahre 1644 György I. Rákóczis Feldzug gegen III. Ferdinand 1647 Wahl und Krönung von Ferdinand IV. (†1654) 1655 Krönung von Leopold I. zum König Ungarns	1648–1657 György Rákóczy II. 1657–1658 Ferenc Rédey
1657–1705 Leopold I.	1663–1664 Türkenkrieg in Ungarn 1663 Schlacht bei Szentgotthárd, Friede von Vasvár 1666 Bündnis der ungarischen Magnaten untereinander 1670 Aufstand in Nordost-Ungarn gegen die Habsburger 1671 Hinrichtung von Péter Zrínyi, Ferenc Frangepán und Ferenc Nádasdy 1673–1681 Ungarn wird von einem *Gubernium* regiert (*Gubernator* Johann Gaspar Ampringen) 1678 Erfolge des Kuruzzenführers Imre Graf Thököly 1681 Beschlüsse des Reichstags von Sopron, Kompromiß mit den Ständen	1658–1660 Ákos Barcsay 1659–1660 György Rákóczy II. 1660–1662 János Kemény 1661–1690 Mihály Apaffy I.

Könige von Ungarn	Ereignisse	Fürsten von Siebenbürgen
	1682–1685 Imre Thökölys Staat in Nordost-Ungarn 1683 Zweite Belagerung von Wien 1683–1699 Ungarns Befreiung 1686 Rückeroberung von Buda 1687 Der ungarische Adel verzichtet auf die freie Königswahl - Krönung von Joseph I. 1691 Diploma Leopoldinum von Leopold I. zur Regulierung der Rechtslage von Siebenbürgen 1697 Die Schlacht bei Zenta 1699 Ende der Befreiungskriege: Der Friede von Karlóca 1701 Beginn des spanischen Erbfolgekrieges (bis 1713) 1703 Beginn des Rákóczi-Freiheitskampfes (bis 1711)	1690 Imre Thököly 1704–1711 Ferenc Rákóczi II.
1705–1711 Joseph I.	1707 Dethronisierung des Hauses Habsburg durch den Reichstag von Ónod	

1711–1740 Karl III.	1711 Der Friede von Szatmár
	1712 Krönung von Karl III. zum König von Ungarn
	1713 Verkündung der Pragmatischen Sanktion
	1716–1718 Osmanenkrieg: Rückeroberung des Temeschgebiets
	1718 Der Friede von Passarowitz
	1722 Der Landtag von Siebenbürgen nimmt die Pragmatischen Sanktion an
	    Der ungarische Reichstag nimmt die Pragmatische Sanktion an (Bestätigung 1723)
	1731 Karl III. reguliert die protestantische Religionsausübung (Carolina Resolutio)
	    (Ergänzung in der sog. zweiten Carolina Resolutio 1734)
	1737-1739 Osmanenkrieg: Verlust von Belgrad und der sog. Klein-Walachei	

1740–1780 Maria Theresia	1740 Beginn des österreichischen Erbfolgekrieges (bis 1748, Aachener Krieg) 1749 Beginn der Bauarbeiten am königlichen Palast von Buda 1755 Neue Zollverordnung: Zollgrenze an Ungarns Grenze 1756 Beginn des 7jährigen Krieges (bis 1763) 1758 Clemens XIII. erkennt den apostolischen Königstitel von Maria Theresia an 1760 Gründung der königlichen ungarischen Leibgarde, Organisation des Staatsrates 1764 Gründung des Sankt-Stephans-Ordens, Reichstag in Pozsony: Die ungarischen Stände 1765 Nach dem Tod von Franz Lothringen nimmt Maria Theresia Joseph II. zum Mitregenten 1765 Siebenbürgen wird Großfürstentum 1767 Urbarialpatent für die Regulierung der Urbarialfrage 1773 Auflösung des Jesuitenordens 1776 Fiume wird der ungarischen Krone angeschlossen 1777 Regulierung des Unterrichtswesens (Ratio educationis) Verlegung der Universität von Nagyszombat nach Ofen 1778 Rückgliederung des Temescher Banats	

1780–1790 Joseph II.	1781 Toleranzpatent für die Regulierung der Lage
	    der Protestanten, und der Griechisch-Orthodoxen
	1782 Auflösung der Mönchsorden, Vereinigung des Statthalterrates mit
	    der Ungarischen Kammer
	1784 Joseph II. läßt die Heilige Krone nach Wien bringen, Edikt: Deutsch als Amtssprache
	1785 Herausbildung von zehn Verwaltungseinheiten (Abschaffung des Komitatssystems)
	    Patent über die Freizügigkeit der Leibeigenen
	1788 Osmanenkrieg: Niederlage (beendet mit dem Friede von Sistowo 1791)
	1790 Der kranke Joseph II. widerruft - bis auf drei - all seine Edikte bez. Ungarn	

1790–1792 Leopold II.	1790 Heimkehr der Heiligen Krone von Wien nach Buda Reichstag in Buda, später in Pozsony 1790 Erzherzog Alexander Leopold wird zum Palatin Ungarns gewählt (+1795)	

Könige von Ungarn	Ereignisse
1792–1835 Franz I.	1792 (bis 1815, Napoleon) 1796 Erzherzog Joseph wird zum Palatin von Ungarn gewählt (bis 1847) 1809 Niederlage des Aufstandes des ungarischen Adels in Nagymegyer bei Győr 1811 Franz I. verordnet gegen den Finanzkonkurs die Devalvation: allgemeine Unzufriedenheit 1815 Wiener Kongreß: Schaffung der Heiligen Allianz 1825 Reichstag in Pozsony: Gründung der Ungarischen Akademie der Wissenschaften 1830 Herausgabe von István Széchenyis Werk "Hitel" 1832–1836 Reichstag, Verabschiedung der ersten Reformmaßnahmen
1835–1848 Ferdinand V.	1837 Prozeß gegen Jurastudenten, die mit der Opposition im Reichstag kooperierten 1839 Verurteilung von Miklós Wesselényi und Lajos Kossuth 1848 Revolution in Wien und Pest

1848–1916 Franz Joseph I.
1849 Lajos Kossuth, Gouverneur
	1848–1849 Ernennung der verantwortlichen ungarischen Regierung unter Leitung von Lajos Batthyány; kroatischer Angriff, gefolgt von einer kaiserlichen Intervention; erfolgreiche Verteidigung der von Kossuth angeführten Ungarn, die nur mit Rußlands Hilfe besiegt werden können; blutige Vergeltung - Hinrichtung der Anführer
	1851 Außerkraftsetzung der Verfassung von Olmütz
	1851–1855 Verwaltungsreformen in Ungarn
	1853–1856 Der Krimkrieg
	1857 Franz Josephs Ungarn-Besuch: Amnestie für die Verurteilten
	1859 italienisch-französisch-österreichischer Krieg: österreichische Niederlage bei Solferino
	1860 Das Oktober–Diplom (föderalistische Umstrukturierung des Reiches)
	1861 das Februar-Patent: Aufstellung des Reichsrates (Ungarn wird nicht vertreten)
	1866 Der preußisch-österreichische Krieg: Niederlage bei Königgrätz
	1867 Ausgleich mit Österreich, Entstehen der Österreichisch-Ungarischen Monarchie:
	    Ernennung von Gyula Andrássy zum Ministerpräsidenten
	    Neue Gesetze: Regulierung gemeinsamer Angelegenheiten, Vereinigung von
	    Ungarn und Siebenbürgen usw.
	    Krönung von Franz Joseph zum König von Ungarn
	1868 Koratisch-ungarischer Ausgleich
	1871 Ausrufung des deutschen Kaiserreiches
	1873 Vereinigung von Pest und Buda: Entstehung von Budapest
	1875 Regierung von Kálmán Tisza (bis 1890)
	1878 Okkupation von Bosnien (dem gemeinsamen Finanzministerium unterstellt)
	1879 Doppelbündnis mit Deutschland (durch Anschluß Italiens 1883 wird es zu einem Dreierbündnis)
	1889 Selbstmord des Thronfolgers Rudolf
	1894 Tod von Lajos Kossuth
	1896 Große Feierlichkeiten zum Ungarischen Millennium
	1898 Ermordnung von Königin Elisabeth
	1903 Wehrkraftdiskussion im ungarischen Reichstag: Ausbruch einer Regierungskrise
	1908 Annexion von Bosnien-Herzegowina
	1914 Anschlag gegen den Thronfolger Franz Ferdinand in Sarajevo: Ausbruch des Ersten Weltkrieges
	1916 Tod von Franz Joseph I.

1916–1918 Karl IV.	1916 Krönung von Karl IV. zum König von Ungarn im feierlichen Rahmen 1918 Oktober: Zusammenbruch der Österreichisch-Ungarischen Monarchie 1918 13. November: Karl IV. kündigt seinen Rückzug aus den Regierungsangelegenheiten an, tritt aber nicht zurück 1918 16. November: Ausrufung der Republik Ungarn

LITERATUR ÜBER DIE ÖSTERREICHISCH-UNGARISCHEN HISTORISCHEN BEZIEHUNGEN

Werke über das Habsburgerreich und Österreich

Jean Bérenger, *Die Geschichte des Habsburgerreiches, 1273-1918*, Wien-Köln-Weimar 1995
Robert J. W. Evans, *Das Werden der Habsburger Monarchie, 1550-1700*, Wien-Köln 1989
Die Habsburgermonarchie 1848-1918, I: Alois Brusatti (Hg.), *Die wirtschaftliche Entwicklung*, Wien 1973; II: Adam Wandruszka, Peter Urbanitsch (Hg.), *Verwaltung und Rechtswesen*, Wien 1975; III/1 und III/2: Adam Wandruszka, Peter Urbanitsch (Hg.), *Die Völker des Reiches*, Wien 1980; IV: Adam Wandruszka, Peter Urbanitsch (Hg.), *Die Konfessionen*, Wien 1984 V: Adam Wandruszka, Peter Urbanitsch (Hg.), *Die bewaffnete Macht*, Wien 1987; VI: Adam Wandruszka, Peter Urbanitsch (Hg.), *Die Habsburgermonarchie im System der internationalen Beziehunge*, I Bd., Wien 1989
Hugo Hantsch, *Die Geschichte Österreichs*, 2 Bde, Graz-Wien-Köln 1959-1962
Robert A. Kann, *Geschichte des Habsburgerreiches 1526 bis 1918*, Wien 1993[3]
Robert A. Kann, *Das Nationalitätenproblem der Habsburgermonarchie: Geschichte und Ideengehalt der nationalen Bestrebungen von Vormärz bis zur Auflösung des Reiches im Jahre 1918*, Graz-Köln 1964
C. A. Macartney, *The Habsburg Empire 1790-1918*, London 1968
Erich Zöllner, *Geschichte Österreichs. Von den Anfängen bis zur Gegenwart*, Wien 1984[7]

Bibliographie zur Geschichte Ungarns

Graf Alexander Apponyi, *Hungarica. Ungarn betreffende im Auslande gedruckte Bücher und Flugschriften*, Bde I-IV., München 1903-1927
János M. Bak, *Ungarn (1945-1960)*. Historische Zeitschrift Sonderheft 1 (1962) 123-157.
La Bibliographie d'oevres de la science historique hongroise 1945-1959, Etudes historiques II., Bp. 1960, 487-765.
Bibliographie d'oevres choisies de la science historique hongroise 1964-1968, Etudes historiques, 1970, Bp. 1970 (Studia historica Academiae Scientiarum Hungariae 83)
Bibliographie d'oevres choisies de la science historique hongroise 1964-1968, Etudes historiques hongroises, 1975, Bp. 1975. 505-639.
Diószegi Mária-Nagy József Zsigmond, *Bibliographie d'oevres choisies de la science historique hongroise, 1974-1984*, Etudes historiques hongroises III., Bp. 1985
Robert Gragger (Hg.), *Bibliographia Hungariae. Verzeichnis der Ungarn betreffenden Schriften in nichtungarischer Sprache. 1861-1921*, Bde I-IV. (Berlin-Leipzig 1923-1929)
Hitschins-Keith, „Hungarica 1961-1974. Literaturbericht über Neuerscheinungen zur Geschichte Ungarns von den Arpaden bis 1970", Historische Zeitschrift Sonderheft 9 (1981)
Karl Maria Kertbeny-Petrik Géza, *Ungarns deutsche Bibliographie. 1801-1860. Verzeichnis der in Ungarn und Ungarn betreffende im Auslande erschienenen deutschen Drucke*, Bp. 6
Kosáry Domokos, *Bevezetés a magyar történelem forrásaiba és irodalmába*. I-III. köt. Bp. 1951-1958
Nagy, József Zsigmond-Rozsnyói Ágnes, *The Selected Bibliograpy of Hungarian historical Science, 1985-1989*, Etudes historiques hongroises 1990, VII., Bp. 1990
I. Tóth Zoltán, *Magyar Történeti Bibliográfia 1825-1867*, Bp. 1950

Allgemeine Werke über Ungarn

Georg Balanyi, *Geschichte Ungarns*, Bp. 1930
Thomas von Bogyay, *Grundzüge der Geschichte Ungarns*, Darmstadt 1977[3]
Alexander Domanovszky, *Geschichte Ungarns*, München 1923
Ferenc Eckhart, *A Short History of the Hungarian People*, London 1931
Julius von Farkas, „Kultur der Ungarn", Handbuch der Kulturgeschichte, Potsdam 1939
Holger Fischer unter Mitarbeit von Konrad Gündisch, *Eine kleine Geschichte Ungarns*, Frankfurt a. M. 1999
Péter Hanák (Hg.), *Die Geschichte Ungarns*, Bp. 1991
Jörg K. Hoensch (Hg.), *Ungarn-Handbuch. Geschichte, Politik, Wirtschaft*, Hannover 1991
Paul Ignotus, *Hungary*, New York 1972
László Kontler, *Millennium in Central Europe. A History of Hungary*, Bp. 1999
Julius Kornis, *Die Entwicklung der ungarischen Kultur*, Berlin 1933
László Kósa (Hg.), *Die Ungarn. Ihre Geschichte und Kultur*, Bp. 1994
Domokos Kosáry, *A History of Hungary*, Cleveland 1941
Dominic Kosáry-S. B. Vardy, *History of the Hungarian Nation*, Astor Fark, Fla 1969
Béla Köpeczi (Hg), *Kurze Geschichte Siebenbürgens*, Bp. 1990
Paul Lendvay, *Die Ungarn. Ein Jahrtausend. Sieger in Niederlagen*, München 1999
C. A. Macartney, *Hungary: A Short history*, Edinburgh 1962
Zoltán Magyary (Hg.), *Die Entstehung einer internationalen Wissenschaftspolitik. Die Grundlagen der ungarischen Wissenschaftspolitik*, Leipzig 1932
Henrik Marczali, *Ungarische Verfassungsgeschichte*, Tübingen 1910
Miklós Molnár, *Geschichte Ungarns. Von den Anfängen bis zur Gegenwart*, Hamburg 1999
István Nemeskürty, *Wir Ungarn. Ein Essay über unsere Geschichte*, Bp 1999
Anton Radvánszky, *Grundzüge der Verfassungs- und Staatsgeschichte Ungarns*, Wien 1990
György Ránki-Attila Pók (ed.), *Hungary and European Civilization*, Bp. 1989
Siebenbürgen Bp. 1940
Peter F. Sugar (ed.), *A History of Hungary*, Bloomington-Indianapolis 1990
Ladislaus Szalay, *Geschichte Ungarns*, Bd. 1-3., Pest 1866-1874.
Gyula Szekfű, *Der Staat Ungarn*, Stuttgart 1918

Wichtigere Arbeiten zu den einzelnen Epochen

1402–1526
Csaba Csapodi- Klára Csapodiné Gárdonyi, *Bibliotheca Corviniana*, Bp. 1976
Wilhelm Fraknói, *Matthias Corvinus, König von Ungarn*, Freiburg im Breisgau 1891
Wilhelm Fraknói, *Ungarn vor der Schlacht bei Mohács (1524-1526)*, Bp. 1886
András Kubinyi, *Matthias Corvinus. Die Regierung eines Königreichs in Ostmitteleuropa*, Herne 1999
Elemér Mályusz, *Kaiser Sigismund in Ungarn, 1387-1437*, Bp. 1990
Karl Nehring, *Matthias Corvinus, Kaiser Friedrich III. und das Reich*, München 1989
Ferdinand Oppl- Richard Perger, *Kaiser Friedrich III. und die Wiener 1483-1485. Briefe und Ereignisse während der Belagerung Wiens durch Matthias Corvinus von Ungarn*, Wien 1993
Gyula Rázsó, *Die Feldzüge des Königs Matthias Corvinus in Niederösterreich 1477-1490*, Wien 1973
Hermann Wiesflecker, „Das erste Ungarnunternehmen Maximilians I. und der Pressburger Vertrag (1490/1491)", *SüFo 18 (1959)*, 26-75.

1526–1608
Ignaz Acsády, *Der Befreiungskrieg oder Ungarns Befreiung von der Türkenherrschaft (1683-1699). Autorisierte Übersetzung aus dem Ungarischen eines Teiles (p. 403-506.) des 6. Bandes der „Geschichte der Ungarischen Nation"*, Bp. 1909
Gábor Barta, „An d'illusions. Notes sur la double élection de rois après la défaite de Mohács", *AH 24 (1978)*, 1-40.
Kálmán Benda, „Absolutismus und ständischer Widerstand in Ungarn am Anfang des 17. Jahrhunderts", *SüFo 33 (1974)*, 85-124.
Franz von Bucholtz, *Geschichte der Regierung Ferdinand, I. Bd. 1-9.*, Graz 1831-1838 (Nachdruck 1968)
Maja Dempner, *Das Fürstentum Siebenbürgen im Kampf gegen Habsburg*, Stuttgart 1938
Roderich Goos, *Österreichische Staatsverträge. Fürstentum Siebenbürgen 1526-1690*, Wien 1911
Franz Knothe, *Ferdinands I. Bemühungen, die Länder der ungarischen Krone für Österreich zu erwerben*, Budweis 1876
Gábor Lencz, *Der Aufstand Bocskay und der Wiener Frieden*, Debrecen 1917
Andrea Molnár, *Fürst Stefan Bocskay als Staatsmann und Persönlichkeit im Spiegel seiner Briefe 1598-1606*, München 1983
F. Müller, *Die Türkenherrschaft in Siebenbürgen 1541-1688*, Hermannstadt 1923
Franz Salamon, *Ungarn im Zeitalter der Türkenherrschaft*, Leipzig 1887
Stanislaus Smolka, *Ferdinands I. Bemühungen um die Krone von Ungarn*, Wien 1872
Leopold Toifl-Hildegard Leitgeb, *Ostösterreich im Bocskay Aufstand 1605*, Wien 1990

1608–1711
Moritz von Angele, „Der Friede von Vasvár", *Mitteilungen des k.u.k. Kriegsarchivs 2 (1877)*
László Benczédi, „Historischer Hintergrund der Predigerprozesse in Ungarn in den Jahren 1673-1674", *AH 22 (1976)*, 257-289.
Kálmán Benda, „Der Haidukenaufstand in Ungarn und das Erstarken der Stände in der Habsburgermonarchie, 1607-1608", *NEH 1965*
Kálmán Benda, *L'absolutisme et la résistance des Ordres an XVIᵉ siècle dans les États de la maison d'Autriche*, Bp. 1975
Peter Broucek, „Der Feldzug Gabriel Bethlens gegen Österreich", *Jahrbuch für Landeskunde von NÖ NF 59 (1993)*
Peter Broucek, *Die Kuruzeneinfälle in Niederösterreich und Steiermark 1703-1709*, Wien 1985
Ladislaus Frh. von Hengelmüller, *Franz Rákóczi und sein Kampf um Ungarns Freiheit*, Stuttgart-Berlin 1913
István Hiller, *Palatin Nikolaus Esterházy. Die ungarische Rolle in der Habsburgerdiplomatie 1625-1645*, Wien 1992
Rudolf Kindinger, „Die Schlacht von St. Gotthard am 1. August 1664", *Zeitschrift des Historischen Vereins für Steiermark 48 (1957)*
Béla Köpeczi, *Staatsräson und christlicher Solidarität. Die ungarische Aufstände und Europa in der zweiten Hälfte des 17. Jahrhunderts*, Bp. 1983
Franz Krones, *Zur Geschichte Ungarns im Zeitalter Franz Rákóczys II.*, Wien 1870 (S-A. aus Archiv für österreichische Geschichte)
Emil Lilek, *Kritische Darstellung der ungarisch-kroatischen Verschwörung und Rebellion 1663-1671*, Cilli 1928-1930
Theodor Mayer, *Verwaltungsreform in Ungarn nach der Türkenzeit*, Wien 1911
Kurt Peball, *Die Schlacht bei St. Gotthard-Mogersdorf 1664*, Wien 1989
Ferenc Szakály, *Hungaria eliberata. Die Rückeroberung von Buda im Jahr 1686 und Ungarns Befreiung von der Osmanenherrschaft (1683-1718)*, Bp. 1986
Ágnes R. Várkonyi, *Europica varietas - Hungarica varietas 1526-1762, Selected studies*, Bp. 2000
Imre Wellmann, „Merkantilische Vorstellungen im 17. Jh. und Ungarn", *NEH 1*, 315-354.

1711–1790
Kálmán Benda, „Maria Theresia in der ungarischen Geschichtsforschung", *Österreich in Geschichte und Literatur 25 (1981)*, 209-219.
Anna M. Drabek-Richard G. Plaschka-Adam Wandruszka (Hg.), *Ungarn und Österreich unter Maria Theresia und Joseph II. Neue Aspekte im Verhältnis der beiden Länder. Texte des 2. österreichisch-ungarischen Historikertreffens Wien 1980*, Wien 1982.
Josef Kallbrunner, *Das kaiserliche Banat. I. Einrichtung und Entwicklung des Banats bis 1739*, München 1958
Domokos Kosáry, „Aufgeklärter Absolutismus - aufgeklärte Ständepolitik. Zur Geschichte Ungarns im 18. Jahrhundert", *SüFo 39 (1980)*, 210-219.
Walter Koschatzky (Hg.), *Maria Theresia und ihre Zeit Eine Darstellung der Epoche von 1740-1780 aus Anlass 200. Wiederkehr des Todes der Kaiserin*, Salzburg-Wien 1979
Franz Krones, *Ungarn unter Maria Theresia und Joseph II. 1740-1790*, Graz 1871
Imre Lukinich, „La fin de la lutte: la paix de Szatmár (1711)" *Revue des Études Hongroises 13 (1935)*, 120-192.
Henry Marczali, *Hungary in the Eighteenth Century*, Cambridge 1910
Oszkár Sashegyi, *Zensur und Geistesfreiheit unter Joseph II. Beitrag zur Kulturgeschichte der Habsburgischen Länder*, Bp. 1958
Gustav Turba, *Die Pragmatische Sanktion. 1. Teil: Ungarn, 2. Teil: Die Hausgesetze*, Wien 1911/1912

1790–1848
Georg Barany, *Stephan Széchenyi and the Awakening of Hungarian Nationalism 1791-1841*, Princeton 1968
Kálmán Benda, „Probleme des Josephinismus und des Jakobinertums in Ungarn in der Habsburgischer Monarchie", *SüFo 25 (1966)*, 38-71.
Wilhelm Fraknói, *Die Verschwörung des Martinovics und seiner Genossen ...* Bp. 1881
Domokos Kosáry, *Napóleon et la Hongrie*, Bp. 1979
Julius Miskolczy, *Ungarn in der Habsburger Monarchie*, Wien 1959
Gábor Pajkossy, „Das Kaisertum Österreich und Ungarn 1804-1848", *Kaisertum Österreich 1804-1848. Ausstellung Schallaburg*, Bad Vöslau 1996
Hans Schlitter, *Aus Österreichs Vormärz. Bd. III. Ungarn*, Zürich-Leipzig-Wien 1920
Denis Silagi, *Ungarn und der geheime Mitarbeiterkreis Kaiser Leopolds II.*, München 1961

1848–1918

Dávid Angyal, „Der Hochverratsprozess des Grafen Ludwig Batthyány", A Gróf Klebelsberg Kunó Magyar Történetkutató Intézet évkönyve 3, Bécs 1933
Dávid Angyal, „Die Regierung Franz Josephs I. in den Jahren des ungarischen Freiheitskampfes", A Gróf Klebelsberg Kunó Magyar Történetkutató Intézet évkönyve 9, Bécs 1939
Peter Berger (Hg), Der österreichisch-ungarische Ausgleich 1867, Wien-München 1967
Moritz Csáky, Der Kulturkampf in Ungarn. Die kirchenpolitische Gesetzgebung der Jahre 1894-1895, Köln-Graz-Wien 1967
István Deák, Die rechtmäßige Revolution. Lajos Kossuth und die Ungarn 1848-1849, Wien-Köln-Graz 1979
István Diószegi, Die Außenpolitik der Österreichisch-Ungarischen Monarchie 1871-1877, Wien-Köln-Graz 1985
István Diószegi, Bismarck und Andrássy. Ungarn in der deutschen Machtpolitik in der 2. Hälfte des 19. Jahrhunderts, Wien-München 1999
István Diószegi (Hg.), Die Protokolle des gemeinsames Ministerrates der österreichisch-ungarischen Monarchie 1883-1895, Bp. 1993
Erzsébet Fábián-Kiss (Hg.), Die ungarischen Ministerratsprotokolle aus den Jahren 1848-1849, Bp., 1988
Holger Fischer (Hg.), Die ungarische Revolution von 1848/49. Vergleichende Aspekte der Revolution in Ungarn und Deutschland, Hamburg 1999
József Galántai, Der österreichisch-ungarische Dualismus 1867-1918, Bp.-Wien 1990
József Galántai, Die Österreichisch-Ungarische Monarchie und der Weltkrieg, Bp. 1979
Judit Garamvölgyi (Hg), Quellen zur Genesis des ungarischen Ausgleichsgesetzes von 1867. Der „österreichisch-ungarische Ausgleich" von 1867, München 1979
András Gerő, Modern Hungarian Society in the Making. The Unfinished Experience, Bp., London-New York 1993
Ferenc Glatz-Ralph Melville (Hg.), Gesellschaft, Politik und Verwaltung in der Habsburgermonarchie 1830-1918, Bp. 1987
David F. Good, Der wirtschaftliche Aufstieg des Habsburgerreiches 1750-1914, Wien-Köln-Graz 1986
Friedrich Gottas, Ungarn im Zeitalter des Hochliberalismus. Studien zur Tisza-Ära (1875-1890), Wien 1976
Hamann, Brigitte, Elisabeth. Kaiserin wider Willen. 11. Aufl. (Wien, München 1992)
Péter Hanák, The First Attempt at the Austro-Hungarian Compromise - 1860, Bp. 1975
Péter Hanák-Zoltán Szász (Hg.), Die nationale Frage in der Österreichisch-Ungarischen Monarchie 1900-1918, Bp. 1966
Péter Hanák, Ungarn in der Donaumonarchie. Probleme der bürgerlichen Umgestaltung eines Vielvölkerstaates, Wien 1985
Jörg K. Hoensch, Geschichte Ungarns 1867-1983, Stuttgart-Berlin-Köln-Mainz 1984
William M. Johnston, Österreichische Kultur- und Geistesgeschichte. Gesellschaft und Ideen im Donauraum 1848-1938, Wien-Graz-Köln 1992[3]
Robert A. Kann, Erzherzog Franz Ferdinand. Studien, Wien 1976
Robert A. Kann, Das Nationalitätenproblem der Habsburgermonarchie. Bd. 1-2., Graz-Köln 1964
Miklós Komjáthy (Hg.), Protokolle des Gemeinsamen Ministerrates der Österreichisch-Ungarischen Monarchie 1914-1918, Bp., 1966
John Lukács, Ungarn in Europa. Budapest um die Jahrhundertwende, Berlin 1990
Erwin Matsch, Geschichte des Auswärtigen Dienstes von Österreich(-Ungarn) 1720-1920, Graz-Wien-Köln 1980
Theodor Mayer (Hg), Der österreichisch-ungarische Ausgleich von 1867. Seine Grundlagen und Auswirkungen, München 1968
Emil Niederhauser, 1848. Sturm im Habsburgerreich, Bp. 1990
R. G. Plaschka- Karlheinz Mack, Die Auflösung des Habsburgerreiches. Zusammenbruch und Neuorientirung im Donauraum, Wien 1970
Manfried Rauchensteiner, Der Tod des Doppeladlers. Österreich-Ungarn und der Erste Weltkrieg, Graz-Wien 1993
Joseph Redlich, Das österreichische Staats- und Reichsproblem, Leipzig 1919-1920
Oskar Sashegy, Ungarns politische Verwaltung in der Ära Bach, 1849-1860, Graz 1979
Tibor Simányi, Julius Graf Andrássy. Baumeister der Doppelmonarchie, Mitstreiter Bismarcks, Wien 1990
Éva Somogyi (Hg.), Die Protokolle des gemeinsamen Ministerrates der österreichisch-ungarischen Monarchie 1896-1907, Bp. 1991
Éva Somogyi, Der gemeinsame Ministerrat der österreichisch-ungarischen Monarchie. 1867-1906, Wien-Graz-Köln 1996
György Spira, A Hungarian Count in the Revolution of 1848, Bp. 1974
Peter Urbanitsch, Wien-Prag-Budapest um 1900. Sozialgeschichtliche Aspekte, Wien 1987
György Mihály Vajda, Wien und die Literaturen in der Donaumonarchie. Zur Kulturgeschichte Mitteleuropas 1740-1918, Wien-Graz-Köln 1994
Gábor Vermes, István Tisza. The Liberal Vision and Conservative Statecraft of a Magyar Nationalist, New York 1985
Adam Wandruszka, „Österreich-Ungarn vom ungarischen Ausgleich bis zum Ende der Monarchie (1867-1918)", Handbuch der europäischen Geschichte, Bd. VI., Stuttgart 1968
Joseph Weber, Eötvös und die ungarische Nationalitätenfrage, München 1966
Eduard von Wertheimer, Graf Julius Andrássy. Sein Leben und seine Zeit. Nach ungedruckten Quellen, 1-3 Bd., Stuttgart 1910-1913

Erläuterungen zu den Ostsnamen

Bei den Ortsnamen werden immer die zeitgenössischen ungarischen Bezeichnungen verwendet, da es um Ortschaften im damaligen, historischen Ungarn geht. Als Erläuterung dazu sind die deutschen Entsprechungen bzw. die heute üblichen Ortsnamen in dieser gesonderten Liste enthalten.

Ungarisch	Deutsch	Heute offiziell
Alvinc	Unterwinz, Winzendorf	Vintu de Jos (RO)
Arad		Arad (RO)
Bellye		Bilje (HR)
Beszterce	Bistritz	Buistrita (RO)
Brassó	Kronstadt	Brasov
Buda	Ofen	
Cille	Cilli	Celje (SL)
Csáktornya	Csakathurn	Čakovec (HR)
Dályok		Dubočevica (HR)
Dévény	Theben	Devín (SK)
Eger	Erlau	
Eperjes	Preschau	Prešov (SK)
Érsekújvár	Neuhäusel	Nové Zámky (SK)
Eszék	Esseg	Osijek (HR)
Esztergom	Gran	
Fiume	Sankt Veit (am Pflaum)	Rijeka (HR)
Fogaras	Fogarasch	Făgăras (RO)
Fülek		Fil'akovo (SK)
Gyalu	Gelau	Gilău (RO)
Győr	Raab	
Gyulafehérvár	Karlsburg, Weißenburg	Alba Iulia (RO)
Karánsebes	Karansebesch	Caransebes (RO)
Károlyváros	Karlstadt	Karlovac (HR)
Kassa	Kaschau	Košice (SK)
Karlóca	Karlowitz	Sremski Karlovci (YU)
Kolozsvár	Klausenburg	Cluj-Napoca (RO)
Komárom	Komorn	Komárno (SK)
Korpona	Karpfen	Krupina (SK)
Körmöcbánya	Kremnitz	Kremnica (SK)
Kőszeg	Güns	
Lipótvár	Leopoldstadt	Leopoldov (SK)
Magyaróvár (Mosonmagyaróvár)	Ungarisch-Altenburg	
Máriapócs	Maria Pötsch	
Marosvásárhely	Neumarkt am Mures	Tîrgu Mures (RO)
Mogersdorf	Nagyfalva	
Mohács	Mohatsch	
Munkács	Munkatsch	Mukačevo (UA)
Murány(alja)		Muráň (SK)
Nagyszombat	Tyrnau	Trnava (SK)
Nagyvárad	Großwardein	Oradea (RO)
Nándorfehérvár	Belgrad	Beograd (YU)
Nyitra	Neutra	Nitra (SK)
Pannonhalma	Martinsberg	
Pécs	Fünfkirchen	
Pétervárad	Peterwardein	Petrovaradin (YU)
Pozsarevác	Passarowitz	Požarevac
Pozsony	Pressburg	Bratislava (SK)
Ráckeve		
Sopron	Ödenburg	
Stubnya(fürdő)		Turčianske Teplice (SK)
Szabács		Šabac (YU)
Szászváros	Broos	Orăstie (RO)
Szatmár(németi)	Satmar, Sathmar	Satu Mare (RO)
Szeged	Szegedin	
Szelistye	Großdorf	Săliste (RO)
Szentgotthárd	Sankt Gotthard	
Szepes	Zips	Spiš (SK)
Temesvár	Temeschwar, Temeschburg	Timisoara (RO)
Trencsénteplic		Trenčianske Teplice (SK)
Ungvár		Užhorod (UA)
Várad	s. Nagyvárad	
Vasvár	Eisenburg	
Világos	Hellburg. Schiria	Siria (RO)
Vinnica (Vinice)	Winniza	Vinnycja (UA)
Visegrád	Plintenburg	
Zágráb	Agram	Zagreb
Zenta		Senta (YU)
Zengg	Zengg	Senj (HR)
Zimony	Semlin	Zemun (YU)
Zsolna	Sillein	Žilina (SK)

ABKÜRZUNGEN

HR = Kroatien
RO = Rumänien
SK = Slowakei
SL = Slowenien
UA = Ukraine
YU = Jugoslawien

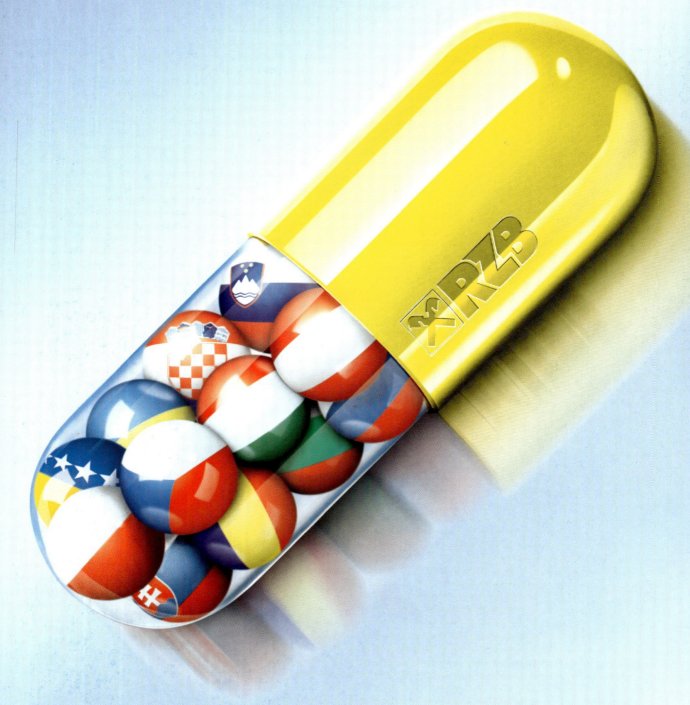

A napi szükséges vitaminadag a sikerhez Közép- és Kelet-Európában.

Az Ön közép- és kelet-európai tevékenységéhez feltétlenül szüksége van kiváló bankszolgáltatásokra. Építsen az RZB konszern tapasztalatára és helyismeretére. 4.500 munkatársunk nyújt Önnek magas szinvonalú bankszolgáltatást a térség 11 országában lévő mintegy 160 fiókunkban és képviseletünkön. További információért forduljon munkatársunkhoz: Hr. Mag. Joseph Eberle, Tel. +43-1-71707-1487, e-mail: joseph.eberle@rzb.at, **Internet: www.rzb.at**